2022

（总第40期 No.40）

四川统计年鉴

Sichuan Statistical Yearbook

四 川 省 统 计 局
国家统计局四川调查总队 编

Statistical Bureau of Sichuan
NBS Survey Office in Sichuan

中国统计出版社
China Statistics Press

图书在版编目（CIP）数据

四川统计年鉴. 2022 = Sichuan Statistical Yearbook 2022 : 汉英对照 / 四川省统计局, 国家统计局四川调查总队编. -- 北京 : 中国统计出版社, 2022.10
ISBN 978-7-5037-9898-6

Ⅰ. ①四… Ⅱ. ①四… ②国… Ⅲ. ①统计资料－四川－2022－年鉴－汉、英 Ⅳ. ① C832.71-54

中国版本图书馆 CIP 数据核字 (2022) 第 148239 号

四川统计年鉴－2022

作　　者／四川省统计局　国家统计局四川调查总队
责任编辑／高媛媛
执行编辑／宋　兰
出版发行／中国统计出版社有限公司
地　　址／北京市丰台区西三环南路甲6号　邮政编码／100073
电　　话／邮购（010）63376909　书店（010）68783171
网　　址／http://www.zgtjcbs.com
印　　刷／成都鑫达彩印印务有限责任公司
经　　销／新华书店
开　　本／890mm×1240mm　1/16
字　　数／1100 千字
印　　张／33.5　彩页 1
版　　别／2022 年 10 月第 1 版
版　　次／2022 年 10 月第 1 次印刷
定　　价／420.00 元　　Price: 420.00　yuan(RMB)

本书附同版本 CD-ROM 一张，光盘内容以书面文字为准。
如有印装差错，由本社发行部调换。

《四川统计年鉴－2022》

编委会和编辑出版人员

SICHUAN STATISTICAL YEARBOOK - 2022

Editorial Board and Staff

Ⅰ. Editorial Board

Ⅱ. Editorial Staff

编 者 说 明

一、《四川统计年鉴－2022》是一部全面记录四川省经济建设和社会发展情况的综合性统计资料年刊。本年鉴收录了全省和各市（州）、县（市、区）2021年经济和社会各方面的统计数据，以及历史重要年份和党的十八大以来的主要统计资料。

二、本年鉴正文内容分为22个篇章，即：1.综合；2.国民经济核算；3.人口；4.就业和工资；5.固定资产投资；6.能源；7.资源和环境；8.财政和物价；9.人民生活和社会保障；10.城市发展；11.民族自治地方概况；12.县（市、区）概况；13.农业；14.工业；15.建筑业；16.交通运输和邮电业；17.国内贸易；18.对外经济贸易；19.金融业；20.教育、科技和专利；21.文化、体育和卫生；22.其他社会活动。为方便读者使用，部分统计表下作了简要注释，并在各篇末附有主要统计指标解释。

三、与《四川统计年鉴－2021》比较，本年鉴在“综合”部分，增加了党的十八大以来四川省经济社会发展总量、速度、比例和构成资料。根据现行统计调查制度修订等情况，在“财政和物价”部分删减了“农业生产资料价格指数”指标；在“农业”部分将“化肥施用量”修改为“农用化肥施用量”；在“国内贸易”部分删减了“实收资本”指标；原“对外经济贸易和旅游”部分因部门统计口径变化，“旅游”数据暂缺，篇章名改为“对外经济贸易”；在“金融”部分删减了“金融机构贷款市场报价利率（LPR）”指标；在“教育、科技和专利”部分中对科技活动指标作了调整和充实；在“文化、体育和卫生”部分中删减了“本年底国民体质测试站（点）累计”及“本年度接受国民体质监测人数”指标，删减了“医院”中的“城市、农村”分组；在“其他社会活动”部分中删减了“刑事案件破案”指标。

四、本年鉴中，涉及的部门统计资料均由省级相关部门提供。

五、本年鉴中涉及到的历史数据，均以最新出版的本年鉴数据为准。

六、本年鉴中所使用的度量衡单位均采用国际统一标准计量单位。

七、本年鉴中部分数据合计数或相对数由于单位取舍不同而产生的计算误差，均未做机械调整。

八、本年鉴表中的符号使用说明：“空格”表示该项统计指标数据不足本表最小单位数、数据不详或无该项数据；“#”表示其中的主要项。

Preface

Ⅰ. *Sichuan Statistical Yearbook 2022* is an annual statistics publication to reflect various aspects of Sichuan's economic and social development, which covers very comprehensive data series in 2021 and some selected data series in historically important years and the most recent years at provincial level, local levels of prefecture and level of county, and main statistics Since the 18th National Congress of the Communist Party of China.

Ⅱ. The text of this Yearbook contains the following 22 parts: 1.General Survey; 2.National Accounts; 3.Population; 4.Employment and Wages; 5.Investment in Fixed Assets; 6.Energy; 7.Resources and Environment; 8.Local Government Finance and Price; 9. People's Living Conditions and Social Security; 10.Urban Development; 11.Survey of Minority Nationality Autonomous Areas; 12.Survey of County (City, District); 13.Agriculture; 14.Industry; 15.Construction; 16.Transportation and Post; 17.Domestic Trade; 18.Foreign Trade and Economic Cooperation; 19.Finance and Insurance; 20.Education, Science Technology and Patents; 21.Culture, Sports and Public Health; 22.Other Social Activities. To facilitate readers, Explanatory Notes on Main Statistical Indicators is attached to the end of each chapter.

Ⅲ. Compared with *Sichuan Statistical Yearbook 2021*, the Yearbook adds data on the aggregate, speed, proportion and composition of the main indicators of national economic and social development since the 18th National Congress of the Communist Party of China in Chapter 1 "General Survey"; delete "Price index of agricultural means of production" in Chapter 8 "Local Government Finance and Price"; revise "Fertilizer application amount" to "Application amount of agricultural chemical fertilizer" in Chapter 13 "Agriculture"; delete "Paid-in capital" in Chapter 17 "Domestic Trade"; due to the change of departmental statistical caliber, tourism data is temporarily unavailable, revise "Foreign Trade and Economic Cooperation and Tourism" to "Foreign Trade and Economic Cooperation" in Chapter 18; delete "Loan market quotation rate of financial institutions (LPR) " in Chapter 19 "Finance and Insurance"; adjust and enrich the indicators of scientific and technological activities in Chapter 20 "Education, Science Technology and Patents"; delete " National Physical Fitness Test Station (points) at the end of this year" and "Number of People Receiving National Physical Fitness Monitoring", delete the grouping of urban and rural in hospital in Chapter 21 "Culture, Sports and Public Health"; delete "Criminal case solving " in Chapter 22 "Other Social Activities" .

Ⅳ. In this yearbook, the relevant department statistics are provided by relevant departments at the provincial level.

Ⅴ. For updated historical date, please refer to the newly published version of the Yearbook.

Ⅵ. The units of measurement used in this yearbook are international standard measurement units.

Ⅶ. Statistical discrepancies on totals and relative figures due to rounding are not adjusted in this yearbook.

Ⅷ. Instructions for the use of symbols in the table of this yearbook: "space" means that the statistical index data is not the minimum number of units in this table, the data is unknown or there is no such data; "#" indicates the main item.

目 录

CONTENTS

一、综 合
Chapter 1 General Survey

二、国民经济核算
Chapter 2 National Accounts

三、人　口

Chapter 3　Population

四、就业和工资
Chapter 4 Employment and Wages

五、固定资产投资
Chapter 5 Investment in Fixed Assets

六、能 源
Chapter 6 Energy

七、资源和环境
Chapter 7 Resources and Environment

八、财政和物价
Chapter 8 Local Government Finance and Price

九、人民生活和社会保障
Chapter 9 People's Living Conditions and Social Security

十、城市发展
Chapter 10 Urban Development

十一、民族自治地方概况
Chapter 11 Survey of Ethnic Minority Autonomous Areas

十二、县（市、区）概况
Chapter 12 Survey of County (City,District)

十三、农　业
Chapter 13 Agriculture

十四、工 业
Chapter 14 Industry

十五、建筑业
Chapter 15 Construction

十六、交通运输和邮电业
Chapter 16 Transportation and Post

十七、国内贸易
Chapter 17 Domestic Trade

十八、对外经济贸易
Chapter 18 Foreign Trade and Economic Cooperation

十九、金融业
Chapter 19 Financial Intermediation

二十、教育、科技和专利
Chapter 20　Education, Science, Technology and Patents

二十一、文化、体育和卫生
Chapter 21 Culture, Sports and Public Health

二十二、其他社会活动
Chapter 22　Other Social Activities

年末户籍人口

（万人）
7000
6000
5000
4000
3000
2000
1000
0
6585
6500
6465
6317
6140
5997
5850
5753
5606
5598
2512
2632
2694
2785
2998
3116
3272
3347
3476
3496
2012年
2013年
2014年
2015年
2016年
2017年
2018年
2019年
2020年
2021年
城镇人口
乡村人口

就业人员

（万人）
5000
4500
4000
3500
3000
2500
2000
1500
1000
500
0
4635
4634
4638
4652
4657
4667
4690
4714
4745
4727
2012年
2013年
2014年
2015年
2016年
2017年
2018年
2019年
2020年
2021年

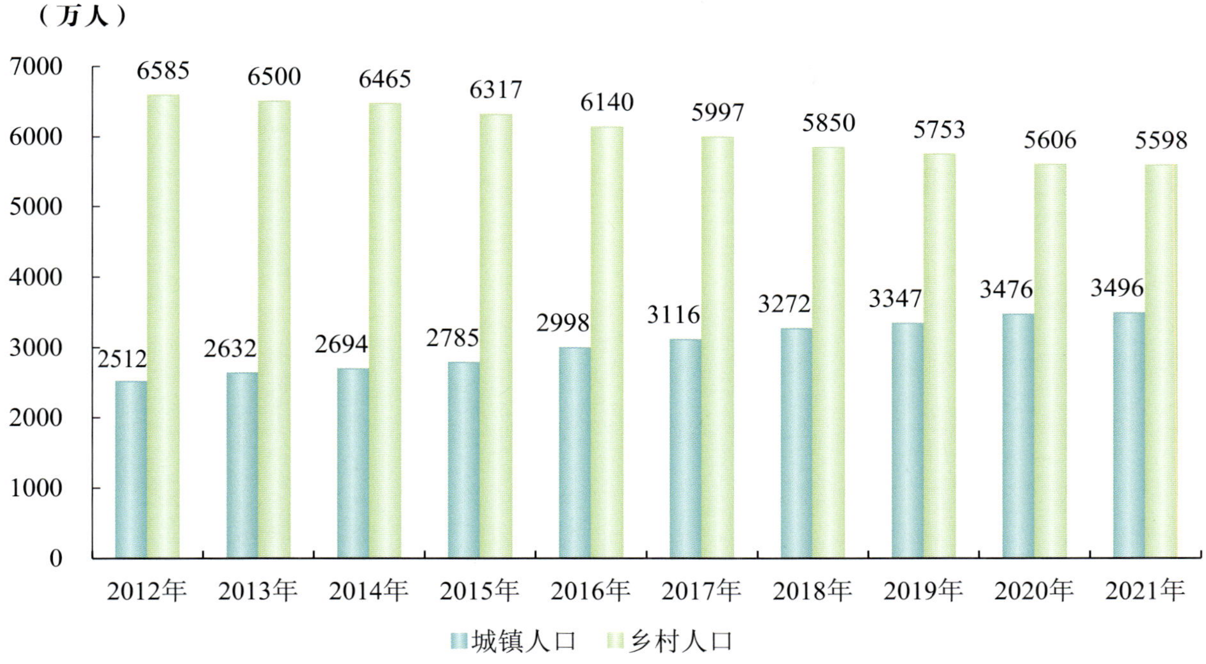

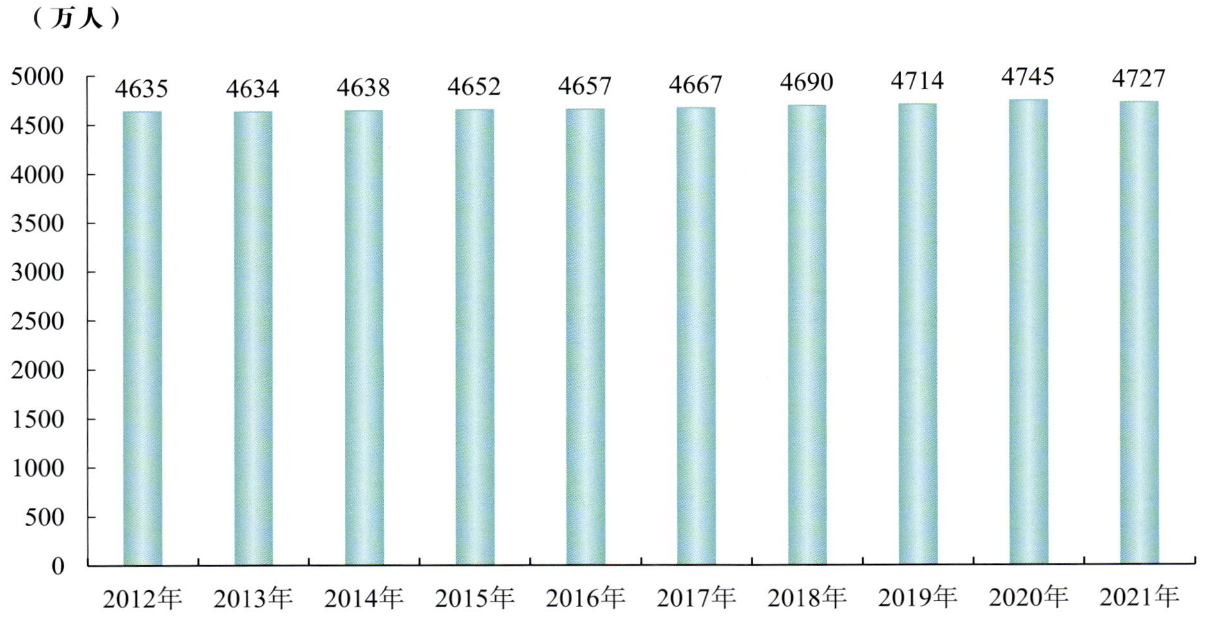

三次产业就业人员构成

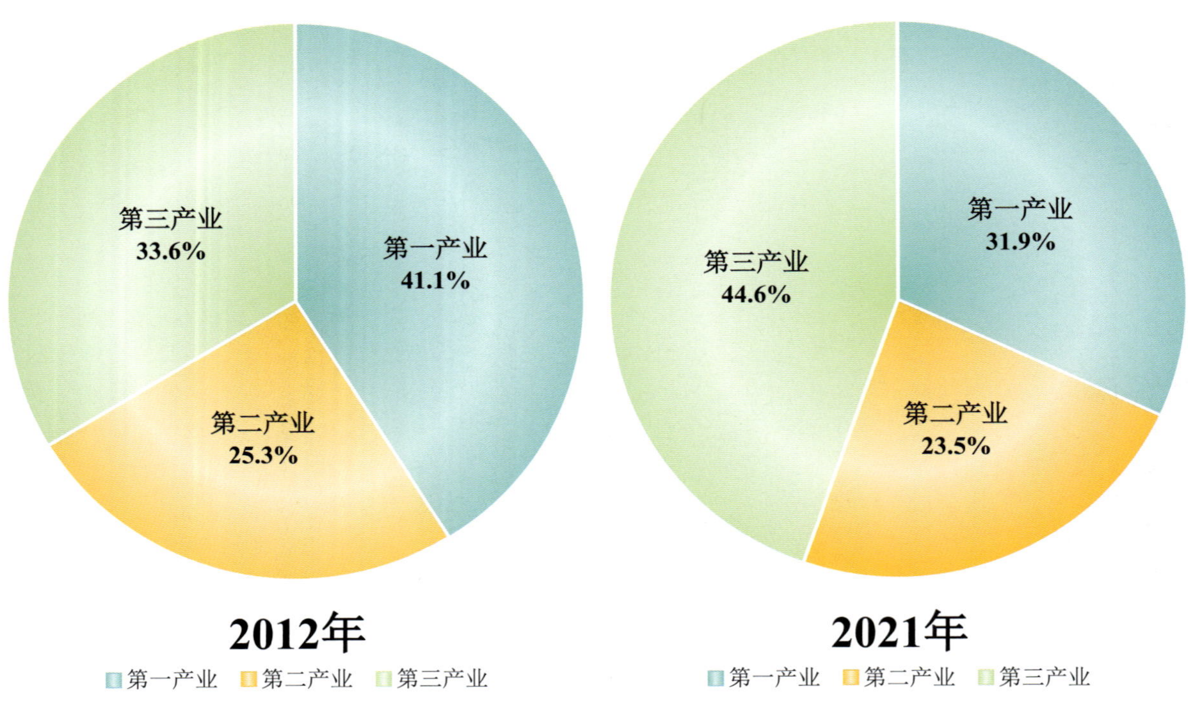

地区生产总值和增长速度

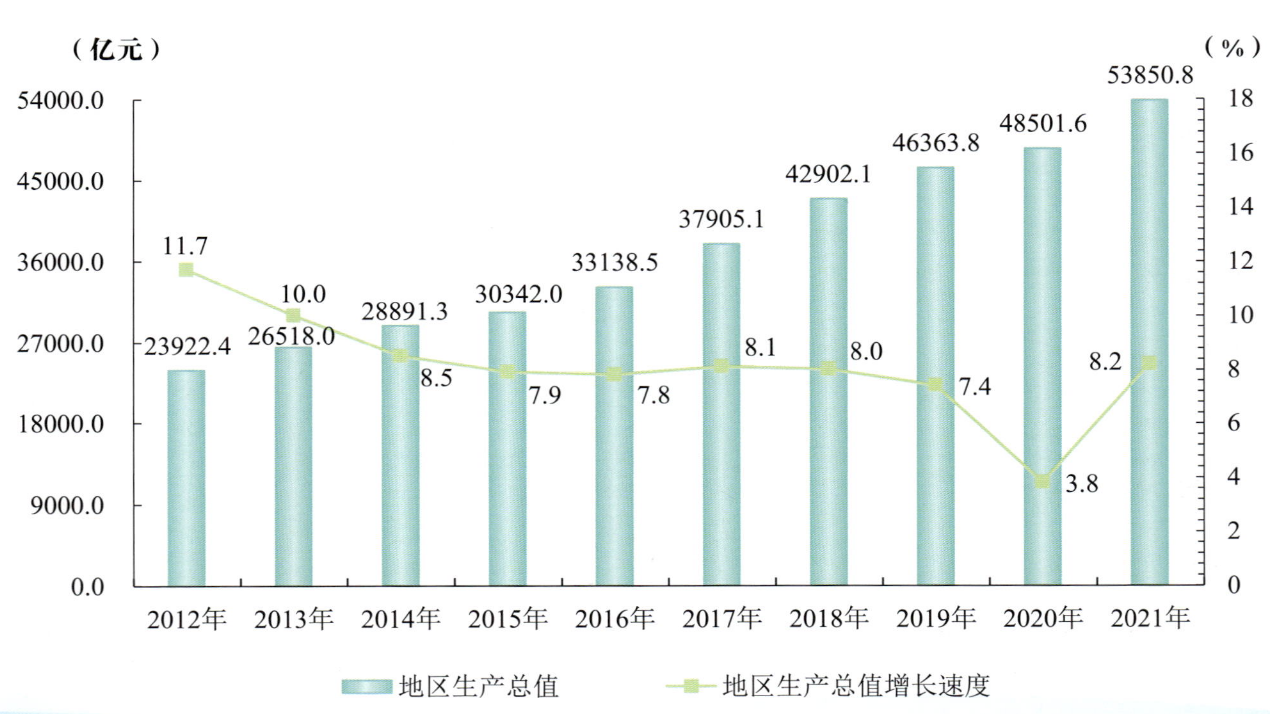

地区生产总值构成

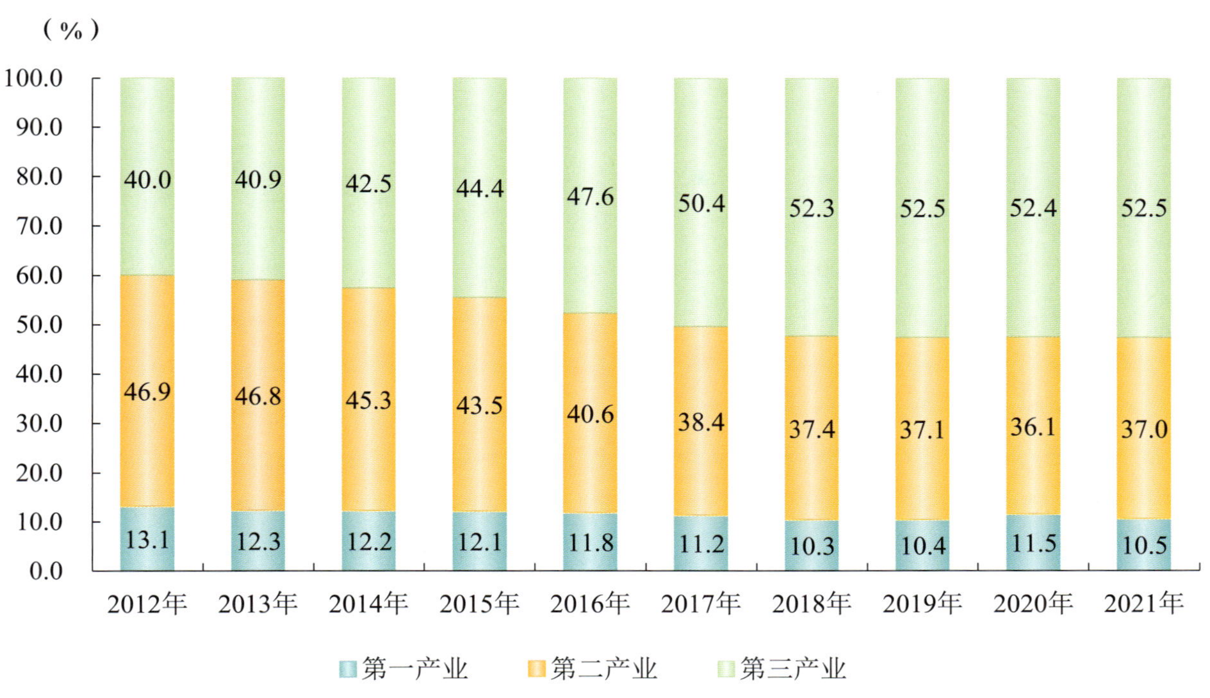

人均地区生产总值

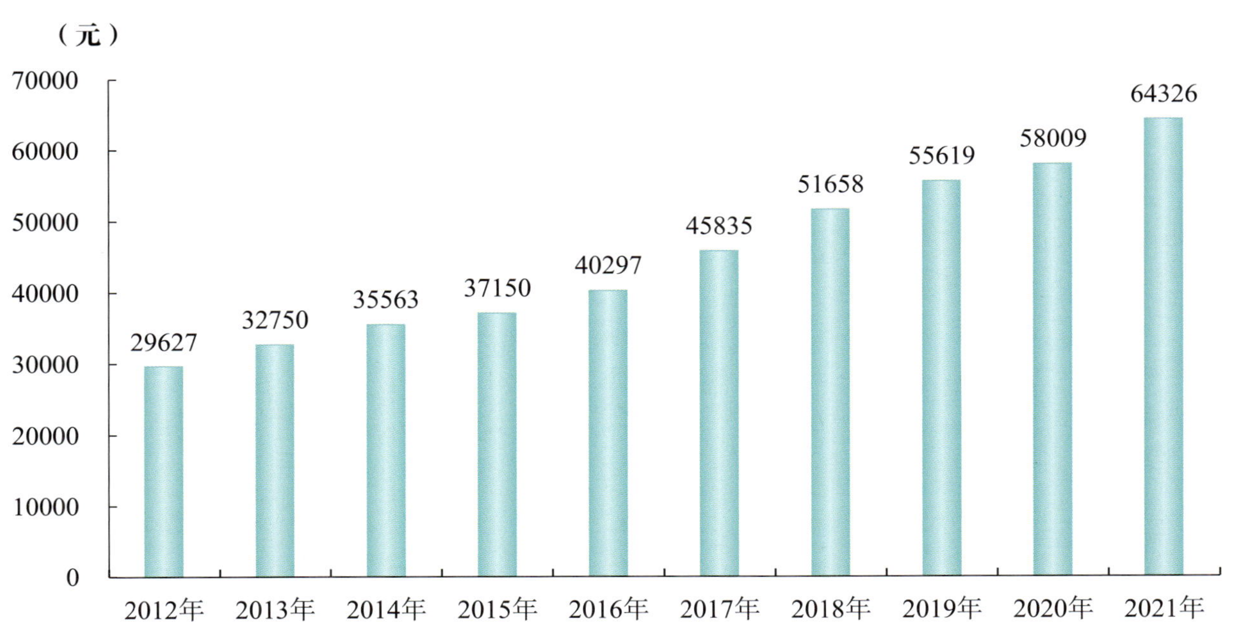

农林牧渔业总产值

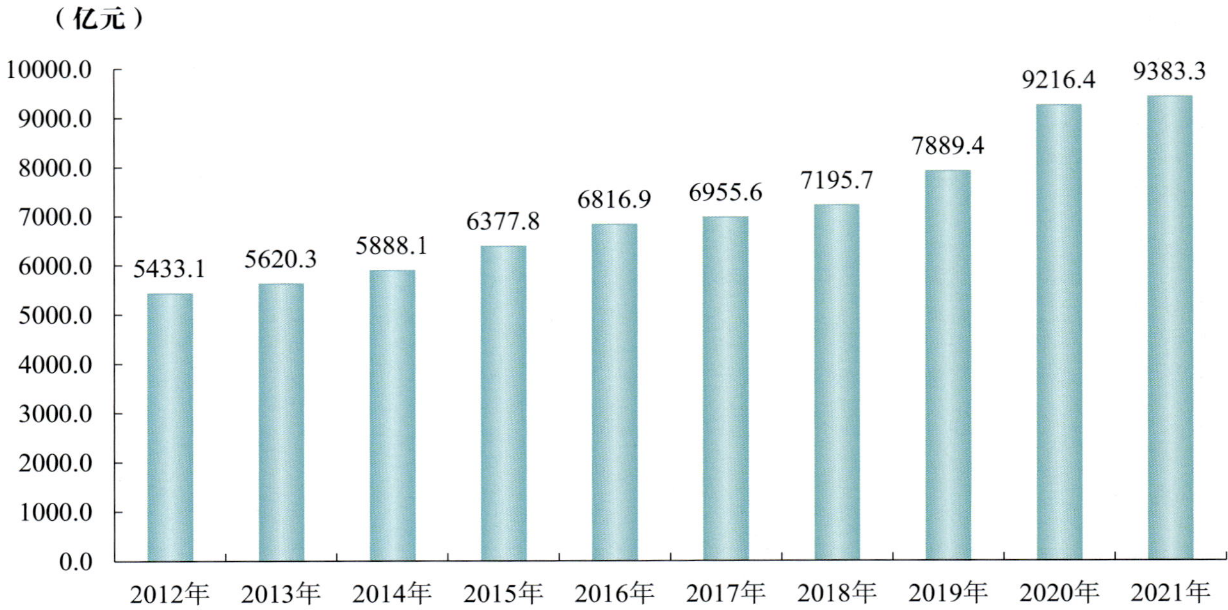

粮食作物和油料作物播种面积

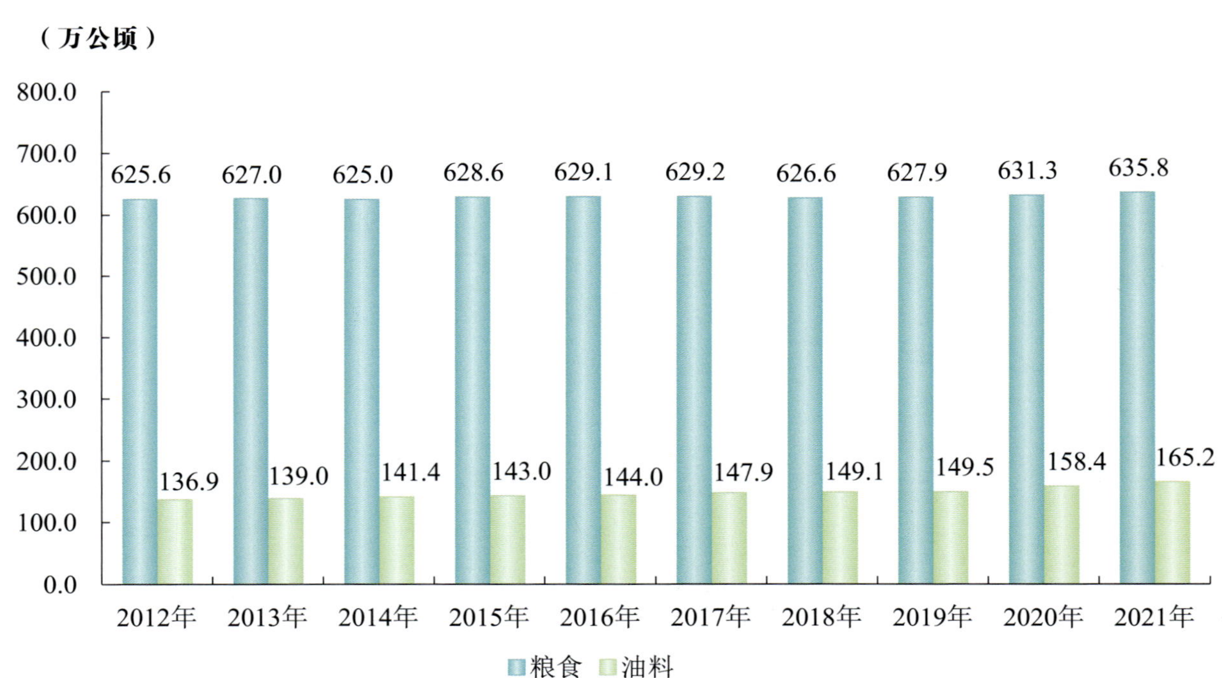

粮食产量和油料产量

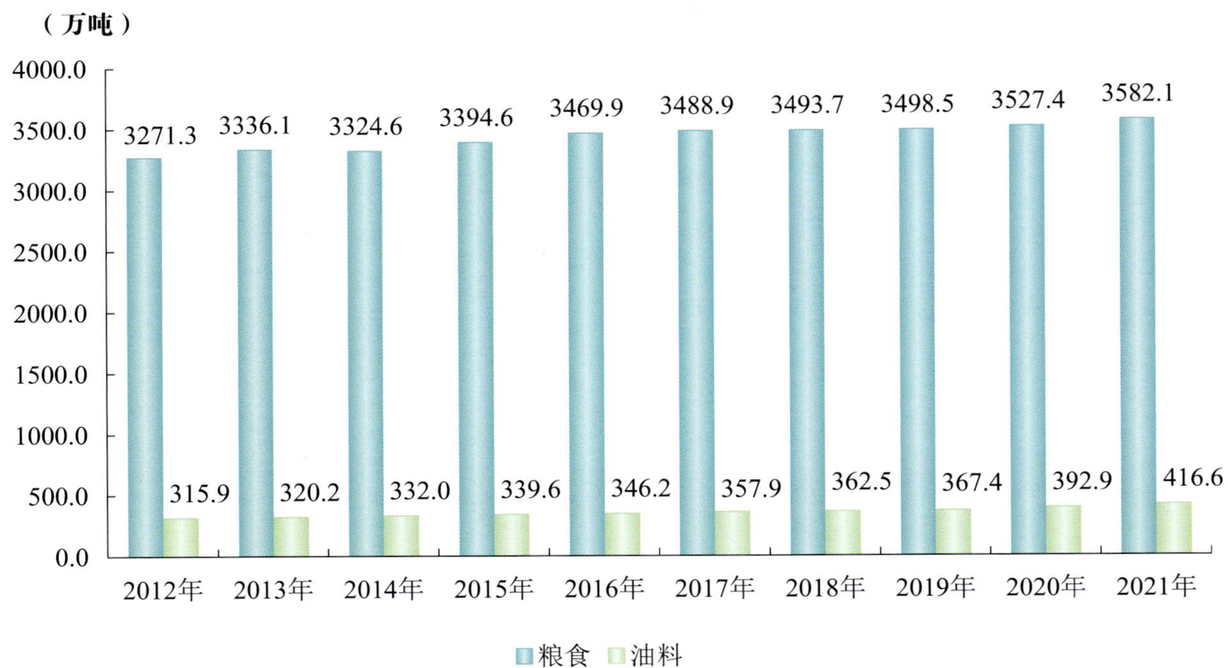

肉类总产量

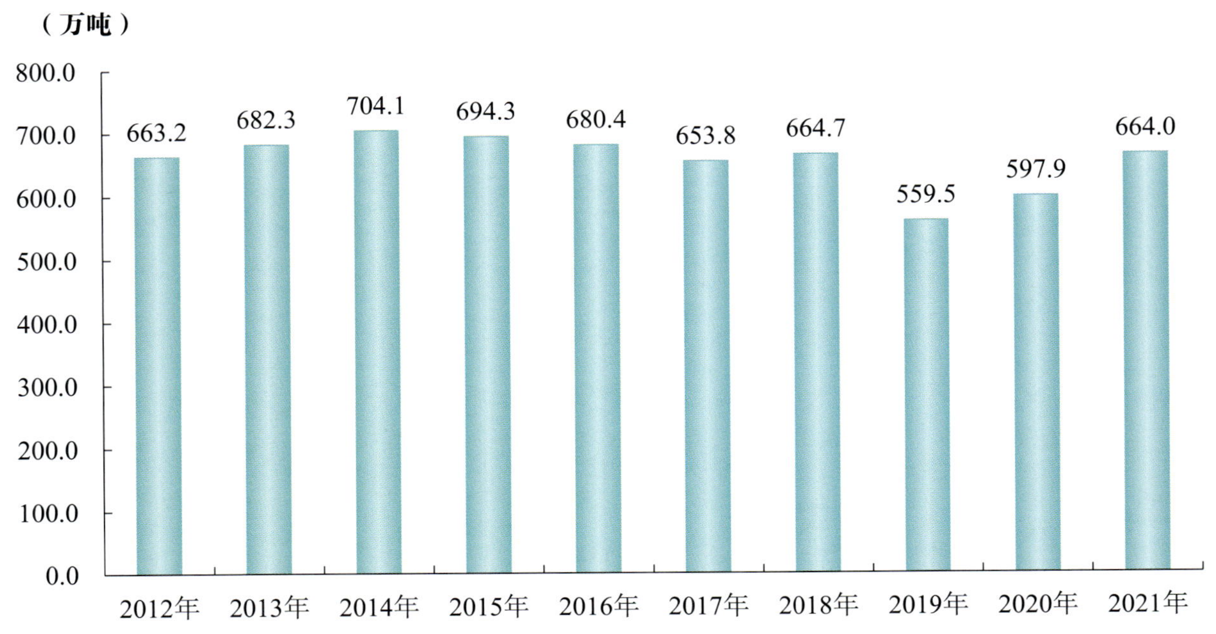

化肥施用量

（万吨）
300.0
250.0
200.0
150.0
100.0
50.0
0.0
252.8
251.1
252.1
252.1
249.0
242.0
235.2
222.8
210.8
207.2
2012年
2013年
2014年
2015年
2016年
2017年
2018年
2019年
2020年
2021年

农村用电量

（亿千瓦时）
250.0
200.0
150.0
100.0
50.0
0.0
156.0
163.5
169.6
174.8
183.1
188.4
198.6
205.8
205.9
214.6
2012年
2013年
2014年
2015年
2016年
2017年
2018年
2019年
2020年
2021年

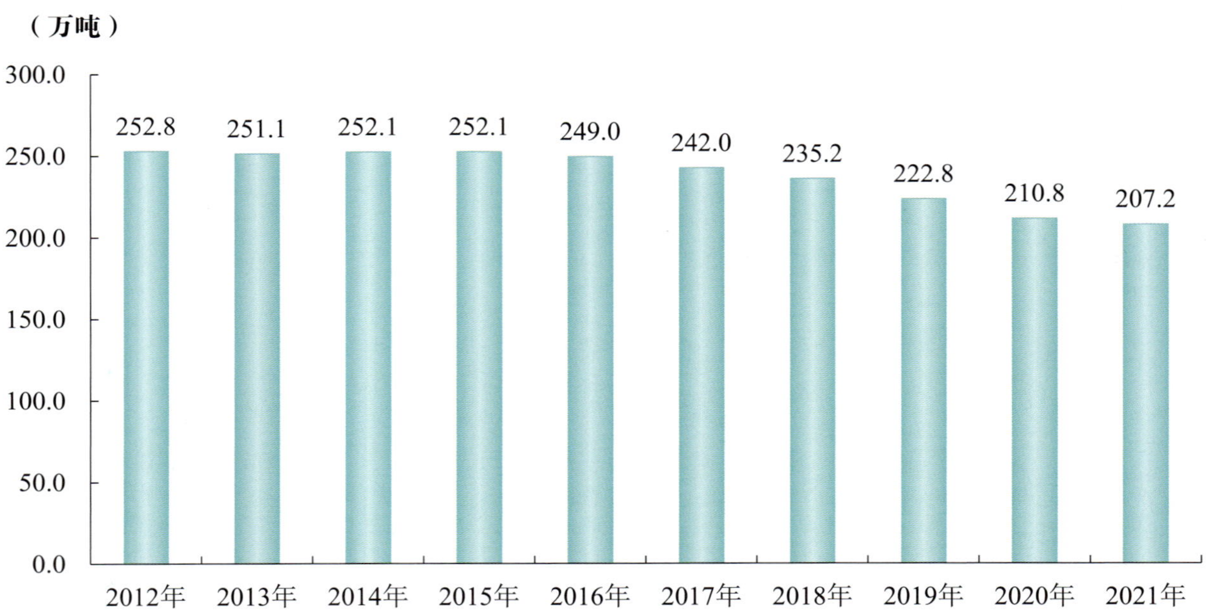

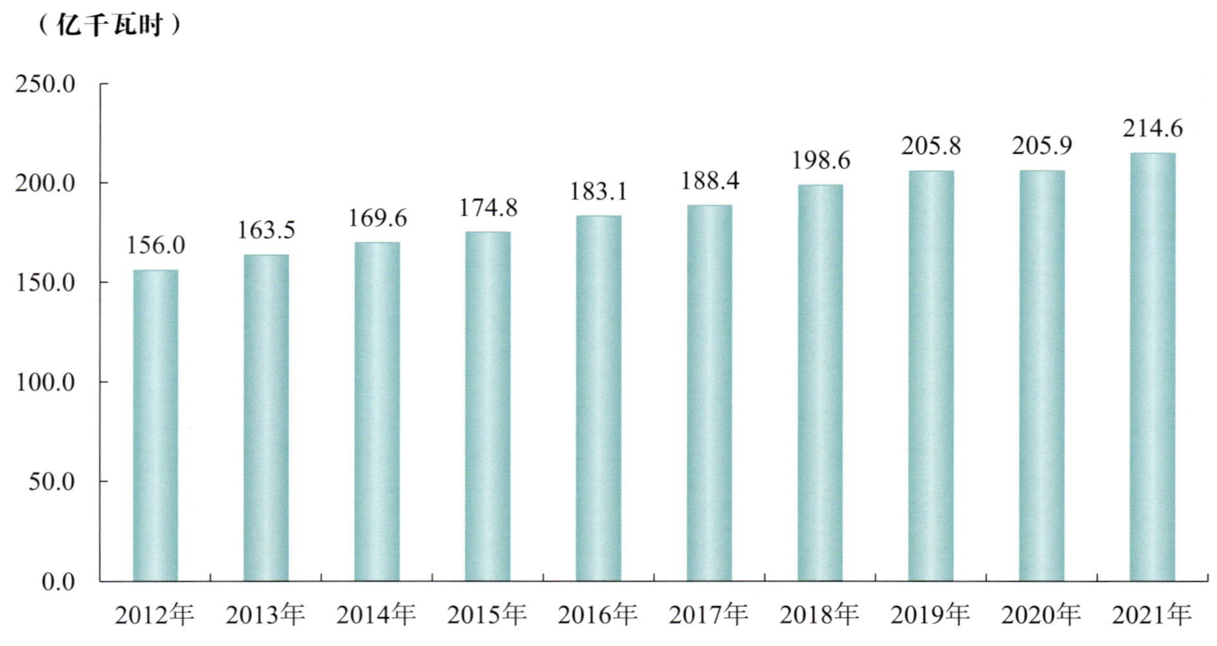

工业增加值

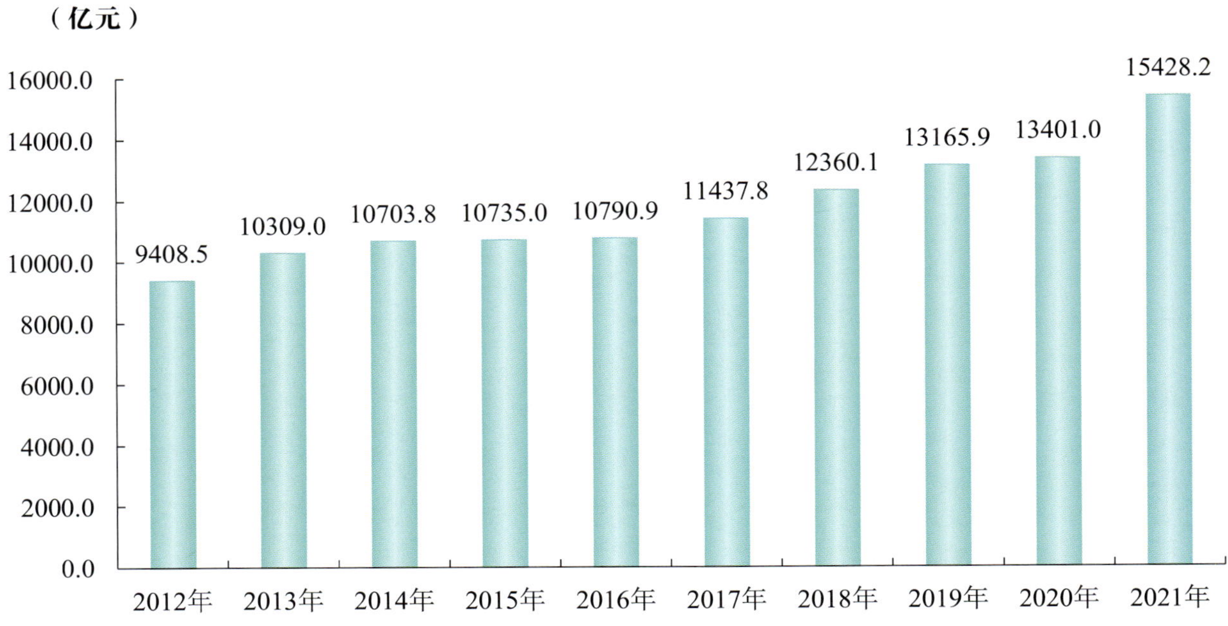

规模以上工业企业利润总额

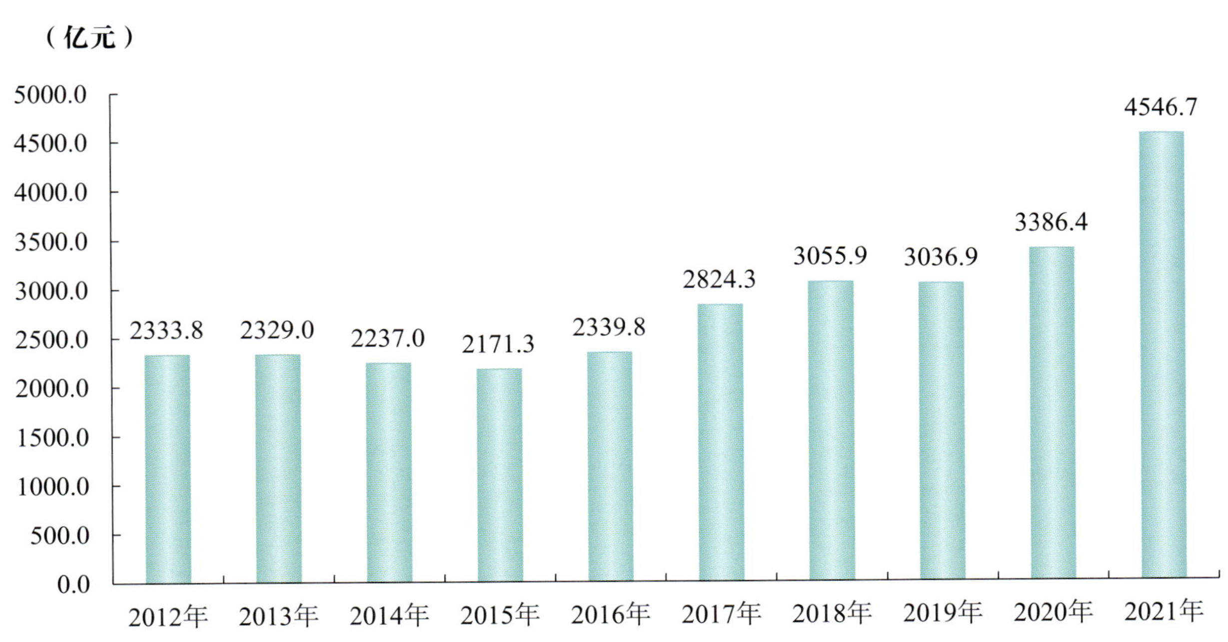

规模以上工业企业发电量

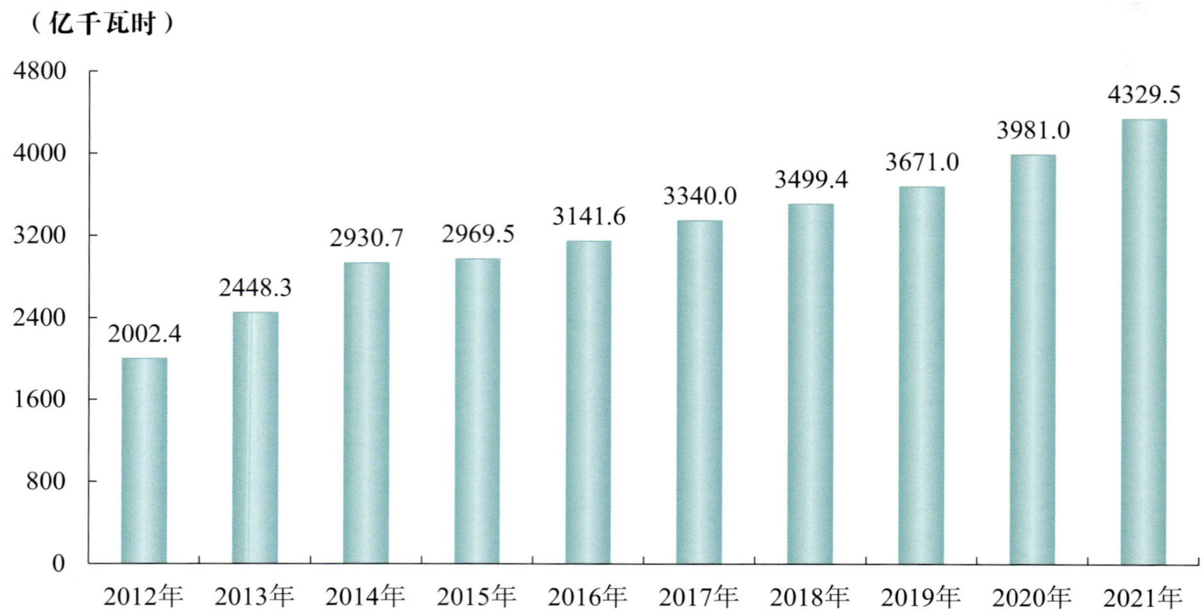

规模以上工业企业水泥和成品钢材产量

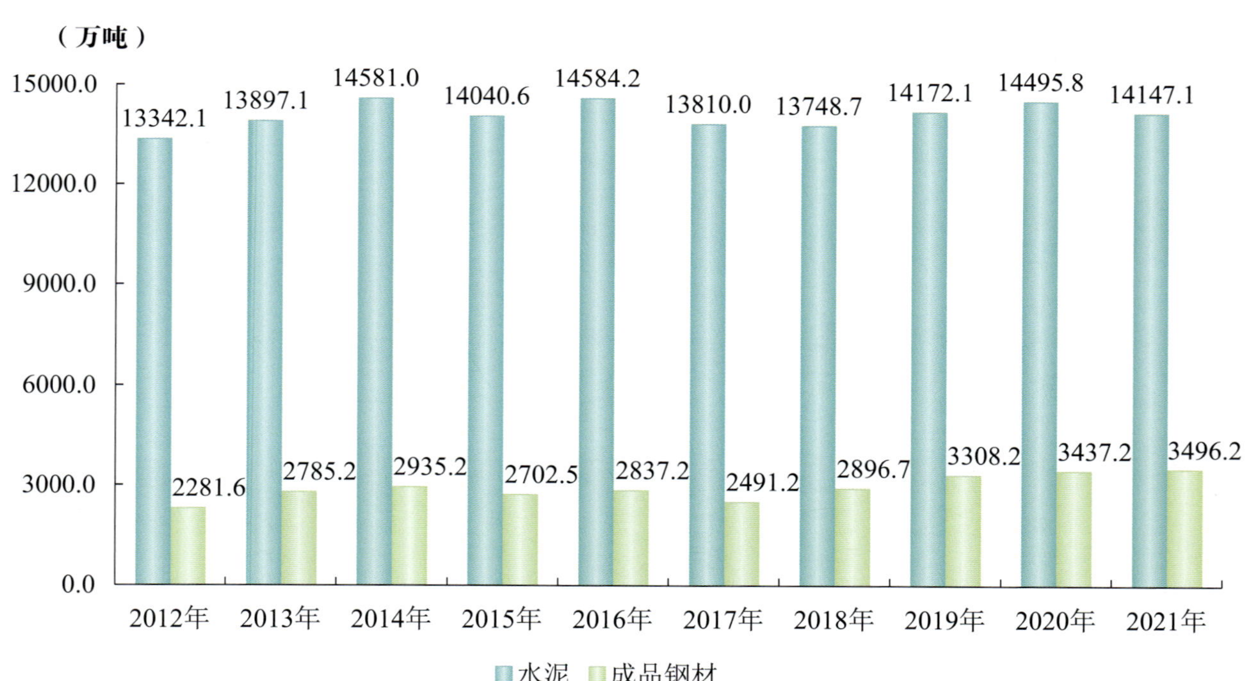

规模以上工业企业汽车产量

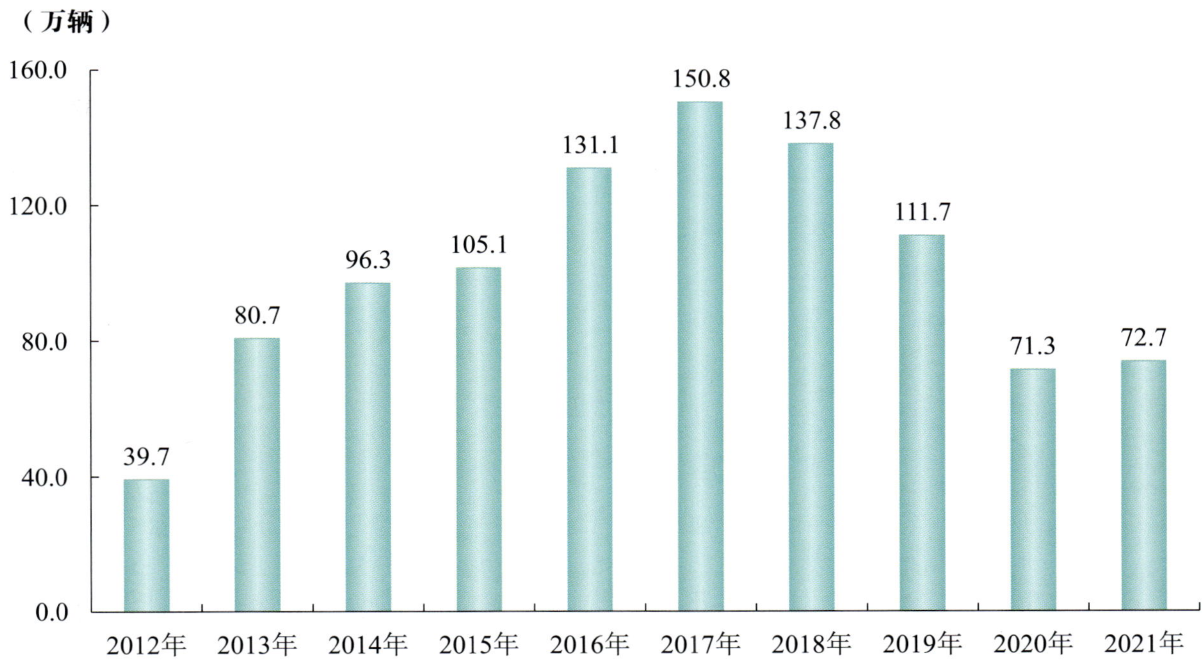

全社会固定资产投资增长速度

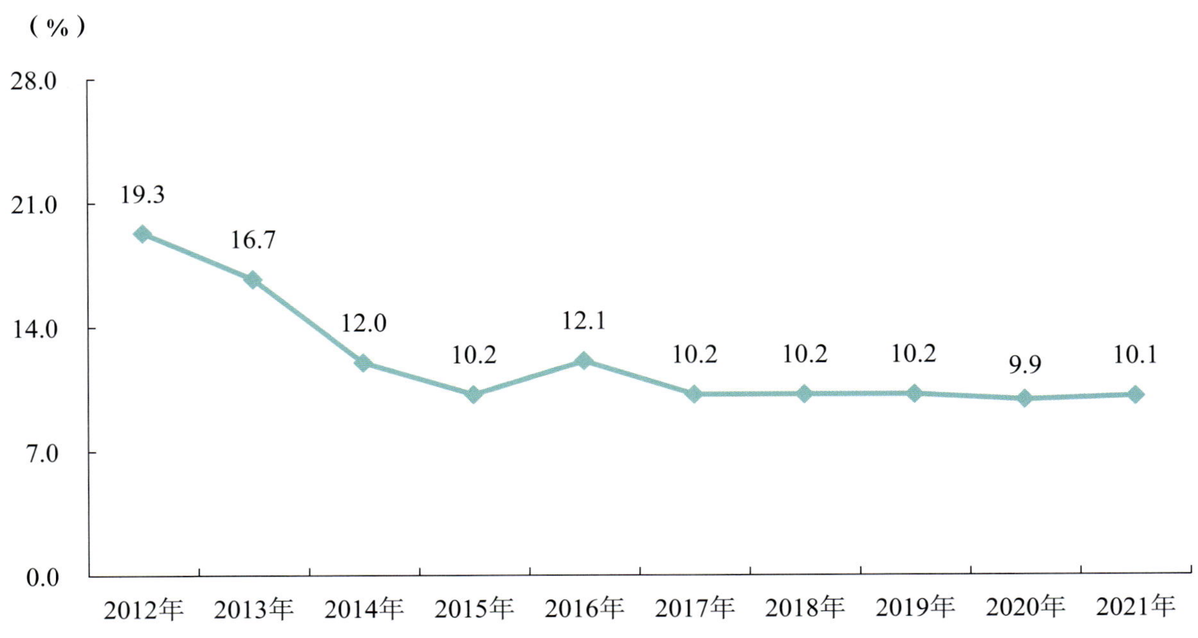

一次能源生产总量和能源消费总量

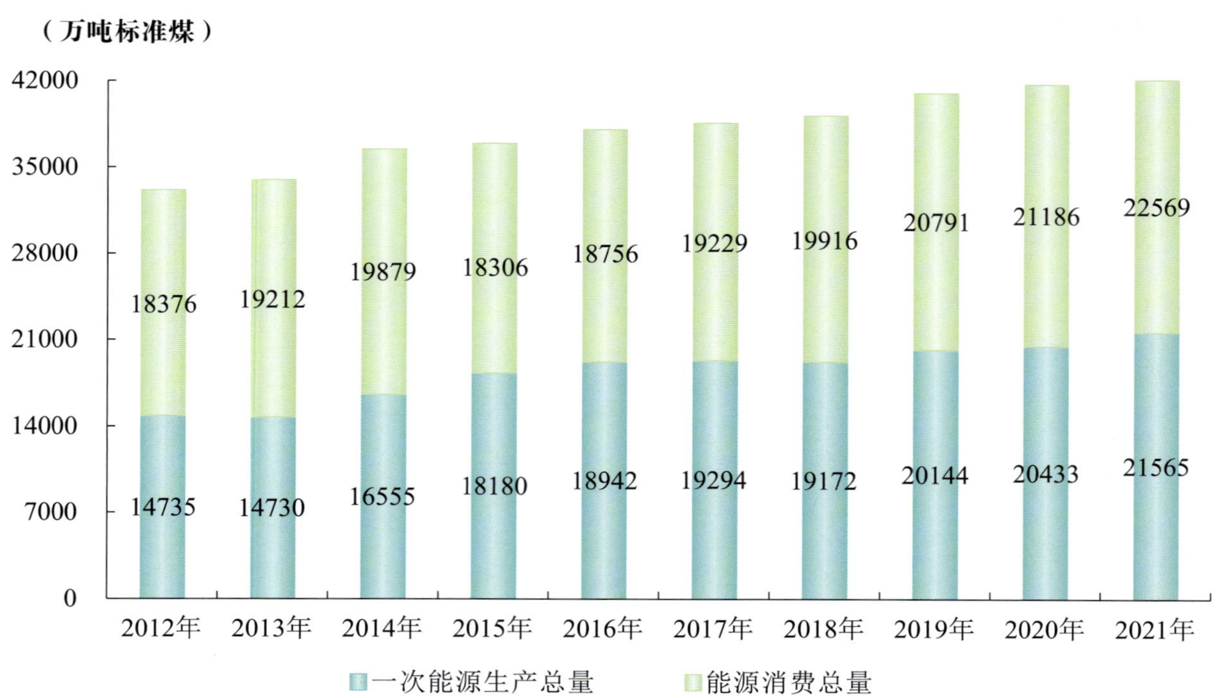

社会消费品零售总额

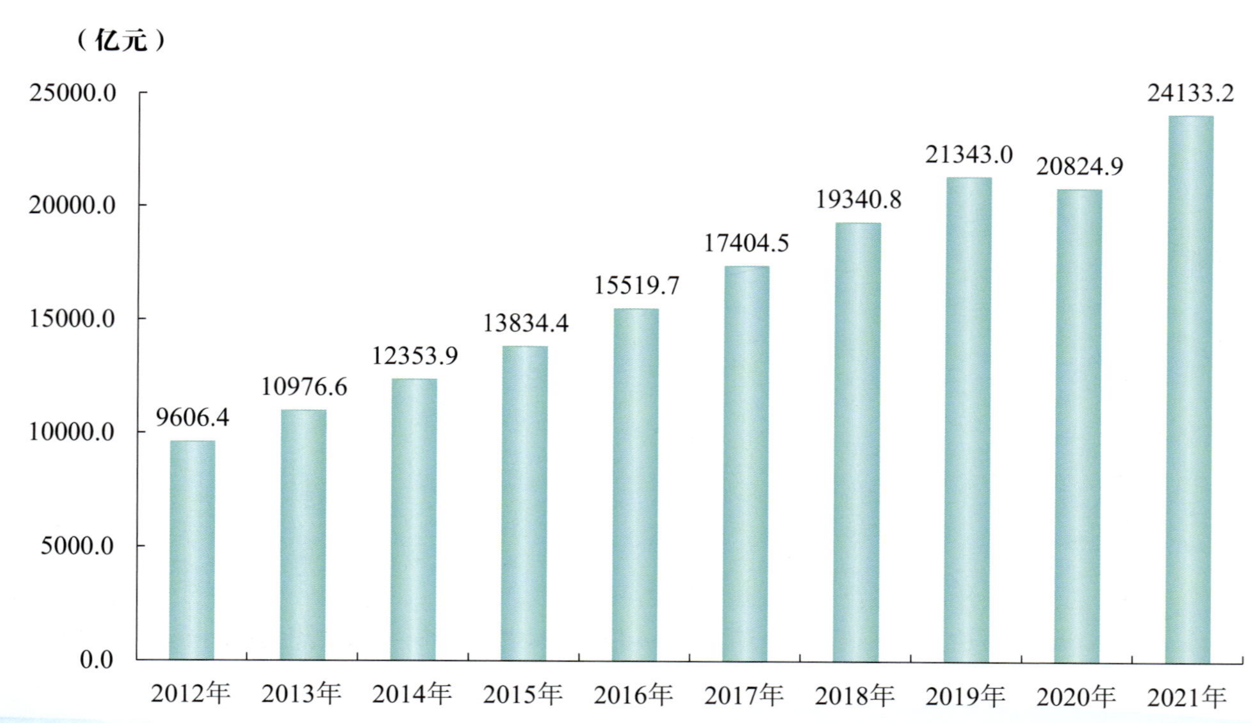

进口额和出口额

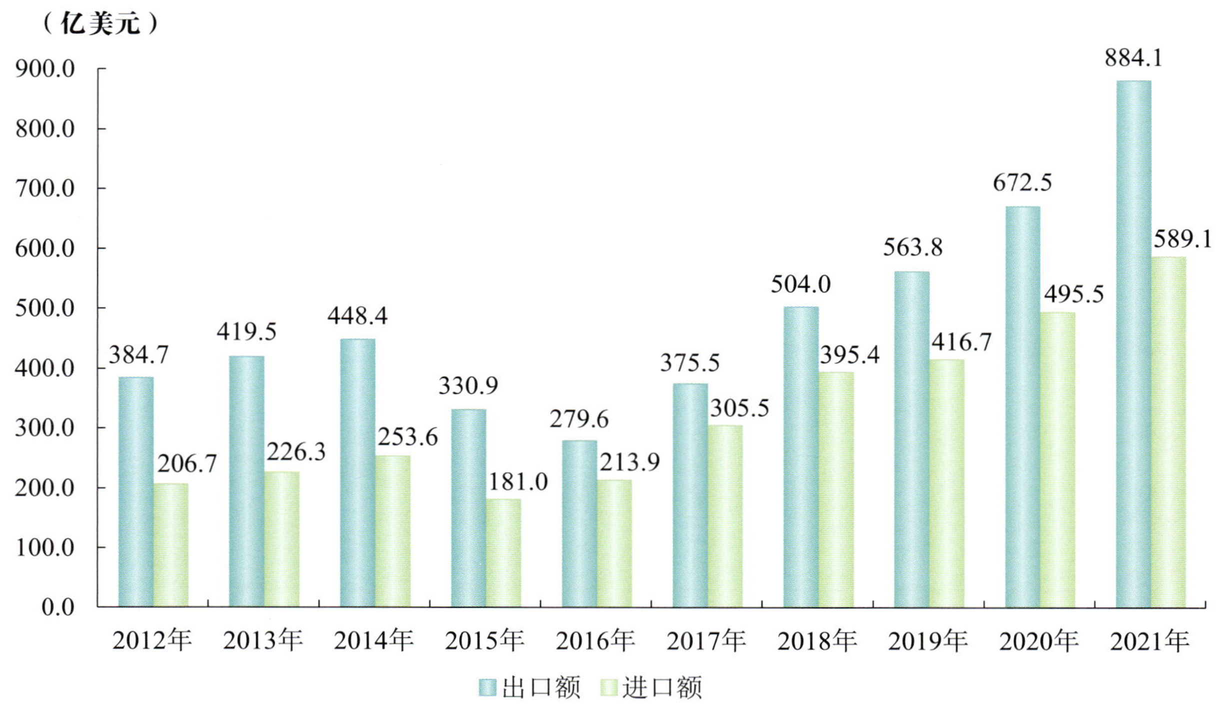

地方一般公共预算收入和支出

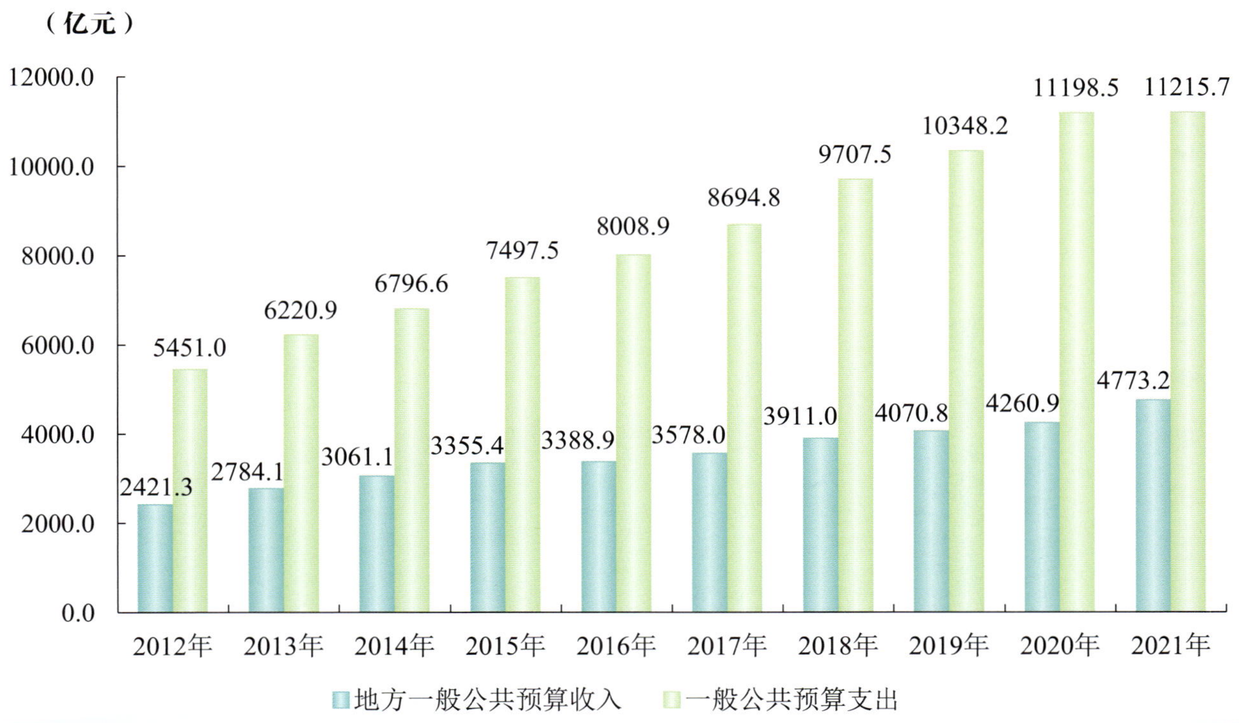

年末金融机构人民币各项存贷款余额

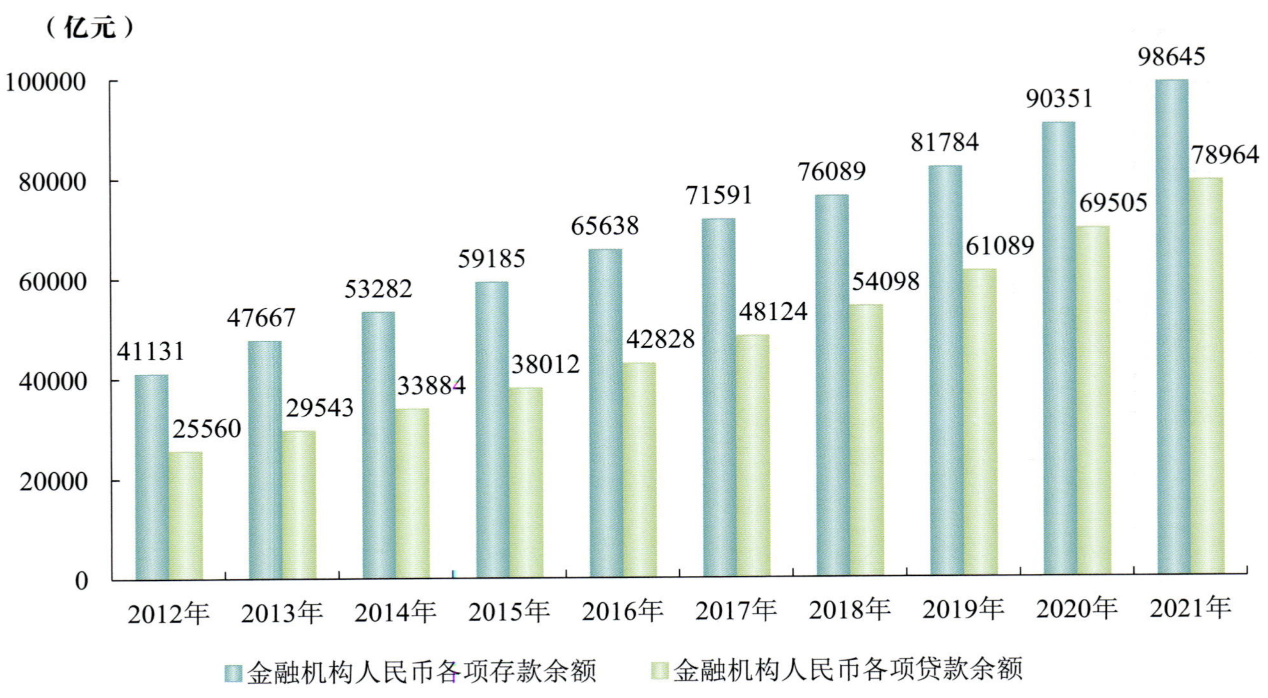

城乡居民人均可支配收入

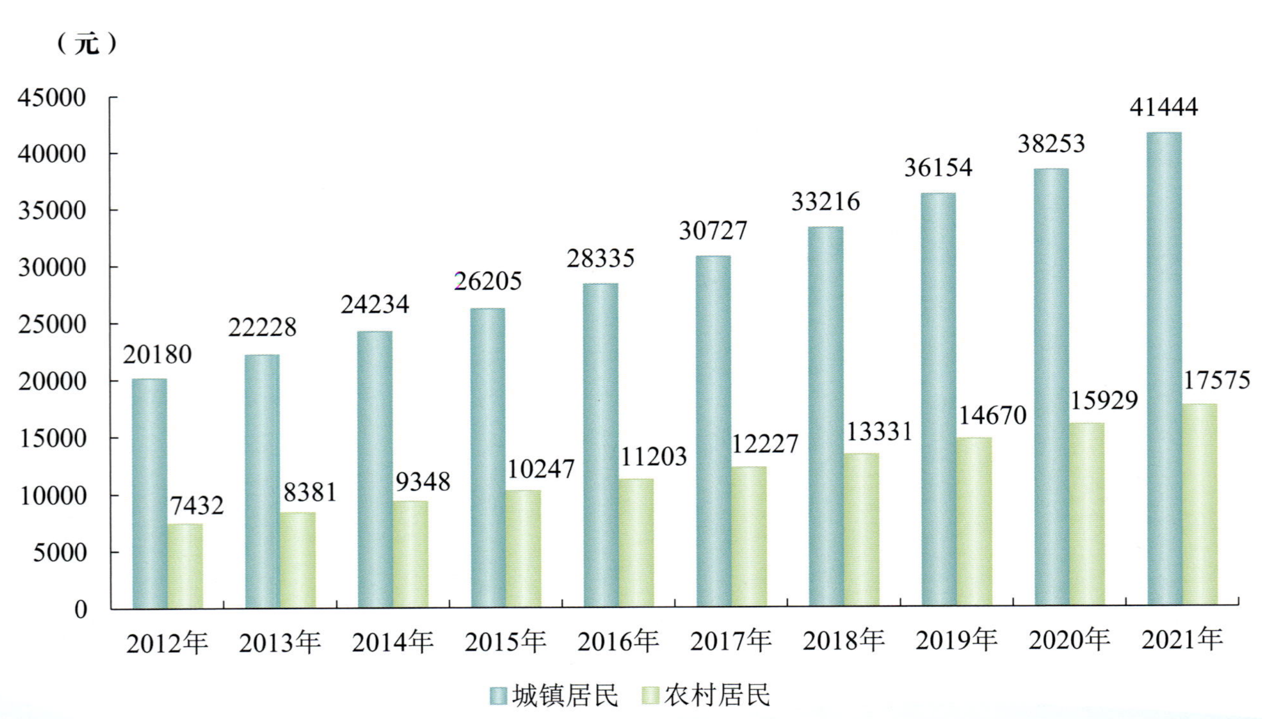

城乡居民人均消费支出

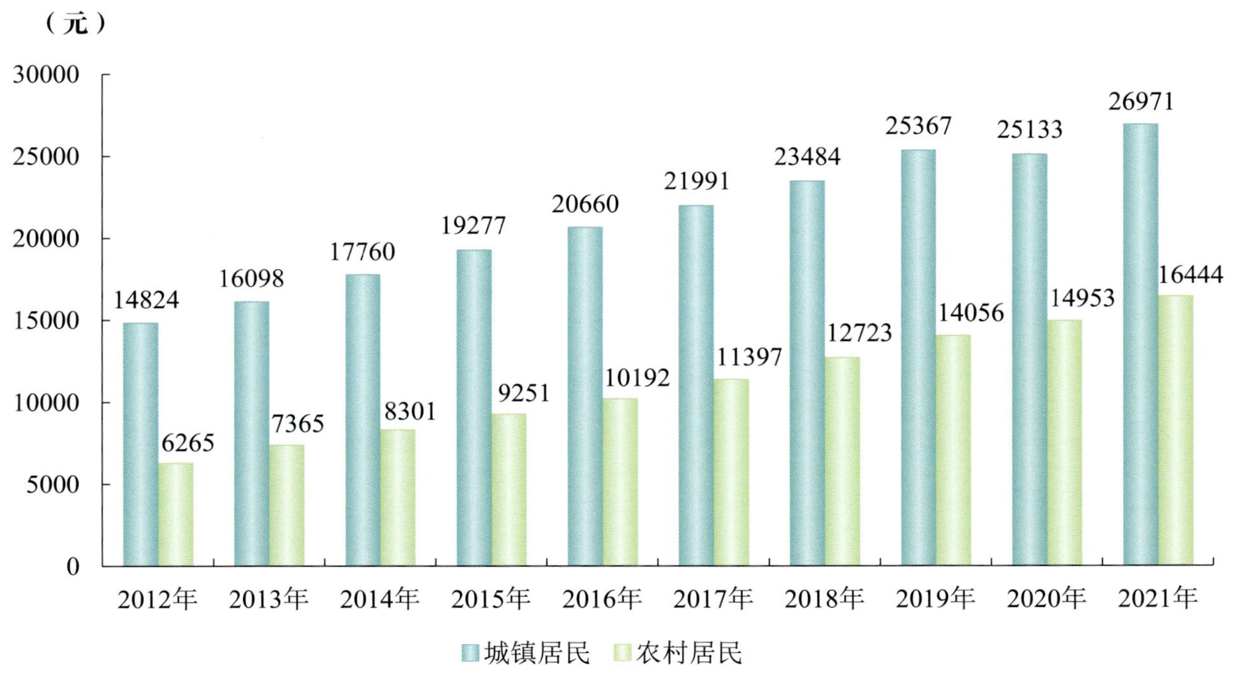

居民消费价格涨跌情况

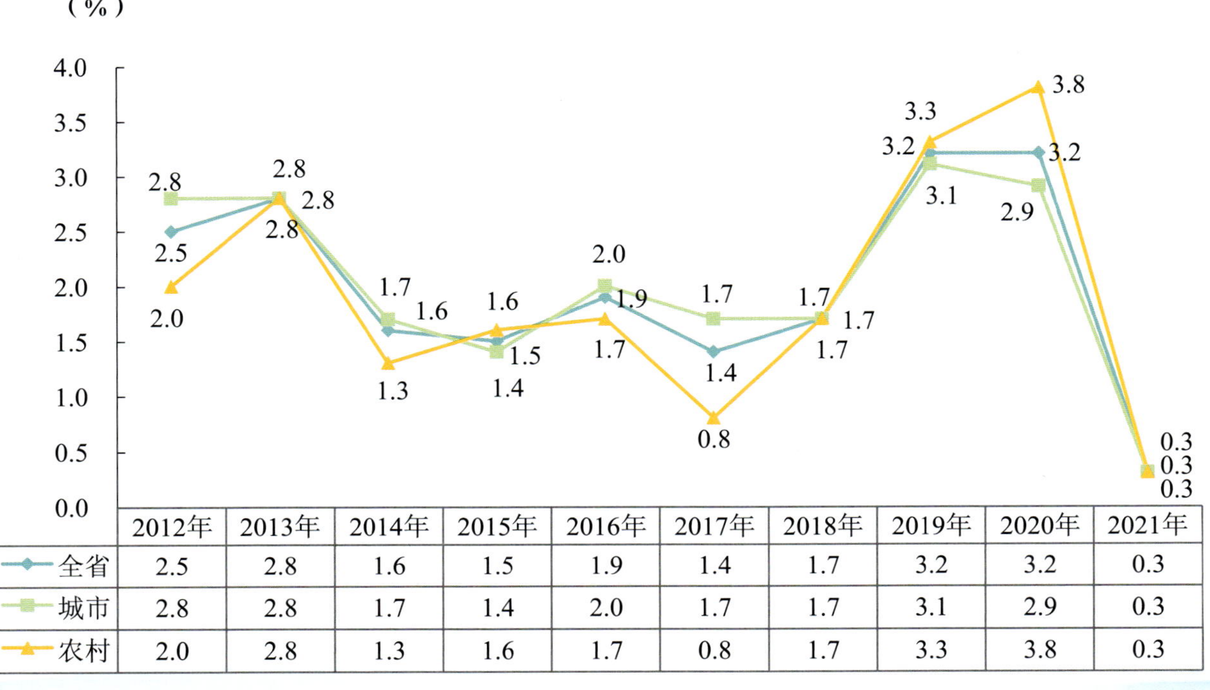

	2012年	2013年	2014年	2015年	2016年	2017年	2018年	2019年	2020年	2021年
全省	2.5	2.8	1.6	1.5	1.9	1.4	1.7	3.2	3.2	0.3
城市	2.8	2.8	1.7	1.4	2.0	1.7	1.7	3.1	2.9	0.3
农村	2.0	2.8	1.3	1.6	1.7	0.8	1.7	3.3	3.8	0.3

工业生产者出厂价格涨跌情况

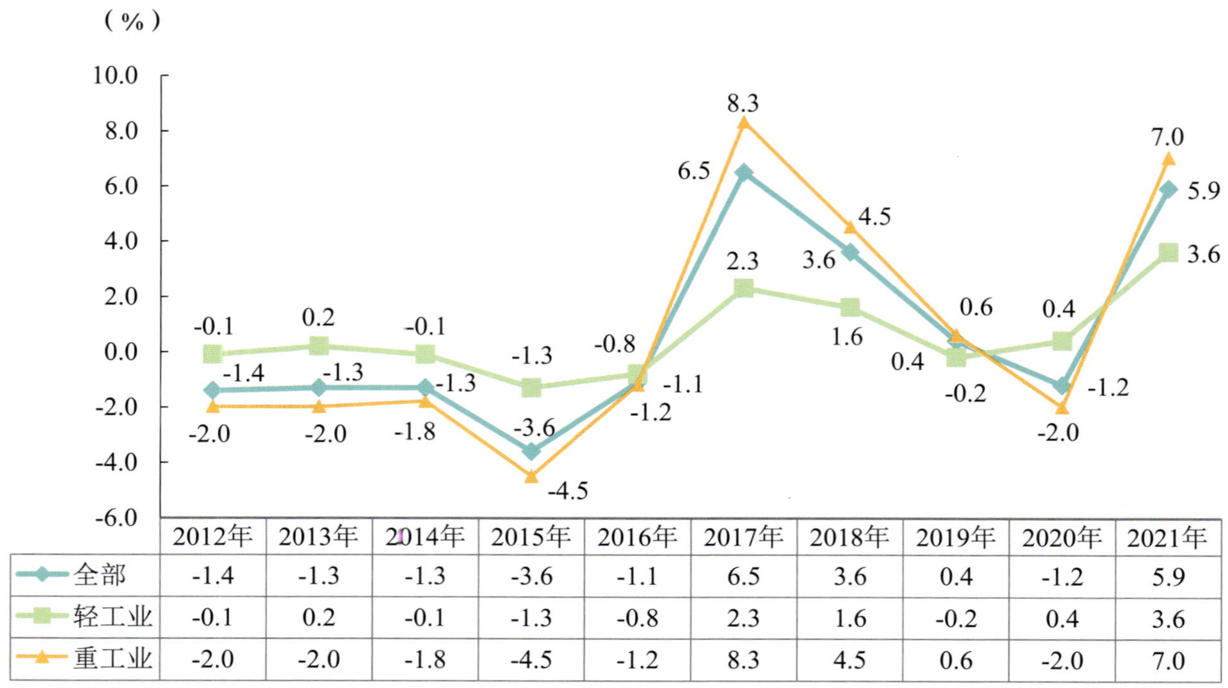

	2012年	2013年	2014年	2015年	2016年	2017年	2018年	2019年	2020年	2021年
全部	-1.4	-1.3	-1.3	-3.6	-1.1	6.5	3.6	0.4	-1.2	5.9
轻工业	-0.1	0.2	-0.1	-1.3	-0.8	2.3	1.6	-0.2	0.4	3.6
重工业	-2.0	-2.0	-1.8	-4.5	-1.2	8.3	4.5	0.6	-2.0	7.0

货物周转量和旅客周转量

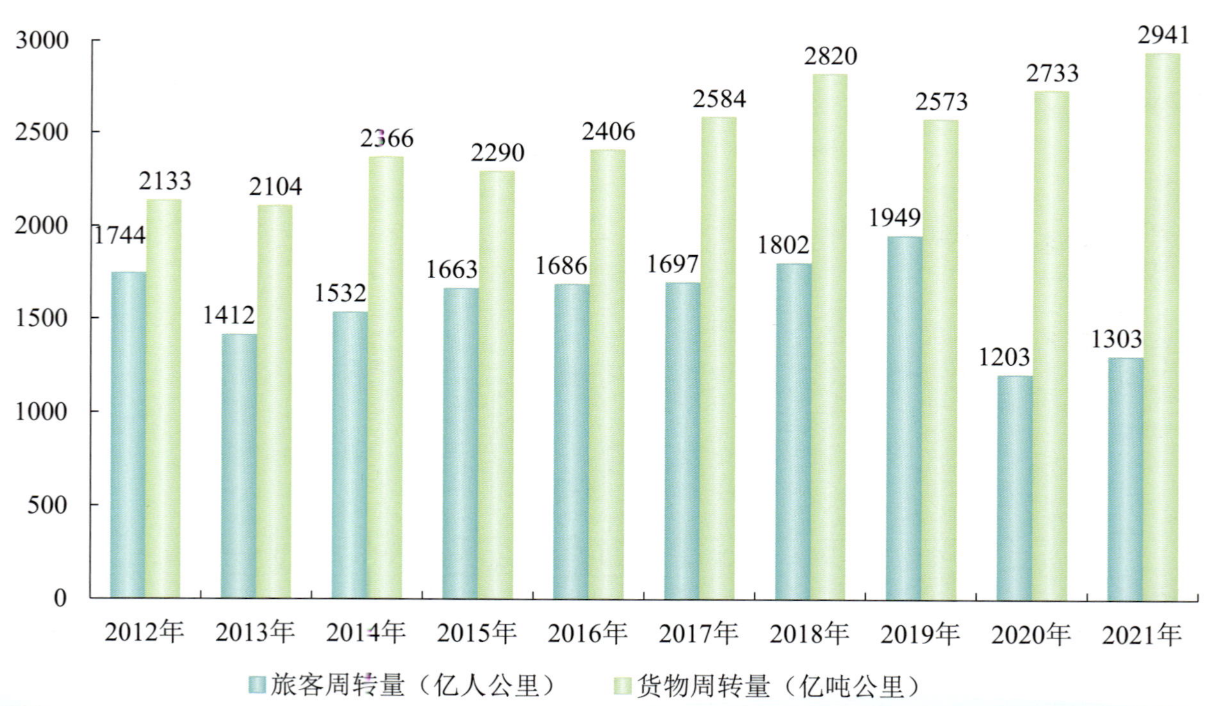

高速公路里程

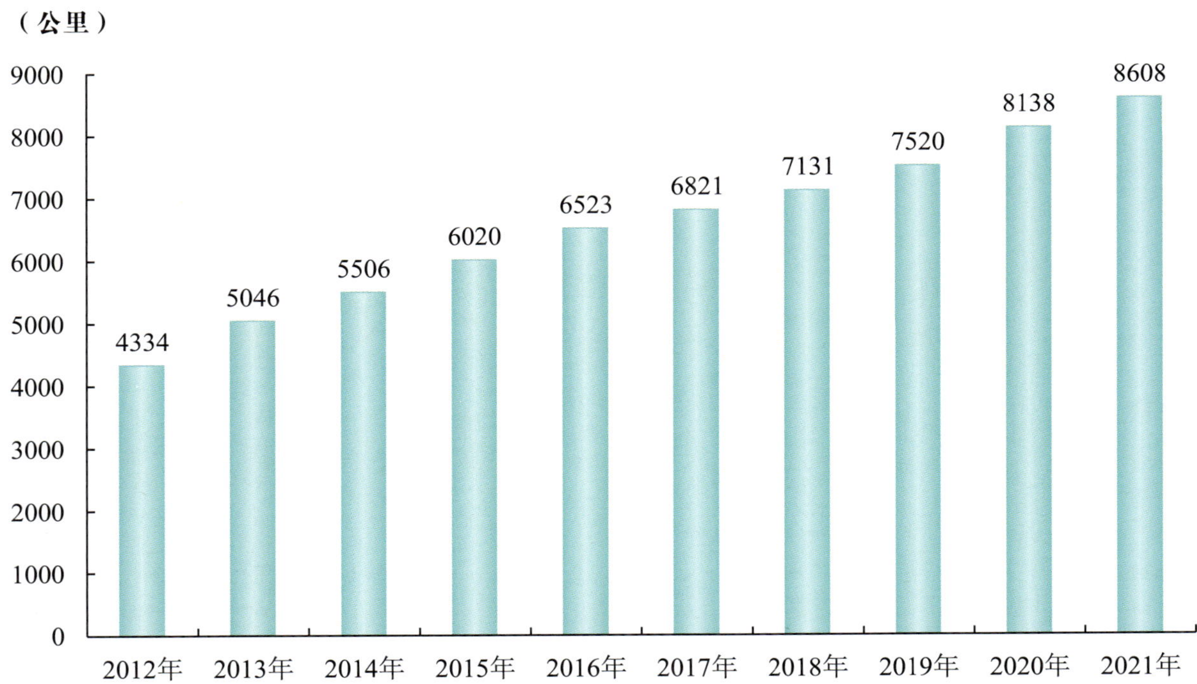

广播覆盖率和电视覆盖率

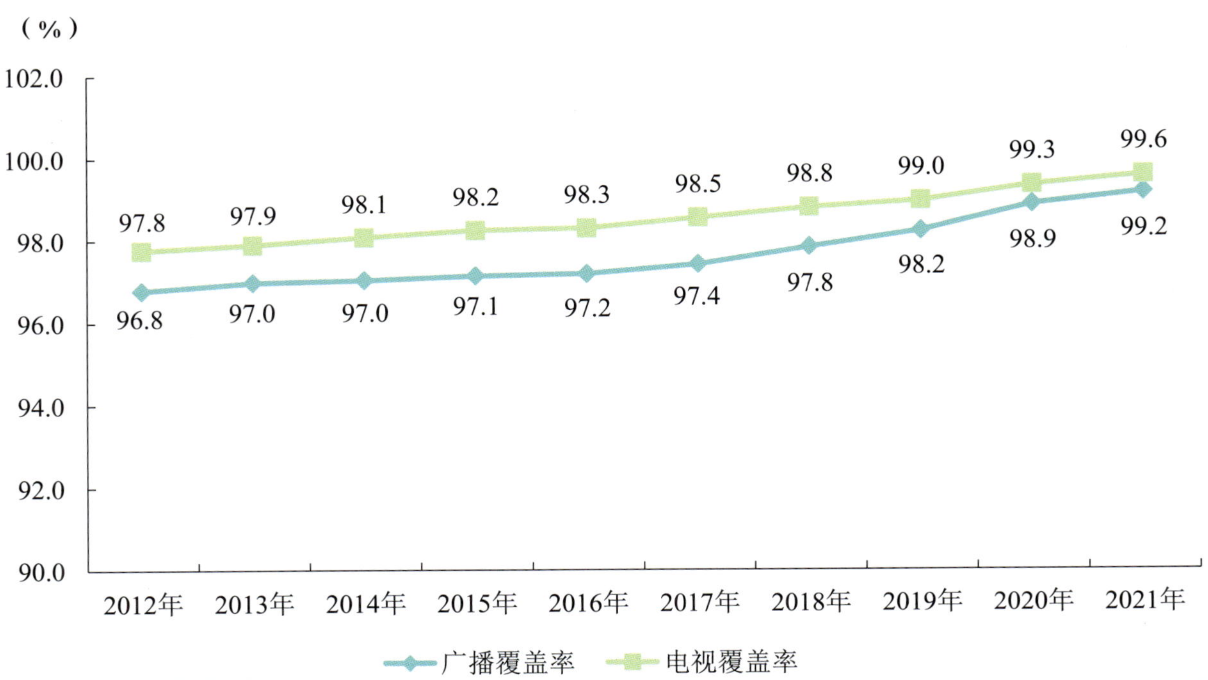

各类学校在校学生数

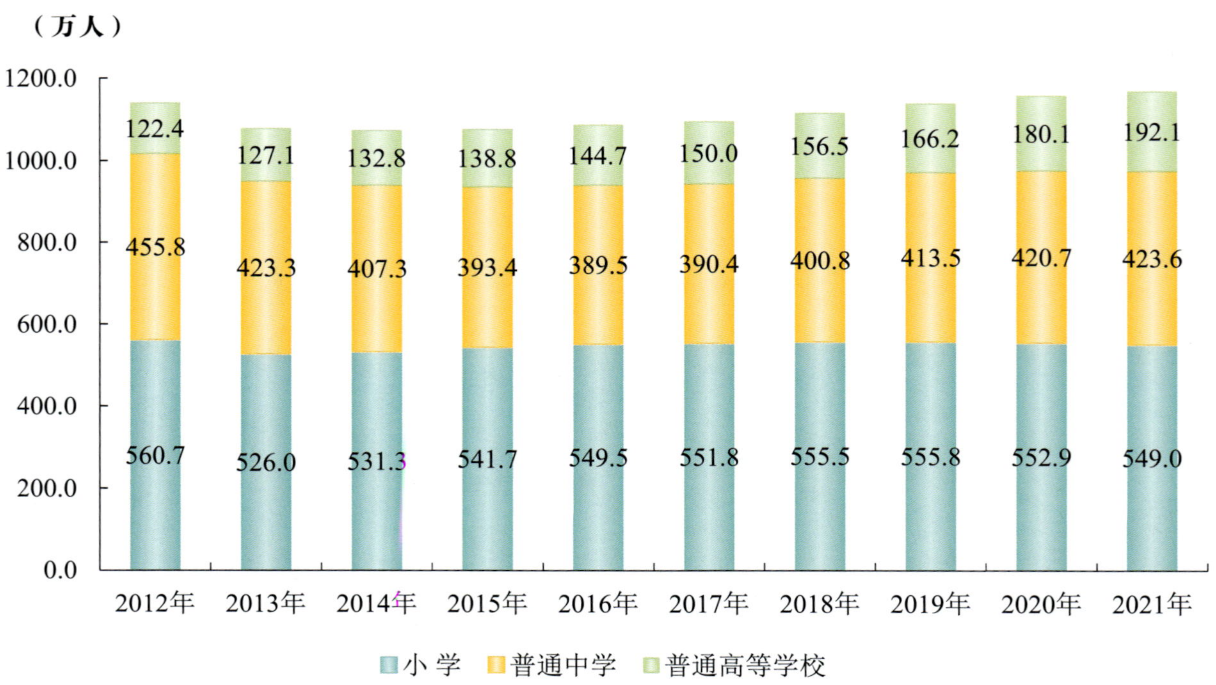

卫生机构床位数

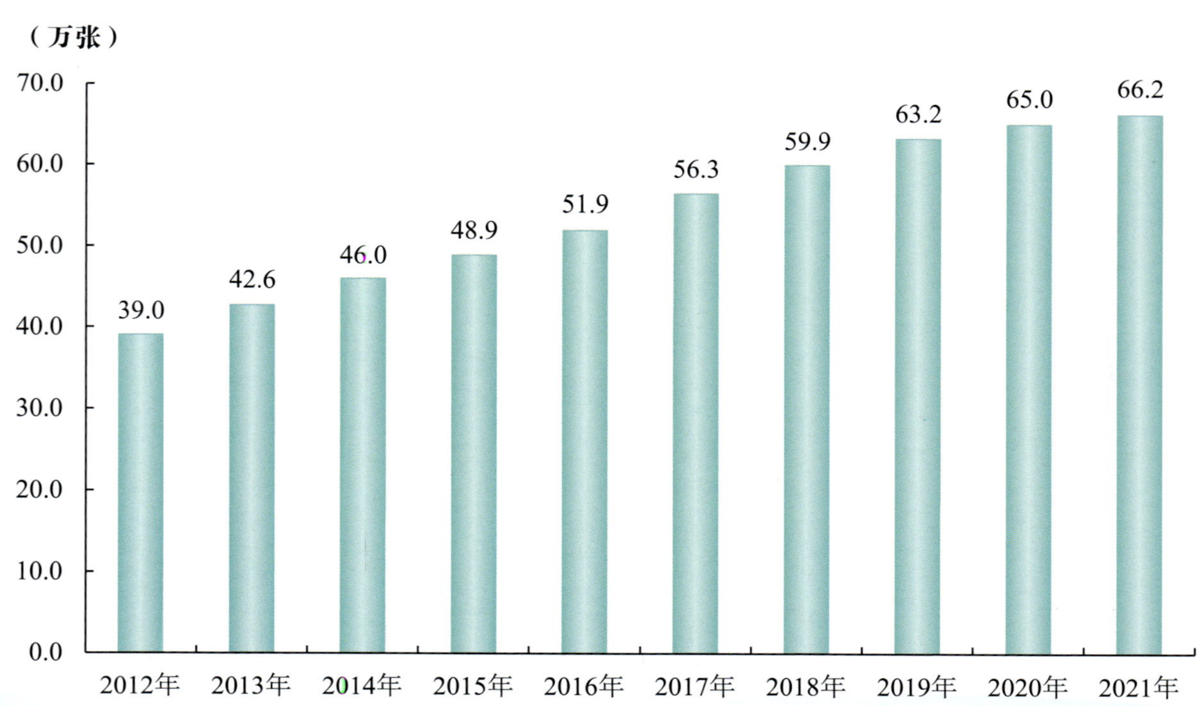

01 综 合

Chapter 1 General Survey

1-1 各市(州)行政区划及辖区面积(2021年底)
Administrative Divisions and Area by Region (End of 2021)

单位：个、平方公里 (unit, sq.km)

市(州)	Region	县(市、区) Counties, Cities at County Level and Districts under City Administration					乡、镇、街道办事处 Township, Towns and Street Communities					辖区面积 Administrative Area
		合计 Total	市辖区 Districts under the Jurisdiction of Cities	县级市 Cities at County Level	县 Counties	自治县 Autonomous Counties	合计 Total	乡 Township	#民族乡 Ethnic Township	镇 Towns	街道 Sub-districts	
全 省	**Sichuan**	**183**	**55**	**19**	**105**	**4**	**3101**	**626**	**83**	**2016**	**459**	**486052.3**
成都市	Chengdu	20	12	5	3		261			100	161	14335.0
自贡市	Zigong	6	4		2		90	2		63	25	4380.6
攀枝花市	Panzhihua	5	3		2		49	15	10	23	11	7401.4
泸州市	Luzhou	7	3		4		126	8	8	92	26	12236.2
德阳市	Deyang	6	2	3	1		84	4		67	13	5909.8
绵阳市	Mianyang	9	3	1	4	1	166	31	14	122	13	20248.4
广元市	Guangyuan	7	3		4		142	23	2	112	7	16311.1
遂宁市	Suining	5	2	1	2		95	3		72	20	5323.2
内江市	Neijiang	5	2	1	2		83			70	13	5384.7
乐山市	Leshan	11	4	1	4	2	132	18	2	103	11	12723.0
南充市	Nanchong	9	3	1	5		242	38	1	162	42	12477.2
眉山市	Meishan	6	2		4		80	5		62	13	7139.5
宜宾市	Yibin	10	3		7		136	17	12	105	14	13266.2
广安市	Guangan	6	2	1	3		124	10		99	15	6340.5
达州市	Dazhou	7	2	1	4		200	30	4	149	21	16582.0
雅安市	Yaan	8	2		6		96	29	13	57	10	15046.2
巴中市	Bazhong	5	2		3		139	6		116	17	12293.3
资阳市	Ziyang	3	1		2		89	13		67	9	5744.0
阿坝藏族羌族自治州	Aba	13		1	12		174	92	1	82		83016.3
甘孜藏族自治州	Ganzi	18		1	17		289	177	3	110	2	149599.3
凉山彝族自治州	Liangshan	17		2	14	1	304	105	13	183	16	60294.4

注：行政区划情况及辖区面积由四川省民政厅提供。
a) Data of administrative division and area are provided by Sichuan Provincial Civil Affairs Department.

1-2 各市(州)基层群众自治组织情况(2021年底)
Basic Statistics on Grass Roots Organizations by Region(End of 2021)

单位：个 (unit)

市(州)	Region	社区居委会 Community Neighborhood Committee	居民小组 Residents Unit	村民委员会 Villagers Committee	村民小组 Villagers Group
全　省	**Sichuan**	**8273**	**57843**	**26108**	**150822**
成都市	Chengdu	1746	21421	1294	14373
自贡市	Zigong	284	954	703	6549
攀枝花市	Panzhihua	106	996	230	526
泸州市	Luzhou	350	2328	1143	10499
德阳市	Deyang	371	4152	816	8243
绵阳市	Mianyang	487	1653	1582	10454
广元市	Guangyuan	351	1015	1380	3404
遂宁市	Suining	336	2118	1109	8861
内江市	Neijiang	356	3445	924	11049
乐山市	Leshan	263	2172	1107	9273
南充市	Nanchong	787	3951	2239	7277
眉山市	Meishan	338	1744	510	3158
宜宾市	Yibin	308	1187	1792	9573
广安市	Guangan	349	2766	1366	13617
达州市	Dazhou	621	3574	1662	8352
雅安市	Yaan	105	484	554	1618
巴中市	Bazhong	493	273	1317	1384
资阳市	Ziyang	266	1844	963	6264
阿坝藏族羌族自治州	Aba	65	143	1090	3620
甘孜藏族自治州	Ganzi	64	26	2181	1262
凉山彝族自治州	Liangshan	227	1597	2147	11466

1-3 各市(州)行政区划一览表(2021年底)
Administrative Division Schedule by Region (End of 2021)

市(州) Region	县、市、区 Counties, Cities at County Level and Districts under City Administration
成都市 Chengdu	锦江区、青羊区、金牛区、武侯区、成华区、龙泉驿区、青白江区、新都区、温江区、双流区、郫都区、新津区都江堰市、彭州市、邛崃市、崇州市、简阳市、金堂县、大邑县、蒲江县 Jinjiang, Qingyang, Jinniu, Wuhou, Chenghua, Longquanyi, Qingbaijiang, Xindu, Wenjiang, Shuangliu, Pidu, Xinjin, Dujiangyan, Pengzhou, Qionglai, Chongzhou, Jianyang, Jintang, Dayi, Pujiang
自贡市 Zigong	自流井区、贡井区、大安区、沿滩区、荣县、富顺县 Ziliujing, Gongjing, Daan, Yantan, Rongxian, Fushun
攀枝花市 Panzhihua	东区、西区、仁和区、米易县、盐边县 Dongqu, Xiqu, Renhe, Miyi, Yanbian
泸州市 Luzhou	江阳区、龙马潭区、纳溪区、泸县、合江县、叙永县、古蔺县 Jiangyang, Longmatan, Naxi, Luxian, Hejiang, Xuyong, Gulin
德阳市 Deyang	旌阳区、罗江区、广汉市、什邡市、绵竹市、中江县 Jinyang, Luojiang, Guanghan, Shifang, Mianzhu, Zhongjiang
绵阳市 Mianyang	涪城区、游仙区、安州区、江油市、梓潼县、平武县、北川羌族自治县、三台县、盐亭县 Fucheng, Youxian, Anzhou, Jiangyou, Zitong, Pingwu, Beichuan, Santai, Yanting
广元市 Guangyuan	利州区、昭化区、朝天区、剑阁县、旺苍县、青川县、苍溪县 Lizhou, Zhaohua, Chaotian, Jiange, Wangcang, Qingchuan, Cangxi
遂宁市 Suining	船山区、安居区、射洪市、蓬溪县、大英县 Chuanshan, Anju, Shehong, Pengxi, Daying
内江市 Neijiang	市中区、东兴区、隆昌市、资中县、威远县 Downtown, Dongxing, Longchang, Zizhong, Weiyuan
乐山市 Leshan	市中区、五通桥区、沙湾区、金口河区、峨眉山市、犍为县、井研县、夹江县、沐川县、峨边彝族自治县、马边彝族自治县 Downtown, Wutongqiao, Shawan, Jinkouhe, Emeishan, Qianwei, Jingyan, Jiajiang, Muchuan, Ebian, Mabian
南充市 Nanchong	顺庆区、高坪区、嘉陵区、阆中市、南部县、西充县、营山县、仪陇县、蓬安县 Shunqing, Gaoping, Jialing, Langzhong, Nanbu, Xichong, Yingshan, Yilong, Pengan
眉山市 Meishan	东坡区、彭山区、仁寿县、洪雅县、丹棱县、青神县 Dongpo, Pengshan, Renshou, Hongya, Danling, Qingshen
宜宾市 Yibin	翠屏区、南溪区、叙州区、江安县、长宁县、高县、筠连县、珙县、兴文县、屏山县 Cuiping, Nanxi, Xuzhou, Jiangan, Changning, Gaoxian, Junlian, Gongxian, Xingwen, Pingshan
广安市 Guangan	广安区、前锋区、华蓥市、岳池县、武胜县、邻水县 Guanganqu, Qianfeng, Huaying, Yuechi, Wusheng, Linshui
达州市 Dazhou	通川区、达川区、万源市、宣汉县、开江县、大竹县、渠县 Tongchuan, Dachuan, Wanyuan, Xuanhan, Kaijiang, Dazhu, Quxian
雅安市 Yaan	雨城区、名山区、荥经县、汉源县、石棉县、天全县、芦山县、宝兴县 Yucheng, Mingshan, Yingjing, Hanyuan, Shimian, Tianquan, Lushan, Baoxing
巴中市 Bazhong	巴州区、恩阳区、平昌县、通江县、南江县 Bazhou, Enyang， Pingchang, Tongjiang, Nanjiang
资阳市 Ziyang	雁江区、安岳县、乐至县 Yanjiang, Anyue, Lezhi
阿坝藏族羌族自治州 Aba	马尔康市、汶川县、理县、茂县、松潘县、九寨沟县、金川县、小金县、黑水县、壤塘县、阿坝县、若尔盖县、红原县 Maerkang, Wenchuan, Lixian, Maoxian, Songpan, Jiuzhaigou, Jinchuan, Xiaojin, Heishui,Rangtang, Abaxian, Ruoergai, Hongyuan
甘孜藏族自治州 Ganzi	康定市、泸定县、丹巴县、九龙县、雅江县、道孚县、炉霍县、甘孜县、新龙县、德格县、白玉县、石渠县、色达县、理塘县、巴塘县、乡城县、稻城县、得荣县 Kangding, Luding, Danba, Jiulong, Yajiang, Daofu, Luhuo, Ganzixian, Xinlong, Dege, Baiyu, Shiqu, Seda, Litang, Batang, Xiangcheng, Daocheng, Derong
凉山彝族自治州 Liangshan	西昌市、会理市、木里藏族自治县、盐源县、德昌县、会东县、宁南县、普格县、布拖县、金阳县、昭觉县、喜德县、冕宁县、越西县、甘洛县、美姑县、雷波县 Xichang, Huili, Muli, Yanyuan, Dechang, Huidong, Ningnan, Puge, Butuo, Jinyang, Zhaojue, Xide,Mianning, Yuexi, Ganluo, Meigu, Leibo

1-4 党的十八大以来四川省经济社会发展成就

指　　标		Item	
人口		**Population**	
年末常住人口	(万人)	Total Resident Population (year-end)	(10 000 persons)
年末户籍人口	(万人)	Total Registered Population (year-end)	(10 000 persons)
#男性	(万人)	Male	(10 000 persons)
女性	(万人)	Female	(10 000 persons)
#城镇	(万人)	Urban	(10 000 persons)
乡村	(万人)	Rural	(10 000 persons)
就业		**Employment**	
就业人员合计	(万人)	Employment	(10 000 persons)
按三次产业分		By Three Strata of Industry	
第一产业	(万人)	Primary Industry	(10 000 persons)
第二产业	(万人)	Secondary Industry	(10 000 persons)
第三产业	(万人)	Tertiary Industry	(10 000 persons)
按城乡分		By Residence in Urban and Rural	
城镇就业人员	(万人)	Urban Employees	(10 000 persons)
乡村就业人员	(万人)	Rural Employees	(10 000 persons)
国民经济核算		**National Accounting**	
地区生产总值	(亿元)	Gross Regional Product	(100 million yuan)
第一产业	(亿元)	Primary Industry	(100 million yuan)
第二产业	(亿元)	Secondary Industry	(100 million yuan)
第三产业	(亿元)	Tertiary Industry	(100 million yuan)
人均地区生产总值	(元)	Per Capita Gross Regional Product	(yuan)
人民生活		**People's Livelihood**	
全体居民人均可支配收入	(元)	Per Capita Disposable Income of Total Residents	(yuan)
#工资性收入	(元)	Income of Wages and Salaries	(yuan)
全体居民人均消费支出	(元)	Per Capita Living Expenditures for Consumption of Total Residents	(yuan)
#食品烟酒支出	(元)	Food, Tobacco and Liquor	(yuan)
全体居民恩格尔系数	(%)	Engle Coefficient of All Residents	(%)

Achievements of Economy and Social Development in Sichuan Since the 18th National Congress of the Communist Party of China

总量指标 Aggregate Data										2021年比上年增长(%) Year on year growth in 2021 (%)	2013–2021年平均增长速度(%) Average growth rate from 2013 to 2021 (%)
2012	2013	2014	2015	2016	2017	2018	2019	2020	2021		
8085.0	8109.0	8139.0	8196.0	8251.0	8289.0	8321.0	8351.0	8371.0	8372.0	0.01	0.39
9097.4	9132.6	9159.1	9102.0	9137.0	9113.4	9121.8	9099.5	9081.6	9094.5	0.14	0.00
4685.0	4700.8	4710.4	4680.1	4696.2	4677.8	4678.3	4665.3	4653.7	4658.4	0.10	-0.06
4412.4	4431.8	4448.7	4421.9	4440.8	4435.6	4443.5	4434.2	4427.9	4436.1	0.19	0.06
2512.0	2632.4	2694.0	2785.2	2997.5	3116.3	3271.5	3346.8	3475.5	3496.1	0.59	3.74
6585.4	6500.2	6465.1	6316.8	6139.5	5997.1	5850.3	5752.7	5606.1	5598.4	-0.14	-1.79
4635.0	4634.0	4638.0	4652.0	4657.0	4667.0	4690.0	4714.0	4745.0	4727.0	-0.4	0.2
1905.0	1854.0	1804.0	1758.4	1709.0	1661.5	1618.0	1579.5	1542.0	1506.0	-2.3	-2.6
1173.0	1163.0	1155.0	1144.4	1132.0	1120.0	1112.0	1098.0	1098.0	1111.0	1.2	-0.6
1557.0	1617.0	1679.0	1749.2	1816.0	1885.5	1960.0	2036.5	2105.0	2110.0	0.2	3.4
1746.4	1828.4	1910.5	2009.4	2108.5	2207.4	2303.8	2406.8	2489.0	2522.0	1.3	4.2
2888.6	2805.6	2727.5	2642.7	2548.5	2459.6	2386.3	2307.2	2256.0	2205.0	-2.3	-3.0
23922.41	26518.02	28891.33	30342.01	33138.48	37905.14	42902.10	46363.75	48501.64	53850.79	8.2	7.7
3142.55	3257.42	3524.74	3660.96	3900.60	4262.51	4427.43	4807.52	5556.86	5661.86	7.0	4.1
11231.06	12418.94	13082.69	13192.45	13450.13	14569.17	16056.94	17187.92	17505.61	19901.38	7.4	7.7
9548.80	10841.66	12283.90	13488.60	15787.75	19073.46	22417.73	24368.31	25439.17	28287.55	8.9	8.5
29627	32750	35563	37150	40297	45835	51658	55619	58009	64326	8.0	7.3
12753	14231	15749	17221	18808	20580	22461	24703	26522	29080	9.6	9.6
6512	7150	7932	8610	9278	10014	11070	12049	13032	14392	10.4	9.2
9837	11055	12368	13632	14839	16180	17664	19338	19783	21518	8.8	9.1
3850	4074	4548	5002	5321	5632	5938	6467	7026	7549	7.4	7.8
39.1	36.9	36.8	36.7	35.9	34.8	33.6	33.4	35.5	35.1		

1-4 续表 1

指　　标		Item	
城镇居民人均可支配收入	(元)	Per Capita Disposable Income of Urban Residents	(yuan)
#工资性收入	(元)	Income of Wages and Salaries	(yuan)
城镇居民人均消费支出	(元)	Per Capita Living Expenditures for Consumption of Urban Residents	(yuan)
#食品烟酒支出	(元)	Food, Tobacco and Liquor	(yuan)
城镇居民恩格尔系数	(%)	Engle Coefficient of Urban Households of Urban Residents	(%)
农村居民人均可支配收入	(元)	Annual per Capita Disposable Income of Rural Residents	(yuan)
农村居民人均生活消费支出	(元)	Expenditure for Consumption of Rural Residents	(yuan)
#食品烟酒支出	(元)	Food, Tobacco and Liquor	(yuan)
农村居民恩格尔系数	(%)	Engle Coefficient of Urban Households of Rural Residents	(%)
全部单位就业人员工资总额	(亿元)	Total Wages of Staff and Workers in all Units	(100 million yuan)
全部单位就业人员平均工资	(元)	Average Money Wages of Staff and Workers in all Units	(yuan)
财政		**Government Finance**	
地方一般公共预算收入	(亿元)	Local General Public Budget Revenue	(100 million yuan)
一般公共预算支出	(亿元)	Local General Public Budget Expenditure	(100 million yuan)
能源		**Energy**	
一次能源生产总量	(万吨标准煤)	Primary Energy Output	(10 000 tons SCE)
能源消费总量	(万吨标准煤)	Total Energy Consumption	(10 000 tons SCE)
房地产		**Real Estate**	
房地产完成投资额	(亿元)	Completed Investment of Real Estate	(100 million yuan)
农业		**Agriculture**	
农林牧渔业总产值	(亿元)	Gross Output Value of Farming, Forestry, Animal Husbandry and Fishery	(100 million yuan)
#农业	(亿元)	Farming	(100 million yuan)
牧业	(亿元)	Animal Husbandry	(100 million yuan)
粮食产量	(万吨)	Grain Yield	(10 000 tons)
油料产量	(万吨)	Oil Bearing Crops Yield	(10 000 tons)
蔬菜及食用菌产量	(万吨)	Yield of Vegetables and Edible Fungi	(10 000 tons)
水果产量	(万吨)	Yield of Fruits	(10 000 tons)
水产品产量	(万吨)	Output of Aquatic Products	(10 000 tons)
肉猪出栏头数	(万头)	Number of Slaughtered Fattened Hogs	(10 000 heads)
猪年末头数	(万头)	Number of Hogs (year-end)	(10 000 heads)
牛年末头数	(万头)	Number of Oxen (year-end)	(10 000 heads)

continued

总量指标 Aggregate Data										2021年比上年增长(%)	2013—2021年平均增长速度(%)
2012	2013	2014	2015	2016	2017	2018	2019	2020	2021	Year on year growth in 2021 (%)	Average growth rate from 2013 to 2021 (%)
20180	22228	24234	26205	28335	30727	33216	36154	38253	41444	8.3	8.3
12226	13116	14262	15242	16219	17299	19033	20479	21951	23934	9.0	7.7
14824	16098	17760	19277	20660	21991	23484	25367	25133	26971	7.3	6.9
5317	5615	6204	6783	7118	7329	7462	8279	8741	9246	5.8	6.3
35.9	34.9	34.9	35.2	34.5	33.3	31.8	32.6	34.8	34.3		
7432	8381	9348	10247	11203	12227	13331	14670	15929	17575	10.3	10.0
6265	7365	8301	9251	10192	11397	12723	14056	14953	16444	10.0	11.3
2800	2948	3299	3618	3887	4235	4483	4879	5478	5969	9.0	8.8
44.7	43.5	39.7	39.1	38.1	37.2	35.2	34.7	36.6	36.3		
3772.36	5287.16	5631.68	6168.65	6612.38	7186.52	7979.50	8806.66	10453.20	11541.64	10.4	13.2
35873	41795	45697	50466	54425	58671	64717	69267	74520	81420	9.3	9.5
2421.27	2784.10	3061.07	3355.44	3388.85	3577.99	3911.01	4070.83	4260.89	4773.15	12.0	7.8
5450.99	6220.91	6796.61	7497.51	8008.89	8694.76	9707.50	10348.17	11198.54	11215.69	0.2	8.3
14735.10	14729.90	16555.20	18179.90	18941.50	19294.04	19172.04	20143.93	20433.09	21564.97	5.5	4.3
18376.00	19212.00	19878.70	18306.40	18755.80	19228.97	19916.18	20790.59	21185.90	22569.39	6.5	2.3
3266.40	3853.00	4380.09	4813.03	5282.64	5149.89	5701.09	6573.24	7315.31	7831.88	7.1	10.2
5433.12	5620.27	5888.09	6377.84	6816.92	6955.55	7195.65	7889.35	9216.40	9383.32	7.6	4.4
2764.90	2886.48	3068.61	3315.51	3701.64	4004.20	4153.71	4395.04	4701.88	5089.48	5.0	4.7
2177.02	2197.97	2236.29	2414.15	2405.54	2199.72	2246.08	2647.88	3613.81	3305.28	11.8	3.3
3271.28	3336.06	3324.64	3394.60	3469.93	3488.90	3493.70	3498.48	3527.43	3582.15	1.6	1.0
315.88	320.18	332.02	339.63	346.18	357.89	362.54	367.35	392.91	416.60	6.0	3.1
3569.18	3705.10	3838.35	3988.38	4118.12	4252.27	4438.02	4639.13	4813.39	5039.09	4.7	3.9
791.42	822.03	862.87	912.14	960.05	1007.88	1080.67	1136.70	1221.30	1290.90	5.7	5.6
116.83	123.64	130.00	135.97	142.16	150.74	153.48	157.69	160.41	166.49	3.8	4.0
7170.70	7314.10	7445.00	7236.54	6907.82	6579.10	6638.34	4852.61	5614.36	6314.88	12.5	-1.4
4718.45	4507.69	4510.22	4288.39	4078.80	4376.64	4258.47	2870.70	3875.44	4255.14	9.8	-1.1
857.24	858.67	869.88	857.80	831.18	853.19	824.30	851.65	880.27	830.51	-5.7	-0.4

1-4 续表 2

指 标		Item	
肉类总产量	(万吨)	Output of Meat	(10 000 tons)
#猪肉	(万吨)	Output of Pork	(10 000 tons)
农作物总播种面积	(万公顷)	Total Sown Areas	(10 000 hectares)
#粮食	(万公顷)	Sown Areas of Grain Crops	(10 000 hectares)
农村用电量	(亿千瓦时)	Electricity Consumed in Rural Areas	(100 million kwh)
化肥施用量	(万吨)	Consumption of Chemical Fertilizers	(10 000 tons)
#氮肥	(万吨)	Nitrogen	(10 000 tons)
造林面积	(万公顷)	Afforestation Area	(10 000 hectares)
规模以上工业企业		**Industrial Enterprises above Designated Size**	
主要财务指标		Principal Financial Indicators	
资产总计	(亿元)	Total Assets	(100 million yuan)
负债合计	(亿元)	Total Liability	(100 million yuan)
所有者权益合计	(亿元)	Owners' Equities	(100 million yuan)
营业收入	(亿元)	Business Revenue	(100 million yuan)
营业成本	(亿元)	Business Cost	(100 million yuan)
利润总额	(亿元)	Total Profits	(100 million yuan)
平均用工人数	(万人)	Number of Average Employed Persons	(10 000 persons)
主要产品产量		Output of Major Products	
布	(亿米)	Cloth	(100 million m)
机制纸及纸板	(万吨)	Machine-made Paper and Paperboards	(10 000 tons)
原盐	(万吨)	Salt	(10 000 tons)
卷烟	(亿支)	Cigarettes	(100 million pieces)
白酒(商品量)	(万千升)	Liquor	(10 000 kiloliter)
天然气	(亿立方米)	Natural Gas	(100 million cu.m)
发电量	(亿千瓦小时)	Electricity	(100 million kwh)
#水电	(亿千瓦小时)	Hydropower	(100 million kwh)
生铁	(万吨)	Pig Iron	(10 000 tons)
粗钢	(万吨)	Crude Steel	(10 000 tons)
成品钢材	(万吨)	Steel Products	(10 000 tons)
水泥	(万吨)	Cement	(10 000 tons)
农用氮、磷、钾化学肥料(折纯)	(万吨)	Chemical Fertilizer	(10 000 tons)

注：2017年及以前营业收入、营业成本分别为主营业务收入、主营业务成本。

continued

总量指标 Aggregate Data										2021年比上年增长(%) Year on year growth in 2021 (%)	2013–2021年平均增长速度(%) Average growth rate from 2013 to 2021 (%)
2012	2013	2014	2015	2016	2017	2018	2019	2020	2021		
663.16	682.31	704.10	694.33	680.36	653.82	664.74	559.53	597.94	664.01	11.1	0.0
496.40	510.80	527.20	512.42	492.32	472.23	481.20	353.45	394.79	460.49	16.6	-0.8
931.96	937.17	937.77	945.11	949.38	957.51	961.54	969.30	984.99	999.99	1.5	0.8
625.56	626.99	624.96	628.61	629.13	629.20	626.56	627.93	631.26	635.77	0.7	0.2
155.96	163.51	169.57	174.81	183.10	188.44	198.62	205.80	205.91	214.61	4.2	3.6
252.83	251.14	252.13	252.09	248.98	241.95	235.21	222.77	210.82	207.16	-1.7	-2.2
127.91	126.09	125.71	124.73	121.90	117.04	112.15	103.53	90.71	81.85	-9.8	-4.8
11.22	12.62	9.82	31.82	56.85	65.84	43.68	40.04	34.39	24.37	-29.1	9.0
30362.89	36239.56	38359.92	40401.38	41514.58	43253.61	46015.75	49024.52	53091.09	61644.05	16.1	8.2
18721.46	22204.87	23413.64	24238.90	24234.79	25120.16	26150.93	27487.81	29718.74	34786.30	17.1	7.1
11471.16	13491.64	14703.51	16075.60	17167.51	18033.84	19864.82	21422.76	23266.90	26805.66	15.2	9.9
31427.16	35686.14	38063.87	38645.91	41529.25	41631.26	41833.78	44125.23	46565.30	54215.01	16.4	6.2
25755.76	29660.84	31963.29	32514.83	34935.31	34660.03	34465.16	36335.94	38367.50	44305.55	15.5	6.2
2333.76	2328.99	2237.00	2171.26	2339.82	2824.26	3055.93	3036.89	3386.38	4546.72	34.3	7.7
391.44	385.05	374.10	354.47	335.48	318.97	299.18	298.86	302.16	310.15	2.6	-2.6
14.2	17.2	18.9	18.5	18.9	16.4	15.6	17.3	14.6	13.7	-6.2	-0.4
237.1	440.0	224.2	189.8	210.6	237.1	261.5	332.4	365.8	389.0	6.3	5.7
476.4	502.9	388.1	325.0	337.5	581.7	494.5	537.5	512.7	532.9	3.9	1.3
978.9	998.7	1003.7	945.8	668.2	734.1	755.2	870.3	895.2	910.8	1.7	-0.8
295.2	336.4	350.0	370.9	402.7	372.4	358.3	366.8	367.6	364.1	-1.0	2.4
242.1	213.1	252.5	266.2	296.9	356.4	369.8	441.4	452.4	522.2	15.4	8.9
2002.4	2448.3	2930.7	2969.5	3141.6	3340.0	3499.4	3671.0	3980.8	4329.5	8.8	8.9
1410.7	1830.7	2341.3	2508.4	2721.8	2909.9	2983.0	3075.5	3349.1	3531.4	5.4	10.7
1670.2	2011.4	1931.4	1747.4	1733.2	1899.7	1978.6	2131.3	2136.8	2092.0	-2.1	2.5
1674.3	2424.7	2243.0	2110.4	2007.7	2026.3	2400.7	2733.3	2792.6	2782.9	-0.3	5.8
2281.6	2785.2	2935.2	2702.5	2837.2	2491.2	2896.7	3308.2	3437.2	3496.2	1.7	4.9
13342.1	13897.1	14581.0	14040.6	14584.2	13810.0	13748.7	14172.1	14495.8	14147.1	-2.4	0.7
425.3	440.0	433.2	497.1	508.6	414.9	369.5	441.7	349.6	335.7	-4.0	-2.6

a) The data of business revenue and business cost are revenue from principal business and cost of principal business respectively in 2017 and before.

1-4 续表 3

指 标		Item	
贸易		**Trade**	
社会消费品零售总额	(亿元)	Total Retail Sales of Consumer Goods	(100 million yuan)
城镇	(亿元)	Retail Sales in Town	(100 million yuan)
乡村	(亿元)	Retail Sales in Rural	(100 million yuan)
进出口总额	(亿美元)	Total Import and Export	(USD 100 million)
出口总额	(亿美元)	Total Export	(USD 100 million)
进口总额	(亿美元)	Total Import	(USD 100 million)
交通运输		**Transportation**	
铁路营业里程	(公里)	Railways in Operation	(km)
公路里程	(万公里)	Highways	(10 000 km)
#高速公路	(公里)	Expressway	(km)
民用汽车拥有量	(万辆)	Possession of Civil Motor Vehicles	(10 000 units)
#私人汽车	(万辆)	Private	(10 000 units)
旅客周转量	(亿人公里)	Passenger-Kilometers	(100 million passenger-km)
货物周转量	(亿吨公里)	Freight Traffic	(100 million ton-km)
文化、教育和卫生		**Culture, Education and Health**	
图书出版总印数	(万册)	Total Printed Copies of Published Books	(10 000 copies)
杂志出版总印数	(万册)	Total Printed Copies of Published Magazines	(10 000 copies)
报纸出版总印数	(万份)	Total Printed Copies of Published Newspapers	(10 000 copies)
专任教师数		Full-time Teachers	
普通高等学校	(万人)	Regular Institutions of Higher Education	(10 000 persons)
普通中学	(万人)	Regular Secondary Schools	(10 000 persons)
小学	(万人)	Primary Schools	(10 000 persons)
在校学生数		Number of Students Enrollment	
普通高等学校	(万人)	Regular Institutions of Higher Education	(10 000 persons)
普通中学	(万人)	Regular Secondary Schools	(10 000 persons)
小学	(万人)	Primary Schools	(10 000 persons)
医院数	(个)	Number of Hospitals	(unit)
医院床位数	(万张)	Number of Beds in Hospital	(10 000 bed)

continued

总量指标 Aggregate Data										2021年比上年增长(%)	2013-2021年平均增长速度(%)
2012	2013	2014	2015	2016	2017	2018	2019	2020	2021	Year on year growth in 2021 (%)	Average growth rate from 2013 to 2021 (%)
9606.44	10976.63	12353.94	13834.40	15519.69	17404.45	19340.75	21342.98	20824.87	24133.21	15.9	10.8
7847.94	8949.37	10068.20	11246.38	12595.56	14124.67	15652.47	17225.38	17138.83	19936.22	16.3	10.9
1758.50	2027.26	2285.74	2588.01	2924.13	3279.78	3688.28	4117.60	3686.04	4197.00	13.9	10.1
591.44	645.79	702.03	511.89	493.49	681.07	899.38	980.52	1168.02	1473.22	26.1	10.7
384.69	419.49	448.39	330.93	279.55	375.54	503.98	563.81	672.48	884.09	31.5	9.7
206.75	226.30	253.64	180.96	213.94	305.53	395.40	416.71	495.54	589.13	18.9	12.3
3533	3539	3976	4442	4593	4919	4978	5090	5312	5687	7.1	5.4
29.4	30.2	31.0	31.6	32.4	33.0	33.2	33.7	39.4	39.9	1.3	3.5
4334	5046	5506	6020	6523	6821	7131	7520	8138	8608	5.8	7.9
493.2	573.0	668.2	768.5	882.4	991.8	1099.6	1187.2	1292.2	1382.0	6.9	12.1
408.9	485.5	577.2	677.3	787.5	886.3	976.7	1049.6	1141.2	1218.4	6.8	12.9
1744.3	1411.6	1532.2	1663.0	1686.0	1697.0	1802.0	1949.1	1202.7	1303.3	8.4	-3.2
2133.2	2103.9	2365.7	2289.5	2406.0	2584.0	2820.0	2573.3	2733.3	2940.8	7.6	3.6
23587	23416	19623	24805	24264	29195	32520	36565	34996	41931	19.8	6.6
9066	7499	6382	5655	5045	5128	4997	5231	5131	5077	-1.1	-6.2
172573	170457	167699	162781	162153	141828	132695	120448	104858	99971	-4.7	-5.9
7.31	7.68	8.14	8.44	8.58	8.39	8.70	8.98	9.54	9.90	3.8	3.4
29.04	29.26	29.30	29.32	29.47	29.88	30.46	31.29	32.14	33.07	2.9	1.5
30.49	30.56	30.49	30.81	31.44	32.50	32.99	33.78	34.49	34.94	1.3	1.5
122.37	127.08	132.83	138.79	144.66	149.97	156.47	166.17	180.09	192.08	6.7	5.1
455.84	423.32	407.31	393.44	389.54	390.43	400.76	413.53	420.67	423.63	0.7	-0.8
560.74	525.95	531.32	541.74	549.52	551.84	555.46	555.77	552.91	548.98	-0.7	-0.2
1542	1716	1822	1942	2067	2219	2343	2417	2435	2481	1.9	5.4
25.73	28.90	31.92	34.58	37.57	41.19	44.22	46.98	48.48	49.75	2.6	7.6

1−5 党的十八大以来四川省经济社会发展比例和效益指标
Indicators of Proportions and Efficiency on Sichuan Economy and Social Development Since the 18th National Congress of the Communist Party of China

指　标		Item		2012	2017	2021
人口与就业		**Population and Employment**				
出生率	(‰)	Birth Rate	(‰)	9.9	11.3	6.9
死亡率	(‰)	Death Rate	(‰)	6.9	7.0	8.7
自然增长率	(‰)	Natural Growth Rate	(‰)	3.0	4.3	-1.9
城镇登记失业率	(%)	Unemployment Rate in Urban Areas	(%)	4.1	4.0	3.6
国民经济核算		**National Accounting**				
人均地区生产总值	(元)	Per Capita GDP	(yuan)	29627	45835	64326
人民生活		**People's Living Conditions**				
城乡收入比(农村居民收入为1)		Urban and Rural Income Ratio(Rural Income as 1)		2.7	2.5	2.4
财政		**Government Finance**				
地方一般公共预算收入与地区生产总值之比	(%)	Local General Public Budget Income to GDP	(%)	10.1	9.4	8.9
一般公共预算支出与地区生产总值之比	(%)	Local general public budget expenditure to GDP	(%)	22.8	22.9	20.8
农业		**Agriculture**				
每公顷播种面积农产品产量		Output of Farm Crops per Hectare of Sown Area				
粮食	(公斤)	Grain	(kg)	5229	5545	5634
油料	(公斤)	Oilseeds	(kg)	2307	2420	2522
国内贸易		**Domestic Trade**				
人均社会消费品零售总额	(元)	Per Capita Retail Sales of Consumer Goods	(yuan)	11897	21045	28828
金融		**Financial Intermediation**				
金融机构存款与地区生产总值之比	(%)	Bank Deposits as Percentage of GDP	(%)	171.9	188.9	183.2
金融机构贷款与地区生产总值之比	(%)	Bank Loans as Percentage of GDP	(%)	106.8	127.0	146.6
教育		**Education**				
每万人口普通高等学校在校大学生数	(人)	Number of College Students per 10000 Population	(person)	152	181	229
文化		**Culture**				
每百万人有公共图书馆	(个)	Number of Public Libraries per Million Persons	(unit)	2.3	2.5	2.5
每百万人有文化馆、文化站	(个)	Number of Cultural Centers and Stations per Million Persons	(unit)	59.4	57.9	51.3
人均年出版报纸	(份)	Annual Number of Newspaper Published per Capita	(copy)	21.4	17.1	11.9
人均年出版图书、杂志	(册)	Annual Number of Books and Magazines Published per Capita	(copy)	4.0	4.2	5.6
卫生		**Public Health**				
每万人口医院数	(个)	Number of Hospitals per 10000 Population	(unit)	0.2	0.3	0.3
每万人口医院床位数	(张)	Number of Beds of Hospitals per 10000 Population	(bed)	31.9	49.8	59.4

注：人均指标均按年平均常住人口计算。
a) The per capita data is calculated by average permanent resident population.

1-6 党的十八大以来四川省经济社会发展结构指标
Structural Indicators on Sichuan Economy and Social Development Since the 18th National Congress of the Communist Party of China

单位：% (%)

指 标	Item	2012	2017	2021
户籍人口结构	**Structure of Resident Population**			
城镇人口	Urban Population	27.6	34.2	38.4
乡村人口	Rural Population	72.4	65.8	61.6
就业人员结构	**Employment Structure**			
第一产业	Primary Industry	41.1	35.6	31.9
第二产业	Secondary Industry	25.3	24.0	23.5
第三产业	Tertiary Industry	33.6	40.4	44.6
地区生产总值结构	**GDP Structure**			
第一产业	Primary Industry	13.1	11.2	10.5
第二产业	Secondary Industry	46.9	38.4	37.0
第三产业	Tertiary Industry	40.0	50.4	52.5
进出口总额构成	**Composition of Total Import and Export**			
出口	Export	65.0	55.1	60.0
进口	Import	35.0	44.9	40.0
第一产业总产值构成	**Composition of Gross Output Value of Primary Industry**			
农业	Farming	51.8	59.0	55.7
林业	Forestry	4.4	5.1	4.5
牧业	Animal Husbandry	40.8	32.4	36.2
渔业	Fishery	3.0	3.5	3.6
旅客周转量构成	**Composition of Passenger-Kilometers**			
铁路	Railways	14.9	18.7	23.8
公路	Highways	57.6	30.7	20.7
水路	Waterways	0.2	0.1	0.1
民用航空	Civil Aviation	27.3	50.4	55.3
货物周转量构成	**Composition of Freight Ton-kilometers**			
铁路	Railways	32.5	24.7	29.6
公路	Highways	62.1	64.9	60.9
水路	Waterways	4.9	9.9	9.0
民用航空	Civil Aviation	0.5	0.5	0.5

1-7 按主要行业分法人单位数(2021年)
Number of Legal Entities by Sector(2021)

单位：个 (unit)

市(州)	Region	合计 Total	农、林、牧、渔业 Agriculture, Forestry, Animal Husbandry and Fishery	采矿业 Mining	制造业 Manufacturing	电力、热力、燃气及水生产和供应业 Production and Supply of Electricity,Heat, Gas and Water	建筑业 Construction	批发和零售业 Wholesale and Retail Trades
全 省	**Sichuan**	**971006**	**101202**	**3643**	**74684**	**6117**	**73609**	**227821**
成都市	Chengdu	353314	11169	98	26320	733	30823	98926
自贡市	Zigong	24562	3043	97	2735	148	1701	5383
攀枝花市	Panzhihua	18501	1640	444	1165	177	947	5720
泸州市	Luzhou	48441	4283	173	3872	367	3797	12573
德阳市	Deyang	39782	3022	62	7467	236	2571	8855
绵阳市	Mianyang	64870	6610	196	5732	350	5673	13442
广元市	Guangyuan	27459	5344	190	1700	132	2155	4409
遂宁市	Suining	27290	4550	59	1802	132	2294	5442
内江市	Neijiang	23706	4167	153	1912	192	1208	4800
乐山市	Leshan	33040	3289	315	2405	392	2069	8154
南充市	Nanchong	48941	7032	95	2672	222	4366	9655
眉山市	Meishan	27203	3732	56	2944	215	1835	5704
宜宾市	Yibin	44131	7184	357	3402	364	3228	9377
广安市	Guangan	23887	3972	66	1644	179	1863	4571
达州市	Dazhou	42971	7284	345	2734	325	2674	10849
雅安市	Yaan	17437	2235	178	1698	605	853	3789
巴中市	Bazhong	27141	6541	76	1160	149	1855	4054
资阳市	Ziyang	17737	3050	3	1315	61	1170	3654
阿坝藏族羌族自治州	Aba	14780	4315	107	477	250	628	1690
甘孜藏族自治州	Ganzi	15040	2496	86	318	211	490	1438
凉山彝族自治州	Liangshan	30773	6244	487	1210	677	1409	5336

1-7 续表 1 continued

单位：个 (unit)

市(州)	Region	交通运输、仓储和邮政业 Transport, Storage and Post	住宿和餐饮业 Hotels and Catering Services	信息传输、软件和信息技术服务业 Information Transmission, Software and Information Technology	金融业 Financial Intermediation	房地产业 Real Estate	租赁和商务服务业 Leasing and Business Services	科学研究和技术服务业 Scientific Research and Technical Services
全 省	**Sichuan**	**23676**	**19613**	**39432**	**3495**	**32999**	**117504**	**50434**
成都市	Chengdu	9040	9019	24839	1573	13377	54268	24651
自贡市	Zigong	573	445	580	90	611	2560	1079
攀枝花市	Panzhihua	849	329	425	62	652	1705	698
泸州市	Luzhou	1401	755	1261	154	1494	7539	1776
德阳市	Deyang	1033	545	1102	141	1443	3735	2162
绵阳市	Mianyang	1327	1080	3334	157	2418	7431	4855
广元市	Guangyuan	468	353	466	84	751	3604	962
遂宁市	Suining	486	374	666	104	874	3026	1059
内江市	Neijiang	655	463	486	95	742	1883	853
乐山市	Leshan	1203	500	735	132	1111	3462	1310
南充市	Nanchong	1053	774	1213	126	2354	5258	1915
眉山市	Meishan	564	408	423	92	1286	2440	961
宜宾市	Yibin	991	914	840	99	1163	4553	1689
广安市	Guangan	792	304	461	83	789	2219	984
达州市	Dazhou	[illegible]	1105	852	160	1257	3455	1273
雅安市	Yaan	[illegible]	348	329	68	398	1549	510
巴中市	Bazhong	[illegible]	427	481	57	811	3173	904
资阳市	Ziyang	[illegible]	169	263	66	535	1664	517
阿坝藏族羌族自治州	Aba	[illegible]	491	145	29	177	974	286
甘孜藏族自治州	Ganzi	[illegible]	346	163	43	121	804	749
凉山彝族自治州	Liangshan	[illegible]	464	368	80	635	2202	1241

1-7 续表 2 continued

单位：个 (unit)

市(州)	Region	水利、环境和公共设施管理业 Management of Water Conservancy, Environment and Public Facilities	居民服务、修理和其他服务业 Service to Households, Repair and Other Services	教育 Education	卫生和社会工作 Health and Social Service	文化、体育和娱乐业 Culture, Sports and Entertainment	公共管理、社会保障和社会组织 Public Management, Social Security and Social Organization
全　省	**Sichuan**	**7682**	**21730**	**36256**	**17476**	**26974**	**86659**
成都市	Chengdu	2400	10582	9709	5149	10858	9780
自贡市	Zigong	270	426	1026	484	701	2610
攀枝花市	Panzhihua	164	485	567	262	438	1772
泸州市	Luzhou	307	1089	1697	790	1224	3889
德阳市	Deyang	289	774	1254	531	927	3633
绵阳市	Mianyang	511	1251	2458	997	1827	5221
广元市	Guangyuan	278	406	1082	502	739	3834
遂宁市	Suining	203	432	1213	558	815	3201
内江市	Neijiang	142	422	1447	482	589	3015
乐山市	Leshan	311	653	1593	654	909	3833
南充市	Nanchong	352	979	2074	1281	1471	6049
眉山市	Meishan	283	391	1381	530	753	3205
宜宾市	Yibin	431	912	1858	718	1165	4886
广安市	Guangan	197	371	1230	554	635	3373
达州市	Dazhou	349	885	1912	978	969	4734
雅安市	Yaan	188	293	741	364	507	2206
巴中市	Bazhong	257	472	928	553	671	4177
资阳市	Ziyang	145	217	1163	490	259	2663
阿坝藏族羌族自治州	Aba	208	140	471	327	402	3344
甘孜藏族自治州	Ganzi	150	107	793	480	446	5492
凉山彝族自治州	Liangshan	247	443	1659	782	669	5742

1−8 分地区按三次产业和机构类型分法人单位数(2021年)
Number of Legal Entities by Three Strata of Industry and Type of Institutions(2021)

单位：个 (unit)

市(州)	Region	法人单位数 Number of Legal Entities	按三次产业分 Grouped by Three Strata of Industry			按机构类型分 By Type of Institutions			
			第一产业 Primary Industry	第二产业 Secondary Industry	第三产业 Tetiary Industry	企业法人 Business Entity	事业法人 Institution Entity	机关法人 Government Entity	社会团体 Social Organization
全 省	**Sichuan**	**971006**	**95172**	**156767**	**719067**	**762856**	**51367**	**14647**	**14746**
成都市	Chengdu	353314	10318	57314	285682	326078	5816	1704	2589
自贡市	Zigong	24562	2901	4649	17012	19464	1446	461	506
攀枝花市	Panzhihua	18501	1570	2669	14262	14678	1035	365	497
泸州市	Luzhou	48441	4064	8161	36216	38674	1945	578	797
德阳市	Deyang	39782	2778	10228	26776	32111	1800	503	952
绵阳市	Mianyang	64870	6061	11895	46914	52251	3328	747	903
广元市	Guangyuan	27459	4946	4157	18356	17658	1999	589	575
遂宁市	Suining	27290	4288	4264	18738	20186	1663	446	546
内江市	Neijiang	23706	3955	3450	16301	16992	1911	414	406
乐山市	Leshan	33040	3132	5124	24784	23227	2537	724	717
南充市	Nanchong	48941	6532	7328	35081	33374	3621	802	995
眉山市	Meishan	27203	3435	5021	18747	20147	2068	512	576
宜宾市	Yibin	44131	6866	7314	29951	32253	2905	726	897
广安市	Guangan	23887	3815	3744	16328	16567	2028	553	414
达州市	Dazhou	42971	6849	6043	30079	32174	3037	694	574
雅安市	Yaan	17437	2143	3318	11976	12211	1343	556	474
巴中市	Bazhong	27141	6197	3230	17714	15776	2463	525	570
资阳市	Ziyang	17737	2842	2532	12363	10814	1695	339	360
阿坝藏族羌族自治州	Aba	14780	4241	1457	9082	6387	1445	833	488
甘孜藏族自治州	Ganzi	15040	2355	1104	11581	4975	3341	1350	287
凉山彝族自治州	Liangshan	30773	5884	3765	21124	16859	3941	1226	623

1-8 续表 continued

单位：个 (unit)

市(州)	Region	按机构类型分 By Type of Institutions						
		民办非企业单位 Private Non-enterprise Unit	基金会 Foundation	居委会 Neighborhood Committee	村委会 Village Committee	农民专业合作社 Specialized Farmers' Cooperative	农村集体经济组织 Rural Collective Economic Organization	其他组织机构 Others
全 省	**Sichuan**	**17669**	**89**	**7607**	**27802**	**64012**	**6425**	**3786**
成都市	Chengdu	5755	39	1570	1586	5914	1435	828
自贡市	Zigong	479	3	276	789	1022	48	68
攀枝花市	Panzhihua	312	2	106	230	1085	137	54
泸州市	Luzhou	951	3	341	1151	2828	967	206
德阳市	Deyang	626	4	340	851	2349	102	144
绵阳市	Mianyang	1106	2	487	1582	3492	716	256
广元市	Guangyuan	429	2	342	1391	3009	1223	242
遂宁市	Suining	700		305	1212	1979	29	224
内江市	Neijiang	671	7	319	959	1890	12	125
乐山市	Leshan	812	5	248	1094	3010	540	126
南充市	Nanchong	1024	2	664	2344	5888	84	143
眉山市	Meishan	642	3	331	838	1975	61	50
宜宾市	Yibin	756	3	293	1822	4068	282	126
广安市	Guangan	570	1	314	1393	1941		106
达州市	Dazhou	1032		547	1783	3078	2	50
雅安市	Yaan	371	4	86	571	1780	1	40
巴中市	Bazhong	403	1	484	1318	5146	367	88
资阳市	Ziyang	521	3	270	979	2184	419	153
阿坝藏族羌族自治州	Aba	57	2	55	1264	4038		211
甘孜藏族自治州	Ganzi	11	1	69	2243	2322		441
凉山彝族自治州	Liangshan	441	2	160	2402	5014		105

1−9 按地区和控股情况分企业法人单位数(2021年)
Numbers of Corporate Enterprises by Region and the Status of Holdings(2021)

单位：个 (unit)

市(州)	Region	企业单位数 Numbers of Enterprises	国有控股 State-holding	集体控股 Collective-holding	私人控股 Private-holding	港、澳、台商控股 Hong Kong, Macao and Taiwan-holding	外商控股 Foreign-holding	其他 Others
全 省	**Sichuan**	**762856**	**15313**	**8383**	**729812**	**1257**	**1428**	**6663**
成都市	Chengdu	326078	4570	1873	315829	895	1001	1910
自贡市	Zigong	19464	398	234	17416	11	19	1386
攀枝花市	Panzhihua	14678	366	158	14035	14	15	90
泸州市	Luzhou	38674	960	1475	36051	18	16	154
德阳市	Deyang	32111	626	265	31054	52	56	58
绵阳市	Mianyang	52251	981	349	50796	61	45	19
广元市	Guangyuan	17658	512	236	16847	4	13	46
遂宁市	Suining	20186	311	93	19385	18	41	338
内江市	Neijiang	16992	357	200	16028	20	21	366
乐山市	Leshan	23227	499	295	22250	21	27	135
南充市	Nanchong	33374	566	493	32251	22	15	27
眉山市	Meishan	20147	528	182	19355	26	24	32
宜宾市	Yibin	32253	829	591	30524	19	18	272
广安市	Guangan	16567	423	146	15690	18	21	269
达州市	Dazhou	32174	558	418	30860	15	23	300
雅安市	Yaan	12211	544	204	10980	11	5	467
巴中市	Bazhong	15776	575	465	14709	5	9	13
资阳市	Ziyang	10814	266	198	9972	10	35	333
阿坝藏族羌族自治州	Aba	6387	284	80	5720	5	2	296
甘孜藏族自治州	Ganzi	4975	369	95	4370	3	3	135
凉山彝族自治州	Liangshan	16859	791	333	15690	9	19	17

1−10 按地区和登记注册类型分企业法人单位数(2021年)
Number of Business Entities by Region and Status of Registration(2021)

单位：个 (unit)

市(州)	Region	企业单位数 Number of Enterprises	内资企业 Domestic Funded Enterprises	#国有企业 State-owned Enterprises	#集体企业 Collective-owned Enterprises	#股份合作企业 Cooperative Enterprises	#联营 Joint Ownership
全　省	**Sichuan**	**762856**	**759764**	**2562**	**2659**	**962**	**293**
成都市	Chengdu	326078	323946	616	738	386	75
自贡市	Zigong	19464	19429	52	119	49	17
攀枝花市	Panzhihua	14678	14646	75	62	12	8
泸州市	Luzhou	38674	38628	65	237	62	14
德阳市	Deyang	32111	31986	124	94	32	4
绵阳市	Mianyang	52251	52129	137	101	51	24
广元市	Guangyuan	17658	17634	69	106	31	6
遂宁市	Suining	20186	20111	43	33	8	3
内江市	Neijiang	16992	16949	70	88	24	3
乐山市	Leshan	23227	23172	113	128	53	7
南充市	Nanchong	33374	33328	110	127	12	14
眉山市	Meishan	20147	20083	104	42	30	14
宜宾市	Yibin	32253	32205	120	153	31	19
广安市	Guangan	16567	16525	68	39	10	3
达州市	Dazhou	32174	32121	150	100	53	24
雅安市	Yaan	12211	12187	83	78	39	13
巴中市	Bazhong	15776	15755	136	118	25	11
资阳市	Ziyang	10814	10764	50	131	11	5
阿坝藏族羌族自治州	Aba	6387	6376	90	33	13	8
甘孜藏族自治州	Ganzi	4975	4968	105	21	4	6
凉山彝族自治州	Liangshan	16859	16822	182	111	26	15

1-10 续表 continued

单位：个 (unit)

市(州)	Region	#有限责任公司 Limited Liability Corporation	#股份有限公司 Share-holding Corporations Ltd.	#私营 Private	港、澳、台商投资企业 Enterprises with Funds from Hong Kong, Macao and Taiwan	外商投资企业 Enterprises with Foreign Investment
全 省	**Sichuan**	**66461**	**5186**	**680182**	**1255**	**1837**
成都市	Chengdu	27291	1099	293469	880	1252
自贡市	Zigong	1478	250	17324	7	28
攀枝花市	Panzhihua	985	148	13296	14	18
泸州市	Luzhou	4896	205	33085	21	25
德阳市	Deyang	2772	244	28617	56	69
绵阳市	Mianyang	3544	283	47955	61	61
广元市	Guangyuan	1695	167	15511	3	21
遂宁市	Suining	1535	116	18356	15	60
内江市	Neijiang	1261	144	15209	18	25
乐山市	Leshan	1957	181	20686	24	31
南充市	Nanchong	2101	386	30544	27	19
眉山市	Meishan	2098	259	17513	28	36
宜宾市	Yibin	3097	183	28556	23	25
广安市	Guangan	1631	121	14605	18	24
达州市	Dazhou	2414	606	28609	19	34
雅安市	Yaan	1954	167	9759	12	12
巴中市	Bazhong	1030	72	14335	7	14
资阳市	Ziyang	1202	112	9204	9	41
阿坝藏族羌族自治州	Aba	764	92	5362	2	9
甘孜藏族自治州	Ganzi	807	108	3894	2	5
凉山彝族自治州	Liangshan	1949	243	14293	9	28

主要统计指标解释

行政区划 指国家对行政区域的划分。根据有关法规规定，我国的行政区域划分如下：(1)全国分为省、自治区、直辖市；(2)省、自治区分为自治州、县、自治县、市；(3)自治州分为县、自治县、市；(4)县、自治县分为乡、民族乡、镇；(5)直辖市和较大的市分为区、县；(6)国家在必要时设立的特别行政区。

平均增长速度 平均增长速度表明社会经济现象在一个较长的时期内逐期平均增长变化的程度，它不能根据各个环比增长速度直接求得，但与平均发展速度之间存在着一定的数量关系：平均增长速度＝平均发展速度－1。

平均发展速度是一种根据环比发展速度计算的序时平均数，由于各时期对比的基础不同，所以计算平均发展速度不能采用一般的序时平均数的计算方法，计算方法分为水平法和累计法。水平法，又称几何平均法，即将环比发展速度按连乘法用几何平均数公式计算。累计法，也称方程法，根据一段时期内各年发展水平总和与基期水平的关系，列出方程式计算平均发展速度。水平法着重考虑最后一年所达到的发展水平；累计法着重考虑整个时期累计发展水平的总量。

本《年鉴》内所列的增长速度，均用“水平法”计算。从某年到某年平均增长速度的年份，均不包括基期年在内。如2005年以来的平均增长速度是以2005年为基期计算的，则写为2006—2016年平均增长速度，其余类推。

国民经济行业分类 自2017年年报和2018年定期报表开始使用新的《国民经济行业分类》（GB/T4754—2017）。该分类是由国家统计局组织修订，原国家质量监督检验检疫总局和中国国家标准化管理委员会于2017年6月30日发布。这次修订是在2011年分类标准的基础上，结合我国经济活动特点，参照联合国《全部经济活动的国际标准产业分类》（ISIC/Rev.4）进行的。修订后的《国民经济行业分类》（GB/T4754—2017）共有门类20个，大类97个，中类473个，小类1382个。

企业登记注册类型 是以在市场监管部门登记注册的各类企业为划分对象，以市场监管部门对企业登记注册的类型为依据，将企业登记注册类型分为内资企业、港澳台商投资企业和外商投资企业三大类。内资企业包括国有企业、集体企业、股份合作企业、联营企业、有限责任公司、股份有限公司、私营企业和其他企业；港澳台商投资企业和外商投资企业分别包括合资经营企业、合作经营企业、独资经营企业和股份有限公司等。

国有企业 指企业全部资产归国家所有，并按《中华人民共和国企业法人登记管理条例》规定登记注册的非公司制的经济组织。不包括有限责任公司中的国有独资公司。

集体企业 指企业资产归集体所有，并按《中华人民共和国企业法人登记管理条例》规定登记注册的经济组织。

股份合作企业 指以合作制为基础，由企业职工共同出资入股，吸收一定比例的社会资产投资组建，实行自主经营，自负盈亏，共同劳动，民主管理，按劳分配与按股分红相结合的一种集体经济组织。

联营企业 指两个及两个以上相同或不同所有制性质的企业法人或事业单位法人，按自愿、平等、互利的原则，共同投资组成的经济组织。联营企业包括国有联营企业、集体联营企业、国有与集体联营企业和其他联营企业。

有限责任公司 指根据《中华人民共和国公司登记管理条例》规定登记注册，由两个以上、五十个以下的股东共同出资，每个股东以其所认缴的出资额对公司承担有限责任，公司以其全部资产对其债务承担责任的经济组织。有限责任公司包括国有独资公司以及其他有限责任公司。

股份有限公司 指根据《中华人民共和国公司登记管理条例》规定登记注册，其全部注册资本由等额股份构成并通过发行股票筹集资本，股东以其认购的股份对公司承担有限责任，公司以其全部资产对其债务承担责任的经济组织。

私营企业 指由自然人投资设立或由自然人控股，以雇佣劳动为基础的营利性经济组织。包括按照《中华人民共和国公司法》《中华人民共和国合伙企业法》以及《中华人民共和国个人独资企业法》规定登记注册的私营独资企业、私营合伙企业、私营有限责任公司、私营股份有限公司和个人独资企业。

其他企业 指上述企业之外的其他内资经济组织。

与港澳台商合资经营企业 指港澳台地区投资者与内地企业依照原《中华人民共和国中外合资经营企业法》及有关法律的规定，按合同规定的比例投资设立，分享利润、分担风险和亏损的企业。

与港澳台商合作经营企业 指港澳台地区投资者与内地企业依照原《中华人民共和国中外合资经营企业法》及有关法律的规定，依照合作合同的约定进行投资或提供条件设立，分配利润、分担风险和亏损的企业。

港澳台商独资经营企业 指依照原《中华人民共和国外资企业法》及有关法律的规定，在内地由港澳台地区投资者全额投资设立的企业。

港澳台商投资股份有限公司 指根据国家有关规定，经商务部（原外经贸部）批准设立，并且其中港、澳、台商的股本占公司注册资本的比例达25%以上的股份有限公司。凡其中港、澳、台商的股本占公司注册资本的比例小于25%的，属于内资企业中的股份有限公司。

其他港澳台商投资企业 指在中国境内参照原《外国企业或个人在中国境内设立合伙企业管理办法》和《外商投资合伙企业登记管理规定》，依法设立的港、澳、台商投资合伙企业等。

中外合资经营企业 指外国企业或外国人与中国内地企业依照原《中华人民共和国中外合资经营企业法》及有关法律的规定，按合同规定的比例投资设立，分享利润、分担风险和亏损的企业。

中外合作经营企业 指外国企业或外国人与中国内地企业依照原《中华人民共和国中外合资经营企业法》及有关法律的规定，依照合作合同的约定进行投资或提供条件设立，分配利润、分担风险和亏损的企业。

外资企业 指依照原《中华人民共和国外资企业法》及有关法律的规定，在中国内地由外国投资者全额投资设立的企业。

外商投资股份有限公司 指根据国家有关规定，经商务部（原外经贸部）批准设立，并且其中外资的股本占公司注册资本的比例达25%以上的股份有限公司。凡其中外资股本占公司注册资本的比例小于25%的，属于内资企业中的股份有限公司。

其他外商投资企业 指在中国境内依照原《外国企业或个人在中国境内设立合伙企业管理办法》和《外商投资合伙企业登记管理规定》，依法设立的外商投资合伙企业等。

Explanatory Notes on Main Statistical Indicators

Divisions of Administrative Areas refers to the division of administrative areas by the State. The relative laws stipulate that 1) the whole country is divided into provinces, autonomous regions and municipalities directly under the Central Government; 2) provinces and autonomous regions are further divided into autonomous prefectures, counties, autonomous counties and cities; 3) autonomous prefectures are further divided into counties, autonomous counties and cities; 4) counties and autonomous counties are further divided into townships, ethnic townships and towns; 5) municipalities directly under the Central Government and large cities are divided into districts and counties; 6) the State shall, when necessary, establish special administrative regions.

Average Annual Growth Rate shows the average growth rate of social and economic development during a longer period. It can not be directly calculated by chain based growth rate. The relation is: Average Annual Growth Rate = Average Speed of Development – 1

Average speed of development is the time series average of speed which calculated by chain based. Because the reference bases during the different periods are not same, average speed of development can not be calculated by the general method. Level approach and accumulative approach for calculating average speed of development rate are applied. The "level approach", or the method of calculating the geometric average, is derived by the formula of geometric average of the chain-based speeds of development, or comparing the level of the last year of the interval with that of the beginning year; the other is called the "accumulative approach" or the "algebraic average", "equation" method, which is derived by the summation of the actual figure of each year in the interval divided by the figure in the base year. The level approach focuses on the level of the last year, while the accumulative approach emphasizes the aggregate development in the duration.

The average annual growth rates listed in the Yearbook are calculated by the level approach. The base year is not listed in the duration for which average annual growth rates are computed. For instance, the average annual growth rate of the years since 2005 is shown as the average annual growth rate of 2006-2016 without showing the base year 2005.

Industrial Classification of the National Economy The new Industrial Classification of the National Economy (GB/T 4754-2017) is introduced starting from the compilation of 2017 annual statistics and 2018 monthly or quarterly statistics. The revision, based on the 2011 classification, was organized by the National Bureau of Statistics taking into consideration of the characteristics of economic activities in China and the International Standards of the Industrial Classification of All Economic Activities (ISIC/Rev.4) of the United Nations. The new Classification was promulgated by the former National Administration of Quality Supervision, Inspection and Quarantine and the Standardization Administration of the People's Republic of China on June 30, 2017. The revised version of the Industrial Classification of the National Economy (GB/T 4754-2017) is composed of 20 sections, 97 divisions, 473 groups and 1382 classes.

Registration Status of Enterprises Enterprises are classified into 3 categories, namely enterprises with domestic investment, enterprises with investment from Hong Kong, Macao and Taiwan, and enterprises with foreign investment, according to the registration status of an enterprise in market supervision administration. Domestic-invested enterprises include state-owned enterprises, collective-owned enterprises, cooperative enterprises, joint ownership enterprises, limited liability corporations, share-holding corporations Ltd., private enterprises and other enterprises. Included in the enterprises with investment from Hong Kong, Macao and Taiwan and enterprises with foreign investment are joint-venture enterprises, cooperative enterprises, sole-proprietorship enterprises and share-holding corporations Ltd., etc.

State-owned Enterprises refers to non-corporation economic units where the entire assets are owned by the State and which have been registered in accordance with the Regulation of the People's Republic of China on the Management of Registration of Corporate Enterprises. Not included from this category are solely State-funded corporations in the limited liability corporations.

Collective-owned Enterprises refers to economic units where the assets are owned collectively and which have been registered in accordance with the Regulation of the People's Republic of China on the Management of Registration of Corporate Enterprises.

Cooperative Enterprises refers to a form of collective economic units where capitals come mainly from employees as their shares, with certain proportion of capital from the outside, where production is organized on the basis of independent operation, independent accounting for profits and losses, joint work, democratic management, and a distribution system that integrates remuneration according to work with dividend according to capital share.

Joint Ownership Enterprises refers to economic units established by two or more corporate enterprises or corporate institutions of the same or different ownership, through joint investment on the basis of voluntary participation, equality, and mutual benefits. They include State joint ownership enterprises; collective joint ownership enterprises; joint State-collective enterprises; and other joint ownership enterprises.

Limited Liability Corporations refers to economic units established with investment from 2-50 investors and registered in accordance with the Regulation of the People's

Republic of China on the Management of Registration of Corporations, each investor bearing limited liability to the corporation depending on its share of investment, and the corporation bearing liability to its debt to the maximum of its total assets. Limited liability corporations include solely State-funded limited liability corporations and other limited liability corporations.

Share-holding Corporations Ltd. refers to economic units registered in accordance with the Regulation of the People's Republic of China on the Management of Registration of Corporations, with total registered capital divided into equal shares and raised through issuing stocks. Each investor bears limited liability to the corporation depending on the holding of shares, and the corporation bears liability to its debt to the maximum of its total assets.

Private Enterprises refer to profit-making economic units invested and established by natural persons, or controlled by natural persons, using employed labour. Included in this category are private sole-proprietorship enterprise, private partnership enterprise, private limited liability companies, private limited-liability company by shares and individual sole-proprietorship enterprise registered in accordance with the Company Law, the Law on Partnership Business and the Law on Individual Proprietorship Enterprises.

Other Domestic-funded Enterprises refers to domestic-funded economic units other than those mentioned above.

Joint Venture Enterprises with Hong Kong, Macao and Taiwan are enterprises jointly established by investors from Hong Kong, Macao and Taiwan with enterprises in the mainland of China in accordance with the former Law of the People's Republic of China on Sino-foreign Contractual Joint Venture and other relevant laws, where the investment and establishment and the sharing of profits, risks and loss according to the proportion specified in the contract.

Cooperative Enterprises with Hong Kong, Macao and Taiwan established by investors from Hong Kong, Macao and Taiwan with enterprises in the mainland of China in accordance with the former Law of the People's Republic of China on Sino-foreign Contractual Joint Venture and other relevant laws, where the investment or provision of facilities and the sharing of profits, risks and loss as agreed in the cooperation contracts.

Sole-proprietorship Enterprises with Investment from Hong Kong, Macao and Taiwan refer to enterprises established in the mainland of China with exclusive investment from investors from Hong Kong, Macao and Taiwan in accordance with the former Law of the People's Republic of China on Enterprises with Foreign Investment and other relevant laws.

Share-holding Corporations Ltd. with Investment from Hong Kong, Macao and Taiwan refer to share-holding corporations Ltd. established with the approval from the Ministry of Commerce（the former Ministry of Foreign Trade and Economic Relations）in line with relevant state regulations, where the share of investment from Hong Kong, Macao or Taiwan businessmen exceeds 25% of the total registered capital of the corporation. In case the share of investment from Hong Kong, Macao or Taiwan is less than 25% of the total registered capital, the enterprise is to be classified as domestic-invested share-holding corporation Ltd.

Other Enterprises with Funds from Hong Kong, Macao and Taiwan refer to partnership enterprises with investments from Hong Kong, Macao and Taiwan established within the territory of China in accordance with the former Administrative Measures on the Establishment of Partnership Enterprises in China by Foreign Enterprises or Foreign Individuals and Regulations for the Administration of the Registration of Foreign-invested Partnership Enterprises.

Joint Venture Enterprises with Foreign Investment refer to enterprises jointly established by foreign enterprises or foreigners with enterprises in the mainland of China in accordance with the former Law of the People's Republic of China on Sino-foreign Contractual Joint Venture and other relevant laws, where the investment and establishment and the sharing of profits, risks and loss according to the proportion specified in the contract.

Cooperative Enterprises with Foreign Investment refer to enterprises jointly established by foreign enterprises or foreigners with enterprises in the mainland of China in accordance with the former Law of the People's Republic of China on Sino-foreign Contractual Joint Venture and other relevant laws, where the investment or provision of facilities and the sharing of profits, risks and loss as agreed in the cooperation contracts.

Sole-proprietorship Enterprises with Foreign Investment refer to enterprises established in the mainland of China with exclusive investment from foreign investors in accordance with the former Law of the People's Republic of China on Enterprises with Foreign Investment and other relevant laws.

Share-holding Corporations Ltd. with Foreign Investment refer to share-holding corporations Ltd. established with the approval from the Ministry of Commerce（the former Ministry of Foreign Trade and Economic Relations）in line with relevant state regulations, where the share of investment from foreign investors exceeds 25% of the total registered capital of the corporation. In case the share of foreign investment is less than 25% of the total registered capital, the enterprise is to be classified as domestic-invested share-holding corporation Ltd.

Other Enterprises with Foreign Funds refer to partnership enterprises established within the territory of China in accordance with the former Administrative Measures on the Establishment of Partnership Enterprises in China by Foreign Enterprises or Foreign Individuals and Regulations for the Administration of the Registration of Foreign-invested Partnership Enterprises.

02 国民经济核算

Chapter 2 National Accounts

SICHUAN STATISTICAL YEARBOOK

2-1 地区生产总值
Gross Regional Product

单位：亿元 (100 million yuan)

年份 Year	地区生产总值 Gross Regional Product	第一产业 Primary Industry	第二产业 Secondary Industry	第三产业 Tertiary Industry	农林牧渔业 Agriculture, Forestry, Animal Husbandry and Fishery	工业 Industry	建筑业 Construction
1978	184.61	82.20	65.55	36.86	82.20	59.40	6.15
1979	205.76	91.95	72.31	41.50	91.95	65.43	6.88
1980	229.31	101.68	81.05	46.58	101.68	73.18	7.87
1981	242.32	108.02	83.36	50.94	108.02	74.58	8.78
1982	275.23	125.36	92.84	57.03	125.36	82.49	10.35
1983	311.00	138.17	105.69	67.14	138.17	93.71	11.98
1984	358.06	156.11	121.68	80.27	156.11	105.97	15.71
1985	421.15	172.90	148.11	100.14	172.90	127.13	20.98
1986	458.23	181.20	160.62	116.41	181.20	138.12	22.50
1987	530.86	202.25	187.88	140.73	202.25	160.49	27.39
1988	659.69	241.95	238.32	179.42	241.95	206.44	31.88
1989	744.98	263.15	263.44	218.39	263.15	231.08	32.36
1990	890.95	321.41	312.64	256.90	321.41	276.08	36.56
1991	1016.31	339.00	376.48	300.83	339.00	331.37	45.11
1992	1177.27	372.04	441.57	363.66	376.24	383.52	62.90
1993	1486.08	449.38	580.38	456.32	454.69	501.36	85.14
1994	2001.41	597.37	782.77	621.27	604.52	676.09	114.92
1995	2443.21	662.46	980.91	799.84	671.18	843.23	147.74
1996	2871.65	770.02	1156.01	945.62	780.27	989.50	178.33
1997	3241.47	880.28	1265.32	1095.87	891.85	1068.55	210.11
1998	3474.09	912.24	1324.01	1237.84	924.65	1090.65	247.66
1999	3649.12	926.03	1349.63	1373.46	939.06	1114.50	250.15
2000	3928.20	945.58	1433.11	1549.51	959.61	1170.63	278.65
2001	4293.49	981.67	1572.01	1739.81	997.00	1270.86	318.82
2002	4725.01	1047.95	1733.38	1943.68	1064.82	1392.09	360.74
2003	5346.20	1128.57	2020.50	2197.13	1147.66	1627.92	414.59
2004	6303.96	1329.07	2439.71	2535.18	1351.58	1990.03	475.63
2005	7195.88	1403.24	2961.19	2831.45	1427.47	2454.28	536.97
2006	8494.68	1613.99	3658.07	3222.62	1638.87	3059.45	633.99
2007	10562.10	1966.53	4607.73	3987.84	1999.83	3896.48	754.25
2008	12756.21	2138.96	5766.49	4850.76	2174.96	4912.40	905.98
2009	14190.60	2160.37	6653.24	5376.99	2194.45	5621.30	1089.57
2010	17224.78	2384.89	8283.21	6556.68	2424.58	7032.89	1317.42
2011	21050.87	2854.62	10014.39	8181.86	2900.43	8457.36	1642.71
2012	23922.41	3142.55	11231.06	9548.80	3198.88	9408.52	1919.92
2013	26518.02	3257.42	12418.94	10841.66	3323.58	10308.99	2217.67
2014	28891.33	3524.74	13082.69	12283.90	3598.67	10703.84	2494.79
2015	30342.01	3660.96	13192.45	13488.60	3745.49	10735.01	2555.50
2016	33138.48	3900.60	13450.13	15787.75	3991.86	10790.93	2757.77
2017	37905.14	4262.51	14569.17	19073.46	4365.27	11437.80	3235.85
2018	42902.10	4427.43	16056.94	22417.73	4544.32	12360.07	3809.77
2019	46363.75	4807.52	17187.92	24368.31	4937.99	13165.91	4150.27
2020	48501.64	5556.86	17505.61	25439.17	5701.23	13401.02	4245.17
2021	53850.79	5661.86	19901.38	28287.55	5817.98	15428.16	4662.37

注：①本表按当年价格计算；从2013年起，地区生产总值核算执行国家统计局新的《国民经济行业分类》和《三次产业划分规定》(以下有关各表同)；②按照国家统计局统一部署，依据第四次全国经济普查结果修订了1992年以来的GDP历史数据。

a) The data in this table are calculated at current prices; The regional GDP accounting has executed the NBS new "Classification of National Economic Industries" and the "Provisions of Three Industrial Division" since 2013(the same as the following related tables); b) According to the unified deployment of the NBS, the historical GDP data since 1992 have been revised based on the results of the fourth national Economic census.

2-1 续表 continued

单位：亿元 (100 million yuan)

年份 Year	批发和零售业 Wholesale and Retail Trades	交通运输、仓储和邮政业 Transport, Storage and Post	住宿和餐饮业 Hotels and Catering Services	金融业 Financial Intermediation	房地产业 Real Estate	其他 Others	人均地区生产总值(元) Per Capita Gross Regional Product (yuan)
1978	7.75	6.17	3.02	4.88	2.42	12.62	261
1979	8.71	6.74	3.39	5.77	2.63	14.26	289
1980	9.68	7.39	3.77	6.71	2.94	16.09	320
1981	10.83	7.82	4.21	7.15	3.33	17.60	337
1982	12.69	8.49	4.93	7.59	3.66	19.67	379
1983	15.39	9.75	5.98	8.36	4.14	23.52	425
1984	19.27	11.32	7.52	9.22	4.93	28.01	487
1985	24.85	14.31	9.67	11.71	5.93	33.67	570
1986	28.84	17.88	11.21	13.21	6.85	38.42	614
1987	35.09	22.64	13.65	15.98	8.11	45.26	702
1988	47.19	27.80	18.35	19.84	9.92	56.32	861
1989	56.45	33.82	22.04	23.55	11.68	70.85	960
1990	61.29	40.71	24.57	29.79	14.56	85.98	1136
1991	65.94	48.96	27.64	34.09	17.76	106.44	1283
1992	78.45	56.70	31.34	40.68	24.41	123.03	1477
1993	90.29	70.18	39.00	51.13	30.34	163.95	1854
1994	121.26	85.71	54.28	65.01	68.91	210.71	2338
1995	181.21	113.01	70.47	71.31	80.41	264.65	3043
1996	220.19	129.83	85.63	82.13	95.63	310.14	3550
1997	240.78	145.08	93.64	93.19	124.13	374.14	4032
1998	254.51	165.91	99.41	108.45	148.09	434.76	4294
1999	270.84	179.25	109.25	118.32	165.17	502.58	4540
2000	283.26	217.41	120.08	153.05	180.05	565.46	4956
2001	311.95	248.34	133.51	168.86	198.60	645.55	5376
2002	341.12	271.19	151.41	183.13	210.82	749.69	5890
2003	380.53	297.36	167.49	204.35	235.91	870.39	6565
2004	453.41	313.10	193.24	230.35	272.01	1024.61	7751
2005	497.39	355.76	214.82	250.85	296.96	1161.38	8828
2006	575.32	419.97	246.81	284.16	355.52	1280.59	10371
2007	697.05	472.72	294.71	344.75	414.32	1687.99	12963
2008	836.33	472.63	327.03	437.28	539.65	2149.95	15685
2009	1005.62	489.29	393.12	482.55	600.12	2314.58	17387
2010	1197.99	500.87	460.81	606.88	643.27	3040.07	21230
2011	1420.15	545.03	536.34	792.61	723.35	4032.89	26136
2012	1635.88	591.65	588.48	1176.10	832.58	4570.40	29627
2013	1831.37	617.86	645.86	1530.15	918.40	5124.14	32750
2014	2083.19	864.72	706.00	1621.95	1308.04	5510.13	35563
2015	2359.96	941.85	780.26	1878.45	1519.69	5825.80	37150
2016	2760.32	1118.84	852.91	2312.70	1878.64	6674.51	40297
2017	3432.31	1205.90	934.01	2720.81	2602.57	7970.62	45835
2018	3835.52	1401.66	1043.24	2922.37	3118.08	9867.07	51658
2019	4243.77	1473.14	1178.57	3101.67	3269.09	10843.34	55619
2020	4299.46	1359.52	996.27	3320.34	3396.00	11782.63	58009
2021	4929.33	1553.55	1196.24	3618.69	3593.76	13050.71	64326

2-2 地区生产总值指数
Indices of Gross Regional Product

(上年=100) (preceding year=100)

年份 Year	地区生产总值 Gross Regional Product	第一产业 Primary Industry	第二产业 Secondary Industry	第三产业 Tertiary Industry	农林牧渔业 Agriculture, Forestry, Animal Husbandry and Fishery	工业 Industry	建筑业 Construction
1978	117.4	113.8	121.2	117.4	113.8	126.0	88.4
1979	110.1	108.0	110.5	113.0	108.0	110.5	110.7
1980	109.5	104.0	109.7	118.3	104.0	109.5	111.5
1981	104.1	104.4	101.6	107.4	104.4	100.8	109.5
1982	110.9	112.7	109.3	109.4	112.7	108.6	115.3
1983	111.0	107.5	112.3	116.8	107.5	112.0	115.0
1984	112.2	109.2	113.4	116.7	109.2	111.5	128.2
1985	111.9	104.3	118.0	117.1	104.3	117.0	125.0
1986	105.5	101.0	106.5	111.9	101.0	107.0	103.3
1987	108.7	103.0	112.2	112.5	103.0	112.0	113.2
1988	107.5	101.9	113.8	106.2	101.9	116.4	97.0
1989	103.2	102.8	101.9	105.7	102.8	103.5	89.1
1990	109.1	106.9	109.5	111.3	106.9	110.0	105.7
1991	109.1	108.5	106.3	113.4	108.5	104.4	120.6
1992	112.6	104.6	120.5	113.1	104.6	118.9	131.1
1993	112.9	105.0	120.1	113.0	105.1	120.1	118.8
1994	110.6	104.4	117.3	108.2	104.4	118.4	110.1
1995	112.3	105.5	111.5	120.1	105.6	110.7	117.0
1996	111.6	107.3	109.2	118.6	107.4	108.3	115.2
1997	110.5	106.2	111.6	112.8	106.2	111.4	112.7
1998	109.6	104.6	110.8	111.8	104.7	109.8	116.6
1999	106.5	105.0	106.0	108.2	105.0	105.8	106.8
2000	109.0	102.3	108.2	114.6	102.3	108.0	109.2
2001	109.0	105.7	110.2	110.0	105.1	111.6	110.1
2002	110.5	105.6	111.9	112.2	105.6	112.1	110.9
2003	111.0	103.9	116.3	110.0	104.0	117.2	111.8
2004	111.9	106.1	116.0	110.8	106.2	116.6	112.8
2005	112.7	105.4	118.6	110.4	105.4	120.3	109.2
2006	113.5	102.6	117.7	114.6	102.6	121.6	103.9
2007	114.5	104.8	120.9	112.0	104.8	121.6	115.5
2008	111.0	101.0	114.0	111.7	101.0	115.7	103.4
2009	114.5	104.0	116.4	116.2	104.0	115.0	124.0
2010	115.1	104.3	122.8	109.7	104.4	123.5	117.5
2011	115.0	104.4	121.6	110.5	104.5	122.8	116.0
2012	111.7	104.6	115.9	108.3	104.5	115.8	115.2
2013	110.0	103.5	112.0	109.2	103.6	111.3	115.7
2014	108.5	103.8	109.0	109.2	103.9	108.8	109.7
2015	107.9	103.8	107.7	109.4	103.9	107.3	110.1
2016	107.8	103.8	107.6	109.2	104.0	107.5	107.8
2017	108.1	103.8	107.5	109.7	103.9	108.1	105.0
2018	108.0	103.6	107.5	109.5	103.8	108.0	105.4
2019	107.4	102.8	107.4	108.4	103.0	107.8	106.1
2020	103.8	105.1	103.8	103.4	105.2	103.8	103.1
2021	108.2	107.0	107.4	108.9	107.0	109.5	101.7

注：本表按可比价格计算。
a) The indices in this table are calculated at comparable prices.

2-2 续表 continued

(上年=100) (preceding year=100)

年份 Year	批发和零售业 Wholesale and Retail Trades	交通运输、仓储和邮政业 Transport, Storage and Post	住宿和餐饮业 Hotels and Catering Services	金融业 Financial Intermediation	房地产业 Real Estate	其他 Others	人均地区生产总值 Per Capita Gross Regional Product
1978							
1979	112.8	109.6	112.8	118.4	109.2	113.4	109.4
1980	117.2	115.6	117.2	122.9	117.6	118.8	108.6
1981	109.8	104.1	109.8	104.6	111.2	107.4	103.8
1982	114.5	104.8	114.5	105.3	107.6	109.2	109.6
1983	120.5	110.5	120.5	113.0	112.2	118.4	110.2
1984	122.4	108.0	122.8	114.1	116.5	115.7	111.7
1985	120.7	129.7	120.5	107.1	112.6	113.6	111.4
1986	111.7	120.3	111.6	108.7	111.2	108.9	104.6
1987	113.2	117.7	113.2	113.5	110.1	105.7	107.3
1988	112.1	102.4	112.0	101.8	101.9	103.8	106.3
1989	102.4	106.8	102.8	103.1	106.0	111.5	101.8
1990	104.0	112.5	106.8	120.4	113.7	108.1	107.9
1991	105.2	115.3	110.0	109.9	107.4	120.6	108.0
1992	109.9	116.2	104.7	107.6	121.2	114.0	111.9
1993	104.5	114.5	113.0	112.0	129.1	115.4	112.3
1994	107.8	100.2	111.7	109.0	164.2	100.2	103.6
1995	129.8	117.4	112.8	103.6	113.3	126.2	119.7
1996	121.5	112.0	121.5	105.3	120.0	123.2	110.8
1997	105.7	109.0	105.7	109.7	125.5	118.1	111.2
1998	109.3	110.3	109.2	113.2	116.7	112.8	108.9
1999	106.4	103.7	109.9	106.1	113.4	109.5	107.2
2000	107.0	122.7	113.1	129.5	105.5	116.3	110.6
2001	109.3	109.6	110.3	108.3	108.6	109.6	108.2
2002	110.0	109.0	114.1	108.4	105.1	117.5	110.1
2003	111.4	107.3	110.5	109.5	110.1	110.1	109.3
2004	112.4	107.4	111.3	107.9	111.5	111.5	112.0
2005	113.4	108.2	112.3	106.9	107.2	111.4	112.5
2006	113.0	109.5	112.5	110.3	114.2	116.6	113.0
2007	112.5	110.7	108.4	112.8	111.1	113.4	115.1
2008	114.3	105.2	101.1	104.5	105.3	117.9	111.2
2009	126.2	95.5	121.0	129.5	129.6	112.0	114.1
2010	113.5	106.5	110.6	107.7	100.1	111.5	115.8
2011	114.0	106.0	109.2	126.6	106.8	107.1	115.8
2012	111.6	105.8	105.2	118.8	108.5	105.8	111.4
2013	110.2	104.0	104.9	118.3	109.8	107.7	109.7
2014	109.8	106.3	106.2	112.4	112.9	108.3	108.1
2015	108.0	104.8	103.8	112.1	109.9	110.6	107.3
2016	107.6	104.3	106.1	108.3	110.7	110.9	107.1
2017	109.0	104.8	106.8	106.8	109.3	112.1	107.5
2018	107.4	105.9	107.7	100.7	110.4	113.4	107.5
2019	106.5	107.0	108.1	106.1	105.6	110.4	107.0
2020	100.3	99.4	89.3	106.1	102.1	106.4	103.4
2021	111.6	109.6	117.8	105.3	103.5	109.4	108.0

2-3 地区生产总值指数

Indices of Gross Regional Product

(1978年=100) (year of 1978=100)

年份 Year	地区生产总值 Gross Regional Product	第一产业 Primary Industry	第二产业 Secondary Industry	第三产业 Tertiary Industry	农林牧渔业 Agriculture, Forestry, Animal Husbandry and Fishery	工业 Industry	建筑业 Construction
1978	100.0	100.0	100.0	100.0	100.0	100.0	100.0
1979	110.1	108.0	110.5	113.0	108.0	110.5	110.7
1980	120.6	112.3	121.2	133.7	112.3	121.0	123.4
1981	125.5	117.3	123.2	143.6	117.3	122.0	135.2
1982	139.2	132.2	134.6	157.1	132.2	132.5	155.8
1983	154.5	142.1	151.2	183.5	142.1	148.3	179.2
1984	173.3	155.1	171.4	214.1	155.1	165.4	229.7
1985	194.0	161.8	202.3	250.7	161.8	193.5	287.2
1986	204.6	163.4	215.4	280.5	163.4	207.1	296.7
1987	222.4	168.3	241.7	315.6	168.3	231.9	335.8
1988	239.1	171.5	275.1	335.2	171.5	270.0	325.7
1989	246.8	176.3	280.3	354.3	176.3	279.4	290.2
1990	269.2	188.5	306.9	394.3	188.5	307.4	306.8
1991	293.7	204.5	326.3	447.1	204.5	320.9	370.0
1992	330.7	213.9	393.1	505.7	213.9	381.5	485.0
1993	373.4	224.6	472.2	571.5	224.8	458.2	576.2
1994	413.0	234.5	553.8	618.3	234.7	542.5	634.4
1995	463.8	247.4	617.5	742.6	247.9	600.6	742.3
1996	517.6	265.5	674.4	880.7	266.2	650.4	855.1
1997	571.9	281.9	752.6	993.5	282.7	724.6	963.7
1998	626.8	294.9	833.9	1110.7	296.0	795.6	1123.7
1999	667.6	309.6	883.9	1201.8	310.8	841.7	1200.1
2000	727.7	316.8	956.4	1377.2	318.0	909.0	1310.5
2001	793.2	334.8	1053.9	1514.9	334.2	1014.5	1442.9
2002	876.4	353.6	1179.3	1699.8	352.9	1137.2	1600.1
2003	972.8	367.3	1371.6	1869.7	367.0	1332.8	1789.0
2004	1088.6	389.8	1591.0	2071.7	389.8	1554.1	2018.0
2005	1226.9	410.8	1887.0	2287.1	410.8	1869.6	2203.6
2006	1392.5	421.5	2220.9	2621.1	421.5	2273.4	2289.5
2007	1594.4	441.7	2685.1	2935.6	441.7	2764.5	2644.4
2008	1769.8	446.1	3061.0	3279.0	446.1	3198.5	2734.3
2009	2026.4	464.0	3563.0	3810.3	464.0	3678.3	3390.6
2010	2332.4	483.9	4375.4	4179.8	484.4	4542.7	3983.9
2011	2682.2	505.2	5320.5	4618.7	506.2	5578.4	4621.4
2012	2996.1	528.5	6166.5	5002.1	529.0	6459.8	5323.8
2013	3295.7	547.0	6906.4	5462.3	548.0	7189.7	6159.6
2014	3575.8	567.7	7528.0	5964.8	569.4	7822.4	6757.1
2015	3858.3	589.3	8107.7	6525.5	591.6	8393.5	7439.6
2016	4159.2	611.7	8723.9	7125.8	615.3	9023.0	8019.9
2017	4496.1	635.0	9378.2	7817.0	639.3	9753.8	8420.9
2018	4855.8	657.8	10081.5	8559.7	663.5	10534.1	8875.6
2019	5215.2	676.2	10827.6	9278.7	683.4	11355.8	9417.0
2020	5413.3	710.7	11239.0	9594.2	719.0	11787.3	9708.9
2021	5857.2	760.5	12070.7	10448.0	769.3	12907.1	9874.0

注：本表按可比价格计算。

a) The indices in this table are calculated at comparable prices.

2-3 续表 continued

(1978年=100) (year of 1978=100)

年份 Year	批发和零售业 Wholesale and Retail Trades	交通运输、仓储和邮政业 Transport, Storage and Post	住宿和餐饮业 Hotels and Catering Services	金融业 Financial Intermediation	房地产业 Real Estate	其他 Others	人均地区生产总值 Per Capita Gross Regional Product
1978	100.0	100.0	100.0	100.0	100.0	100.0	100.0
1979	112.8	109.6	112.8	118.4	109.2	113.4	109.4
1980	132.2	126.7	132.2	145.5	128.4	134.7	118.8
1981	145.2	131.9	145.2	152.2	142.8	144.7	123.3
1982	166.2	138.2	166.2	160.3	153.7	158.0	135.2
1983	200.3	152.7	200.3	181.1	172.4	187.1	148.9
1984	245.1	165.0	245.9	206.6	200.8	216.4	166.4
1985	295.9	213.9	296.4	221.3	226.2	245.9	185.3
1986	330.5	257.4	330.7	240.6	251.5	267.8	193.9
1987	374.1	302.9	374.4	273.1	276.9	283.0	208.0
1988	419.4	310.2	419.3	278.0	282.1	293.8	221.1
1989	429.5	331.3	431.1	286.6	299.1	327.6	225.1
1990	446.6	372.7	460.4	345.0	340.0	354.1	242.9
1991	469.9	429.7	506.4	379.2	365.2	427.0	262.3
1992	516.4	499.4	530.2	408.0	442.6	486.8	293.5
1993	539.6	571.8	599.1	457.0	571.4	561.8	329.6
1994	581.7	572.9	669.2	498.1	938.3	562.9	341.5
1995	755.1	672.6	754.9	516.0	1063.1	710.4	408.8
1996	917.4	753.3	917.2	543.4	1275.7	875.2	452.9
1997	969.7	821.1	969.5	596.1	1601.0	1033.6	503.7
1998	1059.9	905.7	1058.7	674.8	1868.4	1165.9	548.5
1999	1127.7	939.2	1163.5	716.0	2118.8	1276.7	588.0
2000	1206.6	1152.4	1315.9	927.2	2235.3	1484.8	650.3
2001	1318.9	1263.0	1451.4	1004.1	2427.5	1627.3	703.6
2002	1450.7	1376.7	1656.1	1088.5	2551.3	1912.1	774.7
2003	1616.1	1477.2	1830.0	1191.9	2809.0	2105.3	846.7
2004	1816.5	1586.5	2036.8	1286.0	3132.1	2347.4	948.4
2005	2059.9	1716.6	2287.3	1374.8	3357.6	2615.0	1066.9
2006	2327.7	1879.6	2573.2	1516.4	3834.3	3049.0	1205.6
2007	2618.7	2080.8	2789.4	1710.5	4259.9	3457.6	1387.6
2008	2993.2	2189.0	2820.0	1787.4	4485.7	4076.5	1543.1
2009	3777.4	2090.5	3412.3	2314.7	5813.5	4565.7	1760.6
2010	4287.3	2226.3	3773.9	2493.0	5819.3	5090.8	2038.8
2011	4887.6	2359.9	4121.2	3156.1	6215.0	5452.2	2360.9
2012	5454.5	2496.8	4335.5	3749.4	6743.3	5768.4	2630.1
2013	6010.9	2596.7	4547.9	4435.6	7404.1	6212.6	2885.2
2014	6600.0	2760.3	4829.9	4985.6	8359.3	6728.3	3118.9
2015	7128.0	2892.7	5013.4	5588.8	9186.8	7441.5	3346.6
2016	7669.7	3017.1	5319.2	6052.7	10169.8	8252.6	3584.2
2017	8360.0	3162.0	5680.9	6464.3	11115.6	9251.1	3853.0
2018	8978.6	3348.5	6118.3	6509.5	12271.7	10490.8	4142.0
2019	9562.2	3582.9	6613.9	6906.6	12958.9	11581.8	4431.9
2020	9590.9	3561.4	5906.2	7327.9	13231.0	12323.1	4582.6
2021	10703.4	3903.3	6957.6	7716.3	13694.1	13481.4	4949.2

2-4 地区生产总值构成
Composition of Gross Regional Product

单位：% (%)

年份 Year	地区生产总值 Gross Regional Product	第一产业 Primary Industry	第二产业 Secondary Industry	第三产业 Tertiary Industry
1978	100.0	44.5	35.5	20.0
1979	100.0	44.7	35.1	20.2
1980	100.0	44.3	35.3	20.4
1981	100.0	44.6	34.4	21.0
1982	100.0	45.5	33.8	20.7
1983	100.0	44.4	34.0	21.6
1984	100.0	43.6	34.0	22.4
1985	100.0	41.1	35.2	23.7
1986	100.0	39.5	35.0	25.5
1987	100.0	38.1	35.4	26.5
1988	100.0	36.7	36.1	27.2
1989	100.0	35.3	35.3	29.4
1990	100.0	36.1	35.1	28.8
1991	100.0	33.4	37.0	29.6
1992	100.0	31.6	37.5	30.9
1993	100.0	30.2	39.1	30.7
1994	100.0	29.8	39.1	31.1
1995	100.0	27.1	40.1	32.8
1996	100.0	26.8	40.3	32.9
1997	100.0	27.2	39.0	33.8
1998	100.0	26.3	38.1	35.6
1999	100.0	25.4	37.0	37.6
2000	100.0	24.1	36.5	39.4
2001	100.0	22.9	36.6	40.5
2002	100.0	22.2	36.7	41.1
2003	100.0	21.1	37.8	41.1
2004	100.0	21.1	38.7	40.2
2005	100.0	19.5	41.2	39.3
2006	100.0	19.0	43.1	37.9
2007	100.0	18.6	43.6	37.8
2008	100.0	16.8	45.2	38.0
2009	100.0	15.2	46.9	37.9
2010	100.0	13.8	48.1	38.1
2011	100.0	13.6	47.6	38.8
2012	100.0	13.1	46.9	40.0
2013	100.0	12.3	46.8	40.9
2014	100.0	12.2	45.3	42.5
2015	100.0	12.1	43.5	44.4
2016	100.0	11.8	40.6	47.6
2017	100.0	11.2	38.4	50.4
2018	100.0	10.3	37.4	52.3
2019	100.0	10.4	37.1	52.5
2020	100.0	11.5	36.1	52.4
2021	100.0	10.5	37.0	52.5

注：本表按当年价格计算。
a) The data in this table are calculated at current prices.

2-5 各市(州)按三次产业分地区生产总值(2021年)
Gross Regional Product by Three Strata of Industry and Region (2021)

单位：亿元 (100 million yuan)

市(州)	Region	地区生产总值 Gross Regional Product	第一产业 Primary Industry	第二产业 Secondary Industry	第三产业 Tertiary Industry	人均地区生产总值(元) Per Capita Gross Regional Product (yuan)
全　省	**Sichuan**	**53850.79**	**5661.86**	**19901.38**	**28287.55**	**64326**
成都市	Chengdu	19916.98	582.79	6114.34	13219.85	94622
自贡市	Zigong	1601.31	242.43	628.24	730.64	64595
攀枝花市	Panzhihua	1133.95	103.56	621.48	408.91	93406
泸州市	Luzhou	2406.08	265.07	1185.59	955.42	56507
德阳市	Deyang	2656.56	281.33	1283.32	1091.91	76824
绵阳市	Mianyang	3350.29	377.32	1352.65	1620.32	68696
广元市	Guangyuan	1116.25	198.64	457.26	460.35	48638
遂宁市	Suining	1519.87	220.81	704.07	594.99	54300
内江市	Neijiang	1605.53	277.07	526.63	801.83	51377
乐山市	Leshan	2205.15	292.00	930.68	982.47	69850
南充市	Nanchong	2601.98	474.84	1019.43	1107.71	46589
眉山市	Meishan	1547.87	229.80	596.58	721.49	52346
宜宾市	Yibin	3148.08	356.11	1568.65	1223.32	68481
广安市	Guangan	1417.82	243.51	472.19	702.12	43558
达州市	Dazhou	2351.67	411.60	834.97	1105.10	43646
雅安市	Yaan	840.56	157.90	259.50	423.16	58617
巴中市	Bazhong	742.51	174.50	207.27	360.74	27510
资阳市	Ziyang	890.50	173.30	262.53	454.67	38717
阿坝藏族羌族自治州	Aba	449.63	88.30	108.13	253.20	54900
甘孜藏族自治州	Ganzi	447.04	79.36	116.93	250.75	40347
凉山彝族自治州	Liangshan	1901.18	431.63	650.90	818.65	39063

注：本表按当年价格计算；人均GDP按年平均常住人口计算。
a) The data in this table are calculated at current prices; the per capita GDP are calculated based on the annual average date of resident population.

2-6 各市(州)按三次产业分地区生产总值指数(2021年)
Indices of Gross Regional Product by Three Strata of Industry and Region(2021)

上年=100 (preceding year=100)

市(州)	Region	地区生产总值 Gross Regional Product	第一产业 Primary Industry	第二产业 Secondary Industry	第三产业 Tertiary Industry	人均地区生产总值 Per Capita Gross Regional Product
全 省	**Sichuan**	**108.2**	**107.0**	**107.4**	**108.9**	**108.0**
成都市	Chengdu	108.6	104.8	108.2	109.0	106.7
自贡市	Zigong	108.3	107.1	106.1	110.7	109.8
攀枝花市	Panzhihua	108.3	107.6	106.8	110.7	108.2
泸州市	Luzhou	108.5	106.7	108.1	109.5	108.3
德阳市	Deyang	108.7	107.3	108.3	109.5	108.8
绵阳市	Mianyang	108.7	107.5	108.4	109.3	108.3
广元市	Guangyuan	108.2	107.3	107.2	109.5	109.6
遂宁市	Suining	108.2	107.6	107.7	108.9	109.6
内江市	Neijiang	108.5	106.9	106.5	110.4	110.1
乐山市	Leshan	108.2	106.9	108.7	108.2	108.5
南充市	Nanchong	107.8	107.5	105.4	110.1	109.1
眉山市	Meishan	108.4	106.9	107.6	109.6	108.4
宜宾市	Yibin	108.9	107.6	108.1	110.2	108.5
广安市	Guangan	108.1	107.3	108.6	108.1	107.9
达州市	Dazhou	108.3	107.6	105.5	110.6	108.6
雅安市	Yaan	108.4	108.2	107.6	108.9	108.9
巴中市	Bazhong	103.3	107.4	99.2	103.7	105.0
资阳市	Ziyang	108.1	107.4	107.6	108.7	109.0
阿坝藏族羌族自治州	Aba	107.5	106.9	108.3	107.3	108.8
甘孜藏族自治州	Ganzi	107.0	104.8	106.5	108.0	107.2
凉山彝族自治州	Liangshan	107.2	107.0	108.4	106.4	106.9

注：本表按可比价格计算。
a) The indices in this table are calculated at comparable prices.

2—7 各市(州)地区生产总值
Gross Regional Product by Region

单位：亿元 (100 million yuan)

市(州)	Region	2011	2012	2013	2014	2015	2016	2017	2018	2019	2020	2021
全 省	**Sichuan**	**21050.87**	**23922.41**	**26518.02**	**28891.33**	**30342.01**	**33138.48**	**37905.14**	**42902.10**	**46363.75**	**48501.64**	**53850.79**
成都市	Chengdu	7345.32	8619.60	9450.66	10368.43	10662.31	11874.07	13931.39	15698.94	17010.66	17838.00	19916.98
自贡市	Zigong	746.79	832.00	913.37	942.09	970.27	1020.84	1166.17	1314.74	1404.21	1440.03	1601.31
攀枝花市	Panzhihua	599.56	627.40	652.33	685.75	712.56	762.93	842.25	941.45	1002.02	1023.82	1133.95
泸州市	Luzhou	887.62	1003.40	1156.59	1279.12	1369.31	1500.64	1698.91	1895.55	2071.04	2162.63	2406.08
德阳市	Deyang	1110.42	1234.55	1403.84	1465.24	1525.77	1692.82	1907.43	2148.39	2325.74	2383.47	2656.56
绵阳市	Mianyang	1133.81	1264.76	1470.41	1612.08	1743.00	1957.91	2313.57	2613.30	2870.49	3020.54	3350.29
广元市	Guangyuan	392.34	450.61	520.25	563.08	614.12	657.27	751.81	880.50	953.20	1008.01	1116.25
遂宁市	Suining	586.36	654.65	706.69	809.00	871.36	926.84	1046.43	1230.85	1339.71	1375.63	1519.87
内江市	Neijiang	781.39	877.83	915.11	973.86	1018.00	1086.43	1182.11	1318.83	1412.39	1444.49	1605.53
乐山市	Leshan	885.28	989.26	1096.93	1195.81	1280.63	1335.40	1481.61	1709.81	1872.60	2001.17	2205.15
南充市	Nanchong	981.48	1083.02	1283.71	1391.70	1463.40	1592.97	1838.25	2115.73	2302.31	2357.85	2601.98
眉山市	Meishan	648.52	736.49	821.09	900.39	958.67	1011.94	1149.22	1269.90	1365.71	1403.00	1547.87
宜宾市	Yibin	982.60	1119.80	1293.47	1411.37	1470.10	1609.56	1862.19	2349.31	2633.11	2813.34	3148.08
广安市	Guangan	640.73	720.19	790.91	838.46	874.39	928.03	1047.67	1157.00	1250.07	1301.57	1417.82
达州市	Dazhou	957.18	1055.24	1159.16	1272.12	1366.56	1495.49	1697.58	1879.53	2027.51	2117.80	2351.67
雅安市	Yaan	358.01	403.77	428.95	475.79	519.02	561.65	608.54	653.34	723.04	754.59	840.56
巴中市	Bazhong	333.87	374.67	400.22	472.29	507.68	549.91	607.23	704.66	739.87	705.75	742.51
资阳市	Ziyang	418.59	470.04	507.51	537.09	572.76	643.84	688.54	728.63	777.37	807.50	890.50
阿坝藏族羌族自治州	Aba	159.11	188.93	216.43	237.31	274.99	291.53	318.13	368.66	390.03	410.62	449.63
甘孜藏族自治州	Ganzi	152.91	174.37	185.95	216.42	254.53	265.67	317.31	366.49	388.34	409.94	447.04
凉山彝族自治州	Liangshan	948.96	1041.83	1144.43	1243.96	1312.56	1372.73	1448.79	1556.48	1670.21	1733.15	1901.18

注：本表按当年价格计算。
a) The data in this table are calculated at current prices.

2-8 各市(州)地区生产总值指数
Indices of Gross Regional Product by Region

上年=100 (preceding year=100)

市(州)	Region	2011	2012	2013	2014	2015	2016	2017	2018	2019	2020	2021
全 省	**Sichuan**	**115.0**	**111.7**	**110.0**	**108.5**	**107.9**	**107.8**	**108.1**	**108.0**	**107.4**	**103.8**	**108.2**
成都市	Chengdu	114.7	111.4	109.9	108.7	107.9	107.8	108.1	108.0	107.8	104.0	108.6
自贡市	Zigong	115.3	112.1	111.1	107.6	108.4	107.7	108.3	108.8	107.6	103.9	108.3
攀枝花市	Panzhihua	115.2	111.7	110.7	109.3	108.1	107.9	107.4	107.5	106.2	103.9	108.3
泸州市	Luzhou	115.4	112.5	111.0	109.9	110.0	109.5	109.1	107.7	108.0	104.2	108.5
德阳市	Deyang	114.8	111.3	109.8	108.7	108.2	108.4	109.0	108.9	107.2	102.5	108.7
绵阳市	Mianyang	114.7	111.4	109.8	108.8	108.6	108.3	109.1	109.0	108.1	104.4	108.7
广元市	Guangyuan	115.1	112.0	110.5	108.9	108.6	108.0	108.1	108.3	107.5	104.2	108.2
遂宁市	Suining	115.2	112.1	110.9	109.2	111.2	109.1	108.4	108.8	108.1	104.3	108.2
内江市	Neijiang	115.3	111.9	110.3	108.8	108.0	107.8	107.1	107.8	107.6	103.9	108.5
乐山市	Leshan	115.4	112.6	110.4	107.0	109.1	108.3	108.2	108.7	107.6	104.1	108.2
南充市	Nanchong	115.3	112.1	110.7	107.2	107.6	107.8	108.6	109.0	107.9	103.8	107.8
眉山市	Meishan	115.2	112.7	110.7	109.0	109.2	108.4	105.3	107.5	107.3	104.2	108.4
宜宾市	Yibin	115.3	112.0	108.1	108.0	108.5	108.2	108.8	109.2	108.8	104.6	108.9
广安市	Guangan	115.3	112.2	110.7	109.2	109.6	107.9	108.2	108.0	107.5	103.6	108.1
达州市	Dazhou	115.2	111.5	110.2	108.4	103.1	107.5	108.3	108.3	107.6	104.1	108.3
雅安市	Yaan	115.3	111.5	103.9	110.0	109.0	108.1	108.0	108.0	108.0	104.4	108.4
巴中市	Bazhong	115.2	112.4	110.7	108.8	108.6	107.8	108.1	108.1	105.8	102.5	103.3
资阳市	Ziyang	115.5	112.1	110.6	108.8	108.8	107.8	107.8	107.7	107.0	104.0	108.1
阿坝藏族羌族自治州	Aba	115.2	111.8	110.2	105.6	107.9	106.2	104.1	104.6	106.1	103.3	107.5
甘孜藏族自治州	Ganzi	114.2	111.0	112.1	104.2	105.1	106.9	109.0	109.3	106.5	103.6	107.0
凉山彝族自治州	Liangshan	115.0	111.6	110.2	108.3	102.8	105.9	105.3	104.1	105.6	103.9	107.2

注：本表按可比价格计算。
a) The indices in this table are calculated at comparable prices.

2-9 各市(州)第一产业增加值
Primary Industry by Region

单位：亿元 (100 million yuan)

市(州)	Region	2011	2012	2013	2014	2015	2016	2017	2018	2019	2020	2021
全 省	**Sichuan**	**2854.62**	**3142.55**	**3257.42**	**3524.74**	**3660.96**	**3900.60**	**4262.51**	**4427.43**	**4807.52**	**5556.86**	**5661.86**
成都市	Chengdu	335.74	341.89	343.86	402.92	413.99	492.02	565.18	578.84	612.22	655.20	582.79
自贡市	Zigong	90.83	99.43	118.15	126.50	133.68	145.33	174.70	189.57	202.38	231.36	242.43
攀枝花市	Panzhihua	27.70	33.94	40.39	47.29	52.59	67.23	78.67	86.03	91.69	96.91	103.56
泸州市	Luzhou	122.26	135.36	150.78	167.19	173.76	181.72	192.05	197.30	216.99	256.47	265.07
德阳市	Deyang	182.99	200.42	201.14	202.28	204.38	212.61	219.82	223.48	234.61	272.73	281.33
绵阳市	Mianyang	178.79	194.33	199.01	200.92	202.00	203.16	260.75	266.96	302.46	370.97	377.32
广元市	Guangyuan	77.89	79.77	85.22	95.79	106.82	120.55	137.35	146.59	153.02	186.80	198.64
遂宁市	Suining	126.04	128.61	130.76	136.43	145.38	154.62	163.45	171.08	185.22	218.26	220.81
内江市	Neijiang	138.89	170.10	178.88	187.08	194.91	205.13	216.91	229.18	240.52	269.12	277.07
乐山市	Leshan	122.08	135.71	140.97	150.13	170.34	181.88	204.94	217.86	242.70	290.34	292.00
南充市	Nanchong	285.34	313.57	319.68	338.07	340.84	344.39	355.01	366.56	404.27	460.78	474.84
眉山市	Meishan	122.55	137.32	144.51	156.64	162.05	168.73	183.95	187.54	199.17	222.86	229.80
宜宾市	Yibin	164.54	193.44	198.22	215.39	221.31	232.88	251.99	254.75	277.65	344.57	356.11
广安市	Guangan	120.17	133.71	140.93	159.67	167.06	168.84	183.92	193.94	204.33	235.26	243.51
达州市	Dazhou	248.19	277.31	284.97	300.15	307.15	312.36	313.14	313.63	344.85	393.59	411.60
雅安市	Yaan	55.83	69.08	71.02	81.76	87.64	90.18	101.67	113.84	128.05	151.79	157.90
巴中市	Bazhong	81.07	81.64	82.74	83.85	85.06	89.37	102.09	108.32	124.01	161.82	174.50
资阳市	Ziyang	95.43	104.55	105.83	114.10	119.42	122.31	124.82	127.82	142.07	168.51	173.30
阿坝藏族羌族自治州	Aba	24.10	26.88	28.99	32.44	41.00	47.78	55.93	63.40	67.10	82.07	88.30
甘孜藏族自治州	Ganzi	42.16	49.79	53.65	57.78	57.84	58.25	58.61	58.83	66.52	80.68	79.36
凉山彝族自治州	Liangshan	212.02	235.69	237.73	268.38	273.75	301.25	317.57	331.92	367.68	406.76	431.63

注：本表按当年价格计算。

a) The data in this table are calculated at current prices.

2-10 各市(州)第一产业增加值指数
Indices of Primary Industry by Region

上年=100 (preceding year=100)

市(州)	Region	2011	2012	2013	2014	2015	2016	2017	2018	2019	2020	2021
全　省	**Sichuan**	**104.4**	**104.6**	**103.5**	**103.8**	**103.8**	**103.8**	**103.8**	**103.6**	**102.8**	**105.1**	**107.0**
成都市	Chengdu	103.9	104.5	103.4	103.3	103.8	104.0	103.7	103.6	102.5	103.3	104.8
自贡市	Zigong	104.7	104.7	103.7	104.1	103.7	104.0	104.2	103.8	102.9	105.6	107.1
攀枝花市	Panzhihua	104.5	104.6	104.4	104.5	104.0	104.5	104.3	104.0	103.4	105.1	107.6
泸州市	Luzhou	104.2	104.8	104.1	104.1	103.7	103.8	103.9	103.7	102.6	105.6	106.7
德阳市	Deyang	104.1	104.5	103.3	104.1	103.5	101.9	103.8	103.6	102.5	103.6	107.3
绵阳市	Mianyang	103.7	104.5	102.9	103.7	103.4	102.9	104.1	103.9	102.9	105.4	107.5
广元市	Guangyuan	104.6	104.7	103.3	104.1	103.5	104.1	104.2	103.8	103.1	105.8	107.3
遂宁市	Suining	104.4	104.5	103.0	103.6	103.3	103.7	103.6	103.5	102.7	105.3	107.6
内江市	Neijiang	104.4	104.6	103.8	103.7	103.7	104.2	102.9	103.8	102.9	105.8	106.9
乐山市	Leshan	104.2	104.3	103.2	103.8	103.7	103.8	103.9	103.8	102.8	105.8	106.9
南充市	Nanchong	104.4	104.5	103.4	104.2	103.6	103.7	103.8	104.2	102.9	106.2	107.5
眉山市	Meishan	104.5	104.6	103.4	103.9	103.8	103.9	103.8	103.6	103.0	105.7	106.9
宜宾市	Yibin	104.7	104.8	103.4	103.6	103.7	103.6	103.5	103.6	102.9	105.7	107.6
广安市	Guangan	104.6	104.5	103.3	104.0	103.6	102.9	103.4	103.5	102.8	105.6	107.3
达州市	Dazhou	103.9	104.5	103.5	103.7	103.7	104.1	103.7	103.6	102.9	105.5	107.6
雅安市	Yaan	103.5	104.0	102.0	104.5	103.8	103.6	103.9	103.9	103.1	105.8	108.2
巴中市	Bazhong	104.1	104.2	103.1	103.0	103.4	103.7	103.6	103.7	102.6	105.4	107.4
资阳市	Ziyang	104.0	104.7	102.7	103.9	103.0	103.6	103.9	103.6	102.7	105.4	107.4
阿坝藏族羌族自治州	Aba	106.1	106.0	104.4	104.6	103.9	104.8	103.1	103.4	103.1	104.5	106.9
甘孜藏族自治州	Ganzi	104.2	104.0	104.0	104.5	103.8	104.1	104.4	103.5	102.9	104.5	104.8
凉山彝族自治州	Liangshan	104.4	104.5	104.4	104.4	103.9	104.1	103.8	103.8	103.3	104.8	107.0

注：本表按可比价格计算。
a) The indices in this table are calculated at comparable prices.

2-11 各市(州)第二产业增加值
Secondary Industry by Region

单位：亿元 (100 million yuan)

市(州)	Region	2011	2012	2013	2014	2015	2016	2017	2018	2019	2020	2021
全　省	**Sichuan**	**10014.39**	**11231.06**	**12418.94**	**13082.69**	**13192.45**	**13450.13**	**14569.17**	**16056.94**	**17187.92**	**17505.61**	**19901.38**
成都市	Chengdu	3406.62	3979.92	4067.91	4193.64	4210.93	4216.36	4504.73	4834.16	5187.57	5333.93	6114.34
自贡市	Zigong	399.68	427.49	452.66	458.45	462.69	472.12	495.86	525.30	558.98	559.47	628.24
攀枝花市	Panzhihua	434.74	444.07	453.16	471.57	475.15	482.91	506.35	522.96	549.76	557.93	621.48
泸州市	Luzhou	507.13	567.35	657.89	725.18	728.47	779.88	856.41	938.00	1023.38	1042.40	1185.59
德阳市	Deyang	591.99	646.23	767.09	786.86	789.83	809.96	963.99	1083.27	1133.31	1126.60	1283.32
绵阳市	Mianyang	509.90	570.85	742.59	836.29	844.18	878.05	993.66	1090.63	1161.75	1186.89	1352.65
广元市	Guangyuan	164.35	203.76	256.29	274.09	282.30	289.08	316.50	359.69	386.68	405.33	457.26
遂宁市	Suining	296.14	340.87	376.84	459.62	480.95	487.66	522.22	562.00	618.31	614.98	704.07
内江市	Neijiang	354.66	361.78	365.10	373.51	375.27	385.41	422.62	445.79	474.70	465.25	526.63
乐山市	Leshan	470.29	522.89	599.33	651.89	655.35	658.50	685.22	740.94	799.33	814.63	930.68
南充市	Nanchong	381.13	407.29	570.52	613.78	616.67	641.60	709.23	851.20	923.07	916.76	1019.43
眉山市	Meishan	321.86	362.23	411.97	434.44	437.42	447.21	465.78	490.89	526.45	528.02	596.58
宜宾市	Yibin	525.83	596.76	722.18	746.30	754.00	772.30	856.40	1180.98	1324.52	1374.30	1568.65
广安市	Guangan	303.92	332.60	336.02	337.96	342.42	349.57	368.55	382.72	414.89	417.78	472.19
达州市	Dazhou	384.75	421.33	491.10	526.55	533.69	548.97	592.60	653.26	720.51	735.05	834.97
雅安市	Yaan	182.25	193.17	195.55	197.94	199.41	200.19	206.46	207.77	227.07	227.44	259.50
巴中市	Bazhong	123.61	142.95	156.31	176.62	177.92	186.03	207.99	238.22	234.38	198.91	207.27
资阳市	Ziyang	173.91	181.68	194.13	199.33	202.76	207.55	216.94	224.95	230.99	228.90	262.53
阿坝藏族羌族自治州	Aba	63.44	77.99	79.32	80.82	81.94	83.08	86.39	91.16	95.26	96.33	108.13
甘孜藏族自治州	Ganzi	43.49	45.61	47.22	52.88	53.50	54.12	75.93	87.32	99.21	104.82	116.93
凉山彝族自治州	Liangshan	374.69	404.26	475.77	484.97	487.59	499.57	515.35	545.72	564.73	575.28	650.90

注：本表按当年价格计算。
a) The data in this table are calculated at current prices.

2-12 各市(州)第二产业增加值指数
Indices of Secondary Industry by Region

上年=100 (preceding year=100)

市(州)	Region	2011	2012	2013	2014	2015	2016	2017	2018	2019	2020	2021
全 省	**Sichuan**	**121.6**	**115.9**	**112.0**	**109.0**	**107.7**	**107.6**	**107.5**	**107.5**	**107.4**	**103.8**	**107.4**
成都市	Chengdu	121.2	115.9	111.9	108.6	107.2	106.6	106.7	107.0	106.8	104.3	108.2
自贡市	Zigong	120.5	114.0	112.8	108.0	107.9	108.0	108.0	108.7	108.0	104.9	106.1
攀枝花市	Panzhihua	117.4	112.2	111.6	108.5	108.6	108.2	107.3	107.5	105.8	104.7	106.8
泸州市	Luzhou	122.1	115.9	112.5	111.4	110.0	110.3	109.7	108.5	108.4	103.3	108.1
德阳市	Deyang	120.6	115.0	111.4	109.2	108.5	109.3	109.6	109.3	107.0	101.5	108.3
绵阳市	Mianyang	123.4	117.0	112.3	109.3	108.8	108.4	109.0	109.6	108.0	104.1	108.4
广元市	Guangyuan	125.8	117.2	113.8	109.6	108.8	109.2	108.8	109.6	107.8	104.8	107.2
遂宁市	Suining	122.0	115.5	114.1	110.5	111.5	109.8	108.7	109.1	109.0	104.3	107.7
内江市	Neijiang	120.0	114.6	111.4	109.7	108.3	108.8	107.2	108.5	108.6	104.1	106.5
乐山市	Leshan	120.1	114.8	111.6	106.2	109.9	108.5	108.5	108.4	107.9	103.9	108.7
南充市	Nanchong	122.6	118.8	114.7	107.0	108.3	108.0	109.2	109.9	109.3	102.7	105.4
眉山市	Meishan	119.8	115.9	112.5	111.4	110.6	109.6	103.3	107.2	107.9	103.4	107.6
宜宾市	Yibin	120.8	116.1	108.2	108.1	108.6	109.0	109.1	110.0	109.7	105.2	108.1
广安市	Guangan	122.0	116.1	113.5	111.4	110.8	108.9	108.4	108.6	108.4	103.6	108.6
达州市	Dazhou	123.3	116.9	113.4	109.2	101.1	108.3	107.9	108.3	109.9	105.2	105.5
雅安市	Yaan	122.0	115.3	103.3	112.1	109.9	109.4	107.9	107.6	107.8	104.6	107.6
巴中市	Bazhong	132.7	118.3	115.9	110.0	109.4	109.5	109.7	109.4	102.2	101.8	99.2
资阳市	Ziyang	122.5	116.4	113.4	111.7	109.8	108.5	107.8	107.5	106.9	103.9	107.6
阿坝藏族羌族自治州	Aba	126.5	117.8	114.1	106.5	108.0	105.8	108.7	103.9	104.7	105.3	108.3
甘孜藏族自治州	Ganzi	123.3	117.3	118.8	101.7	104.0	111.3	117.9	116.6	113.9	108.3	106.5
凉山彝族自治州	Liangshan	123.4	115.9	114.4	110.9	100.4	105.5	105.9	100.8	102.5	105.2	108.4

注：本表按可比价格计算。
a) The indices in this table are calculated at comparable prices.

2-13 各市(州)第三产业增加值
Tertiary Industry by Region

单位：亿元 (100 million yuan)

市(州)	Region	2011	2012	2013	2014	2015	2016	2017	2018	2019	2020	2021
全 省	**Sichuan**	**8181.86**	**9548.80**	**10841.66**	**12283.90**	**13488.60**	**15787.75**	**19073.46**	**22417.73**	**24368.31**	**25439.17**	**28287.55**
成都市	Chengdu	3602.96	4297.79	5038.89	5771.87	6037.39	7165.69	8861.48	10285.94	11210.87	11848.87	13219.85
自贡市	Zigong	256.28	305.08	342.56	357.14	373.90	403.39	495.61	599.87	642.85	649.20	730.64
攀枝花市	Panzhihua	137.12	149.39	158.78	166.89	184.82	212.79	257.23	332.46	360.57	368.98	408.91
泸州市	Luzhou	258.23	300.69	347.92	386.75	467.08	539.04	650.45	760.25	830.67	863.76	955.42
德阳市	Deyang	335.44	387.90	435.61	476.10	531.56	670.25	723.62	841.64	957.82	984.14	1091.91
绵阳市	Mianyang	445.12	499.58	528.81	574.87	696.82	876.70	1059.16	1255.71	1406.28	1462.68	1620.32
广元市	Guangyuan	150.10	167.08	178.74	193.20	225.00	247.64	297.96	374.22	413.50	415.88	460.35
遂宁市	Suining	164.17	185.17	199.09	212.95	245.03	284.56	360.76	497.77	536.18	542.39	594.99
内江市	Neijiang	287.84	345.95	371.13	413.27	447.82	495.89	542.58	643.86	697.17	710.12	801.83
乐山市	Leshan	292.91	330.66	356.63	393.79	454.94	495.02	591.45	751.01	830.57	896.20	982.47
南充市	Nanchong	315.01	362.16	393.51	439.85	505.89	606.98	774.01	897.97	974.97	980.31	1107.71
眉山市	Meishan	204.11	236.94	264.61	309.31	359.20	396.00	499.49	591.47	640.09	652.12	721.49
宜宾市	Yibin	292.23	329.60	373.07	449.68	494.79	604.38	753.80	913.58	1030.94	1094.47	1223.32
广安市	Guangan	216.64	253.88	313.96	340.83	364.91	409.62	495.20	580.34	630.85	648.53	702.12
达州市	Dazhou	324.24	356.60	383.09	445.42	525.72	634.16	791.84	912.64	962.15	989.16	1105.10
雅安市	Yaan	119.93	141.52	162.38	196.09	231.97	271.28	300.41	331.73	367.92	375.36	423.16
巴中市	Bazhong	129.19	150.08	161.17	211.82	244.70	274.51	297.15	358.12	381.48	345.02	360.74
资阳市	Ziyang	149.25	183.81	207.55	223.66	250.58	313.98	346.78	375.86	404.31	410.09	454.67
阿坝藏族羌族自治州	Aba	71.57	84.06	108.12	124.05	152.05	160.67	175.81	214.10	227.67	232.22	253.20
甘孜藏族自治州	Ganzi	67.26	78.97	85.08	105.76	143.19	153.30	182.77	220.34	222.61	224.44	250.75
凉山彝族自治州	Liangshan	362.25	401.88	430.93	490.61	551.22	571.91	615.87	678.84	737.80	751.11	818.65

注：本表按当年价格计算。
a) The data in this table are calculated at current prices.

2-14 各市(州)第三产业增加值指数
Indices of Tertiary Industry by Region

上年=100 (preceding year=100)

市(州)	Region	2011	2012	2013	2014	2015	2016	2017	2018	2019	2020	2021
全 省	**Sichuan**	**110.5**	**108.3**	**109.2**	**109.2**	**109.4**	**109.2**	**109.7**	**109.5**	**108.4**	**103.4**	**108.9**
成都市	Chengdu	109.7	107.3	108.3	109.3	109.3	108.9	109.4	109.0	108.7	103.9	109.0
自贡市	Zigong	110.5	111.4	110.3	107.9	110.9	108.6	110.0	110.4	108.5	102.4	110.7
攀枝花市	Panzhihua	110.1	111.3	108.5	112.7	107.2	108.2	108.4	108.5	107.9	101.5	110.7
泸州市	Luzhou	108.8	109.1	111.0	109.1	112.7	110.4	110.0	107.7	109.2	105.2	109.5
德阳市	Deyang	109.8	107.3	109.4	109.7	109.6	109.5	110.1	110.1	108.9	103.5	109.5
绵阳市	Mianyang	109.2	106.8	108.9	109.9	110.2	109.7	110.5	109.6	109.5	104.4	109.3
广元市	Guangyuan	110.4	110.0	110.2	110.3	110.8	108.3	109.1	108.6	108.9	102.8	109.5
遂宁市	Suining	111.5	111.2	109.9	110.0	115.3	111.0	110.3	111.0	109.3	103.9	108.9
内江市	Neijiang	113.5	110.8	111.2	109.3	109.1	108.4	108.7	108.9	108.6	103.1	110.4
乐山市	Leshan	112.0	111.8	110.6	109.7	109.4	109.6	109.3	110.6	108.8	103.9	108.2
南充市	Nanchong	116.4	109.6	110.8	109.8	109.4	110.4	111.0	110.9	109.1	103.8	110.1
眉山市	Meishan	114.2	111.7	111.4	107.2	109.1	109.0	108.5	109.5	108.5	104.5	109.6
宜宾市	Yibin	111.2	107.7	110.4	109.9	110.2	109.1	110.7	110.4	109.8	103.4	110.2
广安市	Guangan	112.2	110.5	110.0	108.1	110.4	109.2	110.0	109.4	108.4	102.9	108.1
达州市	Dazhou	113.8	109.1	110.0	110.2	105.6	108.7	111.1	110.7	107.6	102.5	110.6
雅安市	Yaan	110.6	108.3	105.8	108.5	109.6	108.7	109.7	109.8	109.7	103.8	108.9
巴中市	Bazhong	108.5	112.0	109.9	110.8	110.5	108.0	108.5	108.5	109.4	102.1	103.7
资阳市	Ziyang	113.2	109.9	110.8	106.6	110.2	109.3	109.6	109.6	108.8	103.5	108.7
阿坝藏族羌族自治州	Aba	108.0	107.4	107.8	104.9	109.2	106.8	102.0	105.3	107.6	101.9	107.3
甘孜藏族自治州	Ganzi	113.0	109.5	110.0	106.5	106.7	106.4	107.4	108.4	104.4	100.9	108.0
凉山彝族自治州	Liangshan	111.6	110.1	107.5	106.6	105.7	107.2	105.5	107.0	109.3	102.6	106.4

注：本表按可比价格计算。
a) The indices in this table are calculated at comparable prices.

2-15 各市(州)人均地区生产总值
Per Capita Gross Regional Product by Region

单位：元 (yuan)

市(州)	Region	2011	2012	2013	2014	2015	2016	2017	2018	2019	2020	2021
全　省	**Sichuan**	**26136**	**29627**	**32750**	**35563**	**37150**	**40297**	**45835**	**51658**	**55619**	**58009**	**64326**
成都市	Chengdu	47750	54211	57538	61099	60643	65067	73770	80503	84584	86266	94622
自贡市	Zigong	27949	31208	34260	35510	36809	38993	44681	50664	54959	57326	64595
攀枝花市	Panzhihua	49266	51300	53165	55934	58216	62382	68980	77231	82403	84404	93406
泸州市	Luzhou	21064	23873	27656	30741	32869	35832	40383	44918	48903	50885	56507
德阳市	Deyang	30862	34805	39995	41900	43756	48588	54795	61788	67005	68847	76824
绵阳市	Mianyang	24541	27346	31724	34572	37093	41324	48442	54376	59381	62151	68696
广元市	Guangyuan	15827	18177	20986	22797	24883	26795	30990	36749	40355	43337	48638
遂宁市	Suining	18126	20477	22378	25954	28337	30568	35150	42167	46615	48523	54300
内江市	Neijiang	21239	24196	25583	27627	29337	31823	35213	40062	43754	45553	51377
乐山市	Leshan	27357	30570	33940	37125	39858	41640	46315	53633	58942	63188	69850
南充市	Nanchong	15704	17496	20928	22909	24325	26741	31210	36390	40145	41717	46589
眉山市	Meishan	21947	24873	27665	30275	32192	33992	38720	42873	46123	47431	52346
宜宾市	Yibin	22017	25215	29251	31968	33200	36097	41456	51941	57820	61427	68481
广安市	Guangan	20004	22562	24887	26450	27548	29083	32689	35999	38702	40073	43558
达州市	Dazhou	17489	19281	21180	23244	24965	27325	31012	34392	37284	39182	43646
雅安市	Yaan	23725	26757	28483	31656	34694	37847	41341	44688	49796	52366	58617
巴中市	Bazhong	10235	11657	12653	15196	16645	18410	20767	24596	26377	25720	27510
资阳市	Ziyang	16300	18682	20497	21985	23668	26726	28761	30770	33207	34806	38717
阿坝藏族羌族自治州	Aba	17738	21180	24373	26875	31284	33432	36864	43220	46376	49532	54900
甘孜藏族自治州	Ganzi	13977	15838	16813	19550	22951	23848	28432	32869	34891	36931	40347
凉山彝族自治州	Liangshan	20888	22867	25048	27090	28312	29139	30373	32413	34566	35720	39063

注：本表按当年价格计算；人均GDP按年平均常住人口计算。
a) The data in this table are calculated at current prices; the per capita GDP are calculated based on the annual average date of resident population.

2-16 各市(州)人均地区生产总值指数
Indices of Per Capita Gross Regional Product by Region

上年=100 (preceding year=100)

市(州)	Region	2011	2012	2013	2014	2015	2016	2017	2018	2019	2020	2021
全 省	**Sichuan**	**115.8**	**111.4**	**109.7**	**108.1**	**107.3**	**107.1**	**107.5**	**107.5**	**107.0**	**103.4**	**108.0**
成都市	Chengdu	109.0	107.8	106.4	105.2	104.2	103.8	104.5	104.6	104.5	101.2	106.7
自贡市	Zigong	118.4	112.4	111.1	108.1	109.1	108.4	108.6	109.4	109.3	105.7	109.8
攀枝花市	Panzhihua	112.9	111.2	110.3	109.4	108.3	108.0	107.6	107.7	106.4	104.1	108.2
泸州市	Luzhou	117.0	112.8	111.6	110.5	109.9	108.9	108.6	107.3	107.6	103.8	108.3
德阳市	Deyang	116.0	112.9	111.0	109.1	108.5	108.5	109.1	109.0	107.4	102.7	108.8
绵阳市	Mianyang	118.8	111.3	109.6	108.1	107.8	107.4	108.2	108.3	107.5	103.8	108.3
广元市	Guangyuan	121.4	112.0	110.5	109.3	108.7	108.7	109.3	109.7	109.0	105.8	109.6
遂宁市	Suining	121.6	113.4	112.3	110.6	112.7	110.7	110.4	111.0	109.8	105.7	109.6
内江市	Neijiang	120.0	113.5	111.8	110.4	109.7	109.5	108.9	109.9	109.7	105.8	110.1
乐山市	Leshan	118.0	112.6	110.5	107.4	109.4	108.5	108.5	109.0	108.0	104.5	108.5
南充市	Nanchong	115.6	113.2	111.7	108.3	108.7	108.9	109.8	110.5	109.4	105.3	109.1
眉山市	Meishan	115.8	112.5	110.4	108.8	109.1	108.4	105.7	107.7	107.4	104.3	108.4
宜宾市	Yibin	115.4	112.6	108.6	108.2	108.1	107.5	108.0	108.5	108.1	104.0	108.5
广安市	Guangan	124.1	112.6	111.2	109.5	109.5	107.3	107.7	107.7	106.9	103.0	107.9
达州市	Dazhou	117.9	111.5	110.2	108.4	103.0	107.5	108.2	108.4	108.1	104.8	108.6
雅安市	Yaan	116.0	111.5	104.1	110.2	109.5	109.0	108.9	108.8	108.7	105.2	108.9
巴中市	Bazhong	113.8	114.1	112.5	110.7	110.7	110.1	110.5	110.3	108.0	104.7	105.0
资阳市	Ziyang	125.5	114.4	112.4	110.3	109.9	108.3	108.5	108.9	108.2	104.9	109.0
阿坝藏族羌族自治州	Aba	116.3	112.4	110.7	106.2	108.4	107.1	105.2	105.8	107.6	104.8	108.8
甘孜藏族自治州	Ganzi	109.1	110.3	111.6	104.1	104.9	106.4	108.8	109.4	106.7	103.9	107.2
凉山彝族自治州	Liangshan	113.0	111.3	109.8	107.8	101.9	104.2	104.0	103.4	105.0	103.5	106.9

注：本表按可比价格计算。
a) The indices in this table are calculated at comparable prices.

2-17 各市(州)民营经济增加值(2021年)
Civilian-owned Value Added by Region(2021)

单位：亿元 (100 million yuan)

市(州)	Region	民营经济增加值 Civilian-owned Value Added	第一产业 Primary Industry	第二产业 Secondary Industry	第三产业 Tertiary Industry	人均民营经济增加值(元) Per Capita Civilian-owned Value Added (yuan)
全　省	**Sichuan**	**29375.11**	**1387.45**	**12883.39**	**15104.27**	**35089**
成都市	Chengdu	9989.69	75.11	3312.88	6601.70	47459
自贡市	Zigong	885.28	48.95	398.61	437.72	35711
攀枝花市	Panzhihua	585.70	20.11	329.23	236.36	48246
泸州市	Luzhou	1372.71	68.43	748.67	555.61	32238
德阳市	Deyang	1521.65	78.07	834.29	609.29	44004
绵阳市	Mianyang	2008.54	44.06	1006.05	958.43	41184
广元市	Guangyuan	613.79	66.94	293.75	253.10	26744
遂宁市	Suining	932.45	56.89	530.89	344.67	33314
内江市	Neijiang	974.95	44.05	446.46	484.44	31198
乐山市	Leshan	1246.29	92.06	629.63	524.60	39477
南充市	Nanchong	1570.14	132.84	816.49	620.81	28113
眉山市	Meishan	884.65	45.48	377.38	461.79	29917
宜宾市	Yibin	1855.94	87.54	1057.40	711.00	40373
广安市	Guangan	805.06	64.51	363.55	377.00	24733
达州市	Dazhou	1435.57	92.74	657.30	685.53	26644
雅安市	Yaan	492.26	26.63	207.42	258.21	34328
巴中市	Bazhong	428.93	59.03	176.04	193.86	15892
资阳市	Ziyang	505.28	39.12	231.66	234.50	21969
阿坝藏族羌族自治州	Aba	200.08	43.34	69.12	87.62	24430
甘孜藏族自治州	Ganzi	175.73	64.83	31.13	79.77	15860
凉山彝族自治州	Liangshan	890.41	136.71	365.43	388.27	18295

注：本表按当年价格计算；人均民营经济增加值年平均人口数按常住人口计算。

a) The data in this table are calculated at current prices; Per capita civilian-owned value added are calculated on the annual average resident population.

2-18 各市(州)民营经济增加值指数(2021年)
Indices of Civilian-owned Value Added by Region(2021)

上年=100 (preceding year=100)

市(州)	Region	民营经济增加值 Civilian-owned Value Added	第一产业 Primary Industry	第二产业 Secondary Industry	第三产业 Tertiary Industry	人均民营经济增加值 Per Capita Civilian-owned Value Added
全 省	**Sichuan**	**108.0**	**106.5**	**107.0**	**108.1**	**107.8**
成都市	Chengdu	107.5	111.3	113.7	105.8	105.6
自贡市	Zigong	107.5	106.5	124.0	107.1	108.9
攀枝花市	Panzhihua	108.2	105.6	103.1	111.9	108.1
泸州市	Luzhou	108.2	106.4	109.0	107.6	108.0
德阳市	Deyang	108.6	107.3	105.5	110.0	108.7
绵阳市	Mianyang	107.0	106.7	108.0	104.8	106.6
广元市	Guangyuan	107.8	106.5	105.6	111.3	109.2
遂宁市	Suining	109.1	106.3	106.4	109.6	110.5
内江市	Neijiang	108.9	105.7	102.5	107.3	110.5
乐山市	Leshan	108.9	105.9	97.4	111.5	109.2
南充市	Nanchong	109.3	105.9	105.1	107.2	110.6
眉山市	Meishan	109.3	106.5	101.7	110.1	109.3
宜宾市	Yibin	109.4	106.1	110.3	111.9	109.0
广安市	Guangan	108.8	105.2	117.6	105.7	108.5
达州市	Dazhou	109.8	105.4	102.2	110.3	110.1
雅安市	Yaan	108.2	108.8	109.3	108.4	108.7
巴中市	Bazhong	102.6	106.0	115.9	119.8	104.3
资阳市	Ziyang	108.6	106.9	116.7	106.4	109.6
阿坝藏族羌族自治州	Aba	106.9	104.1	104.6	113.8	108.2
甘孜藏族自治州	Ganzi	106.9	105.9	67.4	119.6	107.1
凉山彝族自治州	Liangshan	104.2	107.4	107.9	104.8	103.9

注：本表按可比价格计算。
a) The data in this table are calculated at comparable prices.

主要统计指标解释

国内生产总值(GDP)　指一个国家（或地区）所有常住单位在一定时期内生产活动的最终成果。国内生产总值有三种表现形态，即价值形态、收入形态和产品形态。从价值形态看，它是所有常住单位在一定时期内生产的全部货物和服务价值与同期投入的全部非固定资产货物和服务价值的差额，即所有常住单位的增加值之和；从收入形态看，它是所有常住单位在一定时期内创造的各项收入之和，包括劳动者报酬、生产税净额、固定资产折旧和营业盈余；从产品形态看，它是所有常住单位在一定时期内最终使用的货物和服务价值与货物和服务净出口价值之和。在实际核算中，国内生产总值有三种计算方法，即生产法、收入法和支出法。三种方法分别从不同的方面反映国内生产总值及其构成。

对于一个地区来说，称为地区生产总值或地区 GDP。

三次产业　三次产业的划分是世界上较为常用的产业结构分类，但各国的划分不尽一致。根据《国民经济行业分类》（GB/T 4754—2017）和《三次产业划分规定》，我国的三次产业划分是：

第一产业是指农、林、牧、渔业（不含农、林、牧、渔专业及辅助性活动）。

第二产业是指采矿业（不含开采专业及辅助性活动），制造业（不含金属制品、机械和设备修理业），电力、热力、燃气及水生产和供应业，建筑业。

第三产业即服务业，是指除第一产业、第二产业以外的其他行业。

民营经济　是具有中国特色的一种经济类型。统计对象包括内地公民、民间机构和内地公民集体拥有所有权、经营权或控制权的营利法人、非营利法人、特别法人、非法人组织和个体经营户。

Explanatory Notes on Main Statistical Indicators

Gross Domestic Product (GDP)　refers to the final products produced by all resident units in a country (or in a region) during a certain period of time. Gross domestic product is expressed in three different perspectives, namely value, income, and products respectively. GDP in its value perspective refers to the balance of total value of all goods and services produced by all resident units during a certain period of time, minus the total value of input of goods and services of the nature of non-fixed assets; in other words, it is the sum of the value-added of all resident units. GDP from the perspective of income refers to the sum of all kinds of revenue, including Compensation of Employees, Net Taxes on Production, Depreciation of Fixed Assets, and Operating Surplus. GDP from the perspective of products refers to the value of all goods and services for final demand by all resident units plus the net exports of goods and services during a given period of time. In the practice of national accounting, gross domestic product is calculated from three approaches, namely production approach, income approach and expenditure approach, which reflect gross domestic product and its composition from different angles.

For a region, it is called as Gross Regional Product(GRP) or regional GDP.

Three Strata of Industry　Classification of economic activities into three strata of industry is a common practice in the world, although the grouping varies to some extent from country to country. In China, according to Industrial classification for National Economic Activities (GB/T 4754—2017) and Rules on Division of Three Strata of Industries, economic activities are categorized into the following three strata of industry:

Primary industry refers to agriculture, forestry, animal husbandry and fishery industries (not including professional and auxiliary activities of agriculture, forestry, animal husbandry and fishery industries).

Secondary industry refers to mining and quarrying (not including professional and auxiliary activities of mining), manufacturing (not including repair service of metal products, machinery and equipment), production and supply of electricity, heat, gas and water, and construction.

Tertiary industry refers to all other economic activities not included in the primary or secondary industries.

Civilian-owned Economy　refers to the economic type with Chinese characteristics.The statistical objects include profit-making legal persons, non-profit legal persons, special legal persons, non legal person organizations and self-employed households with ownership, management or control rights of mainland citizens, non-governmental organizations and profit-making legal persons.

03 人 口

Chapter 3 Population

SICHUAN STATISTICAL YEARBOOK

3-1 年末常住人口、城镇化率、出生率、死亡率和自然增长率
Resident Population(year-end), Urbanization Rate, Birth Rate, Death Rate and Natural Growth Rate of Population

年 份 Year	年末常住人口 (万人) Resident Population (year-end)	城镇化率 (%) Urbanization Rate (%)	出生率 (‰) Birth Rate (‰)	死亡率 (‰) Death Rate (‰)	自然增长率 (‰) Natural Growth Rate (‰)
1952			41.0	18.2	22.8
1957			29.2	12.1	17.1
1962			28.0	14.6	13.4
1965			42.4	11.4	31.0
1970			38.7	9.2	29.5
1975			31.2	8.9	22.3
1978			15.1	7.0	8.1
1980			13.0	6.8	6.2
1985			15.4	7.2	8.2
1990			19.1	7.7	11.4
1991			15.8	7.3	8.5
1992			16.3	7.0	9.3
1993			16.8	7.2	9.6
1994			16.9	7.0	9.9
1995			17.1	7.2	9.9
1996			16.6	7.3	9.3
1997			15.7	7.0	8.7
1998			14.6	7.1	7.5
1999			13.8	7.0	6.8
2000	8234.8	26.70	12.1	7.0	5.1
2001	8143.0	27.20	11.2	6.8	4.4
2002	8110.0	28.20	10.4	6.5	3.9
2003	8176.0	30.10	9.2	6.1	3.1
2004	8090.0	31.10	9.1	6.3	2.8
2005	8212.0	33.00	9.7	6.8	2.9
2006	8169.0	34.30	9.2	6.3	2.9
2007	8127.0	35.60	9.2	6.3	2.9
2008	8138.0	37.40	9.5	7.1	2.4
2009	8185.0	38.70	9.1	6.4	2.7
2010	8045.0	40.18	8.9	6.6	2.3
2011	8064.0	41.85	9.8	6.8	3.0
2012	8085.0	43.35	9.9	6.9	3.0
2013	8109.0	44.96	9.9	6.9	3.0
2014	8139.0	46.51	10.2	7.0	3.2
2015	8196.0	48.27	10.3	6.9	3.4
2016	8251.0	50.00	10.5	7.0	3.5
2017	8289.0	51.78	11.3	7.0	4.3
2018	8321.0	53.50	11.1	7.0	4.1
2019	8351.0	55.36	10.7	7.1	3.6
2020	8371.0	56.73	7.6	6.3	1.3
2021	8372.0	57.82	6.9	8.7	-1.9

注：①2000年、2010年、2020年为当年人口普查数据推算数，其余年份是依据年度人口变动调查并结合人口普查推算的修订数(以下有关表同)。②本表中出生率、死亡率和自然增长率在1981年及以前均根据公安年报计算，1982年以后按人口变动抽样调查计算。

a) The data of 2000, 2010 and 2020 are estimated by the census data of that year; the data of other years are the revised figures estimated by the annual population change survey and the cunsus (The same as the following related tables). b) Data of birth rate, death rate and natural growth rate in this table before 1981 were taken from the annual reports of the Bureau of Public Security. Since 1982, the data of province have been estimated by the annual population change survey.

3-2 各市(州)年末常住人口、城镇化率、出生率、死亡率、自然增长率和人口密度(2021年)

Resident Population(year-end), Urbanization Rate, Birth rate, Death rate, Natural Growth Rate and Population Density by Region(2021)

市(州)	Region	年末常住人口(万人) Resident Population (year-end) (10 000 persons)	城镇化率(%) Urbanization Rate (%)	出生率(‰) Birth Rate (‰)	死亡率(‰) Death Rate (‰)	自然增长率(‰) Natural Growth Rate (‰)	人口密度(人/平方公里) Population Density (person/sq.km)
全 省	**Sichuan**	**8372.0**	**57.82**	**6.85**	**8.74**	**-1.89**	**172**
成都市	Chengdu	2119.2	79.48	7.40	4.00	3.40	1478
自贡市	Zigong	246.7	56.20	5.95	6.48	-0.53	563
攀枝花市	Panzhihua	121.4	69.92	7.95	6.40	1.55	164
泸州市	Luzhou	425.9	51.36	8.43	8.36	0.07	348
德阳市	Deyang	345.9	57.07	6.07	7.23	-1.16	585
绵阳市	Mianyang	488.3	53.63	5.50	7.51	-2.01	241
广元市	Guangyuan	228.3	48.06	6.20	6.08	0.12	140
遂宁市	Suining	278.2	58.21	5.74	3.40	2.34	523
内江市	Neijiang	310.4	51.08	6.22	6.02	0.20	576
乐山市	Leshan	315.1	54.07	7.34	6.88	0.46	248
南充市	Nanchong	556.2	51.22	5.19	4.66	0.53	446
眉山市	Meishan	295.9	51.11	6.22	7.66	-1.44	414
宜宾市	Yibin	460.5	52.94	8.15	6.44	1.71	347
广安市	Guangan	324.8	44.86	5.51	4.96	0.55	512
达州市	Dazhou	537.0	50.83	6.98	7.96	-0.98	324
雅安市	Yaan	143.1	53.55	7.77	7.11	0.66	95
巴中市	Bazhong	267.6	46.92	6.37	4.56	1.81	218
资阳市	Ziyang	228.4	42.12	5.65	6.15	-0.50	398
阿坝藏族羌族自治州	Aba	81.5	42.09	8.37	3.66	4.71	10
甘孜藏族自治州	Ganzi	110.2	31.52	10.80	4.44	6.36	7
凉山彝族自治州	Liangshan	487.4	38.66	14.80	5.00	9.80	81

注：全省年末常住人口、城镇化率、出生率、死亡率、自然增长率数据，由国家统计局核定；市（州）出生率、死亡率、自然增长率数据，由市（州）统计局基于人口普查、年度人口变动调查、公安、卫健、民政等部门数据综合评估确定。

a) The data of resident population, urbanization rate, birth rate, death rate and natural growth rate at the end of the year of the province shall be approved by the National Bureau of Statistics; The data of birth rate, death rate and natural growth rate of the city (prefecture) shall be determined by the municipal (prefecture) statistics bureau based on the comprehensive evaluation of the data from the population census, annual population change survey, and the data from public security, health, civil affairs and other departments.

3-3 各市(州)年末常住人口数
Resident Population(year-end) by Region

单位：万人 (10 000 persons)

市(州)	Region	2011	2012	2013	2014	2015	2016	2017	2018	2019	2020	2021
全 省	**Sichuan**	**8064.0**	**8085.0**	**8109.0**	**8139.0**	**8196.0**	**8251.0**	**8289.0**	**8321.0**	**8351.0**	**8371.0**	**8372.0**
成都市	Chengdu	1457.5	1510.9	1564.3	1619.8	1685.3	1858.2	1918.8	1981.3	2040.9	2094.7	2119.2
自贡市	Zigong	266.4	266.8	266.3	264.3	262.9	260.6	261.3	257.6	253.3	249.0	246.7
攀枝花市	Panzhihua	121.9	122.7	122.7	122.5	122.3	122.2	122.0	121.8	121.3	121.3	121.4
泸州市	Luzhou	420.8	419.7	416.7	415.5	417.7	419.9	421.4	422.6	424.4	425.6	425.9
德阳市	Deyang	357.8	351.6	350.4	348.9	348.5	348.2	347.9	347.4	346.7	345.7	345.9
绵阳市	Mianyang	462.3	462.7	464.3	468.2	471.6	475.9	479.2	481.9	484.9	487.1	488.3
广元市	Guangyuan	247.2	248.5	247.3	246.7	246.8	243.8	241.3	237.9	234.4	230.7	228.3
遂宁市	Suining	321.6	317.8	313.8	309.6	305.4	301.0	294.3	289.4	285.4	281.5	278.2
内江市	Neijiang	365.3	360.3	355.1	349.8	344.2	338.6	332.8	325.6	320.0	314.2	310.4
乐山市	Leshan	323.5	323.6	322.7	321.4	321.1	320.3	319.4	318.2	317.2	316.1	315.1
南充市	Nanchong	621.8	616.2	610.5	604.4	598.7	592.7	585.2	577.6	569.3	561.0	556.2
眉山市	Meishan	295.8	296.4	297.2	297.6	297.9	297.4	296.1	296.2	296.0	295.6	295.9
宜宾市	Yibin	445.2	442.9	441.5	441.5	444.1	447.6	450.8	453.8	456.9	459.1	460.5
广安市	Guangan	320.0	318.3	317.2	316.7	318.0	320.1	320.8	322.0	324.0	325.6	324.8
达州市	Dazhou	547.5	547.1	547.4	547.2	547.6	547.0	547.7	545.3	542.2	538.7	537.0
雅安市	Yaan	150.9	150.8	150.4	150.1	149.1	147.7	146.6	145.7	144.6	143.6	143.1
巴中市	Bazhong	323.8	318.9	313.6	307.9	302.1	295.3	289.4	283.5	277.4	271.4	267.6
资阳市	Ziyang	360.6	354.2	350.8	347.5	347.6	240.3	238.4	235.1	233.0	231.0	228.4
阿坝藏族羌族自治州	Aba	89.4	89.0	88.5	88.1	87.6	86.8	85.8	84.7	83.5	82.3	81.5
甘孜藏族自治州	Ganzi	109.6	110.5	110.7	110.6	111.1	111.7	111.5	111.4	111.2	110.8	110.2
凉山彝族自治州	Liangshan	455.1	456.1	457.6	460.7	466.4	475.7	478.3	482.0	484.4	486.0	487.4

3-4 各市(州)常住人口城镇化率
Urbanization Rate of Resident Population by Region

单位：%　　　　(%)

市(州)	Region	2011	2012	2013	2014	2015	2016	2017	2018	2019	2020	2021
全　省	**Sichuan**	**41.85**	**43.35**	**44.96**	**46.51**	**48.27**	**50.00**	**51.78**	**53.50**	**55.36**	**56.73**	**57.82**
成都市	Chengdu	66.86	68.18	69.75	71.36	73.01	74.01	75.29	76.60	78.00	78.77	79.48
自贡市	Zigong	41.73	43.07	44.63	45.98	47.52	48.52	50.39	52.30	54.29	55.40	56.20
攀枝花市	Panzhihua	60.71	61.72	62.94	63.77	65.01	65.78	66.81	67.68	69.13	69.57	69.92
泸州市	Luzhou	39.21	40.17	41.34	42.34	43.71	44.68	46.37	47.64	48.93	50.24	51.36
德阳市	Deyang	42.00	43.44	44.86	46.30	47.91	49.02	50.88	52.58	54.38	55.97	57.07
绵阳市	Mianyang	40.38	41.40	42.57	43.69	44.92	45.90	47.27	48.60	49.71	51.66	53.63
广元市	Guangyuan	33.86	35.11	36.36	37.84	39.36	40.36	42.22	43.82	45.51	47.04	48.06
遂宁市	Suining	39.61	41.55	43.49	45.20	47.09	48.83	50.98	53.51	56.13	57.30	58.21
内江市	Neijiang	39.97	40.95	41.90	42.91	44.02	44.94	46.37	47.77	48.88	50.07	51.08
乐山市	Leshan	40.03	41.21	42.64	43.94	45.69	46.72	48.51	49.95	51.83	53.11	54.07
南充市	Nanchong	36.47	37.48	38.62	40.05	41.81	42.96	44.84	46.75	48.79	50.22	51.22
眉山市	Meishan	35.28	37.25	39.04	40.64	42.42	43.49	45.42	47.08	48.87	50.14	51.11
宜宾市	Yibin	38.65	39.84	40.84	41.89	43.46	44.60	46.37	47.63	49.57	51.39	52.94
广安市	Guangan	29.98	31.60	33.38	34.87	36.41	37.53	39.31	40.94	42.92	44.07	44.86
达州市	Dazhou	33.77	35.56	37.44	39.16	41.12	42.32	44.34	46.31	48.49	49.80	50.83
雅安市	Yaan	35.87	37.84	39.84	41.80	43.78	45.48	47.35	49.35	51.54	52.78	53.55
巴中市	Bazhong	30.36	32.30	34.27	36.00	37.70	38.88	40.67	42.63	45.04	46.16	46.92
资阳市	Ziyang	31.10	31.95	32.97	33.79	34.91	35.61	36.84	38.23	39.88	41.29	42.12
阿坝藏族羌族自治州	Aba	30.77	31.75	33.04	33.88	34.96	35.64	36.67	38.58	40.56	41.49	42.09
甘孜藏族自治州	Ganzi	21.18	22.14	23.23	24.14	25.17	25.90	26.92	28.44	30.10	31.01	31.52
凉山彝族自治州	Liangshan	27.94	28.94	30.11	31.11	32.39	33.00	34.04	34.89	35.96	36.96	38.66

3-5 年末户籍总人口数及构成
Total Registered Population and its Composition(year-end)

单位：万人 (10 000 persons)

年份 Year	年末户籍总人口 Total Registered Population (year-end)	按性别分 By Sex		按城乡分 By Residence	
		男 Male	女 Female	城镇人口 Urban Population	乡村人口 Rural Population
1952	4628.5	2357.9	2270.6		
1957	5088.8	2601.0	2487.8	568.0	4520.8
1962	4688.3	2368.9	2319.4	535.9	4152.4
1965	5162.1	2623.3	2538.8	606.4	4555.7
1970	6052.4	3089.0	2963.4	688.9	5363.5
1975	6874.7	3508.2	3366.5	736.6	6138.1
1978	7071.9	3621.5	3450.4	784.2	6287.7
1980	7154.8	3668.3	3486.5	829.6	6325.2
1985	7419.3	3828.9	3590.4	1025.9	6393.4
1990	7892.5	4088.1	3804.4	1101.7	6790.8
1991	7947.8	4119.5	3828.3	1119.3	6828.5
1992	7992.2	4144.1	3848.1	1172.6	6819.6
1993	8037.4	4171.2	3866.2	1211.9	6825.5
1994	8098.7	4205.3	3893.4	1277.1	6821.6
1995	8161.2	4238.9	3922.3	1331.8	6829.4
1996	8215.4	4266.6	3948.8	1378.1	6837.3
1997	8264.7	4291.4	3973.3	1420.1	6844.6
1998	8315.7	4317.5	3998.2	1460.3	6855.4
1999	8358.6	4337.7	4020.9	1507.7	6850.9
2000	8407.5	4358.9	4048.6	1565.0	6842.5
2001	8436.6	4375.4	4061.2	1622.1	6814.5
2002	8474.5	4395.3	4079.2	1677.6	6796.9
2003	8529.4	4424.7	4104.7	1795.2	6734.2
2004	8595.3	4460.0	4135.3	1914.3	6681.0
2005	8642.1	4483.6	4158.5	2013.8	6628.3
2006	8722.5	4520.3	4202.2	2070.8	6651.7
2007	8815.2	4566.4	4248.8	2140.0	6675.2
2008	8907.8	4607.7	4300.1	2203.4	6704.4
2009	8984.7	4639.2	4345.5	2286.3	6698.4
2010	9001.3	4640.4	4360.9	2355.2	6646.1
2011	9058.4	4665.6	4392.8	2462.7	6595.7
2012	9097.4	4685.0	4412.4	2512.0	6585.4
2013	9132.6	4700.8	4431.8	2632.4	6500.2
2014	9159.1	4710.4	4448.7	2694.0	6465.1
2015	9102.0	4680.1	4421.9	2785.2	6316.8
2016	9137.0	4696.2	4440.8	2997.5	6139.5
2017	9113.4	4677.8	4435.6	3116.3	5997.1
2018	9121.8	4678.3	4443.5	3271.5	5850.3
2019	9099.5	4665.3	4434.2	3346.8	5752.7
2020	9081.6	4653.7	4427.9	3475.5	5606.1
2021	9094.5	4658.4	4436.1	3496.1	5598.4

注：本篇章所列户籍人口资料均由四川省公安厅提供；2014年及以前的城镇人口、乡村人口为非农业人口、农业人口。

a) Data in this table were taken from the annual reports of the Bureau of Sichuan Provincial Public Security; Data of urban population and rural population before 2014 are those of non-agricultural population and agricultural population.

3-6 各市(州)年末户籍总户数及人口数(2021年)
Number of Registered Households and Population by Region(year-end)(2021)

市(州)	Region	年末户籍总户数(万户) Total Registered Households (year-end) (10 000 households)	年末户籍总人口(万人) Total Registered Population (year-end) (10 000 persons)	男性 Male	女性 Female	城镇人口 Urban Population	乡村人口 Rural Population
全　省	**Sichuan**	**3161.9**	**9094.5**	**4658.4**	**4436.1**	**3496.1**	**5598.4**
成都市	Chengdu	579.2	1556.2	769.7	786.5	1056.4	499.8
自贡市	Zigong	106.0	316.7	160.8	155.9	113.7	203.0
攀枝花市	Panzhihua	36.7	107.5	54.4	53.1	56.3	51.2
泸州市	Luzhou	159.0	506.7	261.2	245.5	201.7	305.1
德阳市	Deyang	151.6	381.5	193.3	188.2	141.5	240.0
绵阳市	Mianyang	197.8	527.0	269.5	257.5	193.2	333.8
广元市	Guangyuan	112.1	295.2	151.3	143.9	81.9	213.3
遂宁市	Suining	132.8	357.6	185.2	172.4	107.8	249.8
内江市	Neijiang	141.1	403.0	207.7	195.4	111.4	291.6
乐山市	Leshan	125.1	347.2	176.4	170.9	135.0	212.2
南充市	Nanchong	247.6	714.8	373.0	341.7	205.0	509.8
眉山市	Meishan	123.4	340.5	172.5	168.1	132.9	207.6
宜宾市	Yibin	164.4	550.5	285.6	264.9	206.9	343.5
广安市	Guangan	144.1	453.2	237.2	215.9	111.3	341.9
达州市	Dazhou	233.8	649.1	340.9	308.1	238.0	411.1
雅安市	Yaan	54.5	152.2	77.6	74.6	70.4	81.8
巴中市	Bazhong	127.7	361.6	188.9	172.7	104.9	256.7
资阳市	Ziyang	122.5	336.9	176.1	160.8	59.2	277.7
阿坝藏族羌族自治州	Aba	28.1	89.7	45.6	44.0	24.3	65.4
甘孜藏族自治州	Ganzi	26.5	109.2	55.0	54.2	21.6	87.6
凉山彝族自治州	Liangshan	147.8	538.3	276.6	261.7	122.7	415.5

3-7 各市(州)年末户籍人口数
Registered Population(year-end) by Region

单位：万人 (10 000 persons)

市(州)	Region	2011	2012	2013	2014	2015	2016	2017	2018	2019	2020	2021
全 省	**Sichuan**	**9058.4**	**9097.4**	**9132.6**	**9159.1**	**9102.0**	**9137.0**	**9113.4**	**9121.8**	**9099.5**	**9081.6**	**9094.5**
成都市	Chengdu	1163.3	1173.4	1188.0	1210.7	1228.1	1398.9	1435.3	1478.1	1502.3	1519.7	1556.2
自贡市	Zigong	327.1	328.5	329.7	330.0	327.5	327.4	323.9	322.4	320.1	317.8	316.7
攀枝花市	Panzhihua	111.7	111.9	112.0	111.9	110.6	110.5	109.4	108.3	108.4	108.0	107.5
泸州市	Luzhou	503.0	505.2	508.4	508.9	505.7	508.3	509.6	509.7	508.6	508.0	506.7
德阳市	Deyang	390.5	391.5	392.0	392.5	390.0	391.7	387.7	386.8	384.5	382.3	381.5
绵阳市	Mianyang	543.4	545.4	547.4	548.8	545.5	545.2	536.8	536.0	531.4	528.5	527.0
广元市	Guangyuan	311.2	311.7	310.2	310.1	305.3	304.8	302.6	300.5	298.7	297.0	295.2
遂宁市	Suining	382.7	376.1	379.4	380.4	378.8	377.9	369.7	365.4	362.3	359.3	357.6
内江市	Neijiang	426.1	426.6	426.8	426.0	420.4	420.0	415.1	411.8	408.2	405.5	403.0
乐山市	Leshan	354.4	355.1	356.0	355.7	353.8	354.7	351.9	350.5	349.1	348.0	347.2
南充市	Nanchong	756.2	759.6	759.0	759.0	742.3	741.3	732.7	728.7	723.4	719.3	714.8
眉山市	Meishan	350.8	350.4	352.2	353.0	349.1	350.2	345.1	344.4	342.3	341.8	340.5
宜宾市	Yibin	542.9	546.6	550.4	554.3	552.1	555.9	555.4	552.3	551.4	551.0	550.5
广安市	Guangan	468.5	468.5	470.4	471.7	467.4	467.3	464.6	462.2	458.8	455.6	453.2
达州市	Dazhou	690.7	695.6	687.6	688.1	682.8	683.6	671.7	665.8	658.6	652.8	649.1
雅安市	Yaan	155.8	156.5	157.0	157.2	154.9	155.0	153.9	153.3	153.0	152.6	152.2
巴中市	Bazhong	389.4	390.0	390.2	383.1	379.5	375.3	376.2	368.3	365.6	364.1	361.6
资阳市	Ziyang	503.9	505.9	507.3	507.3	503.7	354.5	348.9	346.1	342.2	338.9	336.9
阿坝藏族羌族自治州	Aba	90.7	91.4	92.0	92.2	91.4	92.0	91.5	90.3	90.0	89.7	89.7
甘孜藏族自治州	Ganzi	108.8	110.3	110.2	111.3	109.2	110.1	110.1	110.1	109.7	108.6	109.2
凉山彝族自治州	Liangshan	487.3	497.2	506.4	506.9	503.9	512.4	521.3	530.8	530.9	533.1	538.3

3-8 各市(州)年末户籍城镇人口数
Registered Urban Population(year-end) by Region

单位：万人 (10 000 persons)

市(州)	Region	2011	2012	2013	2014	2015	2016	2017	2018	2019	2020	2021
全　省	**Sichuan**	**2462.7**	**2512.0**	**2632.4**	**2694.0**	**2785.2**	**2997.5**	**3116.3**	**3271.5**	**3346.8**	**3475.5**	**3496.1**
成都市	Chengdu	705.7	716.7	728.7	755.8	720.6	784.6	851.1	901.6	940.7	1015.6	1056.4
自贡市	Zigong	108.3	111.4	112.5	113.2	126.5	132.1	134.2	135.7	136.4	121.4	113.7
攀枝花市	Panzhihua	60.0	60.1	59.9	59.5	58.9	58.0	57.1	56.5	56.6	57.5	56.3
泸州市	Luzhou	94.5	95.8	152.3	154.0	123.0	192.5	209.1	210.1	212.2	202.3	201.7
德阳市	Deyang	107.3	110.5	117.4	120.6	136.1	121.6	120.5	124.2	126.2	133.9	141.5
绵阳市	Mianyang	150.4	152.8	158.0	163.0	176.8	178.7	179.0	187.3	190.2	193.4	193.2
广元市	Guangyuan	70.0	71.3	72.2	73.5	73.5	68.6	70.9	72.8	75.6	81.3	81.9
遂宁市	Suining	88.4	89.1	97.5	99.2	107.4	98.0	96.4	100.6	103.5	109.6	107.8
内江市	Neijiang	92.7	94.6	96.4	97.4	110.3	115.4	114.5	113.6	112.5	113.8	111.4
乐山市	Leshan	111.3	114.9	118.5	120.4	134.0	122.1	126.5	129.0	132.5	135.8	135.0
南充市	Nanchong	169.4	172.0	176.6	179.1	173.1	207.2	206.6	211.1	210.7	211.6	205.0
眉山市	Meishan	93.9	96.2	98.9	100.6	100.2	111.0	111.3	116.7	119.5	133.7	132.9
宜宾市	Yibin	103.4	104.9	106.2	108.2	118.1	132.3	147.1	196.6	208.8	211.1	206.9
广安市	Guangan	85.4	87.8	90.6	94.1	103.9	107.5	107.7	117.3	116.8	112.0	111.3
达州市	Dazhou	133.3	137.3	139.6	144.2	160.0	204.3	212.0	218.2	222.2	235.9	238.0
雅安市	Yaan	38.6	39.3	42.6	43.6	54.0	65.8	65.9	67.4	67.9	70.7	70.4
巴中市	Bazhong	69.5	73.1	78.1	79.2	89.0	93.8	99.4	99.8	102.2	106.1	104.9
资阳市	Ziyang	84.8	87.3	89.2	90.7	93.4	57.0	56.3	56.9	56.3	64.7	59.2
阿坝藏族羌族自治州	Aba	20.4	20.8	20.5	20.8	31.5	26.3	27.0	25.5	25.3	25.3	24.3
甘孜藏族自治州	Ganzi	16.3	16.4	16.2	16.2	16.3	18.1	19.3	19.2	18.8	18.5	21.6
凉山彝族自治州	Liangshan	59.1	59.7	60.5	60.7	78.6	102.6	104.4	111.4	111.9	121.3	122.7

主要统计指标解释

人口数 指一定时点、一定地区范围内有生命的个人总和。

年度统计的年末人口数指每年 12 月 31 日 24 时的人口数。

常住人口 指实际经常居住在某地半年以上的人口。常住人口主要包括：(1) 调查时点居住在本乡、镇、街道，户口也在本乡、镇、街道的人；(2) 调查时点居住在本乡、镇、街道，户口不在本乡、镇、街道，离开户口登记地半年以上的人；(3) 调查时点居住在本乡、镇、街道，尚未办理常住户口的人；(4) 调查时点居住在港澳台或国外，户口在本乡、镇、街道的人。

户籍人口 指不管是否外出和外出时间长短，只要在某地公安户籍管理部门登记了常住户口，则为该地区的户籍人口。户籍人口数据由公安部门统计。

城镇人口和乡村人口 城镇人口是指居住在城镇范围内的全部常住人口；乡村人口是除上述人口以外的全部人口。

城镇化率 城镇化指伴随工业化的发展，非农产业向城镇聚集，农村人口向城镇集中的自然历史过程，是世界各国工业化进程中必然经历的历史阶段。城镇化率是指一个国家（地区）城镇的常住人口占该国家（地区）总人口的比例，是衡量城镇化水平高低，反映城镇化进程的一个重要指标。

出生率（又称粗出生率） 指在一定时期内(通常为一年)一定地区的出生人数与同期内平均人数(或期中人数)之比，用千分率表示。本资料中的出生率指年出生率，其计算公式为：

$$出生率=\frac{年出生人数}{年平均人数}\times 1000‰$$

式中：出生人数指活产婴儿，即胎儿脱离母体时(不管怀孕月数)，有过呼吸或其他生命现象。年平均人数指年初、年底人口数的平均数，也可用年中人口数代替。

死亡率（又称粗死亡率） 指在一定时期内(通常为一年)一定地区的死亡人数与同期内平均人数(或期中人数)之比，用千分率表示。本资料中的死亡率指年死亡率，其计算公式为：

$$死亡率=\frac{年死亡人数}{年平均人数}\times 1000‰$$

人口自然增长率 指在一定时期内(通常为一年)人口自然增加数(出生人数减死亡人数)与该时期内平均人数(或期中人数)之比，用千分率表示。计算公式为：

$$人口自然增长率=\frac{本年出生人数-本年死亡人数}{年平均人数}\times 1000‰$$
$$=人口出生率-人口死亡率$$

Explanatory Notes on Main Statistical Indicators

Total Population refers to the total number of people alive at a certain point of time within a given area.

The annual statistics on total population is taken at midnight, the 31st of December.

Usual Resident Population refers to the population that actually reside in a place, usually longer than half a year. Usual Resident Population mainly includes 1) those who live in their own townships, towns and streets at the time of investigation, and whose household registration is also in their own townships, towns and streets; 2) those who live in their own townships, towns and streets at the time of investigation, and whose household registration is not in their own townships, towns and streets, and who have left the registered place of household registration for more than half a year; 3) those who live in their own townships, towns and streets at the time of investigation, but have not yet processed permanent household registration; 4) Household registration in their own townships, towns and streets, and people living in Hong Kong, Macao, Taiwan or abroad at the time of investigation.

Household Registration Population refers to the population that regardless of whether or not to go out and the length of time, as long as the permanent residence registration is registered in the local public security household registration administration department, it will be the registered residence population in the area. The household registration data are collected by the public security department.

Urban Population and Rural Population Urban population refers to all people residing in cities and towns; while rural population refers to population other than urban population.

Urbanization rate Urbanization refers to the natural historical process in which non-agricultural industries gather in cities and towns and rural population concentrate in cities and towns with the development of industrialization. It is the inevitable historical stage in the process of industrialization in all countries of the world. Urbanization rate refers to the proportion of the permanent population of a country (region) to the total population of the country (region), which is an important index to measure the level of urbanization and reflect the process of urbanization.

Birth Rate or (Crude Birth Rate) refers to the ratio of the number of births to the average population (or mid-period population) during a certain period of time (usually a year), expressed in ‰. Birth rate in the chapter refers to annual birth rate. The following formula is used:

$$\text{Birth Rate} = \frac{\text{Number of Births}}{\text{Annual Average Population}} \times 1000‰$$

Number of births in the formula refers to live births, i.e. when a baby has breathed or showed any vital phenomena regardless of the length of pregnancy.

Annual average population is the average of the number of population at the beginning of the year and that at the end of the year. Sometimes it is substituted by the mid-year population.

Death Rate (or Crude Death Rate) refers to the ratio of the number of deaths to the average population (or mid-period population) during a certain period of time (usually a year), expressed in ‰. Death rate in the chapter refers to annual death rate. The following formula is used:

$$\text{Death Rate} = \frac{\text{Number of Deaths}}{\text{Annual Average Population}} \times 1000‰$$

Natural Growth Rate of Population refers to the ratio of natural increase in population (number of births minus number of deaths) in a certain period of time (usually a year) to the average population (or mid-period population) of the same period, expressed in ‰. The following formula is applied:

$$\begin{matrix}\text{Natural Growth} \\ \text{Rate of Population}\end{matrix} = \frac{\text{Number of Births- Number of Deaths}}{\text{Annual Average Population}} \times 1000‰$$

$$= \text{Birth Rate-Death Rate}$$

04 就业和工资
Chapter 4 Employment and Wages

4-1 就业和工资情况
Employment and Wages

(年末数) (year-end)

项目	Item	2011	2012	2013	2014	2015	2016	2017	2018	2019	2020	2021
就业人员合计（万人）	**Total Number of Employed Persons (10 000 persons)**	**4650.00**	**4635.00**	**4634.00**	**4638.00**	**4652.00**	**4657.00**	**4667.00**	**4690.00**	**4714.00**	**4745.00**	**4727.00**
第一产业	Primary Industry	1972.00	1905.00	1854.00	1804.00	1758.40	1709.00	1661.50	1618.00	1579.50	1542.00	1506.00
第二产业	Secondary Industry	1167.00	1173.00	1163.00	1155.00	1144.40	1132.00	1120.00	1112.00	1098.00	1098.00	1111.00
第三产业	Tertiary Industry	1511.00	1557.00	1617.00	1679.00	1749.20	1816.00	1885.50	1960.00	2036.50	2105.00	2110.00
就业人员构成（合计=100）	**Composition of Employed Persons (total=100)**	**100.0**	**100.0**	**100.0**	**100.0**	**100.0**	**100.0**	**100.0**	**100.0**	**100.0**	**100.0**	**100.0**
第一产业	Primary Industry	42.4	41.1	40.0	38.9	37.8	36.7	35.6	34.5	33.5	32.5	31.9
第二产业	Secondary Industry	25.1	25.3	25.1	24.9	24.6	24.3	24.0	23.7	23.3	23.1	23.5
第三产业	Tertiary Industry	32.5	33.6	34.9	36.2	37.6	39.0	40.4	41.8	43.2	44.4	44.6
城镇就业人员（万人）	**Urban Employed Persons (10 000 persons)**	**1670.86**	**1746.44**	**1828.37**	**1910.49**	**2009.35**	**2108.54**	**2207.38**	**2303.75**	**2406.78**	**2489.00**	**2522.00**
#城镇非私营单位就业人员	Urban Employed Persons in Non-private Units	614.02	640.89	846.24	808.75	795.47	787.53	792.21	780.64	788.94	861.76	871.47
#城镇私营单位就业人员	Urban Employed Persons of Private-owned Units	299.70	329.80	342.10	287.10	307.10	347.40	377.98	423.80	448.68	571.69	558.87
乡村就业人员（万人）	**Rural Employed Persons (10 000 persons)**	**2979.14**	**2888.56**	**2805.63**	**2727.51**	**2642.65**	**2548.46**	**2459.62**	**2386.25**	**2307.22**	**2256.00**	**2205.00**
按城乡分就业人员构成（合计=100）	**Composition of Employed Persons by Urban and Rural (Total = 100)**	**100.0**	**100.0**	**100.0**	**100.0**	**100.0**	**100.0**	**100.0**	**100.0**	**100.0**	**100.0**	**100.0**
城镇	Urban	35.9	37.7	39.5	41.2	43.2	45.3	47.3	49.1	51.1	52.5	53.4
乡村	Rural	64.1	62.3	60.5	58.8	56.8	54.7	52.7	50.9	48.9	47.5	46.6
全部单位就业人员工资总额（亿元）	**Total Wages of All Employed Persons (100 million yuan)**	**3159.80**	**3772.36**	**5287.16**	**5631.68**	**6168.65**	**6612.38**	**7186.52**	**7979.50**	**8806.66**	**10453.20**	**11541.64**
全部单位就业人员平均工资（元）	**Average Wage of All Employees (yuan)**	**31300**	**35873**	**41795**	**45697**	**50466**	**54425**	**58671**	**64717**	**69267**	**74520**	**81420**
城镇登记失业人数（万人）	**Number of Registered Unemployed Persons in Urban Areas (10 000 persons)**	**36.93**	**41.67**	**42.87**	**54.36**	**54.64**	**56.26**	**55.78**	**53.31**	**50.40**	**54.44**	**53.88**
城镇登记失业率（%）	**Registered Unemployment Rate in Urban Areas (%)**	**4.1**	**4.1**	**4.1**	**4.2**	**4.1**	**4.2**	**4.0**	**3.5**	**3.3**	**3.6**	**3.6**

注：2011-2019年数据根据第七次全国人口普查修订数（以下相关表同）。
a) From 2011 to 2019, were revised according to the 7th National Population Census（the same as the following related tables).

4-2 各市(州)就业人员数
Number of Employed Persons by Region

(年末数)单位：万人 (year-end)(10 000 persons)

市(州)	Region	2011	2012	2013	2014	2015	2016	2017	2018	2019	2020	2021
全　省	**Sichuan**	**4650.00**	**4635.00**	**4634.00**	**4638.00**	**4652.00**	**4657.00**	**4667.00**	**4690.00**	**4714.00**	**4745.00**	**4727.00**
成都市	Chengdu	797.24	829.37	857.59	885.46	918.65	1006.15	1037.09	1072.31	1107.93	1143.32	1156.12
自贡市	Zigong	150.38	149.07	148.60	147.22	145.91	143.59	143.71	141.93	139.56	137.24	135.93
攀枝花市	Panzhihua	65.22	64.42	64.29	64.07	63.81	63.77	63.54	63.56	63.30	63.66	64.69
泸州市	Luzhou	234.58	232.75	230.85	229.77	230.15	230.68	231.08	232.16	233.15	234.54	234.13
德阳市	Deyang	222.55	218.88	215.95	214.40	213.29	213.31	212.78	212.82	212.39	212.81	211.37
绵阳市	Mianyang	276.11	275.38	275.79	276.64	276.71	277.33	278.77	280.52	281.97	283.91	284.03
广元市	Guangyuan	142.89	142.14	141.21	140.62	140.18	138.00	136.34	134.66	132.68	131.28	129.30
遂宁市	Suining	194.16	191.41	187.59	183.83	179.73	176.94	172.71	170.12	167.77	165.32	162.03
内江市	Neijiang	227.50	221.90	217.03	213.03	208.93	204.78	200.94	196.92	193.53	190.96	186.60
乐山市	Leshan	184.96	184.34	183.62	182.56	181.75	180.02	179.19	178.83	178.27	178.40	177.50
南充市	Nanchong	367.39	364.78	360.81	356.60	352.54	346.64	341.17	337.32	334.47	330.48	325.45
眉山市	Meishan	179.96	178.73	177.85	177.37	176.95	175.89	174.83	175.19	175.07	175.42	174.50
宜宾市	Yibin	253.00	248.70	247.68	247.24	247.81	247.97	248.79	250.60	252.01	255.91	258.41
广安市	Guangan	172.93	169.43	168.43	167.85	167.90	169.73	169.78	170.74	171.80	173.63	173.15
达州市	Dazhou	315.86	310.38	309.83	309.17	308.30	307.77	307.62	306.82	306.08	305.72	304.64
雅安市	Yaan	85.45	84.65	84.22	83.91	83.05	83.18	82.41	82.05	81.43	81.30	80.79
巴中市	Bazhong	187.17	183.86	180.63	177.04	174.10	172.00	168.27	165.12	162.57	159.87	155.79
资阳市	Ziyang	221.43	215.24	212.51	210.90	209.54	142.74	141.37	139.65	138.40	137.91	133.41
阿坝藏族羌族自治州	Aba	50.35	49.48	49.12	48.81	48.86	48.97	48.32	47.79	48.61	48.16	45.88
甘孜藏族自治州	Ganzi	62.97	62.76	62.77	62.60	62.66	63.05	62.83	62.89	63.68	63.78	61.61
凉山彝族自治州	Liangshan	257.90	257.33	257.63	258.91	261.18	264.49	265.46	268.00	269.33	271.38	271.67

注：因行政区划调整，2016年起，简阳市划入成都市，资阳市数据不再包含简阳市（以下有关表同）。
a) Due to administrative division adjustment, the city of Jianyang has been divided into Chengdu, and the data of Ziyang not contain Jianyang since 2016 (The same as the following related tables).

4-3 按三次产业分就业人员数
Number of Employed Persons by Three Strata of Industry

(年末数) (year-end)

年 份 Year	就业人员 (万人) Number of Employed Persons (10 000 persons)	第一产业 Primary Industry	第二产业 Secondary Industry	第三产业 Tertiary Industry	构成 Composition in Percentage (合计=100) (total = 100) 第一产业 Primary Industry	第二产业 Secondary Industry	第三产业 Tertiary Industry
1952	2027.92	1753.89	89.37	184.66	86.5	4.4	9.1
1957	2258.38	1947.49	108.57	202.32	86.2	4.8	9.0
1962	2101.58	1810.90	117.47	173.21	86.2	5.6	8.2
1965	2267.18	1925.30	163.38	178.50	84.9	7.2	7.9
1970	2737.59	2339.83	210.36	187.40	85.5	7.7	6.8
1975	2998.60	2474.11	271.48	253.01	82.5	9.1	8.4
1978	3087.02	2524.21	279.50	283.31	81.8	9.1	9.1
1980	3259.78	2638.03	309.24	312.51	80.9	9.5	9.6
1985	3742.97	2824.95	491.67	426.35	75.5	13.1	11.4
1990	4265.20	3108.89	578.08	578.23	72.9	13.5	13.6
1991	4425.10	3190.83	602.81	631.46	72.1	13.6	14.3
1992	4521.20	3200.21	636.79	684.20	70.8	14.1	15.1
1993	4556.80	3108.06	709.98	738.76	68.2	15.6	16.2
1994	4587.90	3037.47	728.46	821.97	66.2	15.9	17.9
1995	4619.10	2983.94	752.91	882.25	64.6	16.3	19.1
1996	4627.20	2875.86	772.74	978.60	62.2	16.7	21.1
1997	4641.20	2872.41	780.44	988.35	61.9	16.8	21.3
1998	4651.40	2824.40	786.09	1040.91	60.7	16.9	22.4
1999	4654.30	2747.08	800.54	1106.68	59.0	17.2	23.8
2000	4658.40	2643.35	871.12	1143.93	56.7	18.7	24.6
2001	4664.80	2595.84	867.65	1201.31	55.6	18.6	25.8
2002	4667.60	2517.48	896.18	1253.94	53.9	19.2	26.9
2003	4683.50	2482.80	906.70	1294.00	53.0	19.4	27.6
2004	4691.00	2445.70	916.00	1329.30	52.2	19.5	28.3
2005	4702.00	2421.50	926.30	1354.20	51.5	19.7	28.8
2006	4715.00	2306.90	946.00	1462.10	48.9	20.1	31.0
2007	4731.10	2266.22	1065.71	1399.15	47.9	22.5	29.6
2008	4740.00	2186.18	1108.32	1445.50	46.1	23.4	30.5
2009	4756.62	2144.13	1141.59	1470.90	45.1	24.0	30.9
2010	4677.00	2043.85	1164.57	1468.58	43.7	24.9	31.4
2011	4650.00	1972.00	1167.00	1511.00	42.4	25.1	32.5
2012	4635.00	1905.00	1173.00	1557.00	41.1	25.3	33.6
2013	4634.00	1854.00	1163.00	1617.00	40.0	25.1	34.9
2014	4638.00	1804.00	1155.00	1679.00	38.9	24.9	36.2
2015	4652.00	1758.40	1144.40	1749.20	37.8	24.6	37.6
2016	4657.00	1709.00	1132.00	1816.00	36.7	24.3	39.0
2017	4667.00	1661.50	1120.00	1885.50	35.6	24.0	40.4
2018	4690.00	1618.00	1112.00	1960.00	34.5	23.7	41.8
2019	4714.00	1579.50	1098.00	2036.50	33.5	23.3	43.2
2020	4745.00	1542.00	1098.00	2105.00	32.5	23.1	44.4
2021	4727.00	1506.00	1111.00	2110.00	31.9	23.5	44.6

4-4 各市(州)按三次产业分就业人员数(2021年)
Number of Employed Persons by Three Strata of Industry and Region(2021)

(年末数) (year-end)

市(州)	Region	就业人员(万人) Number of Employed Persons (10 000 persons)	第一产业 Primary Industry	第二产业 Secondary Industry	第三产业 Tertiary Industry	构成 Composition in Percentage (合计=100) (total = 100) 第一产业 Primary Industry	第二产业 Secondary Industry	第三产业 Tertiary Industry
全 省	**Sichuan**	**4727.00**	**1506.00**	**1111.00**	**2110.00**	**31.9**	**23.5**	**44.6**
成都市	Chengdu	1156.12	158.83	324.99	672.30	13.7	28.1	58.2
自贡市	Zigong	135.93	46.42	35.03	54.48	34.1	25.8	40.1
攀枝花市	Panzhihua	64.69	19.61	13.91	31.17	30.3	21.5	48.2
泸州市	Luzhou	234.13	81.81	67.15	85.17	34.9	28.7	36.4
德阳市	Deyang	211.37	63.67	52.80	94.90	30.1	25.0	44.9
绵阳市	Mianyang	284.03	74.15	84.74	125.14	26.1	29.8	44.1
广元市	Guangyuan	129.30	49.97	25.31	54.02	38.6	19.6	41.8
遂宁市	Suining	162.03	60.44	38.74	62.85	37.3	23.9	38.8
内江市	Neijiang	186.60	47.58	52.84	86.18	25.5	28.3	46.2
乐山市	Leshan	177.50	67.48	32.73	77.29	38.0	18.4	43.6
南充市	Nanchong	325.45	106.79	76.89	141.77	32.8	23.6	43.6
眉山市	Meishan	174.50	68.24	39.79	66.47	39.1	22.8	38.1
宜宾市	Yibin	258.41	105.12	65.87	87.42	40.7	25.5	33.8
广安市	Guangan	173.15	70.85	39.93	62.37	40.9	23.1	36.0
达州市	Dazhou	304.64	121.36	46.42	136.86	39.8	15.3	44.9
雅安市	Yaan	80.79	32.22	14.54	34.03	39.9	18.0	42.1
巴中市	Bazhong	155.79	61.35	33.89	60.55	39.3	21.8	38.9
资阳市	Ziyang	133.41	57.43	23.31	52.67	43.0	17.5	39.5
阿坝藏族羌族自治州	Aba	45.88	23.68	3.58	18.62	51.6	7.8	40.6
甘孜藏族自治州	Ganzi	61.61	43.24	2.13	16.24	70.2	3.5	26.3
凉山彝族自治州	Liangshan	271.67	145.76	36.41	89.50	53.7	13.4	32.9

4-5 按城乡分就业人员数
Number of Employed Persons by Residence in Urban and Rural Areas

(年末数)单位: 万人 (year-end)(10 000 persons)

年份 Year	就业人员合计 Total Number of Employed Persons	城镇就业人员 Urban Employed Persons	#城镇非私营单位就业人员 Employed Persons in Urban Non-private Units	乡村就业人员 Rural Employed Persons
1952	2027.92	196.33	63.56	1831.59
1957	2258.38	227.15	208.22	2031.23
1962	2101.58	243.37	233.16	1858.21
1965	2267.18	296.58	290.53	1970.60
1970	2737.59	341.07	338.68	2396.52
1975	2998.60	395.78	394.26	2602.82
1978	3087.02	465.52	457.92	2621.50
1980	3259.78	511.18	498.31	2748.60
1985	3742.97	639.97	576.12	3103.00
1990	4265.20	800.10	644.21	3465.10
1991	4425.10	856.60	666.02	3568.50
1992	4521.20	914.20	684.31	3607.00
1993	4556.80	961.50	693.30	3595.30
1994	4587.90	1000.80	692.27	3587.10
1995	4619.10	1045.80	696.03	3573.30
1996	4627.20	1075.10	692.78	3552.10
1997	4641.20	1103.20	681.56	3538.00
1998	4651.40	1077.90	662.94	3573.50
1999	4654.30	1087.30	547.15	3567.00
2000	4658.40	1093.90	515.45	3564.50
2001	4664.80	1108.60	486.70	3556.20
2002	4667.60	1125.60	481.19	3542.00
2003	4683.50	1166.90	505.68	3516.60
2004	4691.00	1209.20	500.14	3481.80
2005	4702.00	1228.90	512.65	3473.10
2006	4715.00	1262.70	520.56	3452.30
2007	4731.10	1298.40	539.39	3432.70
2008	4740.00	1310.00	550.95	3430.00
2009	4756.62	1345.86	564.38	3410.76
2010	4677.00	1589.97	570.58	3087.03
2011	4650.00	1670.86	614.02	2979.14
2012	4635.00	1746.44	640.89	2888.56
2013	4634.00	1828.37	846.24	2805.63
2014	4638.00	1910.49	808.75	2727.51
2015	4652.00	2009.35	795.47	2642.65
2016	4657.00	2108.54	787.53	2548.46
2017	4667.00	2207.38	792.21	2459.62
2018	4690.00	2303.75	780.64	2386.25
2019	4714.00	2406.78	788.94	2307.22
2020	4745.00	2489.00	861.76	2256.00
2021	4727.00	2522.00	871.47	2205.00

4−6 各市(州)按城乡分就业人员数
Number of Urban and Rural Employed Persons by Region

(年末数)单位: 万人 (year-end)(10 000 persons)

市(州)	Region	合计 Total		城镇就业人员 Urban Employed Persons		乡村就业人员 Rural Employed Persons	
		2020	2021	2020	2021	2020	2021
全　省	**Sichuan**	**4745.00**	**4727.00**	**2489.00**	**2522.00**	**2256.00**	**2205.00**
成都市	Chengdu	1143.32	1156.12	869.73	887.87	273.59	268.25
自贡市	Zigong	137.24	135.93	66.88	66.97	70.36	68.96
攀枝花市	Panzhihua	63.66	64.69	40.80	42.91	22.86	21.78
泸州市	Luzhou	234.54	234.13	105.55	107.00	128.99	127.13
德阳市	Deyang	212.81	211.37	106.18	107.16	106.63	104.21
绵阳市	Mianyang	283.91	284.03	135.16	138.20	148.75	145.83
广元市	Guangyuan	131.28	129.30	57.63	58.03	73.65	71.27
遂宁市	Suining	165.32	162.03	81.10	81.26	84.22	80.77
内江市	Neijiang	190.96	186.60	88.69	87.69	102.27	98.91
乐山市	Leshan	178.40	177.50	83.88	84.38	94.52	93.12
南充市	Nanchong	330.48	325.45	155.11	155.27	175.37	170.18
眉山市	Meishan	175.42	174.50	79.27	80.24	96.15	94.26
宜宾市	Yibin	255.91	258.41	113.94	117.99	141.97	140.42
广安市	Guangan	173.63	173.15	74.17	74.67	99.46	98.48
达州市	Dazhou	305.72	304.64	138.06	139.55	167.66	165.09
雅安市	Yaan	81.30	80.79	37.61	37.71	43.69	43.08
巴中市	Bazhong	159.87	155.79	64.65	64.65	95.22	91.14
资阳市	Ziyang	137.91	133.41	55.83	54.17	82.08	79.24
阿坝藏族羌族自治州	Aba	48.16	45.88	21.66	20.64	26.50	25.24
甘孜藏族自治州	Ganzi	63.78	61.61	19.75	19.18	44.03	42.43
凉山彝族自治州	Liangshan	271.38	271.67	93.35	96.46	178.03	175.21

4-7 按行业分城镇非私营单位就业人员数
Number of Employed Persons in Urban Non-private Units by Sector

(年末数)单位: 万人 (year-end)(10 000 persons)

年份 Year	合计 Total	农、林、牧、渔业 Agriculture, Forestry, Animal Husbandry and Fishery	采矿业 Mining	制造业 Manufacturing	电力、热力、燃气及水生产和供应业 Production and Supply of Electricity, Heat, Gas and Water	建筑业 Construction	批发和零售业 Wholesale and Retail Trades
2003	505.68	11.27	19.19	119.45	15.62	72.36	20.65
2004	500.14	10.23	18.64	115.98	15.17	72.40	19.74
2005	512.65	9.32	20.51	117.78	15.31	76.67	19.14
2006	520.56	9.05	22.01	118.69	15.05	80.45	17.93
2007	539.39	8.39	23.30	120.37	15.28	90.26	18.61
2008	550.95	7.12	23.19	123.86	15.38	93.79	18.21
2009	564.38	5.13	21.91	123.09	15.42	99.65	17.49
2010	570.58	5.03	20.41	124.20	15.26	99.91	17.13
2011	614.02	4.56	21.31	141.62	16.28	111.80	17.85
2012	640.89	4.03	24.48	144.49	17.63	116.09	18.49
2013	846.24	3.74	23.20	204.58	27.16	177.84	33.23
2014	808.75	3.23	23.51	175.43	26.70	155.56	32.32
2015	795.47	2.90	19.55	159.66	26.14	153.86	30.89
2016	787.53	2.83	18.59	148.33	23.17	151.48	30.51
2017	792.21	2.49	17.02	147.28	22.11	145.52	30.24
2018	780.64	2.14	13.50	127.29	22.39	160.37	27.52
2019	788.94	1.43	12.87	123.82	20.91	151.65	28.13
2020	861.76	2.50	13.63	139.42	23.17	151.42	31.92
2021	871.47	2.20	11.59	144.43	22.99	142.27	34.97

4-7 续表 1 continued

(年末数)单位: 万人 (year-end)(10 000 persons)

年份 Year	交通运输、仓储和邮政业 Transport, Storage and Post	住宿和餐饮业 Hotels and Catering Services	信息传输、软件和信息技术服务业 Information Transmission, Software and Information Technology	金融业 Financial Intermediation	房地产业 Real Estate	租赁和商务服务业 Leasing and Business Services
2003	22.52	4.55	4.65	16.12	4.21	3.35
2004	21.94	4.75	5.12	16.22	4.22	3.38
2005	22.79	5.19	5.12	17.18	4.29	6.01
2006	23.03	4.94	5.07	16.37	4.80	5.85
2007	24.09	5.11	5.02	16.85	5.32	5.93
2008	23.22	4.99	5.18	17.94	5.09	6.27
2009	23.75	5.23	5.92	20.38	5.35	6.01
2010	23.06	5.47	6.32	21.31	5.40	5.91
2011	22.59	6.13	6.47	21.45	6.47	6.37
2012	23.56	7.64	5.99	22.97	6.57	5.22
2013	39.38	12.46	15.62	24.12	15.73	12.21
2014	41.33	11.51	16.29	24.22	17.69	12.71
2015	40.71	10.56	18.25	25.87	18.63	14.20
2016	40.43	9.69	18.41	30.39	19.84	15.57
2017	38.91	9.34	20.14	31.70	21.54	16.79
2018	37.39	9.56	19.33	32.40	21.90	18.50
2019	31.99	12.51	20.01	32.70	25.16	25.41
2020	34.57	16.32	23.66	37.86	29.72	28.53
2021	34.43	16.41	25.26	41.76	31.92	30.34

4-7 续表 2 continued

(年末数)单位: 万人 (year-end)(10 000 persons)

年份 Year	科学研究和技术服务业 Scientific Research, and Technical Services	水利、环境和公共设施管理业 Management of Water Conservancy, Environment and Public Facilities	居民服务、修理和其他服务业 Services to Households, Repair and Other Services	教育 Education	卫生和社会工作 Health and Social Service	文化、体育和娱乐业 Culture, Sports and Entertainment	公共管理、社会保障和社会组织 Public Management, Social Security and Social Organization
2003	11.04	7.14	2.45	77.84	26.14	5.11	62.02
2004	12.53	7.05	1.31	78.85	25.55	4.51	62.58
2005	11.16	7.17	1.95	79.34	26.36	4.94	62.41
2006	11.49	7.87	1.99	80.70	27.04	4.38	63.85
2007	11.64	8.06	2.05	81.34	27.94	4.30	65.52
2008	12.49	8.27	1.17	81.59	29.24	4.34	69.63
2009	13.13	9.16	1.01	82.12	31.29	4.40	73.95
2010	13.65	9.77	0.95	81.95	32.99	4.44	77.41
2011	14.62	10.10	1.01	85.09	36.59	4.41	79.30
2012	16.20	10.63	1.11	89.40	39.27	4.50	82.64
2013	19.86	12.12	1.70	90.85	42.66	5.92	83.86
2014	21.06	13.16	1.79	94.56	45.14	6.28	86.26
2015	21.01	12.85	1.94	94.80	46.76	6.10	90.79
2016	21.07	12.97	2.22	94.36	48.48	6.08	93.13
2017	21.85	12.69	2.66	96.05	51.44	6.26	98.18
2018	20.36	11.45	1.83	96.14	51.35	5.54	101.68
2019	15.29	9.77	2.75	104.45	57.06	5.47	107.57
2020	20.44	11.02	3.38	114.24	62.18	6.33	111.47
2021	22.51	10.81	3.89	112.92	65.60	6.77	110.41

4–8 全部单位就业人员工资总额、平均工资及指数
Total Wage Bill and Average Wage of Employed Persons in all Units and Indices

年份 Year	工资总额(万元) Total Wage Bill (10 000 yuan)	平均工资(元) Average Wage (yuan)	指数(上年为100) Indices (preceding year=100)	
			工资总额 Total Wage Bill	平均工资 Average Wage
1978	263196	590	114.3	106.0
1980	364892	743	121.2	116.3
1985	598403	1062	120.6	116.4
1986	719269	1237	120.2	116.5
1987	802261	1340	111.5	108.3
1988	987813	1598	123.1	119.3
1989	1135724	1796	115.0	112.4
1990	1294823	2011	114.0	112.0
1991	1450034	2194	111.8	109.1
1992	1667894	2458	115.3	112.0
1993	2046047	2984	122.7	121.2
1994	2776839	4064	135.7	136.2
1995	3217827	4703	115.9	115.7
1996	3550444	5218	110.3	111.0
1997	3806429	5626	107.2	107.8
1998	3927403	5939	103.2	105.6
1999	3985709	7249	105.3	110.2
2000	4369495	8323	109.6	114.8
2001	4902582	9934	112.2	119.4
2002	5391189	11183	110.0	112.6
2003	6224989	12320	115.5	110.2
2004	6926273	13887	111.3	112.7
2005	7960325	15638	114.9	112.6
2006	9100898	17612	114.3	112.6
2007	11198309	21081	123.0	119.7
2008	13555288	24725	121.0	117.3
2009	21294971	23572		
2010	25409121	26127	119.3	110.8
2011	31597970	31300	124.4	119.8
2012	37723598	35873	119.4	113.9
2013	52871606	41795	140.2	116.5
2014	56316799	45697	106.5	109.3
2015	61686544	50466	109.5	110.4
2016	66123764	54425	107.2	107.8
2017	71865217	58671	108.7	107.8
2018	79794982	64717	111.0	110.3
2019	88066640	69267	110.4	107.0
2020	104531964	74520	118.7	107.6
2021	115416363	81420	110.4	109.3

注：2009年及以后全部单位包括私营单位（以下相关表同）。
a) Average wage of employment in all units includes wage in the private units from 2009(the same as the following related tables).

4-9 各市(州)全部单位就业人员平均工资
Average Wage of Employed Persons in all Units by Region

单位：元 (yuan)

市(州)	Region	2011	2012	2013	2014	2015	2016	2017	2018	2019	2020	2021
全　省	**Sichuan**	**31300**	**35873**	**41795**	**45697**	**50466**	**54425**	**58671**	**64717**	**69267**	**74520**	**81420**
成都市	Chengdu	34008	38221	48358	51681	56872	61330	65098	71300	79664	83556	91857
自贡市	Zigong	27975	32681	37081	40162	43157	46595	52339	56040	56719	63896	68484
攀枝花市	Panzhihua	35997	40846	44220	50221	51999	55508	61005	65124	68016	74479	85960
泸州市	Luzhou	27053	31340	37648	41121	44749	47871	52455	58614	61868	68716	72018
德阳市	Deyang	32325	36684	41426	44169	48090	52249	56815	62612	63585	69903	76877
绵阳市	Mianyang	31717	35544	40989	44640	49817	53222	56966	63500	63700	69274	76488
广元市	Guangyuan	30548	34030	37300	41518	46888	51379	54086	58362	63544	64983	72212
遂宁市	Suining	27316	30641	34633	37894	42188	45840	49962	56261	59290	60820	64639
内江市	Neijiang	28126	31646	35479	37695	40617	45234	48790	56574	61517	67573	72690
乐山市	Leshan	28001	32362	37742	41181	45805	49839	53764	58881	62802	68960	76041
南充市	Nanchong	27409	32441	35981	39192	44033	47272	51521	58294	61482	66956	75155
眉山市	Meishan	27782	33034	36595	41161	45379	48293	52410	59325	62444	66866	75226
宜宾市	Yibin	30068	34670	38674	40978	46019	49966	54195	62126	66048	70856	75840
广安市	Guangan	27819	33190	36213	39213	44079	48054	52493	57111	62055	63491	66192
达州市	Dazhou	27507	32241	35292	38271	42446	46281	50756	57940	61582	64810	73377
雅安市	Yaan	28061	32837	35464	39548	42533	46458	48895	53231	62179	67596	71267
巴中市	Bazhong	26389	30909	36825	39205	43080	46849	49341	52317	55288	62210	67730
资阳市	Ziyang	27627	30434	33587	36694	44150	46827	51568	54899	62340	66884	70740
阿坝藏族羌族自治州	Aba	38374	42138	48011	51149	59526	68637	73432	85395	91376	91786	108180
甘孜藏族自治州	Ganzi	41041	43286	47771	53705	63729	69388	74415	79509	82901	88108	103134
凉山彝族自治州	Liangshan	35535	41463	44163	47295	54195	58980	60352	64346	70694	76675	84103

4-10 按行业分全部单位就业人员工资总额
Total Wage Bill of Employed Persons in all Units by Sector

单位：万元 (10 000 yuan)

年份 Year	合计 Total	农、林、牧、渔业 Farming, Forestry, Animal Husbandry and Fishery	采矿业 Mining	制造业 Manufacturing	电力、热力、燃气及水生产和供应业 Production and Supply of Electricity, Heat, Gas and Water	建筑业 Construction	批发和零售业 Wholesale and Retail Trades
1978	263196	7016	22921	91621	5233	23383	26693
1980	364892	8186	28667	126922	8134	32823	37726
1985	598403	12035	46417	219817	8405	48027	28322
1986	719269	14787	57236	258144	10810	58789	65333
1987	802261	15341	59949	297304	12852	67477	71835
1988	987813	17477	70663	371196	16092	81136	90556
1989	1135724	19005	76612	439876	19804	88267	101140
1990	1294823	21185	104553	476728	29408	99025	112974
1991	1450034	23443	112731	547026	29410	115319	123849
1992	1667894	25979	118366	615493	35459	135228	137426
1993	2046047	29031	116455	775305	41259	221791	175633
1994	2776839	38639	171556	956517	55749	262082	220732
1995	3217827	44168	188235	1121615	79256	303939	255632
1996	3550444	50134	211692	1210693	95247	320058	273788
1997	3806429	54280	213126	1249005	119344	349282	279658
1998	3927403	57111	207010	1185340	129699	346700	260947
1999	3985709	63225	171492	1071310	140643	345079	229458
2000	4369495	72727	214016	1108247	155720	360460	217446
2001	4902582	90629	158455	1117906	181767	411914	195433
2002	5391189	95174	195370	1180244	205600	493233	179869
2003	6224989	103745	207903	1357229	240706	627520	212843
2004	6926273	97595	247519	1496103	261516	695040	236843
2005	7960325	95400	340874	1690892	300129	815528	270334
2006	9100898	103637	402290	1958532	328948	997151	284486
2007	11198309	114676	522447	2294500	393339	1257432	309381
2008	13555288	111457	653566	2784093	475273	1603208	384950
2009	21294971	98415	1255861	5130324	576252	3167298	965673
2010	25409121	111552	1506249	6132399	675721	3873904	1176499
2011	31597970	200867	1779562	8103028	844533	4672108	1480791
2012	37723598	243409	2254256	9447049	1003965	5603892	1170441
2013	52871606	239977	2103242	14209605	2106845	8721652	2517380
2014	56316799	225041	2293080	14101830	2159013	9535256	2508880
2015	61686544	235715	2083618	14532969	2267013	10056042	2732732
2016	66123764	259072	1985880	15174238	2171097	10735972	2752547
2017	71865217	263046	2119605	15912709	2159550	10925975	3004453
2018	79794982	258107	2141026	16770293	2392033	13380723	3277549
2019	88066640	140144	1634270	16015084	2415220	16262936	3669478
2020	104531964	375535	1558164	17165088	2799363	18066606	5044369
2021	115416363	301753	1551588	19696206	2985219	18345159	5659536

4-10 续表 1 continued

单位：万元 (10 000 yuan)

年份 Year	交通运输、仓储和邮政业 Transport, Storage and Post	住宿和餐饮业 Hotels and Catering Services	信息传输、软件和信息技术服务业 Information Transmission, Software and IT Services	金融业 Financial Intermediation	房地产业 Real Estate	租赁和商务服务业 Leasing and Business Services
1978	25436	3685		2096	197	
1980	30802	5176		3468	778	
1985	46800	6512	1268	6905	1155	1117
1986	54971	8262	2126	9307	1450	1847
1987	60359	9066	2501	10474	1510	2185
1988	74328	11539	3164	12924	1803	2760
1989	86963	12958	4399	14102	2053	3863
1990	96980	14458	5711	17470	2437	5066
1991	108156	16005	6291	19297	2795	5765
1992	124006	17127	7489	25366	4005	6998
1993	103846	21044	8356	40457	5216	7827
1994	138631	28381	18195	69270	8886	16756
1995	171773	34916	18645	80619	10459	17626
1996	193317	38553	19078	92634	12751	18124
1997	223444	39983	19589	110358	14601	19137
1998	228139	36486	20084	136365	20341	20515
1999	249831	33056	23999	158688	22735	24961
2000	274101	29718	26618	183778	27647	27311
2001	297310	32305	34640	214232	29128	30006
2002	330353	32116	45931	231703	41850	32574
2003	299198	41968	96957	276380	52517	40900
2004	329732	49262	127251	315060	56713	50438
2005	398077	58340	144989	379710	60560	110355
2006	479269	61669	160441	415539	76292	110317
2007	545062	74852	168658	503492	101872	145778
2008	630662	85024	193001	676824	109496	184636
2009	894140	287608	309578	791821	357901	374472
2010	1038718	356303	387007	1007152	430062	468560
2011	1199619	485624	431563	1315866	564549	567142
2012	1482261	1148340	586057	1605422	713886	630263
2013	2538797	1001861	1414378	1864417	1198189	1038280
2014	2735747	1078258	1533657	2065994	1380710	1162998
2015	3013325	1031735	1907386	2267734	1546288	1336259
2016	3130586	1044356	2033157	2654525	1750841	1502037
2017	3345831	1045377	2424533	2974108	1978298	1680327
2018	3702221	1053877	2577192	3182901	2274021	1843401
2019	3708858	1173174	3072712	3271196	2859527	3074756
2020	4298964	1228954	4593751	4182881	3662025	4351300
2021	4625857	1595334	5331464	5378625	4096494	4934683

4-10 续表 2 continued

单位：万元 (10 000 yuan)

年份 Year	科学研究和技术服务业 Scientific Research, and Technical Services	水利、环境和公共设施管理业 Management of Water Conservancy, Environment and Public Facilities	居民服务、修理和其他服务业 Services to Households, Repair and Other Services	教育 Education	卫生和社会工作 Health and Social Service	文化、体育和娱乐业 Culture, Sports and Entertainment	公共管理、社会保障和社会组织 Public Management, Social Security and Social Organization
1978	11766	757	307	21420	6069	1042	13554
1980	15088	3021	417	30902	10746	2898	19138
1985	26872	4817	463	51174	17595	3782	36920
1986	29932	5937	589	61038	23114	6009	49588
1987	30870	6985	698	65819	25034	6917	55085
1988	35675	8643	761	84250	30796	8435	65615
1989	39444	11762	815	89940	34583	11037	79101
1990	46459	15061	978	99358	39529	13358	94085
1991	51742	16480	996	107925	43028	13774	106002
1992	64707	19620	783	134970	51266	12593	131013
1993	69586	21830	8053	157693	63269	12508	166888
1994	98468	46332	9316	244518	104740	29282	258789
1995	120187	47932	9687	242074	122049	29689	289326
1996	126915	48639	9804	332534	140925	30614	324991
1997	134609	49533	9840	368133	158473	31191	363001
1998	142113	50345	10137	436783	181650	31955	425980
1999	125873	58322	10817	518933	214225	36587	486655
2000	141697	63432	13251	601173	246975	40099	565261
2001	203335	71987	20125	771304	294859	49890	697637
2002	186623	76808	17648	896710	335438	53535	761243
2003	218656	67579	32828	996203	385244	71653	894960
2004	260908	72086	17409	1100797	425419	76188	1010394
2005	278465	81137	28546	1201121	487875	91225	1126767
2006	341389	100592	32356	1339277	566718	89067	1252926
2007	417854	124712	43016	1720414	710029	101941	1648852
2008	523409	135675	21894	1946943	856137	113486	2065555
2009	665465	180718	123001	2541547	1040967	144975	2388957
2010	783046	207955	171475	2927686	1277654	177429	2699750
2011	1014862	269933	230330	3366310	1713105	239082	3119096
2012	1159404	344307	295883	4013182	2133160	261911	3626511
2013	1614927	466474	357104	4524753	2562136	337687	4053903
2014	1821159	531393	330096	5022372	2940353	429376	4461588
2015	1975685	567042	355036	6075938	3507362	470626	5724040
2016	2104478	618346	417070	6667027	4044483	509211	6568841
2017	2407865	673142	461608	7400464	4676656	582792	7828877
2018	2781473	693098	423722	8111213	5208228	610853	9113053
2019	2316772	772148	559482	9634874	6537772	730778	10217460
2020	4031873	903652	664691	11620154	7480426	823129	11681038
2021	4654030	953836	774139	12591906	8474921	950916	12514698

4-11 按行业分全部单位就业人员平均工资
Average Wage of Employed Persons in all Units by Sector

单位：元 (yuan)

年份 Year	合计 Total	农、林、牧、渔业 Farming, Forestry, Animal Husbandry and Fishery	采矿业 Mining	制造业 Manufacturing	电力、热力、燃气及水生产和供应业 Production and Supply of Electricity, Heat, Gas and Water	建筑业 Construction	批发和零售业 Wholesale and Retail Trades
1978	590	575	719	577	552	658	509
1980	743	649	914	742	795	834	645
1985	1062	890	1264	1079	1113	1170	883
1986	1237	1119	1520	1211	1337	1364	998
1987	1340	1153	1589	1339	1461	1528	1093
1988	1598	1320	1887	1618	1705	1732	1341
1989	1796	1449	2247	1827	1988	1945	1477
1990	2011	1588	2515	2033	2145	2192	1635
1991	2194	1714	2677	2238	2574	2434	1774
1992	2458	1981	2816	2469	2747	2705	1869
1993	2984	2683	2955	3132	3661	3243	2335
1994	4064	3404	4158	3941	4776	4267	2828
1995	4703	3957	4819	4671	5961	5063	3326
1996	5218	4310	5348	5181	6773	5485	3686
1997	5626	4418	5631	5466	8138	5908	3850
1998	5939	4609	5561	5539	8732	6072	4789
1999	7249	5481	6337	6873	9760	7066	5060
2000	8323	6140	8083	7774	10764	7693	5755
2001	9934	7373	7753	8892	12039	8355	6895
2002	11183	8114	9866	9853	13506	8444	8043
2003	12320	8902	10591	11126	15099	9202	9971
2004	13887	9264	12937	12686	16918	10090	11793
2005	15638	10016	16907	14226	19253	11113	13999
2006	17612	11224	18682	16404	21469	12839	15682
2007	21081	13377	21752	18906	25518	14902	17321
2008	24725	15231	28632	22046	30484	17746	20949
2009	23572	17234	24348	19692	30360	18887	18253
2010	26127	19481	25470	22722	35774	20711	20192
2011	31300	23095	32927	27200	41321	25323	24082
2012	35873	26700	38437	30827	46059	29629	31074
2013	41795	29416	40426	37672	58181	35289	34976
2014	45697	34203	46595	40486	69409	38303	39361
2015	50466	38023	47865	43311	72902	41357	41181
2016	54425	40087	50006	46228	79969	44151	43622
2017	58671	42940	56446	49093	83009	45789	46287
2018	64717	46429	62625	54366	90664	50725	50813
2019	69267	51754	83365	58712	101615	53315	55223
2020	74520	44740	96491	67174	108744	57900	57911
2021	81420	51569	109757	75519	118284	60843	64598

4-11 续表 1 continued

单位：元 (yuan)

年份 Year	交通运输、仓储和邮政业 Transport, Storage and Post	住宿和餐饮业 Hotels and Catering Services	信息传输、软件和信息技术服务业 Information Transmission, Software and IT Services	金融业 Financial Intermediation	房地产业 Real Estate	租赁和商务服务业 Leasing and Business Services
1978	655	501		574	493	
1980	756	637		720	669	
1985	1080	870	1343	1076	974	1005
1986	1268	987	1424	1356	1247	1286
1987	1391	1081	1861	1419	1332	1359
1988	1671	1328	2105	1624	1542	1512
1989	1928	1449	2438	1730	1711	1983
1990	2122	1602	2771	1970	1874	2109
1991	2340	1748	2950	2086	2014	2507
1992	2624	1838	3857	2513	2553	3121
1993	3032	2307	5103	2589	3134	4003
1994	4221	2809	6946	5483	4976	4865
1995	4999	3314	7522	6058	5207	5405
1996	5712	3669	9019	6703	5814	6014
1997	6614	3823	10801	8021	6215	6682
1998	6873	4761	12347	9540	7347	7422
1999	8936	5043	14237	11249	8678	8242
2000	10352	5726	15819	13274	9104	9157
2001	12340	6858	18687	15567	10671	10174
2002	13952	8017	20763	17603	11877	11304
2003	12997	9202	22057	19452	12461	12412
2004	14903	10442	26305	21969	13379	14890
2005	17422	11133	30091	24764	14333	19186
2006	20776	12555	32229	28282	16765	19556
2007	23420	14493	34622	33843	19928	25101
2008	27344	16531	37462	42055	37022	26158
2009	27416	16308	29766	43127	20070	20672
2010	29518	18006	32863	52258	23440	24320
2011	36967	21401	36517	59391	27582	26754
2012	46169	24444	34204	68840	31744	29441
2013	52331	27633	52537	74682	40001	37830
2014	55458	31013	62052	80704	43439	41304
2015	59552	33349	67829	80165	47161	44881
2016	62903	34491	72527	82847	51720	47585
2017	69063	36363	76065	87323	53248	51083
2018	74481	39112	90210	92631	57310	51671
2019	84105	42939	99966	93555	62385	51582
2020	82301	42109	114664	96555	61772	55715
2021	88324	46370	130608	108840	65487	61967

4-11 续表 2 continued

单位：元 (yuan)

年份 Year	科学研究和技术服务业 Scientific Research, and Technical Services	水利、环境和公共设施管理业 Management of Water Conservancy, Environment and Public Facilities	居民服务、修理和其他服务业 Services to Households, Repair and Other Services	教育 Education	卫生和社会工作 Health and Social Service	文化、体育和娱乐业 Culture, Sports and Entertainment	公共管理、社会保障和社会组织 Public Management, Social Security and Social Organization
1978	679	590	570	520	541	513	617
1980	872	692	592	678	698	667	773
1985	1275	986	933	1040	998	901	1039
1986	1509	1178	1115	1220	1271	1213	1312
1987	1623	1201	1195	1246	1346	1287	1383
1988	1895	1289	1382	1525	1595	1501	1579
1989	2119	1451	1590	1662	1775	1697	1776
1990	2458	1698	1784	1882	1980	1884	1991
1991	2681	1813	1981	1962	2142	1989	2158
1992	3163	1994	2292	2356	2489	2276	2595
1993	3718	2367	2764	2716	2995	2798	3050
1994	6045	2944	3936	4221	4662	4573	4676
1995	6583	3403	4549	4580	5344	5281	5089
1996	7385	3863	5164	4981	6038	5834	5601
1997	8142	4140	5535	5363	6628	6579	6179
1998	8457	4564	6102	5941	7310	6918	7035
1999	9360	5529	7392	6860	8538	8077	8059
2000	11376	6111	8170	7923	9788	9193	9236
2001	15631	7073	9456	9998	11657	10866	11564
2002	17269	8693	11621	11766	13349	12376	13057
2003	19656	9495	13120	12647	14719	13673	14380
2004	21270	10567	13865	13787	16761	16758	15871
2005	24933	11498	15356	14952	18709	18591	17782
2006	29754	13014	17605	16374	21205	20204	19405
2007	36394	15629	22115	20937	25887	23597	24960
2008	42806	16901	18493	23491	30020	25859	29540
2009	43405	18903	14759	28819	32202	25599	32295
2010	48115	20304	16607	33666	38189	26998	35015
2011	57449	24613	21113	38621	44617	31002	39555
2012	60922	28635	23664	43923	51849	37105	44117
2013	70563	33285	28005	48695	57541	43257	48635
2014	73246	36497	31642	51753	61092	45614	52062
2015	78812	40117	33270	62412	70935	49988	63704
2016	82348	43431	36218	68597	78874	54297	71074
2017	90666	48106	37401	74604	86251	59877	79636
2018	108877	53604	39249	81371	94187	63057	90039
2019	111376	57410	44085	87471	102904	67677	95421
2020	98112	56767	42795	90344	104701	63535	106167
2021	107257	60207	46329	97249	113655	70802	114027

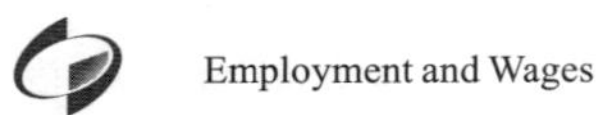

4-12 按登记注册类型和行业分就业人员工资总额(2021年)
Total Wage Bill of Employed Persons by Registered Types and Sector(2021)

单位：万元 (10 000yuan)

项 目	Item	全部单位 All Units	城镇非私营单位 Urban Non-Private Units	#国有单位 State-owend Units	#集体单位 Collective-owned Units	#其他单位 Units of Other Types of Ownership	#企业 Enterprise	城镇私营单位 Urban Private Units
总 计	**Total**	**115416363**	**83729691**	**34357246**	**965218**	**48407228**	**51994584**	**31686673**
农、林、牧、渔业	Agriculture,Forestry, Animal Husbandry and Fishery	301753	165301	124233	1154	39914	111002	136452
采矿业	Mining	1551588	1418272	74260	689	1343323	1418272	133316
制造业	Manufacturing	19696206	12682120	104924	23315	12553880	12681396	7014087
电力、热力、燃气及水生产和供应业	Production and Supply of Electricity, Heat, Gas and Water	2985219	2857836	275986	7910	2573941	2857120	127383
建筑业	Construction	18345159	9224412	369587	476831	8377993	9223960	9120747
批发和零售业	Wholesale and Retail Trades	5659536	2890151	309535	13784	2566832	2889163	2769385
交通运输、仓储和邮政业	Transport, Storage and Post	4625857	3533891	419965	17663	3096263	3384429	1091966
住宿和餐饮业	Hotels and Catering Services	1595334	885722	31957	4715	849051	884354	709612
信息传输、软件和信息技术服务业	Information Transmission, Software and Information Technology Services	5331464	3632663	169643	130	3462890	3593615	1698801
金融业	Financial Intermediation	5378625	5080161	412273	80	4667808	5028297	298464
房地产业	Real Estate	4096494	2534566	46139	5721	2482705	2516751	1561928
租赁和商务服务业	Leasing and Business Services	4934683	2164093	235594	20263	1908237	2060007	2770589
科学研究和技术服务业	Scientific Research and Technical Services	4654030	3062736	889973	20247	2152516	2317472	1591294
水利、环境和公共设施管理业	Management of Water Conservancy, Environment and Public Facilities	953836	727983	382198	19984	325802	355075	225853
居民服务、修理和其他服务业	Services to Households, Repair and Other Services	774139	208127	42686	5702	159738	163856	566012
教育	Education	12591906	11717983	10519382	199259	999342	1310723	873923
卫生和社会工作	Health and Social Service	8474921	7807346	7068886	126881	611580	894757	667575
文化、体育和娱乐业	Culture, Sports and Entertainment	950916	621629	395712	6130	219787	293405	329286
公共管理、社会保障和社会组织	Public Management, Social Security and Social Organization	12514698	12514698	12484313	14760	15624	10928	

4-13 按登记注册类型和行业分就业人员平均工资(2021年)
Average wage of Employed Persons by Registered Types and Sector(2021)

单位：元 (yuan)

项 目	Item	全部单位 All Units	城镇非私营单位 Urban Non-Private Units	#国有单位 State-owend Units	#集体单位 Collective-owned Units	#其他单位 Units of Other Types of Ownership	#企业 Enterprise	城镇私营单位 Urban Private Units
总 计	**Total**	**81420**	**96741**	**113183**	**64911**	**88483**	**89427**	**57399**
农、林、牧、渔业	Agriculture,Forestry, Animal Husbandry and Fishery	51569	75541	84893	80706	56176	69703	37249
采矿业	Mining	109757	119846	142125	38713	118943	119846	57901
制造业	Manufacturing	75519	88490	83308	55094	88636	88492	59697
电力、热力、燃气及水生产和供应业	Production and Supply of Electricity, Heat, Gas and Water	118284	123842	119684	57243	124752	123860	58943
建筑业	Construction	60843	66936	60320	54598	68142	66936	55714
批发和零售业	Wholesale and Retail Trades	64598	83512	152257	64025	79323	83529	52248
交通运输、仓储和邮政业	Transport, Storage and Post	88324	103073	98497	56708	104215	103435	60368
住宿和餐饮业	Hotels and Catering Services	46370	50888	53358	42053	50859	50874	41744
信息传输、软件和信息技术服务业	Information Transmission, Software and Information Technology Services	130608	147727	123060	43267	149206	148426	104670
金融业	Financial Intermediation	108840	113147	153332	100000	110588	112808	66047
房地产业	Real Estate	65487	78956	86387	48850	78942	79195	51289
租赁和商务服务业	Leasing and Business Services	61967	71754	89757	52184	70294	70820	56001
科学研究和技术服务业	Scientific Research and Technical Services	107257	138545	123223	115016	146350	145595	74762
水利、环境和公共设施管理业	Management of Water Conservancy, Environment and Public Facilities	60207	66403	70012	36000	65831	64290	46287
居民服务、修理和其他服务业	Services to Households, Repair and Other Services	46329	55025	85042	61304	50115	50971	43784
教育	Education	97249	105197	110040	104927	71915	103316	48308
卫生和社会工作	Health and Social Service	113655	121042	126683	88160	84218	103535	66321
文化、体育和娱乐业	Culture, Sports and Entertainment	70802	92287	103578	77742	77484	86898	49186
公共管理、社会保障和社会组织	Public Management, Social Security and Social Organization	114027	114027	114163	96097	64241	96828	

4-14 各市(州)按登记注册类型分就业人员平均工资及指数(2021年)
Average Wage of Employment in all Units and Related Indices by Region and Registered Types (2021)

市(州)	Region	平均工资(元) Average Wage (yuan)			指数(上年=100) Indices (preceding year=100) 平均工资 Average Wage		
		全部单位 All Units	城镇非私营单位 Urban Non-Private Units	城镇私营单位 Urban Private Units	全部单位 All Units	城镇非私营单位 Urban Non-Private Units	城镇私营单位 Urban Private Units
全　省	**Sichuan**	**81420**	**96741**	**57399**	**109.3**	**109.2**	**107.6**
成都市	Chengdu	91857	111159	62781	109.9	109.0	108.2
自贡市	Zigong	68484	78880	53719	107.2	105.5	109.5
攀枝花市	Panzhihua	85960	97982	52471	115.4	112.3	119.7
泸州市	Luzhou	72018	84871	55784	104.8	105.5	105.6
德阳市	Deyang	76877	92937	56635	110.0	109.3	112.0
绵阳市	Mianyang	76488	91150	55274	110.4	110.0	111.2
广元市	Guangyuan	72212	86987	48463	111.1	111.1	104.5
遂宁市	Suining	64639	72903	51637	106.3	105.9	105.4
内江市	Neijiang	72690	81581	54864	107.6	106.6	106.1
乐山市	Leshan	76041	90536	52367	110.3	107.5	111.0
南充市	Nanchong	75155	91659	56463	112.2	114.5	107.0
眉山市	Meishan	75226	91180	56127	112.5	116.9	105.9
宜宾市	Yibin	75840	90832	53683	107.0	108.3	107.2
广安市	Guangan	66192	81780	46924	104.3	104.1	105.8
达州市	Dazhou	73377	84672	53916	113.2	113.8	108.9
雅安市	Yaan	71267	81563	45643	105.4	106.7	102.5
巴中市	Bazhong	67730	73713	51823	108.9	106.0	104.7
资阳市	Ziyang	70740	78319	51084	105.8	105.4	108.3
阿坝藏族羌族自治州	Aba	108180	118069	51319	117.9	119.3	104.3
甘孜藏族自治州	Ganzi	103134	108505	52598	117.1	117.4	105.2
凉山彝族自治州	Liangshan	84103	93118	48080	109.7	112.1	102.1

4-15 按行业分国有经济单位就业人员平均工资
Average Wage of Employed Persons in State-owned Units by Sector

单位：元 (yuan)

年份 Year	合计 Total	农、林、牧、渔业 Farming, Forestry, Animal Husbandry and Fishery	采矿业 Mining	制造业 Manufacturing	电力、热力、燃气及水生产和供应业 Production and Supply of Electricity, Heat, Gas and Water	建筑业 Construction	批发和零售业 Wholesale and Retail Trades
1978	622	519	722	620	603	703	539
1980	789	674	918	803	826	890	688
1985	1138	941	1268	1174	1334	1157	978
1986	1338	1169	1527	1319	1438	1568	1115
1987	1441	1202	1595	1459	1563	1733	1225
1988	1726	1389	1895	1773	1814	2012	1537
1989	1941	1527	2259	1998	2122	2268	1686
1990	2177	1700	2560	2232	2331	2527	1865
1991	2351	1812	2723	2432	2622	2765	2011
1992	2643	2120	2882	2678	2945	3056	2102
1993	3148	2916	2956	3302	3714	3660	2454
1994	4366	3652	4220	4135	4822	4881	3219
1995	5002	4167	4907	4838	6057	5926	3701
1996	5527	4479	5471	5362	6833	6356	4064
1997	5996	4585	5791	5702	8292	6903	4251
1998	6441	4821	5849	5832	8279	6983	4312
1999	7771	5727	6616	7314	10469	8480	5924
2000	8909	6353	8705	8323	11508	8907	6443
2001	10783	7735	8302	9566	12940	10064	7717
2002	12388	8384	10884	11137	14995	10636	8883
2003	13769	9095	11943	13136	16327	11775	11420
2004	15592	9433	14588	15320	19016	13269	14060
2005	17644	10206	20692	17783	22067	14466	17461
2006	19884	11430	22602	22373	24328	15964	20068
2007	24045	13707	25671	24778	28980	18715	22506
2008	28131	15453	35692	29039	34560	21377	28070
2009	32210	17920	39083	33169	37326	25284	33574
2010	36729	19934	46629	37871	44559	28886	41334
2011	42048	26451	52419	43179	49809	32067	48097
2012	47721	31514	57092	47075	54557	37259	54348
2013	53896	35211	48146	54977	71319	45202	66927
2014	57018	39817	52019	58440	79841	44511	76326
2015	66551	48555	54657	65789	85266	51156	84761
2016	72980	53470	69012	78192	90858	51452	85687
2017	80321	59437	83748	91783	97175	51898	94553
2018	90390	66202	99678	104645	106354	52959	109489
2019	97330	68375	117427	94452	120298	50387	126982
2020	105350	77634	128561	91996	109654	56487	133868
2021	113183	84893	142125	83308	119684	60320	152257

4-15 续表 1 continued

单位：元 (yuan)

年份 Year	交通运输、仓储和邮政业 Transport, Storage and Post	住宿和餐饮业 Hotels and Catering Services	信息传输、软件和信息技术服务业 Information Transmission, Software and IT Services	金融业 Financial Intermediation	房地产业 Real Estate	租赁和商务服务业 Leasing and Business Services
1978	682	518		623	493	
1980	836	663		751	679	
1985	1178	954	1512	1185	990	986
1986	1414	996	1866	1460	1268	1258
1987	1536	1209	1975	1496	1353	1342
1988	1853	1506	2413	1726	1546	1533
1989	2126	1642	2858	1805	1712	1664
1990	2336	1827	3177	2071	1885	1832
1991	2557	1983	3843	2179	2030	1973
1992	2878	2085	4620	2668	2585	2450
1993	3402	2396	5431	3943	3060	2900
1994	4815	3149	7872	5872	5023	4761
1995	5648	3544	8655	6505	5254	4980
1996	6376	3971	9310	7156	5896	5539
1997	7499	4148	10044	8670	6374	5988
1998	7974	4201	12786	10271	7620	7158
1999	9889	5719	13899	11788	9076	8526
2000	11410	6222	17001	14403	9344	8778
2001	13557	7487	19123	17012	11334	10643
2002	15109	8485	21247	18860	13793	12952
2003	14151	10123	22463	21309	14740	13934
2004	15914	11879	27235	24320	15980	17189
2005	18255	12883	31395	26744	17285	21531
2006	22484	13976	32947	30830	19248	22195
2007	25031	16883	34077	35986	23745	29596
2008	29519	19452	37033	44898	26987	28529
2009	34183	21450	40649	47335	30409	35599
2010	38996	26240	44039	59311	30448	41002
2011	46270	31380	44616	65572	32826	46130
2012	55021	34732	53353	74670	40669	62383
2013	60511	34048	65885	83191	43221	53195
2014	64722	37800	56396	91670	45943	50290
2015	70884	38894	66465	94957	60356	54238
2016	74242	41792	70389	94466	78518	66785
2017	81897	46576	74081	101667	72999	67908
2018	90779	55743	81873	108929	69739	80763
2019	94593	51404	100248	152377	88737	73839
2020	93561	45163	117077	148806	72841	81209
2021	98497	53358	123060	153332	86387	89757

4-15 续表 2 continued

单位：元 (yuan)

年份 Year	科学研究和技术服务业 Scientific Research, and Technical Services	水利、环境和公共设施管理业 Management of Water Conservancy, Environment and Public Facilities	居民服务、修理和其他服务业 Services to Households, Repair and Other Services	教育 Education	卫生和社会工作 Health and Social Service	文化、体育和娱乐业 Culture, Sports and Entertainment	公共管理、社会保障和社会组织 Public Management, Social Security and Social Organization
1978	676	618	593	540	575	622	623
1980	725	633	624	683	754	703	775
1985	1223	1074	1058	1043	1103	1066	1037
1986	1482	1265	1247	1222	1358	1304	1313
1987	1509	1386	1328	1248	1437	1373	1382
1988	1783	1597	1524	1527	1699	1576	1578
1989	1987	1811	1724	1664	1923	1768	1773
1990	2146	2108	1940	1884	2152	1987	1989
1991	2201	2371	2121	1963	2295	2153	2156
1992	2889	2893	2427	2358	2679	2582	2594
1993	3876	3158	3027	2716	3234	3169	3052
1994	5751	4466	4106	4225	5144	5078	4684
1995	6389	4890	4749	4583	5808	5736	5091
1996	7098	5519	5430	4984	6549	6137	5604
1997	8474	5795	5712	5366	7187	6519	6182
1998	10193	6384	6302	5945	8012	7098	7039
1999	11658	7731	7583	6861	9334	8014	8062
2000	14064	8647	8415	7928	10721	9081	9246
2001	16737	9898	9751	9997	12909	11150	11568
2002	18009	10042	11731	11769	14656	12922	13059
2003	19769	9574	14516	12631	16277	13862	14382
2004	21357	10733	16218	13767	18335	17036	15873
2005	25100	11719	17133	14912	20051	18871	17783
2006	29911	13333	19946	16340	22688	17806	19407
2007	36600	16035	25766	20920	27528	23901	24963
2008	43119	17522	22436	23465	31920	26194	29542
2009	48319	19506	28979	29473	34379	28400	33204
2010	54707	20978	30725	34392	40552	32426	35018
2011	64236	25296	38606	39240	47425	37631	39555
2012	67431	29369	38824	44598	55064	44509	44126
2013	74713	32137	42343	49521	60988	48735	48638
2014	77454	35029	44440	52597	65341	52161	52063
2015	80846	41518	47211	63957	76705	60967	63718
2016	85280	44814	60854	70565	86057	67097	71091
2017	95199	49740	64773	77061	94029	76664	79651
2018	117814	55377	66629	84152	102805	84590	90068
2019	111570	67045	72034	92540	112981	95239	95490
2020	115877	65984	75438	102999	117592	93716	106224
2021	123223	70012	85042	110040	126683	103578	114163

4-16 城镇登记失业人数及失业率

Number of Registered Unemployed Persons and Unemployment Rate in Urban Areas

年 份 Year	城镇登记失业人数 (万人) Unemployed Persons in Urban Areas (10 000 persons)	#女性 Female	女性占失业人数的百分比(%) Percentage of Unemployed Female to Unemployed Persons (%)	登记失业率 (%) Unemployment Rate in Urban Areas (%)
1978	52.00	30.00	57.7	10.9
1979	33.00	18.51	56.1	6.7
1980	28.00	15.60	55.7	5.0
1981	25.00	13.50	54.0	4.4
1982	16.90	9.00	53.3	3.0
1983	18.10	9.61	53.1	3.0
1984	15.84	8.40	53.0	2.7
1985	14.35	7.47	52.1	2.3
1986	14.44	7.51	52.0	2.3
1987	14.53	7.56	52.0	2.2
1988	16.75	8.65	51.6	2.4
1989	25.63	14.65	57.2	3.7
1990	26.61	14.86	55.8	3.7
1991	25.17	14.04	55.8	3.4
1992	27.16	15.24	56.1	3.6
1993	26.47	14.50	54.8	3.5
1994	27.65	15.79	57.1	3.6
1995	27.94	15.44	55.3	3.6
1996	27.16	14.55	53.6	3.5
1997	26.72	14.43	54.0	3.4
1998	30.18	16.04	53.1	3.7
1999	29.59	15.11	51.1	3.7
2000	30.79	15.11	49.1	4.0
2001	31.90	15.11	47.4	4.3
2002	33.82	16.02	47.4	4.5
2003	33.10	15.70	47.4	4.4
2004	33.30	15.30	46.0	4.4
2005	34.30	15.70	45.8	4.6
2006	36.10	16.50	45.6	4.5
2007	34.80	15.40	44.3	4.3
2008	37.86	16.04	42.4	4.6
2009	36.28	13.59	37.5	4.3
2010	34.56	14.07	40.7	4.1
2011	36.93	15.24	41.3	4.1
2012	41.67	16.81	40.3	4.1
2013	42.87	19.63	45.8	4.1
2014	54.36	26.73	49.2	4.2
2015	54.64	27.45	50.2	4.1
2016	56.26	28.05	49.9	4.2
2017	55.78	27.53	49.4	4.0
2018	53.31	26.58	49.9	3.5
2019	50.40	23.83	47.3	3.3
2020	54.44	26.01	47.8	3.6
2021	53.88	25.34	47.0	3.6

4-17 各市(州)城镇登记失业人数及失业率
Number of Registered Unemployed Persons and Unemployment Rate in Urban Areas by Region

市(州)	Region	城镇登记失业人数 (万人) Unemployed Persons (10 000 persons)					登记失业率 (%) Unemployment Rate (%)				
		2005	2010	2015	2020	2021	2005	2010	2015	2020	2021
全　省	**Sichuan**	**34.30**	**34.56**	**54.64**	**54.44**	**53.88**	**4.6**	**4.1**	**4.1**	**3.6**	**3.6**
成都市	Chengdu	5.90	5.62	17.05	20.31	19.27	3.1	2.5	3.2	3.0	2.9
自贡市	Zigong	1.70	1.66	2.61	2.95	2.71	4.0	4.1	4.2	3.7	3.5
攀枝花市	Panzhihua	1.30	1.13	1.24	1.43	1.71	4.4	3.5	3.6	3.8	3.7
泸州市	Luzhou	1.80	1.66	1.48	1.30	1.19	4.4	3.5	3.5	2.7	2.6
德阳市	Deyang	1.30	1.50	2.06	1.80	1.75	3.3	3.7	3.9	3.4	3.4
绵阳市	Mianyang	3.30	3.04	3.51	2.61	2.63	3.9	3.7	3.9	2.7	2.7
广元市	Guangyuan	1.00	1.22	1.48	1.36	1.32	4.3	3.9	3.9	3.5	3.3
遂宁市	Suining	1.40	1.38	4.37	2.86	2.69	4.9	4.5	4.0	3.6	3.6
内江市	Neijiang	1.70	1.57	1.41	2.08	2.30	4.5	4.0	4.0	3.8	3.9
乐山市	Leshan	1.90	2.16	2.41	2.24	2.23	4.2	4.1	4.1	3.6	3.5
南充市	Nanchong	2.00	2.29	3.12	2.84	2.80	4.8	4.5	4.2	3.8	3.8
眉山市	Meishan	1.10	1.15	1.54	1.34	1.44	4.4	4.3	4.1	3.0	3.0
宜宾市	Yibin	2.10	1.81	3.07	2.71	2.74	4.7	3.5	3.9	3.3	3.3
广安市	Guangan	1.60	1.25	0.86	1.06	1.35	4.0	3.7	3.2	3.3	3.3
达州市	Dazhou	1.30	2.01	1.93	1.97	2.06	4.1	4.0	4.0	4.1	3.6
雅安市	Yaan	0.60	0.64	0.52	0.55	0.55	4.0	4.0	3.8	3.9	3.7
巴中市	Bazhong	1.00	1.16	1.50	1.55	1.63	4.2	4.3	4.3	3.6	3.5
资阳市	Ziyang	1.20	1.36	2.05	1.44	1.46	4.5	3.9	4.0	3.7	3.6
阿坝藏族羌族自治州	Aba	0.40	0.35	0.39	0.36	0.34	4.1	3.7	3.7	3.8	3.6
甘孜藏族自治州	Ganzi	0.30	0.37	0.54	0.51	0.53	5.0	4.1	4.1	3.3	3.5
凉山彝族自治州	Liangshan	1.30	1.22	1.54	1.18	1.17	4.1	4.1	4.0	3.2	3.1

主要统计指标解释

就业人员 指年满16周岁以上，为取得报酬或经营利润，在调查周内从事了1个小时（含1小时）以上劳动的人员；或由于在职学习、休假等原因在调查周内暂时未工作的人员；或由于停工、单位不景气等原因临时未工作的人员。

单位就业人员 指报告期末最后一日在本单位中工作，并取得工资或其他形式劳动报酬的人员数。该指标为时点指标，不包括最后一日当天及以前已经与单位解除劳动合同关系的人员，是在岗职工、劳务派遣人员及其他就业人员之和。

单位就业人员不包括：(1)离开本单位仍保留劳动关系，并定期领取生活费的人员；(2) 在本单位实习的各类在校学生；(3) 本单位以劳务外包形式使用的人员，如：建筑业整建制使用的人员 。

城镇私营就业人员 城镇私营就业人员指在工商管理部门注册登记，其经营地址设在县城关镇（含县城关镇）以上的私营企业就业人员，包括私营企业投资者和雇工。

在岗职工 指在本单位工作且与本单位签订劳动合同，并由单位支付各项工资和社会保险、住房公积金的人员，以及上述人员中由于学习、病伤、产假等原因暂未工作仍由单位支付工资的人员。

在岗职工还包括：(1) 应订立劳动合同而未订立劳动合同人员；(2) 处于试用期人员；(3) 编制外招用的人员，如临时人员；(4) 派往外单位工作，但工资或其他形式劳动报酬仍由本单位发放的人员（如挂职锻炼、外派工作等情况）。

工资总额 指根据《关于工资总额组成的规定》（1990年1月1日国家统计局发布的一号令）进行修订，本单位在报告期内（季度或年度）直接支付给本单位全部就业人员的劳动报酬总额。包括计时工资、计件工资、奖金、津贴和补贴、加班加点工资、特殊情况下支付的工资，是在岗职工工资总额、劳务派遣人员工资总额和其他就业人员工资总额之和。

工资总额是税前工资，包括单位从个人工资中直接为其代扣或代缴的房费、水费、电费、住房公积金和社会保险基金个人缴纳部分等。

工资总额不论是计入成本的还是不计入成本的，不论是以货币形式支付的还是以实物形式支付的，均应列入工资总额的计算范围。

平均工资 指单位就业人员在一定时期内平均每人所得的工资额。它表明一定时期工资收入的高低程度，是反映就业人员工资水平的主要指标。计算公式为：

$$\text{平均工资}=\frac{\text{报告期就业人员工资总额}}{\text{报告期就业人员平均人数}}$$

平均实际工资 指扣除物价变动因素后的就业人员平均工资。计算公式为：

$$\text{平均实际工资}=\frac{\text{报告期就业人员平均工资}}{\text{报告期城镇居民消费价格指数}}$$

平均工资指数 指报告期就业人员平均工资与基期就业人员平均工资的比率，是反映不同时期就业人员货币工资水平变动情况的相对数。计算公式为：

$$\text{平均工资指数}=\frac{\text{报告期就业人员平均工资}}{\text{基期就业人员平均工资}}\times 100\%$$

平均实际工资指数 就业人员平均实际工资指数是反映实际工资变动情况的相对数，表明就业人员实际工资水平提高或降低的程度。计算公式为：

$$\text{平均实际工资指数}=\frac{\text{报告期就业人员平均工资指数}}{\text{报告期城镇居民消费价格指数}}\times 100\%$$

城镇登记失业人员 劳动年龄（年满16周岁（含）至依法享受基本养老保险待遇）内，有劳动能力，有就业要求，处于无业状态，并在公共就业和人才服务机构进行失业登记的城镇常住人员。

城镇登记失业率 指报告期末，登记失业人员期末实有人数占期末从业人员总数与登记失业人员期末实有人数之和的比重。

Explanatory Notes on Main Statistical Indicators

Employed Persons refers to persons, aged 16 and over, who performed some work for compensation or business gains for one hour or more during the reference period; or persons who do not work for the reasons of part-time study or on holiday during the reference period; or persons temporary absence from a job for suspension, recession, etc.

Persons Employed in Various Units refers to the total number of employees who work at various units and obtain wages or other forms of payment at the end of the reference period. This indicator is a kind of time point index and it equals to the sum of the number of employed staff and workers, labor dispatch personnel and other employed person, and It does not include the person who has terminated the labor contract with the unit on or before the last day.

Employed persons in Various Units do not include: 1) persons who have left their working units while keeping their labor contract unchanged and receiving regular alimony; 2) all kinds of enrolled students who do internship in various units; 3) persons employed due to labor outsourcing, for example, persons employed in the organizational system of construction industry.

Persons Employed in Private Enterprises Persons employed in private enterprises refers to the persons employed in the private enterprises which have been registered at the departments of industrial and commercial administration and are situated at a county town (i.e. a town where the county government is located) for business operation or at urban areas with the level higher than a county town.

Staff and Workers refers to persons who signed labor contracts with working units and working units would pay wages, social insurance and housing funds for them. Persons who have their work posts but are temporarily absent from work for reasons of study or on sick, injury or maternal leave and still receive wages from their working units are also included.

Employed staff and workers also include: 1) Persons who should have signed the labor contracts but not; 2) Employees on probation; 3) Employees beyond the staffing quota, for example, temporary employees; 4) Employees who are sent to other working units but still obtain wages or other forms of remuneration from their original units (situations like on-the-job placement, expatriated assignment, etc.).

Total Wages Bill It is revised according to the "Provision of Composition of Total Wages" (Order No.1 by National Bureau of Statistics on January, 1st, 1990), total wage bill refers to the total remuneration payment to all employed persons in various units during the reporting period (by quarter or by year), including hourly-paid wages, piece-rate wages, bonuses, allowance and subsidies, overtime wages and wages paid under special circumstances. It equals to the sum of total wages of employed staff and workers, dispatch labors and other employed persons.

Total wage bill is pre-tax wages, including the room charges, utility bills, housing funds and social insurance paid or withheld by employee's units.

Total wage bill, whether or not included in cost, whether or not paid in money or in kind, shall be included in the calculation of total wage.

Average Wage refers to the average per capita wage during a certain period of time for employed persons. It shows the general level of wage income during a certain period of time, one major indicator to reflect the wage level. It is calculated as follows:

$$\text{Average Wage} = \frac{\text{Total Wage Bill of Employed Persons at Reference Time}}{\text{Average Number of Employed Persons at Reference Time}}$$

Average Real Wage refers to average wage of staff and workers after removing the effects of price changes, which is calculated as follows:

$$\text{Average Real Wage} = \frac{\text{Average Wage of Employed Persons at Reference Time}}{\text{Urban Consumer Price Indices at Reference Time}}$$

Average Wage Indices refers to the ratio of average wage of staff and workers in the report period to that in the base period, which reflects the change of wage of staff and workers at the different period. It is calculated as follows:

$$\text{Average Wage Indices} = \frac{\text{Average Wage of Employed Persons at Reference Time}}{\text{Average Wage of Employeds Persons at Base Period}} \times 100\%$$

Average Real Wage Indices average real wage indices of employed persons refers to the change of real wage, which reflects the relative increasing or decreasing level of real wage of employed persons ,which is calculated as follows:

$$\text{Average Real Wage Indices} = \frac{\text{Average Wage Indices of Employed Persons at the Reference Time}}{\text{Urban Consumer Price Indices at Reference Time}} \times 100\%$$

Registered Unemployed Persons in Urban Areas refer to the persons residing in urban areas at certain working ages (16 years old to the age of enjoying primary endowment insurance benefits according to the law), who are capable of working, unemployed and willing to work, and have been registered at the public employment and talent service agencies to apply for a job.

Registered Urban Unemployment Rate in Urban Areas refers to the ratio of the actual number of registered unemployed persons at the end of the period to the sum of the total number of employees at the end of the period and the actual number of registered unemployed persons at the end of the period.

05 固定资产投资
Chapter 5 Investment in Fixed Assets

5-1 全社会固定资产投资增长情况(2021年)
Growth Rate of Total Investment in Fixed Assets(2021)

单位：% (%)

指 标	Item	比上年增长 Growth Rate Over Preceding Year
全社会固定资产投资	**Total Investment**	**10.1**
#国有及国有控股	State-owned and State Holding Units	11.7
按登记注册类型分	**Grouped by Registration**	
内资	Domestic Funds	10.4
港澳台投资	Units With Funds From Hong Kong, Macao and Taiwan	11.0
外商投资	Foreign Funded Units	4.8
个体经营	Individuals Economy	8.3
按建设性质分	**Grouped by Character**	
新建	New Construction	10.8
扩建	Expansion	19.6
改建	Reconstruction	12.4
按构成分	**Grouped by Use of Funds**	
建筑安装工程	Construction and Installation	12.7
设备工器具购置	Purchase of Equipment and Instruments	-6.5
其他费用	Others	5.1
按三次产业分	**Grouped by Three Strata of Industry**	
第一产业	Primary Industry	20.6
第二产业	Secondary Industry	9.9
第三产业	Tertiary Industry	9.6

市(州)	Region	比上年增长 Growth Rate Over Preceding Year
全 省	**Sichuan**	**10.1**
成都市	Chengdu	10.0
自贡市	Zigong	10.2
攀枝花市	Panzhihua	11.0
泸州市	Luzhou	11.2
德阳市	Deyang	11.7
绵阳市	Mianyang	11.0
广元市	Guangyuan	11.1
遂宁市	Suining	11.2
内江市	Neijiang	11.5
乐山市	Leshan	11.6
南充市	Nanchong	12.0
眉山市	Meishan	11.8
宜宾市	Yibin	12.2
广安市	Guangan	10.2
达州市	Dazhou	11.3
雅安市	Yaan	11.4
巴中市	Bazhong	-18.7
资阳市	Ziyang	11.0
阿坝藏族羌族自治州	Aba	10.4
甘孜藏族自治州	Ganzi	11.0
凉山彝族自治州	Liangshan	12.9

注：2018年起，计划投资在500-5000万项目按财务支出法统计，增速按可比口径计算(以下有关表同)。
a) From 2018, planned investment in 5-50 million projects is counted according to the financial expenditure method, and the growth rate is calculated by comparable caliber(the same as the following related tables).

5-2 分行业全社会固定资产投资增长情况(2021年)
Growth Rate of Total Investment in Fixed Assets by Sector(2021)

单位：% (%)

指　标	Item	比上年增长 Growth Rate Over Preceding Year
全社会固定资产投资	**Total Investment**	**10.1**
农、林、牧、渔业	Agriculture, Forestry, Animal Husbandry and Fishery	19.9
采矿业	Mining	4.1
制造业	Manufacturing	13.1
电力、热力、燃气及水生产和供应业	Production and Supply of Electricity, Heat, Gas and Water	1.3
建筑业	Construction	42.2
批发和零售业	Wholesale and Retail Trades	-8.1
交通运输、仓储和邮政业	Transport, Storage and Post	5.4
住宿和餐饮业	Hotels and Catering Services	41.4
信息传输、软件和信息技术服务业	Information Transmission, Software and Information Technology Services	24.4
金融业	Financial Intermediation	74.0
房地产业	Real Estate	6.7
租赁和商务服务业	Leasing and Business Services	30.1
科学研究和技术服务业	Scientific Research and Technical Services	43.5
水利、环境和公共设施管理业	Management of Water Conservancy, Environment and Public Facilities	8.1
居民服务、修理和其他服务业	Services to Households, Repair and Other Services	13.7
教育	Education	9.0
卫生和社会工作	Health and Social Service	44.7
文化、体育和娱乐业	Culture, Sports and Entertainment	20.2
公共管理、社会保障和社会组织	Public Management, Social Security and Social Organization	14.4
国际组织	International Organization	

5-3 分行业按构成分项目固定资产投资增长情况(2021年)
Growth Rate of Item Investment in Fixed Assets by Sector and Composition(2021)

单位：% (%)

指标	Item	合计 Total	建筑安装工程 Construction and Installation	设备工具器具购置 Purchase of Equipment and Instruments	其他费用 Others
投资总额	**Total Investment**	**10.1**	**12.7**	**-6.5**	**5.1**
农、林、牧、渔业	Agriculture, Forestry, Animal Husbandry and Fishery	19.9	26.3	-25.1	-15.4
采矿业	Mining	42.2	35.3	62.1	47.6
制造业	Manufacturing	5.4	8.5	-26.3	-6.8
电力、热力、燃气及水生产和供应业	Production and Supply of Electricity, Heat, Gas and Water	6.7	5.9	-12.4	11.6
建筑业	Construction	13.7	13.9	16.9	8.9
批发和零售业	Wholesale and Retail Trades	20.2	23.1	-44.5	18.8
交通运输、仓储和邮政业	Transport, Storage and Post	4.1	2.8	-5.2	109.4
住宿和餐饮业	Hotels and Catering Services	13.1	22.6	-4.7	-25.6
信息传输、软件和信息技术服务业	Information Transmission, Software and Information Technology Services	1.3	7.3	-3.1	-18.0
金融业	Financial Intermediation	-8.1	0.7	-68.2	-0.1
房地产业	Real Estate	41.4	41.8	-16.0	78.1
租赁和商务服务业	Leasing and Business Services	24.4	43.2	18.6	-41.3
科学研究和技术服务业	Scientific Research and Technical Services	74.0	66.7	58.3	131.3
水利、环境和公共设施管理业	Management of Water Conservancy, Environment and Public Facilities	30.1	31.6	-30.4	48.7
居民服务、修理和其他服务业	Services to Households, Repair and Other Services	43.5	46.1	-15.7	82.7
教育	Education	8.1	8.7	-48.9	17.2
卫生和社会工作	Health and Social Service	9.0	9.0	27.2	1.4
文化、体育和娱乐业	Culture, Sports and Entertainment	44.7	44.9	35.4	65.3
公共管理、社会保障和社会组织	Public Management, Social Security and Social Organization	14.4	14.2	10.1	24.7
国际组织	International Organization				

5-4 各市(州)按构成分项目固定资产投资增长情况(2021年)
Growth Rate of Item Investment in Fixed Assets by Region and Composition(2021)

单位：%　　(%)

市(州)	Region	投资额 Total Investment	建筑安装工程 Construction and Installation	设备工具器具购置 Purchase of Equipment and Instruments	其他费用 Others
全　省	**Sichuan**	**10.1**	**12.7**	**-6.5**	**5.1**
成都市	Chengdu	10.0	13.3	-0.9	3.5
自贡市	Zigong	10.2	13.1	-42.3	21.8
攀枝花市	Panzhihua	11.0	13.8	-5.7	12.1
泸州市	Luzhou	11.2	14.3	-49.7	19.0
德阳市	Deyang	11.7	20.3	-12.6	-20.7
绵阳市	Mianyang	11.0	13.1	-19.9	51.8
广元市	Guangyuan	11.1	12.4	3.0	0.4
遂宁市	Suining	11.2	15.9	-16.8	-18.4
内江市	Neijiang	11.5	16.8	-16.5	-7.1
乐山市	Leshan	11.6	17.9	-1.6	-25.2
南充市	Nanchong	12.0	15.1	9.6	-20.9
眉山市	Meishan	11.8	13.9	22.2	-11.8
宜宾市	Yibin	12.2	16.2	4.8	-10.9
广安市	Guangan	10.2	16.5	-29.8	-19.8
达州市	Dazhou	11.3	14.4	-34.9	9.7
雅安市	Yaan	11.4	14.9	-1.5	-4.2
巴中市	Bazhong	-18.7	-18.2	-52.8	9.0
资阳市	Ziyang	11.0	15.8	-38.4	5.3
阿坝藏族羌族自治州	Aba	10.4	11.8	-13.9	-16.5
甘孜藏族自治州	Ganzi	11.0	10.2	44.9	4.0
凉山彝族自治州	Liangshan	12.9	19.2	15.3	-5.3

5-5 分行业施工和投产项目个数(2021年)
Number of Projects under Construction and Production by Sector(2021)

行 业	Sector	施工项目 (个) Number of Projects Under Construction (unit)	新开工项目个数 (个) Number of Projects Started This Year (unit)	全部建成投产项目 (个) Number of Projects Completed and Put into Use (unit)	项目建成投产率 (%) Rate of Projects Completed (%)
总 计	**Total**	**43959**	**22209**	**19533**	**44.43**
农、林、牧、渔业	Agriculture, Forestry, Animal Husbandry and Fishery	6510	3557	2811	43.18
采矿业	Mining	47	19	28	59.57
制造业	Manufacturing	6017	3136	2451	40.73
电力、热力、燃气及水生产和供应业	Production and Supply of Electricity, Heat, Gas and Water	1824	762	694	38.05
建筑业	Construction	209	115	90	43.06
批发和零售业	Wholesale and Retail Trades	1374	714	523	38.06
交通运输、仓储和邮政业	Transport, Storage and Post	999	506	520	52.05
住宿和餐饮业	Hotels and Catering Services	8641	4344	4291	49.66
信息传输、软件和信息技术服务业	Information Transmission, Software and Information Technology Services	2684	1308	1279	47.65
金融业	Financial Intermediation	540	263	236	43.70
房地产业	Real Estate	740	406	287	38.78
租赁和商务服务业	Leasing and Business Services	506	250	391	77.27
科学研究和技术服务业	Scientific Research and Technical Services	27	8	20	74.07
水利、环境和公共设施管理业	Management of Water Conservancy, Environment and Public Facilities	821	331	336	40.93
居民服务、修理和其他服务业	Services to Households, Repair and Other Services	246	110	117	47.56
教育	Education	9102	4788	3638	39.97
卫生和社会工作	Health and Social Service	1825	779	818	44.82
文化、体育和娱乐业	Culture, Sports and Entertainment	1257	559	725	57.68
公共管理、社会保障和社会组织	Public Management, Social Security and Social Organization	590	254	278	47.12
国际组织	International Organization				

5-6 各市(州)施工和投产项目个数(2021年)
Number of Projects under Construction and Production by Region(2021)

市(州)	Region	施工项目 (个) Number of Projects under Construction (unit)	新开工项目个数 (个) Number of Projects Started This Year (unit)	全部建成投产项目 (个) Number of Projects Completed and Put into Use (unit)	项目建成投产率 (%) Rate of Projects Completed (%)
全 省	**Sichuan**	**43959**	**22209**	**19533**	**44.43**
成都市	Chengdu	5422	2156	2931	54.06
自贡市	Zigong	1311	649	602	45.92
攀枝花市	Panzhihua	2546	1638	1038	40.77
泸州市	Luzhou	2261	1025	914	40.42
德阳市	Deyang	2457	1466	1293	52.63
绵阳市	Mianyang	2372	1180	1346	56.75
广元市	Guangyuan	1760	934	764	43.41
遂宁市	Suining	2058	1079	852	41.40
内江市	Neijiang	1662	825	631	37.97
乐山市	Leshan	1634	766	726	44.43
南充市	Nanchong	2930	1598	1182	40.34
眉山市	Meishan	1282	648	497	38.77
宜宾市	Yibin	2791	1333	1316	47.15
广安市	Guangan	3325	1968	1766	53.11
达州市	Dazhou	4368	2433	1337	30.61
雅安市	Yaan	1139	480	456	40.04
巴中市	Bazhong	866	329	302	34.87
资阳市	Ziyang	594	284	264	44.44
阿坝藏族羌族自治州	Aba	748	258	229	30.61
甘孜藏族自治州	Ganzi	1195	602	629	52.64
凉山彝族自治州	Liangshan	1195	553	457	38.24
不分地区	Others	43	5	1	2.30

注：本表各市(州)数不包括跨区项目。
a) The region data in this table exclude multiregional projects.

5-7 房地产开发主要指标
Major Indicators of Real Estate Development

指标		Item		2018	2019	2020	2021
企业个数	**（个）**	**Number of Enterprises**	**(unit)**	**4166**	**4350**	**4593**	**4790**
国有		State-owned		119	132	178	233
集体		Collective-owned		7	5	5	9
私营		Private-owned		1824	1927	2359	2332
其他		Others		2216	2286	2051	2216
从业人员数	**（人）**	**Employed Persons**	**(person)**	**157034**	**162583**	**164291**	**161138**
国有		State-owned		6554	7113	8788	9824
集体		Collective-owned		265	235	184	290
私营		Private-owned		64074	67230	76595	71761
其他		Others		86141	88005	78724	79263
本年土地购置面积	**（万平方米）**	**Area of Land Purchased This Year**	**(10 000 sq.m)**	**1541.10**	**1056.69**	**988.00**	**543.63**
本年完成投资额	**（亿元）**	**Investment Completed This Year**	**(100 million yuan)**	**5701.09**	**6573.24**	**7315.31**	**7831.88**
#住宅		Residential Buildings		3764.17	4665.31	5330.14	5767.25
本年新增固定资产	**（亿元）**	**Newly Increased Fixed Assets This Year**	**(100 million yuan)**	**2021.42**	**2054.18**	**2018.09**	**2083.68**
资金来源	**（亿元）**	**Sources of Funds**	**(100 million yuan)**	**8160.71**	**9349.72**	**10173.17**	**10142.92**
国内贷款		Domestic Loans		887.36	1118.17	1144.33	960.77
利用外资		Foreign Investment		0.17	6.55	5.60	
自筹资金		Self-raising Funds		2933.34	3039.82	3291.37	3174.23
定金及预收款		Earnest and Money Collected in Advance		2974.69	3482.52	3874.28	4197.69
个人按揭贷款		Personal Mortgage Loan		1106.25	1499.49	1761.00	1748.71
其他到位资金		Others		258.90	203.16	96.58	61.52
房屋建筑面积	**（万平方米）**	**Floor Space of Buildings**	**(10 000 sq.m)**				
施工面积		Floor Space of Buildings under Construction		44052.13	49113.75	50755.54	54248.70
#住宅		Residential Buildings		28534.21	32151.96	33706.21	36153.61
竣工面积		Floor Space of Buildings Completed		5647.86	4580.04	4545.86	4379.25
#住宅		Residential Buildings		3718.16	2940.11	3073.73	2965.13
本年新开工面积		Floor Space Started This Year		14076.17	15325.50	13939.74	11493.57
#住宅		Residential Buildings		9723.10	10294.70	9631.06	7959.91
商品房屋销售面积	**（万平方米）**	**Floor Space of Commercial House sold**	**(10 000 sq.m)**	**12210.38**	**12978.61**	**13257.75**	**13692.91**
#住宅		Residential Buildings		9889.35	10451.05	10902.37	10912.14
商品房销售额	**（亿元）**	**Total Sales of Commercial Houses**	**(100 million yuan)**	**8527.29**	**9666.73**	**10394.25**	**10796.73**
#住宅		Residential Buildings		6612.36	7869.04	8766.96	9061.34

注：2018年房地产开发相关指标数据为第四次全国经济普查数据(以下有关各表同)。
a) Data of the related indicators of Real Estate Development in 2018 are the data of the fourth national economic census (the same as the following related tables).

5-8 各市(州)按经济类型分房地产开发企业个数(2021年)
Number of Enterprises of Real Estate Development by Ownership and Region(2021)

单位：个 (unit)

市(州)	Region	合计 Total	国有经济 State-owned	集体经济 Collective-owned	私营经济 Private-owned	其他经济 Others
全　省	**Sichuan**	**4790**	**233**	**9**	**2332**	**2216**
成都市	Chengdu	1514	117	1	448	948
自贡市	Zigong	100	2		63	35
攀枝花市	Panzhihua	99	6		60	33
泸州市	Luzhou	191	13		86	92
德阳市	Deyang	214	5		139	70
绵阳市	Mianyang	403	22	1	251	129
广元市	Guangyuan	141	2		87	52
遂宁市	Suining	196	2	1	109	84
内江市	Neijiang	119	7		64	48
乐山市	Leshan	161	2		95	64
南充市	Nanchong	285	9	2	162	112
眉山市	Meishan	283	6		133	144
宜宾市	Yibin	201	14		121	66
广安市	Guangan	178	5		92	81
达州市	Dazhou	236	6		164	66
雅安市	Yaan	92	6	1	47	38
巴中市	Bazhong	127	2		81	44
资阳市	Ziyang	95	3	1	54	37
阿坝藏族羌族自治州	Aba	20		2	12	6
甘孜藏族自治州	Ganzi	17			11	6
凉山彝族自治州	Liangshan	118	4		53	61

5-9　各市(州)按资质等级分房地产开发企业个数(2021年)
Number of Enterprises of Real Estate Development by Region and Qualification Criteria(2021)

单位：个　　(unit)

市(州)	Region	合计 Total	一级 First Grade	二级 Second Grade	三级 Third Grade	四级 Fourth Grade	其他 Others
全　省	**Sichuan**	**4790**	**55**	**1019**	**2650**	**48**	**1018**
成都市	Chengdu	1514	21	285	956	14	238
自贡市	Zigong	100	6	22	32	4	36
攀枝花市	Panzhihua	99	3	19	52	2	23
泸州市	Luzhou	191	3	45	94	2	47
德阳市	Deyang	214	1	42	117	3	51
绵阳市	Mianyang	403	2	87	275	1	38
广元市	Guangyuan	141		26	98	3	14
遂宁市	Suining	196		44	91		61
内江市	Neijiang	119	1	33	64	2	19
乐山市	Leshan	161	2	36	93	1	29
南充市	Nanchong	285	2	54	62	1	166
眉山市	Meishan	283	3	82	158	2	38
宜宾市	Yibin	201	4	34	109	1	53
广安市	Guangan	178		37	98	1	42
达州市	Dazhou	236	4	96	119	2	15
雅安市	Yaan	92		8	30	3	51
巴中市	Bazhong	127	3	23	55		46
资阳市	Ziyang	95		18	36		41
阿坝藏族羌族自治州	Aba	20		3	11		6
甘孜藏族自治州	Ganzi	17		3	8	4	2
凉山彝族自治州	Liangshan	118		22	92	2	2

5-10 各市(州)按经济类型分房地产开发企业从业人员数(2021年)
Number of Employees in Enterprises of Real Estate Development by Ownership and Region(2021)

单位：人 (person)

市(州)	Region	合计 Total	国有经济 State-owned	集体经济 Collective-owned	私营经济 Private-owned	其他经济 Others
全　省	**Sichuan**	**161138**	**9824**	**290**	**71761**	**79263**
成都市	Chengdu	49793	5405	33	11840	32515
自贡市	Zigong	4721	71		2783	1867
攀枝花市	Panzhihua	4142	387		2346	1409
泸州市	Luzhou	9498	676		3610	5212
德阳市	Deyang	5891	99		4018	1774
绵阳市	Mianyang	11595	728	23	7442	3402
广元市	Guangyuan	4577	219		2425	1933
遂宁市	Suining	6662	14	28	3322	3298
内江市	Neijiang	4312	141		2497	1674
乐山市	Leshan	6225	48		3466	2711
南充市	Nanchong	8416	247	61	4503	3605
眉山市	Meishan	9490	153		4686	4651
宜宾市	Yibin	6253	478		3229	2546
广安市	Guangan	6755	345		2983	3427
达州市	Dazhou	9421	336		5579	3506
雅安市	Yaan	2428	162	36	1502	728
巴中市	Bazhong	3841	38		2251	1552
资阳市	Ziyang	2697	117	38	1592	950
阿坝藏族羌族自治州	Aba	295		71	182	42
甘孜藏族自治州	Ganzi	282			195	87
凉山彝族自治州	Liangshan	3844	160		1310	2374

5-11 各市(州)按资质等级分房地产开发企业从业人员数(2021年)
Number of Employees in Enterprises of Real Estate Development by Region and Qualification Criteria(2021)

单位：人 (person)

市(州)	Region	合计 Total	一级 First Grade	二级 Second Grade	三级 Third Grade	四级 Fourth Grade	其他 Others
全 省	**Sichuan**	**161138**	**4909**	**43933**	**82242**	**777**	**29277**
成都市	Chengdu	49793	1538	12785	29360	144	5966
自贡市	Zigong	4721	970	1288	1104	134	1225
攀枝花市	Panzhihua	4142	358	826	1909	22	1027
泸州市	Luzhou	9498	69	2989	4558	13	1869
德阳市	Deyang	5891	57	1138	2906	68	1722
绵阳市	Mianyang	11595	43	3636	7367	13	536
广元市	Guangyuan	4577		966	3113	61	437
遂宁市	Suining	6662		2451	2447		1764
内江市	Neijiang	4312	49	1469	2334	39	421
乐山市	Leshan	6225	186	1790	3395	35	819
南充市	Nanchong	8416	210	1750	1690	53	4713
眉山市	Meishan	9490	353	3040	4698	39	1360
宜宾市	Yibin	6253	597	1219	3030	18	1389
广安市	Guangan	6755		1937	3245	15	1558
达州市	Dazhou	9421	319	4291	4182	33	596
雅安市	Yaan	2428		269	875	17	1267
巴中市	Bazhong	3841	160	806	1603		1272
资阳市	Ziyang	2697		449	1013		1235
阿坝藏族羌族自治州	Aba	295		92	167		36
甘孜藏族自治州	Ganzi	282		58	153	35	36
凉山彝族自治州	Liangshan	3844		684	3093	38	29

5-12 各市(州)房地产投资完成额
Investment Completed of Real Estate Development by Region

单位：亿元 (100 million yuan)

市(州)	Region	2011	2012	2013	2014	2015	2016	2017	2018	2019	2020	2021
全　省	**Sichuan**	**2836.71**	**3266.40**	**3853.00**	**4380.09**	**4813.03**	**5282.64**	**5149.89**	**5701.09**	**6573.24**	**7315.31**	**7831.88**
成都市	Chengdu	1595.64	1890.03	2110.27	2220.80	2441.95	2638.89	2487.88	2272.98	2606.84	2845.46	3141.65
自贡市	Zigong	76.08	62.77	77.78	101.23	125.81	123.87	122.59	209.31	213.10	218.13	207.47
攀枝花市	Panzhihua	35.73	54.69	51.16	75.20	58.94	55.03	59.96	98.50	102.84	104.00	119.44
泸州市	Luzhou	68.70	71.64	130.92	192.56	196.87	239.20	258.62	318.39	399.04	445.58	391.86
德阳市	Deyang	73.25	79.87	82.66	95.23	115.38	125.78	105.04	149.81	168.05	219.99	259.68
绵阳市	Mianyang	132.28	145.69	169.94	210.74	198.35	205.58	176.65	204.54	264.12	364.28	465.22
广元市	Guangyuan	35.13	32.89	58.67	83.32	86.80	94.63	83.58	84.89	88.04	99.86	125.97
遂宁市	Suining	73.26	76.79	85.99	86.36	111.91	144.56	173.48	172.23	176.05	222.05	229.37
内江市	Neijiang	54.35	58.03	78.64	115.43	123.88	122.81	115.05	155.56	159.70	191.72	204.40
乐山市	Leshan	67.55	75.46	110.19	126.07	152.86	212.02	194.15	194.91	222.20	213.34	201.31
南充市	Nanchong	146.18	187.07	207.91	229.14	213.22	216.64	212.39	310.03	383.26	420.58	473.59
眉山市	Meishan	64.49	78.18	130.31	151.12	195.15	194.29	193.58	257.12	398.75	476.53	523.54
宜宾市	Yibin	105.41	104.52	141.13	171.86	150.42	189.55	228.15	312.04	357.40	369.01	395.90
广安市	Guangan	38.49	51.04	65.25	122.11	184.26	258.22	244.19	238.10	291.17	300.02	277.49
达州市	Dazhou	82.62	85.10	100.53	94.98	82.58	93.28	113.64	156.70	202.29	218.57	270.41
雅安市	Yaan	28.62	30.01	27.02	25.46	27.45	53.94	58.38	85.28	88.15	94.43	91.06
巴中市	Bazhong	38.00	49.28	63.99	88.65	104.49	118.96	136.97	156.99	133.61	137.20	91.78
资阳市	Ziyang	94.57	109.60	136.98	164.77	195.14	150.18	127.89	132.41	144.42	153.29	139.31
阿坝藏族羌族自治州	Aba	0.83	0.60	4.04	4.25	7.80	12.26	4.87	3.10	2.12	4.63	10.05
甘孜藏族自治州	Ganzi	2.90	2.63	1.98	1.71	1.10	1.28	1.51	6.43	5.30	8.86	7.19
凉山彝族自治州	Liangshan	22.66	20.51	17.64	19.11	38.67	31.67	51.32	181.78	166.79	207.77	205.17

5-13 各市(州)按用途分房地产开发投资完成额(2021年)
Investment Completed of Real Estate Development by Region and Use(2021)

单位：亿元 (100 million yuan)

市(州)	Region	本年完成投资额 Investment Completed in Current Year	住宅 Residential Buildings	办公楼 Office Buildings	商业营业用房 Houses for Business Use	其他 Others
全　省	**Sichuan**	**7831.88**	**5767.25**	**281.00**	**824.29**	**959.34**
成都市	Chengdu	3141.65	2108.15	209.77	323.65	500.07
自贡市	Zigong	207.47	145.58	4.84	34.89	22.15
攀枝花市	Panzhihua	119.44	91.61	1.03	13.27	13.53
泸州市	Luzhou	391.86	285.68	16.11	53.43	36.64
德阳市	Deyang	259.68	216.67	3.45	16.16	23.40
绵阳市	Mianyang	465.22	366.20	6.69	39.56	52.78
广元市	Guangyuan	125.97	97.73	0.08	15.40	12.76
遂宁市	Suining	229.37	177.65	7.58	26.46	17.67
内江市	Neijiang	204.40	150.50	1.71	29.46	22.73
乐山市	Leshan	201.31	148.28	0.79	27.14	25.10
南充市	Nanchong	473.59	393.75	4.86	33.20	41.79
眉山市	Meishan	523.54	418.19	9.61	42.60	53.14
宜宾市	Yibin	395.90	290.66	8.60	52.07	44.56
广安市	Guangan	277.49	234.73	0.39	24.72	17.65
达州市	Dazhou	270.41	213.29	2.87	34.48	19.77
雅安市	Yaan	91.06	74.41	0.08	8.33	8.24
巴中市	Bazhong	91.78	80.26	0.14	6.99	4.39
资阳市	Ziyang	139.31	119.09	0.16	13.77	6.29
阿坝藏族羌族自治州	Aba	10.05	7.13	0.32	0.24	2.35
甘孜藏族自治州	Ganzi	7.19	4.40		1.73	1.05
凉山彝族自治州	Liangshan	205.17	143.28	1.90	26.73	33.27

5-14 各市(州)房地产开发建设房屋建筑面积和造价(2021年)
Floor Space of Buildings and the Cost in Real Estate Development by Region(2021)

市(州)	Region	施工房屋面积(万平方米) Floor Space of Buildings under Construction (10 000 sq.m)	竣工房屋面积(万平方米) Floor Space of Buildings Completed (10 000 sq.m)	房屋建筑面积竣工率(%) Rate of Floor Space of Buildings Completed (%)	竣工房屋价值(万元) Value of Buildings Completed (10 000 yuan)	竣工房屋造价(元/平方米) Cost of Buildings Completed (yuan / sq.m)
全 省	**Sichuan**	**54248.70**	**4379.25**	**8.1**	**16262595**	**3714**
成都市	Chengdu	19542.10	1460.76	7.5	6456325	4420
自贡市	Zigong	1157.80	83.62	7.2	255290	3053
攀枝花市	Panzhihua	687.13	46.46	6.8	253781	5462
泸州市	Luzhou	2703.79	688.93	25.5	2354740	3418
德阳市	Deyang	2672.08	235.53	8.8	667409	2834
绵阳市	Mianyang	3087.98	219.37	7.1	734982	3350
广元市	Guangyuan	829.35	57.13	6.9	162542	2845
遂宁市	Suining	2054.47	94.59	4.6	333152	3522
内江市	Neijiang	1571.02	63.79	4.1	205933	3228
乐山市	Leshan	1826.75	266.54	14.6	791818	2971
南充市	Nanchong	4072.53	241.51	5.9	784988	3250
眉山市	Meishan	3855.41	200.33	5.2	685293	3421
宜宾市	Yibin	2659.10	247.85	9.3	841919	3397
广安市	Guangan	1633.72	140.37	8.6	569914	4060
达州市	Dazhou	2130.57	107.59	5.0	376723	3501
雅安市	Yaan	731.87	12.74	1.7	40984	3217
巴中市	Bazhong	1062.44	107.92	10.2	309345	2866
资阳市	Ziyang	889.80	39.86	4.5	169440	4251
阿坝藏族羌族自治州	Aba	56.51	5.81	10.3	17354	2987
甘孜藏族自治州	Ganzi	121.26	7.99	6.6	26000	3254
凉山彝族自治州	Liangshan	903.01	50.55	5.6	224663	4444

5-15 各市(州)商品房销售情况(2021年)
Selling of Commercial Houses by Region(2021)

市(州)	Region	房屋销售面积(万平方米) Floor Space of Commercial Houses (10 000 sq.m)	#住宅 Residential Buildings	#办公楼 Office Buildings	#商业营业用房 Houses for Business Use	房屋销售额(亿元) Total Sale of Commercial Houses (100 million yuan)	#住宅 Residential Buildings	#办公楼 Office Buildings	#商业营业用房 Houses for Business Use
全 省	**Sichuan**	**13692.91**	**10912.14**	**368.91**	**902.37**	**10796.73**	**9061.34**	**369.07**	**925.73**
成都市	Chengdu	3644.11	2614.48	279.53	264.50	4685.76	3846.65	302.08	357.40
自贡市	Zigong	424.06	316.48	10.08	38.62	247.98	185.81	8.67	37.57
攀枝花市	Panzhihua	167.32	144.35	1.90	6.47	109.06	98.35	0.97	5.98
泸州市	Luzhou	1046.06	800.35	23.94	58.54	594.20	463.56	19.55	57.12
德阳市	Deyang	651.00	555.06	1.53	42.58	407.30	356.64	1.44	37.56
绵阳市	Mianyang	754.13	606.17	9.37	57.40	509.78	434.88	8.01	47.16
广元市	Guangyuan	191.84	170.44		6.08	116.85	107.38		5.13
遂宁市	Suining	717.22	615.38	11.39	40.61	428.03	361.39	8.45	40.40
内江市	Neijiang	503.36	355.34	2.83	59.11	282.25	213.66	1.39	49.61
乐山市	Leshan	553.59	410.39	4.84	53.69	301.00	239.19	2.37	38.31
南充市	Nanchong	1343.12	1134.01	3.70	52.19	675.04	599.87	2.27	41.96
眉山市	Meishan	955.80	842.30	13.29	42.57	781.24	707.00	9.98	51.42
宜宾市	Yibin	774.30	597.80	4.98	61.29	507.37	415.19	3.20	60.02
广安市	Guangan	438.55	406.96		20.00	247.69	226.43		18.90
达州市	Dazhou	586.81	503.87		49.20	357.65	315.96		32.18
雅安市	Yaan	120.69	98.98	0.10	6.36	71.74	62.85	0.06	6.05
巴中市	Bazhong	237.43	219.29		9.81	105.40	96.16		7.91
资阳市	Ziyang	316.21	299.49		6.35	172.69	166.66		4.26
阿坝藏族羌族自治州	Aba	11.56	11.53		0.03	6.81	6.72		0.09
甘孜藏族自治州	Ganzi	11.93	11.85		0.08	8.08	7.95		0.13
凉山彝族自治州	Liangshan	243.83	197.61	1.41	26.89	180.82	149.03	0.62	26.57

5−16 各市(州)商品房期房销售情况(2021年)
Selling of Commercial Houses under Construction by Region(2021)

市(州)	Region	房屋销售面积(万平方米) Floor Space of Commercial Houses (10 000 sq.m)	#住宅 Residential Buildings	#办公楼 Office Buildings	#商业营业用房 Houses for Business Use	房屋销售额(亿元) Total Sale of Commercial Houses (100 million yuan)	#住宅 Residential Buildings	#办公楼 Office Buildings	#商业营业用房 Houses for Business Use
全　省	**Sichuan**	**12710.56**	**10464.70**	**331.88**	**761.20**	**10086.72**	**8621.50**	**328.99**	**789.00**
成都市	Chengdu	3236.36	2449.73	252.58	216.07	4267.06	3570.71	269.70	295.65
自贡市	Zigong	358.79	278.91	9.22	30.17	211.99	162.27	8.15	30.19
攀枝花市	Panzhihua	158.96	138.33	1.84	6.26	105.27	95.20	0.91	5.81
泸州市	Luzhou	946.99	756.61	18.62	45.72	547.77	441.64	15.17	47.51
德阳市	Deyang	616.18	544.92	1.53	35.85	392.06	350.78	1.44	31.84
绵阳市	Mianyang	686.22	577.94	9.03	33.38	467.80	415.61	7.67	28.60
广元市	Guangyuan	179.03	162.53		2.52	109.10	102.82		2.55
遂宁市	Suining	703.76	608.72	11.39	37.76	421.12	358.12	8.45	37.49
内江市	Neijiang	497.15	351.86	2.53	58.50	278.97	211.06	1.25	49.23
乐山市	Leshan	535.51	402.65	4.84	48.87	291.20	235.09	2.37	34.02
南充市	Nanchong	1297.65	1105.28	3.70	48.74	656.18	585.42	2.27	38.84
眉山市	Meishan	895.84	819.21	11.12	38.11	749.88	687.51	8.37	47.76
宜宾市	Yibin	719.96	580.86	3.96	50.27	481.40	406.73	2.57	50.50
广安市	Guangan	414.68	385.54		18.84	236.62	216.58		17.96
达州市	Dazhou	580.64	500.01		47.42	354.73	314.13		31.46
雅安市	Yaan	107.34	89.33	0.10	4.12	64.50	57.66	0.06	4.38
巴中市	Bazhong	227.94	214.94		8.03	102.25	94.13		7.30
资阳市	Ziyang	307.76	291.40		6.06	168.62	162.76		4.10
阿坝藏族羌族自治州	Aba	11.47	11.44		0.03	6.76	6.68		0.09
甘孜藏族自治州	Ganzi	11.25	11.18		0.08	7.62	7.49		0.13
凉山彝族自治州	Liangshan	217.08	183.32	1.41	24.39	165.85	139.12	0.62	23.60

5-17 各市(州)商品房现房销售情况(2021年)
Selling of Commercial Houses Completed by Region(2021)

市(州)	Region	房屋销售面积(万平方米) Floor Space of Commercial Houses (10 000 sq.m)	#住宅 Residential Buildings	#办公楼 Office Buildings	#商业营业用房 Houses for Business Use	房屋销售额(亿元) Total Sale of Commercial Houses (100 million yuan)	#住宅 Residential Buildings	#办公楼 Office Buildings	#商业营业用房 Houses for Business Use
全　省	**Sichuan**	**982.35**	**447.44**	**37.02**	**141.17**	**710.01**	**439.84**	**40.07**	**136.73**
成都市	Chengdu	407.75	164.75	26.95	48.44	418.70	275.94	32.39	61.75
自贡市	Zigong	65.27	37.57	0.86	8.45	35.99	23.54	0.52	7.38
攀枝花市	Panzhihua	8.36	6.03	0.06	0.21	3.79	3.15	0.06	0.17
泸州市	Luzhou	99.07	43.74	5.32	12.82	46.43	21.93	4.38	9.61
德阳市	Deyang	34.81	10.14		6.73	15.25	5.86		5.72
绵阳市	Mianyang	67.91	28.23	0.34	24.01	41.98	19.27	0.34	18.55
广元市	Guangyuan	12.81	7.91		3.55	7.75	4.56		2.58
遂宁市	Suining	13.46	6.66		2.84	6.91	3.28		2.90
内江市	Neijiang	6.21	3.48	0.30	0.61	3.28	2.60	0.14	0.38
乐山市	Leshan	18.07	7.74		4.82	9.80	4.11		4.29
南充市	Nanchong	45.47	28.73		3.45	18.86	14.46		3.12
眉山市	Meishan	59.96	23.09	2.17	4.46	31.36	19.49	1.61	3.66
宜宾市	Yibin	54.35	16.94	1.02	11.02	25.98	8.47	0.63	9.52
广安市	Guangan	23.88	21.43		1.16	11.07	9.84		0.94
达州市	Dazhou	6.17	3.85		1.78	2.92	1.83		0.72
雅安市	Yaan	13.35	9.65		2.24	7.24	5.19		1.68
巴中市	Bazhong	9.49	4.36		1.78	3.16	2.03		0.61
资阳市	Ziyang	8.45	8.09		0.30	4.07	3.90		0.16
阿坝藏族羌族自治州	Aba	0.09	0.09			0.04	0.04		
甘孜藏族自治州	Ganzi	0.68	0.68			0.46	0.46		
凉山彝族自治州	Liangshan	26.75	14.28		2.50	14.96	9.91		2.98

5-18 各市(州)商品房待售情况(2021年)
Commercial Houses on Sale by Region(2021)

单位：万平方米 (10 000 sq.m)

市(州)	Region	商品房待售面积 Space of Commercial Houses on Sale	#住宅 Residential Buildings	#办公楼 Office Buildings	#商业营业用房 Houses for Business Use	其中：待售1-3年的面积 Space of Commercial Houses on Sale During 3 Years	#住宅 Residential Buildings	#办公楼 Office Buildings	#商业营业用房 Houses for Business Use
全　省	**Sichuan**	**2038.50**	**504.40**	**88.72**	**456.63**	**999.29**	**293.90**	**42.56**	**196.35**
成都市	Chengdu	1027.75	154.84	64.57	227.86	510.97	81.85	40.03	98.83
自贡市	Zigong	37.75	2.73	0.25	7.51	30.81	0.80	0.25	5.68
攀枝花市	Panzhihua	59.92	9.53	1.85	24.00	18.29	3.13		9.58
泸州市	Luzhou	113.99	48.06	13.21	5.96	43.20	26.96		2.12
德阳市	Deyang	126.84	24.80	0.16	38.10	55.70	19.60		7.71
绵阳市	Mianyang	107.84	25.20	2.39	34.90	54.76	21.07	0.23	16.77
广元市	Guangyuan	66.54	22.29	0.04	19.22	30.31	10.68		11.63
遂宁市	Suining	3.74	0.06		0.18	3.74	0.06		0.18
内江市	Neijiang	29.42	17.62	0.34	8.19	25.85	16.44		6.43
乐山市	Leshan	14.21	1.13	0.01	10.36	2.66	0.02		0.81
南充市	Nanchong	39.61	9.64	0.30	3.53	13.71	4.71		1.05
眉山市	Meishan	178.52	84.12	2.89	39.64	111.94	58.53	1.52	22.29
宜宾市	Yibin	38.42	3.82	0.91	11.17	14.93	0.68		0.78
广安市	Guangan	6.59	5.19		1.40	5.75	4.69		1.06
达州市	Dazhou	9.58	3.73		2.02	8.96	3.47		1.78
雅安市	Yaan	57.30	18.77	0.53	10.27	20.91	12.69	0.53	4.35
巴中市	Bazhong	75.19	57.29		6.72	27.99	18.96		2.24
资阳市	Ziyang	4.18	3.95		0.23	3.89	3.71		0.18
阿坝藏族羌族自治州	Aba								
甘孜藏族自治州	Ganzi	3.62	0.61		1.55	3.62	0.61		1.55
凉山彝族自治州	Liangshan	37.51	11.02	1.27	3.84	11.29	5.25		1.33

主要统计指标解释

全社会固定资产投资 是以货币形式表现的在一定时期内全社会建造和购置固定资产的工作量以及与此有关的费用的总称。该指标是反映固定资产投资规模、结构和发展速度的综合性指标。全社会固定资产投资按登记注册类型可分为国有、集体、联营、股份制、私营和个体、港澳台商、外商、其他等。

固定资产投资（不含农户） 指城镇和农村各种登记注册类型的企业、事业、行政单位及城镇个体户进行的计划总投资500万元及以上的建设项目投资和房地产开发投资，包含原口径的城镇固定资产投资加上农村企事业组织项目投资，该口径自2011年起开始使用。

实际到位资金 指用于固定资产投资的各种货币资金。包括国家预算资金、国内贷款、利用外资、自筹资金和其他资金。

国家预算资金 国家预算包括一般预算、政府性基金预算、国有资本经营预算和社保基金预算。各类预算中用于固定资产投资的资金全部作为国家预算资金填报，其中一般预算中用于固定资产投资的部分包括基建投资、车购税、灾后恢复重建基金和其他财政投资。各级政府债券也应归入国家预算资金。

国内贷款 指报告期固定资产投资项目单位向银行及非银行金融机构借入用于固定资产投资的各种国内借款，包括银行利用自有资金及吸收存款发放的贷款、上级拨入的国内贷款、国家专项贷款（包括煤代油贷款、劳改煤矿专项贷款等），地方财政专项资金安排的贷款、国内储备贷款、周转贷款等。

利用外资 指报告期收到的境外（包括外国及港澳台地区）资金(包括设备、材料、技术在内)。包括对外借款(外国政府贷款、国际金融组织贷款、出口信贷、外国银行商业贷款、对外发行债券和股票)、外商直接投资、外商其他投资(包括补偿贸易、加工装配由外商提供的设备价款、国际租赁、外商投资收益的再投资资金)。不包括我国自有外汇资金(国家外汇、地方外汇、留成外汇、调剂外汇和国内银行自有资金发放的外汇贷款等)。各类外资按报告期的外汇牌价（中间价）折成人民币计算。

自筹资金 指在报告期内筹集的用于项目建设和购置的资金。包括自有资金、股东投入资金和借入资金，但不包括各类财政性资金、从各类金融机构借入资金和国外资金。

其他资金来源 指在报告期收到的除以上各种资金之外的用于固定资产投资的资金，包括社会集资、个人资金、无偿捐赠的资金及其他单位拨入的资金等。

固定资产投资按国民经济行业分 指根据其从事的社会经济活动性质对各类单位进行的分类。应根据建设项目建成投产后的主要产品种类或主要用途及社会经济活动种类来划分，不能根据项目单位本身的行业类别来划分。如果项目投产后有几种产品，应根据主要产品来确定行业类别。一般情况下，一个建设项目只能属于一种国民经济行业。

固定资产投资按隶属关系分 是按建设单位或企业、事业、行政单位的主管上级机关确定的。

(1)中央：指中共中央、人大常委会和国务院各部、委、局、总公司以及直属机构直接领导的建设项目和企业、事业、行政单位。这些单位的固定资产投资计划由国务院各部门直接编制和下达，统一组织或委托下级实施。包括有中央垂直管理的部门（如国家统计局各级调查队）和中央直属企业、事业单位（如工商银行、中国电信、中国石油）等。

(2)地方：指由省（自治区、直辖市）、地（区、市、州、盟）、县（区、市、旗）三级政府及业务主管部门直接领导和管理的建设项目、企业、事业、行政单位。地方项目还包括不隶属以上各级政府及主管部门的建设项目和企业、事业单位，如外商投资企业和无主管部门的企业等。

固定资产投资按建设性质分 按整个建设项目情况来确定。建设项目的性质一般分为新建、扩建、改建和技术改造、单纯建造生活设施、迁建、恢复、单纯购置。农户投资不划分建设性质。

(1)新建：指从无到有“平地起家”开始建设的项目。现有企业、事业、行政单位投资的项目一般不属于新建。但如有的单位原有基础很小，经过建设后新增的固定资产价值超过该企业、事业、行政单位原有固定资产价值（原值）三倍以上的，也应作为新建。

(2)扩建：指在厂内或其他地点，为扩大原有产品的生产能力(或效益)或增加新的产品生产能力，而增建的生产车间(或主要工程)、分厂、独立的生产线等项目。行政、事业单位在原单位增建业务性用房(如学校增建教学用房、医院增建门诊部、病房等)也作为扩建。

现有企、事业单位为扩大原有主要产品生产能力或增加新的产品生产能力，增建一个或几个主要生产车间(或主要工程)、分厂，同时进行一些更新改造工程的，也应作为扩建。

(3)改建和技术改造：指现有企业、事业单位对原有设施进行技术改造或更新(包括相应配套的辅助性生产、生活福利设施）的建设项目。改建项目包括现有企业、事业单位为适应市场变化的需要，而改变企业的主要产品种类(如军工企业转民用产品等）的建设项目;原有产品生产作业线由于各工序（车间）之间能力不平衡，为填平补齐充分发挥原有生产能力而增建但不增加主要产品生产能力的建设项目。技术改造是指企业、事业单位在现有基础上用先进的技术代替落后的技术，用先进的工艺和装备代替落后的工艺和装备，以改变企业落后的技术经济面貌，实现以内涵为主的扩大再生产，达到提高产品质量、促进产品更新换代、节约能源、降低消耗、扩大生产规模、全面提高社会经济效益的目的。技术改造具体包括以下内容：机器设备和工具的更新改造；生产工艺改革、节约能源和原材料的改造；厂房建筑和公共设施的改造；保护环境进行的“三废”治理改造；劳动条件和生产环境的改造等。

固定资产投资按构成分

(1)建筑工程：指各种房屋、建筑物的建造工程。这部分投资额必须兴工动料，通过施工活动才能实现，是固定资产投资额的重要组成部分。

(2)安装工程：指各种设备、装置的安装工程。

在安装工程中，不包括被安装设备本身价值。

(3)设备工具器具购置：指报告期内购置或自制的，达到固定资产标准的设备、工具、器具的价值。新建单位及扩建单位的新建车间，按照设计或计划要求购置或自制的全部设备、工具、器具，不论是否达到固定资产标准均计入“设备工具器具购置”中。

(4)其他费用：指在固定资产建造和购置过程中发生的，除建筑安装工程和设备、工器具购置投资完成额以外的应当分摊计入固定资产投资的费用，不指经营中财务上的其他费用。

房地产开发投资 指房地产开发企业本年完成的全部用于房屋建设工程、土地开发工程的投资额以及公益性建筑和土地购置费等的投资。

房屋施工面积 指房地产开发企业本年施工的全部房屋建筑面积。包括本年新开工的房屋建筑面积、上年跨入本年继续施工的房屋建筑面积、上年停缓建在本年恢复施工的房屋建筑面积、本年竣工的房屋建筑面积以及本年施工后又停缓建的房屋建筑面积。多层建筑应填各层建筑面积之和。

房屋竣工面积 指房地产开发企业本年按照设计要求已全部完工，达到住人和使用条件，经验收鉴定合格或达到竣工验收标准，可正式移交使用的各栋房屋建筑面积的总和。

商品房销售面积 指房地产开发企业本年出售商品房屋的合同总面积(即双方签署的正式买卖合同中所确定的建筑面积)。

商品房销售额 指房地产开发企业本年出售商品房屋的合同总价款(即双方签署的正式买卖合同中所确定的合同总价)。该指标与商品房销售面积同口径。

Explanatory Notes on Main Statistical Indicators

Total Investment in Fixed Assets in the Whole Country refers to the volume of activities in construction and purchases of fixed assets of the whole country and related fees, expressed in monetary terms during the reference period. It is a comprehensive indicator which shows the size, structure and growth of the investment in fixed assets. Total investment in fixed assets in the whole country includes, by type of ownership, the investment by State-owned units, collective-owned units, joint ownership units, share-holding units, private units, individuals as well as investments by entrepreneurs from HongKong, Macao and Taiwan, foreign investors and others.

Investment in Fixed Assets (Excluding Rural Households) refers to the investment in construction projects with a total planned investment of 5 million yuan and over by enterprises of various ownership, institutions, administrative units and urban self-employed individuals, and the investment in real estate development in both urban and rural areas. Since 2011, it covers the urban investment in fixed assets under the previous statistical coverage plus project investments by rural enterprises and institutions.

Actual Funds in Place for Investment refers to all kinds of monetary funds used for fixed assets investment.It includes state budget, domestic loans, foreign investment, self-raised funds, and other funds.

Fund from the State Budget State budget consists of general budget, government fund budget, operation budget of state-owned assets and social security fund budget. Funds for investment in fixed assets from various budgets are reported as fund from the state budget, of which, the general budget utilized on fixed assets investment includes investment on infrastructure construction, vehicle purchase tax, post-disaster restoration and reconstruction funds and other financial investment. Government bonds at all levels should also be included.

Domestic Loans refer to loans of various forms borrowed by investing units from banks and non-bank financial institutions during the reference period for the purpose of investment in fixed assets, including loans issued by banks from their self-owned funds and deposit, loans appropriated by higher responsible authorities, special loans by government (including loan for substituting petroleum with coal, special loans for reform-through-labour coal mines), loans arranged by local government from special funds, domestic reserve loan, and revolving loan, etc.

Foreign Investment refers to overseas (including foreign countries, Hongkong, Macao and Taiwan) funds received during the reference period (covering equipment, materials and technology), including foreign borrowings (loans from foreign governments and international financial institutions, export credit, commercial loans from foreign banks, issue of bonds and stocks overseas), foreign direct investment and other foreign investments (Including compensation trade, processing and assembly, equipment price provided by foreign investors, International Lease and Reinvestment funds of foreign investment income). Excluded from this category is capital in foreign exchanges owned by China (foreign exchanges owned by the central and local governments, foreign exchanges retained by enterprises, foreign exchanges by enterprises through the regulating mechanism, loans in foreign exchanges issued by the Bank of China with its own fund, etc.). In calculating the utilization of foreign capital, foreign currencies are converted into Chinese Renminbi applying the exchange rate (central parity rate) at the end of the reference period.

Self-raised Funds refer to funds raised during the reporting period for project construction and purchase, including self owned funds, shareholders' investment funds and borrowed funds, excluded financial funds, funds borrowed from financial institutions and overseas funds.

Other Funds refer to funds for investment in fixed assets received from sources other than those listed above, including funds raised from individuals and through donations, and funds transferred from other units.

Investment in Fixed Assets by Sector refers to the classification of investment by the nature of social economic activities the investing units are engaged in. The classification of construction projects by sector is determined by the major products or the purpose of the projects when they are put into production or use, and by the nature of their social economic activities, instead of being determined by industrial classification of the project enterprises. The project will be classified according to major product if there are several kinds of products yielded. In general, one project can only be classified into one sector.

Investment in Fixed Assets by Jurisdiction of Management refers to the classification of investment by the competent authorities under which investment is made by construction units, enterprises, institutions or administrative units.

1) Central investment refers to the investment in projects or by enterprises, institutions or administrative units which are under the direct leadership and management of the State Council and of the national commissions, ministries, agencies and State-owned large corporations. Various ministries and departments of the State Council prepare and implement plans through unified organization or lower-level commissions, which include departments direct under central government (i.e. survey offices at all level of the National Bureau of Statistics) and enterprises and institutions directly under central government (like the Industrial and Commercial Bank of China, China Telecom and China National Petroleum Corporation).

2) Local investment refers to the investment in projects or by enterprises, institutions or administrative units which are under the direct leadership and management of competent departments and governments at the level of province (autonomous

regions and municipalities directly under the Central Government), prefecture (prefectures, cities and leagues) and county (districts, cities and banners). Also included are projects by foreign-invested enterprises and enterprises without competent managing authorities.

Investment in Fixed Assets by Type of Construction Construction projects in general can be classified, by the type of construction, into new construction, expansion, reconstruction and technical transformation, purely construction of living facilities, moving, restoration and purely purchasing. However, investment by type of construction is not applied to investment by rural households.

1) New construction in general refers to construction projects, which start from scratch. The existing projects invested by enterprises, institutions and administrative agencies cannot be classified as new construction. In case the size of the existing unit is quite small, and the value of newly added fixed assets is more than three times of the original value, the expansion will be considered as new construction.

2) Expansion refers to projects of construction of new production workshop, branch factory or independent production line within a factory or in other locations, for the purpose of increasing the production capacity (or improving efficiency) or adding new production capacity. Newly constructed accommodation for the operation of institutions and administrative organizations (such as newly constructed buildings for teaching in schools, buildings for clinics or wards in hospitals, etc.) are also classified as expansion.

Also included in expansion are investments by existing enterprises or institutions in building major production lines or branch factories along with some work on innovation, for the purpose of expanding the production capacity of original products or producing new products.

3) Reconstruction and technical transformation refers to construction projects by existing enterprises or institutions in innovation or technical transformation of the old facilities (including auxiliary production equipment and welfare facilities). Also considered as reconstruction is the construction of new workshops by the existing enterprises or institutions to change the variety of products to meet the market demand (such as the production of civil products by defence industries), or to bring the designed production capacity into full play through a more balanced production process on production lines. Technical transformation refers to replacement of old technology or equipment by new technology or equipment, in order to expand the reproduction through improvement of technology contents in production, to improve product quality, to promote new products, to save energy, to reduce consumption, to expand the production scale and to improve overall social-economic efficiency. Contents of technical transformation include: updating of machinery, equipment and tools; reforming production process by using energy or materials saving technology; construction of factory workshops and transformation of public facilities; treatment transformation of "three wastes" (waste gas, waste water and industrial residue) aiming at environmental protection; improvement of working conditions and environment, etc.

Investment in Fixed Assets by Structure

1) Construction refers to the construction of houses and buildings. This part of investment can only be achieved through construction activities, it is the major component of the total investment in fixed assets.

2) Installation refers to the installation of various kinds of equipment and instruments.

The value of equipment installed itself is not included in the value of installation projects.

3) Purchase of equipment and instruments refers to the total value of equipment, tools, and instruments purchased or self-produced which come up to the cut-off point for fixed assets during the reference period. Equipment, tools and instruments purchased or self-produced for new workshops by newly established or expanded units are categorized as "purchase of equipment and instruments" no matter whether they come up to the cut-off point for fixed assets.

4) Other expenses refer to expenses arising during the construction or purchase of fixed assets other than those expenses on construction, installation and purchase of equipment and instruments. Other financial expenses arising in operation are not included.

Investment in Real Estate Development refers to the investment made by real estate development companies in the construction of housing, development of land, nonprofit buildings and value of land purchased.

Floor Space of Buildings under Construction refers to the total space area of the buildings under construction in the year by real estate development companies. It includes buildings started in the year, continued from the previous year, suspended in earlier years but restarted in the year, completed in the year, and started in the year but suspended in the year as well. The floor space of a multi-storied building should be the sum of floor space of all the stories.

Floor Space of Buildings Completed refers to the total floor space area of each building completed in the year by real estate development enterprises, which meet the requirements as designed, up to the standard for being resided in and put into use, has been checked and accepted by departments concerned as qualified or up to the standard of buildings completed and can be handed over for putting into use.

Floor Space of Commercial Buildings Sold refers to total contracted area of commercial buildings (i.e. area of floor space as designated in the formal contracts signed by both sides) sold by real estate development enterprises in the year.

Sales of Commercial Buildings refers to the total contracted value (i.e. the total contract price as designated in the formal contracts signed by both sides) received from the sales of the buildings by real estate development enterprises in the year. This indicator has the same statistical coverage as the area of commercial buildings sold.

06 能 源
Chapter 6 Energy

6-1 综合能源平衡表
Overall Energy Balance Sheet

单位：万吨标准煤 (10 000 tons SCE)

项　目	Item	2017	2018	2019	2020	2021
可供消费的能源总量	**Total Energy Available for Consumption**	**19229.0**	**19916.2**	**20790.6**	**21185.9**	**22569.4**
一次能源生产总量	Primary Energy Output	19294.0	19172.0	20143.9	20433.1	21565.0
外省(区、市)调入量	Imports from Other Provinces	7809.2	8493.5	8753.1	8889.7	10588.2
进口量	Imports					
境内飞机和轮船在境外加油量	The Refill of petroleum by Domestic Airplanes and Ships Abroad	14.2	19.3	26.1	11.9	8.3
本省(区、市)调出量(−)	Exports from Sichuan(-)	7754.3	7557.7	8121.0	8263.4	9530.6
出口量(−)	Exports(-)					
境外飞机和轮船在境内加油量(−)	The Refill of petroleum by Oversea Airplanes and Ships domestically(-)	19.2	15.9	15.0	4.6	3.2
年初年末库存差额	Stock Changes in the Year	-115.0	-195.0	3.6	119.3	-58.2
年初库存量	Stock (year-beginning)	472.7	587.7	779.0	761.2	619.9
年末库存量(−)	Stock (year-end)(-)	587.7	782.7	775.4	642.0	678.1
能源消费总量	**Total Energy Consumption**	**19229.0**	**19916.2**	**20790.6**	**21185.9**	**22569.4**
在总量中：	Consumption by Sector					
1.农、林、牧、渔业	1.Agriculture, Forestry, Animal Husbandry and Fishery	347.3	360.7	365.9	369.5	394.7
2.工业	2.Industry	11924.5	12053.0	12614.4	12892.7	13740.4
3.建筑业	3.Construction	594.3	631.0	653.3	643.9	696.6
4.交通运输、仓储和邮政业	4.Transport, Storage and Post	1753.4	1813.4	1909.4	1814.7	1898.9
5.批发和零售业、住宿和餐饮业	5.Wholesale and Retail Trades, Hotels and Catering Services	812.8	891.8	926.1	894.2	976.0
6.其他	6.Other	977.6	1093.5	1126.9	1200.5	1384.7
7.居民生活	7.Household Consumption	2819.1	3072.7	3194.6	3370.4	3478.1
在总量中：	Consumption by Usage					
1.终端消费	1.Final Consumption	18197.3	19142.7	19995.2	20350.1	21607.8
#工业	Industry	10943.2	11333.4	11876.0	12063.3	12795.2
2.加工转换损失量	2.Losses in Processing and Transformation	393.9	80.8	101.5	58.7	103.9
火力发电	Thermal Power Generation					
供热	Heating	92.7	102.3	88.6	81.4	93.8
洗煤	Coal Washing and Dressing	421.2	258.6	288.5	193.3	175.7
炼焦	Coking	44.9	53.9	81.6	62.3	48.2
炼油	Petroleum Refining	366.2	270.9	341.6	367.9	416.0
制气	Gas Production			12.9	15.4	15.5
天然气液化	Natural Gas Liquefying	20.5	23.5	16.1	18.2	14.6
煤制品	Coal Products Processing	10.2	3.4	2.0	1.0	0.4
回收能(−)	Recovery of Energy(-)	-561.7	-631.8	-729.8	-680.9	-660.3
3.损失量	3.Other Losses	637.8	692.6	693.8	777.2	857.8
平衡差额	**Balance**					

注：本表按等价值计算。
a) Data in this table are calculated at equal value.

6-2 能源生产量和构成
Total Production of Energy and Composition

单位：万吨标准煤、% (10 000 tons SCE , %)

项 目	Item	2017	2018	2019	2020	2021
一次能源生产量	**Primary Energy Output**					
标准量(当量值)	Standard Volume(Heat Value Equivalent)	12729.2	12344.3	13135.3	12928.3	13706.4
构成(按当量值计算)	Composition(Calculated on the Basic of Heat Value Equivalent)	100.0	100.0	100.0	100.0	100.0
标准量(电力等价值)	Standard Volume(Equal Electricity Value)	19294.0	19172.0	20143.9	20433.1	21565.0
构成(按等价值计算)	Composition(Calculated on the Basic of Equal Electricity Value)	100.0	100.0	100.0	100.0	100.0
原煤	**Coal**					
实物量(万吨)	Physical Volume(10 000 tons)	4798.5	3736.2	3396.6	2240.3	1952.6
标准量(当量值)	Standard Volume(Heat Value Equivalent)	3828.4	2944.7	2637.2	1744.5	1459.5
构成(按当量值计算)	Composition(Calculated on the Basic of Heat Value Equivalent)	30.1	23.9	20.1	13.5	10.6
标准量(电力等价值)	Standard Volume(Equal Electricity Value)	3828.4	2944.7	2637.2	1744.5	1459.5
构成(按等价值计算)	Composition(Calculated on the Basic of Equal Electricity Value)	19.8	15.4	13.1	8.5	6.8
原油	**Crude Oil**					
实物量(万吨)	Physical Volume(10 000 tons)	8.7	8.1	8.4	7.9	9.2
标准量(当量值)	Standard Volume(Heat Value Equivalent)	12.4	11.6	12.0	11.2	13.2
构成(按当量值计算)	Composition(Calculated on the Basic of Heat Value Equivalent)	0.1	0.1	0.1	0.1	0.1
标准量(电力等价值)	Standard Volume(Equal Electricity Value)	12.4	11.6	12.0	11.2	13.2
构成(按等价值计算)	Composition(Calculated on the Basic of Equal Electricity Value)	0.1	0.1	0.1	0.1	0.1
天然气	**Natural Gas**					
实物量(亿立方米)	Physical Volume(100 million cu.m)	344.5	369.8	441.4	463.3	522.2
标准量(当量值)	Standard Volume(Heat Value Equivalent)	4581.3	4918.7	5870.0	6162.4	6912.2
构成(按当量值计算)	Composition(Calculated on the Basic of Heat Value Equivalent)	36.0	39.8	44.7	47.7	50.4
标准量(电力等价值)	Standard Volume(Equal Electricity Value)	4581.3	4918.7	5870.0	6162.4	6912.2
构成(按等价值计算)	Composition(Calculated on the Basic of Equal Electricity Value)	23.7	25.7	29.1	30.2	32.1
一次电力	**Primary Electricity**					
实物量(亿千瓦小时)	Physical Volume(100 million kwh)	3215.5	3326.2	3415.4	3654.6	3863.5
标准量(当量值)	Standard Volume(Heat Value Equivalent)	3951.9	4087.9	4197.5	4491.5	4748.3
构成(按当量值计算)	Composition(Calculated on the Basic of Heat Value Equivalent)	31.0	33.1	32.0	34.7	34.6
标准量(电力等价值)	Standard Volume(Equal Electricity Value)	10516.8	10915.6	11206.1	11996.3	12606.8
构成(按等价值计算)	Composition(Calculated on the Basic of Equal Electricity Value)	54.5	56.9	55.6	58.7	58.5
其他能源	**Other Energy**					
实物量(万吨标准煤)	Physical Volume(10 000 tons SCE)	355.1	381.4	418.7	518.6	573.3
标准量(当量值)	Standard Volume(Heat Value Equivalent)	355.1	381.4	418.7	518.6	573.3
构成(按当量值计算)	Composition(Calculated on the Basic of Heat Value Equivalent)	2.8	3.1	3.2	4.0	4.2
标准量(电力等价值)	Standard Volume(Equal Electricity Value)	355.1	381.4	418.7	518.6	573.3
构成(按等价值计算)	Composition(Calculated on the Basic of Equal Electricity Value)	1.8	2.0	2.1	2.5	2.7

6-3 能源消费量和构成
Total Consumption of Energy and Composition

单位：万吨标准煤、% (10 000 tons SCE , %)

项 目	Item	2017	2018	2019	2020	2021
能源消费总量	**Total Energy Consumption**					
标准量(当量值)	Standard Volume(Heat Value Equivalent)	15448.7	15759.8	16382.2	16355.0	17241.3
构成(按当量值计算)	Composition(Calculated on the Basic of Heat Value Equivalent)	100.0	100.0	100.0	100.0	100.0
标准量(电力等价值)	Standard Volume(Equal Electricity Value)	19229.0	19916.2	20790.6	21185.9	22569.4
构成(按等价值计算)	Composition(Calculated on the Basic of Equal Electricity Value)	100.0	100.0	100.0	100.0	100.0
煤品燃料	**Coal Products Fuel**					
标准量(当量值)	Standard Volume(Heat Value Equivalent)	6085.1	5865.3	5886.1	5728.9	5846.0
构成(按当量值计算)	Composition(Calculated on the Basic of Heat Value Equivalent)	39.4	37.2	35.9	35.0	33.9
标准量(电力等价值)	Standard Volume(Equal Electricity Value)	6085.1	5865.3	5886.1	5728.9	5846.0
构成(按等价值计算)	Composition(Calculated on the Basic of Equal Electricity Value)	31.6	29.5	28.3	27.0	25.9
油品燃料	**Oil Fuel**					
标准量(当量值)	Standard Volume(Heat Value Equivalent)	3711.6	3680.7	3881.8	3729.6	3840.3
构成(按当量值计算)	Composition(Calculated on the Basic of Heat Value Equivalent)	24.0	23.4	23.7	22.8	22.3
标准量(电力等价值)	Standard Volume(Equal Electricity Value)	3711.6	3680.7	3881.8	3729.6	3840.3
构成(按等价值计算)	Composition(Calculated on the Basic of Equal Electricity Value)	19.3	18.5	18.7	17.6	17.0
天然气	**Natural Gas**					
标准量(当量值)	Standard Volume(Heat Value Equivalent)	2876.3	3152.2	3387.7	3486.6	3767.4
构成(按当量值计算)	Composition(Calculated on the Basic of Heat Value Equivalent)	18.6	20.0	20.7	21.3	21.9
标准量(电力等价值)	Standard Volume(Equal Electricity Value)	2876.3	3152.2	3387.7	3486.6	3767.4
构成(按等价值计算)	Composition(Calculated on the Basic of Equal Electricity Value)	15.0	15.8	16.3	16.5	16.7
一次电力	**Primary Electricity**					
标准量(当量值)	Standard Volume(Heat Value Equivalent)	3951.9	4087.9	4197.5	4491.5	4748.3
构成(按当量值计算)	Composition(Calculated on the Basic of Heat Value Equivalent)	25.6	25.9	25.6	27.5	27.5
标准量(电力等价值)	Standard Volume(Equal Electricity Value)	10516.8	10915.6	11206.1	11996.3	12606.8
构成(按等价值计算)	Composition(Calculated on the Basic of Equal Electricity Value)	54.7	54.8	53.9	56.6	55.9
电力净调入(+)、调出(－)量	**Net Amount of Electricity Transferred in (+) and out(-)**					
标准量(当量值)	Standard Volume(Heat Value Equivalent)	-1676.3	-1599.4	-1557.3	-1600.3	-1528.9
构成(按当量值计算)	Composition(Calculated on the Basic of Heat Value Equivalent)	-10.9	-10.1	-9.5	-9.8	-8.9
标准量(电力等价值)	Standard Volume(Equal Electricity Value)	-4460.9	-4270.7	-4157.5	-4274.1	-4059.4
构成(按等价值计算)	Composition(Calculated on the Basic of Equal Electricity Value)	-23.2	-21.4	-20.0	-20.2	-18.0
其他能源	**Other Energy**					
标准量(当量值)	Standard Volume(Heat Value Equivalent)	500.2	573.1	586.3	518.6	568.2
构成(按当量值计算)	Composition(Calculated on the Basic of Heat Value Equivalent)	3.2	3.6	3.6	3.2	3.3
标准量(电力等价值)	Standard Volume(Equal Electricity Value)	500.2	573.1	586.3	518.6	568.2
构成(按等价值计算)	Composition(Calculated on the Basic of Equal Electricity Value)	2.6	2.9	2.8	2.4	2.5

6-4 主要能源库存量和周转天数
Stock and Revolving Days of Major Energy

单位：万吨、天 (10 000 tons, day)

项 目	Item	2017	2018	2019	2020	2021
煤炭	**Coal**					
年末库存量	Stock (year-end)	515.4	608.6	695.1	492.2	600.5
消费量	Consumption	7815.4	7495.8	7713.5	7501.6	7796.1
库存周转天数	Revolving Days of Stock	24.1	29.6	32.9	23.9	28.1
原煤	**Raw Coal**					
年末库存量	Stock (year-end)	347.6	426.1	495.3	367.4	485.2
消费量	Consumption	8419.2	8167.4	8320.0	7754.0	7675.8
库存周转天数	Revolving Days of Stock	15.1	19.0	21.7	17.3	23.1
洗精煤	**Coal Washed and Dressed**					
年末库存量	Stock (year-end)	111.7	140.0	160.8	97.5	76.3
消费量	Consumption	1535.0	1580.5	1570.9	1504.7	1511.7
库存周转天数	Revolving Days of Stock	26.6	32.3	37.4	23.6	18.4
其他洗煤	**Other Washed Coal**					
年末库存量	Stock (year-end)	48.2	37.7	38.5	25.5	37.4
消费量	Consumption	546.6	457.6	367.9	405.0	429.4
库存周转天数	Revolving Days of Stock	32.2	30.0	38.2	23.0	31.8
焦炭	**Coke**					
年末库存量	Stock (year-end)	34.6	32.4	33.1	44.3	43.7
消费量	Consumption	1127.1	1165.9	1302.7	1215.7	1188.6
库存周转天数	Revolving Days of Stock	11.2	10.1	9.3	13.3	13.4
石油	**Petroleum**					
年末库存量	Stock (year-end)	111.0	192.6	142.8	159.4	159.2
消费量	Consumption	2579.7	2549.0	2689.1	2584.3	2660.1
库存周转天数	Revolving Days of Stock	15.7	27.6	19.4	22.5	21.8
原油	**Crude Oil**					
年末库存量	Stock (year-end)	45.8	74.3	49.3	51.8	53.3
消费量	Consumption	956.4	719.8	1010.2	955.2	1024.8
库存周转天数	Revolving Days of Stock	17.5	37.7	17.8	19.8	19.0
汽油	**Gasoline**					
年末库存量	Stock (year-end)	24.6	72.9	39.4	44.8	38.9
消费量	Consumption	828.1	874.1	917.0	897.2	934.8
库存周转天数	Revolving Days of Stock	10.8	30.4	15.7	18.2	15.2
煤油	**Kerosene**					
年末库存量	Stock (year-end)	1.9	1.4	9.2	9.7	12.6
消费量	Consumption	205.9	209.5	214.2	160.1	169.3
库存周转天数	Revolving Days of Stock	3.3	2.4	15.7	22.2	27.2
柴油	**Diesel Oil**					
年末库存量	Stock (year-end)	25.1	28.4	27.9	36.7	35.5
消费量	Consumption	888.5	902.1	912.9	898.7	925.7
库存周转天数	Revolving Days of Stock	10.3	11.5	11.2	14.9	14.0
燃料油	**Fuel Oil**					
年末库存量	Stock (year-end)	1.9	2.2	2.0	1.2	1.5
消费量	Consumption	65.5	33.3	50.1	40.6	52.4
库存周转天数	Revolving Days of Stock	10.4	24.1	14.3	10.5	10.3

6–5 能源加工转换情况
Statistics of Energy Conversion

单位：万吨标准煤、% (10 000 tons SCE , %)

项 目	Item	2017	2018	2019	2020	2021
合计	**Total**					
投入量	Input	7167.1	6848.3	7409.9	7053.2	7416.6
产出量	Output	5489.7	5243.4	5578.1	5201.0	5311.6
转换损失量	Losses in Conversion	1677.4	1604.9	1831.7	1852.2	2105.0
转换效率	Conversion Efficiency	76.6	76.6	75.3	73.7	71.6
火力发电	**Thermal Power Generation**					
投入量	Input	1156.4	1426.5	1599.6	1732.0	2175.8
产出量	Output	434.5	534.2	599.2	648.5	819.5
转换损失量	Losses in Conversion	721.9	892.3	1000.5	1083.5	1356.3
转换效率	Conversion Efficiency	37.6	37.4	37.5	37.4	37.7
供热	**Heating**					
投入量	Input	251.6	266.6	284.5	342.4	351.1
产出量	Output	158.9	164.2	195.9	260.9	257.3
转换损失量	Losses in Conversion	92.7	102.3	88.6	81.4	93.8
转换效率	Conversion Efficiency	63.2	61.6	68.9	76.2	73.3
煤炭洗选	**Coal Washing and Dressing**					
投入量	Input	2503.9	2400.2	2260.0	1767.9	1656.7
产出量	Output	2082.7	2141.7	1971.5	1574.6	1481.1
转换损失量	Losses in Conversion	421.2	258.6	288.5	193.3	175.7
转换效率	Conversion Efficiency	83.2	89.2	87.2	89.1	89.4
炼焦	**Coking**					
投入量	Input	1381.5	1459.1	1476.8	1408.6	1360.5
产出量	Output	1336.6	1405.2	1395.2	1346.3	1312.4
转换损失量	Losses in Conversion	44.9	53.9	81.6	62.3	48.2
转换效率	Conversion Efficiency	96.8	96.3	94.5	95.6	96.5
炼油及煤制油	**Petroleum Refineries and Coal-to-liquids**					
投入量	Input	1663.1	1092.2	1506.2	1485.7	1571.9
产出量	Output	1296.9	821.4	1164.6	1088.7	1171.3
转换损失量	Losses in Conversion	366.2	270.9	341.6	397.0	400.6
转换效率	Conversion Efficiency	78.0	75.2	77.3	73.3	74.5

6-6 煤炭平衡表
Coal Balance Sheet

单位：万吨 (10 000 tons)

项 目	Item	2017	2018	2019	2020	2021
可供量	**Total Energy Available for Consumption**	**7815.4**	**7495.8**	**7713.5**	**7501.6**	**7796.1**
生产量	Output	4798.5	3736.2	3396.6	2240.3	1952.6
外省(区、市)调入量	Imports from Other Provinces	4948.6	5504.2	5915.6	6422.6	7036.4
进口量	Imports					
本省(区、市)调出量(-)	Exports from Sichuan(-)	1828.5	1651.4	1512.3	1364.3	1084.5
出口量(-)	Exports(-)					
年初年末库存差额	Stock Changes in the Year	-103.2	-93.3	-86.5	202.9	-108.3
年初库存量	Stock (year-beginning)	412.1	515.4	608.6	695.1	492.2
年末库存量(-)	Stock (year-end)(-)	515.4	608.6	695.1	492.2	600.5
消费量	**Total Energy Consumption**	**7815.4**	**7495.8**	**7713.5**	**7501.6**	**7796.1**
在总量中：	Consumption by Sector					
1.农、林、牧、渔业	1.Agriculture, Forestry, Animal Husbandry and Fishery	50.1	45.8	46.7	57.8	56.5
2.工业	2.Industry	7564.3	7287.9	7555.2	7345.7	7646.3
3.建筑业	3.Construction	25.6	10.4	10.7	11.5	9.1
4.交通运输、仓储和邮政业	4.Transport, Storage and Post	4.2	4.2	2.3	0.1	0.1
5.批发和零售业、住宿和餐饮业	5.Wholesale and Retail Trades, Hotels and Catering Services	35.1	26.3	15.7	10.2	10.2
6.其他	6.Other	29.4	19.4	10.7	8.6	8.6
7.居民生活	7.Household Consumption	106.8	101.7	72.1	67.8	65.4
在总量中：	Consumption by Usage					
1.终端消费	1.Final Consumption	4367.8	3934.8	3573.9	3208.3	3061.0
#工业	Industry	4116.7	3727.0	3415.6	3052.4	2911.2
2.中间消费(加工转换)	2. Intermediate Consumption (for processing conversion)	3447.6	3560.9	4139.5	4293.3	4735.1
#火力发电	Thermal Power Generation	1017.4	1216.4	1691.0	1712.4	2237.8
供热	Heating	213.2	231.3	292.7	383.6	336.6
洗选损耗	Losses in Coal Washing and Dressing	684.9	496.5	516.8	631.4	648.6
炼焦	Coking	1535.0	1619.4	1637.7	1565.1	1511.7
炼油及煤制油	Petroleum Refineries and Coal-to-liquids					
制气	Gas Production					
型煤加工损耗	Coal Products Processing Losses	-3.0	-2.7	1.4	0.8	0.3
3.损失量	3.Other Losses					
平衡差额	**Balance**					

注：生产量为原煤产量。
a) Data on output refer to the output of raw coal.

6-7 石油平衡表
Petroleum Balance Sheet

单位：万吨 (10 000 tons)

项 目	Item	2017	2018	2019	2020	2021
可供量	**Total Energy Available for Consumption**	**2579.7**	**2549.0**	**2689.1**	**2584.3**	**2660.1**
生产量	Output	8.7	8.1	8.4	7.9	9.2
外省(区、市)调入量	Imports from Other Provinces	2590.4	2620.1	2624.9	2588.1	3262.0
进口量	Imports					
境内飞机和轮船在境外加油量	The Refill of petroleum by Domestic Airplanes and Ships Abroad	9.8	13.1	17.7	8.1	5.6
本省(区、市)调出量(–)	Exports from Sichuan(-)			1.5		614.9
出口量(–)	Exports(-)					
境外飞机和轮船在境内加油量(–)	The Refill of petroleum by Oversea Airplanes and Ships domestically(-)	13.1	10.8	10.2	3.2	2.2
年初年末库存差额	Stock Changes in the Year	-16.1	-81.6	49.8	-16.7	0.2
年初库存量	Stock (year-beginning)	94.9	111.0	192.6	142.8	159.4
年末库存量(–)	Stock (year-end)(-)	111.0	192.6	142.8	159.4	159.2
消费量	**Total Energy Consumption**	**2579.7**	**2549.0**	**2689.1**	**2584.3**	**2660.1**
在总量中：	Consumption by Sector					
1.农、林、牧、渔业	1.Agriculture, Forestry, Animal Husbandry and Fishery	93.3	99.7	106.5	112.0	110.5
2.工业	2.Industry	540.4	441.2	511.7	500.7	536.3
3.建筑业	3.Construction	302.3	321.9	320.5	321.8	323.0
4.交通运输、仓储和邮政业	4.Transport, Storage and Post	901.6	905.8	946.0	887.9	924.8
5.批发和零售业、住宿和餐饮业	5.Wholesale and Retail Trades, Hotels and Catering Services	164.8	169.9	174.2	152.2	122.0
6.其他	6.Other	175.7	184.9	165.3	140.4	157.8
7.居民生活	7.Household Consumption	401.7	425.7	465.0	469.4	485.7
在总量中：	Consumption by Usage					
1.终端消费	1.Final Consumption	2285.5	2321.9	2401.9	2305.1	2355.3
#工业	Industry	246.2	214.1	224.5	221.5	231.5
2.中间消费(加工转换)	2. Intermediate Consumption (for processing conversion)	294.2	227.1	287.2	279.2	304.7
火力发电	Thermal Power Generation	2.0	3.3	4.0	3.1	2.1
供热	Heating	10.4	16.6	21.0	17.9	16.6
炼油损耗	Losses in Petroleum Refining	281.7	207.2	262.1	258.2	286.0
制气	Gas Production					
3.损失量	3.Other Losses					
平衡差额	**Balance**					

注：生产量为原油产量。
a) Data on output refer to the output of crude oil.

6-8 天然气平衡表
Natural Gas Balance Sheet

单位：亿立方米 (100 million cu.m)

项 目	Item	2017	2018	2019	2020	2021
可供量	**Total Energy Available for Consumption**	**216.3**	**237.0**	**254.4**	**261.8**	**285.4**
生产量	Output	344.5	369.8	441.4	463.3	522.2
外省(区、市)调入量	Imports from Other Provinces	0.3			0.4	0.2
进口量	Imports					
境内飞机和轮船在境外加油量	The Refill of petroleum by Domestic Airplanes and Ships Abroad					
本省(区、市)调出量(–)	Exports from Sichuan(-)	128.1	132.8	187.0	202.0	237.1
出口量(–)	Exports(-)					
境外飞机和轮船在境内加油量(–)	The Refill of petroleum by Oversea Airplanes and Ships domestically(-)					
年初年末库存差额	Stock Changes in the Year	-0.4			0.1	
年初库存量	Stock (year-beginning)		0.4	0.4	0.4	0.3
年末库存量(–)	Stock (year-end)(-)	0.4	0.4	0.4	0.3	0.3
消费量	**Total Energy Consumption**	**216.3**	**237.0**	**254.4**	**261.8**	**285.4**
在总量中：	Consumption by Sector					
1.农、林、牧、渔业	1.Agriculture, Forestry, Animal Husbandry and Fishery	1.3	1.0	0.7	0.9	1.4
2.工业	2.Industry	133.9	146.3	162.6	169.2	189.5
3.建筑业	3.Construction	1.0	1.0	0.2	0.2	0.3
4.交通运输、仓储和邮政业	4.Transport, Storage and Post	18.3	19.9	19.9	18.8	18.5
5.批发和零售业、住宿和餐饮业	5.Wholesale and Retail Trades, Hotels and Catering Services	11.0	12.6	12.6	11.6	12.1
6.其他	6.Other	7.1	7.5	7.4	6.9	7.4
7.居民生活	7.Household Consumption	43.7	48.8	51.1	54.3	56.2
在总量中：	Consumption by Usage					
1.终端消费	1.Final Consumption	205.5	224.5	239.3	242.1	261.2
#工业	Industry	126.9	137.8	151.8	150.0	166.2
2.中间消费(加工转换)	2. Intermediate Consumption (for processing conversion)	7.0	8.5	10.8	13.7	15.9
火力发电	Thermal Power Generation	2.9	4.0	5.2	4.8	6.6
供热	Heating	3.1	3.2	4.1	3.9	4.7
制气	Gas Production				3.3	2.9
天然气液化	Liquefied Natural Gas	1.1	1.2	1.6	1.6	1.7
3.损失量	3.Other Losses	3.8	4.0	4.3	6.0	8.4
平衡差额	**Balance**					

6-9 电力平衡表
Electricity Balance Sheet

单位：亿千瓦小时 (100 million kwh)

项 目	Item	2017	2018	2019	2020	2021
可供量	**Total Energy Available for Consumption**	**2205.2**	**2459.5**	**2635.8**	**2880.2**	**3286.3**
生产量	Output	3569.1	3760.8	3902.9	4182.3	4530.3
火电	Thermal Power	353.6	434.7	487.5	527.7	666.8
水电、核电、风电及其它	Hydropower, Nuclear Power and Other Power	3215.5	3326.2	3415.4	3654.6	3863.5
外省(区、市)调入量	Imports from Other Provinces	65.2	104.5	116.0	123.0	172.3
进口量	Imports					
本省(区、市)调出量(-)	Exports from Sichuan(-)	1429.2	1405.8	1383.1	1425.1	1416.3
出口量(-)	Exports(-)					
消费量	**Total Energy Consumption**	**2205.2**	**2459.5**	**2635.8**	**2880.2**	**3286.3**
在总量中：	Consumption by Sector					
1.农、林、牧、渔业	1.Agriculture, Forestry, Animal Husbandry and Fishery	15.5	16.5	18.6	22.1	29.8
2.工业	2.Industry	1377.1	1527.4	1635.8	1776.9	2032.0
3.建筑业	3.Construction	41.1	48.9	54.8	56.3	71.9
4.交通运输、仓储和邮政业	4.Transport, Storage and Post	48.2	58.3	64.7	69.3	84.7
5.批发和零售业、住宿和餐饮业	5.Wholesale and Retail Trades, Hotels and Catering Services	118.0	129.9	143.5	148.7	187.9
6.其他	6.Other	182.7	212.2	234.7	270.9	319.2
7.居民生活	7.Household Consumption	422.6	466.4	483.7	536.0	560.7
在总量中：	Consumption by Usage					
1.终端消费	1.Final Consumption	2025.6	2264.8	2441.7	2668.0	3059.0
#工业	Industry	1197.5	1332.7	1441.7	1564.7	1804.7
2. 输配电损失量	2.Losses in Transmission and Distribution	179.6	194.6	194.1	212.2	227.3
平衡差额	**Balance**					

6-10 各市(州)单位地区生产总值能耗上升或下降(等价值)
Increase or Decrease of Energy Consumption of Gross Domestic Product per Unit Area by Region (Equivalent value)

单位：% (%)

市(州)	Region	2011	2012	2013	2014	2015	2016	2017	2018	2019	2020	2021
全　省	**Sichuan**	**-4.23**	**-7.18**	**-4.92**	**-4.64**	**-7.25**	**-5.00**	**-5.13**	**-4.08**	**-2.76**	**-1.79**	**-1.57**
成都市	Chengdu	-4.23	-7.20	-4.72	2.10	-3.89	-2.66	-3.21	-5.79	-1.04	-2.37	-1.20
自贡市	Zigong	-4.00	-7.32	-5.42	-6.55	-10.34	-3.11	-4.50	-5.50	-5.49	-2.16	-3.14
攀枝花市	Panzhihua	-4.35	-5.00	-3.30	-8.43	-10.17	-9.76	-10.26	-7.44	-4.88	-2.15	-2.95
泸州市	Luzhou	-3.60	-6.24	-4.25	-4.00	-6.98	-3.94	-3.61	-3.63	-3.96	-3.21	-3.69
德阳市	Deyang	-4.25	-7.10	-5.05	-2.30	-7.78	-6.22	-8.07	-4.87	-3.08	-0.77	-1.47
绵阳市	Mianyang	-3.92	-7.12	-5.24	-5.75	-9.25	-8.42	-5.61	-3.72	-1.52	-0.53	-0.74
广元市	Guangyuan	-3.22	-5.10	-5.39	-6.69	-3.82	-5.09	-3.74	-4.51	-6.50	25.64	12.11
遂宁市	Suining	-3.25	-7.19	-4.24	-5.83	-9.56	-6.52	-8.00	-8.66	-0.82	-0.17	-0.74
内江市	Neijiang	-4.29	-6.47	-3.06	-5.81	-7.95	-4.82	-3.85	-3.09	-5.49	-3.60	-3.69
乐山市	Leshan	-3.87	-7.30	-5.01	-6.59	-8.36	-4.66	-6.51	-4.38	-2.65	-2.52	1.48
南充市	Nanchong	-3.65	-4.72	-4.58	-4.22	-5.54	-4.05	-4.73	-5.94	-5.37	-5.07	-3.43
眉山市	Meishan	-4.70	-6.58	-5.13	-6.97	-10.69	-8.91	-4.15	-5.28	-3.07	-0.59	-2.68
宜宾市	Yibin	0.50	-2.54	-4.19	-5.65	-9.80	-4.21	-5.67	-3.10	-3.90	-2.33	-2.66
广安市	Guangan	-4.45	-7.19	-4.41	-3.87	-7.74	-5.43	-4.15	-3.48	-1.24	-3.72	-4.07
达州市	Dazhou	-3.63	-7.10	-4.68	-6.89	-6.03	-12.04	0.10	-4.31	-4.63	-4.23	-3.60
雅安市	Yaan	-3.40	-6.62	-3.42	-3.15	-6.18	-4.02	-10.10	-2.22	-1.44	-1.07	-1.94
巴中市	Bazhong	-2.10	-2.47	-2.86	-5.14	-1.90	0.36	-5.10	-2.54	-4.45	-1.20	-5.13
资阳市	Ziyang	-3.80	-7.19	-4.82	-5.21	-7.92	-5.50	-7.68	-4.12	-5.40	-0.24	-2.04
阿坝藏族羌族自治州	Aba	5.00	-3.98	-5.29	6.95	-4.80	0.10	-3.60	-6.16	-2.50	-5.32	-0.56
甘孜藏族自治州	Ganzi	-2.12	-2.42	-3.93	-2.55	0.51	0.65	-5.33	-3.69	-1.22	-2.23	-4.39
凉山彝族自治州	Liangshan	-4.38	-6.67	5.52	-6.73	-4.38	0.53	-5.27	0.18	-0.25	-4.31	-3.36

注：地区生产总值按可比价格计算。
a) GDP is calculated at comparable prices.

6−11 各市(州)规模以上工业单位增加值能耗上升或下降(当量值)
Increase or Decrease of Energy Consumption of Industrial Value Added per Unit Area by Region(Heat Value Equivalent)

单位：%　　(%)

市(州)	Region	2011	2012	2013	2014	2015	2016	2017	2018	2019	2020	2021
全　省	**Sichuan**	**-7.78**	**-12.28**	**-6.78**	**-8.03**	**-12.05**	**-8.44**	**-7.15**	**-7.27**	**-3.32**	**-4.02**	**-2.37**
成都市	Chengdu	-8.87	-14.82	-13.25	13.82	-7.79	-7.31	-6.97	-15.43	4.78	-3.40	-1.26
自贡市	Zigong	-9.60	-14.57	-10.81	-27.85	-21.07	-8.33	-8.53	-16.05	-18.63	-10.83	-4.98
攀枝花市	Panzhihua	-9.65	-9.21	-6.23	-12.93	-16.19	-11.68	-11.71	-7.91	-7.48	-3.67	-3.91
泸州市	Luzhou	-9.55	-8.93	-8.90	-6.00	-13.99	-8.59	-5.11	-4.99	-4.68	-2.17	-5.80
德阳市	Deyang	-11.68	-13.78	-10.79	-11.25	-13.78	-13.36	-10.98	-9.49	-5.73	-1.52	-1.63
绵阳市	Mianyang	-7.83	-13.81	-11.62	-7.20	-19.86	-16.56	-6.71	-4.04	0.27	2.67	4.40
广元市	Guangyuan	-4.35	-6.12	-8.13	-11.92	-4.74	-9.91	-4.62	-6.99	-9.47	18.33	8.64
遂宁市	Suining	-7.00	-11.75	-8.11	-10.93	-16.88	-12.69	-12.08	-18.46	0.06	2.88	-1.90
内江市	Neijiang	-10.45	-12.54	-5.12	-10.49	-14.53	-6.70	-5.33	-4.60	-7.09	-8.57	-6.92
乐山市	Leshan	-8.59	-13.38	-8.70	-7.94	-9.22	-5.77	-8.68	-7.47	-4.03	-4.18	-3.17
南充市	Nanchong	-11.05	-9.27	-7.84	-10.81	-7.16	-6.52	-7.51	-7.74	-7.56	-6.86	-3.87
眉山市	Meishan	-12.12	-11.26	-10.45	-11.89	-21.11	-15.15	-6.83	-10.80	-8.43	-4.04	-6.35
宜宾市	Yibin	9.72	-1.77	-8.52	-9.09	-20.18	-6.44	-11.25	-5.34	-9.76	-5.13	0.00
广安市	Guangan	-12.28	-15.62	-12.27	-6.72	-17.14	-14.27	-7.79	-1.49	1.98	-6.80	-0.36
达州市	Dazhou	-8.81	-12.40	-7.81	-11.19	-6.71	-21.79	2.24	-7.44	-5.88	-6.72	-5.37
雅安市	Yaan	-7.33	-14.11	-7.16	-6.06	-9.05	-5.03	-17.64	-4.70	-4.25	-2.58	-4.28
巴中市	Bazhong	-3.25	-6.30	-7.69	-23.43	-1.78	4.12	-23.11	-5.28	-6.28	-10.10	-24.13
资阳市	Ziyang	-8.59	-13.95	-9.15	-10.92	-8.42	-11.67	-16.99	-20.28	-17.49	-1.07	9.83
阿坝藏族羌族自治州	Aba	29.28	-8.26	-14.09	8.76	-5.15	0.21	-3.41	-7.17	-1.17	-8.02	0.93
甘孜藏族自治州	Ganzi	-9.34	-19.00	-6.55	-8.09	2.06	10.37	-23.42	-5.70	-6.42	-9.29	-23.89
凉山彝族自治州	Liangshan	-11.23	-14.10	9.79	-12.81	-1.49	4.14	-5.89	7.22	6.29	-10.05	-6.75

注：规模以上工业增加值按可比价格计算。
a) Industrial Value Added above designated size is calculated at comparable prices.

6–12 能源生产和能源消费弹性系数
Elasticity Coefficient of Energy Production and Consumption

项　目		Item		2017	2018	2019	2020	2021
能源生产		**Energy Production**						
能源生产比上年增长	(%)	Growth Rate of Primary Energy Production over Preceding Year	(%)	1.9	-0.6	5.1	1.4	5.5
电力生产比上年增长	(%)	Growth Rate of Electricity Production over Preceding Year	(%)	5.9	5.4	3.8	7.2	8.3
地区生产总值比上年增长	(%)	Growth Rate of Gross Regional Product over Preceding Year	(%)	8.1	8.0	7.4	3.8	8.2
能源生产弹性系数		Elasticity Ratio of Energy Production		0.23		0.69	0.37	0.68
电力生产弹性系数		Elasticity Ratio of Electricity Production		0.73	0.67	0.51	1.89	1.01
能源消费		**Energy Consumption**						
能源消费比上年增长	(%)	Growth Rate of Energy Consumption over Preceding Year	(%)	2.5	3.6	4.4	1.9	6.5
电力消费比上年增长	(%)	Growth Rate of Electricity Consumption over Preceding Year	(%)	5.0	11.5	7.2	9.3	14.1
地区生产总值比上年增长	(%)	Growth Rate of Gross Regional Product over Preceding Year	(%)	8.1	8.0	7.4	3.8	8.2
能源消费弹性系数		Elasticity Ratio of Energy Consumption		0.31	0.45	0.59	0.50	0.79
电力消费弹性系数		Elasticity Ratio of Electricity Consumption		0.62	1.45	0.97	2.45	1.72

注：地区生产总值增长速度按可比价格计算；能源生产和消费增长速度采用等价值总量计算。
a) Gross regional product growth rate is calculated at constant price; Energy production and consumption growth rate is calculated at total equal value.

主要统计指标解释

一次能源生产总量 指一定时期内，全省一次能源生产量的总和。该指标是观察全省能源生产水平、规模、构成和发展速度的总量指标。包括：原煤、原油、天然气、水电、核能及其他动力能（如风能、地热能等）发电量等，不包括低热值燃料生产量和由一次能源加工转换而成的二次能源产量。

能源消费总量 指一定地域内，国民经济各行业和居民家庭在一定时期内消费的各种能源的总和。包括：原煤、原油、天然气、水能、核能、风能、太阳能、地热能、生物质能等一次能源；一次能源通过加工转换产生的洗煤、焦炭、煤气、电力、热力、成品油等二次能源和同时产生的其他产品；其他化石能源、可再生能源和新能源。其中水能、风能、太阳能、地热能、生物质能等可再生能源，是指人们通过一定技术手段获得的，并作为商品能源使用的部分。在核算过程中，一次能源、二次能源消费不能重复计算。

能源消费总量分为终端能源消费量、能源加工转换损失量和能源损失量三部分。

(1)终端能源消费量：指一定时期内，用于消费（而非用于加工转换产出其他能源）的各种能源之和。

(2)能源加工转换损失量：指一定时期内，全省投入加工转换的各种能源数量之和与产出各种能源产品之和的差额。该指标是观察能源在加工转换过程中损失量变化的指标。

(3)能源损失量：指一定时期内，能源在输送、分配、储存过程中发生的损失和由客观原因造成的各种损失量，不包括各种气体能源放空、放散量。

单位地区生产总值能耗 指一定时期内，一个地区每生产一个单位的地区生产总值所消费的能源。计算公式为：

$$单位地区生产总值能耗=\frac{能源消费总量}{地区生产总值}$$

能源生产弹性系数 是研究能源生产增长速度与国民经济增长速度之间关系的指标。计算公式为：

$$能源生产弹性系数=\frac{能源生产量年平均增长速度}{国民经济年平均增长速度}$$

国民经济年平均增长速度，可根据不同的目的或需要，用国民生产总值、国内生产总值等指标来计算，本年鉴是采用国内生产总值指标计算。

电力生产弹性系数 是研究电力生产增长速度与国民经济增长速度之间关系的指标。计算公式为：

$$电力生产弹性系数=\frac{电力生产量年平均增长速度}{国民经济年平均增长速度}$$

能源消费弹性系数 反映能源消费增长速度与国民经济增长速度之间关系的指标。计算公式为：

$$能源消费弹性系数=\frac{能源消费量年平均增长速度}{国民经济年平均增长速度}$$

电力消费弹性系数 反映电力消费增长速度与国民经济增长速度之间关系的指标。计算公式为：

$$电力消费弹性系数=\frac{电力消费量年平均增长速度}{国民经济年平均增长速度}$$

Explanatory Notes on Main Statistical Indicators

Total Primary Energy Production refers to the total production of primary energy in a given period of time. It is a comprehensive indicator to show the level, scale, composition and growth of energy production of the country. It includes that of coal, crude oil, natural gas, hydropower and electricity generated by nuclear energy and other means such as wind power and geothermal power, etc. However, it does not include the production of fuels of low calorific value and secondary energy converted from primary energy.

Total Energy Consumption refers to the total consumption of energy of various kinds by the production sectors of the economy and the households in a given period of time. It includes primary energy such as coal, crude oil, natural gas, hydropower, nuclear power, wind power, solar power, geothermal power and bio-energy; the secondary energy and their products which are transformed from the primary energy such as washed coal, coke, coal gas, electricity, heating, and petroleum products; and other kinds of fossil energy, renewable energy and new energy. The renewable energy refers to the part of renewable energy that is attained with some given technical means and used for commercial purposes, including hydropower, wind power, solar power, geothermal power and bio-energy. In the process of accounting, there should be no double or multiple counting between and primary and the secondary accounting. Total energy consumption can be divided into three parts: final energy consumption; loss during the process of energy transformation; and other losses.

1) Final Energy Consumption: It refers to the consumption of various kinds of energy in a given period of time, not involving the energy consumed for transformation.

2) Losses During the Process of Energy Transformation: It refers to the total input of various kinds of energy for transformation, minus the total output of various kinds of energy products in a given period of time. It is an indicator to show the losses that occurs during the process of energy transformation.

3) Other Losses: It refers to the total of the losses of energy during the course of energy transport, distribution and storage and the losses caused by any objective reason in a given period of time. The losses of various kinds of gas due to gas discharges and stocktaking is not included.

Energy Consumption per Unit of GDP refers to the energy consumption per unit of Gross Regional Product in a region in the same reference period. The formula is:

$$\text{Energy Consumption per Unit of GDP} = \frac{\text{Total Energy Consumption}}{\text{Gross Regional Product}}$$

Elasticity Ratio of Energy Production is an indicator to show the relationship between the growth rate of energy production and the growth rate of the national economy. The formula is:

$$\text{Elasticity Ratio of Energy Production} = \frac{\text{Average Annual Growth Rate of Energy Production}}{\text{Average Annual Growth Rate of National Economy}}$$

The average annual growth rate of the national economy can be measured by indicators such as the gross national product or the gross domestic product, depending on the purposes or needs. The gross domestic product has been used in the calculation of the ratio in the Yearbook.

Elasticity Ratio of Electricity Production is an indicator to show the relationship between the growth rate of electricity production and the growth rate of the national economy. The formula is:

$$\text{Elasticity Ratio of Electricity Production} = \frac{\text{Average Annual Growth Rate of Electricity Production}}{\text{Average Annual Growth Rate of National Economy}}$$

Elasticity Ratio of Energy Consumption is an indicator to show the relationship between the growth rate of energy consumption and the growth rate of the national economy. The formula is:

$$\text{Elasticity Ratio of Energy Consumption} = \frac{\text{Average Annual Growth Rate of Energy Consumption}}{\text{Average Annual Growth Rate of National Economy}}$$

Elasticity Ratio of Electricity Consumption is an indicator to show the relationship between the growth rate of electricity consumption and the growth rate of the national economy. The formula is:

$$\text{Elasticity Ratio of Electricity Consumption} = \frac{\text{Average Annual Growth Rate of Electricity Consumption}}{\text{Average Annual Growth Rate of National Economy}}$$

07 资源和环境

Chapter 7 Resources and Environment

7-1 主要城市平均气温(2021年)
Monthly Average Temperature of Major Cities(2021)

单位：摄氏度 (℃)

城 市	City	1月 Jan.	2月 Feb.	3月 Mar.	4月 Apr.	5月 May	6月 June	7月 July	8月 Aug.	9月 Sept.	10月 Oct.	11月 Nov.	12月 Dec.	年平均 Annual Average
成都市	Chengdu	5.3	11.3	13.8	16.4	21.2	23.9	26.6	25.2	23.5	16.8	10.7	7.9	16.9
自贡市	Zigong	7.5	13.8	16.5	18.6	22.9	25.6	28.6	27.2	25.2	18.4	12.3	10.0	18.9
攀枝花市	Panzhihua	13.3	17.1	22.5	25.9	28.3	27.4	25.8	25.4	24.6	22.0	16.6	14.5	22.0
泸州市	Luzhou	7.0	13.6	16.1	17.8	22.3	25.2	28.1	26.9	25.2	18.0	11.9	9.6	18.5
德阳市	Deyang	5.8	11.6	14.3	16.8	21.8	24.4	27.0	25.7	23.1	16.6	10.3	7.5	17.1
绵阳市	Mianyang	6.5	12.5	14.9	17.2	22.5	24.9	27.6	26.2	23.5	16.8	10.9	8.3	17.7
广元市	Guangyuan	5.3	10.8	13.7	16.2	22.2	24.0	26.6	25.3	22.3	15.3	9.1	6.3	16.4
遂宁市	Suining	6.4	12.4	15.1	17.3	21.9	24.9	27.5	26.6	24.0	17.4	11.0	8.5	17.8
内江市	Neijiang	6.7	12.9	15.9	18.0	22.3	25.0	27.9	26.9	24.8	17.9	11.5	9.0	18.2
乐山市	Leshan	7.3	14.0	16.0	18.0	22.3	25.3	28.1	26.4	24.9	17.9	12.3	9.8	18.5
南充市	Nanchong	6.5	12.5	14.9	16.7	21.8	24.7	27.3	26.6	24.3	17.5	10.9	8.3	17.7
眉山市	Meishan	6.6	13.1	15.4	17.6	22.0	24.8	27.5	25.9	24.2	17.3	11.7	9.1	17.9
宜宾市	Yibin	6.8	13.4	15.5	17.3	21.8	24.3	27.2	25.8	24.2	17.2	11.5	9.3	17.9
广安市	Guangan	6.2	12.2	14.4	16.8	21.4	24.7	27.2	26.8	25.1	18.0	10.8	8.3	17.7
达州市	Dazhou	6.7	12.4	14.5	17.1	22.2	25.5	28.0	27.4	25.1	18.6	10.9	8.5	18.1
雅安市	Yaan	6.3	12.7	14.4	16.4	21.2	24.2	26.7	24.9	23.2	16.4	11.3	8.6	17.2
巴中市	Bazhong	5.2	11.0	13.4	15.6	21.0	23.6	26.2	25.3	22.8	16.3	9.1	6.6	16.3
资阳市	Ziyang	6.8	12.9	15.8	18.0	22.5	24.9	27.7	26.5	24.2	17.5	11.5	9.1	18.1
马尔康市	Maerkang	0.5	4.4	8.1	11.7	13.0	16.5	17.0	16.8	14.1	11.9	3.9	0.3	9.9
康定市	Kangding	-2.5	2.9	6.1	8.5	11.1	14.3	16.6	15.9	14.6	9.0	2.5	0.0	8.3
西昌市	Xichang	8.4	13.8	18.5	21.9	22.8	23.1	23.8	23.8	22.3	19.5	13.1	11.4	18.5

注：气象资料由四川省气象局提供。
a) The meteorological data are provided by the Sichuan Provincial Meteorological Bureau.

7-2 主要城市降水量(2021年)
Monthly Precipitation of Major Cities(2021)

单位：毫米 (millimeters)

城市	City	1月 Jan.	2月 Feb.	3月 Mar.	4月 Apr.	5月 May	6月 June	7月 July	8月 Aug.	9月 Sept.	10月 Oct.	11月 Nov.	12月 Dec.	全年 Annual Total
成都市	Chengdu	2.7	17.6	48.8	58.0	53.8	48.2	130.6	309.2	138.6	90.6	15.1	5.1	918.3
自贡市	Zigong	25.1	5.4	17.4	24.0	149.0	141.7	131.8	380.7	271.5	38.0	27.6	11.0	1223.2
攀枝花市	Panzhihua	0.4	0.8	0.0	4.3	4.6	186.0	222.1	107.1	109.8	32.3	1.0	0.3	668.7
泸州市	Luzhou	49.5	5.0	26.5	62.4	45.9	62.9	104.9	159.0	87.4	111.9	63.9	37.7	817.0
德阳市	Deyang	1.8	13.5	15.6	66.7	49.2	74.3	160.5	273.6	264.0	127.3	9.9	4.3	1060.7
绵阳市	Mianyang	0.4	10.8	7.1	50.8	31.9	89.4	215.5	353.6	285.0	188.8	6.3	4.1	1243.7
广元市	Guangyuan	1.2	12.1	16.4	44.8	17.0	285.0	236.6	150.5	423.0	275.3	16.0	7.2	1485.1
遂宁市	Suining	14.7	17.2	13.9	34.7	47.1	68.7	243.2	387.3	213.7	59.8	16.5	13.0	1129.8
内江市	Neijiang	20.1	7.7	16.3	29.8	101.3	264.5	135.7	345.2	222.8	52.3	29.3	21.3	1246.3
乐山市	Leshan	17.5	6.2	24.6	75.3	117.8	57.1	280.6	353.2	142.6	48.7	22.5	20.3	1166.4
南充市	Nanchong	25.2	6.3	18.0	71.3	73.6	292.6	236.8	270.2	186.4	58.4	11.3	12.7	1262.8
眉山市	Meishan	8.7	5.2	10.8	49.2	97.5	49.0	176.2	197.0	186.1	39.7	21.2	14.9	855.5
宜宾市	Yibin	45.3	16.3	23.7	57.1	84.8	199.6	160.5	290.3	189.3	75.6	42.1	21.7	1206.3
广安市	Guangan	18.4	22.1	40.0	73.6	123.8	115.5	218.3	334.2	317.9	181.5	29.6	11.7	1486.6
达州市	Dazhou	14.8	19.4	61.9	115.4	67.7	162.9	313.1	460.9	199.3	174.4	37.4	10.9	1638.1
雅安市	Yaan	21.8	31.2	50.6	115.9	230.4	111.8	283.3	675.5	380.4	120.2	39.6	24.2	2084.9
巴中市	Bazhong	7.9	26.6	31.4	101.1	95.2	201.4	332.5	302.3	450.2	137.5	14.6	15.9	1716.6
资阳市	Ziyang	12.8	8.6	5.3	26.5	71.5	113.3	251.6	210.7	224.3	44.5	22.3	13.7	1005.1
马尔康市	Maerkang	5.6	2.1	30.3	25.3	106.5	208.0	111.7	161.2	106.3	70.7	4.3	0.0	832.0
康定市	Kangding	2.8	13.7	39.5	15.8	163.8	142.9	88.7	192.6	64.3	70.8	22.6	7.2	824.7
西昌市	Xichang	6.2	4.8	3.0	5.7	11.8	263.6	168.4	258.8	194.1	28.5	20.1	1.4	966.4

7-3 主要城市平均相对湿度(2021年)
Average Relative Humidity of Major Cities(2021)

单位：% (%)

城 市	City	1月 Jan.	2月 Feb.	3月 Mar.	4月 Apr.	5月 May	6月 June	7月 July	8月 Aug.	9月 Sept.	10月 Oct.	11月 Nov.	12月 Dec.	年平均 Annual Average
成都市	Chengdu	76	75	78	81	77	78	80	81	83	87	83	81	80
自贡市	Zigong	82	77	73	80	78	80	82	83	87	87	80	78	81
攀枝花市	Panzhihua	53	41	29	30	36	58	71	73	70	69	60	62	54
泸州市	Luzhou	83	77	74	81	77	77	77	79	80	87	87	86	80
德阳市	Deyang	73	72	75	78	75	76	81	82	86	87	84	80	79
绵阳市	Mianyang	64	61	68	72	68	71	76	76	81	81	78	75	73
广元市	Guangyuan	57	65	66	71	62	73	78	75	83	83	79	74	72
遂宁市	Suining	79	75	71	78	75	75	80	79	84	86	84	82	79
内江市	Neijiang	82	77	73	79	77	79	82	81	84	88	86	84	81
乐山市	Leshan	83	75	77	84	80	74	76	79	80	86	82	81	80
南充市	Nanchong	80	75	73	83	77	80	83	81	84	86	85	84	81
眉山市	Meishan	76	71	72	77	76	75	78	81	81	87	82	81	78
宜宾市	Yibin	87	79	79	88	83	82	84	86	87	94	88	85	85
广安市	Guangan	83	78	78	84	83	81	83	81	82	88	89	88	83
达州市	Dazhou	76	71	74	79	76	75	78	77	79	81	86	79	78
雅安市	Yaan	79	75	79	85	77	74	76	80	82	90	83	82	80
巴中市	Bazhong	68	71	73	79	73	78	82	81	84	87	87	82	79
资阳市	Ziyang	81	76	71	77	76	79	82	78	82	84	85	82	79
马尔康市	Maerkang	44	43	54	50	69	79	78	81	81	78	59	49	64
康定市	Kangding	64	65	68	72	78	81	79	79	79	84	77	75	75
西昌市	Xichang	55	44	35	37	48	67	70	69	69	66	60	62	57

7-4 林业发展情况
Conditions of Development of Forestry

指 标		Item		2021
森林资源覆盖率	**(%)**	**Forest Coverage Rate**	**(%)**	**40.23**
森林面积	(万公顷)	Forest Area	(10 000 hectares)	1955.36
森林蓄积量	(亿立方米)	Stock Volume of Forest	(100 million cu.m)	19.44
林业生产情况		**Basic Situation of Forestry Production**		
人工造林面积	(万公顷)	Manual Planting Area	(10 000 hectares)	6.12
本年新增封山育林面积	(万公顷)	Newly Sealed for Forest Breeding in the Year Area	(10 000 hectares)	11.18
育苗面积	(万公顷)	Area of Breeding	(10 000 hectares)	1.26
林产品产量		**Output of Forest Products**		
木材产量	(万立方米)	Timber	(10 000 cu.m)	302.65
大径竹产量	(万根)	Large diameter Bamboo	(10 000 sticks)	23008.38
锯材产量	(万立方米)	Sawed Lumber	(10 000 cu.m)	203.65
人造板产量	(万立方米)	Man-made Board	(10 000 cu.m)	652.73
油茶籽产量	(吨)	Tea-oil Seeds	(ton)	28402
竹笋干产量	(吨)	Dried Bamboo Shoot	(ton)	103501
核桃产量	(吨)	Walnuts	(ton)	888524
森林药材产量	(吨)	Forest Medicinal Materials	(ton)	327768
栗产量	(吨)	Chestnuts	(ton)	62147
国有林区保护单位个数，国有苗圃、国有林场情况		**State-owned Forestry Protection Units, Nurseries and Centers**		
国有林区保护单位个数	(个)	Number of State-owned Forestry Protection Units	(unit)	90
国有苗圃个数	(个)	Number of State-owned Forestry Nurseries	(unit)	151
国有苗圃经营面积	(公顷)	Working Area of State-owned Forestry Nursery	(hectare)	796
国有林场个数	(个)	Number of State-owned Forestry Centers	(unit)	159
国有林场经营面积	(万公顷)	Working Area of State-owned Forestry Centers	(10 000 hectares)	300.6
林业草原系统从业人员和劳动报酬		**Employed Persons and Remuneration in Forestry System**		
单位数	(个)	Number of Units	(unit)	1787
#行政事业单位个数	(个)	Number of Administrative Institutions	(unit)	1559
年末人数	(万人)	Staff and Workers year-end	(10 000 persons)	3.60
#行政事业单位人数	(万人)	Number of Employees in Administrative Institutions	(10 000 persons)	2.00
在岗职工年工资总额	(万元)	Total Wages of Fully Employed Staff and Workers	(10 000 yuan)	291846
在岗职工年平均工资	(元)	Average Wage of Fully Employed Staff and Workers	(yuan)	84970

注：本表数据由四川省林业和草原局提供。

a) Data in this table are provided by the bureau of Forestry and Grassland of Sichuan Province.

7–5 森林火灾情况
Forest Fires

年份 Year	森林火灾次数 (次) Forest Fires (time)	森林火警 Fire Alarm	一般火灾 Ordinary Fires	较大火灾 Major Fires	重大火灾 Severe Fires	特大火灾 Especially Severe Fires	火场总面积 (公顷) Total Area of Fires (hectare)	受害森林面积 (公顷) Destructed Forest Area (hectare)	火灾受害率 (‰) Rate of fire victimization (‰)
2000	125	114	11				850.0	67.0	0.01
2001	248	226	22				3209.0	385.0	0.03
2002	185	159	26				1567.0	340.0	0.03
2003	378	302	76				5919.2	826.8	0.07
2004	169	151	18				1330.2	176.5	0.02
2005	252	202	46		4		6818.1	2256.5	0.18
2006	511	463	48				3109.0	453.1	0.03
2007	458	414	44				2076.6	455.4	0.04
2008	233	202	31				4481.0	389.0	0.03
2009	310		247	56	7		5730.9	2577.2	0.02
2010	361		301	58	2		4594.7	1241.5	0.09
2011	309		245	64			3449.5	551.1	0.03
2012	486		394	92			3082.3	815.2	0.05
2013	447		370	77			2673.6	811.2	0.05
2014	442		365	77			4713.1	765.7	0.05
2015	220		183	37			1407.5	303.0	0.02
2016	263		230	33			1206.9	217.2	0.01
2017	171		152	18	1		1610.9	1014.9	0.07
2018	229		201	26	2		3589.5	1540.2	0.10
2019	138		105	31	1	1	2476.5	661.1	0.03
2020	111		88	20	3		5177.6	1452.7	0.08
2021	22		13	9			1736.4	239.2	0.01

注：从2009年起，根据《森林火灾管理条例》规定，森林火灾分类为“一般森林火灾、较大森林火灾、重大森林火灾和特别重大森林火灾”，取消了原“森林火警”指标。根据《全国森林防火规划(2016-2025年)》，自2016年起“火灾损失率”变为“火灾受害率”，但其计算方法不变。

a) According to the "Forest Fire Regulations ",forest fires are classified as "ordinary forest fires, major forest fires, severe forest fires and especially severe fires," and the original "fire alarm" was abolished since 2009. According to the National Forest Fire Prevention Plan (2016-2025), the "rate of fire loss" has changed to the "rate of fire victimization" since 2016, but its calculation method remains unchanged.

7-6 林业有害生物防治情况
Prevention of Forest Biological Disasters

年份 Year	发生面积 (万公顷) Area of Occurrence (10 000 hectares)	防治面积 (万公顷) Area of Prevention (10 000 hectares)	成灾面积 (公顷) Area Covered by Natural Disaster (hectare)	测报准确率 (%) Forecasting Accurate Rate (%)	无公害防治率 (%) Pollution Prevention and Control Rate (%)	种苗产地检疫率 (%) Seeding Origin Quarantine Rate (%)
2000	61.48	57.19	183	94.7	93.0	98.2
2001	62.64	58.58	199	95.2	93.5	98.3
2002	73.93	62.52	390	95.5	84.6	99.7
2003	70.93	66.87	362	95.5	94.3	98.3
2004	71.01	68.02	754	96.5	95.8	96.0
2005	69.45	57.81	1220	90.5	83.3	99.8
2006	76.17	65.62	3065	93.3	81.7	99.8
2007	79.87	58.34	9000	90.8	73.0	99.8
2008	72.81	58.89	287	94.4	68.1	99.8
2009	77.59	61.57	227	93.4	79.4	100.0
2010	71.55	57.33	340	90.7	80.1	100.0
2011	69.87	55.42	513	94.7	93.3	100.0
2012	72.76	62.47	1415	98.4	98.3	99.5
2013	76.60	52.87	728	100.0	98.5	99.9
2014	73.21	52.09	1512	98.6	89.9	96.0
2015	71.60	50.67	3867	97.7	98.5	99.4
2016	69.90	49.90	4001	97.6	97.5	100.0
2017	68.14	45.34	6067	95.5	96.0	100.0
2018	69.13	56.20	4920	98.3	97.8	100.0
2019	68.29	46.99	940	97.6	95.4	100.0
2020	66.76	49.09	1220	98.1	93.6	100.0
2021	62.40	45.40	64473	93.2	96.6	100.0

注：根据国家林业和草原局规定，从2011年起，将“森林病虫害”改为“林业有害生物”、“监测率”改为“测报准确率”、“防治率”改为“无公害防治率”、“检疫率”改为“种苗产地检疫率”。

a) In accordance with the provisions of Nationa Forestry and Grassland Administration, since 2011, change indicator" forest insect and disease " to " forestry pest control", change indicator "monitoring rate" to "forecast accuracy", change the "prevention rate" to "pollution prevention and control rate", change the "quarantine rate" to "seeding origin quarantine rate".

7-7 主要矿产资源量
Major Mineral Resources

项 目		Item		2021
煤炭	(亿吨)	Coal	(100 million tons)	135.57
铁矿	(矿石，亿吨)	Iron	(Ore, 100 million tons)	103.25
锰矿	(矿石，万吨)	Manganese	(Ore, 10 000 tons)	4593.41
钛矿	(钛铁矿TiO_2，万吨)	Titanium	(Ilmenite TiO_2, 10 000 tons)	71472.40
钒矿	(V_2O_5，万吨)	Vanadium	(V_2O_5, 10 000 tons)	1978.24
铜矿	(铜，万吨)	Copper	(Metal, 10 000 tons)	397.05
铅矿	(铅，万吨)	Lead	(Metal, 10 000 tons)	426.84
锌矿	(锌，万吨)	Zinc	(Metal, 10 000 tons)	624.32
镁矿	(矿石，万吨)	Magnesium	(Dolomite Ore, 10 000 tons)	2758.60
金矿	(金，吨)	Gold	(Metal, ton)	470.35
银矿	(银，吨)	Silver	(Metal, ton)	4470.52
锂矿	(Li_2O，万吨)	Lithium	(Li_2O, 10 000 tons)	352.79
石墨	(晶质石墨，万吨)	Graphite Mineral (Crystal)	(Crystalline graphite, 10 000 tons)	4821.14
硫铁矿	(矿石，万吨)	Pyrite Ore	(Ore, 10 000 tons)	177034.36
石棉	(石棉，万吨)	Asbestos	(Asbestos, 10 000 tons)	1500.76
石榴子石	(矿石，万吨)	Garnet	(Ore, 10 000 tons)	1411.99
芒硝	(矿石，万吨)	Mirabilite	(Ore, 10 000 tons)	1592026.28
石膏	(矿石，万吨)	Gypsum	(Ore, 10 000 tons)	62646.05
菱镁矿	(矿石，万吨)	Magnesite Ore	(Ore, 10 000 tons)	844.43
熔剂用灰岩	(矿石，亿吨)	Grey Rock Used as Flux	(Ore, 100 million tons)	10.04
水泥用灰岩	(矿石，万吨)	Grey Rock Used as Cement	(Ore, 10 000 tons)	777782.50
冶金用白云岩	(矿石，亿吨)	Dolomite Ore for Metallurgy Use	(Ore, 100 million tons)	1.09
冶金用石英岩	(矿石，万吨)	Quartzite for Metallurgy Use	(Ore, 10 000 tons)	5176.03
玻璃用砂岩	(矿石，万吨)	Sandstone Used as Glass	(Ore, 10 000 tons)	5858.12
水泥配料用砂岩	(矿石，万吨)	Sandstone Used as Cement Burden	(Ore, 10 000 tons)	9491.61
砖瓦用砂岩	(矿石，万立方米)	Sandstone Used as Brick	(Ore, 10 000 cu.m)	1215.98
铸型用砂岩	(矿石，万吨)	Sandstone Used as Casting Mould	(Ore, 10 000 tons)	270.00
玻璃用脉石英	(矿石，万吨)	Quartzite Gangue Used as Glass	(Ore, 10 000 tons)	1822.33
硅藻土	(矿石，万吨)	Diatomaceous Earth	(Ore, 10 000 tons)	1554.79
高岭土	(矿石，万吨)	Kaolin Ore	(Ore, 10 000 tons)	735.16
耐火粘土	(矿石，万吨)	Refractory Clay	(Ore, 10 000 tons)	4029.00
水泥配料用粘土	(矿石，万吨)	Clay Used as Casting Mould	(Ore, 10 000 tons)	4233.23
水泥配料用泥岩	(矿石，万吨)	Mudstone Used as Casting Mould	(Ore, 10 000 tons)	5778.58
化肥用蛇纹岩	(矿石，万吨)	Serpentine Used as Chemistry Fertilizer	(Ore, 10 000 tons)	5963.10
饰面用花岗岩	(矿石，万立方米)	Granite Used for Decorations	(Ore, 10 000 cu.m)	11400.86
霞石正长岩	(矿石，万吨)	Nepheline Syenite	(Ore, 10 000 tons)	1037.50
饰面用大理岩	(矿石，万立方米)	Marble Used for Decorations	(Ore, 10 000 cu.m)	14127.12
盐矿	(矿石，万吨)	Sodium Salt NaCl	(Ore, 10 000 tons)	1495165.86
磷矿	(矿石，万吨)	Phosphorus Ore	(Ore, 10 000 tons)	315089.66

注：主要矿产资源量由四川省自然资源厅提供。
a) Data of major mineral resources are provided by the Sichuan Provincial Department of Land and Resources.

7-8 “三废”排放及处理利用情况
Discharge, Treatment and Utilization of Waste Water, Waste Gas and Solid Wastes by Industry

单位：万吨 (10 000 tons)

指标	Item	2018	2019	2020
废水排放总量	Total Wastewater Discharged	255325.29	263459.54	425941.23
工业废水排放量	Industrial Wastewater Discharged	43461.09	46619.26	43739.49
城镇生活污水排放量	Urban Living Wastewater Discharged	211864.20	216840.28	381725.63
集中式治理设施污水排放量	Centralized Management Facilities of Sewage Discharged			476.11
化学需氧量(COD)排放量	Total Emission of Chemical Oxygen Demand(COD)	32.63	32.94	130.46
工业废水中COD排放量	COD Emissions from Industrial Wastewater	4.14	3.88	2.57
农业COD排放量	Agricultural COD Emissions	0.06	0.05	49.07
城镇生活污水中COD排放量	COD Emissions in Urban Sewage	28.34	28.96	78.79
集中式治理设施COD排放量	COD Emissions from Centralized Management Facilities	0.09	0.05	0.02
氨氮排放量	Ammonia Nitrogen Emissions	3.37	3.39	8.02
工业废水中氨氮排放量	Ammonia Nitrogen Emissions from Industrial Wastewater	0.19	0.17	0.13
农业氨氮排放量	Agricultural Ammonia Nitrogen Emissions			0.78
生活污水中氨氮排放量	Ammonia Nitrogen Emissions from Domestic Sewage	3.16	3.22	7.10
集中式治理设施氨氮排放量	Ammonia Nitrogen Emissions from Centralized Management Facilities	0.02	0.01	
二氧化硫(SO_2)排放量	Sulphur Dioxide (SO_2) Emissions	19.17	18.82	16.31
工业SO_2排放量	Industrial SO_2 Emissions	17.90	17.61	12.50
城镇生活SO_2排放量	Urban Living SO_2 Emissions	1.26	1.20	3.81
集中式治理设施SO_2排放量	SO_2 Emissions from Centralized Management Facilities	0.01	0.01	
氮氧化物排放量	Nitrogen Oxide Emissions	49.00	48.40	40.45
工业氮氧化物排放量	Industrial Nitrogen Oxide Emissions	21.94	21.66	16.30
城镇生活氮氧化物排放量	Nitrogen Oxide Emissions in Urban Life	1.38	1.44	2.00
机动车氮氧化物排放量	Motor Vehicle Emissions of Nitrogen Oxides	25.65	25.27	22.12
集中式治理设施氮氧化物排放量	Nitrogen Oxide Emissions from Centralized Management Facilities	0.03	0.03	0.02
颗粒物排放量	Smoke and Dust Emissions	34.64	34.57	22.40
工业颗粒物排放量	Industrial Smoke and Dust Emissions	32.22	32.25	16.12
城镇生活颗粒物排放量	Urban Living Smoke and Dust Emissions	2.08	2.02	5.98
机动车颗粒物排放量	Motor Vehicle Emissions of Smoke and Dust	0.32	0.28	0.30
集中式治理设施烟尘排放量	Smoke and Dust Emissions from Centralized Management Facilities	0.01	0.03	
一般工业固体废物产生量	Common Industrial Solid Wastes Generation	16708.30	18721.77	14902.59
一般工业固体废物综合利用量	Common Industrial Solid Wastes Comprehensively Utilized	6804.50	7631.63	5656.48
#综合利用往年贮存量	Previous Storage	220.75	283.28	288.11
一般工业固体废物综合利用率 (%)	Ratio of Common Industrial Solid Wastes Comprehensively Utilized (%)	40.19	40.16	37.24
一般工业固体废物处置量	Common Industrial Solid Wastes Disposed	1737.18	2231.34	2562.29
#处置往年贮存量	Previous Storage	90.60	12.75	87.08
一般工业固体废物处置率 (%)	Ratio of Common Industrial Solid Wastes Disposed (%)	10.34	11.91	17.09
一般工业固体废物贮存量	Ratio of Common Industrial Solid Wastes Previous Storage	8477.11	9154.00	7058.00
一般工业固体废物倾倒丢弃量	Ratio of Common Industrial Solid Wastes Dumping Discard	0.86	0.84	1.00
危险废物产生量	Hazardous Wastes Generation	349.28	364.92	456.89
危险废物利用处置量	Hazardous Wastes Utilized and Disposed	345.10	349.19	458.56
#利用处置往年贮存量	Previous Storage	18.80	13.77	61.33
危险废物利用处置率 (%)	Ratio of Hazardous Wastes Utilized and Disposed (%)	93.76	92.21	90.23
危险废物贮存量	Hazardous Wastes Storage	22.98	29.51	49.66
危险废物倾倒丢弃量	Hazardous Wastes Dumping Discard			

7-9 环境污染治理投资情况
Investment in Treatment of Environmental Pollution

单位：亿元 (100 million yuan)

指 标	Item	2018	2019	2020
环境污染治理投资总额	Total Investment in the Treatment of Environmental Pollution	334.05	327.47	776.62
城市环境基础设施投资	Investment in Urban Environmental Infrastructure	317.74	140.38	376.06
#燃气	Gas Supply	17.65	6.63	7.79
集中供热	Centralized Heating	0.45		2.01
排水	Drainage Works	102.93	8.94	191.52
园林绿化	Gardening and Greening	162.58	98.83	151.47
市容环境卫生	Environmental Sanitation	34.13	25.98	23.27
工业污染源治理投资	Investment in the Treatment of Industrial Pollution	16.31	12.33	24.44
#治理废水	Waste Water Treatment	1.54	2.31	1.75
治理废气	Waste Gas Treatment	11.52	8.66	7.57
治理固体废物	Solid Wastes Treatment	0.15	0.31	1.41
治理噪声	Noise Treatment	0.13	0.01	0.06
治理其他	Others Treatment	2.96	1.04	13.65
完成环保验收项目环保投资	Environmental Investment Projects in the Completion of Environmental Acceptance	89.54	174.76	376.12
环境污染治理投资占GDP比重（%）	Total Investment in the Treatment of Environmental Pollution as Percent of GDP (%)	0.78	0.71	1.60
工业废气治理设施运行费用	Operating Costs in the Treatment Facilities of Industrial Waste Gas	66.75	71.75	119.16
工业废水治理设施运行费用	Operating Costs in the Treatment Facilities of Industrial Waste Water	27.51	29.09	62.37

注：“三废”及环境污染治理资料由四川省生态环境厅提供。

a) The data of waste water, waste gas and solid wastes by industry are provided by the Sichuan Provincial Department of Environmental Protection.

主要统计指标解释

平均气温 气温指空气的温度，我国一般以摄氏度为单位表示。气象观测的温度表是放在离地面约1.5米处通风良好的百叶箱里测量的，因此，通常说的气温指的是离地面1.5米处百叶箱中的温度。计算方法：月平均气温是将全月各日的平均气温相加，除以该月的天数而得；年平均气温是将12个月的月平均气温累加后除以12而得。

平均相对湿度 指空气中实际水气压与当时气温下的饱和水气压之比。其统计方法与气温相同。

降水量 指从天空降落到地面的液态或固态(经融化后)水，未经蒸发、渗透、流失而在地面上积聚的深度。通常以毫米为单位计量。计算方法：月降水量是将全月各日的降水量累加而得。年降水量是将12个月的月降水量累加而得。

日照时数 指太阳实际照射地面的时数，通常以小时为单位表示。其统计方法与降水量相同。

森林面积 包括郁闭度0.2以上的乔木林地面积和竹林面积，国家特别规定的灌木林地面积，农田林网以及村旁、路旁、水旁、宅旁林木的覆盖面积。

森林覆盖率 以行政区域为单位的森林面积占区域土地总面积的百分比。计算公式：

$$森林覆盖率=\frac{森林面积}{土地总面积}\times 100\%$$

活立木总蓄积量 指一定范围土地上全部树木蓄积的总量，包括森林蓄积、疏林蓄积、散生木蓄积和四旁树蓄积。

森林蓄积量 指一定森林面积上存在着的林木树干部分的总材积。

人工造林 指在宜林荒山荒地、宜林沙荒地、无立木林地、疏林地和退耕地等其他宜林地上通过播种、植苗和分植来提高森林植被覆被率的技术措施。

森林火灾次数 指发生在城市市区外的一切森林、林木和林地的火灾次数。按照受害森林面积和伤亡人数，森林火灾分为一般森林火灾、较大森林火灾、重大森林火灾和特别重大森林火灾：(1)一般森林火灾：受害森林面积在1公顷以下或者其他林地起火的，或者死亡1人以上3人以下的，或者重伤1人以上10人以下的；(2)较大森林火灾：受害森林面积在1公顷以上100公顷以下的，或者死亡3人以上10人以下的，或者重伤10人以上50人以下的；(3)重大森林火灾：受害森林面积在100公顷以上1000公顷以下的，或者死亡10人以上30人以下的，或者重伤50人以上100人以下的；(4)特别重大森林火灾：受害森林面积在1000公顷以上的，或者死亡30人以上的，或者重伤100人以上的。本条所称"以上"包括本数，"以下"不包括本数。

林业有害生物 危害森林、林木、荒漠植被、湿地植被等的病虫鼠兔及有害植物。

矿产资源 指由地质作用形成的，具有利用价值的，呈固态、液态、气态的自然资源，是社会生产发展的重要物质基础。目前我国已发现矿种有170多种，按其特点和用途，可分为能源矿产（如煤炭、石油、天然气、地热），金属矿产（如铁矿、锰矿、铜矿、铅矿、铝土矿），非金属矿产（如金刚石、石灰岩、粘土）和水气矿产（如地下水、矿泉水、二氧化碳气）四大类。

一般工业固体废物产生量 指当年全年调查对象实际产生的一般工业固体废物的量。一般工业固体废物指企业在工业生产过程中产生且不属于危险废物的工业固体废物。

一般工业固体废物综合利用量 指调查年度企业通过回收、加工、循环、交换等方式，从固体废物中提取或者使其转化为可以利用的资源、能源和其他原材料的固体废物量（包括当年利用的往年工业固体废物累计贮存量）。如用作农业肥料、生产建筑材料、筑路、用作充填回填材料等。综合利用量由原产生固体废物的单位统计。

一般工业固体废物处置量 指调查年度企业将工业固体废物焚烧和用其他改变工业固体废物的物理、化学、生物特性的方法，达到减少或者消除其危险成分的活动，或者将工业固体废物最终置于符合环境保护规定要求的填埋场的活动中，所消纳固体废物的量（包括当年处置的往年工业固体废物贮存量）。

一般工业固体废物贮存量 指调查年度企业以综合利用或处置为目的，将固体废物暂时贮存或堆存在专设的贮存设施或专设的集中堆存场所内的量。专设的固体废物贮存场所或贮存设施必须有防扩散、防流失、防渗漏、防止污染大气、水体的措施。

一般工业固体废物倾倒丢弃量 指调查年度企业将所产生的固体废物倾倒或者丢弃到固体废物污染防治设施、场所以外的量。

危险废物产生量 指调查年度调查对象实际产生的危险废物的量，包括利用处置危险废物过程中二次产生的危险废物的量。危险废物指列入国家危险废物名录或者根据国家规定的危险废物鉴别标准和鉴别方法认定的具有危险特性的废物。按《国家危险废物名录》(2016) 填报。

危险废物利用处置量 指当年全年调查对象将危险废物焚烧和用其他改变工业固体废物的物理、化学、生物特性的方法，达到减少或者消除其危险成分的活动，或者将危险废物最终置于符合环境保护规定要求的填埋场的活动中，所消纳危险废物的量。处置量包括处置本单位或委托给外单位处置的量。

危险废物本年末贮存量 指将危险废物以一定包装方式暂时存放在专设的贮存设施内的量。专设的贮存设施指对危险废物的包装、选址、设计、安全防护、监测和关闭等符合《危险废物贮存污染控制标准》(GB18597-2001) 等相关环保法律法规要求，具有防扩散、防流失、防渗漏、防止污染大气和水体措施的设施。包括本单位自行贮存的本单位产生的和接收外单位的危险废物量。

Explanatory Notes on Main Statistical Indicators

Average Temperature refers to the average air temperature on a regular basis, generally expressed in centigrade in China. Thermometers used for meteorological observation are placed in well-ventilated shelters about 1.5 meters above the ground. Therefore, the commonly used temperature refers to the temperature in the shelter 1.5 meters above the ground. The calculation method is as follows:

The summation of daily average temperature of one month divided by the actual days of that month represents the monthly average temperature. The summation of monthly average temperature of a year divided by 12 represents the annual average temperature.

Average Relative Humidity refers to the ratio of actual vapour pressure in the air to the saturation water vapour pressure at the current temperature. The calculation method is the same as that of average temperature.

Precipitation refers to the depth of water in liquid state or solid state (thawed), falling from atmosphere onto the ground without being evaporated, percolating or running off. It is usually expressed in millimeters. The calculation method is as follows: The monthly precipitation is obtained by the sum of daily precipitation of the month. and the annual precipitation is the sum of monthly precipitation of the 12 months of the year.

Sunshine Hours refer to the actual hours of sun irradiating the earth, usually expressed in hours. The calculation method is the same as that of the precipitation.

Forest Area refers to the area of trees and bamboo grow with a canopy density above 0.2 degree, the area of shrubby tree according to regulations of the government, area of land under agroforestry and the area of trees planted by the side of villages, farm houses and along roads and rivers.

Forest Coverage Rate refers to the ratio of forest area to the total land area within the administrative region. The formula is as follows:

$$\text{Forestry coverage rate} = \frac{\text{Area of Afforested Land}}{\text{Area of Total Land}} \times 100\%$$

Total Stock Volume of Living Trees refers to the total stock volume of trees accumulated on a certain area of land, including trees in forest, tress in sparse forest, scattered wood and trees planted by the side of villages, farm houses and along roads and rivers.

Stock Volume of Forest refers to total stock volume of timber of tree trunk in a given forest area.

Manual Planting refers to technical measures of sowing, planting seedlings and divided transplanting on land suitable for afforestation, including barren hills, idle land, sand dunes, non-timber forest land, woodland and "grain for green" land to increase vegetation coverage rate of forests.

Number of Forest Fires refers to the number of wild fires in forests, woods and woodland outside of cities. In light of the area plagued by fires and the number of casualties, forest fires can be categorized into general forest fires, relatively larger fires, serious forest fires and extraordinary serous forest fires: 1) General forest fires: the destructed forest area is less than 1 hectare, or the fire erupts in other woodland, or the number of deaths is no less than 1 but less than 3, or the number of seriously injured persons is no less than 1 but less than 10 persons. 2) Relatively larger forest fires: the destructed forest area is no less than 1 hectare but less than 100 hectares, or the number of deaths is no less than 3 but less than 10, or the number of seriously injured persons is no less than 10 but less than 50 persons. 3) Serious forest fires: the destructed forest area is no less than 100 hectares but less than 1000 hectares, or the number of deaths is no less than 10 but less than 30, or the number of seriously injured persons is no less than 50 but u less than 100 persons. 4) Extraordinary serious forest fires: the destructed forest area is no less than 1000 hectares, or the number of deaths is no less than 30, or the number of seriously injured persons is no less than 100 persons.

Forest Harmful Organisms refer to the diseases, pests, rats and harmful plants that plague forests, wood, desert and wetland vegetation.

Mineral Resources refer to useful minerals, with solid state, liquid state, gaseity, due to the geological process. Minerals are important natural resources, and important material base for economic and social development. At present, there are more than 170 types of minerals discovered in China. They can be categorized into four groups: energy minerals (including coal, petroleum, natural gas and terrestrial heat), metallic minerals (including iron, manganese, copper, lead and bauxite), nonmetallic minerals (including diamond, limestone and clay), and water/gas related minerals (including ground water, mineral water and carbon dioxide). Metallic minerals can be further classified as ferrous, non-ferrous, noble metal, rare metal, rare earth and dispersed metals.

Common Industrial Solid Wastes Generated refers to the amount of common industrial solid wastes the surveyed units actual generated over the year. The common industrial solid wastes refers to the industrial solid wastes that are generated during the industrial process and are not hazardous wastes.

Common Industrial Solid Wastes Integrated Use refers to amount of solid wastes from which useable materials can be extracted or converted into usable resources, energy or other materials through reclamation, processing, recycling and exchange (including utilizing in the year the stocks of industrial solid wastes of the previous year) generated by surveyed units over the year of the survey, e.g. being used as agricultural fertilizers, building materials, material for paving road or as backfill material. The information should be measured as the unit of generating wastes.

Common Industrial Solid Wastes Disposed refers to the amount of industrial solid wastes disposed, which covers the amount of previous years, through incineration or other methods to change its physical, chemical and biological properties to reduce or eliminate the hazards or land filled in the sites following the requirements for environmental protection by surveyed units over the year of the survey.

Stock of Common Industrial Solid Wastes refers to the amount of solid wastes placed in special facilities or special sites by enterprises for the purposes of integrated use or disposal over the year of the survey. The sites or facilities should take measures against dispersion, loss, seepage, and air and water contamination.

Common Industrial Solid Wastes Discharged refers to the amount of industrial solid wastes dumped or discharged by producing enterprises to disposal facilities or to other sites over the year of the survey.

Hazardous Wastes Generated refers to the amount of actual hazardous wastes generated by surveyed units over the year of the survey, which is covered secondary generation during the process of disposal and reuse of hazardous wastes. Hazardous waste refers to those listed in the National Hazardous Wastes catalogue or identified as any one of the hazardous properties in light of the national hazardous wastes identification standards and methods. It should be reported following the National Catalogue of Hazardous Wastes (2016 Version).

Hazardous Wastes Reused and Disposed refers to the amount of hazardous wastes that are used to extract materials for raw materials or fuel over the year of the survey, and the amount of hazardous wastes which are incineration or specially disposed using other methods to change its physical, chemical and biological properties and thus to reduce or eliminate the hazards, or placed ultimately in the sites following the requirements for environmental protection over the year of the survey. It includes the hazardous wastes generated by the enterprise itself and received from other enterprises.

Year-end Stock of Hazardous Wastes refers to the amount of hazardous wastes specially packaged and placed in special facilities or special sites by enterprises by the end of the year, which covered stock of surveyed units generated and received from other units. The special stock facilities should meet the requirements set in relevant environment protection laws and regulations such as “Pollution Control Standards for Hazardous Waste Stock” (GB18597-2001) and take measures against dispersion, loss, seepage, and air and water contamination.

08 财政和物价

Chapter 8 Local Government Finance and Price

8-1 地方一般公共预算收入
Local General Public Budget Revenue

单位：万元 (10 000 yuan)

项 目	Item	2016	2017	2018	2019	2020	2021
地方一般公共预算收入合计	**Local General Public Budget Revenue**	**33888519**	**35779887**	**39110092**	**40708260**	**42608928**	**47731545**
税收收入	**Taxes Revenue**	**23292344**	**24303247**	**28197650**	**28887420**	**29671996**	**33348635**
增值税	Value-added Tax	6383018	9988604	11209546	11263255	11039954	12007099
营业税	Business Tax	4362999	113279	55405			
企业所得税	Corporate Income Tax	2994825	3593787	4157932	4724352	5232526	5965298
个人所得税	Individual Income Tax	1283981	1527439	1785881	1262967	1358443	1628893
资源税	Resource Tax	261768	304130	525197	633124	735863	830555
城市维护建设税	Urban Maintenance and Construction Tax	1375497	1505920	1749815	1803428	1813863	2070301
房产税	Real Estate Tax	797929	886559	1067767	1118559	1124752	1432857
印花税	Stamp Tax	321446	382540	464113	480288	561244	703415
城镇土地使用税	Urban Land Using Tax	650964	720545	816622	791758	780766	928201
土地增值税	Value-added Tax on Land	1439791	1721949	2155195	2441022	2443754	2835949
车船税	Travel Tax	298196	328750	382152	405684	434717	464688
耕地占用税	Tax on the Occupancy of Cultivated Land	1183578	1051173	891121	906742	911933	715407
契税	Tax on Contracts	1841402	2099546	2809876	2892367	3087980	3584188
烟叶税	Tobacco Tax	96950	79026	78483	81629	77102	98910
环境保护税	Environmental Protection Tax			48545	60596	58561	68064
其他收入	Other Incomes				21649	10538	14810
非税收入	**Non-Tax Revenue**	**10596175**	**11476640**	**10912442**	**11820840**	**12936932**	**14382910**
专项收入	Special Revenue	2099006	2227509	2551749	2445761	2435527	2743118
行政事业性收费收入	Income from Administrative Fees	2079823	2113174	1716961	1612018	1932422	1869101
罚没收入	Penalty and Confiscatory Income	697643	784092	843950	1034114	1298239	1869748
国有资本经营收入	State-owned Capital Operating Income	423725	388471	279041	615789	654232	811446
国有资源(资产)有偿使用收入	Income from State-owned Assets Compensation	3622247	4224477	3994898	4442287	4810848	5325535
捐赠收入	Donation Income	159140	200552	133357	155756	177580	204231
政府住房基金收入	Government Housing Fund Income	368112	343376	303496	408560	428354	502026
其他收入	Other Incomes	1146479	1194989	1088990	1106555	1199730	1057705

注：地方一般公共预算收入和支出情况由四川省财政厅提供。
a) Local general public budget revenue and expenditure are provided by Sichuan Provincial Department of Finance.

8-2 一般公共预算支出
Local General Public Budget Expenditure

单位：万元 (10 000 yuan)

项 目	Item	2016	2017	2018	2019	2020	2021
一般公共预算支出合计	**General Public Budget Expenditure**	**80088868**	**86947591**	**97075048**	**103481712**	**111985355**	**112156881**
一般公共服务支出	Expenditure for General Public Services	6827794	7932969	8970009	9556194	9476220	9768087
外交支出	Expenditure for Diplomatic		184	599	500	255	
国防支出	Expenditure for National Defense	168543	114257	135419	131574	139940	133551
公共安全支出	Expenditure for Public Security	4293870	4714242	5283495	5256366	5271172	5318948
教育支出	Expenditure for Education	13018472	13892000	14617756	15788811	16861602	17330398
科学技术支出	Expenditure for Science and Technology	1010930	1065746	1479056	1849453	1817009	2731198
文化旅游体育与传媒支出	Expenditure for culture, tourism, sports and media	1452012	1424636	1549093	1964752	2292681	2104725
社会保障和就业支出	Expenditure for Social Safety and Employment	13201666	15013454	16441671	17623003	19986738	21658236
卫生健康支出	Expenditure for Health Care and Sanitation	7722403	8314550	8808866	9432664	10305174	10441444
节能环保支出	Expenditure for Energy Conservation and Environment Protection	1663561	1977468	2269045	2670062	2640163	2185494
城乡社区支出	Expenditure for Urban and Rural Community Affairs	5509253	7247945	6988681	8936367	7111654	6476202
农林水支出	Expenditure for Agriculture, Forestry and Water Conservancy	9887068	10231290	13108851	12884232	13393597	13300961
交通运输支出	Expenditure for Transport	5691063	5266808	6239747	6878330	7927272	7173464
资源勘探工业信息等支出	Expenditure for Exploration and Industrial Information, etc	2638000	3004329	2985761	2216830	2981218	2932452
商业服务业等支出	Expenditure for Commerce and Services	734124	812055	775020	573211	658959	661203
金融支出	Expenditure for Finance	217889	141264	235768	113246	843898	593059
援助其他地区支出	Expenditure for Other Regional Assistance	54886	50558	61714	58672	47865	65205
自然资源海洋气象等支出	Expenditure for Nature Resources, Maritime Meteorology, etc	676506	803534	1083321	731546	871580	826750
住房保障支出	Expenditure for Housing Security	3122815	3251580	3507164	3489816	3814347	3715341
粮油物资储备支出	Expenditure for Management of Grain & Oil Reserves	334266	324090	339603	358248	460236	421238
债务付息支出	Expenditure for the Principal and Interest of Debts	614736	968923	1491656	1939365	2214628	2276362
债务发行费用支出	Expenditure for Issuing Debts	15465	13733	12259	15755	14237	11694
其他支出	Other Expenditures	1233546	381976	690494	1012715	2854910	2030869

注："卫生健康支出""自然资源海洋气象等支出"在2018年及以前分别是"医疗卫生与计划生育支出""国土海洋气象等支出"；"文化旅游体育与传媒支出""资源勘探工业信息等支出"在2020年及以前分别是"文化体育与传媒支出""资源勘探信息等支出"。

a) "The Expenditure for Health Care and Sanitation", "Expenditure for nature resources, Maritime Meteorology" are respectively "Expenditure for Health Care and Family Planning" and "Expenditure for Land, Maritime Meteorology" in 2018 and before; "The Expenditure for culture, tourism, sports and media", "Expenditure for Exploration and Industrial Information, etc" are respectively "Expenditure for Culture, Sports and Media" and "Expenditure for Exploration and Information" in 2020 and before.

8-3 各市(州)地方一般公共预算收入
Local General Public Budget Revenue by Region

单位：万元 (10 000 yuan)

市(州)	Region	2011	2012	2013	2014	2015	2016	2017	2018	2019	2020	2021
成都市	Chengdu	6806929	7808952	8985395	10251696	11576393	11754109	12755334	14241550	14829607	15203788	16976341
自贡市	Zigong	291382	329898	383331	424059	448256	487574	532240	604091	612455	634540	683865
攀枝花市	Panzhihua	494777	571980	585450	629076	533412	567573	605930	615026	629645	682507	898528
泸州市	Luzhou	654047	827882	1096014	1159216	1282653	1386632	1460444	1500905	1596417	1700681	1901545
德阳市	Deyang	670907	755322	804682	835153	886148	1000653	1061672	1175813	1249635	1320678	1486769
绵阳市	Mianyang	656462	804009	904782	1017482	1041308	1076241	1105883	1245419	1311475	1409644	1591990
广元市	Guangyuan	227658	268374	304621	347836	408176	405661	439915	476907	484859	526158	593054
遂宁市	Suining	240145	284546	335604	396957	493162	545580	601803	638447	692712	799245	916817
内江市	Neijiang	253066	309262	377491	450832	502682	536799	560961	616958	636352	663379	724959
乐山市	Leshan	602039	704039	751097	787878	855322	931001	992170	1099199	1167253	1206182	1319210
南充市	Nanchong	432862	528700	655666	765568	850746	943388	1032555	1138963	1232950	1339323	1448719
眉山市	Meishan	340541	488088	636067	751991	831491	903008	931612	1031974	1107681	1216203	1378997
宜宾市	Yibin	672298	829693	1016000	1056118	1149677	1256843	1388196	1608883	1754916	2000319	2511829
广安市	Guangan	277767	328017	386177	459637	567494	642179	712493	800524	856711	860230	935747
达州市	Dazhou	411543	520360	603088	724120	791548	846636	907078	1010246	1076040	1123309	1333124
雅安市	Yaan	216521	302166	229386	273788	303082	321792	348370	400289	430142	484874	593429
巴中市	Bazhong	127430	200592	273501	330371	390502	442945	455280	454580	476651	484045	508021
资阳市	Ziyang	324738	407333	484418	554619	617733	468360	497670	528490	530859	531275	579717
阿坝藏族羌族自治州	Aba	210108	258231	244616	285820	316730	325955	268146	246610	264035	287323	318469
甘孜藏族自治州	Ganzi	202452	215666	221242	275480	314299	322592	273660	300342	341162	401097	461368
凉山彝族自治州	Liangshan	800437	1000571	1100148	1123019	1070683	1210336	1345528	1462031	1535931	1603084	1727931

8-4 各市(州)一般公共预算支出
Local General Public Budget Expenditure by Region

单位：万元 (10 000 yuan)

市(州)	Region	2011	2012	2013	2014	2015	2016	2017	2018	2019	2020	2021
成都市	Chengdu	8578696	9838477	11617542	13400433	14684242	15958949	17566621	18374238	20069493	21594765	22376872
自贡市	Zigong	1060433	1288014	1399376	1473005	1733530	1795524	2229037	2422700	2325764	2387153	2403388
攀枝花市	Panzhihua	923018	1081729	1150583	1211774	1126499	1220322	1370352	1379392	1373279	1598093	1716561
泸州市	Luzhou	1707430	2123111	2501142	2813002	3039880	3371677	3689580	4121544	4430935	4497260	4449876
德阳市	Deyang	1532332	1666553	1899686	1970901	2196393	2271346	2401735	2719508	2881965	3095336	3264015
绵阳市	Mianyang	2135756	2505571	2906401	2946402	3042238	3350412	3650634	4081641	4534296	4446984	4665237
广元市	Guangyuan	1374163	1576394	1772708	1923836	2096211	2305016	2507023	2770144	2590870	2895387	2732265
遂宁市	Suining	1100024	1333162	1441078	1560932	1828440	1999945	2305561	2522120	2680713	2687293	2803315
内江市	Neijiang	1220287	1420276	1589311	1766023	1924370	2002280	2175120	2433876	2720437	2765480	2545471
乐山市	Leshan	1441546	1687162	1936946	2154123	2321550	2570351	2820171	3028632	3171142	3182003	3185028
南充市	Nanchong	2344224	2787446	3097030	3446815	3696431	4271765	4603999	4952197	5551943	5739734	5153605
眉山市	Meishan	1188867	1432902	1726618	1819615	2072222	2166908	2256815	2351578	2593227	2754648	2768778
宜宾市	Yibin	1793856	2190349	2554295	2775160	3078287	3387430	3705395	4160183	4636228	5563088	5638992
广安市	Guangan	1258308	1486612	1625740	1872039	2226191	2443172	2660796	2890322	3043511	3062569	2950356
达州市	Dazhou	2001711	2403530	2559609	2878203	3243334	3590680	3891551	4186791	4199785	4382610	4361838
雅安市	Yaan	810256	930050	2610709	3121494	2222395	1515500	1373913	1305375	1456480	1696085	1674875
巴中市	Bazhong	1367152	1675668	1912681	2050667	2460191	2678727	2813892	3138866	3131618	3104203	3146867
资阳市	Ziyang	1300249	1540424	1648956	1886782	2160816	1883649	1803147	1917986	1908888	2033303	2006636
阿坝藏族羌族自治州	Aba	1383517	1521951	1757926	1923022	2152522	2210559	2416638	2950767	3058792	3679485	3099812
甘孜藏族自治州	Ganzi	1692042	2202819	2753253	2888630	3162038	3004766	3433265	4205713	4021741	4538735	4096435
凉山彝族自治州	Liangshan	2501155	3004763	3330204	3658972	4176198	4591525	4798725	6817064	7367767	7077673	6241093

8-5 各市(州)地方一般公共预算主要收入项目(2021年)
Major Items of Local General Public Budget Revenue by Region(2021)

单位：万元 (10 000 yuan)

市(州)	Region	地方一般公共预算收入 Local General Public Budget Revenue	税收收入 Tax Revenue	增值税 Value-added Tax	企业所得税 Corporate Income Tax	个人所得税 Individual Income Tax	资源税 Resources Tax
成都市	Chengdu	16976341	12729354	3709429	2095270	704935	24726
自贡市	Zigong	683865	362360	118090	37318	11753	4116
攀枝花市	Panzhihua	898528	509020	209974	67612	14004	44041
泸州市	Luzhou	1901545	1142268	408767	229101	43577	14922
德阳市	Deyang	1486769	954147	341134	133016	33011	16257
绵阳市	Mianyang	1591990	1008895	306631	124906	38601	16077
广元市	Guangyuan	593054	329626	110520	38820	9860	26977
遂宁市	Suining	916817	523630	154303	50209	11199	55867
内江市	Neijiang	724959	438834	120938	38390	11530	20403
乐山市	Leshan	1319210	721819	249828	122900	29837	22323
南充市	Nanchong	1448719	810708	168752	75985	17442	10167
眉山市	Meishan	1378997	875799	223456	82594	25409	6978
宜宾市	Yibin	2511829	1538245	538811	388449	33861	52706
广安市	Guangan	935747	478060	128445	55832	8654	7109
达州市	Dazhou	1333124	690337	226922	78217	15591	50033
雅安市	Yaan	593429	399196	190339	44176	15732	12689
巴中市	Bazhong	508021	248582	67824	17224	7840	3184
资阳市	Ziyang	579717	351499	85995	22904	8103	23873
阿坝藏族羌族自治州	Aba	318469	220315	118418	24185	8801	10548
甘孜藏族自治州	Ganzi	461368	301336	137396	27204	9936	25094
凉山彝族自治州	Liangshan	1727931	1066286	476971	162392	25162	66975

8-5 续表 continued

单位：万元 (10 000 yuan)

市(州)	Region	城市维护建设税 Urban Maintenance and Construction Tax	房产税 Housing Property Tax	土地增值税 Increment Tax on Land Value	耕地占用税 Tax on the Occupancy of Cultivated Land	契 税 Tax On Contracts	其他各项税收收入 Other Revenue	非税收入 Non-tax Revenue
成都市	Chengdu	1085506	605816	1806882	139773	1681769	875248	4246987
自贡市	Zigong	26138	12052	29792	4053	89105	29943	321505
攀枝花市	Panzhihua	35685	18297	11559	11415	29220	67213	389508
泸州市	Luzhou	106051	34384	73211	22249	118132	91874	759277
德阳市	Deyang	120923	29698	67796	34854	100676	76782	532622
绵阳市	Mianyang	71428	39127	104381	41306	174555	91883	583095
广元市	Guangyuan	22784	10245	18883	18702	44034	28801	263428
遂宁市	Suining	37126	11243	48362	34801	87518	33002	393187
内江市	Neijiang	30422	14395	61707	9131	95045	36873	286125
乐山市	Leshan	56010	19498	46614	26127	90375	58307	597391
南充市	Nanchong	42139	18955	111944	32096	270259	62969	638011
眉山市	Meishan	49922	18438	130562	32634	224198	81608	503198
宜宾市	Yibin	173645	39156	65397	11140	134730	100350	973584
广安市	Guangan	26211	9521	54283	89211	67637	31157	457687
达州市	Dazhou	44766	15435	62187	13539	122240	61407	642787
雅安市	Yaan	25144	6620	14152	34000	32817	23527	194233
巴中市	Bazhong	15165	6604	20868	25349	62740	21784	259439
资阳市	Ziyang	18964	7864	64873	20415	77889	20619	228218
阿坝藏族羌族自治州	Aba	11333	5828	4003	21276	4886	11037	98154
甘孜藏族自治州	Ganzi	13033	6167	5378	59360	7767	10001	160032
凉山彝族自治州	Liangshan	53493	21781	32593	33976	68596	124347	661645

8-6 各市(州)一般公共预算主要支出项目(2021年)
Major Items of General Public Budget Expenditure by Region(2021)

单位：万元 (10 000 yuan)

市(州)	Region	一般公共预算支出 General Public Budget Expenditure	一般公共服务 General Public Services	国防 National Defense	公共安全 Public Safe	教育 Education	科学技术 Science Technology	文化旅游体育与传媒 Culture, Tourism, Sports and Media
成都市	Chengdu	22376872	2189172	36562	1321450	3574771	1872835	584417
自贡市	Zigong	2403388	297291	4599	135895	394264	30094	34565
攀枝花市	Panzhihua	1716561	154194	768	99201	268966	6589	21404
泸州市	Luzhou	4449876	369908	7052	208762	829934	47668	103283
德阳市	Deyang	3264015	334985	3643	172814	442052	40134	91621
绵阳市	Mianyang	4665237	495286	2580	231973	733224	212259	72778
广元市	Guangyuan	2732265	247214	4031	108239	452222	7275	45926
遂宁市	Suining	2803315	306566	5165	120343	454346	17296	41694
内江市	Neijiang	2545471	318726	2679	128648	454198	7824	29893
乐山市	Leshan	3185028	353156	3832	178112	472450	5846	100530
南充市	Nanchong	5153605	502544	7283	223850	966992	17932	75582
眉山市	Meishan	2768778	382021	2616	154187	444783	13330	37154
宜宾市	Yibin	5638992	478232	9386	218392	985875	94912	77648
广安市	Guangan	2950356	263337	2320	139906	650591	6178	33710
达州市	Dazhou	4361838	349302	2768	155817	821370	17102	48857
雅安市	Yaan	1674875	194317	4172	89147	238781	30645	34942
巴中市	Bazhong	3146867	284298	1346	104397	536217	12155	48156
资阳市	Ziyang	2006636	201622	1460	94178	309570	24579	23519
阿坝藏族羌族自治州	Aba	3099812	362578	2536	155914	366885	9898	105234
甘孜藏族自治州	Ganzi	4096435	454072	2320	208765	490667	8960	79307
凉山彝族自治州	Liangshan	6241093	566622	4798	249640	1284466	14908	101039

8-6 续表 1 continued

单位：万元 (10 000 yuan)

市(州)	Region	社会保障和就业 Social Safety and Employment	卫生健康 Health Care and Sanitation	节能环保 Energy Conservation and Environment Protection	城乡社区 Urban and Rural Community Affairs	农林水 Agriculture, Forestry and Water Conservancy	交通运输 Transport	资源勘探工业信息等 Exploration and Industrial Information	商业服务业等 Commercial Services
成都市	Chengdu	2173599	1876357	428504	2840834	1227997	520451	1368955	269575
自贡市	Zigong	329164	303426	42302	223661	277968	58358	9151	11715
攀枝花市	Panzhihua	231964	326079	30901	92265	177928	75175	27619	4195
泸州市	Luzhou	567400	525781	187572	244719	616560	181948	81273	31653
德阳市	Deyang	430247	381456	109150	335709	336286	238536	46168	11505
绵阳市	Mianyang	549549	496365	57035	401501	574983	159569	112728	113338
广元市	Guangyuan	356781	316192	71330	96345	592615	111259	13051	6630
遂宁市	Suining	336352	349186	71830	206914	437085	67526	57244	30241
内江市	Neijiang	383354	345782	61709	94625	354612	60213	24217	6923
乐山市	Leshan	426836	322573	50181	242457	510632	101115	24567	8717
南充市	Nanchong	790279	688502	101186	108669	842710	223707	45875	20504
眉山市	Meishan	331671	346595	37399	117291	407445	93665	98962	7302
宜宾市	Yibin	552224	583320	151524	500991	763828	240179	477531	18562
广安市	Guangan	425178	389102	30735	138629	474982	65482	23531	13264
达州市	Dazhou	682717	598288	50734	94892	856300	133012	51080	17518
雅安市	Yaan	205848	210559	90525	70960	207003	80458	27904	5222
巴中市	Bazhong	387790	371388	68959	98363	630112	171181	10322	6985
资阳市	Ziyang	313131	274809	24290	163472	324676	44724	11550	9027
阿坝藏族羌族自治州	Aba	236309	247926	143394	117952	695979	330174	16890	4951
甘孜藏族自治州	Ganzi	317297	302110	126817	156819	998664	544188	9403	15079
凉山彝族自治州	Liangshan	682819	716136	118673	116460	1584416	213996	30338	13670

8-6 续表 2 continued

单位：万元 (10 000 yuan)

市(州)	Region	金融 Finance	援助其他地区 Other Regional Assistance	自然资源海洋气象等 Nature Resources, Maritime Meteorology	住房保障 Housing Security	粮油物资储备 Management of Grain & Oil Reserves	债务付息 Principal and Interest of Debts	债务发行费用支出 Issuing Debts Expenditure	其他 Other
成都市	Chengdu	243303	55893	207929	705639	22975	388616	2269	297445
自贡市	Zigong	3741	1910	30178	125014	5751	62202	372	3929
攀枝花市	Panzhihua	2033		9830	111982	709	51578	171	3918
泸州市	Luzhou	12449	217	41413	179429	8975	93063	308	6326
德阳市	Deyang	18986	678	23133	166055	25230	44055	254	-17832
绵阳市	Mianyang	28062	568	43557	150404	31775	90556	513	62351
广元市	Guangyuan	13116	50	17001	112805	8468	80544	356	24380
遂宁市	Suining	4470		27197	144991	8264	63984	440	15265
内江市	Neijiang	9918	2000	23413	91059	6085	105984	565	8750
乐山市	Leshan	3555		21641	147485	6341	75860	328	55435
南充市	Nanchong	4333	500	44032	271738	17641	124393	532	22122
眉山市	Meishan	13520	500	49352	95787	5525	73891	270	4997
宜宾市	Yibin	166059	1000	49824	164970	32600	94516	638	-134336
广安市	Guangan	3578	1875	19471	141749	11944	73679	295	15254
达州市	Dazhou	2801		40152	207864	19385	129573	473	27244
雅安市	Yaan	3879		10271	65861	4424	30449	165	42016
巴中市	Bazhong	3452		19167	169822	12887	125123	756	35217
资阳市	Ziyang	2391		19446	76991	3027	69971	745	643
阿坝藏族羌族自治州	Aba	908		12411	91917	3260	25153	109	106606
甘孜藏族自治州	Ganzi	2379		37573	100101	1957	31311	110	117162
凉山彝族自治州	Liangshan	4571		43430	222069	13870	116951	188	20547

8-7 居民消费价格指数(2021年) General Consumer Price Index(2021)

(上年=100) (preceding year=100)

项 目	Item	居民消费价格指数 General Consumer Price Index		
		全 省 Province	城 市 Urban Areas	农 村 Rural Areas
居民消费价格指数	**General Consumer Price Index**	**100.3**	**100.3**	**100.3**
食品烟酒	Food, Tobacco and Liquor	98.0	98.4	97.2
粮食	Grain	101.6	101.6	101.7
鲜菜	Fresh Vegetables	103.2	103.6	102.3
畜肉	Livestock Meat	79.1	80.2	77.2
水产品	Aquatic Products	110.5	110.7	110.2
蛋	Eggs	102.5	102.2	103.2
鲜果	Fresh Fruits	102.1	101.7	103.1
衣着	Clothing	99.8	99.6	100.2
居住	Residence	100.3	100.1	100.7
生活用品及服务	Daily Necessities and Services	100.6	100.8	100.4
交通和通信	Means of Transport and Communication	104.1	103.9	104.4
教育文化和娱乐	Education, Culture and Recreation	100.9	100.6	101.6
医疗保健	Health Care	101.9	101.5	102.6
其他用品和服务	Other Articles and Services	100.1	100.1	100.2

8-8 商品零售价格总指数(2021年) General Retail Price Index(2021)

(上年=100) (preceding year=100)

项 目	Item	商品零售价格总指数 Retail Price Index of Commodities		
		全 省 Province	城 市 Urban Areas	农 村 Rural Areas
商品零售价格指数	**General Retail Price Index**	**101.4**	**101.4**	**101.4**
食品	Food	99.0	99.5	96.9
饮料、烟酒	Beverages, Tobacco and Liquor	101.9	101.9	102.2
服装、鞋帽	Garments, Shoes and Hats	99.1	99.0	99.5
纺织品	Textiles	99.0	98.7	100.2
家用电器及音像器材	Household Electrical Appliances and Audio-Visual Equipment	100.5	100.4	101.0
文化办公用品	Cultural and Office Goods	103.3	103.4	102.3
日用品	Articles for Daily Use	99.6	99.5	100.0
体育娱乐用品	Sports and Entertainment Goods	100.6	100.7	100.4
交通、通信用品	Transportation and Telecommunication Goods	100.1	100.0	100.3
家具	Furniture	103.2	103.4	102.1
化妆品	Cosmetics	99.7	99.9	98.6
金银珠宝	Precious Metal and Jewellery	101.4	100.9	103.6
中西药品及医疗保健用品	Traditional Chinese and Western Medicines, Health Care Articles	99.9	99.8	100.3
书报杂志及电子出版物	Newspapers and Magazines, Electronic Journal	100.4	100.4	100.7
燃料	Fuels	110.4	109.6	114.2
建筑材料及五金电料	Building Materials, Hardware, Electric Materials and Appliances	101.2	100.6	102.5

8-9 各市(州)城市居民消费价格指数(2021年)
General Consumer Price Index by Region(2021)

(上年=100) (preceding year=100)

市(州)	Region	居民消费价格指数 Consumer Price Index	食品烟酒 Food, Tobacco and Liquor	#粮食 Grain	#鲜菜 Fresh Vegetables	#畜肉 Livestock Meat	#水产品 Aquatic Products	#蛋 Eggs	#鲜果 Fresh Fruits
成都市	Chengdu	100.5	98.9	101.8	103.5	81.2	110.3	100.9	102.2
自贡市	Zigong	100.2	97.7	100.0	106.6	80.1	108.2	109.4	97.4
攀枝花市	Panzhihua	99.8	99.4	102.0	100.9	82.2	114.8	110.4	99.2
泸州市	Luzhou	99.9	97.5	100.3	107.8	76.8	111.5	97.1	104.3
德阳市	Deyang	100.1	97.4	100.4	101.0	79.9	113.8	103.8	99.9
绵阳市	Mianyang	100.2	99.3	104.5	104.3	79.0	113.3	105.8	105.8
广元市	Guangyuan	100.1	97.3	101.2	98.8	80.5	114.4	104.4	99.0
遂宁市	Suining	100.1	97.3	101.0	100.6	76.1	111.3	107.2	98.3
内江市	Neijiang	100.0	97.8	99.2	104.5	80.1	107.7	110.1	99.3
乐山市	Leshan	100.4	97.8	102.7	98.9	77.5	110.8	103.3	102.8
南充市	Nanchong	100.2	97.0	102.3	104.9	79.8	108.0	100.6	94.3
眉山市	Meishan	100.4	98.3	104.1	100.6	80.0	117.6	104.1	100.3
宜宾市	Yibin	100.3	98.3	102.6	101.7	81.1	110.9	99.3	100.0
广安市	Guangan	99.6	96.7	99.3	102.9	81.0	108.6	102.8	98.5
达州市	Dazhou	100.0	98.0	99.9	104.5	79.6	111.5	101.3	103.3
雅安市	Yaan	99.1	95.8	103.9	99.0	78.2	109.9	109.2	92.7
巴中市	Bazhong	100.2	97.5	100.4	104.7	77.3	107.1	102.6	101.4
资阳市	Ziyang	100.3	97.9	100.7	97.9	80.8	111.3	105.1	102.6
阿坝藏族羌族自治州	Aba	100.2	99.0	100.1	103.6	88.3	107.1	100.1	98.9
甘孜藏族自治州	Ganzi	100.1	98.7	100.1	102.1	84.8	113.0	105.7	104.0
凉山彝族自治州	Liangshan	99.8	98.4	100.7	99.6	79.3	110.3	108.3	102.8

8-9 续表 continued

(上年=100) (preceding year=100)

市(州)	Region	衣着 Clothing	居住 Residence	生活用品及服务 Daily Necessities and Services	交通和通信 Transport and Communication	教育文化和娱乐 Education, Culture and Recreation	医疗保健 Health Care	其他用品和服务 Other Articles and Services
成都市	Chengdu	98.5	99.9	101.1	104.3	100.2	102.7	101.1
自贡市	Zigong	99.9	101.5	98.5	104.1	100.2	101.1	101.0
攀枝花市	Panzhihua	99.4	98.1	100.2	102.7	100.8	99.3	98.5
泸州市	Luzhou	105.5	100.4	99.6	102.7	99.5	99.9	99.2
德阳市	Deyang	97.6	101.4	100.3	103.8	102.9	102.1	98.9
绵阳市	Mianyang	100.5	99.0	98.6	103.8	101.8	99.7	100.3
广元市	Guangyuan	99.3	101.5	99.8	103.8	99.6	101.5	101.5
遂宁市	Suining	100.0	98.9	101.0	104.8	102.8	101.7	98.3
内江市	Neijiang	100.0	99.0	101.1	103.5	102.3	102.5	98.7
乐山市	Leshan	101.4	101.1	101.5	103.6	102.0	99.9	100.5
南充市	Nanchong	100.5	99.8	102.2	104.8	102.7	100.6	99.6
眉山市	Meishan	100.6	100.3	100.2	105.5	101.7	100.5	94.7
宜宾市	Yibin	100.6	102.2	101.2	102.2	100.6	100.4	97.0
广安市	Guangan	98.0	99.9	100.7	104.0	102.2	99.8	100.1
达州市	Dazhou	100.1	101.0	101.6	101.8	101.1	100.4	97.8
雅安市	Yaan	98.5	98.0	100.4	104.7	101.8	100.8	101.0
巴中市	Bazhong	100.7	100.8	100.6	104.3	101.5	100.2	100.0
资阳市	Ziyang	100.1	101.0	100.4	103.8	100.3	102.2	99.3
阿坝藏族羌族自治州	Aba	99.2	100.6	99.8	103.9	99.6	101.5	101.6
甘孜藏族自治州	Ganzi	100.8	99.8	99.1	103.7	98.9	103.2	100.8
凉山彝族自治州	Liangshan	97.6	100.6	100.9	102.1	99.5	99.8	104.1

8-10 各市(州)城市商品零售价格指数(2021年)
General Retail Price Index by Region(2021)

(上年=100) (preceding year=100)

市(州)	Region	商品零售价格指数 General Retail Price Index	食品 Food	饮料、烟酒 Beverages, Tobacco and Liquor	服装、鞋帽 Garments, Shoes and Hats	纺织品 Textiles	家用电器及音像器材 Household Electrical Appliances and Audio-Visual Equipment	文化办公用品 Cultural and Office Goods	日用品 Articles for Daily Use	体育娱乐用品 Sports and Entertainment Goods
成都市	Chengdu	101.1	98.0	102.1	98.3	96.9	98.9	104.8	99.7	101.4
自贡市	Zigong	101.0	97.4	100.9	99.9	99.7	96.2	99.6	99.2	100.7
攀枝花市	Panzhihua	100.7	97.0	102.0	99.4	105.3	98.6	99.8	100.0	99.5
泸州市	Luzhou	100.6	95.2	102.0	105.5	100.2	99.5	100.2	99.0	100.1
德阳市	Deyang	101.0	96.8	101.4	97.5	103.9	100.2	98.8	100.2	100.4
绵阳市	Mianyang	101.3	98.3	102.4	100.4	99.4	99.9	104.3	98.6	98.0
广元市	Guangyuan	100.8	96.8	101.2	99.5	100.4	101.3	101.0	99.1	100.2
遂宁市	Suining	101.3	96.1	103.5	99.8	99.9	101.7	106.5	99.9	98.9
内江市	Neijiang	102.1	97.0	103.3	100.0	102.9	102.2	103.2	100.0	101.7
乐山市	Leshan	101.0	97.1	102.2	101.4	96.2	102.5	105.2	101.2	100.7
南充市	Nanchong	102.4	96.0	102.5	100.5	101.2	106.7	100.5	100.5	100.1
眉山市	Meishan	101.1	97.3	101.1	100.5	99.9	101.5	101.5	100.5	100.1
宜宾市	Yibin	100.9	96.2	101.5	100.8	98.6	102.4	103.2	100.3	99.7
广安市	Guangan	100.7	95.2	100.1	97.9	103.7	102.9	99.9	100.8	101.1
达州市	Dazhou	100.5	96.2	101.3	100.1	101.1	103.8	100.9	100.1	101.6
雅安市	Yaan	100.0	94.2	100.9	98.5	98.3	100.2	102.2	98.1	99.8
巴中市	Bazhong	100.7	96.5	102.9	100.7	101.4	100.7	100.5	100.2	100.4
资阳市	Ziyang	101.3	97.1	101.6	99.9	103.4	99.5	101.1	100.5	101.1
阿坝藏族羌族自治州	Aba	101.2	98.7	101.2	99.2	100.6	100.3	100.9	98.5	99.8
甘孜藏族自治州	Ganzi	100.5	98.0	101.4	100.8	98.4	96.9	99.7	99.9	100.5
凉山彝族自治州	Liangshan	99.7	95.9	100.2	97.2	99.4	101.1	98.8	99.9	99.3

8−10 续表 continued

(上年=100) (preceding year=100)

市(州)	Region	交通、通信用品 Transport and Telecom-munication	家具 Furniture	化妆品 Cosmetics	金银珠宝 Precious Metal and Jewellery	中西药品及医疗保健用品 Traditional Chinese and Western Medicines,Health Care Articles	书报杂志及电子出版物 Newspapers and Magazines, Electronic Journal	燃料 Fuels	建筑材料及五金电料 Building Materials, Hardware, Electric Materials and Appliances
成都市	Chengdu	100.8	104.5	100.5	102.3	100.0	100.3	110.7	100.2
自贡市	Zigong	100.3	100.0	98.8	97.8	102.8	100.7	112.9	102.2
攀枝花市	Panzhihua	99.1	100.7	98.6	94.9	98.3	103.8	112.5	100.6
泸州市	Luzhou	99.8	100.0	97.9	97.1	99.9	99.9	108.9	101.5
德阳市	Deyang	100.0	100.0	97.0	98.4	100.2	98.7	111.3	102.0
绵阳市	Mianyang	99.3	95.2	97.7	100.0	99.1	100.0	112.4	102.1
广元市	Guangyuan	99.6	100.0	98.8	105.8	100.7	100.0	112.3	100.6
遂宁市	Suining	102.7	103.4	98.3	95.0	98.3	103.5	111.2	106.1
内江市	Neijiang	100.1	101.7	99.5	95.4	102.8	102.7	114.8	103.0
乐山市	Leshan	98.1	102.4	98.2	98.6	99.6	101.5	108.8	104.4
南充市	Nanchong	101.1	103.1	100.3	97.2	99.5	102.1	113.4	103.7
眉山市	Meishan	99.7	96.6	98.9	99.2	100.7	98.8	109.5	105.3
宜宾市	Yibin	99.3	108.7	98.4	106.2	100.6	102.0	108.6	100.5
广安市	Guangan	100.0	97.9	96.8	100.1	101.4	100.8	111.0	100.7
达州市	Dazhou	96.6	100.0	98.8	100.3	101.0	99.4	110.7	109.9
雅安市	Yaan	99.4	102.6	98.2	103.5	100.1	101.8	111.5	102.5
巴中市	Bazhong	99.1	100.3	99.7	102.9	99.9	100.3	110.3	100.7
资阳市	Ziyang	100.9	102.1	97.8	98.7	102.0	99.0	111.9	99.3
阿坝藏族羌族自治州	Aba	103.9	100.1	98.3	102.0	98.5	100.0	113.4	100.1
甘孜藏族自治州	Ganzi	99.1	101.0	98.5	100.5	99.3	100.1	111.4	101.5
凉山彝族自治州	Liangshan	98.2	99.5	98.8	103.8	101.0	99.1	112.0	99.3

8-11 农村居民消费价格指数(2021年)
Consumer Price Index in Rural Areas(2021)

(上年=100) (preceding year=100)

项目	Item	温江区 Wenjiang	富顺县 Fushun	叙永县 Xuyong	梓潼县 Zitong	剑阁县 Jiange	威远县 Weiyuan
居民消费价格指数	**Consumer Price Index**	**101.0**	**99.9**	**100.6**	**100.1**	**99.8**	**100.6**
食品烟酒	Food, Tobacco and Liquor	97.9	98.1	98.2	97.9	98.6	98.1
粮食	Grain	105.3	102.4	100.9	102.3	103.5	100.9
鲜菜	Fresh Vegetables	102.7	100.4	104.0	100.5	104.3	105.7
畜肉	Livestock Meat	78.5	80.0	78.3	80.4	77.0	81.2
水产品	Aquatic Products	111.8	107.4	115.7	113.9	123.6	112.1
蛋	Eggs	108.9	100.8	104.2	106.1	106.1	108.4
鲜果	Fresh Fruits	98.3	100.9	103.9	97.9	103.4	100.4
衣着	Clothing	99.9	102.6	103.3	100.0	98.7	99.8
居住	Residence	101.5	98.8	100.8	100.8	99.6	100.7
生活用品及服务	Daily Necessities and Services	98.5	98.6	101.6	100.0	100.0	99.7
交通和通信	Means of Transport and Communication	105.2	103.3	102.9	102.9	103.8	103.6
教育文化和娱乐	Education, Culture and Recreation	101.7	102.3	101.6	101.6	101.5	101.2
医疗保健	Health Care	106.6	101.0	100.6	100.0	98.4	105.5
其他用品和服务	Other Articles and Services	100.2	99.8	103.2	100.6	100.1	99.8

8-11 续表 continued

(上年=100) (preceding year=100)

项目	Item	峨眉山市 Emeishan	南部县 Nanbu	仁寿县 Renshou	渠县 Quxian	汉源县 Hanyuan	平昌县 Pingchang
居民消费价格指数	**Consumer Price Index**	**100.2**	**99.6**	**101.7**	**98.9**	**100.6**	**100.1**
食品烟酒	Food, Tobacco and Liquor	97.5	96.8	96.2	95.1	97.5	98.3
粮食	Grain	99.7	102.5	100.6	101.9	100.5	101.3
鲜菜	Fresh Vegetables	100.3	100.5	98.5	102.6	104.7	104.3
畜肉	Livestock Meat	78.6	78.5	78.2	72.0	76.1	79.0
水产品	Aquatic Products	106.7	106.9	105.4	114.6	115.2	104.6
蛋	Eggs	103.7	96.7	105.3	98.0	106.2	101.6
鲜果	Fresh Fruits	107.8	98.6	99.1	107.6	104.0	108.9
衣着	Clothing	99.6	99.9	100.7	97.5	99.3	101.7
居住	Residence	101.0	99.4	102.7	99.9	101.2	100.4
生活用品及服务	Daily Necessities and Services	99.3	99.0	103.4	100.1	102.3	99.9
交通和通信	Means of Transport and Communication	105.2	105.2	106.0	104.1	105.7	103.2
教育文化和娱乐	Education, Culture and Recreation	102.4	103.2	102.0	101.1	102.4	100.7
医疗保健	Health Care	100.1	99.9	108.0	100.0	100.0	100.5
其他用品和服务	Other Articles and Services	99.4	97.8	98.2	100.2	100.5	100.8

8-12 工业生产者出厂价格指数
Producer Price Index for Industrial Products

(上年=100) (preceding year=100)

类　别	Item	2005	2010	2015	2016	2017	2018	2019	2020	2021
全部工业品	**Total Industrial Products**	**104.0**	**105.0**	**96.4**	**98.9**	**106.5**	**103.6**	**100.4**	**98.8**	**105.9**
按轻重工业分	**Grouped by Light & Heavy Industry**									
轻工业	Light Industry	101.3	103.3	98.7	99.2	102.3	101.6	99.8	100.4	103.6
重工业	Heavy Industry	106.2	106.3	95.5	98.8	108.3	104.5	100.6	98.0	107.0
按类别分	**Grouped by Sector**									
生产资料	Means of Production	105.5	105.7	95.3	98.7	108.7	104.6	100.2	97.9	107.3
采掘	Mining and Quarrying	114.5	112.6	90.3	95.0	116.5	102.3	103.9	101.8	111.6
原料	Raw Materials	105.9	109.0	96.4	99.1	110.2	105.3	98.0	94.6	112.2
加工	Manufacturing	104.0	103.0	95.7	99.0	107.4	104.6	100.5	98.4	105.5
生活资料	Consumer Goods	100.1	102.8	99.8	99.5	100.8	101.1	100.7	101.1	102.3
食品	Food	102.2	104.4	100.2	100.2	100.9	101.9	102.2	102.9	101.5
衣着	Clothing	101.5	101.2	103.5	104.7	101.0	103.0	100.9	98.4	97.8
一般日用品	Articles for Daily Use	102.0	102.9	98.0	98.5	101.5	101.7	100.2	99.0	101.9
耐用消费品	Durable Consumer Goods	90.1	94.2	98.1	96.6	99.6	97.3	95.6	96.7	106.2
按部门分	**Grouped by Industrial Division**									
冶金工业	Metallurgical Industry	105.7	110.6	89.3	99.9	123.0	106.7	101.2	99.6	118.3
电力工业	Power Industry	104.0	103.1	99.9	99.9	98.4	98.1	98.0	96.3	98.4
煤炭工业	Coal Industry	122.2	112.1	87.9	98.1	133.0	102.0	99.5	96.0	131.7
石油工业	Petroleum Industry	104.6	111.0	97.4	91.9	105.2	108.7	101.0	90.7	105.8
化学工业	Chemical Industry	107.5	105.5	97.5	99.1	105.8	105.5	99.1	97.5	110.9
机械工业	Machine Building Industry	99.9	100.0	99.1	98.5	102.6	101.2	99.4	98.6	102.7
建筑材料工业	Building Materials Industry	104.7	99.0	92.8	98.9	106.1	110.7	105.6	97.5	103.6
森林工业	Timber Industry	100.9	104.7	101.0	99.6	100.1	101.4	100.9	99.2	100.7
食品工业	Food Industry	102.4	104.4	99.8	99.7	100.6	101.9	101.9	102.8	102.4
纺织工业	Textile Industry	102.9	115.8	93.5	97.8	105.7	105.0	99.2	98.0	106.9
缝纫工业	Tailoring Industry	97.1	101.0	104.9	101.8	102.7	103.7	99.2	97.9	97.5
皮革工业	Leather Industry	105.6	100.7	102.8	106.8	100.4	104.9	103.0	99.9	99.2
造纸工业	Paper Industry	100.6	102.1	98.8	100.2	117.5	106.4	95.0	97.6	106.8
文教艺术用品工业	Culture, Education and Art Supply Industry	99.9	102.1	95.0	96.9	106.8	104.2	101.2	100.1	101.4

8-13 按行业分工业生产者出厂价格指数
Producer Price Index for Industrial Products by Industrial Branch

(上年=100) (preceding year=100)

类 别	Item	2021
煤炭开采和洗选业	Mining and Washing of Coal	126.3
石油和天然气开采业	Extraction of Petroleum and Natural Gas	97.9
黑色金属矿采选业	Mining and Processing of Ferrous Metals Ores	115.5
有色金属矿采选业	Mining and Processing of Non-ferrous Metals Ores	133.2
非金属矿采选业	Mining and Processing of Non-metal Ores	104.9
农副食品加工业	Processing of Food from Agricultural Products	104.0
食品制造业	Manufacturing of Foods	100.9
酒、饮料及精制茶制造业	Manufacturing of Alcohol, Beverages and Refined Tea	102.2
烟草制品业	Manufacturing of Tobacco	100.0
纺织业	Manufacturing of Textiles	106.9
纺织服装、服饰业	Manufacturing of Textile Wearing Apparel and Accessories	97.0
皮革、毛皮、羽毛及其制品和制鞋业	Manufacturing of Leather, Fur, Feather and Related Products; Manufacture of Footware	99.4
木材加工和木、竹、藤、棕、草制品业	Processing of Timber, Manufacture of Wood, Bamboo, Rattan, Palm and Straw Products	101.5
家具制造业	Manufacturing of Furniture	100.2
造纸和纸制品业	Manufacturing of Paper and Paper Products	106.8
印刷和记录媒介复制业	Printing and Reproduction of Recorded Media	101.6
文教、工美、体育和娱乐用品制造业	Manufacturing of Articles for Culture, Education, Arts and Crafts, Sport and Entertainment Activities	101.5
石油、煤炭及其他燃料加工业	Processing of Petroleum, Coking and Processing of Nuclear Fuel	123.8
化学原料和化学制品制造业	Manufacturing of Raw Chemical Materials and Chemical Products	118.9
医药制造业	Manufacturing of Medicines	99.8
化学纤维制造业	Manufacturing of Chemical Fibres	110.4
橡胶和塑料制品业	Manufacturing of Rubber and Plastic Products	104.7
非金属矿物制品业	Manufacturing of Non-metallic Mineral Products	103.7
黑色金属冶炼和压延加工业	Smelting and Pressing of Ferrous Metals	122.4
有色金属冶炼和压延加工业	Smelting and Pressing of Non-ferrous Metals	124.3
金属制品业	Manufacturing of Metal Products	103.9
通用设备制造业	Manufacturing of General Purpose Machinery	100.4
专用设备制造业	Manufacturing of Special Purpose Machinery	102.0
汽车制造业	Manufacturing of Automobiles	99.8
铁路、船舶、航空航天和其他运输设备制造业	Manufacturing of Railway, Ship, Aerospace and Other Transport Equipment	101.1
电气机械和器材制造业	Manufacturing of Electrical Machinery and Apparatus	106.2
计算机、通信和其他电子设备制造业	Manufacturing of Computers, Communication and Other Electronic Equipment	104.1
仪器仪表制造业	Manufacturing of Measuring Instruments and Machinery	101.1
其他制造业	Other Manufacturing	101.1
废弃资源综合利用业	Utilization of Waste Resources	135.2
金属制品、机械和设备修理业	Repair Service of Metal Products, Machinery and Equipment	99.2
电力、热力生产和供应业	Production and Supply of Electric Power and Heat Power	98.4
燃气生产和供应业	Production and Supply of Gas	108.4
水的生产和供应业	Production and Supply of Water	101.4

主要统计指标解释

一般公共预算收入 指国家财政参与社会产品分配所取得的收入，是实现国家职能的财力保证。主要包括：

(1)各项税收：包括国内增值税、国内消费税、进口货物增值税、进口消费品消费税、出口货物退增值税、出口消费品退消费税、企业所得税、个人所得税、资源税、城市维护建设税、房产税、印花税、城镇土地使用税、土地增值税、车船税、船舶吨税、车辆购置税、关税、耕地占用税、契税、烟叶税、环境保护税等。

(2)非税收入：包括专项收入、行政事业性收费收入、罚没收入、国有资本经营收入、国有资源（资产）有偿使用收入和其他收入。

财政收入按现行分税制财政体制划分为中央本级收入和地方本级收入。

一般公共预算支出 指国家财政将筹集起来的资金进行分配使用，以满足经济建设和各项事业的需要。主要包括：一般公共服务、外交、国防、公共安全、教育、科学技术、文化旅游体育与传媒、社会保障和就业、卫生健康、节能环保、城乡社区、农林水、交通运输、资源勘探工业信息等、商业服务业等、金融、援助其他地区、自然资源海洋气象等、住房保障、粮油物资储备、灾害防治及应急管理、债务付息、债务发行费用等方面的支出。

财政支出根据政府在经济和社会活动中的不同职权，划分为中央财政支出和地方财政支出。

中央一般公共预算收入和地方一般公共预算收入 属于中央一般公共预算的收入包括关税，进口货物增值税和消费税，出口货物退增值税和消费税，国内消费税，铁道部门、各银行总行、各保险公司总公司等集中缴纳的城市维护建设税，增值税50%部分，纳入共享范围的企业所得税60%部分，未纳入共享范围的中央企业所得税、中央企业上交的利润，个人所得税60%部分，车辆购置税，船舶吨税，证券交易印花税，海洋石油资源税，中央非税收入等。属于地方一般公共预算的收入包括城市维护建设税（不含铁道部门、各银行总行、各保险公司总公司集中缴纳的部分），房产税，城镇土地使用税，土地增值税，车船税，耕地占用税，契税，烟叶税，印花税（不含证券交易印花税），增值税50%部分，纳入共享范围的企业所得税40%部分，个人所得税40%部分，海洋石油资源税以外的其他资源税，地方非税收入等。

中央一般公共预算支出和地方一般公共预算支出 指根据政府在经济和社会活动中的不同职责，划分中央和地方政府的责权，按照政府的责权划分确定的支出。中央一般公共预算支出包括一般公共服务，外交支出，国防支出，公共安全支出，以及中央政府调整国民经济结构、协调地区发展、实施宏观调控的支出等。地方一般公共预算支出包括一般公共服务，公共安全支出，地方统筹的各项社会事业支出等。

商品零售价格指数 指反映一定时期内城乡商品零售价格变动趋势和程度的相对数。

农业生产资料价格指数 指反映一定时期内农业生产资料价格变动趋势和程度的相对数。

居民消费价格指数 指反映一定时期内城乡居民所购买的生活消费品和服务项目价格变动趋势和程度的相对数。

工业生产者出厂价格指数 指反映一定时期内全部工业产品第一次出售时的出厂价格总水平的变动趋势和变动幅度的相对数。

Explanatory Notes on Main Statistical Indicators

General Public Budget Revenue refers to income for the government finance through participating in the distribution of social products. It is the financial guarantee to ensure government functioning. The government revenue includes the following main items:

1) Various tax revenues including domestic value added tax (VAT), domestic consumption tax, VAT from imports, consumption tax from imports, VAT rebate for exports, consumption tax rebate for exports, corporate income tax, individual income tax, resource tax, city maintenance and construction tax, house property tax, stamp tax, urban land use tax, land appreciation tax, tax on vehicles and boat operation, ship tonnage tax, vehicle purchase tax, tariffs, farm land occupation tax, deed tax, and tobacco tax, environment protection tax, etc.

2) Non-tax revenue, including special program receipts, charge income of administrative and institutional units, penalty receipts, operating income from government capital, income from use of state-owned resources (assets) and others non-tax receipts.

Government Revenue at the current decentralized taxation system is divided into the central level revenue and local level revenue.

General Public Budget Expenditure refers to the distribution and use of the funds which the government finance has raised, so as to meet the needs of economic construction and various undertakings. It includes the following main items: expenditure for general public services, expenditure for foreign affairs, expenditure for national defence expenditure for public security, expenditure for education, expenditure for science and technology, expenditure for culture, tourism, sport and media, expenditure for social safety net and employment effort, expenditure for health care, expenditure for energy conservation and environment protection, expenditure for urban and rural community affairs, expenditure for agriculture, forestry and water conservancy, expenditure for transportation, expenditure for resource exploration and industrial information, expenditure for affairs of commerce and services, expenditure for finance, aid to other regions, expenditure for nature resources, ocean and weather, expenditure for housing security, expenditure for grain & oil reserves, expenditure for prevention of disasters and emergency management, interest payment for public debts, expenditure for issuing debts.

General public budget expenditure is divided into general public budget expenditure of central government and general public budget expenditure of local government according to the different functions of the governments played in economic and social activities.

General Public Budget Revenue of the Central Government and the Local Governments The general public budget revenue of the Central Government includes tariff, VAT and consumption tax from imports, VAT and consumption tax rebate for exports, domestic consumption tax, city maintenance and construct tax from the Ministry of Railways, head offices of banks, head offices of insurance company, which are handed over to the government in a centralized way, 50% of the value added tax, 60% the share part of the corporate income tax, unshared part of corporate income tax of the central enterprises, profit handed in by the central enterprises, 60% of individual income tax, vehicle purchase tax, ship tonnage tax, stamp tax on securities transactions, resource tax on the offshore petroleum resources. The general public budget revenue of the local governments includes city maintenance and construct tax (excluding the part of the Ministry of Railways, head offices of banks, head offices of insurance company, which are handed over to the government in a centralized way), house property tax, urban land use tax, land appreciation tax, tax on vehicles and boat operation, farm land occupation tax, deed tax, and tobacco leaf tax, stamp tax (not including stamp tax on security exchange), 50% of the value added tax, 40% the share part of the corporate income tax, 40% of individual income tax, resource tax other than the tax on offshore petroleum resources, local non-tax revenue, etc.

General Public Budget Expenditure of the Central Government and Local Governments according to the different functions of the Central Government and local governments in economic and social activities, the rights of administration are demarcated between those of the Central Government and those of local governments; and the classification of the expenditure between the Central Government and local governments are made on the basis of the classification of the rights administration between them. The general public budget expenditure of the Central Government includes the expenditure for general public services, expenditure for foreign affairs, expenditure for public security, and the general public budget expenditure of the Central Government for adjusting the national economic structure; coordinating the development among different regions; and exercising macroeconomic regulation. The general public budget expenditure of the local governments includes mainly the expenditure for general public services, expenditure for public security, and expenditures for social development which are planed by local governments, etc.

Retail Price Indices are relative figures reflecting the trend and degree of changes in retail prices of commodities during a given period.

Price Indices for Means of Agricultural Production are relative figures reflecting the trend and degree of changes in the prices of the means of agricultural production during a given period.

Consumer Price Indices are relative figures reflecting the trend and degree of changes in prices of consumer goods and services purchased by urban and rural households during a given period.

Producer Price Indices for Industrial Products are relative figures reflecting the trend and degree of changes in general ex-factory prices of all manufactured goods for first sale during a given period.

09 / 人民生活和社会保障

Chapter 9 People's Living Conditions and Social Security

9-1 全体居民人均收支情况
Per Capita Income and Consumption Expenditure of all Residents

单位：元 (yuan)

项 目	Item	2015	2016	2017	2018	2019	2020	2021
全体居民人均总收入	**Per Capita Income**	**21055**	**23502**	**25785**	**28583**	**31022**	**32919**	**36776**
可支配收入	Disposable Income	17221	18808	20580	22461	24703	26522	29080
工资性收入	Income of Wages and Salaries	8610	9278	10014	11070	12049	13032	14392
经营净收入	Net Business Income	3698	3993	4264	4558	5058	5289	5758
财产净收入	Net Income from Property	1074	1199	1363	1443	1593	1720	1905
转移净收入	Net Income from Transfer	3839	4338	4940	5389	6003	6482	7024
现金可支配收入	Cash Disposable Income	15859	17510	19208	21028	23068	24715	27072
工资性收入	Income of Wages and Salaries	8562	9229	9954	11000	11958	12928	14257
经营净收入	Net Business Income	3156	3568	3874	4229	4736	4808	5272
财产净收入	Net Income from Property	547	663	746	764	845	959	1088
转移净收入	Net Income from Transfer	3594	4050	4633	5034	5530	6020	6456
全体居民人均总支出	**Per Capita Expenditure**	**21661**	**24381**	**26197**	**29924**	**32331**	**31650**	**35721**
消费支出	Consumption Expenditure	13632	14839	16180	17664	19338	19783	21518
食品烟酒	Food,Tobacco and Liquor	5002	5321	5632	5938	6467	7026	7549
衣着	Clothing	1071	1141	1153	1174	1213	1190	1315
居住	Residence	2401	2735	2947	3368	3679	3856	4035
生活用品及服务	Articles for Daily Use and Services	918	967	1063	1182	1201	1235	1388
交通通信	Transport and Communications	1629	1850	2200	2399	2576	2465	2807
教育文化娱乐	Education, Cultural and Recreation	1208	1285	1468	1600	1813	1651	1892
医疗保健	Health Care and Medical Services	1071	1173	1320	1569	1935	1908	2072
其他用品及服务	Other Goods and Services	332	367	397	435	454	452	459
现金消费支出	Cash Consumption Expenditure	11123	12136	13346	14574	15923	16223	17768
食品烟酒	Food,Tobacco and Liquor	4277	4572	4910	5296	5820	6299	6806
衣着	Clothing	1071	1140	1150	1173	1213	1190	1315
居住	Residence	857	1046	1118	1252	1367	1469	1568
生活用品及服务	Articles for Daily Use and Services	898	958	1051	1161	1183	1222	1377
交通通信	Transport and Communications	1627	1850	2199	2397	2574	2464	2803
教育文化娱乐	Education, Cultural and Recreation	1207	1284	1467	1597	1813	1650	1891
医疗保健	Health Care and Medical Services	857	924	1066	1271	1508	1488	1558
其他商品及服务	Other Goods and Services	329	361	385	427	445	442	448

9-2 居民人均主要食品消费量
Per Capita Consumption of Major Foods of all Residents

单位：公斤 (kg)

项目	Item	全体居民 Whole Households		城镇居民 Urban Households		农村居民 Rural Households	
		2020	2021	2020	2021	2020	2021
粮食	Grain	146.90	147.36	112.79	118.34	177.70	174.38
谷物	Cereal	133.63	134.18	99.82	105.75	164.16	160.64
薯类	Tuber	4.18	3.99	3.66	3.51	4.64	4.44
豆类	Beans	9.09	9.19	9.31	9.08	8.90	9.30
油脂类	Oil and Fats	11.69	12.23	11.49	11.80	11.87	12.64
#植物油	Vegetable Oil	10.54	10.85	10.71	10.75	10.38	10.94
动物油	Animal Oil	1.15	1.38	0.78	1.05	1.49	1.69
蔬菜和菜制品	Vegetables and Related Products	119.63	123.25	124.67	125.42	115.08	121.23
#鲜菜	Fresh Vegetables	116.22	119.86	119.76	120.89	113.03	118.89
肉类	Meat	33.55	42.37	37.00	44.45	30.44	40.44
#猪肉	Pork	27.97	36.30	28.86	35.83	27.17	36.73
牛肉	Beef	1.91	1.90	2.60	2.69	1.28	1.17
羊肉	Mutton	0.38	0.49	0.50	0.62	0.27	0.37
禽类	Poultry	14.54	13.14	14.40	13.01	14.67	13.26
水产品	Aquatic Products	9.21	9.93	11.08	11.46	7.52	8.52
蛋类及蛋制品	Eggs and Related Products	9.95	10.00	9.97	9.92	9.93	10.08
奶及奶制品	Milk and Dairy Products	10.04	11.49	13.81	15.44	6.64	7.82
干鲜瓜果类	Dried and Fresh Melons and Fruits	45.75	49.41	57.10	57.74	35.50	41.66
#鲜瓜果	Fresh Melons and Fruits	40.77	44.30	50.97	51.72	31.56	37.40
坚果	Nuts and Processed Products	4.48	4.58	5.37	5.28	3.67	3.93
糖果糕点类	Confectioneries	5.78	6.35	6.05	6.38	5.54	6.32
#食糖	Sugar	1.67	1.66	1.38	1.25	1.94	2.04

9-3 居民平均每百户年末耐用消费品拥有量
Number of Main Durable Consumer Goods Owned per 100 Households

单位：平均每百户 (per 100 Households)

项 目		Item		全体居民 Whole Households		城镇居民 Urban Households		农村居民 Rural Households	
				2020	2021	2020	2021	2020	2021
家用汽车	(辆)	Automobile	(unit)	29.08	29.38	36.57	41.48	22.30	18.08
摩托车	(辆)	Motorcycle	(unit)	32.52	33.79	16.84	18.26	46.80	48.31
电动助力车	(辆)	Electric Bicycle	(unit)	35.42	40.06	34.01	36.32	36.70	43.56
洗衣机	(台)	Washing Machine	(set)	98.69	99.53	101.62	101.74	96.00	97.45
电冰箱(柜)	(台)	Refrigerator	(set)	103.01	105.64	103.52	104.17	102.50	107.02
微波炉	(台)	Microwave Oven	(set)	30.33	31.29	50.18	50.14	12.20	13.67
彩色电视机	(台)	Color Television Set	(set)	120.27	119.30	124.53	121.63	116.40	117.12
空调	(台)	Air Conditioner	(set)	108.11	125.17	156.31	175.41	64.20	78.20
热水器	(台)	Water Heater	(set)	92.04	93.87	101.82	101.38	83.10	86.86
洗碗机	(台)	Dishwasher	(set)	0.90	1.21	1.54	1.94	0.30	0.53
排油烟机	(台)	Vacuum Cleaner	(set)	47.74	48.69	78.78	78.08	19.40	21.21
固定电话	(部)	Telephone	(unit)	12.99	6.40	21.27	9.26	5.40	3.72
移动电话	(部)	Mobile Telephone	(unit)	257.35	264.44	255.29	262.77	259.20	266.00
#接入互联网	(部)	Access to the Internet	(unit)	215.16	228.72	226.35	240.75	205.00	217.47
计算机	(台)	Private Computer	(set)	38.89	32.89	61.31	51.47	18.50	15.53
#接入互联网	(台)	Access to the Internet	(set)	32.78	28.92	52.58	45.68	14.70	13.26
照相机	(台)	Camera	(set)	7.82	5.01	13.69	8.51	2.50	1.73
中高档乐器	(架)	Medium & High Grade Musical Instrument	(unit)	3.17	3.09	5.68	5.31	0.90	1.01
健身器材	(台)	Health Equipment	(set)	4.63	3.27	8.44	5.87	1.20	0.84
空气净化器	(台)	Air Cleaner	(set)	3.26	3.18	5.77	5.49	1.00	1.02
吸尘器	(台)	Dust Catcher	(set)	5.49	4.59	10.15	8.56	1.20	0.88

9-4 城镇居民家庭情况
Statistics of Urban Households

项　目	Item	2015	2016	2017	2018	2019	2020	2021
平均每户家庭常住人口（人）	**Average Resident Population per Household (person)**	**2.96**	**2.99**	**3.11**	**2.99**	**2.99**	**2.97**	**3.04**
平均每户就业人口（人）	**Average Number of Employed Persons per Household (person)**	**1.53**	**1.56**	**1.56**	**2.11**	**2.13**	**2.21**	**2.26**
人均总收入（元）	**Per Capita Total Income (yuan)**	**29422**	**33016**	**36136**	**39854**	**43051**	**45500**	**50228**
人均可支配收入（元）	**Per Capita Disposable Income (yuan)**	**26205**	**28335**	**30727**	**33216**	**36154**	**38253**	**41444**
工资性收入	Income of Wages and Salaries	15242	16219	17299	19033	20479	21951	23934
经营净收入	Net Business Income	3054	3327	3586	3900	4393	4334	4799
财产净收入	Net Income from Property	2169	2363	2627	2696	2891	3059	3322
转移净收入	Net Income from Transfer	5740	6426	7215	7587	8391	8910	9389
人均总支出（元）	**Per Capita Total Expenditure (yuan)**	**27763**	**31490**	**33571**	**38626**	**39569**	**39164**	**43887**
人均消费支出（元）	**Per Capita Expenditure for Consumption (yuan)**	**19277**	**20660**	**21991**	**23484**	**25367**	**25133**	**26971**
食品烟酒	Food, Tobacco and Liquor	6783	7118	7329	7462	8279	8741	9246
衣着	Clothing	1704	1768	1723	1713	1730	1675	1831
居住	Residence	3335	3757	3906	4470	4742	4951	5158
生活用品及服务	Articles for Daily Use and Services	1251	1311	1404	1562	1525	1600	1724
交通通信	Transport and Communications	2414	2698	3198	3366	3453	3052	3530
教育文化娱乐	Education, Cultural and Recreation	1963	2008	2222	2384	2668	2253	2558
医疗保健	Health Care and Medical Services	1369	1423	1596	1861	2293	2193	2281
其他用品及服务	Other Commodities and Services	556	577	612	666	677	668	643
城镇居民恩格尔系数（%）	**Engle Coefficient of Urban Households (%)**	**35.19**	**34.46**	**33.33**	**31.78**	**32.64**	**34.78**	**34.28**

9-5 按收入五等份分组的城镇居民人均收入(2021年)
Per Capita Income of Urban Households by Income Quintile (2021)

单位：元 (yuan)

项　目	Item	总平均 Average	低收入户 Low Income Households	中低收入户 Lower Middle Income Households	中等收入户 Middle Income Households	中高收入户 Upper Middle Income Households	高收入户 High Income Households
人均总收入	**Per Capita Total Income**	**50228**	**29133**	**34957**	**45612**	**61110**	**96668**
人均可支配收入	**Per Capita Disposable Income**	**41444**	**14820**	**29955**	**39702**	**53538**	**85452**
工资性收入	Income of Wages and Salaries	23934	9775	16962	23320	29474	49176
工资	Wage and Salaries	22659	9575	16530	22458	27802	45033
实物福利	Physical Welfare	168	72	118	174	201	332
其他	Other Incomes	1106	128	315	687	1471	3811
经营净收入	Net Business Income	4799	-438	4679	4839	6760	10379
第一产业	Primary Industry	544	524	643	473	412	682
第二产业	Secondary Industry	375	162	259	246	334	1073
第三产业	Tertiary Industry	3879	-1124	3777	4120	6014	8624
财产净收入	Net Income from Property	3322	1402	2070	2790	3924	7949
利息净收入	Net Interest Income	-91	-84	-153	-123	-28	-41
红利收入	Bonus Stock Income	622	94	137	381	712	2307
储蓄性保险净收益	Net Income of Savings Insurance	5	1	1	10	10	8
转让承包土地经营权租金净收入	Net Income of the Transfer of Contracted Land Management Rights	60	54	72	46	66	65
出租房屋财产性收入	Net Income of Rental Housing	959	414	704	907	1155	1972
转移净收入	Net Income from Transfer	9389	4081	6243	8753	13379	17948

9−6 按收入五等份分组的城镇居民人均消费支出(2021年)
Per Capita Expenditure of Urban Households by Income Quintile (2021)

单位: 元 (yuan)

项目	Item	总平均 Average	低收入户 Low Income Households	中低收入户 Lower Middle Income Households	中等收入户 Middle Income Households	中高收入户 Upper Middle Income Households	高收入户 High Income Households
人均总支出	**Per Capita Total Expenditure**	**43887**	**34187**	**31344**	**40333**	**51194**	**72360**
人均消费支出	**Per Capita Total Living Expenditure for Consumption**	**26971**	**16932**	**21533**	**26076**	**32551**	**44285**
食品烟酒	Food, Tobacco and Liquor	9246	6367	7729	9114	11093	13707
食品	Food	5675	4336	5093	5804	6499	7362
谷物	Cereal	489	445	439	474	530	597
薯类	Tuber	77	73	72	75	84	85
豆类	Beans	67	57	61	71	75	78
食用油	Edible Oil	225	192	213	234	250	247
蔬菜和食用菌	Vegetable and Mushroom	740	565	662	766	878	917
肉类	Meat and Related Products	1904	1504	1778	1940	2151	2346
禽类	Poultry	435	320	406	454	505	542
水产品	Aquatic Products	289	185	250	317	346	397
蛋类	Eggs	144	116	127	153	161	178
奶类	Milk	375	263	316	397	432	529
干鲜瓜果类	Dried and Fresh Melons and Fruits	522	323	420	511	613	872
糖果糕点类	Confectioneries	174	113	146	171	204	275
其它食品	Others	232	179	203	240	268	300
烟酒	Liquor	867	554	716	824	1085	1353
饮料	Beverages	165	105	124	157	201	277
饮食服务	Catering Services	2540	1372	1797	2328	3309	4715
衣着	Clothing	1831	1009	1408	1748	2166	3372
衣类	Garments	1471	789	1107	1395	1751	2773
鞋类	Shoes	360	220	301	353	415	598
居住	Residence	5158	3218	3996	5234	6044	8556
生活用品及服务	Household Facilities, Articles and Services	1724	976	1199	1586	2195	3215
交通通信	Transportation and Communication	3530	1905	2784	3255	4057	6744
交通	Transportation	2546	1248	1985	2249	2876	5268
通信	Communication	984	657	799	1006	1181	1476
教育文化娱乐	Recreation, Education and Cultural Services	2558	1888	2374	2511	2870	3507
教育	Education	1813	1533	1868	1850	1842	2063
文化娱乐	Recreation and Cultural Services	745	355	506	661	1028	1445
医疗保健	Health Care and Medical Services	2281	1268	1660	2113	3325	3682
医疗器具及药品	Medical Equipment and Drugs	625	393	457	540	861	1046
医疗服务	Medical Services	1656	875	1202	1574	2464	2636
其它商品和服务	Other Commodities and Services	643	302	383	515	801	1501

9-7 各市(州)城镇居民家庭人均收支及住房情况
Per Capita Income and Consumption Expenditure and Housing Conditions of Urban Households by Region

单位：元、平方米 (yuan, sq.m)

市(州)	Region	人均可支配收入 Per Capita Disposable Income		人均消费支出 Per Capita Expenditure for Consumption		#食品烟酒支出 Food, Tobacco and Liquor		人均现住房建筑面积 Per Capita Housing Area	
		2020	2021	2020	2021	2020	2021	2020	2021
全　省	**Sichuan**	**38253**	**41444**	**25133**	**26971**	**8741**	**9246**	**37.1**	**37.6**
成都市	Chengdu	48593	52633	28736	31581	9795	10631	35.3	34.7
自贡市	Zigong	38781	41977	22335	23878	8230	8601	34.7	35.8
攀枝花市	Panzhihua	44209	47915	25630	27599	8394	8920	33.6	34.7
泸州市	Luzhou	39547	42996	25608	27963	9480	10102	37.8	38.3
德阳市	Deyang	39360	42764	24279	26353	8612	9300	40.5	41.4
绵阳市	Mianyang	39680	43150	24730	26692	8894	9285	40.0	40.1
广元市	Guangyuan	35740	39008	22469	24412	8382	8810	42.1	43.9
遂宁市	Suining	37117	40324	24531	25252	8854	8848	35.8	38.1
内江市	Neijiang	38337	41756	22891	24977	8054	8736	36.4	36.9
乐山市	Leshan	38931	42340	25539	27450	8659	9198	40.0	39.8
南充市	Nanchong	36057	39280	21740	23706	7544	7804	39.9	37.2
眉山市	Meishan	38892	42137	23965	26129	9132	9663	39.5	37.6
宜宾市	Yibin	39166	42779	23391	25560	8441	9143	37.3	39.1
广安市	Guangan	38071	41307	23889	25675	8207	8818	38.2	36.9
达州市	Dazhou	36001	39249	22813	24405	8946	9212	41.1	41.1
雅安市	Yaan	37191	40422	21773	23453	7668	8132	40.5	41.5
巴中市	Bazhong	35821	38989	21669	23477	8618	9293	35.6	37.5
资阳市	Ziyang	37562	40636	21949	23596	7789	8169	34.5	35.0
阿坝藏族羌族自治州	Aba	37011	40132	20619	22505	7132	7558	40.4	39.6
甘孜藏族自治州	Ganzi	36521	39497	22975	23962	8778	9059	41.0	38.9
凉山彝族自治州	Liangshan	34636	37452	21453	23459	7782	8186	39.9	37.4

9-8 按收入五等份分组的城镇居民家庭生活设施情况(2021年)
Living Facilities of Urban Households by Income Quintile (2021)

单位：% (%)

项　目	Item	总平均 Average	低收入户 Low Income Households	中低收入户 Lower Middle Income Households	中等收入户 Middle Income Households	中高收入户 Upper Middle Income Households	高收入户 High Income Households
供水情况	**Water Supply**						
管道供水入户	Piped Water Supply to Households	98.68	96.75	98.68	99.28	99.45	99.23
饮用水来源情况	**Sources of Drinking Water**						
经过净化处理的自来水	Purification Treatment of Tap Water	91.74	81.76	91.02	94.23	94.95	96.71
桶装水	Barrelled Water	1.03	1.18	0.68	1.07	0.63	1.57
厕所使用情况	**Toilet Usage**						
本住户独用	Only for the Household	96.75	94.84	95.64	97.08	98.84	97.37
几户合用	Shared by Some Households	1.49	1.44	2.04	1.29	0.52	2.18
公用厕所	Communal	0.16		0.30	0.32		0.17
洗澡设施情况	**Bathing Facilities**						
统一供热水	Unified Supply of Hot Water	1.53	0.96	1.33	2.21	1.60	1.53
家庭自装热水器	Home-self Installed Water Heaters	95.56	91.57	96.15	95.71	96.81	97.54
其他	Others	2.32	5.81	2.18	1.61	1.26	0.77
无洗澡设施	Without Bathing Facilities	0.59	1.66	0.35	0.47	0.33	0.17
取暖设备情况	**Heating Facilities**						
由市政或小区集中供暖	Central Heating by Municipal or District	0.25			0.21	0.63	0.42
自行供暖	Self-heating	70.25	72.16	67.26	68.48	73.50	69.85
无取暖设备	Without Heating Facilities	29.50	27.84	32.74	31.31	25.87	29.73
炊用能源情况	**Fuel for Cooking**						
灌装液化石油气	Liquefied Petroleum Gas filling	3.65	5.49	3.75	3.78	3.11	2.14
管道天燃气	Duct Coal Gas	81.95	68.66	81.65	86.03	86.78	86.60
电	Electricity	9.31	13.88	9.61	6.95	7.93	8.21

9—9 按收入五等份分组的城镇居民家庭住房情况(2021年)
Housing Conditions of Urban Households by Income Quintile (2021)

项　目	Item	总平均 Average	低收入户 Low Income Households	中低收入户 Lower Middle Income Households	中等收入户 Middle Income Households	中高收入户 Upper Middle Income Households	高收入户 High Income Households
人均自有现住房面积　(平方米)	**Per Capita Floor Space of Buildings　(sq.m)**	**37.6**	**32.2**	**33.2**	**33.7**	**37.3**	**44.2**
按居住类型划分　(%)	**Grouped by Residential Types　(%)**						
普通住宅	Average House	99.8	99.9	100.0	99.9	99.7	99.6
集体宿舍和工棚	Collective Dormitory and Barrack	0.1			0.1	0.3	0.1
工作地住宿	Workplace Accommodation						0.2
按居住空间样式划分　(%)	**Grouped by House Patterns　(%)**						
单栋楼房	Independent building	21.8	32.7	28.0	21.1	15.2	12.0
单栋平房	Independent bungalow	5.2	11.3	6.0	4.0	2.9	1.9
四居室及以上单元房	Flats With 4 and more Bedrooms	4.4	3.4	3.2	3.8	4.1	7.7
三居室单元房	Flats With 3 Bedrooms	39.2	29.4	36.6	39.0	44.0	47.3
二居室单元房	Flats With 2 Bedrooms	24.4	16.5	22.1	27.7	29.0	26.9
一居室单元房	Flats With 1 Bedroom	3.5	3.0	3.6	3.3	3.5	3.9
筒子楼或连片平房	Tube-shaped Apartment or Continuous Bungalow	0.9	2.1	0.4	1.0	1.0	0.1
其他	Others	0.5	1.6	0.2	0.1	0.3	0.1
按主要建筑材料划分　(%)	**Grouped by Main Building Materials　(%)**						
钢筋混凝土	Reinforced Concrete	64.3	55.5	62.3	64.0	65.8	73.9
砖混材料	Brick Material	31.1	34.8	32.6	32.5	31.5	24.3
砖瓦砖木	Brick and Tile	4.3	8.7	4.8	3.4	2.7	1.8
竹草土坯	Bamboo Grass Adobe	0.1	0.6		0.1		
其他	Others	0.1	0.4	0.2			
按房屋来源划分　(%)	**Grouped by Source of Housing　(%)**						
租赁公房	Public Dwelling House Leased	1.6	1.2	2.2	2.3	1.2	1.3
租赁私房	Private Dwelling House Leased	5.3	5.1	5.0	5.8	5.8	4.9
自建住房	Spontaneous Housing	27.9	45.6	34.5	24.6	19.8	14.9
购买商品房	Commercial Housing Purchased	43.7	28.8	34.8	44.8	51.1	58.9
购买房改住房	Reformd Housing Purchased	4.7	2.1	3.0	5.2	7.6	5.8
购买保障性住房	Affordable Housing Purchased	2.0	0.5	2.1	2.1	2.1	3.0
拆迁安置房	Removal and Resettlement Housing	13.0	14.3	17.3	13.3	11.1	9.1
继承或获赠住房	Inherited or Given Housing	0.6	0.8	0.2	1.1	0.7	0.1
免费借用房	Free Housing	0.7	1.0	0.7	0.7	0.4	1.0
雇主提供免费住房	Free Housing Provided by Employers	0.1	0.1				0.2
其他	Others	0.4	0.5		0.2	0.3	0.8

9-10 农村居民家庭情况
Statistics of Rural Households

项 目	Item	2015	2016	2017	2018	2019	2020	2021
平均每户常住人口 (人)	Average Resident Population per Household (person)	3.03	3.05	3.07	3.039	3.02	3.01	3.06
平均每户整、半劳力 (人)	Average Number of Ablebodied and Semi-ablebodied Laborers per Household (person)	2.09	2.14	2.12	2.094	2.08	2.12	2.16
平均每个劳动力负担人口(含本人) (人)	Average Number of Persons Supported by a Laborer (including the laborer himself or herself) (person)	1.45	1.45	1.45	1.432	1.45	1.42	1.42
人均总收入 (元)	**Per Capita Total Income (yuan)**	**14561**	**15907**	**17264**	**19016**	**20483**	**21559**	**24258**
工资性收入	Wages Income	3463	3738	4016	4311	4662	4978	5514
经营性收入	Household Business Income	8005	8655	9167	10153	10777	11036	12560
财产性收入	Property Income	243	289	340	414	518	579	655
转移性收入	Transfer Income	2850	3225	3741	4138	4526	4966	5529
人均可支配收入 (元)	**Per Capita Disposable Income (yuan)**	**10247**	**11203**	**12227**	**13331**	**14670**	**15929**	**17575**
工资性收入	Income of Wages and Salaries	3463	3738	4016	4311	4662	4978	5514
经营净收入	Net Business Income	4197	4525	4821	5117	5641	6152	6651
财产净收入	Net Income from Property	224	269	323	379	456	510	587
转移净收入	Net Income from Transfer	2363	2672	3067	3524	3910	4289	4823
人均总支出 (元)	**Per Capita Total Expenditure (yuan)**	**16924**	**18706**	**20128**	**22538**	**25989**	**24864**	**28122**
家庭经营费用支出	Expenditure for Household Business	3522	3819	4009	4614	4794	4552	5499
生活消费支出	Expenditure for Consumption	9251	10192	11397	12723	14056	14953	16444
食品烟酒	Food, Tobacco and Liquor	3618	3887	4235	4483	4879	5478	5969
#食品	Food	2735	2957	3139	3225	3481	4018	4238
衣着	Clothing	580	641	683	716	760	753	835
居住	Residence	1675	1919	2157	2500	2748	2866	2991
生活用品及服务	Household Facilities, Articles and Services	660	693	782	860	917	905	1075
交通通信	Transportation and Communication	1020	1174	1378	1578	1808	1935	2135
教育文化娱乐	Education, Recreation and Cultural Services	699	707	848	934	1065	1107	1273
医疗保健	Medicine and Medical Services	840	973	1094	1414	1621	1650	1877
其他商品和服务	Other Commodities and Services	840	199	220	238	258	258	289
恩格尔系数 (%)	Engel's Coefficient (%)	39.12	38.14	37.16	35.24	34.71	36.64	36.30
人均经营耕地面积 (亩)	Per Capita Area of Cultivated Land under Management (mu)	1.35	1.35	1.31	1.50	1.54	1.58	1.58
人均经营水面面积 (亩)	Per Capita Water Area under Management (mu)	0.03	0.04	0.03	0.02	0.05	0.05	0.06
人均自有现住房面积 (平方米)	Per Capita Existing Housing Area (sq.m)	47.13	47.85	48.57	47.41	48.00	47.84	46.31

9-11 按收入五等份分组的农村居民人均收入和支出情况(2021年)
Per Capita Income and Expenditure of Rural Households by Income Quintile (2021)

单位：元 (yuan)

项目	Item	总平均 Average	低收入户 Low Income Households	中低收入户 Lower Middle Income Households	中等收入户 Middle Income Households	中高收入户 Upper Middle Income Households	高收入户 High Income Households
人均总收入	**Per Capita Total Income**	**24258**	**12388**	**15255**	**20991**	**29509**	**51000**
人均可支配收入	**Per Capita Disposable Income**	**17575**	**6171**	**11860**	**16192**	**21706**	**38479**
工资性收入	Income of Wages and Salaries	5514	2388	4011	5280	7265	10288
经营净收入	Net Business Income	6651	1202	2967	5209	8237	19222
财产净收入	Net Income from Property	587	151	249	387	503	1983
转移净收入	Net Income from Transfer	4823	2430	4634	5317	5700	6987
人均现金收入	**Per Capita Cash Income**	**21736**	**10716**	**13089**	**18527**	**26682**	**47050**
现金工资性收入	Cash Wages Income	5408	2333	3963	5197	7111	10061
现金经营性收入	Cash Household Business Income	10654	5471	3943	7283	13117	27976
现金财产性收入	Cash Property Income	655	189	299	438	613	2093
现金转移性收入	Cash Transfer Income	5019	2723	4884	5608	5842	6920
人均总支出	**Per Capita Total Expenditure**	**28122**	**21224**	**21502**	**24493**	**32055**	**46465**
#生产经营费用支出	Expenditure for Production	5499	5210	2523	3712	6543	10651
生活消费支出	Expenditure for Consumption	16444	12642	14400	15469	17833	24181
人均现金支出	**Per Capita Expenditure in Cash**	**24364**	**18364**	**18181**	**20841**	**27881**	**41179**
#生产经营现金费用支出	Expenditure in Cash for Production	5090	10127	11488	12258	14110	19313
现金消费支出	Cash Consumption Expenditure	13095	4864	2114	3271	6092	10233

9-12 各市(州)农村居民家庭人均收支及住房情况
Per Capita Income and Consumption Expenditure and Housing Conditions of Rural Households by Region

单位：元、平方米 (yuan, sq.m)

市(州)	Region	人均可支配收入 Per Capita Disposable Income		人均消费支出 Per Capita Expenditure for Consumption		#食品烟酒支出 Food, Tobacco and Liquor		人均现住房建筑面积 Per Capita Housing Area	
		2020	2021	2020	2021	2020	2021	2020	2021
全　省	**Sichuan**	**15929**	**17575**	**14953**	**16444**	**5478**	**5969**	**48.7**	**46.9**
成都市	Chengdu	26432	29126	18501	20460	6749	7335	51.2	48.3
自贡市	Zigong	18788	20694	14742	16266	5560	6004	57.3	49.2
攀枝花市	Panzhihua	19938	21979	14293	15688	4727	5156	36.4	40.1
泸州市	Luzhou	18035	20008	13631	15225	5455	5970	45.4	43.3
德阳市	Deyang	19790	21858	14762	16391	5169	5766	47.8	45.6
绵阳市	Mianyang	19303	21340	15038	16624	5507	5925	47.7	47.8
广元市	Guangyuan	14367	15925	12083	13309	4560	4930	50.9	52.7
遂宁市	Suining	17815	19727	14772	16239	5997	6257	55.3	56.6
内江市	Neijiang	17918	19819	14076	15544	5584	6113	43.9	47.7
乐山市	Leshan	18175	20043	14837	16558	5270	5800	49.6	48.1
南充市	Nanchong	16431	18247	13075	14656	4856	5278	51.5	50.4
眉山市	Meishan	19730	21771	15314	16960	5894	6310	47.7	44.2
宜宾市	Yibin	18569	20591	14606	16302	5658	6111	50.1	47.8
广安市	Guangan	17867	19752	13539	15004	4824	5321	49.6	47.3
达州市	Dazhou	16876	18638	12496	13893	4836	5266	47.2	47.5
雅安市	Yaan	15890	17580	13212	14691	4761	5206	47.8	49.0
巴中市	Bazhong	14429	15962	12023	13346	4844	5308	53.8	54.7
资阳市	Ziyang	19076	21023	13705	15034	5164	5421	55.2	52.1
阿坝藏族羌族自治州	Aba	15539	17161	12162	13199	4634	4858	42.6	42.3
甘孜藏族自治州	Ganzi	13967	15379	9868	10784	4546	4883	29.3	29.4
凉山彝族自治州	Liangshan	15232	16808	11289	12444	4578	4962	31.3	30.2

9−13 社会保险情况
Social Insurance Indicators

单位：万人、亿元 (10 000 persons, 100 million yuan)

指　标	Item	2015	2016	2017	2018	2019	2020	2021
参加城镇职工基本养老保险人数	Persons of Urban Workers in Basic Endowment Pension Insurance	1938.98	2157.60	2335.07	2543.71	2700.32	2830.06	3178.54
参加养老保险职工人数	Staff and Workers in Basic Pension Insurance	1250.06	1379.77	1519.03	1662.09	1784.60	1882.57	2201.46
#执行企业养老保险制度职工人数	Number of Employees Under the Enterprise Endowment Insurance System	1144.98	1196.51	1328.06	1469.57	1587.98	1685.06	2000.80
参加养老保险离退休人数	Retired and Resigned Persons in Basic Pension Insurance	688.92	777.83	816.04	881.62	915.72	947.49	977.08
#执行企业养老保险制度人数	Number of Persons Under the Enterprise Endowment Insurance System	650.50	684.54	720.07	779.68	809.53	839.30	866.85
纳入社区管理的人数	Community Management	620.55	659.97	694.20	753.65	782.38	777.64	792.95
企业退休人员社区管理服务率 (%)	Rate of Enterprise Retirees in Socialized Management (%)	95.5	96.5	96.5	96.7	96.7	92.7	91.50
城镇职工基本养老保险费征缴收入总额	Total Income of Basic Endowment Insurance for Urban Workers	1251.90	1902.06	2569.64	2081.00	1880.53	1612.68	2283.11
参加失业保险人数	Staff and Workers in Unemployment Insurance	660.95	701.95	776.68	875.10	953.54	1047.03	1128.93
城镇失业人员领取失业保险金人数	Number of Persons Drawing Unemployment Insurance	36.33	40.71	39.81	39.74	22.57	23.12	24.58
失业保险费征缴收入总额	Total Revenue of Unemployment Insurance	94.85	84.65	121.28	93.61	85.60	40.93	68.55
参加城镇职工基本医疗保险人数	Urban Workers in Medicine and Medical Insurance	1383.53	1445.59	1531.30	1667.67	1778.05	1875.93	1945.80
#退休人员	Retired and Resigned Persons	418.82	439.37	458.34	481.41	498.70	511.68	510.38
参加补充医疗保险人数	Persons in Supplementary Medical Insurance	1206.72	1294.93	1362.70	1510.65	1736.36	1800.05	1904.27
列入公务员医疗补助范围人数	Persons in Civil Servant Medical Benefits Coverage	152.52	158.40	165.70	172.62	181.97	185.95	182.94
城镇职工基本医疗保险费征缴收入总额	Total Revenue of Medical Insurance of Urban Employees	414.07	479.68	634.79	649.41	692.45	751.29	921.10
参加城乡居民基本医疗保险人数	Urban and Rural Residents in Basic Medical Insurance	1272.13	4217.17	6642.09	6969.48	6838.80	6715.75	6640.43
参加工伤保险人数	Persons in Work Injury Insurance	753.22	799.11	876.04	1012.59	1177.14	1320.08	1472.06
享受工伤保险待遇人数	Persons Enjoying Work Injury Insurance Treatment	7.95	7.67	7.69	8.18	8.61	7.86	8.92
工伤保险费征缴收入总额	Total Revenue of Work Injury Insurance	29.32	26.97	31.29	40.80	36.55	21.63	43.35
参加生育保险人数	Staff and Workers in Maternity Insurance	670.29	713.07	776.34	878.18	954.94	1129.05	1201.73
享受生育保险待遇人(次)数	Persons(Times) Enjoying Maternity Insurance Treatment	24.84	31.78	34.34	34.12	36.79	35.45	33.17
生育保险费征缴收入总额	Total Revenue of Maternity Insurance	17.06	15.69	20.44	31.96	36.69		

注：①社会保险和离退休资料由四川省人力资源和社会保障厅及四川省医疗保障局提供；②失业保险从2020年开始不包含失地农民数据；因生育保险和职工基本医保合并实施，故生育保险从2020年开始不再单独统计(以下有关表同)。

a) Data of provincial social insurance and retirement are provided by Department of Human Resources and Social Security of Sichuan province and Sichuan provincial Medical Security Bureau; b)Unemployment insurance does not include the data of landless farmers from 2020; Since maternity insurance and basic medical insurance for employees are implemented together, maternity insurance will not be counted separately from 2020(the same as the following related tables).

9-14 各类社会保险参保人数
Number of Contributors to Social Insurance

(年末数)单位：万人 (year-end)(10 000 persons)

年份 Year	职工养老保险 (未包括离退休人员) Basic Pension Insurance (excluding Retired and Resigned Persons)	失业保险 Unemployment Insurance	基本医疗保险 Basic Medical Insurance	#城乡居民医疗保险 Medical Insurance for Urban and Rural Residents	工伤保险 Work Injury Insurance	生育保险 Maternity Insurance
1995	294.5	365.0			196.5	99.8
2000	508.5	470.2			201.1	188.2
2005	556.0	358.3	649.6		285.3	215.7
2010	861.9	469.8	2063.1	1011.2	583.8	484.2
2011	998.8	544.6	2254.8	1079.3	650.8	601.7
2012	1073.7	585.5	2389.1	1143.0	689.4	654.4
2013	1124.1	613.5	2491.0	1204.0	690.1	689.1
2014	1191.6	635.8	2581.5	1247.1	709.7	730.4
2015	1250.1	661.0	2655.7	1272.1	753.2	670.3
2016	1379.8	702.0	5662.8	4217.2	799.1	713.1
2017	1519.0	776.7	8173.4	6642.1	876.0	776.3
2018	1662.1	875.1	8637.2	6969.5	1012.6	878.2
2019	1784.6	953.5	8616.9	6838.8	1177.1	954.9
2020	1882.6	1047.0	8591.7	6715.7	1320.1	1129.1
2021	2201.5	1128.9	8586.2	6640.4	1472.1	1201.7

9-15 各类社会保险基金征缴情况
Collection of Social Insurance Funds

单位：亿元、% (100 million yuan, %)

年份 Year	城镇职工基本养老保险 Basic Pension Insurance in Urban Area		失业保险 Unemployment Insurance	城镇职工基本医疗保险 Medical Insurance of Urban Workers		工伤保险 Work Injury Insurance		生育保险 Maternity Insurance	
	保险费收入 Revenue of Insurance	征缴率 Rate of Collection	保险费收入 Revenue of Insurance	保险费收入 Revenue of Insurance	征缴率 Rate of Collection	保险费收入 Revenue of Insurance	征缴率 Rate of Collection	保险费收入 Revenue of Insurance	征缴率 Rate of Collection
1995	27.3	85.3	1.1				96.2		97.2
2000	61.5	92.8	5.5			1.8	56.7	1.0	66.7
2005	189.9	96.8	11.0	49.0	98.4	4.1	93.1	1.5	94.2
2010	670.9	97.9	40.0	182.5	97.4	12.1	96.2	4.9	97.8
2011	870.3	98.0	59.2	223.4	98.6	16.6	96.0	8.5	97.0
2012	901.4	98.0	68.2	258.8	98.8	21.2	95.8	11.1	97.0
2013	1101.4	98.2	77.7	305.7	99.2	25.4	97.2	13.4	98.8
2014	1217.7	97.6	100.7	363.8	98.7	28.1	96.5	15.8	98.4
2015	1251.9	97.1	94.9	414.1	98.5	29.3	93.6	17.1	97.4
2016	1902.1	93.9	84.7	479.7	98.1	27.0	93.7	15.7	97.6
2017	2569.6	98.1	121.3	634.8		31.3	95.7	20.4	98.8
2018	2081.0	98.5	93.6	649.4	99.3	40.8	96.0	32.0	99.0
2019	1880.5	98.4	85.6	692.5	99.5	36.5	96.5	36.7	99.0
2020	1612.7	73.6	40.9	751.3	99.2	21.6	46.4		
2021	2283.1	98.5	68.6	921.1	98.5	43.4	96.4		

注：养老保险参保人数，2003年及以前年份未包括机关事业单位数据；2020年各类社会保险因国家及我省减免政策，征缴率有一定幅度下降。

a) The contributors of basic pension insurance exclude contributors of government agencies and institutions in 2003 and before; and in 2020, due to the national and provincial reduction and exemption policies, the collection rate of various social insurances will decrease to a certain extent.

9－16　各市(州)社会保险参保人数(2021年)
Contributors of Social Insurance by Region(2021)

(年末数)单位：万人　　(year-end)(10 000 persons)

市(州)	Region	城镇职工基本养老保险 Basic Pension Insurance in Urban Area	失业保险 Unemployment Insurance	基本医疗保险 Basic Medical Insurance	工伤保险 Work Injury Insurance	生育保险 Maternity Insurance
全　省	**Sichuan**	**3178.54**	**1128.93**	**8586.23**	**1472.06**	**1201.73**
成都市	Chengdu	1209.78	663.72	1870.83	744.85	681.41
自贡市	Zigong	94.00	17.68	273.60	23.85	20.17
攀枝花市	Panzhihua	57.53	17.82	110.77	26.93	15.87
泸州市	Luzhou	126.77	33.93	470.42	53.09	35.80
德阳市	Deyang	147.88	42.42	354.95	60.96	48.91
绵阳市	Mianyang	176.16	48.31	488.19	59.64	52.69
广元市	Guangyuan	66.82	16.13	259.74	23.55	19.37
遂宁市	Suining	93.49	14.88	293.94	23.99	19.56
内江市	Neijiang	99.57	20.21	351.63	26.67	21.96
乐山市	Leshan	133.90	29.04	326.12	45.25	37.09
南充市	Nanchong	138.84	27.38	606.84	51.31	27.97
眉山市	Meishan	101.36	25.22	301.54	51.96	24.26
宜宾市	Yibin	119.72	33.93	495.68	68.09	39.67
广安市	Guangan	82.15	16.86	389.41	23.29	20.20
达州市	Dazhou	119.96	17.22	563.42	33.30	25.13
雅安市	Yaan	54.33	13.30	146.82	23.61	15.29
巴中市	Bazhong	59.17	13.53	313.62	13.67	13.86
资阳市	Ziyang	57.65	12.48	265.32	22.04	13.45
阿坝藏族羌族自治州	Aba	22.27	7.63	84.92	12.90	10.32
甘孜藏族自治州	Ganzi	19.10	7.87	105.10	13.71	10.95
凉山彝族自治州	Liangshan	62.94	24.33	478.70	42.84	28.13
省本级	Provincial level	135.15	25.04	34.67	26.56	19.65

9－17 各市(州)社会保险基金征缴情况(2021年)
Collection of Social Insurance Funds by Region(2021)

单位：亿元 (100 million yuan)

市(州)	Region	城镇职工养老保险 Basic Pension Insurance in Urban Area		失业保险 Unemployment Insurance	城镇职工基本医疗保险 Medical Insurance of Urban Workers		工伤保险 Work Injury Insurance	
		保险费收入 Revenue of Insurance	征缴率(%) Rate of Collection(%)	保险费收入 Revenue of Insurance	保险费收入 Revenue of Insurance	征缴率(%) Rate of Collection(%)	保险费收入 Revenue of Insurance	征缴率(%) Rate of Collection(%)
全　省	**Sichuan**	**2283.11**	**98.5**	**68.55**	**921.08**	**98.5**	**43.35**	**96.4**
成都市	Chengdu	983.44	99.0	36.69	472.04	98.1	9.24	98.8
自贡市	Zigong	34.54	97.6	1.10	18.79	97.8	1.36	94.9
攀枝花市	Panzhihua	42.53	98.2	1.40	20.10	96.9	2.81	98.1
泸州市	Luzhou	70.94	98.5	2.04	31.20	100.0	1.24	97.4
德阳市	Deyang	84.63	98.6	2.46	32.07	99.2	2.01	98.3
绵阳市	Mianyang	94.77	98.0	2.84	40.84	99.8	0.78	96.5
广元市	Guangyuan	29.78	97.6	0.82	15.61	100.0	1.73	95.6
遂宁市	Suining	34.34	94.5	1.08	16.42	98.2	0.74	95.3
内江市	Neijiang	36.65	96.6	1.12	24.73	100.0	2.51	89.9
乐山市	Leshan	84.47	98.1	1.66	25.13	96.5	3.63	96.4
南充市	Nanchong	52.29	97.4	1.60	28.48	100.0	1.13	93.2
眉山市	Meishan	52.61	99.2	1.43	19.19	99.6	1.49	99.2
宜宾市	Yibin	78.73	98.5	2.25	28.65	96.9	3.95	97.3
广安市	Guangan	34.07	98.7	1.61	14.12	99.9	1.33	98.5
达州市	Dazhou	43.19	95.2	1.17	19.14	98.5	3.28	88.6
雅安市	Yaan	31.49	99.1	0.77	11.83	96.5	1.15	97.0
巴中市	Bazhong	36.14	91.0	0.84	10.77	100.0	0.63	87.1
资阳市	Ziyang	22.47	98.1	0.74	13.54	98.0	0.26	96.8
阿坝藏族羌族自治州	Aba	20.38	99.6	0.72	10.36	100.0	0.60	99.4
甘孜藏族自治州	Ganzi	21.27	98.9	0.64	8.72	100.0	0.53	98.6
凉山彝族自治州	Liangshan	52.49	99.5	1.72	25.99	98.8	1.37	99.5
省本级	Provincial level	341.89	99.1	3.85	33.34	100.0	1.58	100.0

9-18　城市居民最低生活保障情况

Basic Statistics on Residents under Basic Provision Protection in Urban Area

单位：户、人、万元　　(household, person, 10 000 yuan)

年份 Year	最低生活保障家庭数 Number of Households Receiving Minimum Living Allowances	最低生活保障人数 Number of Persons Receiving Minimum Living Allowances	#在职人员 Employed	#老年人 Elderly	城市低保资金 Funds for Urban Residents under Basic Provision Protection
2005	806737	1586126	11426	14744	112183
2010	1014429	1869694	25472	255385	403601
2011	1033800	1893114	13334	285339	455812
2012	1032332	1863842	15552	301762	428390
2013	1027660	1835734	17825	314598	507682
2014	989346	1734415	19440	325042	468792
2015	925095	1563548	16519	311675	490012
2016	819361	1344965	14622	301757	484439
2017	702040	1184095	13415	240296	431683
2018	568251	937070	11449	181309	387269
2019	466511	768376	8014	145757	307327
2020	429112	677479	4956	116075	313477
2021	387684	588657	596	101183	245657

9-19　农村居民最低生活保障和救济情况

Basic Statistics on Residents under Basic Provision Protection and Receiving Almsgiving in Rural Area

单位：户、人、万元　　(household, person, 10 000 yuan)

年份 Year	最低生活保障家庭数 Number of Households Receiving Minimum Living Allowances	最低生活保障人数 Number of Persons Receiving Minimum Living Allowances	#老年人 Elderly	#未成年人 Minors	#残疾人 Disabled	农村特困人员救助供养人数 Number of Rural Poor Personnel Relief Support	农村低保资金 Funds for Rural Residents under Basic Provision Protection
2005	296176	647007					8035
2010	2005227	3944748	1609275	434813	339357	211323	310207
2011	2221734	4251001	1737689	464960	356790	234494	437368
2012	2360143	4344818	1825940	463760	361101	257064	411568
2013	2501780	4394553	1878508	479749	366885	510267	559692
2014	2513702	4253319	1861781	455977	361682	504771	531594
2015	2482609	4054741	1832063	410835	667113	494722	590045
2016	2243946	3566780	1646309	358976	592631	485843	705993
2017	2180895	3663099	1608418	407129	549868	459085	728896
2018	1968055	3399154	1467388	388574	489133	445371	748958
2019	1962933	3537479	1466388	481134	473344	437035	817362
2020	2089249	3732812	1527145	540560	502293	428030	1084342
2021	2073623	3595635	1485896	514842	564593	417791	977180

9-20 各市(州)城市居民最低生活保障和救济情况(2021年) Basic Statistics on Residents under Basic Provision Protection and Receiving Almsgiving in Urban Area by Region(2021)

市(州)	Region	最低生活保障家庭数(户) Number of Households Receiving Minimum Living Allowances (household)	最低生活保障人数(人) Number of Persons Receiving Minimum Living Allowances (person)	#在职人员 Employed	#老年人 Elderly	#登记失业 Registered Unemployed	#无就业条件 Lack of Employment Conditions	城市低保资金(万元) Funds for Urban Residents under Basic Provision Protection (10 000 yuan)
全　省	**Sichuan**	**387684**	**588657**	**596**	**101183**	**38810**	**272676**	**245657**
成都市	Chengdu	18166	21875	138	1994	2353	12755	21619
自贡市	Zigong	31041	43750	93	5992	1294	19805	17764
攀枝花市	Panzhihua	4269	5833	14	753	1481	2072	4488
泸州市	Luzhou	12701	16345		3328	469	9107	8701
德阳市	Deyang	12861	18258	4	2768	1749	10783	8090
绵阳市	Mianyang	22757	35189	4	6980	959	6953	16232
广元市	Guangyuan	34192	63139	7	8796	5893	29777	15999
遂宁市	Suining	11806	16338	34	3350	1280	8157	5736
内江市	Neijiang	17551	24054	83	2683	5442	9588	11436
乐山市	Leshan	17288	23058	12	3974	2509	12026	13074
南充市	Nanchong	65507	105446	4	25003	3406	47647	32364
眉山市	Meishan	7764	9329		1678	63	1690	3416
宜宾市	Yibin	14926	20260	11	5062	1811	9293	12098
广安市	Guangan	31252	52502	1	7762	6157	23778	18475
达州市	Dazhou	33802	46731	1	9486	321	30150	20093
雅安市	Yaan	2354	2741	10	536	192	1031	1477
巴中市	Bazhong	14358	26555		3737	135	10180	9233
资阳市	Ziyang	5013	6752	59	1375	181	3372	3101
阿坝藏族羌族自治州	Aba	7881	12855	18	1920	1189	4191	5130
甘孜藏族自治州	Ganzi	5767	8308	102	1001	1112	3525	4144
凉山彝族自治州	Liangshan	16428	29339	1	3005	814	16796	12989

注：城乡居民低保和救济资料由四川省民政厅提供；城市低保资金全省合计中含省本级数据。
a) Data of urban and rural residents under basic provision protection and relief materials are provided by Sichuan Provincial Civil Affairs Department; Data of funds for urban residents under basic provision protection include provincial data.

9-21 各市(州)农村居民最低生活保障和救济情况(2021年)
Basic Statistics on Residents under Basic Provision Protection and Receiving Almsgiving in Rural Area by Region(2021)

市(州)	Region	最低生活保障家庭数(户) Number of Households Receiving Minimum Living Allowances (household)	最低生活保障人数(人) Number of Persons Receiving Minimum Living Allowances (person)	#老年人 Elderly	#未成年人 Minors	#残疾人 Disabled	农村特困人员救助供养人数(人) Number of Rural Poor Personnel Relief Support (person)	农村低保资金(万元) Funds for Rural Residents under Basic Provision Protection (10 000 yuan)
全 省	**Sichuan**	**2073623**	**3595635**	**1485896**	**514842**	**564593**	**417791**	**977180**
成都市	Chengdu	47852	75069	21455	9596	23155	29478	56596
自贡市	Zigong	78559	115738	55191	10638	18539	18781	24922
攀枝花市	Panzhihua	8773	17897	5265	3742	3636	2477	7800
泸州市	Luzhou	109565	177636	68618	32365	40083	24675	52001
德阳市	Deyang	45504	77804	37017	7001	20191	18796	19319
绵阳市	Mianyang	63636	97728	47594	7700	24465	21707	28852
广元市	Guangyuan	113493	180707	91936	11859	25474	11103	37149
遂宁市	Suining	80923	105696	59463	9509	23074	21244	27145
内江市	Neijiang	53261	77332	31235	9942	19003	33641	24453
乐山市	Leshan	57324	117051	38656	18926	22826	12791	37161
南充市	Nanchong	332290	536065	308358	37723	71604	52403	101264
眉山市	Meishan	69952	83602	41202	4880	17046	18591	22912
宜宾市	Yibin	64892	133606	44397	27919	28952	22652	44829
广安市	Guangan	109731	202433	88841	23228	28761	26847	41205
达州市	Dazhou	268505	357490	205317	25645	60502	36447	101454
雅安市	Yaan	18791	26473	9802	3046	9230	4984	11107
巴中市	Bazhong	143019	302712	123386	32002	45829	11741	55744
资阳市	Ziyang	88302	121386	62430	11663	29405	21499	40363
阿坝藏族羌族自治州	Aba	32970	68601	13906	10234	6619	5540	17046
甘孜藏族自治州	Ganzi	52935	149563	20768	42231	8459	7657	47474
凉山彝族自治州	Liangshan	233346	571046	111059	174993	37740	14737	178385

注：农村低保资金全省合计中含省本级数据。
a) Funds for rural residents under basic provision protection include provincial funds.

主要统计指标解释

城乡一体化住户调查 从2012年四季度起，国家统计局对分别进行的城乡住户调查实施了一体化改革，规范了城乡划分范围，统一了城乡居民收入指标名称、分类和统计标准，建立了城乡统一的一体化住户调查，并据此采集全国居民有关数据。

居民可支配收入 指居民可用于最终消费支出和储蓄的总和，即居民可用于自由支配的收入。既包括现金收入，也包括实物收入。按照收入的来源，可支配收入包含四项，分别为：工资性收入、经营净收入、财产净收入和转移净收入。

工资性收入 指就业人员通过各种途径得到的全部劳动报酬和各种福利，包括受雇于单位或个人、从事各种自由职业、兼职和零星劳动得到的全部劳动报酬和福利。

经营净收入 指住户或住户成员从事生产经营活动所获得的净收入，是全部经营收入中扣除经营费用、生产性固定资产折旧和生产税之后得到的净收入。计算公式为：

经营净收入=经营收入−经营费用−生产性固定资产折旧−生产税

财产净收入 指住户或住户成员将其所拥有的金融资产、住房等非金融资产和自然资源交由其他机构单位、住户或个人支配而获得的回报并扣除相关的费用之后得到的净收入。财产净收入包括利息净收入、红利收入、储蓄性保险净收益、转让承包土地经营权租金净收入、出租房屋净收入、出租其他资产净收入和自有住房折算净租金等。财产净收入不包括转让资产所有权的溢价所得。

转移净收入 计算公式为：转移净收入=转移性收入−转移性支出

转移性收入 指国家、单位、社会团体对住户的各种经常性转移支付和住户之间的经常性收入转移。包括养老金或退休金、社会救济和补助、政策性生产补贴、政策性生活补贴、经常性捐赠和赔偿、报销医疗费、住户之间的赡养收入，本住户非常住成员寄回带回的收入等。转移性收入不包括住户之间的实物馈赠。

转移性支出 指调查户对国家、单位、住户或个人的经常性或义务性转移支付。包括缴纳的税款、各项社会保障支出、赡养支出、经常性捐赠和赔偿支出以及其他经常转移支出等。

居民消费支出 指居民用于满足家庭日常生活消费需要的全部支出，既包括现金消费支出，也包括实物消费支出。消费支出可划分为食品烟酒、衣着、居住、生活用品及服务、交通通信、教育文化娱乐、医疗保健以及其他用品及服务八大类。

食品烟酒支出 指用于各种食品和烟草、酒类的支出。

衣着支出 指与居民穿着有关的支出，包括服装、服装材料、鞋类、其他衣类及配件、衣着相关加工服务的支出。

居住支出 指与居住有关的支出，包括房租、水、电、燃料、物业管理等方面的支出，也包括自有住房折算租金。

生活用品及服务支出 指家庭及个人的各类生活品及家庭服务。包括家具及室内装饰品、家用器具、家用纺织品、家庭日用杂品、个人用品和家庭服务。

交通通信支出 指用于交通和通信工具及相关的各种服务费、维修费和车辆保险等支出。

教育文化娱乐支出 指用于教育、文化和娱乐方面的支出。

医疗保健支出 指用于医疗和保健的药品、用品和服务的总费用。包括医疗器具及药品，以及医疗服务。

其他用品及服务支出 指无法直接归入上述各类支出的其他用品与服务支出。

恩格尔系数 指食物支出金额占总支出金额的比重。

$$恩格尔系数=\frac{食物支出金额}{总支出金额}\times100\%$$

城镇职工基本养老保险

(1)参保职工人数：指报告期末参加城镇职工基本养老保险并在社保经办机构已建立缴费记录档案的职工人数，包括中断缴费但未终止养老保险关系的职工人数，不包括只登记未建立缴费记录档案的人数。

(2)离退休人员人数：指报告期末参加城镇职工基本养老保险的离休、退休和退职人员的人数。

(3)基金收入：指根据国家有关规定，由纳入职工基本养老保险范围的缴费单位和个人按国家规定的缴费基数和缴费比例缴纳的养老保险费，以及通过其他方式取得的形成基金来源的收入。包括单位和职工个人缴纳的基本养老保险费、基本养老保险基金利息收入、委托投资收益、上级补助收入、下级上解收入、转移收入、财政补贴和其他收入。

基本医疗保险

(1)参保人数：指报告期末参加职工基本医疗保险和城乡居民基本医疗保险人员的合计。

(2)基金收入（含生育保险）：基本医疗保险基金支出包括职工基本医疗保险基金支出（含生育保险）和城乡居民基本医疗保险基金支出。职工基本医疗保险基金支出（含生育保险）包括基本医疗保险待遇支出、生育保险待遇支出、其他支出、转移支出。城乡居民基本医疗保险基金支出包括基本医疗保险待遇支出、购买大病保险支出、其他支出。

失业保险

(1)参保人数：指报告期末城镇企业、事业单位职工参加失业保险的人数及按地方规定参加失业保险的其他人员人数之和。

(2)基金收入：指报告期内筹集的失业保险基金的总额，包括失业保险费收入、利息收入、财政补贴收入、其他收入、

转移收入。

工伤保险

(1)参保人数：指报告期末参加工伤保险的职工人数和有雇工的个体工商户的雇工数。

(2)享受工伤保险待遇人数：指年报告期内因工伤或职业病而享受工伤保险待遇的职工人数。为享受伤残待遇人数以及享受因工死亡待遇人数之和。

(3)基金收入：指根据国家有关规定，由参加工伤保险的单位按国家规定的缴费基数和缴费比例缴纳及难以直接按照工资总额计算缴纳工伤保险费的部分行业企业按规定方式缴纳的工伤保险费，以及依法通过其他形式取得的形成基金来源的款项。包括：工伤保险费收入、利息收入、上级补助收入、下级上解收入、其他收入。

生育保险

(1)参保人数：指报告期末依据有关规定参加生育保险的人数。

(2)基金收入：指根据国家有关规定，由参加生育保险的单位按照国家规定的缴费基数和缴费比例缴纳的生育保险费，以及通过其他方式取得的形成基金来源的款项，包括：生育保险费收入、财政补贴收入、利息收入、上级补贴收入、下级上解收入和其他收入。

城市居民最低生活保障人数 指在报告期末纳入当地城市最低生活保障范围、并已发放补助经费的人数。

农村居民最低生活保障人数 指在报告期末纳入当地农村最低生活保障范围、并已发放补助经费的人数。

Explanatory Notes on Main Statistical Indicators

Integrated Urban and Rural Household Survey In the fourth quarter of 2012, the NBS launched its reform on the household survey programme, to develop an integrated survey, instead of two separate urban and rural household surveys. The reform aims at regulating the division of urban and rural areas, integrating the concepts, classifications and standards, implementing the integrated household survey, and collecting household data in the whole country thereafter.

Disposable Income of Residents refers to the income of residents for purpose of final expenditure and savings. It includes income both in cash and in kind. By sources of income, disposable income includes four categories: income from wages and salaries, net business income, net income from properties and net income from transfer.

Income from Wages and Salaries refers to remuneration and benefits of all kinds of employed persons, including those employed by other units or individuals, freelance workers, part-time jobs, and sporadic workers.

Net Business Income refers to net income earned by households and their members engaged in production and business activities. It refers to the net income of operating revenue minus operating costs, depreciation of productive fixed assets, and production tax. The formula is:

Net business income = operating revenue-operating costs -depreciation of productive fixed assets-production tax

Net Income from Properties refers to the net income received as returns by households or members through lending of their financial assets, non-financial assets such as housing, to other institutions, households or individuals, minus relevant costs. Net income from properties includes net income of interest, bonus income, net income of saving insurance, net income from transferring management right of contract land, income from lending of housing, income from lending other assets, net converted rents of self-owned housing. Net income from properties do not include premium of transferring ownership of assets.

Net Income from Transfer The formula is:

Net income from transfer = income from transfer-expenditure from transfer

Income from Transfer refers to the regular transfer received from governments, institutions, social organizations to households and between households. It includes old-age and retirement pension, regular donation and compensation, reimbursement of medical fees, supporting income between households, income from non-resident members of households, etc. Income from transfer do not include gifts in kinds between households.

Expenditure from Transfer refers to regular or obligatory transfer paid to government, institutions, households or individuals. It includes tax payment, expenditure on all kinds of social security, supporting expenditure, regular donation, compensation payment and other regular transfer expenditure.

Consumption Expenditure of Residents refers to all expenditure of residents for living expenditure to satisfy family daily living. It includes expenditure in cash and in kind. It includes eight categories: food, tobacco and liquor; clothing and footwear; housing; household equipment, furnishings and services; transport and communications; education, culture and recreation; health care and medical services, and miscellaneous goods and services.

Food, Tobacco and Liquor Expenditure refers to expenditure for food, tobacco and liquor of all kinds.

Clothing Expenditure refers to expenditure related to clothing, including clothes, clothing materials, footwear, other clothing and accessories, processing services related to clothing.

Residence Expenditure refers to expenditure related to housing, including rents, water, electricity, fuel, property management, as well as imputed rent on owner-occupied dwellings.

Household Facilities, Articles and Services Expenditure refers to expenditure of households and individuals on equipment, furnishings and articles for living purpose and on household services. It includes furniture and interior decoration, home appliances, home textiles, household miscellaneous daily articles, personal articles, and household services.

Transport and Communications Expenditure refers to expenditure on transport and communication and related services, maintenance and repairs, and vehicle insurance.

Education, Cultural and Recreational Activities Expenditure refers to expenditure on educational, cultural and recreational activities.

Health Care and Medical Services Expenditure refers to expenditure on drugs, supplies and services of medical and health care. It includes medical appliances and drugs, and medical services.

Miscellaneous Goods and Services Expenditure refers to expenditure on all other articles and services that can not classified into the above categories.

Engel Coefficient refers to the percentage of expenditure on food to the total consumption, using the following formula:

$$\text{Engel Coefficient} = \frac{\text{Expenditure on Food}}{\text{Total Consumption Expenditure}} \times 100\%$$

Basic Endowment Insurance for Urban Workers

1) Number of workers covered refers to staff and workers participating in the basic endowment insurance for urban workers at the end of the reference period, who have already had payment records in social security management agencies, including those who have interrupt payment without terminating the insurance programme. Those who have registered in the programme but with no payment records are not included.

2) Number of retirees covered refers to the number of retirees participating in the basic endowment insurance for urban workers by the end of the reference period.

3) Revenue refers to payments made by employers and employees participating in the basic endowment insurance for urban workers in accordance with the basis and proportion stipulated in state regulations, and income from other sources that become the source of endowment insurance fund, including the premium paid by employers and staff and workers, interest income, entrusted investment income, subsidies from higher level agencies, income as transfer from subordinate agencies, transferred income, government financial subsidies and other income.

Basic Medical Insurance

1) Participants refers to the total number of people who participate in the basic medical insurance for workers and basic medical insurance for urban and rural residents at the end of the reference period.

2) Revenue (birth insurance included) refers to basic medical insurance fund income for employees (including birth insurance) and basic medical insurance fund income for urban and rural residents. The basic medical insurance fund income of employees (including birth insurance) includes basic medical insurance premium income (including birth insurance), interest income, financial subsidy income, other income, insurance premium income to be transferred, interest income to be transferred and transfer income.

Unemployment Insurance

1) Participants refers to the number of staff and workers in urban enterprises or institutions who have participated in the unemployment insurance, and other people who have participated according to local regulations at the end of the reference period.

2) Revenue refers to the total unemployment insurance funds raised in the reference period, including unemployment insurance premium, interest income, financial subsidies, other revenue, and transferred revenue.

Work-related Injury Insurance

1) Participants refers to staff and workers who have participated in the work-related injury insurance and employees who work as self-employed and have participated in the work-related injury insurance at the end of the reference period.

2) Number of beneficiaries refers to number of employee benefited from work-related injury insurance, as a result of work injury or occupational disease. It is the sum of beneficiaries of disability benefits for work injuries and compensation for deaths at work places.

3) Revenue refers to payments made by employers participating in the work-related injury insurance programme in accordance with the basis and proportion stipulated in state regulations, and payment by enterprises of some industries where it is difficult to estimate the injury insurance premium directly according to the total wage bill in accordance with stipulated way, and revenue from other sources according to law that become source of work-related injury insurance fund, including revenue of injury insurance, interest income, subsidies from higher level agencies, revenue as transfer from subordinate agencies, and other revenues.

Maternity Insurance

1) Number of people covered refers to people who have participated in the maternity insurance program according to relevant national regulations at the end of the reference period.

2) Revenue of the work injury insurance programme refers to payments made by employers participating in the maternity insurance programme in accordance with the basis and proportion stipulated in State regulations, and income from other sources that become source of maternity insurance fund, including income of maternity insurance, government financial subsidies, interest income, subsidies from higher level agencies, income as transfer from subordinate agencies, and other incomes.

Number of Urban Residents Entitled to Minimum Living Allowances refers to the number of those urban residents included in the local urban minimum living allowances and granted subsidies at the end of the reporting period.

Number of Rural Residents Entitled to Minimum Living Allowances refers to the number of those urban residents included in the local rural minimum living allowances and granted subsidies at the end of the reporting period.

10 城市发展

Chapter 10 Urban Development

SICHUAN STATISTICAL YEARBOOK

10-1 城市建设情况(2021年)
Basic Statistics on City Construction(2021)

单位：平方公里 (sq.km)

城市	City	城区面积 Total Urban Area	#建成区面积 Area of Built Districts	城市建设用地面积 Urban Construction Land Area	#居住用地 Residential Land	本年征用土地面积 Requisitioned Land Area This Year
全　省	**Sichuan**	**9313.57**	**3367.42**	**3181.76**	**1018.63**	**127.79**
成都市	Chengdu	1484.57	1055.79	994.65	342.22	41.15
简阳市	Jianyang	69.04	41.00	40.52	9.68	0.82
都江堰市	Dujiangyan	102.13	39.02	39.02	20.30	0.58
彭州市	Pengzhou	133.80	28.87	28.87	7.46	0.54
邛崃市	Qionglai	207.02	26.50	26.39	11.30	1.52
崇州市	Chongzhou	63.42	23.13	23.13	7.27	1.70
自贡市	Zigong	778.32	132.00	128.50	42.45	2.61
攀枝花市	Panzhihua	433.75	83.52	82.98	22.51	1.68
泸州市	Luzhou	411.38	174.13	174.13	40.41	2.79
德阳市	Deyang	193.59	98.53	98.15	29.96	4.99
广汉市	Guanghan	60.50	40.70	40.70	10.30	2.06
什邡市	Shifang	21.00	18.40	17.64	4.73	
绵竹市	Mianzhu	20.00	18.47	13.42	5.57	
绵阳市	Mianyang	603.70	181.88	181.88	56.35	5.09
江油市	Jiangyou	199.41	35.00	34.54	10.20	5.60
广元市	Guangyuan	216.70	67.67	67.28	16.69	2.19
遂宁市	Suining	293.32	89.50	86.99	29.93	3.80
射洪市	Shehong	115.00	30.86	30.86	6.00	
内江市	Neijiang	278.93	103.50	103.22	35.35	7.22
隆昌市	Longchang	57.00	26.00	26.00	7.40	
乐山市	Leshan	477.67	75.82	75.82	27.70	
峨眉山市	Emeishan	90.20	24.68	24.68	10.78	
南充市	Nanchong	420.00	167.14	167.14	62.44	4.98
阆中市	Langzhong	150.00	38.01	38.01	11.50	0.40
眉山市	Meishan	318.16	85.32	82.91	28.53	11.51
宜宾市	Yibin	205.38	180.05	160.25	34.16	16.12
广安市	Guangan	140.24	65.78	65.00	25.15	1.72
华蓥市	Huaying	92.40	16.00	16.00	4.60	0.47
达州市	Dazhou	219.53	144.34	90.35	28.56	1.00
万源市	Wanyuan	33.90	16.26	16.26	7.90	
雅安市	Yaan	196.90	45.69	43.03	10.22	1.06
巴中市	Bazhong	182.10	64.20	38.40	13.52	
资阳市	Ziyang	249.23	53.50	52.50	10.20	4.51
马尔康市	Maerkang	369.16	5.26	4.43	1.73	0.19
康定市	Kangding	6.00	5.40	5.02	1.55	0.85
会理市	Huili	19.40	13.65	13.65	5.79	0.64
西昌市	Xichang	400.72	51.85	49.44	18.22	

注：本篇章资料由四川省住房和城乡建设厅提供；本篇章统计范围是四川省所辖地级市和县级市的城市统计。

a) Data of this table are provided by Sichuan Provincial Department of Housing and Urban and Rural Construction; The statistical scope of this chapter is the prefecture-level cities and county-level cities in Sichuan Province.

10-2 城市设施水平(2021年)
Level of Public Facilities in Cities(2021)

城 市	City	供水普及率(%) Water Coverage Rate (%)	燃气普及率(%) Gas Coverage Rate (%)	人均城市道路面积(平方米) Per Capita Area of Roads (sq.m)	污水处理率(%) Wastewater Treatment Rate (%)	人均公园绿地面积(平方米) Per Capita Public Recreational Green Space (sq.m)	建成区绿化覆盖率(%) Green Covered Area as Percentage of Built Districts (%)	生活垃圾处理率(%) Household Garbage Treatment Rate (%)
全 省	**Sichuan**	**98.66**	**98.12**	**17.89**	**96.41**	**13.73**	**43.05**	**99.99**
成都市	Chengdu	99.52	99.68	16.63	96.09	11.74	44.08	100.00
简阳市	Jianyang	100.00	100.00	20.36	93.51	15.88	43.60	100.00
都江堰市	Dujiangyan	98.87	97.51	23.30	93.02	16.96	45.25	100.00
彭州市	Pengzhou	100.00	100.00	15.95	95.82	14.90	42.27	100.00
邛崃市	Qionglai	97.01	95.30	20.38	96.50	22.18	45.60	100.00
崇州市	Chongzhou	100.00	100.00	24.10	93.18	12.41	45.06	100.00
自贡市	Zigong	95.99	97.80	18.30	96.51	14.90	44.20	100.00
攀枝花市	Panzhihua	100.00	98.65	18.67	97.30	14.58	42.11	100.00
泸州市	Luzhou	97.79	97.93	14.28	96.77	14.10	42.55	100.00
德阳市	Deyang	99.95	99.83	28.76	97.12	15.24	41.63	100.00
广汉市	Guanghan	100.00	100.00	23.40	97.02	15.91	49.91	100.00
什邡市	Shifang	99.33	100.00	21.99	95.00	15.43	40.56	100.00
绵竹市	Mianzhu	100.00	99.59	26.65	95.77	14.98	38.33	100.00
绵阳市	Mianyang	99.68	99.83	19.96	97.67	14.12	41.53	100.00
江油市	Jiangyou	100.00	99.26	18.69	96.07	14.21	43.01	100.00
广元市	Guangyuan	99.87	99.70	18.33	97.09	16.26	41.69	100.00
遂宁市	Suining	100.00	97.42	27.62	96.66	15.61	42.87	100.00
射洪市	Shehong	100.00	98.44	16.73	98.03	11.21	40.03	100.00
内江市	Neijiang	99.70	99.99	17.10	96.70	17.13	38.36	100.00
隆昌市	Longchang	98.39	98.66	19.05	98.80	15.53	44.03	100.00
乐山市	Leshan	99.27	97.16	17.92	96.13	18.28	42.66	100.00
峨眉山市	Emeishan	98.65	98.70	27.19	95.23	18.01	42.14	100.00
南充市	Nanchong	99.34	98.68	16.14	96.26	14.11	47.88	100.00
阆中市	Langzhong	100.00	100.00	15.72	95.02	15.31	45.51	100.00
眉山市	Meishan	99.49	97.06	19.37	98.17	14.92	42.17	100.00
宜宾市	Yibin	96.25	94.39	14.27	97.46	14.68	41.23	100.00
广安市	Guangan	97.71	99.79	28.71	100.00	17.01	44.06	100.00
华蓥市	Huaying	94.94	95.83	19.09	98.11	13.41	38.99	100.00
达州市	Dazhou	97.92	99.00	14.96	95.36	14.84	41.73	100.00
万源市	Wanyuan	99.88	99.88	6.37	98.90	23.56	43.50	100.00
雅安市	Yaan	99.18	99.18	46.35	96.85	17.10	40.34	99.61
巴中市	Bazhong	100.00	99.76	19.37	99.83	13.53	43.46	100.00
资阳市	Ziyang	99.92	100.00	26.69	97.55	15.57	40.11	100.00
马尔康市	Maerkang	99.70	69.70	11.71	96.47	13.03	37.45	98.32
康定市	Kangding	100.00	78.85	13.03	87.65	15.21	42.59	98.86
会理市	Huili	98.53	67.18	14.51	83.99	9.59	40.51	100.00
西昌市	Xichang	82.64	73.35	10.66	90.82	10.60	37.52	100.00

10-3 城市供水情况(2021年)

Basic Statistics on Water Supply in Cities(2021)

城 市	City	供水综合生产能力(万立方米/日) Production Capacity of Tap Water Supply (10 000 cu.m / day)	供水管道长度(公里) Length of Water Supply Pipelines (km)	供水总量(万立方米) Total Volume of Water Supply (10 000 cu.m)	#居民家庭用水 Water for Residential Use	用水人口(万人) Number of Residents with Access to Tap Water (10 000 persons)	人均日生活用水量(升) Per Capita Daily Consumption of Tap Water for Residential Use (liter)
全 省	**Sichuan**	**1521.34**	**56654.60**	**340079.65**	**168291.38**	**3107.33**	**194.03**
成都市	Chengdu	667.27	21904.83	154560.49	73463.45	1181.45	245.29
简阳市	Jianyang	12.10	305.07	2601.75	1306.44	33.58	124.15
都江堰市	Dujiangyan	24.45	504.29	4063.87	1457.00	24.57	180.89
彭州市	Pengzhou	52.00	1101.64	2044.00	914.00	26.74	115.37
邛崃市	Qionglai	11.09	326.44	2275.23	707.27	25.00	91.65
崇州市	Chongzhou	8.00	312.00	2289.00	1133.00	18.98	178.41
自贡市	Zigong	29.20	3959.82	7067.42	4277.63	121.04	96.82
攀枝花市	Panzhihua	44.90	1464.89	11051.70	3559.28	66.10	213.54
泸州市	Luzhou	86.31	3509.41	13514.90	6777.16	165.27	139.34
德阳市	Deyang	31.50	718.40	7382.85	3739.71	66.07	166.67
广汉市	Guanghan	19.80	427.05	4237.85	1211.22	24.96	219.66
什邡市	Shifang	8.00	425.00	2211.90	750.52	14.80	257.21
绵竹市	Mianzhu	8.00	149.15	2135.70	741.83	14.70	170.92
绵阳市	Mianyang	67.52	4967.10	16044.33	8751.16	145.10	207.10
江油市	Jiangyou	16.20	948.31	3937.52	2392.12	35.00	188.53
广元市	Guangyuan	20.20	721.38	5237.94	2886.16	55.79	153.73
遂宁市	Suining	33.72	1390.37	8581.15	3519.45	61.23	203.10
射洪市	Shehong	10.57	207.00	3156.27	1806.78	31.49	174.66
内江市	Neijiang	17.63	904.50	5946.93	3260.86	69.80	177.31
隆昌市	Longchang	7.20	671.29	2141.69	1263.25	22.00	157.32
乐山市	Leshan	42.00	2483.62	7860.78	4037.90	69.47	167.88
峨眉山市	Emeishan	13.68	257.00	2685.32	1521.63	18.95	283.57
南充市	Nanchong	53.00	1130.00	13894.00	6888.00	151.00	172.62
阆中市	Langzhong	14.50	302.00	3813.74	1910.05	32.00	168.15
眉山市	Meishan	31.75	1175.00	8300.55	4820.69	70.48	217.26
宜宾市	Yibin	58.50	1256.95	10595.31	5915.02	173.37	120.31
广安市	Guangan	13.00	797.86	4154.77	2109.57	42.63	175.57
华蓥市	Huaying	2.90	297.00	999.51	625.14	11.83	153.42
达州市	Dazhou	25.00	981.00	7300.00	4964.00	132.00	109.73
万源市	Wanyuan	9.00	82.50	736.54	471.00	8.00	170.43
雅安市	Yaan	20.50	645.74	3130.56	1596.60	20.54	245.92
巴中市	Bazhong	13.65	589.00	5535.00	3950.00	58.09	202.33
资阳市	Ziyang	14.30	589.30	3993.13	1950.54	38.00	188.67
马尔康市	Maerkang	3.10	56.00	632.00	441.00	3.29	492.15
康定市	Kangding	1.30	117.75	380.00	290.00	5.91	138.28
会理市	Huili	4.80	250.63	650.95	405.95	12.10	103.01
西昌市	Xichang	24.70	725.31	4935.00	2476.00	56.00	135.76

10–4 城市燃气情况(2021年)
Basic Statistics on Gas Supply in Cities(2021)

城 市	City	天然气销售量(万立方米) Total Volume of Gas Sales (10 000 cu.m)	#居民家庭 Volume of Residential Use	天然气用气人口(万人) Population with Access to Gas (10 000 persons)	液化石油气销售量(吨) Total Volume of LPG Sales (tons)	#居民家庭 Volume of Residential Use	液化石油气用气人口(万人) Population with Access to LPG (10 000 persons)
全 省	**Sichuan**	**947162.60**	**437839.15**	**2922.98**	**214423.81**	**94940.51**	**122.49**
成都市	Chengdu	396605.66	194964.29	1146.06	144147.05	55279.08	37.30
简阳市	Jianyang	9413.00	4115.00	32.93	1698.00	1569.00	0.65
都江堰市	Dujiangyan	9180.39	4498.34	23.86	282.76	129.50	0.37
彭州市	Pengzhou	9243.00	8122.00	23.91	900.00	840.00	2.83
邛崃市	Qionglai	6533.00	4301.00	23.99	367.00	191.00	0.57
崇州市	Chongzhou	20735.99	6900.80	17.48	8297.82	4119.22	1.50
自贡市	Zigong	23333.60	15507.00	123.31			
攀枝花市	Panzhihua	164.15	120.88	8.22	1252.84	1252.84	11.95
泸州市	Luzhou	63943.62	12615.30	162.98	1123.50	835.00	2.53
德阳市	Deyang	51474.83	9521.20	63.21	3845.57	1753.52	2.78
广汉市	Guanghan	14521.55	3357.12	23.29	6600.00	1197.85	1.67
什邡市	Shifang	9744.00	5390.00	14.10	521.20	350.00	0.80
绵竹市	Mianzhu	13860.00	4410.00	14.50	629.00	610.00	0.14
绵阳市	Mianyang	55136.00	24185.79	142.22	3963.00	3585.00	3.10
江油市	Jiangyou	8805.12	4678.12	34.74			
广元市	Guangyuan	14886.48	8032.07	54.07	1158.20	781.40	1.62
遂宁市	Suining	32807.39	7875.15	58.94	178.00	160.00	0.71
射洪市	Shehong	5115.00	4415.00	31.00			
内江市	Neijiang	15185.92	7582.72	69.64	11953.00	6227.00	0.36
隆昌市	Longchang	3620.62	2034.90	22.06			
乐山市	Leshan	26589.53	11244.20	66.99	5199.30	2347.20	1.00
峨眉山市	Emeishan	6408.00	3691.00	18.96	1500.00		
南充市	Nanchong	28456.65	17019.12	146.00	4490.00	3850.00	4.00
阆中市	Langzhong	3797.00	2436.00	31.50	1150.00	610.00	0.50
眉山市	Meishan	20387.66	10081.53	67.88	507.50	254.00	0.88
宜宾市	Yibin	34295.45	27264.33	167.89	1070.57	1008.00	2.12
广安市	Guangan	9367.59	6699.95	43.54			
华蓥市	Huaying	2308.00	1820.00	11.00	182.00	115.40	0.94
达州市	Dazhou	14550.35	3952.83	133.45			
万源市	Wanyuan	1062.04	828.45	7.00	660.00	660.00	1.00
雅安市	Yaan	9087.47	4896.58	20.54			
巴中市	Bazhong	12980.43	8830.43	57.95			
资阳市	Ziyang	8813.64	4161.11	32.53	257.00	185.00	5.50
马尔康市	Maerkang	219.15	151.83	0.75	700.00	700.00	1.55
康定市	Kangding	279.32	279.32	0.54	490.50	490.50	4.12
会理市	Huili	126.00	56.72	6.25	590.00	590.00	2.00
西昌市	Xichang	4125.00	1799.07	19.70	10710.00	5250.00	30.00

10-5 城市道路和桥梁情况(2021年)
Basic Statistics on City Roads and Bridges(2021)

城 市	City	道路长度(公里) Length of Paved Roads (km)	#建成区 Built Districts	道路面积(万平方米) Area of Paved Roads (10 000 sq.m)	#人行道面积 Area of Sidewalk	桥梁数(座) Number of Bridges (unit)	道路照明灯盏数(盏) Number of lamps for Road Lighting (unit)
全 省	**Sichuan**	**28268.66**	**25871.95**	**56342.43**	**14467.70**	**3859**	**2166472**
成都市	Chengdu	9421.10	8476.11	19737.46	4211.51	2097	669485
简阳市	Jianyang	343.40	322.51	683.58	257.00	32	22275
都江堰市	Dujiangyan	314.11	314.11	579.00	203.00	104	28310
彭州市	Pengzhou	232.97	232.97	426.42	142.01	8	13804
邛崃市	Qionglai	204.10	204.10	525.24	201.27	4	22316
崇州市	Chongzhou	221.00	221.00	457.40	164.10	11	72114
自贡市	Zigong	1689.27	1214.40	2307.11	364.28	138	58804
攀枝花市	Panzhihua	911.26	857.09	1234.20	323.56	90	34803
泸州市	Luzhou	1187.86	1167.34	2414.03	744.99	94	106648
德阳市	Deyang	708.05	692.87	1900.84	498.43	48	61928
广汉市	Guanghan	281.60	281.60	584.04	145.00	19	24400
什邡市	Shifang	128.04	128.04	327.70	82.79	36	14798
绵竹市	Mianzhu	176.84	115.00	391.77	165.21	22	
绵阳市	Mianyang	1390.36	1384.41	2904.98	788.63	143	134168
江油市	Jiangyou	250.00	245.00	654.16	287.24	28	29041
广元市	Guangyuan	565.88	565.88	1023.82	309.98	192	45341
遂宁市	Suining	745.05	723.53	1691.04	381.96	92	34719
射洪市	Shehong	267.70	201.00	526.96	92.96	19	14710
内江市	Neijiang	697.74	693.95	1197.28	349.73	37	74133
隆昌市	Longchang	217.90	217.90	426.00	119.97	18	25438
乐山市	Leshan	776.15	717.77	1253.90	246.79	94	71144
峨眉山市	Emeishan	165.43	165.43	522.29	146.50	21	37531
南充市	Nanchong	1021.00	1021.00	2453.00	742.00	58	66480
阆中市	Langzhong	195.80	195.80	503.03	153.56	25	14115
眉山市	Meishan	630.54	615.74	1372.27	315.15	68	93871
宜宾市	Yibin	1158.75	1140.31	2570.74	853.62	74	90092
广安市	Guangan	593.68	536.71	1252.82	383.46	19	34397
华蓥市	Huaying	137.17	134.82	237.86	48.21	22	10854
达州市	Dazhou	1127.00	1095.11	2016.73	562.02	23	49986
万源市	Wanyuan	29.55	29.55	51.00	19.40	8	3151
雅安市	Yaan	407.13	382.17	959.87	250.25	68	40891
巴中市	Bazhong	978.60	634.20	1125.00	415.20	36	13206
资阳市	Ziyang	527.58	429.17	1014.92	264.64	46	13000
马尔康市	Maerkang	39.80	30.50	38.65	7.61	18	1010
康定市	Kangding	98.60	68.10	77.00	29.50	16	2180
会理市	Huili	97.85	96.24	178.23	50.00	31	15440
西昌市	Xichang	329.80	320.52	722.09	146.17		121889

10-6 城市绿地和园林情况(2021年)
Basic Statistics on Parks and Green Areas in Cities(2021)

城市	City	绿化覆盖面积(公顷) Areas Covered by Green Land (hectare)	#建成区 Built Districts	绿地面积(公顷) Green Area (hectare)	#建成区 Built Districts	公园绿地面积(公顷) Public Green Area (hectare)	公园个数(个) Number of Parks (unit)	公园面积(公顷) Area of Parks (hectare)
全 省	**Sichuan**	**159111**	**144964**	**139518**	**127880**	**43252**	**879**	**26629**
成都市	Chengdu	46539	46539	40129	40129	13935	170	5838
简阳市	Jianyang	2646	1788	2181	1445	533	14	733
都江堰市	Dujiangyan	1766	1766	1580	1580	421	4	126
彭州市	Pengzhou	1220	1220	1027	1027	398	2	18
邛崃市	Qionglai	1208	1208	1109	1109	572	10	564
崇州市	Chongzhou	1042	1042	975	975	236	6	220
自贡市	Zigong	5962	5834	5230	5122	1879	23	658
攀枝花市	Panzhihua	3517	3517	3292	3292	964	23	761
泸州市	Luzhou	8042	7410	7615	6750	2382	46	1721
德阳市	Deyang	4102	4102	3523	3523	1007	25	562
广汉市	Guanghan	2033	2031	1643	1638	397	9	116
什邡市	Shifang	746	746	660	660	230	5	66
绵竹市	Mianzhu	719	708	700	661	220	5	36
绵阳市	Mianyang	7553	7553	6937	6937	2055	22	1448
江油市	Jiangyou	1516	1505	1395	1343	498	6	191
广元市	Guangyuan	4115	2821	3943	2643	908	30	842
遂宁市	Suining	6579	3837	6061	3325	956	35	787
射洪市	Shehong	1235	1235	1107	1107	353	10	330
内江市	Neijiang	4012	3971	3660	3660	1199	30	634
隆昌市	Longchang	1162	1145	1075	998	347	6	75
乐山市	Leshan	8034	3235	7356	3025	1279	41	892
峨眉山市	Emeishan	1040	1040	963	963	346	13	206
南充市	Nanchong	9086	8002	6651	6489	2145	28	2121
阆中市	Langzhong	1930	1730	1719	1508	490	9	355
眉山市	Meishan	4351	3598	3856	3167	1057	25	544
宜宾市	Yibin	7533	7423	6652	6574	2643	67	1616
广安市	Guangan	2941	2899	2572	2572	742	35	1068
华蓥市	Huaying	637	624	597	585	167	7	207
达州市	Dazhou	6350	6023	5600	5465	2000	64	802
万源市	Wanyuan	707	707	650	650	189	3	604
雅安市	Yaan	2737	1843	1704	1647	354	28	428
巴中市	Bazhong	2792	2790	2722	2684	786	19	550
资阳市	Ziyang	2146	2146	1929	1929	592	12	419
马尔康市	Maerkang	385	197	191	191	43	2	44
康定市	Kangding	230	230	191	191	90	4	18
会理市	Huili	553	553	466	459	118	3	47
西昌市	Xichang	1945	1945	1857	1857	719	38	984

10-7 城市排水和污水处理情况(2021年)
Basic Statistics on City Drainage and Sewage Treatment(2021)

城市	City	排水管道长度(公里) Length of Drain Pipes (km)	#污水管道 Wastewater Pipes	#雨水管道 Rainwater Pipes	污水排放量(万立方米) Volume of Sewage Discharged (10 000 cu.m)	污水处理厂(座) Wastewater Treatment Plants (unit)	污水处理厂处理量(万立方米) Volume of Wastewater Treatment Plants (10 000 cu.m)
全　省	**Sichuan**	**46437.47**	**21590.36**	**21582.17**	**289696.47**	**196**	**272219.10**
成都市	Chengdu	17386.30	7967.88	9017.43	124045.17	61	116030.30
简阳市	Jianyang	474.00	330.00	144.00	1949.67	1	1823.14
都江堰市	Dujiangyan	572.40	238.95	314.20	3225.00	2	3000.05
彭州市	Pengzhou	507.56	216.30	291.26	1840.00	2	1763.00
邛崃市	Qionglai	350.00	130.00	128.00	2388.87	4	2305.26
崇州市	Chongzhou	290.56	145.28	130.07	1559.52	1	1453.23
自贡市	Zigong	1960.56	502.35	1039.14	7136.00	6	6887.00
攀枝花市	Panzhihua	1157.88	826.67	278.53	8347.25	9	4857.68
泸州市	Luzhou	1878.74	958.83	911.80	10987.21	12	10604.25
德阳市	Deyang	1597.25	629.77	949.01	9520.73	5	9246.56
广汉市	Guanghan	510.50	224.85	216.65	4020.50	2	3900.70
什邡市	Shifang	346.29	140.44	202.29	2304.13	1	2188.92
绵竹市	Mianzhu	239.10	184.20	53.90	1884.69	1	1805.00
绵阳市	Mianyang	2895.58	1387.10	1480.87	16043.04	10	15669.25
江油市	Jiangyou	485.49	242.66	242.83	3689.70	2	3544.63
广元市	Guangyuan	1022.38	583.43	391.05	4669.80	5	4533.85
遂宁市	Suining	1365.51	755.98	567.18	9014.18	5	8095.25
射洪市	Shehong	471.60	209.22	208.48	3221.89	2	3158.45
内江市	Neijiang	1261.21	541.41	484.65	5472.86	7	5292.38
隆昌市	Longchang	195.00	90.77	22.32	1625.24	1	1605.74
乐山市	Leshan	1039.56	396.93	503.97	5814.41	7	5589.13
峨眉山市	Emeishan	382.00	320.00	60.00	2366.90	1	2254.00
南充市	Nanchong	1845.00	816.00	718.00	11220.00	1	10800.00
阆中市	Langzhong	431.00	177.00	151.00	3348.00	3	3181.27
眉山市	Meishan	1131.12	426.84	590.28	7439.78	11	7303.31
宜宾市	Yibin	2005.37	850.63	759.74	8208.57	9	8000.43
广安市	Guangan	809.69	488.24	307.45	4408.03	5	4408.03
华蓥市	Huaying	319.00	168.00	135.00	1038.30	3	1018.72
达州市	Dazhou	1010.00	558.00	362.00	5210.00	1	4968.00
万源市	Wanyuan	69.35	4.55	20.00	717.40	1	709.54
雅安市	Yaan	611.12	272.66	242.46	2874.00	3	2783.50
巴中市	Bazhong	490.00	280.00	200.00	4428.90	4	4421.27
资阳市	Ziyang	716.65	268.65	408.50	3600.00	3	3511.92
马尔康市	Maerkang	25.63	25.63		453.00	1	437.00
康定市	Kangding	58.70	37.39	9.11	340.00	1	298.00
会理市	Huili	162.40	86.50	41.00	416.00	1	349.41
西昌市	Xichang	362.97	107.25		4867.73	2	4420.93

10－8 城市市容环境卫生情况(2021年)
Basic Statistics on City Sanitation (2021)

城 市	City	道路清扫保洁面积(万平方米) Clean Area of Road (10 000 sq.m)	生活垃圾清运量(万吨) Volume of Household Garbage Treatment (10 000 tons)	生活垃圾无害化处理厂(场)(座) Domestic Garbage Harmless Treatment Plants (unit)	生活垃圾无害化处理量(万吨) Volume of Domestic Garbage Harmless Treatment (10 000 tons)	公共厕所(座) Number of Public Lavatories (unit)	市容环卫专用车辆设备总数(辆) Number of Vehicles for Environmental Sanitation (unit)
全 省	**Sichuan**	**54194.34**	**1267.61**	**58**	**1267.49**	**9603**	**14446**
成都市	Chengdu	21054.67	548.95	13	548.95	2565	7610
简阳市	Jianyang	483.00	10.77	2	10.77	78	172
都江堰市	Dujiangyan	579.00	21.30	1	21.30	121	150
彭州市	Pengzhou	426.42	8.97		8.97	164	70
邛崃市	Qionglai	351.08	14.73	1	14.73	81	290
崇州市	Chongzhou	662.68	12.30	1	12.30	55	100
自贡市	Zigong	1979.90	32.43	1	32.43	545	594
攀枝花市	Panzhihua	1017.84	20.23	3	20.23	547	187
泸州市	Luzhou	2178.00	45.34	1	45.34	277	364
德阳市	Deyang	946.00	28.47	2	28.47	135	651
广汉市	Guanghan	820.00	18.73		18.73	67	77
什邡市	Shifang	337.00	8.58		8.58	54	200
绵竹市	Mianzhu	308.16	9.64	2	9.64	29	37
绵阳市	Mianyang	2871.24	58.83	3	58.83	370	322
江油市	Jiangyou	600.00	13.71		13.71	71	57
广元市	Guangyuan	1468.50	23.40	3	23.40	335	222
遂宁市	Suining	1320.80	23.00	1	23.00	216	178
射洪市	Shehong	350.00	10.83	2	10.83	45	67
内江市	Neijiang	1026.00	24.85	1	24.85	320	253
隆昌市	Longchang	417.00	10.12		10.12	40	66
乐山市	Leshan	1359.95	34.89	2	34.89	230	260
峨眉山市	Emeishan	280.00	11.81	1	11.81	47	29
南充市	Nanchong	2250.00	52.40	2	52.40	486	170
阆中市	Langzhong	650.00	9.39	1	9.39	200	38
眉山市	Meishan	1479.73	25.34	2	25.34	164	308
宜宾市	Yibin	2391.93	41.72	3	41.72	722	681
广安市	Guangan	1592.06	17.39		17.39	164	273
华蓥市	Huaying	316.30	5.60		5.60	40	60
达州市	Dazhou	776.00	34.28	2	34.28	525	274
万源市	Wanyuan	71.00	3.32	1	3.32	25	58
雅安市	Yaan	864.00	11.48	1	11.44	187	119
巴中市	Bazhong	1045.00	24.12		24.12	287	138
资阳市	Ziyang	960.00	14.67		14.67	106	109
马尔康市	Maerkang	110.00	2.52	2	2.48	16	30
康定市	Kangding	77.00	2.63	1	2.60	17	33
会理市	Huili	84.08	6.41	1	6.41	36	39
西昌市	Xichang	690.00	24.47	2	24.47	236	160

主要统计指标解释

供水综合生产能力　指按供水设施取水、净化、送水、出厂输水干管等环节设计能力计算的综合生产能力。计算时，以四个环节中最薄弱的环节为主确定能力。

供水管道长度　指从送水泵至各类用户引入管之间所有市政管道的长度。不包括新安装尚未使用、水厂内以及用户建筑物内的管道。

城市供水总量　指报告期供水企业(单位)供出的全部水量。包括有效供水量和漏损水量。

生活用水　包括公共服务用水和居民家庭用水。公共服务用水指为城区社会公共生活服务的用水。包括行政事业单位、部队营区和公共设施服务、批发零售业、住宿餐饮业以及社会服务业等单位的用水。居民家庭用水指城市范围内所有居民家庭的日常生活用水。包括城市居民、农民家庭、公共供水站用水。

供水普及率　指报告期末城区用水人口数与城市人口总数的比率。计算公式：

$$\text{供水普及率} = \frac{\text{城区用水人口（含暂住人口）}}{\text{城区人口} + \text{城区暂住人口}} \times 100\%$$

城市供气总量　指报告期燃气企业(单位)向用户供应的燃气数量。包括销售量和损失量。

燃气普及率　指报告期末城区使用燃气的城市人口数与城市人口总数的比率。其中燃气包括人工煤气、天然气、液化石油气三种。计算公式为：

$$\text{燃气普及率} = \frac{\text{城区用气人口（含暂住人口）}}{\text{城区人口} + \text{城区暂住人口}} \times 100\%$$

道路长度　指道路长度和与道路相通的桥梁、隧道的长度，按车行道中心线计算。

城市桥梁　指为跨越天然或人工障碍物而修建的构筑物。包括跨河桥、立交桥、人行天桥以及人行地下通道等。

城市排水管道长度　指所有市政排水总管、干管、支管、检查井及连接井进出口等长度之和。

城市绿地面积　指报告期末用作园林和绿化的各种绿地面积。包括公园绿地、防护绿地、广场用地、附属绿地和位于建成区范围内的区域绿地面积。

公园绿地　指向公众开放、以游憩为主要功能，兼具生态、景观、文教和应急避险等功能，有一定游憩和服务设施的绿地。

市容环卫专用车辆设备　指用于环境卫生作业、监察的专用车辆和设备，包括用于道路清扫、冲洗、洒水、除雪、垃圾粪便清运、市容监察以及与其配套使用的车辆和设备。

Explanatory Notes on Main Statistical Indicators

Production Capacity of Water Supply refers to the designed overall production capacity of water facilities, covering the four segments of water collection, purification, conveyance, and outflow through trunk pipelines. The capacity is determined mainly on the weakest of the above-mentioned four segments.

Length of Water Supply Pipelines refers to the total length of all municipal pipelines between the water pumps and the user service pipes, excluding pipelines newly installed but not in use yet, pipelines in the water factories, and pipelines in the users' buildings.

Total Volume of Urban Water Supply refers to the total volume of water supplied by water-works (units) during the reference period, including both the effective water supply and loss during the water supply.

Consumption of Water for Daily Use includes consumption of water for public service use and consumption of water for household use. Consumption of water for public service use refers to water consumption for public service in the urban areas, including water consumption of administrative institutions, military barracks, public facilities, wholesale and retail, accommodation and catering industries and social service industry, etc. Consumption of water for household use refers to consumption of water for daily life of all households in cities, including households of urban residents and farmers, and public water supply stations.

Coverage Rate of Urban Population with Access to Water Supply refers to the ratio of the urban population with access to tap water to the total urban population at the end of reference period. The formula is:

$$\text{Coverage rate of urban population with access to water supply} = \frac{\text{Urban population with access to tap water}}{\text{Urban population}} \times 100\%$$

Volume of Gas Supply refers to the total volume of gas provided to users by gas-producing enterprises (units) during the reporting period, including the volume sold and the volume lost.

Coverage Rate of Urban Population with Access to Gas refers to the ratio of the urban population with access to gas to the total urban population at the end of the reference period. Gas here includes gaswork gas, natural gas and liquefied petroleum gas. The formula is:

$$\text{Coverage rate of urban population with access to Gas} = \frac{\text{Urban population with access to gas}}{\text{Urban population}} \times 100\%$$

Length of Paved Roads refers to the length of roads with paved surface, including bridges and tunnels connected with roads. Length of the roads is measured by the central lines.

Urban Bridges refer to bridges built to cross over natural or man-made barriers, including bridges over rivers, overpasses for traffic and for pedestrians, underpasses for pedestrians, etc.

Length of Urban Sewage Pipes refers to the total length of municipal general drainage, trunks, branch and inspection wells, connection wells, inlets and outlets, etc.

Urban Green Area refers to the total area occupied for gardening and greening at the end of the reference period, including public recreational green space, protection green land, land for squares, green land attached to institutions, and area of regional green space within the built-up area.

Public Recreational Green Space refers to green areas open to the public for amusement and rest with the facilities of amusement, rest and services. Its function also includes improving ecology, beautifying landscape, education and preventing and reducing disaster.

Vehicles and Facilities Dedicated to Urban Cleanliness and Environmental Sanitation refer to vehicles and facilities dedicated for use in the operation, management and monitoring of environmental hygiene work. They include vehicles for road cleaning, washing, showering, ice removal, disposal of garbage and human wastes, cleanliness monitoring and related activities.

11 民族自治地方概况

Chapter 11 Survey of Ethnic Minority Autonomous Areas

11-1 民族自治地方年末户籍总人口和就业人员
Registered Population and Employment in Minority Nationality Autonomous Areas

单位:万人 (10 000 persons)

年份 Year	年末户籍总人口 Registered Population (year-end)	就业人员 Number of Employed Persons	第一产业 Primary Industry	第二产业 Secondary Industry	第三产业 Tertiary Industry
1978	471.36	216.92			
1980	484.10	229.08			
1985	514.65	261.61			
1990	549.03	296.09			
1995	573.91	346.98	258.93	33.48	54.57
1996	578.54	345.07	257.30	32.25	55.52
1997	584.60	342.22	270.79	20.91	50.52
1998	589.96	343.89	271.25	20.25	52.39
1999	594.89	345.32	273.52	19.75	52.05
2000	606.11	351.99	278.93	18.65	54.41
2001	610.93	354.43	279.69	16.49	58.25
2002	616.81	356.25	280.90	16.77	58.58
2003	639.71	373.91	284.69	22.62	66.60
2004	649.17	387.38	281.85	22.98	82.55
2005	653.76	378.56	280.80	24.96	72.80
2006	663.73	385.37	279.63	25.98	79.76
2007	681.72	397.43	283.94	30.96	82.53
2008	698.87	409.69	285.42	33.37	90.90
2009	723.42	448.49	287.57	49.53	111.39
2010	734.16	439.29	289.21	46.12	103.96
2011	746.67	444.08	280.01	47.47	116.60
2012	759.54	459.83	290.33	45.31	124.19
2013	769.56	460.11	289.26	44.81	126.04
2014	771.62	466.41	286.09	44.43	135.89
2015	764.80	442.19	276.12	45.64	120.43
2016	775.06	440.54	263.77	52.34	124.43
2017	783.22	441.08	258.69	54.62	127.77
2018	791.49	405.91	233.18	45.15	127.58
2019	790.90	408.45	229.38	45.35	133.72
2020	791.76	409.99	229.18	46.16	134.65
2021	797.75	406.17	224.07	47.52	134.58

注：2018年以后就业人员数据依据第七次全国人口普查进行了修订。
a) The number of employed persons were revised according to the 7th National Population Censu from 2018.

11–2 民族自治地方主要统计指标(2021年)

指　　标		Item	
年末常住人口	(万人)	Resident Population (year-end)	(10 000 persons)
城镇人口	(万人)	Urban Population	(10 000 persons)
乡村人口	(万人)	Rural Population	(10 000 persons)
城镇化率	(%)	Urbanization Rate	(%)
就业人员	(万人)	Number of Employed Persons	(10 000 persons)
第一产业	(万人)	Primary Industry	(10 000 persons)
第二产业	(万人)	Secondary Industry	(10 000 persons)
第三产业	(万人)	Tertiary Industry	(10 000 persons)
地区生产总值(当年价)	(亿元)	Gross Regional Product (at current prices)	(100 million yuan)
第一产业增加值	(亿元)	Value-added of Primary Industry	(100 million yuan)
第二产业增加值	(亿元)	Value-added of Secondary Industry	(100 million yuan)
第三产业增加值	(亿元)	Value-added of Tertiary Industry	(100 million yuan)
人均地区生产总值(当年价)	(元)	Per Capita Gross Regional Product (at current prices)	(yuan)
耕地灌溉面积	(万公顷)	Irrigated Areas of Cultivated Land	(10 000 hectare)
农林牧渔业总产值(当年价)	(亿元)	Gross Output Value of Farming, Forestry, Animal Husbandry and Fishery (at current prices)	(100 million yuan)
规模以上工业企业营业收入	(亿元)	Revenue from Industrial Enterprises above Designated Size	(100 million yuan)
规模以上工业企业利润总额	(亿元)	Total Profits from Industrial Enterprises above Designated Size	(100 million yuan)
境内公路总里程	(公里)	Total Length of Highway	(km)
#等级公路	(公里)	Expressway and Class I to IV Highways	(km)
公路旅客周转量	(万人公里)	Passenger-Kilometers of Highways	(10 000 passenger-km)
公路货物周转量	(万吨公里)	Freight Ton-Kilometers of Highways	(10 000 ton-km)

Main Statistical Indicators of Minority Nationality Autonomous Areas(2021)

合计 Total	阿坝州 Aba	甘孜州 Ganzi	凉山州 Liangshan	北川县 Beichuan	峨边县 Ebian	马边县 Mabian
728.00	81.5	110.2	487.4	17.9	12.1	18.9
276.17	34.3	34.7	188.4	6.7	4.7	7.3
451.83	47.2	75.5	299.0	11.2	7.4	11.6
37.94	42.09	31.52	38.66	37.44	38.84	38.62
406.17	45.88	61.61	271.67	9.67	6.77	10.57
224.07	23.68	43.24	145.76	3.39	2.76	5.24
47.52	3.58	2.13	36.41	2.30	1.49	1.61
134.58	18.62	16.24	89.50	3.98	2.52	3.72
3006.76	449.63	447.04	1901.18	88.11	62.77	58.03
636.44	88.30	79.36	431.63	14.87	9.21	13.07
950.16	108.13	116.93	650.90	22.34	29.58	22.28
1420.16	253.20	250.75	818.65	50.90	23.98	22.68
41322	54900	40347	39063	49921	51665	30783
27.58	3.10	4.28	19.45	0.23	0.15	0.37
1083.54	153.20	120.52	742.56	31.18	15.19	20.89
1661.19	231.64	135.29	1135.97	53.54	74.39	30.36
251.05	31.36	10.87	197.22	3.31	8.90	-0.62
83975	15677	32989	29044	2984	1502	1779
81092	15062	32257	27644	2880	1496	1753
329198	41384	42908	229943	10098	2080	2784
1904811	443320	225117	1122181	77247	2754	34192

11−2 续表

指　　标		Item	
全社会固定资产投资增长情况	(%)	The Growth of Total Investment in Fixed Assets	(%)
建筑业总产值	(亿元)	Gross Output Value of Construction	(100 million yuan)
社会消费品零售总额	(亿元)	Total Retail Sales of Consumer Goods	(100 million yuan)
出口总额	(亿元)	Total Exports	(100 million yuan)
城镇居民人均可支配收入	(元)	Per Capita Disposable Income of Urban Households	(yuan)
农村居民人均可支配收入	(元)	Per Capita Disposable Income of Rural Households	(yuan)
参加城镇职工基本养老保险人数	(万人)	Persons of Urban Workers in Basic Endowment Pension Insurance	(10 000 persons)
参加基本医疗保险人数	(万人)	Persons in Basic Medical Insurance	(10 000 persons)
地方一般公共预算收入	(亿元)	Local General Public Budget Revenue	(100 million yuan)
#税收收入	(亿元)	Taxes Revenue	(100 million yuan)
一般公共预算支出	(亿元)	General Public Budget Expenditure	(100 million yuan)
年末金融机构人民币各项存款余额	(亿元)	Deposits of Financial Institutions	(100 million yuan)
住户存款余额	(亿元)	Balance of Household Savings	(100 million yuan)
年末金融机构人民币各项贷款余额	(亿元)	Loans of Financial Institutions	(100 million yuan)
小学在校学生人数	(人)	Students in Primary Schools	(person)
普通中学在校学生人数	(人)	Students in Regular Secondary Schools	(person)
中等职业教育学校在校学生数	(人)	Students in Secondary Vocational Schools	(person)
卫生机构数	(个)	Number of Medical and Health Institutions	(unit)
卫生机构床位数	(张)	Beds in Medical and Health Institutions	(unit)
卫生技术人员数	(人)	Medical Technical Personnel in Medical and Health Institutions	(person)
#执业(助理)医师	(人)	Practicing Doctors (Assistants)	(person)

continued

合计 Total	阿坝州 Aba	甘孜州 Ganzi	凉山州 Liangshan	北川县 Beichuan	峨边县 Ebian	马边县 Mabian
12.2	10.4	11.0	12.9	15.7	13.1	13.0
404.34	59.47	39.36	278.84	20.16	3.71	2.79
1089.28	107.89	127.66	761.66	38.07	26.77	27.23
12.97	2.41	1.62	8.55	0.34		0.05
38090	40132	39497	37452	37405	37920	38815
16541	17161	15379	16808	17495	15021	15349
116.60	22.27	19.10	62.94	8.59	1.66	2.04
718.48	84.92	105.10	478.70	20.93	11.29	17.55
264.45	31.85	46.14	172.79	5.21	4.34	4.13
168.32	22.03	30.13	106.63	3.66	2.94	2.92
1404.86	309.98	409.64	624.11	22.95	17.44	20.74
4602.16	729.48	805.62	2763.26	153.00	77.97	72.83
2565.70	347.14	322.72	1667.08	108.88	60.36	59.52
2584.24	417.34	490.34	1407.46	122.98	98.15	47.97
853884	63795	119206	625416	10464	12117	22886
473254	42027	63558	341287	8185	5809	12388
54283	3939	6891	33556	7994	730	1173
9689	1620	2528	4975	248	151	167
43720	5288	5506	29871	1678	594	783
48797	7093	7315	31172	1538	638	1041
15923	2631	2319	9907	520	236	310

11−3 民族自治地方地区生产总值
Gross Regional Product in Minority Nationality Autonomous Areas

单位：亿元 (100 million yuan)

年份 Year	地区生产总值 Gross Regional Product	第一产业 Primary Industry	第二产业 Secondary Industry	第三产业 Tertiary Industry	人均地区生产总值（元） Per Capita GDP (yuan)
1978	14.08	6.46	4.73	2.89	292
1980	16.71	7.66	5.72	3.33	337
1985	28.56	13.46	8.61	6.48	541
1990	57.56	24.90	16.48	16.18	1026
1995	149.89	49.99	47.93	51.97	2558
2000	230.87	79.94	61.93	88.99	3733
2005	447.86	120.05	140.37	187.44	6690
2006	539.90	148.54	180.77	210.59	8057
2007	675.06	183.15	229.38	262.53	10039
2008	788.44	184.00	290.01	314.43	11713
2009	884.24	189.39	346.27	348.58	12990
2010	1084.83	222.59	440.36	421.88	15615
2011	1336.36	293.51	515.66	527.19	18961
2012	1489.70	329.13	566.28	594.30	21095
2013	1640.29	337.67	647.40	655.22	23188
2014	1798.59	376.57	667.39	754.63	25357
2015	1951.56	391.94	672.34	887.29	27360
2016	2047.97	427.44	686.86	933.68	28424
2017	2217.82	456.02	730.97	1030.84	30570
2018	2445.54	479.08	778.79	1187.66	33634
2019	2624.53	529.54	823.64	1271.34	36046
2020	2746.16	606.24	827.97	1311.95	37727
2021	3006.76	636.44	950.16	1420.16	41322

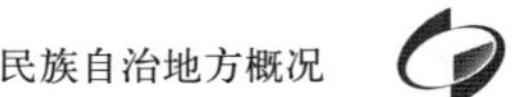

11-4 民族自治地方地区生产总值指数
Indices of Gross Regional Product in Minority Nationality Autonomous Areas

(1978年=100) (year of 1978=100)

年份 Year	地区生产总值 Gross Regional Product	第一产业 Primary Industry	第二产业 Secondary Industry	第三产业 Tertiary Industry	人均地区生产总值 Per Capita GDP
1978	100.0	100.0	100.0	100.0	100.0
1980	114.1	109.7	116.4	121.8	111.2
1985	162.9	156.8	148.0	206.8	149.0
1990	208.4	176.5	196.3	315.9	179.4
1995	331.1	243.4	341.1	547.5	272.9
2000	500.7	350.9	477.0	954.5	391.1
2005	855.8	449.4	1134.4	1554.5	617.6
2006	973.1	464.1	1355.2	1804.2	701.5
2007	1113.7	492.7	1647.2	2051.6	800.1
2008	1181.0	487.3	1723.6	2277.0	847.6
2009	1380.3	511.3	2070.5	2733.0	979.6
2010	1593.6	533.6	2617.8	3047.7	1108.1
2011	1831.5	557.7	3236.2	3393.3	1255.3
2012	2043.8	583.2	3763.3	3719.9	1398.1
2013	2254.1	608.3	4311.3	4012.8	1539.3
2014	2422.8	634.8	4709.6	4277.9	1650.1
2015	2519.5	659.6	4812.1	4554.3	1706.3
2016	2677.0	686.8	5116.1	4879.6	1794.9
2017	2830.3	713.0	5486.3	5143.8	1884.6
2018	2974.0	739.4	5663.2	5507.6	1975.9
2019	3150.6	762.7	5910.7	5961.0	2090.3
2020	3270.7	798.9	6212.0	6112.3	2170.7
2021	3509.5	852.5	6715.1	6540.2	2329.1

11–5 民族自治地方耕地面积和农业生产条件
Cultivated Land Areas and Production Conditions of Agriculture in Minority Nationality Autonomous Areas

年份 Year	耕地面积 (万公顷) Cultivated Areas (10 000 hectares)	耕地灌溉面积 (万公顷) Irrigated Areas of Cultivated Land (10 000 hectares)	化肥施用量 (折纯、万吨) Consumption of Chemical Fertilizers (10 000 tons)	农村用电量 (万千瓦时) Electricity Consumed in Rural Areas (10 000 kwh)	农业机械总动力 (万千瓦) Total Agricultural Machinery Power (10 000 kw)
1978	51.52	15.47	3.44	8691	27.11
1980	51.84	16.17	3.12	9001	37.21
1985	50.32	15.96	3.34	14139	53.88
1990	50.00	15.32	4.75	22770	78.58
1995	50.97	15.90	6.83	28394	109.30
1996	51.45	16.06	7.53	32542	112.00
1997	51.56	15.21	9.77	35458	119.00
1998	51.12	15.73	10.64	35448	134.00
1999	50.74	15.24	11.12	41828	135.00
2000	48.39	16.13	11.82	44996	137.00
2001	49.47	16.36	11.63	48137	142.00
2002	46.14	16.28	10.41	49790	154.00
2003	45.32	16.24	11.14	55645	162.00
2004	47.91	16.19	11.70	61174	173.00
2005	49.47	16.63	12.59	63417	201.00
2006	49.97	16.62	13.43	64103	173.00
2007	51.25	17.31	14.38	72184	250.00
2008	52.06	17.59	15.25	79387	287.00
2009	52.96	18.34	16.52	86799	333.00
2010	53.37	18.60	16.72	91006	370.00
2011	53.35	19.33	17.29	96409	415.95
2012	53.53	19.89	17.83	101566	439.04
2013	53.81	21.19	16.66	108370	480.58
2014	53.93	20.60	17.14	113355	502.76
2015	79.94	21.54	17.17	118871	529.51
2016	82.77	22.44	17.32	124037	541.75
2017	82.77	23.12	17.14	130134	556.45
2018	82.73	25.79	16.89	143520	552.54
2019	75.42	26.38	16.01	162894	564.12
2020	75.12	28.74	15.11	169692	569.72
2021		27.58	14.99	171207	577.38

11-6 民族自治地方邮电主营业务收入、社会消费品零售总额和医疗卫生情况

Revenue from Principal Business of Postal and Telecommunication, Total Retail Sales of Consumer Goods, Public Health in Minority Nationality Autonomous Areas

年份 Year	邮电主营业务收入 (万元) Revenue from Principal Business of Post and Telecommunication (10 000 yuan)	社会消费品零售总额 (亿元) Total Retail Sales of Consumer Goods (100 million yuan)	医疗卫生机构床位数 (张) Beds in Medical and Health Institutions (unit)	医院、卫生院技术人员数 (人) Medical Technical Personnel (person)	#执业(助理)医师 Practicing Doctors (Assistants)
1978	1248	4.76	14225	15058	7303
1980	1290	6.00	14471	17699	9102
1985	1719	10.70	14938	19438	10203
1990	3108	19.96	15588	18481	10155
1995	8807	39.13	15688	18957	10037
1996	12028	43.89	14923	18189	9768
1997	16285	48.52	15348	19066	10414
1998	23483	51.68	15113	18441	10080
1999	29025	55.46	15313	18554	10841
2000	41608	59.81	16475	14807	7889
2001	56484	67.92	14263	22337	8867
2002	67374	76.99	13901	16180	8159
2003	90594	90.85	15097	16345	8450
2004	111646	110.65	16538	15005	7860
2005	130946	142.96	14647	19535	8686
2006	154313	167.00	15635	14384	8124
2007	176723	197.36	15898	16127	10045
2008	202155	224.72	16737	15516	8518
2009	234607	273.67	18363	17615	8807
2010	265913	337.04	19791	24848	7485
2011	302272	396.36	21448	29648	9433
2012	345136	459.12	24607	24655	7571
2013	376606	521.83	25908	22862	10069
2014	411888	624.82	31360	30263	10934
2015	416006	691.78	33443	33505	11542
2016	454941	766.81	35376	35935	11744
2017	490039	849.26	38725	38417	11768
2018	488177	889.00	40314	40712	12282
2019	402995	1004.57	41504	43717	13406
2020	549863	966.91	43378	45681	14798
2021	563731	1089.28	43720	48797	15923

11−7　民族自治地方住户存款余额和各类学校在校学生人数
Balance of Household Savings and Number of Student Enrollment by Type of Schools in Minority Nationality Autonomous Areas

年份 Year	住　户 存款余额 (亿元) Balance of Household Savings (100 million yuan)	普通高等院校 在校学生人数 (人) Number of Students in Regular Institutions of Higher Education (person)	中等职业学校 在校学生人数 (人) Number of Students in Specialized Secondary Schools (person)	普通中学 在校学生人数 (人) Number of Students in Regular Secondary Schools (person)	小　学 在校学生人数 (人) Number of Students in Primary Schools (person)
1978	0.72	970	11756	184900	673479
1980	1.25	1231	10343	162751	605404
1985	4.39	2826	7570	126389	521659
1990	17.68	4225	10173	133208	493900
1995	51.71	6144	14497	121232	578205
1996	65.19	6467	15381	126736	605960
1997	73.15	7355	16954	129029	632731
1998	84.23	7805	18232	128916	656367
1999	95.75	9688	19573	133369	657565
2000	107.26	10725	14731	145534	640229
2001	126.98	15229	13825	164038	659357
2002	147.91	17350	11203	186065	692423
2003	175.68	20829	15942	221096	731794
2004	202.39	24488	11486	243812	756318
2005	232.37	27857	13963	283307	780372
2006	268.91	27025	19998	323742	829904
2007	299.03	25132	25977	337781	824988
2008	381.04	25092	33575	345560	811499
2009	481.67	26371	35221	360138	794927
2010	584.83	27494	39672	373524	781008
2011	712.78	28546	36839	380705	772207
2012	860.16	29673	39278	378296	766925
2013	1006.81	30728	46084	360158	740478
2014	1111.63	30953	42572	363107	744127
2015	1019.18	32013	41922	360638	759084
2016	1420.57	33530	41003	368252	783445
2017	1581.13	36580	43264	384941	803467
2018	1781.55	41394	44326	408067	823914
2019	2011.40	45697	44314	447308	840814
2020	2305.60	42876	47101	490464	852981
2021	2565.70	51260	54283	473254	853884

注：2014年及以前，“住户存款”为“城乡居民储蓄存款”。
a) Household saving was known as saving deposit of residents before 2014.

12 县（市、区）概况

Chapter 12 Survey of County(City, District)

SICHUAN STATISTICAL YEARBOOK

12-1 各县(市、区)年末常住人口及城镇化率(2021年)
Resident Population and Proportion Registered by Counties (City, Districts)(2021)

单位：万人 (10 000 persons)

县(市、区)	Counties (City,Districts)	常住人口 Resident Population	城镇人口 Urban Population	乡村人口 Rural Population	城镇化率(%) Proportion (%)
成都市	**Chengdu**				
锦江区	Jinjiang	90.9	90.9		100.00
青羊区	Qingyang	96.1	96.1		100.00
金牛区	Jinniu	128.0	128.0		100.00
武侯区	Wuhou	188.0	188.0		100.00
成华区	Chenghua	139.7	139.7		100.00
龙泉驿区	Longquanyi	135.6	127.7	7.9	94.21
青白江区	Qingbaijiang	50.1	38.8	11.3	77.37
新都区	Xindu	157.2	125.0	32.2	79.51
温江区	Wenjiang	99.0	77.3	21.7	78.13
双流区	Shuangliu	272.3	214.6	57.7	78.82
郫都区	Pidu	168.3	130.9	37.4	77.79
新津区	Xinjin	37.3	26.4	10.9	70.74
金堂县	Jintang	80.7	42.6	38.1	52.77
大邑县	Dayi	51.3	26.0	25.3	50.58
蒲江县	Pujiang	25.9	12.5	13.4	47.78
都江堰市	Dujiangyan	71.7	44.7	27.0	62.30
彭州市	Pengzhou	78.5	41.2	37.3	52.44
邛崃市	Qionglai	60.3	32.8	27.5	54.43
崇州市	Chongzhou	74.6	40.2	34.4	53.80
简阳市	Jianyang	113.7	60.9	52.8	53.49
自贡市	**Zigong**				
自流井区	Ziliujing	48.1	44.8	3.3	93.34
贡井区	Gongjing	22.2	12.4	9.8	55.74
大安区	Daan	29.0	15.7	13.3	54.18
沿滩区	Yantan	29.4	14.4	15.0	48.91
荣县	Rongxian	46.3	20.5	25.8	44.26
富顺县	Fushun	71.7	30.8	40.9	42.92
攀枝花市	**Panzhihua**				
东区	Dongqu	41.2	40.8	0.4	99.01
西区	Xiqu	12.9	12.3	0.6	95.23
仁和区	Renhe	26.7	15.7	11.0	58.79
米易县	Miyi	22.7	10.2	12.5	45.05
盐边县	Yanbian	17.9	5.9	12.0	32.87
泸州市	**Luzhou**				
江阳区	Jiangyang	76.3	58.3	18.0	76.41
纳溪区	Naxi	35.7	17.5	18.2	49.02
龙马潭区	Longmatan	48.1	38.4	9.7	79.83
泸县	Luxian	76.6	32.5	44.1	42.43
合江县	Hejiang	68.9	29.7	39.2	43.11
叙永县	Xuyong	55.2	20.1	35.1	36.41
古蔺县	Gulin	65.1	22.2	42.9	34.10

12-1 续表 1 continued

单位：万人 (10 000 persons)

县(市、区)	Counties (City,Districts)	常住人口 Resident Population	城镇人口 Urban Population	乡村人口 Rural Population	城镇化率(%) Proportion (%)
德阳市	**Deyang**				
旌阳区	Jingyang	82.8	61.4	21.4	74.15
罗江区	Luojiang	20.9	11.1	9.8	53.11
中江县	Zhongjiang	94.8	40.7	54.1	42.93
广汉市	Guanghan	62.6	37.5	25.1	59.90
什邡市	Shifang	40.8	22.9	17.9	56.13
绵竹市	Mianzhu	44.0	23.8	20.2	54.09
绵阳市	**Mianyang**				
涪城区	Fucheng	131.0	108.0	23.0	82.45
游仙区	Youxian	56.6	34.7	21.9	61.23
安州区	Anzhou	38.3	17.1	21.2	44.61
三台县	Santai	94.4	28.3	66.1	30.03
盐亭县	Yanting	36.5	14.1	22.4	38.69
梓潼县	Zitong	27.8	9.4	18.4	33.72
北川县	Beichuan	17.9	6.7	11.2	37.44
平武县	Pingwu	12.7	3.7	9.0	28.83
江油市	Jiangyou	73.1	39.9	33.2	54.58
广元市	**Guangyuan**				
利州区	Lizhou	62.7	47.9	14.8	76.43
昭化区	Zhaohua	13.1	4.5	8.6	34.20
朝天区	Chaotian	12.4	4.0	8.4	32.27
旺苍县	Wangcang	32.2	14.4	17.8	44.65
青川县	Qingchuan	15.2	5.4	9.8	35.83
剑阁县	Jiange	41.9	16.2	25.7	38.71
苍溪县	Cangxi	50.8	17.3	33.5	33.95
遂宁市	**Suining**				
船山区	Chuanshan	83.8	69.5	14.3	82.95
安居区	Anju	42.2	14.0	28.2	33.17
蓬溪县	Pengxi	42.0	16.8	25.2	39.95
大英县	Daying	38.1	17.3	20.8	45.51
射洪市	Shehong	72.1	44.3	27.8	61.45
内江市	**Neijiang**				
内江市中区	Neijiang Downtown	42.2	26.9	15.3	63.79
东兴区	Dongxing	75.9	42.6	33.3	56.08
威远县	Weiyuan	53.0	27.5	25.5	51.83
资中县	Zizhong	84.1	34.3	49.8	40.80
隆昌市	Longchang	55.2	27.3	27.9	49.50
乐山市	**Leshan**				
乐山市中区	Leshan Downtown	83.0	62.3	20.7	75.06
沙湾区	Shawan	14.2	6.9	7.3	48.59
五通桥区	Wutongqiao	23.2	12.4	10.8	53.45

12-1 续表 2 continued

单位：万人 (10 000 persons)

县(市、区)	Counties (City,Districts)	常住人口 Resident Population	城镇人口 Urban Population	乡村人口 Rural Population	城镇化率(%) Proportion (%)
金口河区	Jinkouhe	3.8	1.6	2.2	42.11
犍为县	Qianwei	41.5	17.3	24.2	41.69
井研县	Jingyan	27.8	11.6	16.2	41.73
夹江县	Jiajiang	30.2	14.4	15.8	47.68
沐川县	Muchuan	18.8	6.6	12.2	35.11
峨边县	Ebian	12.1	4.7	7.4	38.84
马边县	Mabian	18.9	7.3	11.6	38.62
峨眉山市	Emeishan	41.6	25.3	16.3	60.82
南充市	**Nanchong**				
顺庆区	Shunqing	83.2	69.9	13.3	84.01
高坪区	Gaoping	56.5	29.6	26.9	52.39
嘉陵区	Jialing	52.7	26.2	26.5	49.72
南部县	Nanbu	80.9	36.8	44.1	45.49
营山县	Yingshan	61.6	27.5	34.1	44.64
蓬安县	Pengan	45.8	17.7	28.1	38.64
仪陇县	Yilong	72.1	28.9	43.2	40.08
西充县	Xichong	41.6	18.0	23.6	43.27
阆中市	Langzhong	61.8	30.3	31.5	49.03
眉山市	**Meishan**				
东坡区	Dongpo	90.6	55.4	35.2	61.28
彭山区	Pengshan	32.9	19.3	13.6	58.68
仁寿县	Renshou	111.1	48.3	62.8	43.43
洪雅县	Hongya	29.6	13.7	15.9	46.17
丹棱县	Danling	14.9	6.5	8.4	43.62
青神县	Qingshen	16.8	8.0	8.8	47.71
宜宾市	**Yibin**				
翠屏区	Cuiping	90.3	69.1	21.2	76.48
南溪区	Nanxi	33.7	19.6	14.1	58.08
叙州区	Xuzhou	94.6	46.9	47.7	49.60
江安县	Jiangan	42.9	20.8	22.1	48.48
长宁县	Changning	33.0	16.5	16.5	50.15
高县	Gaoxian	38.1	16.6	21.5	43.46
珙县	Gongxian	32.7	17.3	15.4	52.80
筠连县	Junlian	33.0	13.7	19.3	41.62
兴文县	Xingwen	37.9	15.5	22.4	40.94
屏山县	Pingshan	24.3	7.8	16.5	32.11
广安市	**Guangan**				
广安区	Guanganqu	74.5	40.0	34.5	53.69
前锋区	Qianfeng	23.2	9.3	13.9	40.09
岳池县	Yuechi	74.2	30.1	44.1	40.57
武胜县	Wusheng	55.4	21.2	34.2	38.27

12−1 续表 3 continued

单位：万人 (10 000 persons)

县(市、区)	Counties (City,Districts)	常住人口 Resident Population	城镇人口 Urban Population	乡村人口 Rural Population	城镇化率(%) Proportion (%)
邻水县	Linshui	70.6	30.5	40.1	43.20
华蓥市	Huaying	26.9	14.6	12.3	54.28
达州市	**Dazhou**				
通川区	Tongchuan	91.0	68.9	22.1	75.60
达川区	Dachuan	94.2	46.9	47.3	49.81
宣汉县	Xuanhan	95.2	43.2	52.0	45.43
开江县	Kaijiang	41.3	18.3	23.0	44.29
大竹县	Dazhu	83.8	39.0	44.8	46.59
渠县	Quxian	91.0	39.2	51.8	43.04
万源市	Wanyuan	40.5	17.5	23.0	43.16
雅安市	**Yaan**				
雨城区	Yucheng	36.9	23.6	13.3	63.87
名山区	Mingshan	25.4	11.2	14.2	43.95
荥经县	Yingjing	13.1	6.8	6.3	52.05
汉源县	Hanyuan	28.5	12.4	16.1	43.60
石棉县	Shimian	11.4	8.7	2.7	76.48
天全县	Tianquan	13.1	6.3	6.8	48.27
芦山县	Lushan	9.9	5.5	4.4	55.25
宝兴县	Baoxing	4.8	2.1	2.7	44.06
巴中市	**Bazhong**				
巴州区	Bazhou	71.4	47.8	23.6	67.04
恩阳区	Enyang	34.0	13.0	21.0	38.28
通江县	Tongjiang	51.3	20.4	30.9	39.80
南江县	Nanjiang	46.0	17.9	28.1	38.81
平昌县	Pingchang	64.9	26.4	38.5	40.62
资阳市	**Ziyang**				
雁江区	Yanjiang	85.9	46.5	39.4	54.17
安岳县	Anyue	94.0	29.7	64.3	31.52
乐至县	Lezhi	48.5	20.0	28.5	41.32
阿坝州	**Aba**				
马尔康市	Maerkang	5.7	3.1	2.6	53.97
汶川县	Wenchuan	8.2	4.3	3.9	52.77
理县	Lixian	3.6	1.4	2.2	39.45
茂县	Maoxian	9.4	4.9	4.5	50.93
松潘县	Songpan	6.7	2.4	4.3	36.41
九寨沟县	Jiuzhaigou	6.6	3.6	3.0	54.63
金川县	Jinchuan	5.7	2.0	3.7	34.66
小金县	Xiaojin	6.4	2.5	3.9	39.01
黑水县	Heishui	4.3	1.7	2.6	40.00
壤塘县	Rangtang	4.5	1.2	3.3	26.36

12−1 续表 4 continued

单位：万人 (10 000 persons)

县(市、区)	Counties (City,Districts)	常住人口 Resident Population	城镇人口 Urban Population	乡村人口 Rural Population	城镇化率(%) Proportion (%)
阿坝县	Abaxian	8.0	2.6	5.4	31.10
若尔盖县	Ruoergai	7.7	2.6	5.1	33.75
红原县	Hongyuan	4.7	2.0	2.7	43.19
甘孜州	**Ganzi**				
康定市	Kangding	12.7	7.0	5.7	55.15
泸定县	Luding	8.4	4.0	4.4	47.97
丹巴县	Danba	5.0	1.6	3.4	31.85
九龙县	Jiulong	5.3	1.5	3.8	27.66
雅江县	Yajiang	5.1	1.5	3.6	29.39
道孚县	Daofu	5.3	1.2	4.1	22.79
炉霍县	Luhuo	4.7	1.3	3.4	28.14
甘孜县	Ganzixian	7.2	2.2	5.0	30.24
新龙县	Xinlong	4.5	0.9	3.6	18.90
德格县	Dege	8.8	2.5	6.3	28.21
白玉县	Baiyu	5.9	1.4	4.5	23.44
石渠县	Shiqu	10.3	1.6	8.7	15.94
色达县	Seda	6.4	1.6	4.8	25.08
理塘县	Litang	6.7	2.7	4.0	40.21
巴塘县	Batang	5.0	1.4	3.6	28.37
乡城县	Xiangcheng	3.1	0.9	2.2	30.13
稻城县	Daocheng	3.3	0.8	2.5	23.85
得荣县	Derong	2.5	0.6	1.9	25.91
凉山州	**Liangshan**				
西昌市	Xichang	96.3	64.6	31.7	67.08
会理市	Huili	39.1	17.8	21.3	45.52
木里县	Muli	12.4	2.9	9.5	23.39
盐源县	Yanyuan	34.2	11.1	23.1	32.52
德昌县	Dechang	21.7	9.3	12.4	42.98
会东县	Huidong	34.4	14.2	20.2	41.28
宁南县	Ningnan	18.4	7.5	10.9	40.76
普格县	Puge	18.1	3.2	14.9	17.68
布拖县	Butuo	18.7	4.1	14.6	21.93
金阳县	Jinyang	17.0	4.7	12.3	27.65
昭觉县	Zhaojue	25.4	5.9	19.5	23.23
喜德县	Xide	15.9	4.4	11.5	27.67
冕宁县	Mianning	36.5	14.4	22.1	39.45
越西县	Yuexi	30.4	10.1	20.3	33.22
甘洛县	Ganluo	20.7	4.8	15.9	23.19
美姑县	Meigu	24.1	3.7	20.4	15.35
雷波县	Leibo	24.1	5.7	18.4	23.65

12-2 各县(市、区)地区生产总值(2021年)
Gross Regional Product by Counties (City, Districts)(2021)

县(市、区)	Counties (City,Districts)	地区生产总值(万元) Gross Regional Product (10 000 yuan)	第一产业 Primary Industry	第二产业 Secondary Industry	第三产业 Tertiary Industry	人均地区生产总值(元) Per Capita Gross Regional Product (yuan)
成都市	**Chengdu**					
锦江区	Jinjiang	12606374	7312	1397306	11201756	139143
青羊区	Qingyang	14549275	441	2027712	12521122	151792
金牛区	Jinniu	14728858	1137	2793111	11934610	115747
武侯区	Wuhou	34140910	273	5248647	28891990	182816
成华区	Chenghua	12732746	295	3831012	8901439	91635
龙泉驿区	Longquanyi	15043897	298357	9489085	5256455	111354
青白江区	Qingbaijiang	6201564	156734	1882092	4162738	125158
新都区	Xindu	10001115	219767	3074438	6706910	63884
温江区	Wenjiang	6881332	237327	2557318	4086687	70289
双流区	Shuangliu	18375715	328223	4994903	13052589	68273
郫都区	Pidu	13653979	263987	7685050	5704942	81395
新津区	Xinjin	4444080	194283	1888103	2361694	120599
金堂县	Jintang	5243809	690831	2045352	2507626	65262
大邑县	Dayi	3173980	340489	1313515	1519976	61691
蒲江县	Pujiang	2039440	281680	681967	1075793	79202
都江堰市	Dujiangyan	4842765	377720	1602343	2862702	67873
彭州市	Pengzhou	6019945	670178	3292261	2057506	76932
邛崃市	Qionglai	3863213	507478	1621788	1733947	64067
崇州市	Chongzhou	4425895	410848	2209864	1805183	59729
简阳市	Jianyang	6200872	840522	1507561	3852789	55021
自贡市	**Zigong**					
自流井区	Ziliujing	3979033	83676	1097736	2797621	82638
贡井区	Gongjing	1564720	263914	673734	627072	69698
大安区	Daan	1850430	243537	832943	773950	63589
沿滩区	Yantan	2507462	264594	1430094	812774	84855
荣县	Rongxian	2546311	823551	818044	904716	54583
富顺县	Fushun	3565099	745000	1429888	1390211	49550
攀枝花市	**Panzhihua**					
东区	Dongqu	5002790	24247	2772835	2205708	121574
西区	Xiqu	831348	26957	588378	216013	64446
仁和区	Renhe	2407429	318719	1365961	722749	90335
米易县	Miyi	1692845	368249	714754	609842	74575
盐边县	Yanbian	1405062	297453	772909	334700	78495
泸州市	**Luzhou**					
江阳区	Jiangyang	7125903	316805	3628022	3181076	93454
纳溪区	Naxi	2151791	321545	1041188	789058	60444
龙马潭区	Longmatan	4003198	145617	2196188	1661393	83313
泸县	Luxian	4351226	660599	2379768	1310859	56842
合江县	Hejiang	2813689	493606	1273072	1047011	40837
叙永县	Xuyong	1611995	366201	533792	712002	29176
古蔺县	Gulin	2002993	346356	803916	852721	30744

12-2 续表 1 continued

县(市、区)	Counties (City,Districts)	地区生产总值(万元) Gross Regional Product (10 000 yuan)	第一产业 Primary Industry	第二产业 Secondary Industry	第三产业 Tertiary Industry	人均地区生产总值(元) Per Capita Gross Regional Product (yuan)
德阳市	**Deyang**					
旌阳区	Jingyang	8102134	421885	3793578	3886671	97852
罗江区	Luojiang	1600363	250028	875577	474758	76572
中江县	Zhongjiang	4200283	983993	1633894	1582396	44307
广汉市	Guanghan	4801979	411452	2473572	1916955	76709
什邡市	Shifang	4092308	386318	2080663	1625327	100302
绵竹市	Mianzhu	3768540	359617	1975917	1433006	85649
绵阳市	**Mianyang**					
涪城区	Fucheng	11991352	308693	5676759	6005900	91923
游仙区	Youxian	4467359	400277	1684343	2382739	79279
安州区	Anzhou	2182622	351904	979744	850974	57741
三台县	Santai	4501015	1008883	1436825	2055307	47379
盐亭县	Yanting	1913153	451770	501342	960041	51988
梓潼县	Zitong	1648243	371696	536118	740429	59396
北川县	Beichuan	881109	148693	223426	508990	49921
平武县	Pingwu	635427	117163	229339	288925	50231
江油市	Jiangyou	5282664	614110	2258622	2409932	72266
广元市	**Guangyuan**					
利州区	Lizhou	3789004	173459	1782369	1833176	60673
昭化区	Zhaohua	799442	207567	336893	254982	60335
朝天区	Chaotian	798055	153342	390743	253970	63590
旺苍县	Wangcang	1550638	300175	717565	532898	47566
青川县	Qingchuan	566641	134628	160690	271323	36795
剑阁县	Jiange	1689606	474055	575636	639915	40086
苍溪县	Cangxi	1969088	543211	608751	817126	38572
遂宁市	**Suining**					
船山区	Chuanshan	4382349	291322	1814368	2276659	52420
安居区	Anju	2104152	420125	1088474	595553	49278
蓬溪县	Pengxi	1912086	339742	813734	758610	44990
大英县	Daying	1899222	325485	789023	784714	49459
射洪市	Shehong	4900884	831384	2535150	1534350	67412
内江市	**Neijiang**					
内江市中区	Neijiang Downtown	2959809	333951	992628	1633230	70138
东兴区	Dongxing	2767987	552580	562087	1653320	36469
威远县	Weiyuan	4000604	527235	1771704	1701665	75483
资中县	Zizhong	3054388	876206	871040	1307142	36319
隆昌市	Longchang	3272511	480689	1068874	1722948	59285
乐山市	**Leshan**					
乐山市中区	Leshan Downtown	4739046	390038	1427813	2921195	57618
沙湾区	Shawan	2033841	188516	1299345	545980	141731
五通桥区	Wutongqiao	2676698	282368	1613305	781025	113902

12−2 续表 2 continued

县(市、区)	Counties (City,Districts)	地区生产总值(万元) Gross Regional Product (10 000 yuan)	第一产业 Primary Industry	第二产业 Secondary Industry	第三产业 Tertiary Industry	人均地区生产总值(元) Per Capita Gross Regional Product (yuan)
金口河区	Jinkouhe	364547	48750	185407	130390	94688
犍为县	Qianwei	2560881	491387	1042182	1027312	61634
井研县	Jingyan	1404272	377793	444386	582093	50242
夹江县	Jiajiang	2352800	365331	1149840	837629	77522
沐川县	Muchuan	853897	214294	300694	338909	44942
峨边县	Ebian	627733	92104	295836	239793	51665
马边县	Mabian	580263	130691	222775	226797	30783
峨眉山市	Emeishan	3857513	338720	1325237	2193556	92396
南充市	**Nanchong**					
顺庆区	Shunqing	5012564	307835	1900294	2804435	60175
高坪区	Gaoping	2236660	390152	896356	950152	39378
嘉陵区	Jialing	2269781	478254	991084	800443	42866
南部县	Nanbu	4575257	808319	2271756	1495182	56276
营山县	Yingshan	2502834	512194	901037	1089603	40466
蓬安县	Pengan	2009234	477529	736429	795276	43727
仪陇县	Yilong	2575604	666928	902149	1006527	35526
西充县	Xichong	2032500	478585	666698	887217	48624
阆中市	Langzhong	2805344	628624	928485	1248235	45211
眉山市	**Meishan**					
东坡区	Dongpo	5302069	626860	2109533	2565676	58554
彭山区	Pengshan	1964319	183771	890058	890490	59724
仁寿县	Renshou	5013561	984181	1874154	2155226	45127
洪雅县	Hongya	1406162	226318	406603	773241	47505
丹棱县	Danling	792109	150174	282448	359487	53055
青神县	Qingshen	1000433	126658	402989	470786	59443
宜宾市	**Yibin**					
翠屏区	Cuiping	11644491	450400	7402765	3791326	130690
南溪区	Nanxi	2115055	344197	970233	800625	63325
叙州区	Xuzhou	5636222	558822	2781056	2296344	60024
江安县	Jiangan	2039803	371326	803828	864649	47771
长宁县	Changning	2001634	352208	832325	817101	60840
高县	Gaoxian	1901099	321368	748157	831574	49767
珙县	Gongxian	1914696	292890	815462	806344	56481
筠连县	Junlian	1583467	316712	529607	737148	47409
兴文县	Xingwen	1631470	305679	465928	859863	42821
屏山县	Pingshan	1012888	247515	337178	428195	41174
广安市	**Guangan**					
广安区	Guanganqu	2499995	409647	386153	1704195	33580
前锋区	Qianfeng	1604780	195192	872249	537339	69172
岳池县	Yuechi	2865917	589235	888284	1388398	38598
武胜县	Wusheng	2699699	541572	849348	1308779	48643

12−2 续表 3 continued

县(市、区)	Counties (City,Districts)	地区生产总值(万元) Gross Regional Product (10 000 yuan)	第一产业 Primary Industry	第二产业 Secondary Industry	第三产业 Tertiary Industry	人均地区生产总值(元) Per Capita Gross Regional Product (yuan)
邻水县	Linshui	2647955	542308	813133	1292514	37453
华蓥市	Huaying	1859835	157137	912756	789942	68755
达州市	**Dazhou**					
通川区	Tongchuan	3714336	281252	1195694	2237390	40907
达川区	Dachuan	3735205	532338	1418939	1783928	39589
宣汉县	Xuanhan	5007397	941925	2248091	1817381	52544
开江县	Kaijiang	1594803	403210	443179	748414	38568
大竹县	Dazhu	4211834	708587	1628289	1874958	50141
渠县	Quxian	3801736	850922	1088382	1862432	41617
万源市	Wanyuan	1451347	397738	327112	726497	35747
雅安市	**Yaan**					
雨城区	Yucheng	2335351	328203	650848	1356300	63289
名山区	Mingshan	1111684	307317	363902	440465	43681
荥经县	Yingjing	827533	146206	258979	422348	63170
汉源县	Hanyuan	1243305	279481	345835	617989	43548
石棉县	Shimian	1141264	170486	381029	589749	100111
天全县	Tianquan	789506	142865	254967	391674	60038
芦山县	Lushan	571373	129850	193278	248245	57424
宝兴县	Baoxing	385627	74628	146168	164831	80339
巴中市	**Bazhong**					
巴州区	Bazhou	2245564	368704	581490	1295370	31341
恩阳区	Enyang	877811	255375	229233	393203	25592
通江县	Tongjiang	1282171	370752	343598	567821	24776
南江县	Nanjiang	1286065	336854	374000	575211	27717
平昌县	Pingchang	1733468	413330	544373	775765	26526
资阳市	**Ziyang**					
雁江区	Yanjiang	3853557	543929	1342810	1966818	44653
安岳县	Anyue	2879666	793831	602367	1483468	30440
乐至县	Lezhi	2171774	395243	680104	1096427	44504
阿坝州	**Aba**					
马尔康市	Maerkang	607917	46537	177933	383447	105725
汶川县	Wenchuan	819532	123411	351053	345068	99337
理县	Lixian	317675	41285	86710	189680	87034
茂县	Maoxian	487042	103288	184437	199317	51539
松潘县	Songpan	285878	60335	29690	195853	42668
九寨沟县	Jiuzhaigou	330982	30898	50879	249205	50149
金川县	Jinchuan	223115	45817	16640	160658	38803
小金县	Xiaojin	266636	48059	51470	167107	41339
黑水县	Heishui	293267	50550	86466	156251	66652
壤塘县	Rangtang	143048	41726	6162	95160	31788

12−2 续表 4 continued

县(市、区)	Counties (City,Districts)	地区生产总值(万元) Gross Regional Product (10 000 yuan)	第一产业 Primary Industry	第二产业 Secondary Industry	第三产业 Tertiary Industry	人均地区生产总值(元) Per Capita Gross Regional Product (yuan)
阿坝县	Abaxian	207120	67078	14697	125345	25890
若尔盖县	Ruoergai	317372	140944	14361	162067	41217
红原县	Hongyuan	196715	83033	10826	102856	41854
甘孜州	**Ganzi**					
康定市	Kangding	1193130	60684	493061	639385	93947
泸定县	Luding	323599	49995	88975	184629	38524
丹巴县	Danba	235805	42660	66314	126831	47161
九龙县	Jiulong	301881	40153	147307	114421	56426
雅江县	Yajiang	201472	33171	57455	110846	39504
道孚县	Daofu	146095	28537	14402	103156	27565
炉霍县	Luhuo	136837	33961	16207	86669	29114
甘孜县	Ganzixian	194098	57299	22878	113921	26958
新龙县	Xinlong	141483	36513	8926	96044	31441
德格县	Dege	174593	57884	10265	106444	19728
白玉县	Baiyu	215607	39822	71198	104587	36236
石渠县	Shiqu	211371	60881	22435	128055	20422
色达县	Seda	165909	55499	10978	99432	25722
理塘县	Litang	218288	67804	23093	127391	32580
巴塘县	Batang	189164	52743	24385	112036	37833
乡城县	Xiangcheng	168797	30649	56433	81715	54451
稻城县	Daocheng	140448	24166	10104	106178	42560
得荣县	Derong	111836	21156	24917	65763	44734
凉山州	**Liangshan**					
西昌市	Xichang	6304786	572629	2692563	3039594	65743
会理市	Huili	2000463	610238	639933	750292	51163
木里县	Muli	546880	93596	258631	194653	44282
盐源县	Yanyuan	1480896	548053	506111	426732	43364
德昌县	Dechang	860081	246570	238090	375421	39635
会东县	Huidong	1593677	558863	460943	573871	46194
宁南县	Ningnan	750048	255165	205171	289712	40763
普格县	Puge	353144	107541	63132	182471	19565
布拖县	Butuo	380942	129368	67661	183913	20481
金阳县	Jinyang	457169	105541	146145	205483	26892
昭觉县	Zhaojue	461141	149053	61013	251075	18227
喜德县	Xide	341642	92031	46152	203459	21555
冕宁县	Mianning	1276956	315360	497096	464500	34794
越西县	Yuexi	578809	155446	90638	332725	19103
甘洛县	Ganluo	451846	89967	153388	208491	21881
美姑县	Meigu	407747	128364	50846	228537	16989
雷波县	Leibo	765546	158518	331514	275514	31831

12-3 各县(市、区)地区生产总值指数(2021年)
Indices of Gross Regional Product by Counties (City, Districts)(2021)

上年=100 (preceding year=100)

县(市、区)	Counties (City,Districts)	地区生产总值 Gross Regional Product	第一产业 Primary Industry	第二产业 Secondary Industry	第三产业 Tertiary Industry	人均地区生产总值 Per Capita Gross Regional Product
成都市	**Chengdu**					
锦江区	Jinjiang	107.2	100.9	105.2	107.5	105.6
青羊区	Qingyang	108.1	104.8	108.1	108.1	107.0
金牛区	Jinniu	107.2	110.1	108.5	106.9	106.2
武侯区	Wuhou	110.0	105.6	106.1	110.7	108.0
成华区	Chenghua	109.9	107.7	112.9	108.7	107.3
龙泉驿区	Longquanyi	107.2	104.0	107.3	107.1	105.0
青白江区	Qingbaijiang	108.7	104.5	106.1	110.0	107.0
新都区	Xindu	108.2	104.8	103.9	110.4	105.2
温江区	Wenjiang	107.2	104.6	106.2	107.9	103.3
双流区	Shuangliu	109.5	103.9	110.1	109.5	106.1
郫都区	Pidu	108.4	104.4	108.2	108.8	105.8
新津区	Xinjin	108.6	103.4	109.2	108.6	106.6
金堂县	Jintang	109.0	106.4	109.3	109.4	107.7
大邑县	Dayi	108.1	106.1	108.4	108.5	108.2
蒲江县	Pujiang	108.7	104.9	104.9	112.2	108.0
都江堰市	Dujiangyan	107.1	104.3	106.1	108.0	106.2
彭州市	Pengzhou	111.2	105.0	113.0	110.8	110.7
邛崃市	Qionglai	108.6	105.7	107.8	110.4	108.8
崇州市	Chongzhou	108.7	105.4	110.6	107.5	107.2
简阳市	Jianyang	108.0	103.3	109.8	108.8	107.0
自贡市	**Zigong**					
自流井区	Ziliujing	109.3	107.2	105.9	110.7	110.1
贡井区	Gongjing	108.9	107.1	108.2	110.6	111.6
大安区	Daan	108.9	107.1	107.9	110.6	111.3
沿滩区	Yantan	110.0	107.1	110.1	111.1	112.1
荣县	Rongxian	108.4	107.1	107.5	110.6	110.2
富顺县	Fushun	105.5	107.1	99.8	110.7	106.1
攀枝花市	**Panzhihua**					
东区	Dongqu	108.4	107.4	106.4	110.9	108.0
西区	Xiqu	107.9	107.3	107.3	109.6	108.7
仁和区	Renhe	108.0	107.6	106.8	110.7	108.2
米易县	Miyi	108.7	107.7	107.8	110.4	108.7
盐边县	Yanbian	107.9	107.6	106.9	110.4	108.5
泸州市	**Luzhou**					
江阳区	Jiangyang	109.8	105.9	109.3	110.7	107.9
纳溪区	Naxi	107.3	106.2	105.5	110.2	108.9
龙马潭区	Longmatan	107.3	107.1	106.7	108.0	105.4
泸县	Luxian	108.3	106.0	108.9	108.5	108.8
合江县	Hejiang	108.3	107.4	107.4	109.9	108.5
叙永县	Xuyong	107.5	107.3	108.4	107.1	107.9
古蔺县	Gulin	109.0	107.2	108.7	110.1	109.4

12−3 续表 1 continued

上年=100 (preceding year=100)

县(市、区)	Counties (City,Districts)	地区生产总值 Gross Regional Product	第一产业 Primary Industry	第二产业 Secondary Industry	第三产业 Tertiary Industry	人均地区生产总值 Per Capita Gross Regional Product
德阳市	**Deyang**					
旌阳区	Jingyang	108.8	107.3	109.2	108.6	108.4
罗江区	Luojiang	108.3	107.4	107.0	111.2	108.8
中江县	Zhongjiang	108.7	107.3	108.0	110.2	109.3
广汉市	Guanghan	108.4	107.3	107.9	109.2	108.2
什邡市	Shifang	109.0	106.8	107.4	111.5	109.0
绵竹市	Mianzhu	108.8	107.4	109.1	108.7	109.0
绵阳市	**Mianyang**					
涪城区	Fucheng	109.2	107.1	109.4	109.1	106.8
游仙区	Youxian	108.6	107.2	107.9	109.4	107.5
安州区	Anzhou	108.6	107.6	108.1	109.6	107.1
三台县	Santai	108.3	107.6	107.3	109.3	109.5
盐亭县	Yanting	108.3	107.7	106.9	109.3	110.3
梓潼县	Zitong	108.3	107.6	106.9	109.5	108.8
北川县	Beichuan	108.4	107.6	106.7	109.5	108.7
平武县	Pingwu	107.0	107.0	106.4	107.4	109.1
江油市	Jiangyou	108.6	107.5	108.0	109.6	109.1
广元市	**Guangyuan**					
利州区	Lizhou	109.1	107.1	109.0	109.5	108.3
昭化区	Zhaohua	108.4	107.3	108.3	109.4	112.0
朝天区	Chaotian	109.4	107.5	108.6	111.7	113.3
旺苍县	Wangcang	108.2	107.4	106.2	111.3	111.2
青川县	Qingchuan	107.0	107.2	107.8	106.5	111.2
剑阁县	Jiange	106.5	107.2	103.0	109.2	108.1
苍溪县	Cangxi	107.6	107.6	105.4	109.3	109.0
遂宁市	**Suining**					
船山区	Chuanshan	108.2	107.0	107.6	108.8	106.9
安居区	Anju	108.7	107.7	109.1	108.7	112.5
蓬溪县	Pengxi	107.6	107.8	106.4	108.7	110.1
大英县	Daying	108.2	107.6	107.6	108.9	110.4
射洪市	Shehong	108.1	107.6	107.7	109.1	110.1
内江市	**Neijiang**					
内江市中区	Neijiang Downtown	108.7	106.9	107.4	109.9	110.8
东兴区	Dongxing	108.5	106.9	103.4	110.9	108.3
威远县	Weiyuan	108.2	107.1	106.2	110.6	112.2
资中县	Zizhong	108.2	106.9	107.4	109.5	110.8
隆昌市	Longchang	108.9	106.8	107.0	110.8	113.0
乐山市	**Leshan**					
乐山市中区	Leshan Downtown	108.4	106.9	108.3	108.7	106.5
沙湾区	Shawan	108.3	105.0	108.9	108.0	110.9
五通桥区	Wutongqiao	110.3	105.7	111.9	109.1	113.5

12−3 续表 2 continued

上年=100 (preceding year=100)

县(市、区)	Counties (City,Districts)	地区生产总值 Gross Regional Product	第一产业 Primary Industry	第二产业 Secondary Industry	第三产业 Tertiary Industry	人均地区生产总值 Per Capita Gross Regional Product
金口河区	Jinkouhe	107.2	106.5	106.6	108.3	111.3
犍为县	Qianwei	107.8	106.9	107.5	108.5	108.4
井研县	Jingyan	107.1	107.8	107.0	106.6	108.4
夹江县	Jiajiang	107.7	107.6	108.0	107.3	108.9
沐川县	Muchuan	107.5	107.3	106.8	108.2	109.1
峨边县	Ebian	108.2	107.6	108.8	107.6	109.5
马边县	Mabian	107.3	106.9	108.8	106.1	107.0
峨眉山市	Emeishan	108.0	106.8	107.9	108.2	108.9
南充市	**Nanchong**					
顺庆区	Shunqing	108.1	107.2	105.9	109.6	107.5
高坪区	Gaoping	108.1	107.5	106.4	109.9	109.0
嘉陵区	Jialing	108.3	107.3	107.6	109.7	109.8
南部县	Nanbu	108.3	107.6	107.1	110.3	109.7
营山县	Yingshan	109.1	107.7	107.2	111.3	110.7
蓬安县	Pengan	107.5	107.4	104.3	110.3	109.4
仪陇县	Yilong	105.6	107.3	99.3	110.0	107.7
西充县	Xichong	109.0	107.4	107.8	110.7	111.0
阆中市	Langzhong	108.1	107.5	105.9	110.0	109.5
眉山市	**Meishan**					
东坡区	Dongpo	108.4	106.7	108.5	108.8	108.0
彭山区	Pengshan	108.0	107.2	105.9	110.2	107.8
仁寿县	Renshou	108.4	106.9	107.5	109.8	108.7
洪雅县	Hongya	108.6	106.8	107.2	109.9	108.8
丹棱县	Danling	108.5	107.0	107.6	109.8	108.1
青神县	Qingshen	109.2	106.6	108.3	110.6	108.8
宜宾市	**Yibin**					
翠屏区	Cuiping	110.5	107.1	110.2	111.5	109.7
南溪区	Nanxi	108.5	109.1	106.5	110.8	107.9
叙州区	Xuzhou	108.0	106.7	107.0	109.6	107.5
江安县	Jiangan	107.5	107.0	106.1	109.1	107.0
长宁县	Changning	107.0	108.7	104.8	108.7	106.4
高县	Gaoxian	107.2	106.8	104.9	109.4	106.9
珙县	Gongxian	108.2	107.6	106.5	110.0	108.2
筠连县	Junlian	107.3	106.9	104.3	109.7	106.6
兴文县	Xingwen	109.0	108.6	107.7	109.9	108.5
屏山县	Pingshan	109.5	109.0	108.0	111.1	109.1
广安市	**Guangan**					
广安区	Guanganqu	108.1	106.9	108.6	108.3	106.7
前锋区	Qianfeng	108.8	107.5	109.7	107.9	109.3
岳池县	Yuechi	108.3	107.3	109.5	108.1	108.4
武胜县	Wusheng	108.6	107.2	109.9	108.3	108.9

12-3 续表 3 continued

上年=100 (preceding year=100)

县(市、区)	Counties (City,Districts)	地区生产总值 Gross Regional Product	第一产业 Primary Industry	第二产业 Secondary Industry	第三产业 Tertiary Industry	人均地区生产总值 Per Capita Gross Regional Product
邻水县	Linshui	107.9	107.5	108.3	107.8	107.9
华蓥市	Huaying	107.6	107.1	106.5	108.8	108.6
达州市	**Dazhou**					
通川区	Tongchuan	108.4	107.5	104.0	110.9	107.4
达川区	Dachuan	107.8	107.7	104.2	110.7	108.6
宣汉县	Xuanhan	108.8	107.4	108.2	110.3	109.3
开江县	Kaijiang	107.8	107.8	104.7	109.5	108.4
大竹县	Dazhu	108.3	107.7	105.8	110.6	108.8
渠县	Quxian	108.4	107.9	104.2	111.0	110.2
万源市	Wanyuan	107.6	107.6	103.0	109.7	108.0
雅安市	**Yaan**					
雨城区	Yucheng	108.7	108.7	107.4	109.4	109.0
名山区	Mingshan	108.7	107.6	109.1	109.3	109.3
荥经县	Yingjing	105.1	108.2	101.6	106.2	106.7
汉源县	Hanyuan	109.0	108.5	107.5	110.1	110.0
石棉县	Shimian	108.9	108.2	108.8	109.3	109.9
天全县	Tianquan	108.4	108.1	108.5	108.4	109.6
芦山县	Lushan	108.5	108.3	108.3	108.9	109.0
宝兴县	Baoxing	108.8	107.8	110.4	107.9	111.1
巴中市	**Bazhong**					
巴州区	Bazhou	103.7	107.3	100.7	103.9	104.0
恩阳区	Enyang	103.3	107.3	101.6	101.7	103.0
通江县	Tongjiang	103.2	107.5	96.9	104.2	106.6
南江县	Nanjiang	102.5	107.4	93.9	105.6	105.1
平昌县	Pingchang	103.6	107.3	102.0	102.7	106.6
资阳市	**Ziyang**					
雁江区	Yanjiang	107.9	106.9	108.0	108.2	108.8
安岳县	Anyue	107.7	107.5	106.6	108.3	109.2
乐至县	Lezhi	108.9	107.8	107.7	110.1	109.8
阿坝州	**Aba**					
马尔康市	Maerkang	108.8	107.0	113.8	106.8	109.7
汶川县	Wenchuan	107.6	108.6	108.0	107.0	110.9
理县	Lixian	107.2	106.9	108.4	106.8	117.5
茂县	Maoxian	109.7	106.9	112.7	108.4	109.1
松潘县	Songpan	108.0	107.1	107.8	108.3	104.8
九寨沟县	Jiuzhaigou	107.2	106.8	99.1	109.0	105.6
金川县	Jinchuan	107.0	106.7	107.6	107.0	113.5
小金县	Xiaojin	107.5	106.3	111.1	106.8	111.7
黑水县	Heishui	102.2	106.5	94.9	105.3	116.1
壤塘县	Rangtang	106.5	106.7	105.4	106.4	104.1

12-3 续表 4 continued

上年=100 (preceding year=100)

县(市、区)	Counties (City,Districts)	地区生产总值 Gross Regional Product	第一产业 Primary Industry	第二产业 Secondary Industry	第三产业 Tertiary Industry	人均地区生产总值 Per Capita Gross Regional Product
阿坝县	Abaxian	108.0	106.0	122.0	107.7	105.3
若尔盖县	Ruoergai	107.1	106.2	105.6	108.0	105.7
红原县	Hongyuan	107.3	106.7	109.2	107.6	109.6
甘孜州	**Ganzi**					
康定市	Kangding	106.5	103.4	106.2	107.1	107.0
泸定县	Luding	107.6	107.0	102.5	110.5	108.2
丹巴县	Danba	107.5	107.4	109.9	106.2	109.2
九龙县	Jiulong	106.3	105.8	97.8	118.7	108.1
雅江县	Yajiang	115.7	104.2	169.4	104.0	115.9
道孚县	Daofu	106.5	104.4	103.6	107.7	108.3
炉霍县	Luhuo	106.5	105.6	107.3	106.7	107.4
甘孜县	Ganzixian	106.5	101.5	142.0	104.4	107.1
新龙县	Xinlong	106.5	103.5	98.9	108.6	109.1
德格县	Dege	106.5	104.5	95.8	108.9	106.3
白玉县	Baiyu	106.0	101.5	89.4	119.8	105.6
石渠县	Shiqu	106.5	102.8	134.6	104.8	105.9
色达县	Seda	106.5	107.9	119.4	104.5	106.3
理塘县	Litang	106.5	107.3	131.3	102.1	107.6
巴塘县	Batang	106.5	106.3	102.1	107.7	105.4
乡城县	Xiangcheng	108.0	108.7	111.0	105.7	110.1
稻城县	Daocheng	106.2	100.9	90.9	109.2	106.2
得荣县	Derong	106.1	103.0	92.0	113.7	106.5
凉山州	**Liangshan**					
西昌市	Xichang	106.6	105.8	107.8	105.7	105.2
会理市	Huili	110.5	107.0	116.8	108.5	111.0
木里县	Muli	100.1	106.9	96.8	101.5	100.1
盐源县	Yanyuan	105.0	107.9	99.5	108.6	105.2
德昌县	Dechang	107.0	106.7	108.5	106.3	107.1
会东县	Huidong	111.0	107.1	124.3	105.6	112.0
宁南县	Ningnan	111.6	107.5	129.1	105.2	111.4
普格县	Puge	106.6	105.7	106.4	107.2	105.7
布拖县	Butuo	105.6	107.3	109.5	103.1	105.2
金阳县	Jinyang	108.1	106.5	118.7	102.3	108.4
昭觉县	Zhaojue	108.3	107.4	106.1	109.4	108.0
喜德县	Xide	109.9	112.9	105.5	109.2	111.0
冕宁县	Mianning	103.1	108.2	97.7	106.1	103.2
越西县	Yuexi	106.0	105.6	105.5	106.3	105.4
甘洛县	Ganluo	105.8	106.9	103.7	106.8	105.5
美姑县	Meigu	109.8	105.9	110.2	112.2	108.5
雷波县	Leibo	108.6	106.0	109.8	108.7	108.3

12-4 各县(市、区)民营经济增加值(2021年)
Added Value of Civilian-owned Economy by Counties (City, Districts)(2021)

县(市、区)	Counties (City,Districts)	民营经济增加值(万元) Added Value of Civilian-owned Economy (10 000 yuan)	第一产业 Primary Industry	第二产业 Secondary Industry	第三产业 Tertiary Industry	人均民营经济增加值(元) Per Capita Added Value of Civilian-owned Economy (yuan)
成都市	**Chengdu**					
锦江区	Jinjiang	6348874		319534	6029340	70076
青羊区	Qingyang	6109432		558182	5551250	63740
金牛区	Jinniu	7671815		1454306	6217509	60289
武侯区	Wuhou	18067359		2877164	15190195	96746
成华区	Chenghua	5058223		778037	4280186	36403
龙泉驿区	Longquanyi	6083323	67348	3803738	2212237	45028
青白江区	Qingbaijiang	2680697	19314	954891	1706492	54101
新都区	Xindu	6262950	28421	2767406	3467123	40006
温江区	Wenjiang	3989267	29633	1748215	2211419	40748
双流区	Shuangliu	9955760	40267	3814220	6101273	36990
郫都区	Pidu	7176671	33770	4050631	3092270	42782
新津区	Xinjin	2821863	23932	1484274	1313657	76577
金堂县	Jintang	2751052	90323	1311176	1349553	34238
大邑县	Dayi	1602411	37487	1031306	533618	31145
蒲江县	Pujiang	1158663	32512	590907	535244	44997
都江堰市	Dujiangyan	2649098	50886	837211	1761001	37128
彭州市	Pengzhou	2253855	83093	1183186	987576	28803
邛崃市	Qionglai	2087399	62569	1006236	1018594	34617
崇州市	Chongzhou	2383695	51855	1390739	941101	32169
简阳市	Jianyang	2784486	99696	1167458	1517332	24707
自贡市	**Zigong**					
自流井区	Ziliujing	1657262	9649	480604	1167009	34419
贡井区	Gongjing	936389	35628	434247	466514	41710
大安区	Daan	1098135	31629	528611	537895	37737
沿滩区	Yantan	1550798	56516	873173	621109	52480
荣县	Rongxian	1669063	244801	728505	695757	35778
富顺县	Fushun	1941189	111251	940953	888985	26980
攀枝花市	**Panzhihua**					
东区	Dongqu	2266863	10261	1060687	1195915	55088
西区	Xiqu	462261	8089	332468	121704	35834
仁和区	Renhe	1584889	69202	1053960	461727	59471
米易县	Miyi	971560	50363	518217	402980	42800
盐边县	Yanbian	571434	63184	327011	181239	31924
泸州市	**Luzhou**					
江阳区	Jiangyang	3821765	46897	2094398	1680470	50122
纳溪区	Naxi	1237754	78509	698057	461188	34768
龙马潭区	Longmatan	2255084	36334	1156423	1062327	46932
泸县	Luxian	2721883	185496	1685688	850699	35557
合江县	Hejiang	1708528	135424	925411	647693	24797
叙永县	Xuyong	905921	99162	401165	405594	16397
古蔺县	Gulin	1076145	102482	525577	448086	16518

12－4 续表 1 continued

县(市、区)	Counties (City,Districts)	民营经济增加值(万元) Added Value of Civilian-owned Economy (10 000 yuan)	第一产业 Primary Industry	第二产业 Secondary Industry	第三产业 Tertiary Industry	人均民营经济增加值(元) Per Capita Added Value of Civilian-owned Economy (yuan)
德阳市	**Deyang**					
旌阳区	Jingyang	3691144	117080	1545613	2028451	44579
罗江区	Luojiang	1043249	69388	710203	263658	49916
中江县	Zhongjiang	2815598	273090	1592884	949624	29700
广汉市	Guanghan	3291687	114184	2045334	1132169	52583
什邡市	Shifang	1913082	107212	874901	930969	46889
绵竹市	Mianzhu	2461693	99795	1573988	787910	55948
绵阳市	**Mianyang**					
涪城区	Fucheng	7141634	34312	3954147	3153175	54746
游仙区	Youxian	2651069	43717	1059395	1547957	47046
安州区	Anzhou	1357397	48374	804382	504641	35910
三台县	Santai	2688416	114158	1311223	1263035	28299
盐亭县	Yanting	1138610	50245	454439	633926	30940
梓潼县	Zitong	980869	41337	484940	454592	35347
北川县	Beichuan	536853	18559	209417	308877	30417
平武县	Pingwu	392879	15640	213236	164003	31058
江油市	Jiangyou	3197691	74257	1569310	1554124	43744
广元市	**Guangyuan**					
利州区	Lizhou	2101948	46731	1059221	995996	33658
昭化区	Zhaohua	439472	81471	213350	144651	33168
朝天区	Chaotian	428460	45278	238105	145077	34140
旺苍县	Wangcang	859376	98598	479151	281627	26361
青川县	Qingchuan	301968	40384	113012	148572	19608
剑阁县	Jiange	939757	172750	433318	333689	22296
苍溪县	Cangxi	1066881	184169	401391	481321	20899
遂宁市	**Suining**					
船山区	Chuanshan	2808882	49655	1372306	1386921	33599
安居区	Anju	1082458	159953	564745	357760	25350
蓬溪县	Pengxi	1157022	99186	642719	415117	27224
大英县	Daying	1221685	87589	680788	453308	31815
射洪市	Shehong	3054501	172530	2048320	833651	42015
内江市	**Neijiang**					
内江市中区	Neijiang Downtown	1717083	26080	638912	1052091	40689
东兴区	Dongxing	1570789	80599	474289	1015901	20696
威远县	Weiyuan	2474595	36318	1574638	863639	46690
资中县	Zizhong	1940265	250610	831979	857676	23071
隆昌市	Longchang	2046741	46897	944812	1055032	37079
乐山市	**Leshan**					
乐山市中区	Leshan Downtown	2437102	139599	921357	1376146	29630
沙湾区	Shawan	792486	82782	389321	320383	55226
五通桥区	Wutongqiao	1934588	95854	1349151	489583	82323

12-4 续表 2 continued

县(市、区)	Counties (City,Districts)	民营经济增加值(万元) Added Value of Civilian-owned Economy (10 000 yuan)	第一产业 Primary Industry	第二产业 Secondary Industry	第三产业 Tertiary Industry	人均民营经济增加值(元) Per Capita Added Value of Civilian-owned Economy (yuan)
金口河区	Jinkouhe	217083	10531	133150	73402	56385
犍为县	Qianwei	1518236	172395	763301	582540	36540
井研县	Jingyan	874822	126669	423720	324433	31300
夹江县	Jiajiang	1550626	87734	988516	474376	51091
沐川县	Muchuan	420555	46511	216643	157401	22134
峨边县	Ebian	287579	29955	161049	96575	23669
马边县	Mabian	261631	32067	127710	101854	13880
峨眉山市	Emeishan	2168208	96483	822350	1249375	51933
南充市	**Nanchong**					
顺庆区	Shunqing	3011403	82341	1503428	1425634	36151
高坪区	Gaoping	1334641	108297	717691	508653	23497
嘉陵区	Jialing	1333728	133847	821672	378209	25188
南部县	Nanbu	2815796	226863	1723016	865917	34635
营山县	Yingshan	1498935	148382	729064	621489	24235
蓬安县	Pengan	1196637	133606	585473	477558	26042
仪陇县	Yilong	1550920	190799	743231	616890	21392
西充县	Xichong	1210016	128036	587946	494034	28948
阆中市	Langzhong	1749289	176251	753414	819624	28192
眉山市	**Meishan**					
东坡区	Dongpo	2936047	78296	1344978	1512773	32425
彭山区	Pengshan	1127770	25627	482887	619256	34289
仁寿县	Renshou	2888768	226484	1272698	1389586	26002
洪雅县	Hongya	837501	52306	257911	527284	28294
丹棱县	Danling	469952	35727	197540	236685	31477
青神县	Qingshen	586445	36348	217767	332330	34845
宜宾市	**Yibin**					
翠屏区	Cuiping	6092078	109163	3871252	2111663	68373
南溪区	Nanxi	1404647	83562	833569	487516	42055
叙州区	Xuzhou	3425548	139374	2094478	1191696	36481
江安县	Jiangan	1320816	91806	696813	532197	30932
长宁县	Changning	1342142	86315	740225	515602	40795
高县	Gaoxian	1177246	80081	644927	452238	30818
珙县	Gongxian	1128173	71409	552981	503783	33279
筠连县	Junlian	987100	79120	465404	442576	29554
兴文县	Xingwen	1057567	75135	382827	599605	27758
屏山县	Pingshan	624127	59485	291567	273075	25371
广安市	**Guangan**					
广安区	Guanganqu	1422346	159419	297419	965508	19105
前锋区	Qianfeng	900096	25608	586959	287529	38797
岳池县	Yuechi	1632914	143983	746079	742852	21992
武胜县	Wusheng	1544208	176259	656928	711021	27824

12—4 续表 3 continued

县(市、区)	Counties (City,Districts)	民营经济增加值(万元) Added Value of Civilian-owned Economy (10 000 yuan)	第一产业 Primary Industry	第二产业 Secondary Industry	第三产业 Tertiary Industry	人均民营经济增加值(元) Per Capita Added Value of Civilian-owned Economy (yuan)
邻水县	Linshui	1505846	106037	688650	711159	21299
华蓥市	Huaying	1045208	33796	659469	351943	38640
达州市	**Dazhou**					
通川区	Tongchuan	2296527	65594	848028	1382905	25292
达川区	Dachuan	2510311	149962	1182391	1177958	26606
宣汉县	Xuanhan	2632201	185383	1490219	956599	27620
开江县	Kaijiang	984300	83136	383816	517348	23804
大竹县	Dazhu	2560506	161946	1338633	1059927	30482
渠县	Quxian	2498348	190770	1033162	1274416	27349
万源市	Wanyuan	873515	90603	296699	486213	21515
雅安市	**Yaan**					
雨城区	Yucheng	1180370	51007	407862	721501	31988
名山区	Mingshan	662540	34740	342295	285505	26033
荥经县	Yingjing	587837	32972	250917	303948	44873
汉源县	Hanyuan	680062	33376	259247	387439	23820
石棉县	Shimian	675055	40569	278013	356473	59215
天全县	Tianquan	543601	30352	226684	286565	41338
芦山县	Lushan	354309	29507	174668	150134	35609
宝兴县	Baoxing	238821	13748	134482	90591	49754
巴中市	**Bazhong**					
巴州区	Bazhou	1307428	124459	491210	691759	18247
恩阳区	Enyang	502137	86717	193923	221497	14640
通江县	Tongjiang	744984	125737	287566	331681	14396
南江县	Nanjiang	724096	112374	321025	290697	15606
平昌县	Pingchang	1010669	141004	466719	402946	15465
资阳市	**Ziyang**					
雁江区	Yanjiang	2256434	131568	1145794	979072	26146
安岳县	Anyue	1425361	149947	551281	724133	15067
乐至县	Lezhi	1371041	109722	619511	641808	28095
阿坝州	**Aba**					
马尔康市	Maerkang	265233	20185	135852	109196	46127
汶川县	Wenchuan	387702	59064	198084	130554	46994
理县	Lixian	127999	19041	51840	57118	35068
茂县	Maoxian	194646	40854	77831	75961	20597
松潘县	Songpan	109722	28468	20614	60640	16376
九寨沟县	Jiuzhaigou	156620	15809	35535	105276	23730
金川县	Jinchuan	100149	22898	15947	61304	17417
小金县	Xiaojin	121585	24253	36253	61079	18850
黑水县	Heishui	144225	25626	74896	43703	32778
壤塘县	Rangtang	53783	20087	6024	27672	11952

12-4 续表 4 continued

县(市、区)	Counties (City,Districts)	民营经济增加值(万元) Added Value of Civilian-owned Economy (10 000 yuan)	第一产业 Primary Industry	第二产业 Secondary Industry	第三产业 Tertiary Industry	人均民营经济增加值(元) Per Capita Added Value of Civilian-owned Economy (yuan)
阿坝县	Abaxian	92806	32988	13803	46015	11601
若尔盖县	Ruoergai	153278	79047	13729	60502	19906
红原县	Hongyuan	93100	45112	10763	37225	19809
甘孜州	**Ganzi**					
康定市	Kangding	406179	53443	80403	272333	31983
泸定县	Luding	163408	38742	30852	93814	19453
丹巴县	Danba	95777	33659	11812	50306	19155
九龙县	Jiulong	78052	32801	18336	26915	14589
雅江县	Yajiang	69083	26537	10236	32310	13546
道孚县	Daofu	57834	25946	8838	23050	10912
炉霍县	Luhuo	54546	27916	8855	17775	11606
甘孜县	Ganzixian	105153	48194	20147	36812	14605
新龙县	Xinlong	63278	31160	8227	23891	14062
德格县	Dege	77688	47431	8685	21572	8778
白玉县	Baiyu	70336	36252	15332	18752	11821
石渠县	Shiqu	104266	50945	22116	31205	10074
色达县	Seda	67828	42124	10346	15358	10516
理塘县	Litang	98460	52821	12038	33601	14696
巴塘县	Batang	81371	39104	15383	26884	16274
乡城县	Xiangcheng	57800	23014	10909	23877	18645
稻城县	Daocheng	63873	19266	9129	35478	19355
得荣县	Derong	42343	18920	9665	13758	16937
凉山州	**Liangshan**					
西昌市	Xichang	3715794	179113	1993122	1543559	38747
会理市	Huili	935219	193569	323872	417778	23919
木里县	Muli	168859	28384	68427	72048	13673
盐源县	Yanyuan	478729	172634	98011	208084	14018
德昌县	Dechang	459498	77403	179410	202685	21175
会东县	Huidong	674094	178086	178802	317206	19539
宁南县	Ningnan	321972	81667	101789	138516	17498
普格县	Puge	127103	33461	36037	57605	7042
布拖县	Butuo	124137	41496	21566	61075	6674
金阳县	Jinyang	138711	33546	31186	73979	8159
昭觉县	Zhaojue	139025	48096	16294	74635	5495
喜德县	Xide	123193	29864	33344	59985	7772
冕宁县	Mianning	571502	98618	230195	242689	15572
越西县	Yuexi	267438	49664	62500	155274	8826
甘洛县	Ganluo	205961	29047	95705	81209	9974
美姑县	Meigu	129388	41067	20797	67524	5391
雷波县	Leibo	323463	51412	163198	108853	13450

12-5 各县(市、区)民营经济增加值指数(2021年)

Indices of Civilian-owned Economy Added Value by Counties (City, Districts)(2021)

上年=100 (preceding year=100)

县(市、区)	Counties (City,Districts)	民营经济增加值 Added Value of Civilian-owned Economy	第一产业 Primary Industry	第二产业 Secondary Industry	第三产业 Tertiary Industry	人均民营经济增加值 Per Capita Added Value of Civilian-owned Economy
成都市	**Chengdu**					
锦江区	Jinjiang	108.7		94.2	109.6	107.1
青羊区	Qingyang	107.6		103.6	108.0	106.5
金牛区	Jinniu	108.7		97.9	111.5	107.6
武侯区	Wuhou	107.6		102.9	108.4	105.6
成华区	Chenghua	106.8		102.2	107.7	104.3
龙泉驿区	Longquanyi	106.1	134.3	102.7	111.4	104.0
青白江区	Qingbaijiang	107.2	102.5	102.1	110.3	105.6
新都区	Xindu	108.6	66.9	101.5	115.7	105.6
温江区	Wenjiang	109.1	105.7	112.9	106.3	105.2
双流区	Shuangliu	108.3	108.0	102.9	111.8	104.9
郫都区	Pidu	105.8	108.8	102.2	110.9	103.3
新津区	Xinjin	109.3	119.2	109.4	108.9	107.4
金堂县	Jintang	105.9	124.1	102.9	107.8	104.6
大邑县	Dayi	105.8	100.3	101.9	114.5	105.9
蒲江县	Pujiang	108.9	134.0	98.6	120.8	108.3
都江堰市	Dujiangyan	105.7	112.9	103.6	106.7	104.9
彭州市	Pengzhou	106.0	122.0	102.5	108.9	105.5
邛崃市	Qionglai	108.1	120.0	98.8	117.7	108.3
崇州市	Chongzhou	106.2	110.1	97.7	121.1	104.8
简阳市	Jianyang	105.7	101.6	100.2	110.4	104.7
自贡市	**Zigong**					
自流井区	Ziliujing	108.4	106.3	110.4	107.7	109.2
贡井区	Gongjing	108.1	106.2	108.0	108.4	110.8
大安区	Daan	108.1	106.2	108.3	108.0	110.5
沿滩区	Yantan	109.4	106.3	109.5	109.6	111.5
荣县	Rongxian	107.5	106.2	107.3	108.2	109.2
富顺县	Fushun	104.6	106.3	102.2	106.8	105.2
攀枝花市	**Panzhihua**					
东区	Dongqu	108.1	105.2	110.1	106.6	107.8
西区	Xiqu	107.0	107.3	106.8	107.5	107.8
仁和区	Renhe	108.3	104.5	108.3	108.8	108.5
米易县	Miyi	108.5	105.8	108.2	109.2	108.5
盐边县	Yanbian	108.4	106.7	108.1	109.4	109.0
泸州市	**Luzhou**					
江阳区	Jiangyang	109.5	106.6	105.8	114.2	107.6
纳溪区	Naxi	107.1	105.8	104.2	112.0	108.6
龙马潭区	Longmatan	107.1	106.8	106.0	108.2	105.2
泸县	Luxian	108.0	105.8	107.5	109.4	108.4
合江县	Hejiang	108.2	106.9	106.3	111.2	108.4
叙永县	Xuyong	107.2	106.6	107.0	107.5	107.6
古蔺县	Gulin	108.8	106.7	107.3	111.1	109.2

12－5　续表 1　continued

上年=100 (preceding year=100)

县(市、区)	Counties (City,Districts)	民营经济增加值 Added Value of Civilian-owned Economy	第一产业 Primary Industry	第二产业 Secondary Industry	第三产业 Tertiary Industry	人均民营经济增加值 Per Capita Added Value of Civilian-owned Economy
德阳市	**Deyang**					
旌阳区	Jingyang	108.7	105.8	108.1	109.5	108.4
罗江区	Luojiang	108.3	108.2	108.2	108.5	108.8
中江县	Zhongjiang	108.3	106.1	107.9	109.5	108.9
广汉市	Guanghan	108.2	109.4	109.1	106.5	108.0
什邡市	Shifang	109.0	109.8	108.8	109.1	109.0
绵竹市	Mianzhu	108.9	109.1	109.6	107.7	109.2
绵阳市	**Mianyang**					
涪城区	Fucheng	107.2	106.2	105.9	108.9	104.9
游仙区	Youxian	106.7	106.3	105.1	107.9	105.7
安州区	Anzhou	106.8	106.7	104.3	111.0	105.4
三台县	Santai	107.1	106.7	104.4	110.0	108.3
盐亭县	Yanting	106.5	106.8	103.3	108.9	108.6
梓潼县	Zitong	106.5	106.8	103.7	109.6	107.1
北川县	Beichuan	107.1	106.7	105.5	108.3	107.4
平武县	Pingwu	105.3	106.0	102.8	108.6	107.4
江油市	Jiangyou	106.9	106.6	104.9	109.0	107.4
广元市	**Guangyuan**					
利州区	Lizhou	109.3	106.6	108.9	109.9	108.5
昭化区	Zhaohua	107.7	106.5	107.9	108.2	111.4
朝天区	Chaotian	108.5	106.8	107.8	110.3	112.4
旺苍县	Wangcang	107.4	106.6	106.0	109.9	110.3
青川县	Qingchuan	106.0	106.4	109.8	103.2	110.1
剑阁县	Jiange	106.0	106.3	104.7	107.5	107.6
苍溪县	Cangxi	107.0	106.8	106.5	107.4	108.3
遂宁市	**Suining**					
船山区	Chuanshan	109.0	105.8	101.9	116.9	107.7
安居区	Anju	109.5	105.7	110.0	110.8	113.4
蓬溪县	Pengxi	108.9	106.5	106.6	113.2	111.5
大英县	Daying	109.0	106.2	106.7	113.1	111.3
射洪市	Shehong	109.1	107.0	110.0	107.8	111.1
内江市	**Neijiang**					
内江市中区	Neijiang Downtown	109.1	106.4	106.4	110.8	111.1
东兴区	Dongxing	109.0	106.1	103.8	111.7	108.7
威远县	Weiyuan	108.6	105.9	107.3	111.0	112.6
资中县	Zizhong	108.6	105.7	107.0	111.2	111.3
隆昌市	Longchang	109.2	105.5	106.8	111.6	113.3
乐山市	**Leshan**					
乐山市中区	Leshan Downtown	106.8	106.1	103.1	109.4	104.9
沙湾区	Shawan	109.0	103.8	108.2	111.6	111.7
五通桥区	Wutongqiao	114.0	104.6	115.2	113.2	117.4

12－5 续表 2 continued

上年=100 (preceding year=100)

县(市、区)	Counties (City,Districts)	民营经济增加值 Added Value of Civilian-owned Economy	第一产业 Primary Industry	第二产业 Secondary Industry	第三产业 Tertiary Industry	人均民营经济增加值 Per Capita Added Value of Civilian-owned Economy
金口河区	Jinkouhe	107.3	105.6	106.0	110.0	111.5
犍为县	Qianwei	108.7	106.1	107.6	111.1	109.4
井研县	Jingyan	107.7	107.2	106.8	109.1	109.1
夹江县	Jiajiang	108.5	106.9	108.4	109.1	109.8
沐川县	Muchuan	108.8	106.5	107.3	111.6	110.5
峨边县	Ebian	109.5	107.0	108.6	112.1	110.9
马边县	Mabian	107.4	106.0	106.9	108.4	107.1
峨眉山市	Emeishan	108.0	106.0	106.6	109.1	108.9
南充市	**Nanchong**					
顺庆区	Shunqing	109.1	103.4	110.1	108.4	108.6
高坪区	Gaoping	109.5	108.7	108.5	111.1	110.5
嘉陵区	Jialing	109.6	105.7	111.2	107.9	111.2
南部县	Nanbu	109.8	107.1	108.6	113.0	111.3
营山县	Yingshan	110.5	104.3	108.7	114.4	112.2
蓬安县	Pengan	108.8	107.8	104.8	114.2	110.8
仪陇县	Yilong	106.6	105.1	100.8	114.8	108.8
西充县	Xichong	110.3	108.2	107.3	114.7	112.4
阆中市	Langzhong	109.5	103.6	107.1	113.3	111.0
眉山市	**Meishan**					
东坡区	Dongpo	109.2	105.7	110.0	108.7	108.7
彭山区	Pengshan	109.1	105.1	100.8	116.8	108.9
仁寿县	Renshou	109.3	106.7	110.0	109.3	109.7
洪雅县	Hongya	109.5	108.2	107.4	110.6	109.7
丹棱县	Danling	109.4	108.3	110.8	108.4	109.0
青神县	Qingshen	109.9	105.0	98.7	119.0	109.5
宜宾市	**Yibin**					
翠屏区	Cuiping	111.1	104.9	114.6	105.9	110.3
南溪区	Nanxi	109.4	106.2	107.1	114.0	108.7
叙州区	Xuzhou	108.4	105.9	108.2	109.2	108.0
江安县	Jiangan	107.6	106.0	105.5	110.7	107.1
长宁县	Changning	107.8	106.8	108.5	107.0	107.2
高县	Gaoxian	108.3	106.7	108.5	108.2	108.0
珙县	Gongxian	108.7	105.1	109.1	109.0	108.7
筠连县	Junlian	108.0	107.0	104.4	112.0	107.4
兴文县	Xingwen	110.1	107.0	105.3	113.7	109.5
屏山县	Pingshan	109.7	105.0	109.0	111.7	109.2
广安市	**Guangan**					
广安区	Guanganqu	108.9	104.7	105.7	110.7	107.6
前锋区	Qianfeng	107.9	103.8	104.2	116.3	108.4
岳池县	Yuechi	109.0	105.7	105.1	113.6	109.0
武胜县	Wusheng	109.2	105.1	106.6	112.9	109.6

12-5 续表 3 continued

上年=100 (preceding year=100)

县(市、区)	Counties (City,Districts)	民营经济增加值 Added Value of Civilian-owned Economy	第一产业 Primary Industry	第二产业 Secondary Industry	第三产业 Tertiary Industry	人均民营经济增加值 Per Capita Added Value of Civilian-owned Economy
邻水县	Linshui	108.9	104.9	105.0	113.2	108.9
华蓥市	Huaying	108.2	104.2	105.2	114.9	109.2
达州市	**Dazhou**					
通川区	Tongchuan	109.9	104.4	103.9	114.0	108.9
达川区	Dachuan	109.2	105.1	106.5	112.6	110.1
宣汉县	Xuanhan	110.0	104.8	112.1	108.0	110.5
开江县	Kaijiang	109.6	105.2	106.2	112.8	110.2
大竹县	Dazhu	109.7	105.1	107.3	113.5	110.3
渠县	Quxian	110.1	107.6	102.0	117.6	111.9
万源市	Wanyuan	109.8	105.0	104.3	114.2	110.2
雅安市	**Yaan**					
雨城区	Yucheng	108.6	109.3	107.4	109.2	108.9
名山区	Mingshan	108.6	108.0	109.6	107.6	109.3
荥经县	Yingjing	104.9	108.8	105.0	104.3	106.5
汉源县	Hanyuan	108.9	109.1	109.0	108.9	109.9
石棉县	Shimian	108.8	108.5	110.8	107.3	109.7
天全县	Tianquan	108.3	108.7	110.2	106.8	109.5
芦山县	Lushan	108.4	108.9	109.3	107.3	109.0
宝兴县	Baoxing	108.7	108.4	110.6	106.2	111.0
巴中市	**Bazhong**					
巴州区	Bazhou	103.0	105.5	99.2	105.1	103.3
恩阳区	Enyang	102.6	105.7	100.1	103.4	102.3
通江县	Tongjiang	102.5	106.0	104.4	99.4	105.9
南江县	Nanjiang	101.7	106.2	96.3	106.2	104.3
平昌县	Pingchang	102.8	105.8	111.7	92.8	105.9
资阳市	**Ziyang**					
雁江区	Yanjiang	108.7	105.6	106.0	112.3	109.5
安岳县	Anyue	106.4	101.5	102.9	110.2	107.8
乐至县	Lezhi	111.0	113.8	107.4	114.1	111.9
阿坝州	**Aba**					
马尔康市	Maerkang	109.5	104.2	113.8	105.5	110.4
汶川县	Wenchuan	107.0	105.9	108.7	105.0	110.2
理县	Lixian	106.6	104.1	106.9	107.1	116.8
茂县	Maoxian	109.1	104.2	111.9	109.3	108.6
松潘县	Songpan	107.6	104.3	106.1	109.9	104.4
九寨沟县	Jiuzhaigou	106.4	103.9	105.0	107.3	104.8
金川县	Jinchuan	106.3	104.0	103.5	108.0	112.8
小金县	Xiaojin	106.9	103.5	108.3	107.5	111.0
黑水县	Heishui	100.9	103.7	97.1	106.6	114.7
壤塘县	Rangtang	106.0	104.0	103.4	108.0	103.6

12－5 续表 4 continued

上年=100 (preceding year=100)

县(市、区)	Counties (City,Districts)	民营经济增加值 Added Value of Civilian-owned Economy	第一产业 Primary Industry	第二产业 Secondary Industry	第三产业 Tertiary Industry	人均民营经济增加值 Per Capita Added Value of Civilian-owned Economy
阿坝县	Abaxian	107.3	103.3	114.9	108.4	104.7
若尔盖县	Ruoergai	106.5	103.5	101.2	112.0	105.1
红原县	Hongyuan	106.7	104.0	108.6	109.6	108.9
甘孜州	**Ganzi**					
康定市	Kangding	104.5	107.8	90.8	108.2	105.0
泸定县	Luding	108.0	106.7	104.6	109.6	108.6
丹巴县	Danba	104.6	107.7	93.4	105.2	106.3
九龙县	Jiulong	110.5	106.4	116.1	111.9	112.3
雅江县	Yajiang	94.4	106.9	63.1	98.8	94.6
道孚县	Daofu	105.8	106.3	98.7	108.2	107.6
炉霍县	Luhuo	107.0	106.5	107.4	107.8	107.9
甘孜县	Ganzixian	120.2	106.9	298.8	106.6	120.8
新龙县	Xinlong	106.1	106.5	98.3	108.5	108.7
德格县	Dege	104.8	106.6	97.4	103.4	104.5
白玉县	Baiyu	104.4	106.3	100.7	103.5	104.0
石渠县	Shiqu	112.3	106.2	143.2	107.9	111.7
色达县	Seda	108.0	106.4	121.3	105.4	107.8
理塘县	Litang	109.6	106.7	126.7	109.8	110.8
巴塘县	Batang	107.0	106.3	105.2	109.2	105.9
乡城县	Xiangcheng	105.4	106.3	96.9	108.9	107.5
稻城县	Daocheng	104.7	106.6	87.2	109.1	104.7
得荣县	Derong	113.1	107.2	151.8	101.4	113.6
凉山州	**Liangshan**					
西昌市	Xichang	103.6	106.0	101.9	105.4	102.2
会理市	Huili	105.7	107.3	103.1	106.9	106.1
木里县	Muli	98.2	107.5	92.0	101.2	98.2
盐源县	Yanyuan	105.7	108.2	103.2	104.9	105.9
德昌县	Dechang	106.1	107.0	106.9	105.1	106.3
会东县	Huidong	103.1	107.5	94.6	106.0	104.0
宁南县	Ningnan	103.7	108.0	98.2	105.4	103.4
普格县	Puge	103.8	106.0	102.5	103.2	102.9
布拖县	Butuo	105.6	107.8	110.8	102.5	105.2
金阳县	Jinyang	103.5	106.8	103.8	101.9	103.9
昭觉县	Zhaojue	103.2	107.7	91.0	103.4	103.0
喜德县	Xide	106.1	113.6	105.6	102.3	107.2
冕宁县	Mianning	103.9	108.7	100.8	105.0	104.0
越西县	Yuexi	105.5	106.1	106.0	105.1	105.0
甘洛县	Ganluo	106.0	107.3	107.1	104.2	105.7
美姑县	Meigu	104.8	106.3	99.5	105.4	103.5
雷波县	Leibo	107.8	106.3	109.4	106.1	107.5

12−6 各县(市、区)固定资产投资和建筑业情况(2021年)
Investment in Fixed Assets and Construction by Counties (City, Districts)(2021)

县(市、区)	Counties (City,Districts)	全社会固定资产投资比上年增长 (%) Growth Rate of Total Investment Over Preceding Year(%)	房地产开发投资额 (万元) Real Estate Investment (10 000 yuan)	建筑企业单位数 (个) Number of Construction Enterprises (unit)	建筑业总产值 (亿元) Gross Output Value of Construction (100 million yuan)
成都市	**Chengdu**				
锦江区	Jinjiang	14.1	1231577.0	193.0	721.6
青羊区	Qingyang	10.8	1331011.0	228.0	1141.4
金牛区	Jinniu	16.1	1707450.0	346.0	1778.0
武侯区	Wuhou	14.7	2082481.5	537.0	1545.9
成华区	Chenghua	19.0	2418151.0	150.0	327.7
龙泉驿区	Longquanyi	0.1	1702204.0	85.0	96.1
青白江区	Qingbaijiang	19.1	1004705.0	26.0	86.7
新都区	Xindu	17.0	2073603.0	52.0	81.9
温江区	Wenjiang	13.6	1891915.0	60.0	96.5
双流区	Shuangliu	15.7	6832039.0	175.0	298.6
郫都区	Pidu	9.8	1723580.0	47.0	305.2
新津区	Xinjin	21.3	1378858.0	46.0	33.5
金堂县	Jintang	19.3	514501.0	57.0	28.4
大邑县	Dayi	19.6	581597.0	53.0	16.7
蒲江县	Pujiang	16.1	423124.0	28.0	16.9
都江堰市	Dujiangyan	18.7	1604421.0	55.0	111.0
彭州市	Pengzhou	19.2	520497.0	35.0	28.6
邛崃市	Qionglai	17.4	554900.0	60.0	17.6
崇州市	Chongzhou	18.6	900042.0	53.0	35.2
简阳市	Jianyang	24.6	939808.0	62.0	57.3
自贡市	**Zigong**				
自流井区	Ziliujing	4.2	811229.0	41.0	206.7
贡井区	Gongjing	21.7	133551.0	6.0	6.3
大安区	Daan	-5.5	269063.0	16.0	35.5
沿滩区	Yantan	24.7	265245.0	23.0	85.6
荣县	Rongxian	14.3	206513.0	22.0	57.9
富顺县	Fushun	7.7	389060.0	67.0	139.9
攀枝花市	**Panzhihua**				
东区	Dongqu	5.6	250954.0	58.0	240.1
西区	Xiqu	12.5	46793.0	9.0	8.8
仁和区	Renhe	12.0	548303.0	25.0	20.6
米易县	Miyi	12.7	262521.0	15.0	13.3
盐边县	Yanbian	13.0	85829.0	8.0	2.6
泸州市	**Luzhou**				
江阳区	Jiangyang	11.4	1808659.0	103.0	396.2
纳溪区	Naxi	10.8	430362.0	28.0	69.8
龙马潭区	Longmatan	11.7	774129.0	78.0	379.5
泸县	Luxian	11.8	213008.0	130.0	536.7
合江县	Hejiang	11.0	304751.0	85.0	271.3
叙永县	Xuyong	9.2	230413.0	34.0	60.1

12–6 续表 1 continued

县(市、区)	Counties (City,Districts)	全社会固定资产投资比上年增长 (%) Growth Rate of Total Investment Over Preceding Year(%)	房地产开发投资额 (万元) Real Estate Investment (10 000 yuan)	建筑企业单位数 (个) Number of Construction Enterprises (unit)	建筑业总产值 (亿元) Gross Output Value of Construction (100 million yuan)
古蔺县	Gulin	11.4	157307	31	19.54
德阳市	**Deyang**				
旌阳区	Jingyang	7.3	1260561	144	216.47
罗江区	Luojiang	14.2	107550	14	21.21
中江县	Zhongjiang	17.2	321860	54	41.27
广汉市	Guanghan	13.8	405130	70	110.35
什邡市	Shifang	10.4	250967	28	45.40
绵竹市	Mianzhu	12.5	250745	42	38.55
绵阳市	**Mianyang**				
涪城区	Fucheng	2.2	2536183	364	436.69
游仙区	Youxian	22.0	437764	126	175.61
安州区	Anzhou	24.5	458544	54	47.99
三台县	Santai	8.2	266209	39	88.67
盐亭县	Yanting	17.6	131869	47	45.44
梓潼县	Zitong	12.5	119255	30	42.12
北川县	Beichuan	15.7	93425	29	20.16
平武县	Pingwu	26.2	19889	17	10.82
江油市	Jiangyou	12.3	589106	64	84.76
广元市	**Guangyuan**				
利州区	Lizhou	14.5	895983	191	137.98
昭化区	Zhaohua	10.1	22081	44	16.91
朝天区	Chaotian	20.4	92364	13	22.41
旺苍县	Wangcang	14.3	57818	20	28.70
青川县	Qingchuan	3.3	36983	9	3.11
剑阁县	Jiange	8.0	66861	35	18.96
苍溪县	Cangxi	18.9	87637	29	44.02
遂宁市	**Suining**				
船山区	Chuanshan	11.1	1459754	169	222.84
安居区	Anju	11.6	126689	11	37.76
蓬溪县	Pengxi	11.2	309252	28	102.60
大英县	Daying	11.5	139324	27	116.63
射洪市	Shehong	11.1	258653	26	108.06
内江市	**Neijiang**				
内江市中区	Neijiang Downtown	12.7	436661	36	79.02
东兴区	Dongxing	12.0	644352	36	102.44
威远县	Weiyuan	8.0	336524	21	74.40
资中县	Zizhong	24.4	339223	32	38.17
隆昌市	Longchang	7.2	287267	22	102.62
乐山市	**Leshan**				
乐山市中区	Leshan Downtown	13.7	783570	126	166.15
沙湾区	Shawan	10.1	31030	5	9.62

12−6 续表 2 continued

县(市、区)	Counties (City,Districts)	全社会固定资产投资比上年增长 (%) Growth Rate of Total Investment Over Preceding Year(%)	房地产开发投资额 (万元) Real Estate Investment (10 000 yuan)	建筑企业单位数 (个) Number of Construction Enterprises (unit)	建筑业总产值 (亿元) Gross Output Value of Construction (100 million yuan)
五通桥区	Wutongqiao	13.8	86530	7	17.96
金口河区	Jinkouhe	4.7		1	0.33
犍为县	Qianwei	13.0	254733	17	29.00
井研县	Jingyan	13.5	64489	7	23.03
夹江县	Jiajiang	4.3	194786	21	18.75
沐川县	Muchuan	10.2	34819	6	5.78
峨边县	Ebian	13.1		9	3.71
马边县	Mabian	13.0		7	2.79
峨眉山市	Emeishan	13.3	563191	23	34.84
南充市	**Nanchong**				
顺庆区	Shunqing	12.0	643307	131	331.50
高坪区	Gaoping	12.0	750387	72	106.35
嘉陵区	Jialing	13.1	722702	63	99.13
南部县	Nanbu	11.6	438433	77	355.57
营山县	Yingshan	12.3	673940	39	117.32
蓬安县	Pengan	11.6	433363	36	100.96
仪陇县	Yilong	12.1	376198	70	285.05
西充县	Xichong	12.2	257838	25	81.29
阆中市	Langzhong	11.9	439775	50	210.62
眉山市	**Meishan**				
东坡区	Dongpo	11.0	1584654	116	215.83
彭山区	Pengshan	7.7	810058	33	47.21
仁寿县	Renshou	15.3	2388206	87	186.80
洪雅县	Hongya	10.5	256537	23	20.09
丹棱县	Danling	10.5	83080	14	14.72
青神县	Qingshen	10.5	112850	14	34.03
宜宾市	**Yibin**				
翠屏区	Cuiping	21.1	1477223	151	287.60
南溪区	Nanxi	13.0	108185	55	66.21
叙州区	Xuzhou	6.2	998432	184	174.58
江安县	Jiangan	0.5	415647	50	71.70
长宁县	Changning	5.0	238285	32	56.95
高县	Gaoxian	10.2	170410	48	51.48
珙县	Gongxian	12.5	147177	33	34.06
筠连县	Junlian	12.4	135612	37	29.71
兴文县	Xingwen	16.7	147016	59	25.11
屏山县	Pingshan	16.5	121000	66	18.68
广安市	**Guangan**				
广安区	Guanganqu	8.1	891313	86	102.88
前锋区	Qianfeng	10.9	264368	11	16.46
岳池县	Yuechi	10.7	510825	44	113.10

12-6 续表 3 continued

县(市、区)	Counties (City,Districts)	全社会固定资产投资比上年增长 (%) Growth Rate of Total Investment Over Preceding Year(%)	房地产开发投资额 (万元) Real Estate Investment (10 000 yuan)	建筑企业单位数 (个) Number of Construction Enterprises (unit)	建筑业总产值 (亿元) Gross Output Value of Construction (100 million yuan)
武胜县	Wusheng	11.7	450153	25	119.28
邻水县	Linshui	10.3	495117	34	72.36
华蓥市	Huaying	10.7	163169	43	131.84
达州市	**Dazhou**				
通川区	Tongchuan	11.6	826364	113	156.48
达川区	Dachuan	11.5	576246	54	117.17
宣汉县	Xuanhan	11.1	442184	33	114.83
开江县	Kaijiang	11.4	60526	20	68.71
大竹县	Dazhu	11.5	410058	41	91.20
渠县	Quxian	11.4	306713	51	136.60
万源市	Wanyuan	11.2	81989	19	12.71
雅安市	**Yaan**				
雨城区	Yucheng	0.9	548643	41	30.75
名山区	Mingshan	14.5	82440	19	13.16
荥经县	Yingjing	14.8	79162	12	19.43
汉源县	Hanyuan	15.3	84390	15	12.38
石棉县	Shimian	14.7	69304	8	5.68
天全县	Tianquan	14.7	40445	7	8.47
芦山县	Lushan	15.1	6250	10	10.05
宝兴县	Baoxing	15.9		4	1.31
巴中市	**Bazhong**				
巴州区	Bazhou	-18.3	491972	105	101.45
恩阳区	Enyang	-18.2	115527	35	42.54
通江县	Tongjiang	-19.9	51813	51	28.26
南江县	Nanjiang	-18.6	90510	32	30.30
平昌县	Pingchang	-18.6	167973	38	18.17
资阳市	**Ziyang**				
雁江区	Yanjiang	9.2	650331	32	107.15
安岳县	Anyue	12.3	515754	24	51.98
乐至县	Lezhi	13.8	227000	14	39.39
阿坝州	**Aba**				
马尔康市	Maerkang	34.1	34426	15	4.11
汶川县	Wenchuan	11.1	6787	43	18.85
理县	Lixian	-7.8		28	6.44
茂县	Maoxian	7.4	42573	18	10.40
松潘县	Songpan	7.1		11	2.17
九寨沟县	Jiuzhaigou	-17.1	16759	16	5.61
金川县	Jinchuan	20.1		6	0.64
小金县	Xiaojin	10.5		13	3.98
黑水县	Heishui	-17.3		7	2.16
壤塘县	Rangtang	2.6		8	2.39

12−6 续表 4 continued

县(市、区)	Counties (City,Districts)	全社会固定资产投资比上年增长 (%) Growth Rate of Total Investment Over Preceding Year(%)	房地产开发投资额 (万元) Real Estate Investment (10 000 yuan)	建筑企业单位数 (个) Number of Construction Enterprises (unit)	建筑业总产值 (亿元) Gross Output Value of Construction (100 million yuan)
阿坝县	Abaxian	69.8		4	1.30
若尔盖县	Ruoergai	2.8		5	1.42
红原县	Hongyuan	44.7			
甘孜州	**Ganzi**				
康定市	Kangding	-4.9	46170	37	16.83
泸定县	Luding	26.5	13256	12	2.31
丹巴县	Danba	19.1	10272	4	0.72
九龙县	Jiulong	207.5		2	0.44
雅江县	Yajiang	8.7		1	0.22
道孚县	Daofu	-4.9		2	1.03
炉霍县	Luhuo	-32.5	10	2	0.20
甘孜县	Ganzixian	-19.0		3	0.96
新龙县	Xinlong	-11.0		2	1.13
德格县	Dege	-33.5		4	0.93
白玉县	Baiyu	-20.6		4	1.77
石渠县	Shiqu	-21.8	2168	6	2.66
色达县	Seda	3.3		8	1.99
理塘县	Litang	14.2		1	0.02
巴塘县	Batang	3.7		2	3.67
乡城县	Xiangcheng	-23.6		1	0.21
稻城县	Daocheng	-18.4		1	0.52
得荣县	Derong	28.5		5	1.49
凉山州	**Liangshan**				
西昌市	Xichang	12.9	1391752	128	195.25
会理市	Huili	14.2	203616	17	13.59
木里县	Muli	85.2		5	0.13
盐源县	Yanyuan	12.6	1771	19	4.43
德昌县	Dechang	16.8	119734	21	11.09
会东县	Huidong	-20.7	143468	22	15.72
宁南县	Ningnan	-10.3	34556	16	6.52
普格县	Puge	-9.5	3129	9	1.32
布拖县	Butuo	68.6	2893	7	1.49
金阳县	Jinyang	78.8		15	1.16
昭觉县	Zhaojue	-7.8		10	1.69
喜德县	Xide	43.4		29	5.25
冕宁县	Mianning	25.9	54335	25	9.35
越西县	Yuexi	2.5	40464	12	3.10
甘洛县	Ganluo	42.0	39495	13	2.50
美姑县	Meigu	-2.4		8	2.17
雷波县	Leibo	58.7	16515	11	4.06

12—7 各县(市、区)农村经济情况(2021年)

Basic Statistics on Agriculture of Counties(City, Districts)(2021)

县(市、区)	Counties (City,Districts)	2020年末实有耕地面积(公顷) Cultivated Land Area (year-end 2020) (hectare)	耕地灌溉面积(公顷) Irrigated Area of Cultivated Land (hectare)	农林牧渔业增加值(万元) Gross Output Value of Farming, Forestry, Animal Husbandry and Fishery (10 000 yuan)	农用化肥施用量(折纯量)(吨) Consumption of Chemical Fertilizers (ton)	农村用电量(万千瓦小时) Electricity Consumed in Rural Areas (10 000 kwh)
成都市	**Chengdu**					
锦江区	Jinjiang	426	423	7312	18	1750
青羊区	Qingyang	497	499	441	6	1341
金牛区	Jinniu	864	880	1137	19	1146
武侯区	Wuhou	204	211	273	2	1693
成华区	Chenghua	1229	1279	295	10	2648
龙泉驿区	Longquanyi	5205	402	323288	3063	13133
青白江区	Qingbaijiang	12766	13126	167882	3895	12958
新都区	Xindu	17892	18035	233458	8520	37735
温江区	Wenjiang	2057	2018	241020	2688	5539
双流区	Shuangliu	9433	21983	339184	5641	55909
郫都区	Pidu	9954	9988	276966	13188	24498
新津区	Xinjin	9248	9772	199360	5913	11471
金堂县	Jintang	45293	37250	736287	20647	13636
大邑县	Dayi	20828	18270	349394	5813	16548
蒲江县	Pujiang	1170	1170	286920	4267	8075
都江堰市	Dujiangyan	9925	10830	406143	10012	23632
彭州市	Pengzhou	35254	36580	679357	17443	32471
邛崃市	Qionglai	21590	19954	522266	15438	16683
崇州市	Chongzhou	20550	20130	426148	11502	32990
简阳市	Jianyang	87276	75546	862797	27109	42543
自贡市	**Zigong**					
自流井区	Ziliujing	4332	4100	86467	2614	2437
贡井区	Gongjing	17418	10060	268693	10554	6747
大安区	Daan	18768	16193	245901	9067	12295
沿滩区	Yantan	21376	10390	267448	16023	7662
荣县	Rongxian	58266	40110	830407	18205	15789
富顺县	Fushun	58329	31850	758938	24656	17580
攀枝花市	**Panzhihua**					
东区	Dongqu	132	330	25080	198	94
西区	Xiqu	528	600	27677	205	523
仁和区	Renhe	9799	10810	321573	8419	5428
米易县	Miyi	20529	19060	370762	4264	9917
盐边县	Yanbian	25073	14150	300447	7938	7558
泸州市	**Luzhou**					
江阳区	Jiangyang	23172	11620	331329	11585	11295
纳溪区	Naxi	29958	16080	326418	8673	8596
龙马潭区	Longmatan	9752	8440	149100	5027	3533
泸县	Luxian	72561	41470	669990	30813	29236
合江县	Hejiang	55037	29950	504423	10426	27765

注：①年末实有耕地面积指标，由四川省自然资源厅提供。表中为第三次全国国土调查后2020年数据。成都高新区、天府新区数据未分折至对应县区，分别为762.2公顷、1187.5公顷；②耕地灌溉面积由四川省水利厅提供，因两部门统计口径不同，部分县耕地灌溉面积大于年末实有耕地面积。

a) The year-end cultivated land area is provided by Bureau of Land and Resources of Sichuan Province.The data in the table are for 2020 after the Third National Land Survey. The data of Chengdu Hi tech Zone and Tianfu New Area are not divided into corresponding counties and districts, which are 762.2 hectares and 1187.5 hectares respectively; b) The irrigated land area is provided by Sichuan Provincial Water Resources Department. Due to the two sector statistics caliber is different, the irrigated land area of some counties is greater than the year-end cultivated land area.

12-7 续表 1 continued

县(市、区)	Counties (City,Districts)	2020年末实有耕地面积(公顷) Cultivated Land Area (year-end 2020) (hectare)	耕地灌溉面积(公顷) Irrigated Area of Cultivated Land (hectare)	农林牧渔业增加值(万元) Gross Output Value of Farming, Forestry, Animal Husbandry and Fishery (10 000 yuan)	农用化肥施用量(折纯量)(吨) Consumption of Chemical Fertilizers (ton)	农村用电量(万千瓦小时) Electricity Consumed in Rural Areas (10 000 kwh)
叙永县	Xuyong	59884	24400	371588	16206	17131
古蔺县	Gulin	70711	24920	353161	12784	11580
德阳市	**Deyang**					
旌阳区	Jingyang	27175	21020	448156	15312	18168
罗江区	Luojiang	18811	13340	262406	14843	16857
中江县	Zhongjiang	93619	55340	1007389	64310	59338
广汉市	Guanghan	28573	25170	438534	24722	32880
什邡市	Shifang	20394	18680	403236	22525	25396
绵竹市	Mianzhu	30186	23430	392173	22678	32386
绵阳市	**Mianyang**					
涪城区	Fucheng	11789	10910	321260	12543	19127
游仙区	Youxian	33284	24630	416026	18783	14154
安州区	Anzhou	30516	24490	365912	14919	9336
三台县	Santai	102550	72930	1048383	43338	26239
盐亭县	Yanting	53193	23700	470336	38920	19339
梓潼县	Zitong	45978	22790	385430	16325	10906
北川县	Beichuan	7434	2300	153495	6497	3885
平武县	Pingwu	15544	2870	120775	6154	4847
江油市	Jiangyou	54925	37300	632613	25870	23460
广元市	**Guangyuan**					
利州区	Lizhou	16421	5640	189978	6254	5338
昭化区	Zhaohua	30267	10230	213955	12093	5160
朝天区	Chaotian	22741	4426	156338	6657	5239
旺苍县	Wangcang	36696	9390	306806	9750	4281
青川县	Qingchuan	19862	5780	137504	3517	6226
剑阁县	Jiange	84737	35380	483469	27531	31128
苍溪县	Cangxi	62781	25220	552098	22865	16009
遂宁市	**Suining**					
船山区	Chuanshan	18798	12820	302057	9539	4362
安居区	Anju	55136	40400	439174	28982	9796
蓬溪县	Pengxi	43362	24730	353130	34027	8799
大英县	Daying	29320	22220	336048	19838	5821
射洪市	Shehong	53089	34130	851874	26088	15567
内江市	**Neijiang**					
内江市市中区	Neijiang Downtown	15862	12000	348808	5809	14802
东兴区	Dongxing	50870	21150	560653	26845	10728
威远县	Weiyuan	43708	32620	535056	15150	33070
资中县	Zizhong	74301	40560	888536	36775	32193
隆昌市	Longchang	38753	28940	499976	9272	18172
乐山市	**Leshan**					
乐山市市中区	Leshan Downtown	16818	15290	394071	7528	20627
沙湾区	Shawan	8052	5200	191560	4218	7218

12-7 续表 2 continued

县(市、区)	Counties (City,Districts)	2020年末实有耕地面积(公顷) Cultivated Land Area (year-end 2020) (hectare)	耕地灌溉面积(公顷) Irrigated Area of Cultivated Land (hectare)	农林牧渔业增加值(万元) Gross Output Value of Farming, Forestry, Animal Husbandry and Fishery (10 000 yuan)	农用化肥施用量(折纯量)(吨) Consumption of Chemical Fertilizers (ton)	农村用电量(万千瓦小时) Electricity Consumed in Rural Areas (10 000 kwh)
五通桥区	Wutongqiao	11706	10490	289027	4511	10843
金口河区	Jinkouhe	2523	750	49170	328	1148
犍为县	Qianwei	35667	23080	495576	10827	14941
井研县	Jingyan	23264	33190	380495	13301	15569
夹江县	Jiajiang	14385	18800	371229	15204	17890
沐川县	Muchuan	9375	9610	217632	6614	9180
峨边县	Ebian	7119	3770	96752	1883	5363
马边县	Mabian	15811	5430	134632	6971	4377
峨眉山市	Emeishan	16090	18860	341908	6098	34858
南充市	**Nanchong**					
顺庆区	Shunqing	18343	11296	310567	12555	9008
高坪区	Gaoping	30402	15370	393906	13877	14506
嘉陵区	Jialing	44168	28070	484662	24843	13053
南部县	Nanbu	82893	47520	834785	16619	27375
营山县	Yingshan	56526	19340	516027	29992	22080
蓬安县	Pengan	48962	22690	487636	29192	6538
仪陇县	Yilong	61992	40420	676851	24811	6481
西充县	Xichong	37440	30420	483842	11649	11376
阆中市	Langzhong	66999	25320	637181	27547	13780
眉山市	**Meishan**					
东坡区	Dongpo	28420	47880	640948	30945	20002
彭山区	Pengshan	8542	18940	189975	10308	4308
仁寿县	Renshou	80518	73330	1014033	52899	37034
洪雅县	Hongya	13112	15080	229525	7255	9983
丹棱县	Danling	3829	9390	152391	3712	7536
青神县	Qingshen	8213	7430	128814	3176	5966
宜宾市	**Yibin**					
翠屏区	Cuiping	53536	24740	458318	11850	27743
南溪区	Nanxi	25126	12800	352562	5750	14064
叙州区	Xuzhou	76820	29560	575578	15661	37867
江安县	Jiangan	34401	19410	376651	5072	11281
长宁县	Changning	23772	20360	361876	4549	14750
高县	Gaoxian	39526	26210	330246	8124	13277
珙县	Gongxian	27430	14080	299551	6893	9818
筠连县	Junlian	25659	19550	321561	4153	13020
兴文县	Xingwen	32242	16850	310346	4975	12147
屏山县	Pingshan	18529	16680	252241	5993	6128
广安市	**Guangan**					
广安区	Guanganqu	43350	24190	419559	21059	11638
前锋区	Qianfeng	15295	7520	200282	10359	7849
岳池县	Yuechi	69845	28380	602595	17562	16779
武胜县	Wusheng	41434	26280	554519	13009	11619

12−7 续表 3 continued

县(市、区)	Counties (City,Districts)	2020年末实有耕地面积(公顷) Cultivated Land Area (year-end 2020) (hectare)	耕地灌溉面积(公顷) Irrigated Area of Cultivated Land (hectare)	农林牧渔业增加值(万元) Gross Output Value of Farming, Forestry, Animal Husbandry and Fishery (10 000 yuan)	农用化肥施用量(折纯量)(吨) Consumption of Chemical Fertilizers (ton)	农村用电量(万千瓦小时) Electricity Consumed in Rural Areas (10 000 kwh)
邻水县	Linshui	61131	22370	555811	23673	8296
华蓥市	Huaying	10644	6040	161174	8169	5800
达州市	**Dazhou**					
通川区	Tongchuan	23000	12950	288503	5800	9894
达川区	Dachuan	80793	26680	555116	23468	26687
宣汉县	Xuanhan	87514	46951	964695	38045	11996
开江县	Kaijiang	33377	22350	417119	16508	14741
大竹县	Dazhu	78313	31270	730190	40425	9610
渠县	Quxian	83786	42850	869579	33956	11402
万源市	Wanyuan	41685	16500	409033	22584	8156
雅安市	**Yaan**					
雨城区	Yucheng	5981	6640	332969	3602	21800
名山区	Mingshan	5230	12450	312950	9118	4277
荥经县	Yingjing	2577	4500	148494	3860	4801
汉源县	Hanyuan	11095	14100	283891	13043	6785
石棉县	Shimian	1436	3950	173000	2022	4390
天全县	Tianquan	7694	7520	145176	4985	5136
芦山县	Lushan	3699	4220	131669	4956	2640
宝兴县	Baoxing	2444	550	75817	2356	4943
巴中市	**Bazhong**					
巴州区	Bazhou	44200	14410	375712	23292	17939
恩阳区	Enyang	40257	15510	262962	11646	17816
通江县	Tongjiang	66194	20330	379761	22135	23039
南江县	Nanjiang	52513	15570	344602	22367	20772
平昌县	Pingchang	55566	30310	422945	27630	26067
资阳市	**Ziyang**					
雁江区	Yanjiang	73669	43473	581735	19532	14117
安岳县	Anyue	93911	46020	855474	25431	37168
乐至县	Lezhi	65462	26180	422016	15000	16609
阿坝州	**Aba**					
马尔康市	Maerkang	6063	1180	48852	137	1938
汶川县	Wenchuan	1441	1570	126335	1606	5622
理县	Lixian	1801	2250	43449	555	6809
茂县	Maoxian	3913	6630	106212	2422	4316
松潘县	Songpan	10692	890	63428	976	2004
九寨沟县	Jiuzhaigou	5362	1300	33985	1000	1757
金川县	Jinchuan	5442	4070	48477	1633	1773
小金县	Xiaojin	8477	4540	50261	791	2249
黑水县	Heishui	6239	2230	54447	466	2156
壤塘县	Rangtang	3103	490	43979	130	703

12−7 续表 4 continued

县(市、区)	Counties (City,Districts)	2020年末实有耕地面积(公顷) Cultivated Land Area (year-end 2020) (hectare)	耕地灌溉面积(公顷) Irrigated Area of Cultivated Land (hectare)	农林牧渔业增加值(万元) Gross Output Value of Farming, Forestry, Animal Husbandry and Fishery (10 000 yuan)	农用化肥施用量(折纯量)(吨) Consumption of Chemical Fertilizers (ton)	农村用电量(万千瓦小时) Electricity Consumed in Rural Areas (10 000 kwh)
阿坝县	Abaxian	9066	4530	68954	46	267
若尔盖县	Ruoergai	4002	1210	144602	30	850
红原县	Hongyuan	205	128	84957	62	705
甘孜州	**Ganzi**					
康定市	Kangding	7314	1440	62576	162	898
泸定县	Luding	4066	4470	50617	630	2463
丹巴县	Danba	4396	3690	43746	280	1692
九龙县	Jiulong	3681	2400	40446	395	1248
雅江县	Yajiang	3173	1020	33630	35	66
道孚县	Daofu	7273	3810	28699	205	1938
炉霍县	Luhuo	6159	1000	34236	27	502
甘孜县	Ganzixian	11843	3110	58183	143	83
新龙县	Xinlong	3773	2430	36858	40	530
德格县	Dege	4742	2760	58477	106	231
白玉县	Baiyu	5730	1280	40047	30	412
石渠县	Shiqu	4170	2820	61140	49	82
色达县	Seda	1131	900	55836	30	40
理塘县	Litang	4910	1120	68549	36	541
巴塘县	Batang	4588	4210	53109	198	332
乡城县	Xiangcheng	2879	2380	30893	190	266
稻城县	Daocheng	3982	2560	24430	30	742
得荣县	Derong	3280	1360	21589	236	1567
凉山州	**Liangshan**					
西昌市	Xichang	46649	44610	590149	10446	11450
会理市	Huili	65698	24320	621835	16205	8856
木里县	Muli	17903	4150	99072	1107	2386
盐源县	Yanyuan	51702	19600	561399	7948	11047
德昌县	Dechang	17038	12760	253420	8200	14500
会东县	Huidong	58051	18220	568253	20942	8649
宁南县	Ningnan	23651	13850	258837	7024	5369
普格县	Puge	31654	5210	111542	4029	1806
布拖县	Butuo	28935	2120	131007	1823	727
金阳县	Jinyang	16428	2850	107437	2394	3169
昭觉县	Zhaojue	44368	4110	149980	3936	3664
喜德县	Xide	29641	3200	92444	2670	3758
冕宁县	Mianning	34848	20950	325019	9378	8616
越西县	Yuexi	27532	7330	158318	7926	10735
甘洛县	Ganluo	19561	5090	90542	10215	2830
美姑县	Meigu	34114	1950	130306	5062	3127
雷波县	Leibo	20138	4130	158852	2552	12111

12−7 续表 5 continued

县(市、区)	Counties (City,Districts)	粮食 播种面积(公顷) Total Sown Area (hectares)	粮食 产量(吨) Output of Grain (ton)	油料产量(吨) Yield of Oil Bearing Crops (ton)	#花生 Peanut	#油菜籽 Rapeseeds	蔬菜及食用菌产量(吨) Output of Vegetables and Edible Fungus (ton)
成都市	**Chengdu**						
锦江区	Jinjiang						506
青羊区	Qingyang			32		32	1502
金牛区	Jinniu			17		17	3867
武侯区	Wuhou						438
成华区	Chenghua						1180
龙泉驿区	Longquanyi	2796	13904	3078	304	2774	149604
青白江区	Qingbaijiang	11215	64916	12699	2246	10453	226808
新都区	Xindu	19573	139967	15565	467	15098	348141
温江区	Wenjiang	1204	9164	474	2	472	57882
双流区	Shuangliu	17428	112945	21985	3605	18380	462007
郫都区	Pidu	6701	49605	8474	48	8426	714178
新津区	Xinjin	8909	63087	10300	528	9772	221899
金堂县	Jintang	49524	265490	68311	20370	47936	971681
大邑县	Dayi	25658	165287	8824	44	8780	230900
蒲江县	Pujiang	9093	48457	13403	197	13206	213428
都江堰市	Dujiangyan	14689	109473	28620		28620	285925
彭州市	Pengzhou	36562	251391	15092	1542	13550	1223522
邛崃市	Qionglai	37795	243498	26984	247	26737	327464
崇州市	Chongzhou	31594	223444	27287		27287	350182
简阳市	Jianyang	109111	545080	85767	12492	73139	515186
自贡市	**Zigong**						
自流井区	Ziliujing	5816	31220	7166	635	6531	105804
贡井区	Gongjing	23589	121262	26701	6102	20599	364103
大安区	Daan	21493	113728	26955	8594	18301	298132
沿滩区	Yantan	27297	167292	24432	5831	18582	318099
荣县	Rongxian	69133	438203	38183	9678	28505	845425
富顺县	Fushun	87833	558756	55258	6844	47996	612373
攀枝花市	**Panzhihua**						
东区	Dongqu	151	875	44	44		8853
西区	Xiqu	343	1986	33	33		11941
仁和区	Renhe	8032	44116	991	827	147	316427
米易县	Miyi	17823	117632	1120	146	974	499509
盐边县	Yanbian	19194	98327	1792	145	1647	159650
泸州市	**Luzhou**						
江阳区	Jiangyang	32440	207968	9741	912	8796	519734
纳溪区	Naxi	46102	284343	9590	580	8940	263696
龙马潭区	Longmatan	11225	69711	2828	241	2579	138026
泸县	Luxian	83653	552430	51638	4843	46551	689849
合江县	Hejiang	79987	518444	8460	2035	6425	483700
叙永县	Xuyong	74335	365507	12625	2382	8822	379861
古蔺县	Gulin	74352	357275	26301	1355	24762	474535

12-7 续表 6 continued

县(市、区)	Counties (City,Districts)	粮食 播种面积(公顷) Total Sown Area (hectares)	粮食 产量(吨) Output of Grain (ton)	油料产量(吨) Yield of Oil Bearing Crops (ton)	#花生 Peanut	#油菜籽 Rapeseeds	蔬菜及食用菌产量(吨) Output of Vegetables and Edible Fungus (ton)
德阳市	**Deyang**						
旌阳区	Jingyang	34903	237889	36132	6023	30109	404887
罗江区	Luojiang	18510	136063	50531	2893	47638	168376
中江县	Zhongjiang	144497	823400	132882	31941	100941	479884
广汉市	Guanghan	43912	317755	32293	2045	30247	533372
什邡市	Shifang	26171	194562	11302	915	10387	587466
绵竹市	Mianzhu	44738	284824	17638	1592	15987	371587
绵阳市	**Mianyang**						
涪城区	Fucheng	13819	87662	23528	3625	19903	427994
游仙区	Youxian	38687	243989	50324	6412	43912	206091
安州区	Anzhou	38410	265030	51712	1712	50000	196533
三台县	Santai	118630	672624	164366	35101	129239	368806
盐亭县	Yanting	52497	300467	61857	16276	45540	154192
梓潼县	Zitong	50855	298850	68592	14843	53595	243553
北川县	Beichuan	18812	87917	9343	621	8722	81406
平武县	Pingwu	25301	102846	5450	426	5011	37921
江油市	Jiangyou	45978	292457	61285	5869	55416	423454
广元市	**Guangyuan**						
利州区	Lizhou	17800	80966	10476	2265	8211	457016
昭化区	Zhaohua	24885	128075	29916	1715	28201	417668
朝天区	Chaotian	28596	121512	11246	3426	7761	941069
旺苍县	Wangcang	43984	239033	21944	3699	18054	252885
青川县	Qingchuan	29710	129052	18847	2819	16028	128733
剑阁县	Jiange	89651	469261	113883	26250	84475	409582
苍溪县	Cangxi	80187	445329	77355	20385	56970	400348
遂宁市	**Suining**						
船山区	Chuanshan	23799	125060	32465	3357	29012	264783
安居区	Anju	77491	407552	48173	8823	39264	321661
蓬溪县	Pengxi	59013	329653	54235	12349	41689	304304
大英县	Daying	39351	211392	32067	2645	29395	127629
射洪市	Shehong	73767	394768	59823	15320	44503	224917
内江市	**Neijiang**						
内江市市中区	Neijiang Downtown	22672	119716	17381	4708	12673	256810
东兴区	Dongxing	68192	376207	46025	12792	33233	932187
威远县	Weiyuan	62887	343543	42174	6373	35801	1068927
资中县	Zizhong	108023	574079	53199	15700	37499	811333
隆昌市	Longchang	51136	332795	26373	3923	22450	502185
乐山市	**Leshan**						
乐山市市中区	Leshan Downtown	15955	108987	11862	2339	9523	324753
沙湾区	Shawan	9714	52732	2890	384	2506	90312
五通桥区	Wutongqiao	12818	81859	3914	671	3243	149710

12-7 续表 7 continued

县(市、区)	Counties (City,Districts)	粮食 播种面积(公顷) Total Sown Area (hectares)	粮食 产量(吨) Output of Grain (ton)	油料产量(吨) Yield of Oil Bearing Crops (ton)	#花生 Peanut	#油菜籽 Rapeseeds	蔬菜及食用菌产量(吨) Output of Vegetables and Edible Fungus (ton)
金口河区	Jinkouhe	5284	20749	240	130	110	11985
犍为县	Qianwei	44077	279891	15725	4008	11717	255528
井研县	Jingyan	43937	245593	25077	917	24160	120404
夹江县	Jiajiang	16817	114132	15269	737	14532	133416
沐川县	Muchuan	20471	103280	8530	921	7609	110869
峨边县	Ebian	12529	51054	3320	334	2986	34324
马边县	Mabian	22889	96129	3639	650	2989	24500
峨眉山市	Emeishan	18165	102278	13297	205	13092	203886
南充市	**Nanchong**						
顺庆区	Shunqing	26156	149059	19458	6745	12713	350155
高坪区	Gaoping	36265	211922	30022	6443	23579	515995
嘉陵区	Jialing	67228	359186	43160	12947	30213	236855
南部县	Nanbu	96007	528645	98178	32130	66048	781822
营山县	Yingshan	69143	402618	59118	17111	41796	414313
蓬安县	Pengan	54337	311772	57293	16150	41050	390630
仪陇县	Yilong	76398	437744	83557	17245	65988	448933
西充县	Xichong	56062	319550	50054	9780	40162	537993
阆中市	Langzhong	84800	450716	58377	12799	45489	525049
眉山市	**Meishan**						
东坡区	Dongpo	38134	301247	41541	1783	38748	630612
彭山区	Pengshan	12548	97144	10869	616	10253	46767
仁寿县	Renshou	116016	654156	51150	5747	45309	501614
洪雅县	Hongya	14334	103510	11308	86	11204	78924
丹棱县	Danling	7931	54544	7874	252	7610	29828
青神县	Qingshen	9343	64674	7537	938	6599	75153
宜宾市	**Yibin**						
翠屏区	Cuiping	53627	350346	24940	14140	10720	440824
南溪区	Nanxi	28253	194733	14535	4026	9750	714119
叙州区	Xuzhou	101000	575148	57869	25273	32596	236811
江安县	Jiangan	41033	275975	18080	1901	15641	333140
长宁县	Changning	33615	213914	20773	3282	17445	180665
高县	Gaoxian	46220	268563	16322	7070	9252	205326
珙县	Gongxian	35907	195068	14731	6565	8074	324139
筠连县	Junlian	34667	181816	6093	1453	4590	148317
兴文县	Xingwen	40479	247372	10599	3122	7410	468594
屏山县	Pingshan	16700	94782	11476	1090	10346	106134
广安市	**Guangan**						
广安区	Guanganqu	55125	335568	27147	5588	21554	461302
前锋区	Qianfeng	16358	110344	11669	2279	9078	273379
岳池县	Yuechi	73309	491741	30539	5096	25358	811253
武胜县	Wusheng	51453	331184	21302	3924	17075	388719

12−7 续表 8 continued

县(市、区)	Counties (City,Districts)	粮食 播种面积(公顷) Total Sown Area (hectares)	粮食 产量(吨) Output of Grain (ton)	油料产量(吨) Yield of Oil Bearing Crops (ton)	#花生 Peanut	#油菜籽 Rapeseeds	蔬菜及食用菌产量(吨) Output of Vegetables and Edible Fungus (ton)
邻水县	Linshui	78170	463864	32158	10585	21186	636235
华蓥市	Huaying	17725	104519	3414	580	2742	151914
达州市	**Dazhou**						
通川区	Tongchuan	32246	186311	22416	2845	19280	332517
达川区	Dachuan	89465	543241	70142	4267	65871	515337
宣汉县	Xuanhan	97637	599794	105112	9072	93470	532735
开江县	Kaijiang	52411	306045	49870	8182	41688	417016
大竹县	Dazhu	112673	618077	55698	8269	47429	571500
渠县	Quxian	119176	660946	80459	30340	50103	634362
万源市	Wanyuan	61049	327810	35365	7279	27451	174768
雅安市	**Yaan**						
雨城区	Yucheng	9909	49705	1867		1867	235417
名山区	Mingshan	10905	68767	3965		3965	58163
荥经县	Yingjing	6220	36606	2864	90	2773	44203
汉源县	Hanyuan	19289	94345	729	228	488	223009
石棉县	Shimian	4602	21827	1202	275	927	71328
天全县	Tianquan	8236	45176	2315		2315	66800
芦山县	Lushan	4944	27028	1742	140	1602	51603
宝兴县	Baoxing	5598	23991	270		270	21468
巴中市	**Bazhong**						
巴州区	Bazhou	59969	343099	29867	4236	25629	332845
恩阳区	Enyang	60560	346178	32818	6530	26231	445036
通江县	Tongjiang	82851	471458	46156	3955	42082	310655
南江县	Nanjiang	69567	398108	37437	2327	34809	350852
平昌县	Pingchang	67880	399255	70433	5254	64988	292449
资阳市	**Ziyang**						
雁江区	Yanjiang	108193	522532	85721	17671	68050	613000
安岳县	Anyue	143583	744928	112866	15974	96892	863898
乐至县	Lezhi	84347	413989	81051	12528	68523	249211
阿坝州	**Aba**						
马尔康市	Maerkang	3958	9658	21		21	33609
汶川县	Wenchuan	3142	11494	525		524	43555
理县	Lixian	1630	7567	1		1	100597
茂县	Maoxian	7049	27243	672		672	251196
松潘县	Songpan	4097	13364	347		347	89660
九寨沟县	Jiuzhaigou	2977	11185	123		122	17291
金川县	Jinchuan	5871	23034	247		247	43874
小金县	Xiaojin	6348	21232	933		933	76401
黑水县	Heishui	6100	18114				44787
壤塘县	Rangtang	1968	4177	387		387	4208

12-7 续表 9 continued

县(市、区)	Counties (City,Districts)	粮食 播种面积(公顷) Total Sown Area (hectares)	粮食 产量(吨) Output of Grain (ton)	油料产量(吨) Yield of Oil Bearing Crops (ton)	#花生 Peanut	#油菜籽 Rapeseeds	蔬菜及食用菌产量(吨) Output of Vegetables and Edible Fungus (ton)
阿坝县	Abaxian	4586	10524	1200		1200	9504
若尔盖县	Ruoergai	2167	6329	1096		1096	8164
红原县	Hongyuan						10825
甘孜州	**Ganzi**						
康定市	Kangding	5106	16939	44		40	35599
泸定县	Luding	3629	12499	1843	77	1757	109200
丹巴县	Danba	2860	10253	1061		1061	23774
九龙县	Jiulong	4380	20534	334		334	45803
雅江县	Yajiang	2633	10025	100		100	23437
道孚县	Daofu	5020	14681	2508		2508	16571
炉霍县	Luhuo	3627	10263	3632		3632	10892
甘孜县	Ganzixian	11196	35576	2500		2500	28003
新龙县	Xinlong	3315	10221	1024		1024	9996
德格县	Dege	3597	10465				14018
白玉县	Baiyu	3430	10701	736		736	7107
石渠县	Shiqu	2481	6879	527		527	3517
色达县	Seda	880	2452	40		40	2200
理塘县	Litang	3523	13344	1403		1403	67572
巴塘县	Batang	4081	15714	453		453	10376
乡城县	Xiangcheng	260[illegible]	9694	380		380	18795
稻城县	Daocheng	2791	9600	1228	26	1202	6453
得荣县	Derong	3414	13253	365	64	301	10366
凉山州	**Liangshan**						
西昌市	Xichang	41813	245489	2266	275	1981	621110
会理市	Huili	68467	351327	2761	685	1998	504969
木里县	Muli	17709	72278	184		184	46896
盐源县	Yanyuan	50848	236741	627	70	132	182531
德昌县	Dechang	18545	104039	766	81	685	285080
会东县	Huidong	565[illegible]7	258844	13841	1660	11700	594142
宁南县	Ningnan	25020	106356	1088	998	90	450792
普格县	Puge	18507	80925	244	17	227	44349
布拖县	Butuo	26273	109716	116	116		27160
金阳县	Jinyang	16337	72534	206	206		67898
昭觉县	Zhaojue	27570	116538				55789
喜德县	Xide	20570	83008	234		234	23465
冕宁县	Mianning	44563	222771	3446	145	3216	415044
越西县	Yuexi	32184	137765	4780		4712	117355
甘洛县	Ganluo	25211	114004	1297	45	1235	66009
美姑县	Meigu	25145	100926	30	9	21	24312
雷波县	Leibo	20169	94789	1545	326	1218	69671

12－7 续表 10 continued

县(市、区)	Counties (City,Districts)	茶叶产量 (吨) Yield of Tea (ton)	水果产量 (吨) Output of Fruits (ton)	肉猪出栏头数 (头) Slaughtered Fattened Hogs (head)	猪年末存栏头数 (头) Hogs at the Year-end (head)	肉牛出栏头数 (头) Slaughtered Fattened Cattle and Buffaloes (head)	羊出栏只数 (只) Slaughtered Fattened Sheep and Goats (head)	家禽出栏只数 (只) Slaughtered Poultry (head)
成都市	**Chengdu**							
锦江区	Jinjiang		4					
青羊区	Qingyang							
金牛区	Jinniu							
武侯区	Wuhou							
成华区	Chenghua							
龙泉驿区	Longquanyi		142609	8450	4185	55	1574	196566
青白江区	Qingbaijiang		41638	23096	18990	1227	6582	746702
新都区	Xindu		30902	25005	12117	846	1797	3795778
温江区	Wenjiang		370	4374	1995	31	252	71071
双流区	Shuangliu		215590	30663	33308	160	7050	1787740
郫都区	Pidu		5506	4446	2399	15	1	126896
新津区	Xinjin		41662	141372	71188	294	3717	7636312
金堂县	Jintang		279588	538577	327540	14625	203830	9130424
大邑县	Dayi	153	43830	464352	322839	2525	20206	8775164
蒲江县	Pujiang	9121	427435	390012	284710	370	5043	3641218
都江堰市	Dujiangyan	2305	51984	221200	128042	3898	5347	7170507
彭州市	Pengzhou	15	36042	390401	263879	4478	8089	7067628
邛崃市	Qionglai	11089	180222	734756	484411	2678	25833	8361225
崇州市	Chongzhou	402	30725	456710	316764	5719	12226	7067302
简阳市	Jianyang		203891	735399	515653	1590	444758	7617751
自贡市	**Zigong**							
自流井区	Ziliujing		11825	55258	33455	629	10059	1051030
贡井区	Gongjing		40065	172379	98426	851	65881	3270999
大安区	Daan		13854	153373	78736	8420	76332	11394144
沿滩区	Yantan		45583	156273	80288	836	49047	2886148
荣县	Rongxian	15486	211202	658893	436766	6789	331339	6899229
富顺县	Fushun	65	139546	617584	435194	10315	445985	8685690
攀枝花市	**Panzhihua**							
东区	Dongqu		21219	13837	5650	146	2715	879795
西区	Xiqu		8386	13742	8083	250	4502	613809
仁和区	Renhe	2	205417	168371	107258	8885	132671	1504190
米易县	Miyi		167032	156475	126080	16047	146973	601285
盐边县	Yanbian	97	161276	236402	173505	10822	215598	963353
泸州市	**Luzhou**							
江阳区	Jiangyang		27461	266400	175611	922	36136	2749657
纳溪区	Naxi	14311	31712	542000	357120	1332	29162	4597247
龙马潭区	Longmatan	2	10423	101005	66800	464	17090	4876470
泸县	Luxian	1308	88026	994500	663844	2790	84227	16256262
合江县	Hejiang	868	76638	795400	538172	3889	185735	9392437
叙永县	Xuyong	1547	39390	669300	442282	28622	38110	1707690
古蔺县	Gulin	1531	19867	630300	423700	38378	147853	1158031

12-7 续表 11 continued

县(市、区)	Counties (City,Districts)	茶叶产量(吨) Yield of Tea (ton)	水果产量(吨) Output of Fruits (ton)	肉猪出栏头数(头) Slaughtered Fattened Hogs (head)	猪年末存栏头数(头) Hogs at the Year-end (head)	肉牛出栏头数(头) Slaughtered Fattened Cattle and Buffaloes (head)	羊出栏只数(只) Slaughtered Fattened Sheep and Goats (head)	家禽出栏只数(只) Slaughtered Poultry (head)
德阳市	**Deyang**							
旌阳区	Jingyang		30365	344425	218448	7504	11350	19821371
罗江区	Luojiang		65641	386154	248068	3263	7971	5578895
中江县	Zhongjiang		61604	1105584	644351	36283	174025	21781563
广汉市	Guanghan		42478	221398	132061	12174	7324	11442671
什邡市	Shifang	66	19466	214740	126266	3053	19953	5115789
绵竹市	Mianzhu	315	47725	431864	264386	4793	6915	5891669
绵阳市	**Mianyang**							
涪城区	Fucheng		22473	114025	73630	2645	3207	7789611
游仙区	Youxian		25239	190159	126200	7343	29649	7385484
安州区	Anzhou	458	26458	170087	129100	6761	14707	10252887
三台县	Santai		84796	1119539	721830	35407	127849	15665877
盐亭县	Yanting		48218	537590	407085	22288	276356	9292663
梓潼县	Zitong		90682	559773	400478	15741	240068	8040737
北川县	Beichuan	798	5268	212089	173030	7205	132582	1577561
平武县	Pingwu	2152	2219	115168	84040	8193	44302	787669
江油市	Jiangyou	44	107474	601389	418226	14175	65142	12451293
广元市	**Guangyuan**							
利州区	Lizhou	5	29899	193750	149801	9588	40077	2837488
昭化区	Zhaohua		22029	601997	420439	8299	68289	4270598
朝天区	Chaotian		7451	175400	125850	9284	82714	3540685
旺苍县	Wangcang	7140	32305	535292	391321	14681	118565	3875420
青川县	Qingchuan	8600	18151	174079	120150	12709	86264	3565767
剑阁县	Jiange	8	75604	970793	627168	17104	178114	11199315
苍溪县	Cangxi		249621	1044597	722600	23516	101515	8352190
遂宁市	**Suining**							
船山区	Chuanshan	6	27275	558732	381356	3997	47629	2630768
安居区	Anju		33062	890671	508763	3564	45555	5045350
蓬溪县	Pengxi	105	44004	683538	474369	8787	141095	4227431
大英县	Daying		16759	559849	353783	3863	41398	4233583
射洪市	Shehong		19657	901585	534616	16463	111426	9992215
内江市	**Neijiang**							
内江市市中区	Neijiang Downtown		14780	250210	136418	1613	19207	2208272
东兴区	Dongxing		52779	591726	335468	6281	127086	7533622
威远县	Weiyuan	2422	87477	515708	304889	2908	230997	5209204
资中县	Zizhong	150	306044	728535	472330	9921	192748	8713024
隆昌市	Longchang	412	55596	420142	283274	1450	31641	10183688
乐山市	**Leshan**							
乐山市市中区	Leshan Downtown	655	27276	306830	199230	1583	8911	8003553
沙湾区	Shawan	304	6684	111577	71232	1283	7966	2716775
五通桥区	Wutongqiao	1959	36422	140766	90645	1120	6550	4400256

12-7 续表 12 continued

县(市、区)	Counties (City,Districts)	茶叶产量(吨) Yield of Tea (ton)	水果产量(吨) Output of Fruits (ton)	肉猪出栏头数(头) Slaughtered Fattened Hogs (head)	猪年末存栏头数(头) Hogs at the Year-end (head)	肉牛出栏头数(头) Slaughtered Fattened Cattle and Buffaloes (head)	羊出栏只数(只) Slaughtered Fattened Sheep and Goats (head)	家禽出栏只数(只) Slaughtered Poultry (head)
金口河区	Jinkouhe	122	1099	39915	27076	1451	5554	188380
犍为县	Qianwei	7542	61718	532110	346692	7842	57898	10443230
井研县	Jingyan	721	33126	623504	431515	862	62320	5600890
夹江县	Jiajiang	10087	11742	204508	135632	1832	2864	5726214
沐川县	Muchuan	7995	16576	197805	135372	1068	37564	1469932
峨边县	Ebian	325	761	159273	104004	7833	24375	1076633
马边县	Mabian	11100	5568	139610	100028	6373	114991	658327
峨眉山市	Emeishan	10116	31153	177262	106677	2698	12447	3851159
南充市	**Nanchong**							
顺庆区	Shunqing		21179	255455	137128	6540	161236	6142701
高坪区	Gaoping		165603	564832	406559	3873	127032	7043029
嘉陵区	Jialing	888	53537	635911	447140	7018	311034	7654269
南部县	Nanbu		125748	862317	581861	14820	294298	11202752
营山县	Yingshan	14	48692	767486	551007	22075	393116	9431116
蓬安县	Pengan		126879	582894	434774	12633	182403	6741338
仪陇县	Yilong		34659	829139	613995	35096	226816	10487785
西充县	Xichong		78744	658060	454128	6299	102993	6614498
阆中市	Langzhong	13	109946	757420	520568	22445	190710	8433118
眉山市	**Meishan**							
东坡区	Dongpo	643	212783	500293	370084	3177	45261	12811511
彭山区	Pengshan	21	78199	122290	99470	875	20396	3534459
仁寿县	Renshou	17	704334	1012470	680029	5737	296667	13467819
洪雅县	Hongya	19700	8462	173715	125300	11967	37705	3243416
丹棱县	Danling	3489	209754	151405	114710	660	17884	2044218
青神县	Qingshen	725	83207	157532	110120	2607	8498	2923116
宜宾市	**Yibin**							
翠屏区	Cuiping	7329	105777	494286	343254	6201	25266	4258314
南溪区	Nanxi	227	103123	388916	248063	3286	53747	7473851
叙州区	Xuzhou	7968	88477	814875	531938	7293	72734	8447827
江安县	Jiangan	1514	225418	544225	344733	3675	59405	5466661
长宁县	Changning	2240	93777	487582	352483	6436	11253	6692361
高县	Gaoxian	19810	13117	461681	305474	12592	29114	4785189
珙县	Gongxian	10505	8534	518760	345574	15606	11359	2317873
筠连县	Junlian	18470	25723	488202	355297	60275	8453	2682779
兴文县	Xingwen	1377	10618	535043	369769	26480	16620	5004049
屏山县	Pingshan	21000	165110	281075	181452	4847	166357	1526814
广安市	**Guangan**							
广安区	Guanganqu		16379	773519	530814	4522	37590	6350033
前锋区	Qianfeng	59	8719	135598	95288	1617	44515	1961591
岳池县	Yuechi		79042	846967	561194	5660	28203	8846730
武胜县	Wusheng	17	37108	907135	561661	4608	50491	7873740

12−7 续表 13 continued

县(市、区)	Counties (City,Districts)	茶叶产量 (吨) Yield of Tea (ton)	水果产量 (吨) Output of Fruits (ton)	肉猪出栏头数 (头) Slaughtered Fattened Hogs (head)	猪年末存栏头数 (头) Hogs at the Year-end (head)	肉牛出栏头数 (头) Slaughtered Fattened Cattle and Buffaloes (head)	羊出栏只数 (只) Slaughtered Fattened Sheep and Goats (head)	家禽出栏只数 (只) Slaughtered Poultry (head)
邻水县	Linshui	387	142348	794092	562106	7970	59915	7959796
华蓥市	Huaying	118	19565	183702	139657	1920	26930	2242259
达州市	**Dazhou**							
通川区	Tongchuan	80	70011	333110	257207	17775	57461	3824950
达川区	Dachuan	223	65630	807455	515197	64979	178971	12378367
宣汉县	Xuanhan	4776	104745	780888	514804	97625	274597	9492891
开江县	Kaijiang	401	27006	368739	260226	13872	129785	12202355
大竹县	Dazhu	535	53089	757579	507687	45118	264150	17130228
渠县	Quxian	288	214351	918243	513218	57115	200728	16501260
万源市	Wanyuan	6560	13318	374512	263852	44100	159817	4785528
雅安市	**Yaan**							
雨城区	Yucheng	35245	13026	191723	122031	5282	39398	1975727
名山区	Mingshan	54539	7372	565631	443770	822	30886	1079916
荥经县	Yingjing	4070	4675	67067	56466	5593	15196	304865
汉源县	Hanyuan	25	448635	191222	128428	14926	57911	520409
石棉县	Shimian	57	104631	68914	46547	8231	40324	482713
天全县	Tianquan	3923	4298	95217	74562	3527	15042	1713146
芦山县	Lushan	1151	1985	81551	64150	2628	7037	1155793
宝兴县	Baoxing	790	1331	51434	33839	14439	22338	67085
巴中市	**Bazhong**							
巴州区	Bazhou	88	26033	538793	368630	22284	60449	1896992
恩阳区	Enyang	67	42022	499251	339100	20718	50000	1971689
通江县	Tongjiang	1700	22634	789603	507356	49517	161313	2449065
南江县	Nanjiang	2880	31275	697858	458317	38814	431917	2826574
平昌县	Pingchang	8055	15337	807224	499392	49406	50206	2830481
资阳市	**Ziyang**							
雁江区	Yanjiang		291880	876052	638634	2867	338337	8216603
安岳县	Anyue		554752	1118996	710489	14398	338012	10711803
乐至县	Lezhi	5	45231	753629	505932	1993	626214	5417332
阿坝州	**Aba**							
马尔康市	Maerkang		780	16674	30488	33241	3339	43833
汶川县	Wenchuan	11	95526	77982	62161	3425	8122	107638
理县	Lixian		9838	25059	22908	9359	7663	56690
茂县	Maoxian		111273	66932	53827	7253	16331	59361
松潘县	Songpan		2230	18935	27611	45998	34598	35290
九寨沟县	Jiuzhaigou		6041	27365	25013	17896	7824	65374
金川县	Jinchuan		20312	43775	44976	13693	10825	126653
小金县	Xiaojin		50224	25066	24692	18433	20305	23565
黑水县	Heishui		4758	67851	79918	11070	6530	151898
壤塘县	Rangtang					42251	35257	

12－7　续表 14　continued

县(市、区)	Counties (City,Districts)	茶叶产量(吨) Yield of Tea (ton)	水果产量(吨) Output of Fruits (ton)	肉猪出栏头数(头) Slaughtered Fattened Hogs (head)	猪年末存栏头数(头) Hogs at the Year-end (head)	肉牛出栏头数(头) Slaughtered Fattened Cattle and Buffaloes (head)	羊出栏只数(只) Slaughtered Fattened Sheep and Goats (head)	家禽出栏只数(只) Slaughtered Poultry (head)
阿坝县	Abaxian			20	328	88562	19639	
若尔盖县	Ruoergai			17064	19222	141028	257147	
红原县	Hongyuan					117016	9806	
甘孜州	**Ganzi**							
康定市	Kangding		3119	22546	16982	29355	2954	26427
泸定县	Luding	2	4255	53050	45079	3479	11733	66931
丹巴县	Danba		1374	35415	27139	10582	15053	15067
九龙县	Jiulong	76	1938	38002	33122	14426	31967	55050
雅江县	Yajiang		432	7226	8552	14132	18739	1496
道孚县	Daofu		630	3820	2355	24617	5984	
炉霍县	Luhuo		72	1137	473	32327	28784	
甘孜县	Ganzixian			1219	380	36236	12243	
新龙县	Xinlong		245	297		26666	19267	
德格县	Dege			201	172	62830	31252	
白玉县	Baiyu		42	1077	396	25829	39458	
石渠县	Shiqu		18	927	1290	54407	25480	
色达县	Seda			232	290	68642	48243	
理塘县	Litang		75	1240	1132	51326	25726	1910
巴塘县	Batang		1616	9810	6796	25920	22596	10124
乡城县	Xiangcheng		3980	17300	14010	10730	1550	13695
稻城县	Daocheng		370	13827	18309	15419	2516	16344
得荣县	Derong		2520	13524	23553	7840	3217	29895
凉山州	**Liangshan**							
西昌市	Xichang		131878	333322	201341	20663	172637	4828565
会理市	Huili		832574	847437	562785	33522	497585	2999501
木里县	Muli		10925	120043	121678	45236	210160	389763
盐源县	Yanyuan		597912	381644	336113	35471	408672	3347219
德昌县	Dechang		179243	275146	180294	13082	140318	1174155
会东县	Huidong	8	226145	514638	395920	46541	723977	1389625
宁南县	Ningnan	37	23548	289088	189809	21536	156687	673844
普格县	Puge		3482	110940	80003	9532	139080	355990
布拖县	Butuo		367	167411	103886	19628	238501	370178
金阳县	Jinyang		4393	131659	91313	10587	151944	520660
昭觉县	Zhaojue		9270	201881	138665	27931	386868	457461
喜德县	Xide		13655	272186	214500	9225	137861	776688
冕宁县	Mianning		76436	372222	245183	27007	196816	996725
越西县	Yuexi		22473	243462	121056	15452	174480	500165
甘洛县	Ganluo	7	5537	174238	113827	21700	161170	612103
美姑县	Meigu		7120	206179	160598	24173	248175	1028329
雷波县	Leibo	765	17733	154085	100928	7573	131528	434793

12-8 各县(市、区)规模以上工业经济情况(2021年)
Basic Statistics on Industrial Enterprises above Designated Size by Counties (City, Districts)(2021)

县(市、区)	Counties (City,Districts)	工业企业单位数 (个) Number of Industrial Enterprises (unit)	工业增加值增速 (%) Growth Rate of Industrial Value Added (%)	营业收入 (万元) Business Revenue (10 000 yuan)	利润总额 (万元) Total Profits (10 000 yuan)
成都市	**Chengdu**				
锦江区	Jinjiang	10	13.6	548800	224600
青羊区	Qingyang	21	13.3	1064021	177013
金牛区	Jinniu	40	13.5	1370762	190619
武侯区	Wuhou	66	13.3	21313295	1253448
成华区	Chenghua	32	14.6	9559415	969324
龙泉驿区	Longquanyi	378	9.7	20469466	1376817
青白江区	Qingbaijiang	252	10.2	5050905	316646
新都区	Xindu	311	11.8	6374807	538568
温江区	Wenjiang	278	10.1	4270334	383219
双流区	Shuangliu	416	12.9	19820968	679047
郫都区	Pidu	432	8.0	43013493	2324692
新津区	Xinjin	189	14.1	4198746	181253
金堂县	Jintang	213	22.0	3226094	143508
大邑县	Dayi	174	10.0	3342737	153160
蒲江县	Pujiang	113	8.3	829482	52824
都江堰市	Dujiangyan	113	8.2	2399643	228676
彭州市	Pengzhou	219	18.4	8699229	881614
邛崃市	Qionglai	162	12.5	2673299	117908
崇州市	Chongzhou	249	12.3	6072506	270672
简阳市	Jianyang	123	8.1	1858413	131509
自贡市	**Zigong**				
自流井区	Ziliujing	38	16.3	1670783	87587
贡井区	Gongjing	92	16.3	1481353	48003
大安区	Daan	75	16.3	1311340	52432
沿滩区	Yantan	175	17.2	3721665	304574
荣县	Rongxian	105	16.3	2141394	131068
富顺县	Fushun	119	-11.6	1588688	124111
攀枝花市	**Panzhihua**				
东区	Dongqu	78	10.8	11763283	603847
西区	Xiqu	72	10.3	2146074	140741
仁和区	Renhe	141	10.0	4843194	565777
米易县	Miyi	68	10.3	2088292	386664
盐边县	Yanbian	61	8.5	2091631	560521
泸州市	**Luzhou**				
江阳区	Jiangyang	192	17.0	4986253	1263095
纳溪区	Naxi	109	7.3	3095970	378328
龙马潭区	Longmatan	154	7.5	7096527	720453
泸县	Luxian	157	12.7	5444789	633912
合江县	Hejiang	99	15.8	2824624	336724
叙永县	Xuyong	56	12.1	594241	57278

12-8 续表 1 continued

县(市、区)	Counties (City,Districts)	工业企业单位数 (个) Number of Industrial Enterprises (unit)	工业增加值增速 (%) Growth Rate of Industrial Value Added (%)	营业收入 (万元) Business Revenue (10 000 yuan)	利润总额 (万元) Total Profits (10 000 yuan)
古蔺县	Gulin	54	12.7	1724354	355633
德阳市	**Deyang**				
旌阳区	Jingyang	317	13.0	10870564	602097
罗江区	Luojiang	149	7.9	4826744	123023
中江县	Zhongjiang	131	10.3	3810008	394416
广汉市	Guanghan	368	9.8	9822563	567622
什邡市	Shifang	238	8.3	5155177	298037
绵竹市	Mianzhu	155	11.9	6117305	723008
绵阳市	**Mianyang**				
涪城区	Fucheng	319	15.9	19551234	682111
游仙区	Youxian	176	8.7	3902729	331952
安州区	Anzhou	137	10.1	3449497	222683
三台县	Santai	130	14.3	1937554	155389
盐亭县	Yanting	35	14.3	295863	22845
梓潼县	Zitong	55	11.0	864697	37521
北川县	Beichuan	69	10.2	535418	33146
平武县	Pingwu	46	6.8	391243	26088
江油市	Jiangyou	233	10.1	6150336	256857
广元市	**Guangyuan**				
利州区	Lizhou	212	11.7	7970946	831800
昭化区	Zhaohua	56	10.3	1514750	58575
朝天区	Chaotian	48	10.7	1175155	157664
旺苍县	Wangcang	78	8.6	1592725	69577
青川县	Qingchuan	46	8.6	578303	39888
剑阁县	Jiange	66	3.6	1150034	43218
苍溪县	Cangxi	68	7.0	1278934	145710
遂宁市	**Suining**				
船山区	Chuanshan	236	10.2	6303486	465664
安居区	Anju	67	11.5	1462423	253954
蓬溪县	Pengxi	91	9.8	1950079	160427
大英县	Daying	96	9.9	1938864	113225
射洪市	Shehong	126	10.6	3177292	374427
内江市	**Neijiang**				
内江市中区	Neijiang Downtown	119	10.2	1989990	137328
东兴区	Dongxing	58	10.1	632015	53505
威远县	Weiyuan	96	9.7	8473560	312969
资中县	Zizhong	71	10.6	988294	136624
隆昌市	Longchang	123	10.3	2946300	484577
乐山市	**Leshan**				
乐山市中区	Leshan Downtown	102	6.3	2774303	114385
沙湾区	Shawan	49	12.0	2576729	374848

12-8 续表 2 continued

县(市、区)	Counties (City,Districts)	工业企业单位数 (个) Number of Industrial Enterprises (unit)	工业增加值增速 (%) Growth Rate of Industrial Value Added (%)	营业收入 (万元) Business Revenue (10 000 yuan)	利润总额 (万元) Total Profits (10 000 yuan)
五通桥区	Wutongqiao	67		4825888	1730869
金口河区	Jinkouhe	8	6.2	284920	23895
犍为县	Qianwei	69	12.0	966937	76070
井研县	Jingyan	57	5.3	625610	23884
夹江县	Jiajiang	133		2619736	83824
沐川县	Muchuan	23	5.5	389449	16101
峨边县	Ebian	31	10.0	743912	89013
马边县	Mabian	22	9.0	303613	-6203
峨眉山市	Emeishan	77	7.0	3734900	513296
南充市	**Nanchong**				
顺庆区	Shunqing	94	10.1	6259098	508925
高坪区	Gaoping	91	11.7	4624553	297965
嘉陵区	Jialing	111	11.4	6211284	438271
南部县	Nanbu	141	11.6	5607079	592652
营山县	Yingshan	85	12.0	3112956	151977
蓬安县	Pengan	63	9.7	1382131	135090
仪陇县	Yilong	75	0.2	290264	20058
西充县	Xichong	102	12.2	2795159	204423
阆中市	Langzhong	91	11.9	2443057	145961
眉山市	**Meishan**				
东坡区	Dongpo	261	10.8	9140597	662949
彭山区	Pengshan	152	8.6	4709196	206205
仁寿县	Renshou	190	9.3	4296206	234775
洪雅县	Hongya	52	8.7	555450	26757
丹棱县	Danling	53	9.7	671299	32174
青神县	Qingshen	53	10.0	879813	42541
宜宾市	**Yibin**				
翠屏区	Cuiping	189	13.7	22596067	3949448
南溪区	Nanxi	90	9.9	2758126	193157
叙州区	Xuzhou	117	8.9	7283028	379853
江安县	Jiangan	81	9.7	1823432	322571
长宁县	Changning	90	8.9	2060041	271927
高县	Gaoxian	66	8.6	1991267	68884
珙县	Gongxian	60	10.1	1684607	238971
筠连县	Junlian	68	5.9	523860	107192
兴文县	Xingwen	77	9.6	422306	52449
屏山县	Pingshan	64	16.0	871336	47732
广安市	**Guangan**				
广安区	Guanganqu	28	9.8	375151	34000
前锋区	Qianfeng	151	11.2	5509191	482328
岳池县	Yuechi	87	10.8	2961836	290745

12－8 续表 3 continued

县(市、区)	Counties (City,Districts)	工业企业单位数 (个) Number of Industrial Enterprises (unit)	工业增加值增速 (%) Growth Rate of Industrial Value Added (%)	营业收入 (万元) Business Revenue (10 000 yuan)	利润总额 (万元) Total Profits (10 000 yuan)
武胜县	Wusheng	95	10.3	1586277	110835
邻水县	Linshui	138	10.4	3676662	309426
华蓥市	Huaying	104	5.1	3169237	187693
达州市	**Dazhou**				
通川区	Tongchuan	128	10.2	3738239	244379
达川区	Dachuan	193	10.0	3505172	243172
宣汉县	Xuanhan	121	12.9	2880313	634703
开江县	Kaijiang	107	10.0	1308043	129295
大竹县	Dazhu	193	10.2	3902475	293055
渠县	Quxian	191	10.2	3539289	405069
万源市	Wanyuan	75	9.1	784691	99482
雅安市	**Yaan**				
雨城区	Yucheng	44	10.9	984409	85130
名山区	Mingshan	73	10.2	1340583	76014
荥经县	Yingjing	42	-17.0	361777	9059
汉源县	Hanyuan	36	10.6	1431385	159071
石棉县	Shimian	52	11.2	1334481	200920
天全县	Tianquan	36	14.8	758079	44235
芦山县	Lushan	49	10.2	464761	21547
宝兴县	Baoxing	25	18.0	981039	42102
巴中市	**Bazhong**				
巴州区	Bazhou	98	-4.0	990507	48226
恩阳区	Enyang	43	-3.9	579159	37185
通江县	Tongjiang	49	-4.2	243646	11717
南江县	Nanjiang	67	-12.4	459791	57374
平昌县	Pingchang	78	-2.1	1248981	24981
资阳市	**Ziyang**				
雁江区	Yanjiang	125	9.9	2285908	-60844
安岳县	Anyue	73	9.9	874697	90096
乐至县	Lezhi	67	10.0	883973	71174
阿坝州	**Aba**				
马尔康市	Maerkang	6	8.1	16864	-3292
汶川县	Wenchuan	41	10.6	996770	178821
理县	Lixian	14	7.5	142605	10930
茂县	Maoxian	21	18.6	769205	114719
松潘县	Songpan	8	7.6	26792	1107
九寨沟县	Jiuzhaigou	3	-5.4	54759	6039
金川县	Jinchuan	5	44.3	31672	1104
小金县	Xiaojin	11	16.7	80977	-1557
黑水县	Heishui	11	-14.8	96604	599
壤塘县	Rangtang	1	-7.8	2387	-422

12−8 续表 4 continued

县(市、区)	Counties (City,Districts)	工业企业单位数 (个) Number of Industrial Enterprises (unit)	工业增加值增速 (%) Growth Rate of Industrial Value Added (%)	营业收入 (万元) Business Revenue (10 000 yuan)	利润总额 (万元) Total Profits (10 000 yuan)
阿坝县	Abaxian	5	38.0	21271	2761
若尔盖县	Ruoergai	5	7.1	24493	2646
红原县	Hongyuan	12	7.9	52047	115
甘孜州	**Ganzi**				
康定市	Kangding	20	0.9	693011	84775
泸定县	Luding	9	-0.9	107195	6667
丹巴县	Danba	8	11.7	80818	-2564
九龙县	Jiulong	12	-4.8	184957	35186
雅江县	Yajiang	2	243.6	71412	-26080
道孚县	Daofu				
炉霍县	Luhuo	2	9.9	8743	1312
甘孜县	Ganzixian	4	17.4	17771	2621
新龙县	Xinlong				
德格县	Dege				
白玉县	Baiyu	2	-8.7	65099	27790
石渠县	Shiqu				
色达县	Seda				
理塘县	Litang	4	41.3	30855	733
巴塘县	Batang	1	-2.5	9731	141
乡城县	Xiangcheng	7	9.8	62636	-13063
稻城县	Daocheng				
得荣县	Derong	2	-7.9	20635	-8840
凉山州	**Liangshan**				
西昌市	Xichang	80	9.0	4960827	639063
会理市	Huili	45	26.6	1292172	78416
木里县	Muli	6	1.5	257633	30744
盐源县	Yanyuan	25	2.6	247177	29729
德昌县	Dechang	26	6.9	484170	45508
会东县	Huidong	25	42.6	298750	86063
宁南县	Ningnan	13	83.1	145420	12537
普格县	Puge	5	29.5	110704	30076
布拖县	Butuo	4	6.3	33179	9671
金阳县	Jinyang	2	18.1	24143	2771
昭觉县	Zhaojue	5	8.8	95704	16040
喜德县	Xide	9	13.4	80426	9277
冕宁县	Mianning	24	1.6	587945	69099
越西县	Yuexi	7	5.8	92241	15799
甘洛县	Ganluo	15	10.5	165653	1847
美姑县	Meigu	6	36.0	98900	24195
雷波县	Leibo	12	14.9	341135	57171

12-9 各县(市、区)财政和贸易情况(2021年)
Basic Statistics on Finance and Trade by Counties (City, Districts)(2021)

县(市、区)	Counties (City,Districts)	地方一般公共预算收入（万元）Local General Public Budget Revenue(10 000 yuan)	一般公共预算支出（万元）General Public Budget Expenditure(10 000 yuan)	社会消费品零售总额（万元）Total Retail Sales of Consumer Goods(10 000 yuan)	出口总额（万美元）Total Exports (USD 10 000)
成都市	**Chengdu**				
锦江区	Jinjiang	900547	598602	13243283	36862
青羊区	Qingyang	945820	608993	10510115	88123
金牛区	Jinniu	930913	872659	9959517	277068
武侯区	Wuhou	3415965	3189461	19307936	1513827
成华区	Chenghua	865635	772501	6233841	170100
龙泉驿区	Longquanyi	800515	1107661	2646436	171144
青白江区	Qingbaijiang	453695	760909	1565289	351451
新都区	Xindu	724447	1020502	3584212	83134
温江区	Wenjiang	503241	690552	1732188	67632
双流区	Shuangliu	1924596	2591522	6852070	1147250
郫都区	Pidu	512405	698097	3163884	3537866
新津区	Xinjin	334687	445707	1078356	25386
金堂县	Jintang	419602	687562	1436561	39614
大邑县	Dayi	200369	364048	959126	14229
蒲江县	Pujiang	127295	205694	478624	11101
都江堰市	Dujiangyan	403801	531505	1721214	18292
彭州市	Pengzhou	402904	591668	1301563	23395
邛崃市	Qionglai	310824	588427	1232565	25628
崇州市	Chongzhou	315203	503196	1386644	19135
简阳市	Jianyang	380984	1323611	4124684	16749
自贡市	**Zigong**				
自流井区	Ziliujing	77241	148089	1877195	14653
贡井区	Gongjing	31628	190224	954669	3311
大安区	Daan	51000	190015	747338	22743
沿滩区	Yantan	55167	192200	657530	9027
荣县	Rongxian	79550	309975	1111505	5113
富顺县	Fushun	126033	528981	1562174	4163
攀枝花市	**Panzhihua**				
东区	Dongqu	97315	216146	1272603	6261
西区	Xiqu	20829	80041	233583	501
仁和区	Renhe	146014	215173	599097	397
米易县	Miyi	122451	220005	521758	11711
盐边县	Yanbian	95294	204873	155872	10
泸州市	**Luzhou**				
江阳区	Jiangyang	290473	545415	4677090	28375
纳溪区	Naxi	130465	325082	1094978	15937
龙马潭区	Longmatan	188714	323471	2125873	24644
泸县	Luxian	151345	530269	1585899	2275
合江县	Hejiang	110333	481729	1171377	1601
叙永县	Xuyong	100639	390860	621595	1199

12−9 续表 1 continued

县(市、区)	Counties (City,Districts)	地方一般公共预算收入（万元） Local General Public Budget Revenue(10 000 yuan)	一般公共预算支出（万元） General Public Budget Expenditure(10 000 yuan)	社会消费品零售总额（万元） Total Retail Sales of Consumer Goods(10 000 yuan)	出口总额（万美元） Total Exports (USD 10 000)
古蔺县	Gulin	201834	581624	766013	1032
德阳市	**Deyang**				
旌阳区	Jingyang	260468	442797	2787629	12128
罗江区	Luojiang	64293	180177	412520	11410
中江县	Zhongjiang	98648	581049	2194518	12112
广汉市	Guanghan	281341	421818	2267500	39114
什邡市	Shifang	237634	390186	1230987	33860
绵竹市	Mianzhu	244189	386871	1207450	50243
绵阳市	**Mianyang**				
涪城区	Fucheng	565947	918954	6789464	153692
游仙区	Youxian	119202	426442	1653956	3392
安州区	Anzhou	100092	290227	1043986	4891
三台县	Santai	127966	656080	2420413	3743
盐亭县	Yanting	44457	330024	1063463	1982
梓潼县	Zitong	40117	228263	647117	633
北川县	Beichuan	52054	229482	380657	532
平武县	Pingwu	32030	181091	255884	28
江油市	Jiangyou	243851	460638	2266656	2847
广元市	**Guangyuan**				
利州区	Lizhou	89023	280881	2017637	12634
昭化区	Zhaohua	30396	202820	326798	10
朝天区	Chaotian	30963	225736	252733	219
旺苍县	Wangcang	51129	317373	579066	71
青川县	Qingchuan	39439	223471	268059	204
剑阁县	Jiange	44339	414060	673711	933
苍溪县	Cangxi	77336	477624	836204	1028
遂宁市	**Suining**				
船山区	Chuanshan	244923	633183	1977590	20972
安居区	Anju	109940	417452	555140	3734
蓬溪县	Pengxi	69337	411984	547216	2344
大英县	Daying	89523	304379	572547	376
射洪市	Shehong	201739	572054	1834485	5811
内江市	**Neijiang**				
内江市中区	Neijiang Downtown	55814	278811	1663348	15193
东兴区	Dongxing	96925	344342	1264358	7563
威远县	Weiyuan	120185	351569	1194824	4093
资中县	Zizhong	100049	503538	1068890	412
隆昌市	Longchang	100123	353478	1413660	5403
乐山市	**Leshan**				
乐山市中区	Leshan Downtown	125187	253184	2650507	9901
沙湾区	Shawan	88345	139368	434911	141

12−9 续表 2 continued

县(市、区)	Counties (City,Districts)	地方一般公共预算收入（万元） Local General Public Budget Revenue(10 000 yuan)	一般公共预算支出（万元） General Public Budget Expenditure(10 000 yuan)	社会消费品零售总额（万元） Total Retail Sales of Consumer Goods(10 000 yuan)	出口总额（万美元） Total Exports (USD 10 000)
五通桥区	Wutongqiao	87249	191985	875069	90181
金口河区	Jinkouhe	25925	93095	79967	
犍为县	Qianwei	100101	338999	901111	1133
井研县	Jingyan	29424	264170	606326	3717
夹江县	Jiajiang	81292	203359	900147	1104
沐川县	Muchuan	33071	178657	342814	2310
峨边县	Ebian	43371	174410	267676	
马边县	Mabian	41347	207397	272319	74
峨眉山市	Emeishan	209918	318260	1580348	6105
南充市	**Nanchong**				
顺庆区	Shunqing	218029	457445	4004582	7521
高坪区	Gaoping	104825	408254	1650665	25914
嘉陵区	Jialing	112375	409740	1036519	34981
南部县	Nanbu	128447	566285	2096571	2195
营山县	Yingshan	104305	603739	1262223	793
蓬安县	Pengan	81139	430721	1083857	8
仪陇县	Yilong	102019	598252	1204373	2660
西充县	Xichong	91290	402728	899744	259
阆中市	Langzhong	151899	533733	1248807	62
眉山市	**Meishan**				
东坡区	Dongpo	266062	489222	2223487	31738
彭山区	Pengshan	187726	328490	852153	7189
仁寿县	Renshou	454368	893726	2167114	43686
洪雅县	Hongya	112190	235987	505336	4557
丹棱县	Danling	49691	146636	253957	2605
青神县	Qingshen	60660	174322	295201	2217
宜宾市	**Yibin**				
翠屏区	Cuiping	302967	697272	3171132	77170
南溪区	Nanxi	140757	440807	913455	62
叙州区	Xuzhou	181518	727083	2422715	18627
江安县	Jiangan	123352	292369	1066305	9513
长宁县	Changning	100047	278171	1119234	1430
高县	Gaoxian	84824	283702	796914	85
珙县	Gongxian	133406	314389	855699	
筠连县	Junlian	92434	302506	629002	
兴文县	Xingwen	126601	329606	774708	9
屏山县	Pingshan	110093	252515	350348	144
广安市	**Guangan**				
广安区	Guanganqu	146477	449707	1869365	689
前锋区	Qianfeng	139512	194102	475739	20325
岳池县	Yuechi	146703	541986	1270728	2247

12−9 续表 3 continued

县(市、区)	Counties (City,Districts)	地方一般公共预算收入（万元）Local General Public Budget Revenue(10 000 yuan)	一般公共预算支出（万元）General Public Budget Expenditure(10 000 yuan)	社会消费品零售总额（万元）Total Retail Sales of Consumer Goods(10 000 yuan)	出口总额（万美元）Total Exports (USD 10 000)
武胜县	Wusheng	95179	370143	992264	2468
邻水县	Linshui	137271	510888	1371088	4122
华蓥市	Huaying	95440	244961	534572	4418
达州市	**Dazhou**				
通川区	Tongchuan	143378	380910	2507396	4175
达川区	Dachuan	186639	575095	2155399	43474
宣汉县	Xuanhan	270520	711800	1996432	6727
开江县	Kaijiang	53669	310050	950105	2895
大竹县	Dazhu	176999	550666	1996444	2309
渠县	Quxian	163790	589960	2295984	10082
万源市	Wanyuan	61278	373359	913187	2996
雅安市	**Yaan**				
雨城区	Yucheng	42072	191011	908720	988
名山区	Mingshan	30201	157454	419243	7124
荥经县	Yingjing	42636	138298	302568	56
汉源县	Hanyuan	77452	189611	453287	1327
石棉县	Shimian	74602	157743	294401	
天全县	Tianquan	31247	162675	276331	1719
芦山县	Lushan	23053	116072	247572	379
宝兴县	Baoxing	70228	145504	107941	594
巴中市	**Bazhong**				
巴州区	Bazhou	103301	535235	1570022	2903
恩阳区	Enyang	75459	392607	514719	787
通江县	Tongjiang	47843	551488	856735	930
南江县	Nanjiang	81166	445850	842296	1110
平昌县	Pingchang	83633	580032	1067220	862
资阳市	**Ziyang**				
雁江区	Yanjiang	171416	481729	1641533	14760
安岳县	Anyue	122133	608274	1805661	3378
乐至县	Lezhi	71248	379585	1005087	2248
阿坝州	**Aba**				
马尔康市	Maerkang	26781	151746	106585	
汶川县	Wenchuan	44937	239259	147452	3369
理县	Lixian	12914	136553	71003	
茂县	Maoxian	22565	190378	124645	
松潘县	Songpan	10241	196029	72406	
九寨沟县	Jiuzhaigou	16696	277142	116042	
金川县	Jinchuan	10829	161764	74869	
小金县	Xiaojin	10070	198679	74414	78
黑水县	Heishui	9278	146924	51154	
壤塘县	Rangtang	2658	166199	36642	

12−9 续表 4 continued

县(市、区)	Counties (City,Districts)	地方一般公共预算收入（万元）Local General Public Budget Revenue(10 000 yuan)	一般公共预算支出（万元）General Public Budget Expenditure(10 000 yuan)	社会消费品零售总额（万元）Total Retail Sales of Consumer Goods(10 000 yuan)	出口总额（万美元）Total Exports (USD 10 000)
阿坝县	Abaxian	7265	219014	69274	
若尔盖县	Ruoergai	7537	219151	83959	
红原县	Hongyuan	8849	175351	50481	
甘孜州	**Ganzi**				
康定市	Kangding	67009	256874	279022	964
泸定县	Luding	33884	156923	170055	348
丹巴县	Danba	27516	169678	77731	
九龙县	Jiulong	28009	151237	45095	177
雅江县	Yajiang	33522	169008	54342	147
道孚县	Daofu	8630	146407	35208	
炉霍县	Luhuo	5219	183504	49762	79
甘孜县	Ganzixian	7257	182467	96560	65
新龙县	Xinlong	5407	166434	23572	
德格县	Dege	6989	180039	37221	
白玉县	Baiyu	26017	198529	45906	
石渠县	Shiqu	6180	253500	55325	
色达县	Seda	5869	194414	35539	
理塘县	Litang	14655	220069	93423	539
巴塘县	Batang	17534	153218	71905	
乡城县	Xiangcheng	10008	122585	41152	186
稻城县	Daocheng	13893	126675	45288	
得荣县	Derong	5966	116887	19464	14
凉山州	**Liangshan**				
西昌市	Xichang	579297	770907	3293975	5945
会理市	Huili	109192	326003	871233	536
木里县	Muli	68651	261304	96009	46
盐源县	Yanyuan	88295	468285	319246	
德昌县	Dechang	72890	201557	364189	811
会东县	Huidong	103719	295084	672302	236
宁南县	Ningnan	54397	198620	305051	779
普格县	Puge	14981	226398	117319	4314
布拖县	Butuo	15948	296166	66223	56
金阳县	Jinyang	35507	288852	95505	58
昭觉县	Zhaojue	19907	373395	101307	32
喜德县	Xide	13305	261244	107746	125
冕宁县	Mianning	92318	301866	618544	210
越西县	Yuexi	25497	313085	197876	44
甘洛县	Ganluo	22609	265770	141208	48
美姑县	Meigu	12479	318093	80552	36
雷波县	Leibo	93868	315477	168313	139

12-10 各县(市、区)教育情况(2021年)
Basic Statistics on Education of Counties (City, Districts)(2021)

县(市、区)	Counties (City,Districts)	小学学校数(个) Number of Primary Schools (unit)	小学在校学生(人) Students Enrollment of Primary Schools (person)	小学专任教师(人) Full-time Teachers in Primary Schools (person)	普通中学学校数(个) Number of Regular Secondary Schools (unit)	普通中学在校学生(人) Students Enrollment of Regular Secondary Schools (person)	普通中学专任教师(人) Full-time Teachers in Regular Secondary Schools (person)
成都市	**Chengdu**						
锦江区	Jinjiang	37	56749	3812	16	30372	2743
青羊区	Qingyang	32	66828	3707	16	34367	3077
金牛区	Jinniu	48	74639	4149	30	43549	3660
武侯区	Wuhou	71	135351	8469	63	69593	6396
成华区	Chenghua	29	64793	3917	24	28507	2470
龙泉驿区	Longquanyi	39	65740	3926	31	36769	3181
青白江区	Qingbaijiang	13	24570	1368	15	18069	1460
新都区	Xindu	36	88548	4742	44	46092	3632
温江区	Wenjiang	17	55411	3149	24	29363	2501
双流区	Shuangliu	61	117692	7176	63	67218	6279
郫都区	Pidu	22	66122	3536	44	41917	3497
新津区	Xinjin	17	19122	1228	16	14120	1307
金堂县	Jintang	49	42641	2551	28	37680	2721
大邑县	Dayi	16	25482	1474	20	19251	1590
蒲江县	Pujiang	10	12339	881	12	9201	867
都江堰市	Dujiangyan	25	36920	2540	26	26035	2307
彭州市	Pengzhou	25	39565	2277	31	25803	2453
邛崃市	Qionglai	33	29802	1642	30	23637	1843
崇州市	Chongzhou	33	33757	1798	18	23330	1935
简阳市	Jianyang	29	61960	3888	94	66487	5216
自贡市	**Zigong**						
自流井区	Ziliujing	19	30358	1729	14	24675	1644
贡井区	Gongjing	15	11715	797	12	9416	643
大安区	Daan	12	15639	1049	14	12171	870
沿滩区	Yantan	12	18301	1154	16	11852	818
荣县	Rongxian	26	24330	1735	28	25238	1777
富顺县	Fushun	27	53273	3245	57	49907	3716
攀枝花市	**Panzhihua**						
东区	Dongqu	9	20722	1212	21	22733	1835
西区	Xiqu	5	5684	525	6	4641	477
仁和区	Renhe	14	12278	892	14	13685	1275
米易县	Miyi	13	14705	1002	9	10759	1022
盐边县	Yanbian	13	12334	973	6	7728	714
泸州市	**Luzhou**						
江阳区	Jiangyang	22	47663	1684	30	49409	4145
纳溪区	Naxi	18	21380	1416	14	24040	1691
龙马潭区	Longmatan	13	29602	1055	20	26138	2468
泸县	Luxian	32	45013	2266	55	67387	5349
合江县	Hejiang	74	46792		23	57509	3858
叙永县	Xuyong	28	45678	2525	37	41244	2785

12-10 续表 1 continued

县(市、区)	Counties (City,Districts)	小学学校数（个） Number of Primary Schools (unit)	小学在校学生（人） Students Enrollment of Primary Schools (person)	小学专任教师（人） Full-time Teachers in Primary Schools (person)	普通中学学校数（个） Number of Regular Secondary Schools (unit)	普通中学在校学生（人） Students Enrollment of Regular Secondary Schools (person)	普通中学专任教师（人） Full-time Teachers in Regular Secondary Schools (person)
古蔺县	Gulin	32	69424	3373	39	48512	3327
德阳市	**Deyang**						
旌阳区	Jingyang	34	47396	2878	24	37194	2927
罗江区	Luojiang	22	10197	644	8	8811	710
中江县	Zhongjiang	100	56867	3781	54	50404	3930
广汉市	Guanghan	32	28720	1879	25	17968	1858
什邡市	Shifang	21	18401	1360	16	13648	1336
绵竹市	Mianzhu	27	19293	1352	12	12926	1074
绵阳市	**Mianyang**						
涪城区	Fucheng	44	83794	3956	43	97950	6523
游仙区	Youxian	29	34563	2013	19	33978	2214
安州区	Anzhou	22	22223	1392	12	16586	1317
三台县	Santai	81	58220	3773	33	45949	3979
盐亭县	Yanting	43	17337	1497	17	15108	1368
梓潼县	Zitong	27	15220	1035	9	10988	887
北川县	Beichuan	25	10464	768	9	8185	677
平武县	Pingwu	39	5570	549	8	4589	507
江油市	Jiangyou	45	36542	2304	18	29528	2115
广元市	**Guangyuan**						
利州区	Lizhou	38	46509	1980	28	36402	3853
昭化区	Zhaohua	27	5346	801	11	4042	507
朝天区	Chaotian	22	5796	644	9	5028	656
旺苍县	Wangcang	36	18882	1676	20	16502	1436
青川县	Qingchuan	25	7647	1071	21	6317	832
剑阁县	Jiange	59	27141	2387	23	22250	2028
苍溪县	Cangxi	55	30921	2501	41	31137	2417
遂宁市	**Suining**						
船山区	Chuanshan	39	61179	3651	34	45027	3343
安居区	Anju	38	25931	1894	25	22954	2004
蓬溪县	Pengxi	25	24390	1880	31	19116	1715
大英县	Daying	29	26971	1602	24	19344	1448
射洪市	Shehong	58	40597	2897	31	33143	2851
内江市	**Neijiang**						
内江市中区	Neijiang Downtown	31	31353	1801	26	37156	2766
东兴区	Dongxing	47	40927	2241	31	26158	2437
威远县	Weiyuan	54	30784	2151	32	29007	2726
资中县	Zizhong	71	48532	2173	53	49461	4436
隆昌市	Longchang	56	36224	2360	28	37255	2344
乐山市	**Leshan**						
乐山市中区	Leshan Downtown	26	44404	2104	37	31516	2789
沙湾区	Shawan	7	6376	461	16	5382	531

12−10 续表 2 continued

县(市、区)	Counties (City,Districts)	小学学校数(个) Number of Primary Schools (unit)	小学在校学生(人) Students Enrollment of Primary Schools (person)	小学专任教师(人) Full-time Teachers in Primary Schools (person)	普通中学学校数(个) Number of Regular Secondary Schools (unit)	普通中学在校学生(人) Students Enrollment of Regular Secondary Schools (person)	普通中学专任教师(人) Full-time Teachers in Regular Secondary Schools (person)
五通桥区	Wutongqiao	17	10308	632	13	7924	798
金口河区	Jinkouhe	9	2584	213	1	1417	118
犍为县	Qianwei	28	23374	1366	28	20588	1639
井研县	Jingyan	24	13100	1056	23	12870	1146
夹江县	Jiajiang	19	14681	938	18	9268	834
沐川县	Muchuan	19	13735	743	14	9615	713
峨边县	Ebian	17	12117	675	12	5809	474
马边县	Mabian	30	22886	1346	10	12388	734
峨眉山市	Emeishan	18	20525	1425	11	15519	1423
南充市	**Nanchong**						
顺庆区	Shunqing	41	48558	2850	24	46364	3120
高坪区	Gaoping	34	36258	2446	34	33648	2390
嘉陵区	Jialing	30	32028	2424	45	24490	2255
南部县	Nanbu	26	49982	3759	81	47762	3700
营山县	Yingshan	30	42960	2813	65	37314	2770
蓬安县	Pengan	30	26427	2086	37	24811	2009
仪陇县	Yilong	47	49173	3361	66	41972	3748
西充县	Xichong	11	21502	1777	43	17963	1968
阆中市	Langzhong	26	33316	2644	69	28035	2756
眉山市	**Meishan**						
东坡区	Dongpo	55	53066	3363	41	37060	3225
彭山区	Pengshan	15	15650	886	14	9560	737
仁寿县	Renshou	80	69057	5067	96	58138	5564
洪雅县	Hongya	21	17013	992	15	10214	858
丹棱县	Danling	13	8087	514	5	4332	394
青神县	Qingshen	16	7386	528	4	4907	426
宜宾市	**Yibin**						
翠屏区	Cuiping	42	58824	3690	50	56002	4249
南溪区	Nanxi	18	24980	1726	16	23777	1664
叙州区	Xuzhou	58	65798	3913	47	51340	3990
江安县	Jiangan	44	33023	2002	27	23573	1699
长宁县	Changning	16	26620	1362	22	19230	1266
高县	Gaoxian	57	31664	1801	20	24034	1651
珙县	Gongxian	24	29954	1634	12	18494	1292
筠连县	Junlian	11	33446	1852	33	23718	1645
兴文县	Xingwen	21	32457	2223	29	26378	2126
屏山县	Pingshan	13	21099	1375	18	13859	1068
广安市	**Guangan**						
广安区	Guanganqu	24	48019	3001	56	49086	4305
前锋区	Qianfeng	14	15398	1170	22	12193	1139
岳池县	Yuechi	49	52307	3939	69	39932	3867

12-10 续表 3 continued

县(市、区)	Counties (City,Districts)	小学学校数（个）Number of Primary Schools (unit)	小学在校学生（人）Students Enrollment of Primary Schools (person)	小学专任教师（人）Full-time Teachers in Primary Schools (person)	普通中学学校数（个）Number of Regular Secondary Schools (unit)	普通中学在校学生（人）Students Enrollment of Regular Secondary Schools (person)	普通中学专任教师（人）Full-time Teachers in Regular Secondary Schools (person)
武胜县	Wusheng	47	36479	2769	50	29339	2769
邻水县	Linshui	33	54627	3308	60	44511	3937
华蓥市	Huaying	14	21022	1295	22	15648	1320
达州市	**Dazhou**						
通川区	Tongchuan	26	46143	2606	30	38598	2649
达川区	Dachuan	47	54728	3969	77	65331	4438
宣汉县	Xuanhan	53	85011	5412	69	71081	4655
开江县	Kaijiang	28	30554	2088	25	27857	1910
大竹县	Dazhu	37	55979	3828	43	57354	3988
渠县	Quxian	46	51242	5291	76	49577	4556
万源市	Wanyuan	35	33422	2351	37	27426	1997
雅安市	**Yaan**						
雨城区	Yucheng	22	20173	1399	17	16768	1482
名山区	Mingshan	18	14738	896	16	11684	945
荥经县	Yingjing	21	6802	576	6	5408	483
汉源县	Hanyuan	25	17237	1265	9	13269	1041
石棉县	Shimian	18	8830	650	4	6382	451
天全县	Tianquan	14	7810	697	8	7330	622
芦山县	Lushan	13	5831	544	8	4268	459
宝兴县	Baoxing	5	2479	309	4	1617	211
巴中市	**Bazhong**						
巴州区	Bazhou	23	56215	3995	51	47056	4491
恩阳区	Enyang	21	18644	1584	37	17318	1695
通江县	Tongjiang	75	36655	3439	30	30161	3044
南江县	Nanjiang	48	31471	2766	39	27352	3545
平昌县	Pingchang	25	48031	4263	61	39432	2952
资阳市	**Ziyang**						
雁江区	Yanjiang	67	56555	2387	64	52349	4636
安岳县	Anyue	45	67021	2741	93	71182	5850
乐至县	Lezhi	43	26600	1851	40	27534	2425
阿坝州	**Aba**						
马尔康市	Maerkang	13	3866	427	4	3619	381
汶川县	Wenchuan	12	5183	673	6	6163	670
理县	Lixian	10	1934	367	3	1243	198
茂县	Maoxian	19	6674	616	4	4674	534
松潘县	Songpan	17	4421	536	8	2183	264
九寨沟县	Jiuzhaigou	17	4455	441	2	2952	326
金川县	Jinchuan	19	3341	406	5	2181	341
小金县	Xiaojin	20	3785	547	4	2916	364
黑水县	Heishui	11	1986	337	2	1315	160
壤塘县	Rangtang	10	5968	343	4	2339	166

12−10 续表 4 continued

县(市、区)	Counties (City,Districts)	小学学校数(个) Number of Primary Schools (unit)	小学在校学生(人) Students Enrollment of Primary Schools (person)	小学专任教师(人) Full-time Teachers in Primary Schools (person)	普通中学学校数(个) Number of Regular Secondary Schools (unit)	普通中学在校学生(人) Students Enrollment of Regular Secondary Schools (person)	普通中学专任教师(人) Full-time Teachers in Regular Secondary Schools (person)
阿坝县	Abaxian	29	8779	650	2	3525	185
若尔盖县	Ruoergai	23	7516	557	7	5702	410
红原县	Hongyuan	14	5887	428	2	3215	207
甘孜州	**Ganzi**						
康定市	Kangding	20	8924	625	7	8483	615
泸定县	Luding	15	5814	555	6	7707	587
丹巴县	Danba	15	2994	421	4	2710	302
九龙县	Jiulong	19	5545	401	3	4730	228
雅江县	Yajiang	15	4212	319	2	2473	185
道孚县	Daofu	18	5096	286	2	2421	173
炉霍县	Luhuo	12	6272	404	3	3340	210
甘孜县	Ganzixian	26	8265	532	3	4731	371
新龙县	Xinlong	20	6211	421	1	1862	120
德格县	Dege	27	12988	608	2	4045	195
白玉县	Baiyu	18	7282	376	1	1758	116
石渠县	Shiqu	25	14742	683	2	5161	222
色达县	Seda	18	8596	464	2	2475	185
理塘县	Litang	28	10123	570	3	3284	223
巴塘县	Batang	20	5467	484	2	4688	284
乡城县	Xiangcheng	13	2197	265	1	1238	100
稻城县	Daocheng	8	2594	238	2	1289	98
得荣县	Derong	11	1884	270	1	774	92
凉山州	**Liangshan**						
西昌市	Xichang	116	94665	4151	33	57446	3815
木里县	Muli	39	28339	1733	13	20064	1425
盐源县	Yanyuan	31	11953	833	5	7504	509
德昌县	Dechang	47	36097	1866	15	24257	1475
会理县	Huili	20	22807	1108	5	16157	967
会东县	Huidong	31	29572	1769	11	26801	1698
宁南县	Ningnan	33	18574	947	4	11627	754
普格县	Puge	34	34505	1638	5	15594	1047
布拖县	Butuo	35	37136	1709	2	13297	685
金阳县	Jinyang	32	32059	1542	9	12554	689
昭觉县	Zhaojue	32	54066	2076	9	21418	1134
喜德县	Xide	35	27227	1403	7	16443	829
冕宁县	Mianning	44	44701	1895	13	24068	1271
越西县	Yuexi	53	49104	2139	9	23978	1145
甘洛县	Ganluo	32	26733	1240	10	15146	752
美姑县	Meigu	40	43337	1958	6	15816	996
雷波县	Leibo	50	34541	1615	11	19117	1198

13 农 业
Chapter 13 Agriculture

13-1　农林牧渔业总产值
Gross Output Value of Farming, Forestry, Animal Husbandry and Fishery

单位：亿元　　(100 million yuan)

年份 Year	农林牧渔业总产值 Total	#第一产业 Primary Industry	农 业 Farming	林 业 Forestry	牧 业 Animal Husbandry	渔 业 Fishery
1980	136.92	136.92	98.07	4.21	34.07	0.57
1981	147.02	147.02	105.41	5.34	35.63	0.64
1982	177.53	177.53	133.84	5.81	37.07	0.81
1983	193.77	193.77	142.76	7.02	42.83	1.16
1984	211.93	211.93	151.50	12.21	46.79	1.39
1985	234.82	234.82	161.14	13.09	58.74	1.85
1986	254.33	254.33	168.46	13.18	69.74	2.95
1987	294.59	294.59	187.84	13.66	89.18	3.91
1988	361.11	361.11	213.69	15.99	126.02	5.41
1989	400.40	400.40	238.04	16.75	139.24	6.37
1990	484.31	484.31	301.46	18.51	157.04	7.30
1991	513.43	513.43	317.43	19.43	168.41	8.16
1992	565.62	565.62	344.52	22.23	189.41	9.46
1993	660.69	660.69	389.21	24.90	234.30	12.28
1994	930.80	930.80	521.00	28.48	365.33	15.99
1995	1113.96	1113.96	645.17	34.32	413.84	20.63
1996	1274.32	1274.32	750.07	38.58	461.32	24.35
1997	1395.43	1395.43	798.22	41.31	527.60	28.30
1998	1455.19	1455.19	823.72	45.87	554.15	31.45
1999	1444.86	1444.86	792.80	45.34	572.63	34.09
2000	1483.52	1483.52	785.37	49.13	611.76	37.26
2001	1534.89	1534.90	769.95	50.85	673.10	41.00
2002	1651.53	1651.53	807.43	54.60	743.91	45.59
2003	1784.49	1749.64	804.70	59.26	832.34	53.34
2004	2252.30	2213.72	987.70	62.70	1097.60	65.80
2005	2457.46	2415.81	1037.20	69.94	1230.18	78.49
2006	2602.10	2556.40	1075.08	76.75	1317.41	87.16
2007	3377.00	3317.00	1317.00	106.42	1807.58	86.00
2008	3903.00	3846.00	1608.00	153.21	1980.79	104.00
2009	3689.81	3634.35	1815.98	102.60	1596.72	119.05
2010	4081.81	4007.21	2059.33	160.06	1658.00	129.83
2011	4932.73	4850.72	2454.26	203.29	2046.00	147.16
2012	5433.12	5340.03	2764.90	234.34	2177.02	163.77
2013	5620.27	5510.97	2886.48	249.02	2197.97	177.49
2014	5888.09	5765.79	3068.61	268.54	2236.29	192.35
2015	6377.84	6237.43	3315.51	297.26	2414.15	210.52
2016	6816.92	6656.50	3701.64	329.31	2405.54	220.01
2017	6955.55	6785.64	4004.20	346.80	2199.72	234.92
2018	7195.65	7006.47	4153.71	358.74	2246.08	247.94
2019	7889.35	7678.61	4395.04	372.21	2647.88	263.47
2020	9216.40	8983.05	4701.88	379.82	3613.81	287.54
2021	9383.32	9131.01	5089.48	408.44	3305.28	327.82

注：①本表按当年价格计算；②从2013年起，农业核算执行国家统计局新的《国民经济行业分类》和《三次产业划分规定》。
a) Data of this year are calculated at current prices; b) Since 2013, agricultural accounting has been based on the "Industrial Classification for National Economic Activities" and "Rules of Clarification of Three Industries" which were newly promulgated by National Statistical Bureau.

13-2 农林牧渔业总产值指数
Indices of Gross Output Value of Farming, Forestry, Animal Husbandry and Fishery

(1952年=100) (1952=100)

年份 Year	农林牧渔业总产值 Total	#农业 Farming	#林业 Forestry	#牧业 Animal Husbandry	#渔业 Fishery
1980	242.2	201.9	373.4	482.6	400.0
1985	332.7	251.1	933.0	756.5	1272.4
1990	409.4	290.8	742.2	1104.3	2386.2
1991	427.6	300.5	742.9	1179.3	2589.7
1992	445.7	308.2	800.4	1255.7	2831.0
1993	450.2	299.4	812.4	1341.1	3210.3
1994	465.3	297.1	859.6	1461.1	3586.2
1995	504.9	321.2	932.6	1584.8	4369.0
1996	533.3	338.0	1004.6	1674.3	4893.1
1997	559.4	351.8	1031.2	1772.2	5481.2
1998	584.5	361.4	1061.6	1889.9	6126.0
1999	605.8	368.7	1048.3	1997.8	6855.0
2000	636.0	379.2	1080.7	2144.1	7717.7
2001	651.3	369.0	1083.2	2318.2	8521.1
2002	695.3	387.3	1145.4	2512.5	9551.7
2003	738.5	394.6	1257.0	2744.7	11309.2
2004	790.9	410.8	1303.5	3019.2	12756.8
2005	842.4	421.6	1422.0	3304.8	14382.0
2006	873.7	416.7	1525.5	3540.1	15689.3
2007	904.1	436.3	1604.8	3610.9	16944.4
2008	933.9	447.6	1652.9	3744.5	17961.1
2009	973.5	468.3	1743.8	3886.8	18889.8
2010	1017.3	492.2	1841.5	4022.8	19807.8
2011	1064.1	520.7	2020.1	4127.4	21134.9
2012	1112.0	545.2	2187.8	4284.2	22572.1
2013	1149.8	564.8	2378.1	4395.6	23926.4
2014	1195.8	586.8	2501.8	4567.0	25218.4
2015	1250.8	618.5	2772.2	4684.6	27502.1
2016	1300.4	648.6	2911.6	4782.4	28857.6
2017	1349.9	682.3	3067.9	4839.6	30371.1
2018	1402.5	713.7	3120.1	4955.7	31859.3
2019	1439.0	752.9	3185.6	4787.2	33165.5
2020	1517.7	787.2	3278.4	5133.7	34815.1
2021	1633.7	826.9	3458.6	5740.3	36758.4

注：本表按可比价格计算；2003年起按新口径计算；2004年起指数按可比价格缩减法计算。

a) Data in this table are calculated at comparable prices; Since 2003, calculation has been based on the new range; Data have been calculated at comparable prices by deflation approach since 2004.

13-3 各市(州)按产业分农林牧渔业总产值(2021年)
Gross Output Value of Farming, Forestry, Animal Husbandry and Fishery by Industry and Region(2021)

单位：亿元 (100 million yuan)

市(州)	Region	农林牧渔业总产值 Total	#第一产业 Primary Industry	农业 Farming	林业 Forestry	牧业 Animal Husbandry	渔业 Fishery
全 省	**Sichuan**	**9383.32**	**9131.01**	**5089.48**	**408.44**	**3305.28**	**327.82**
成都市	Chengdu	942.61	906.20	616.64	22.06	237.17	30.33
自贡市	Zigong	392.93	387.32	209.95	25.79	135.15	16.43
攀枝花市	Panzhihua	159.55	157.92	117.99	2.41	34.88	2.63
泸州市	Luzhou	444.85	435.88	229.92	19.94	167.73	18.29
德阳市	Deyang	475.22	453.38	270.72	12.22	155.16	15.28
绵阳市	Mianyang	641.28	617.67	302.12	37.34	250.67	27.54
广元市	Guangyuan	358.79	350.67	171.74	15.16	153.19	10.58
遂宁市	Suining	367.17	355.51	177.75	13.29	153.58	10.88
内江市	Neijiang	434.91	424.57	242.32	18.17	138.18	25.90
乐山市	Leshan	437.85	431.06	211.89	29.75	163.54	25.88
南充市	Nanchong	787.46	775.50	432.42	24.41	295.20	23.48
眉山市	Meishan	391.90	382.03	236.10	10.43	111.30	24.20
宜宾市	Yibin	583.42	570.42	306.01	41.38	200.49	22.53
广安市	Guangan	397.07	387.51	202.04	14.05	157.92	13.51
达州市	Dazhou	665.26	646.88	364.10	26.90	233.42	22.46
雅安市	Yaan	247.28	243.05	162.16	18.00	58.59	4.29
巴中市	Bazhong	314.88	307.92	157.58	9.36	125.86	15.13
资阳市	Ziyang	324.60	301.55	162.30	14.99	110.14	14.13
阿坝藏族羌族自治州	Aba	153.20	147.58	54.56	7.79	85.20	0.04
甘孜藏族自治州	Ganzi	120.52	119.01	49.14	2.79	67.07	
凉山彝族自治州	Liangshan	742.56	729.40	412.04	42.23	270.83	4.30

注：本表按当年价格计算。
a) Data in this table are calculated at current prices.

13-4 各市(州)按产业分农林牧渔业总产值指数(2021年)
Indices of Gross Output Value of Farming, Forestry, Animal Husbandry and Fishery by Industry and Region(2021)

(上年=100) (preceding year=100)

市(州)	Region	农林牧渔业总产值 Total	#第一产业 Primary Industry	农业 Farming	林业 Forestry	牧业 Animal Husbandry	渔业 Fishery
全 省	**Sichuan**	**107.6**	**107.7**	**105.0**	**105.5**	**111.8**	**105.6**
成都市	Chengdu	105.0	104.9	103.5	95.2	109.8	100.7
自贡市	Zigong	107.9	107.9	105.8	112.2	110.2	110.0
攀枝花市	Panzhihua	108.6	108.6	108.7	104.5	108.6	106.8
泸州市	Luzhou	107.5	107.4	104.0	110.1	111.6	105.4
德阳市	Deyang	108.1	108.1	106.3	103.0	112.2	106.0
绵阳市	Mianyang	108.2	108.4	104.4	117.5	111.7	107.4
广元市	Guangyuan	108.2	108.2	104.5	109.0	112.1	109.1
遂宁市	Suining	108.5	108.5	106.0	103.1	112.5	104.7
内江市	Neijiang	107.6	107.6	105.8	105.4	112.1	106.8
乐山市	Leshan	107.6	107.6	105.9	107.5	110.5	112.8
南充市	Nanchong	108.4	108.3	105.7	106.1	112.3	108.3
眉山市	Meishan	107.6	107.6	104.3	103.2	114.9	104.7
宜宾市	Yibin	108.7	108.5	106.4	115.1	111.8	107.7
广安市	Guangan	108.1	108.2	105.3	109.5	111.6	108.8
达州市	Dazhou	108.5	108.6	105.2	111.0	112.9	109.8
雅安市	Yaan	109.3	109.3	106.3	106.3	116.3	113.1
巴中市	Bazhong	108.2	108.3	104.9	104.1	112.6	109.8
资阳市	Ziyang	107.9	108.3	106.1	104.3	113.5	112.9
阿坝藏族羌族自治州	Aba	107.5	107.6	105.2	118.2	110.3	118.8
甘孜藏族自治州	Ganzi	105.0	105.0	104.7	69.5	110.6	100.2
凉山彝族自治州	Liangshan	107.8	107.8	105.8	95.3	113.5	90.2

13-5 各市(州)农林牧渔业总产值
Gross Output Value of Farming, Forestry, Animal Husbandry and Fishery by Region

单位：亿元 (100 million yuan)

市(州)	Region	2011	2012	2013	2014	2015	2016	2017	2018	2019	2020	2021
全 省	**Sichuan**	**4932.73**	**5433.12**	**5620.27**	**5888.09**	**6377.84**	**6816.92**	**6955.55**	**7195.65**	**7889.35**	**9216.40**	**9383.32**
成都市	Chengdu	624.44	690.51	716.33	751.65	815.34	880.76	916.15	951.44	1003.34	1071.95	942.61
自贡市	Zigong	200.84	221.66	229.41	240.62	260.64	279.23	286.01	294.54	324.23	374.81	392.93
攀枝花市	Panzhihua	89.17	98.11	101.72	105.37	114.46	123.79	124.78	126.71	140.12	148.85	159.55
泸州市	Luzhou	220.73	243.01	251.22	263.07	284.90	304.10	309.86	319.49	357.18	430.29	444.85
德阳市	Deyang	255.96	281.56	291.34	305.08	330.57	352.98	359.25	372.01	406.33	460.31	475.22
绵阳市	Mianyang	307.64	338.72	350.58	367.95	397.50	424.55	432.71	448.99	504.47	631.15	641.28
广元市	Guangyuan	174.88	191.89	198.05	206.88	224.06	237.75	240.10	247.95	272.04	336.57	358.79
遂宁市	Suining	186.59	205.40	212.40	222.42	240.91	257.27	262.12	271.14	309.98	363.11	367.17
内江市	Neijiang	237.49	261.97	271.41	284.81	308.53	330.34	338.59	350.00	377.32	422.97	434.91
乐山市	Leshan	253.51	278.23	287.23	300.15	325.18	344.35	347.42	358.00	385.96	436.64	437.85
南充市	Nanchong	431.14	472.85	486.95	509.08	550.15	585.90	591.37	611.18	656.03	763.92	787.46
眉山市	Meishan	205.67	227.32	235.84	247.89	268.48	288.70	297.85	308.39	333.19	380.42	391.90
宜宾市	Yibin	281.84	310.72	321.47	336.84	365.01	389.72	397.20	410.69	450.84	563.75	583.42
广安市	Guangan	213.14	234.54	242.29	253.45	274.44	292.43	297.10	307.20	331.68	384.44	397.07
达州市	Dazhou	342.93	378.15	390.73	410.50	444.04	475.32	485.84	503.67	551.43	636.04	665.26
雅安市	Yaan	110.79	122.88	127.42	134.05	145.20	157.17	162.91	169.11	193.40	237.62	247.28
巴中市	Bazhong	130.33	143.00	147.73	154.42	167.27	177.40	179.29	185.32	214.36	291.16	314.88
资阳市	Ziyang	156.56	172.54	179.48	188.58	204.91	219.51	224.09	233.87	261.79	318.20	324.60
阿坝藏族羌族自治州	Aba	73.19	79.96	82.32	85.58	93.07	97.00	97.51	100.51	115.06	142.21	153.20
甘孜藏族自治州	Ganzi	68.50	74.43	76.19	78.88	85.33	86.87	87.11	89.65	100.36	123.29	120.52
凉山彝族自治州	Liangshan	367.39	405.67	420.15	440.81	477.86	511.77	518.27	535.81	600.23	698.72	742.56

注：本表按当年价格计算。
a) Data in this table are calculated at current prices.

13-6 各市(州)农林牧渔业总产值指数
Indices of Gross Output Value of Farming, Forestry, Animal Husbandry and Fishery by Region

(上年=100) (preceding year=100)

市(州)	Region	2011	2012	2013	2014	2015	2016	2017	2018	2019	2020	2021
全　省	**Sichuan**	**104.6**	**104.5**	**103.4**	**104.0**	**104.6**	**104.0**	**103.8**	**103.9**	**102.6**	**105.5**	**107.6**
成都市	Chengdu	103.8	103.5	103.5	103.7	104.3	103.9	103.8	103.4	102.1	103.3	105.0
自贡市	Zigong	103.8	104.8	103.9	104.2	104.4	104.0	104.2	103.7	102.6	105.9	107.9
攀枝花市	Panzhihua	104.5	104.7	104.6	104.7	104.4	104.7	104.4	104.2	103.1	105.6	108.6
泸州市	Luzhou	103.4	105.0	104.4	104.2	104.4	103.8	103.8	103.6	102.7	105.9	107.5
德阳市	Deyang	103.9	104.7	103.7	104.2	104.4	103.9	103.6	103.7	102.1	103.7	108.1
绵阳市	Mianyang	103.9	104.0	103.6	105.5	104.5	104.0	104.0	103.8	102.7	106.0	108.2
广元市	Guangyuan	106.7	107.1	103.8	104.5	104.5	103.0	104.2	103.7	102.8	106.2	108.2
遂宁市	Suining	103.4	104.6	103.1	104.1	104.2	103.8	103.5	103.6	103.4	105.6	108.5
内江市	Neijiang	104.2	104.5	104.1	103.9	104.4	103.8	102.9	103.6	103.1	106.2	107.6
乐山市	Leshan	104.0	104.2	103.6	104.1	104.4	104.0	103.7	103.9	103.0	105.6	107.6
南充市	Nanchong	103.8	103.8	103.7	104.4	104.4	104.1	103.8	103.8	103.4	106.8	108.4
眉山市	Meishan	103.7	105.4	103.7	104.0	104.5	103.9	103.9	103.7	102.6	106.1	107.6
宜宾市	Yibin	103.5	104.8	103.7	103.8	104.4	103.5	103.3	103.6	102.8	106.0	108.7
广安市	Guangan	104.4	105.5	103.5	104.2	104.1	102.5	103.4	103.6	102.9	105.9	108.1
达州市	Dazhou	103.5	104.6	103.8	103.9	104.4	103.9	103.9	103.7	103.3	105.7	108.5
雅安市	Yaan	103.4	104.0	102.1	104.6	104.4	103.7	104.0	103.8	103.3	106.2	109.3
巴中市	Bazhong	104.0	103.7	103.4	103.8	104.2	103.7	103.7	103.8	102.5	105.8	108.2
资阳市	Ziyang	103.7	104.6	103.6	104.0	104.5	104.2	103.8	103.8	103.1	106.3	107.9
阿坝藏族羌族自治州	Aba	105.1	106.1	105.0	104.9	105.3	103.9	103.3	103.9	103.7	104.8	107.5
甘孜藏族自治州	Ganzi	106.2	104.6	104.1	104.8	104.6	105.1	104.6	103.6	104.1	104.5	105.0
凉山彝族自治州	Liangshan	104.4	104.6	104.9	104.7	104.6	103.7	103.9	103.7	104.4	105.5	107.8

13-7 各市(州)农林牧渔业增加值及指数(2021年)
Added Value and Indices of Farming, Forestry, Animal Husbandry and Fishery by Region(2021)

市(州)	Region	农林牧渔业增加值 (亿元) Added Value of Farming, Forestry, Animal Husbandry and Fishery (100 million yuan)	#第一产业 Primary Industry	农林牧渔业增加值指数 (上年=100) Indices of Added Value of Farming, Forestry, Animal Husbandry and Fishery (preceding year=100)	#第一产业 Primary Industry
全 省	**Sichuan**	**5817.98**	**5661.86**	**107.0**	**107.0**
成都市	Chengdu	605.99	582.79	104.8	104.8
自贡市	Zigong	245.79	242.43	107.1	107.1
攀枝花市	Panzhihua	104.55	103.56	107.7	107.6
泸州市	Luzhou	270.60	265.07	106.8	106.7
德阳市	Deyang	295.19	281.33	107.3	107.3
绵阳市	Mianyang	391.42	377.32	107.3	107.5
广元市	Guangyuan	204.01	198.64	107.3	107.3
遂宁市	Suining	228.23	220.81	107.6	107.6
内江市	Neijiang	283.30	277.07	106.9	106.9
乐山市	Leshan	296.21	292.00	106.9	106.9
南充市	Nanchong	482.55	474.84	107.5	107.5
眉山市	Meishan	235.57	229.80	106.9	106.9
宜宾市	Yibin	363.89	356.11	107.7	107.6
广安市	Guangan	249.39	243.51	107.3	107.3
达州市	Dazhou	423.42	411.60	107.6	107.6
雅安市	Yaan	160.40	157.90	108.2	108.2
巴中市	Bazhong	178.60	174.50	107.3	107.4
资阳市	Ziyang	185.92	173.30	107.1	107.4
阿坝藏族羌族自治州	Aba	91.79	88.30	106.8	106.9
甘孜藏族自治州	Ganzi	80.31	79.36	104.8	104.8
凉山彝族自治州	Liangshan	440.84	431.63	107.0	107.0

注：本表绝对值按当年价格计算，指数按可比价格计算。
a) The absolute value in this table are calculated at current prices, and the indices are calculated at the comparable prices.

13-8 主要农业机械拥有量
Number of Major Agricultural Machinery

(年底数) (year-end)

年份 Year	农业机械总动力(万千瓦) Total Power of Agricultural Machinery (10 000 kw)	农用大中型拖拉机 Large and Medium Agricultural Tractors		农用小型拖拉机 Small Agricultural Tractors		机动脱粒机(万台) Power-driven Thresher (10 000 units)	谷物联合收割机(台) grain combine harvester (unit)
		数量(台) Number (unit)	动力(万千瓦) Capacity (10 000 kw)	数量(万台) Number (10 000 units)	动力(万千瓦) Capacity (10 000 kw)		
1978	350.21	14571	42.52	5.22	45.91		
1979	434.74	17790	48.18	6.99	61.47		
1980	500.34	19233	52.59	8.37	74.19	9.04	51
1981	548.37	20076	55.29	9.00	80.70	9.77	50
1982	575.65	20034	55.24	9.35	84.66	8.14	51
1983	609.82	19932	55.15	9.97	91.78	6.80	49
1984	649.40	19099	53.34	10.70	100.31	5.37	46
1985	700.42	18496	51.67	11.53	109.74	4.47	32
1986	772.77	18469	51.55	13.10	127.54	4.04	36
1987	828.98	17939	50.57	14.56	145.39	3.80	31
1988	887.72	16900	48.36	15.69	160.88	3.78	38
1989	918.92	15064	43.51	15.90	163.74	4.09	52
1990	956.00	12788	37.64	15.51	161.06	5.05	127
1991	1007.23	10553	31.62	15.17	159.81	5.86	147
1992	1035.60	8662	25.81	14.75	156.59	6.72	210
1993	1066.35	7545	23.28	14.47	154.38	7.76	321
1994	1165.11	6625	21.17	14.16	152.45	11.80	368
1995	1209.73	5632	18.05	13.78	149.09	12.81	428
1996	1263.26	4997	16.13	13.81	149.98	13.67	738
1997	1348.21	6644	18.16	13.84	151.56	19.19	1450
1998	1468.33	10144	23.48	13.98	155.43	27.62	2150
1999	1606.90	14833	37.58	14.26	159.14	33.31	2681
2000	1680.11	29645	74.59	13.29	149.22	38.25	3258
2001	1735.10	33606	86.87	13.06	148.74	40.44	3587
2002	1803.68	42156	108.21	13.09	150.99	45.82	4100
2003	1891.06	46882	128.02	12.25	141.09	45.60	4719
2004	2006.78	51585	143.82	12.59	151.29	55.70	5400
2005	2181.70	12728	35.18	12.48	155.94	69.87	5830
2006	2344.87	15936	40.74	12.83	161.15	72.61	6831
2007	2523.05	20151	49.81	13.35	171.61	80.00	7621
2008	2687.55	55488	122.75	11.43	143.11	96.14	8501
2009	2952.66	77809	179.10	11.84	147.96	103.28	9958
2010	3155.14	91112	206.02	12.03	147.37	107.62	12005
2011	3426.10	107484	246.51	12.47	147.99	115.90	14086
2012	3694.03	115036	267.45	12.55	141.66	126.60	18499
2013	3953.09	121753	291.65	11.91	134.40	135.20	22498
2014	4160.12	126104	307.48	11.36	127.07	160.60	26115
2015	4404.55	132242	331.40	10.45	115.52	172.80	29433
2016	4267.32	134754	339.74	10.06	109.29	173.12	34731
2017	4420.30	134088	348.24	9.69	104.40	169.65	36021
2018	4603.88	74614	247.22	15.34	220.01	168.82	37278
2019	4682.30	74408	257.32	15.00	216.91	170.15	37430
2020	4754.00	76077	271.42	14.82	215.29	171.20	38211
2021	4833.88	76673	279.94	14.42	209.37	172.88	39256

注：①农业机械数据由四川省农业农村厅提供；②自2016年起农业机械总动力不包括农用运输车数据；③自2018年大中小型拖拉机统计口径调整；④2017年及以前谷物联合收割机为联合收割机数据。

a) Data of agricultural machinery are provided by Bureau of Agricultural and Rural of Sichuan Province; b)Since 2016, total power of agricultural machinery does not include power of agricultural transporters; c)The statistical caliber of large, medium and small tractors has been adjusted since 2018; d)Data of grain combine harvesters ware data of combine harvesters in 2017 and before.

13−9 各市(州)主要农业机械拥有量(2021年)
Number of Major Agricultural Machinery by Region(2021)

(年底数) (year-end)

市(州)	Region	农业机械总动力(万千瓦) Total Power of Agricultural Machinery (10 000 kw)	农用大中型拖拉机 Large and Medium Agricultural Tractors 数量(台) Number (unit)	农用大中型拖拉机 动力(万千瓦) Capacity (10 000 kw)	农用小型拖拉机 Small Agricultural Tractors 数量(台) Number (unit)	农用小型拖拉机 动力(万千瓦) Capacity (10 000 kw)	机动脱粒机(万台) Power-driven Thresher (10 000 units)	谷物联合收割机(台) grain combine harvester (unit)
全 省	**Sichuan**	**4833.88**	**76673**	**279.94**	**144204**	**209.37**	**172.88**	**39256**
成都市	Chengdu	418.52	9268	45.18	16905	21.97	9.45	2710
自贡市	Zigong	123.16	73	0.31	88	0.16	11.68	339
攀枝花市	Panzhihua	71.12	1693	5.28	3179	4.01	0.87	102
泸州市	Luzhou	238.94	89	0.37	2		7.11	648
德阳市	Deyang	198.36	8311	35.26	11827	21.25	3.06	5036
绵阳市	Mianyang	357.58	11305	41.21	12758	15.88	8.49	7384
广元市	Guangyuan	300.94	4487	14.34	3606	3.83	13.61	8440
遂宁市	Suining	136.98	1771	8.86	595	1.23	7.54	981
内江市	Neijiang	249.58	785	4.22	242	0.31	3.53	929
乐山市	Leshan	279.11	1399	6.13	1699	2.07	5.82	738
南充市	Nanchong	318.08	1842	6.96	1102	1.55	12.33	2861
眉山市	Meishan	223.65	2728	11.75	3285	4.55	12.35	1006
宜宾市	Yibin	265.54	214	0.51	537	0.58	15.21	797
广安市	Guangan	259.67	536	2.55	472	0.62	16.24	716
达州市	Dazhou	292.72	757	2.35	871	1.21	14.80	1530
雅安市	Yaan	166.89	289	0.85	1906	2.73	1.60	56
巴中市	Bazhong	196.60	2987	11.89	1046	1.33	6.69	1197
资阳市	Ziyang	187.35	330	1.19	1154	1.33	16.39	1560
阿坝藏族羌族自治州	Aba	77.09	4708	13.97	22275	30.12	0.69	22
甘孜藏族自治州	Ganzi	102.80	7203	18.75	27883	45.98	1.22	570
凉山彝族自治州	Liangshan	369.21	15898	48.04	32772	48.65	4.20	1634

13-10 农用化肥施用量和农村用电量
Consumption of Chemical Fertilizers and Electricity Consumption in Rural Area

年份 Year	农用化肥施用量(折纯)(万吨) Consumption of Chemical Fertilizers (10 000 tons)	氮　肥 Nitrogenous Fertilizer	磷　肥 Phosphate Fertilizer	钾　肥 Potash Fertilizer	复合肥 Compound Fertilizer	农村用电量(亿千瓦时) Electricity Consumed in Rural Area (100 million kwh)
1952	0.4	0.4				
1957	1.0	0.7	0.3			
1962	4.0	3.0	1.0			
1965	11.3	8.4	2.8	0.1		
1970	11.5	8.5	2.8	0.2		
1975	23.0	17.1	5.6	0.3		
1978	62.5	46.4	15.7	0.4		7.7
1980	80.4	52.6	24.0	1.0	1.1	9.4
1985	103.1	82.6	16.4	1.7	2.1	19.3
1990	143.9	101.4	28.2	2.6	11.7	33.0
1991	154.3	103.0	32.0	3.5	15.7	37.4
1992	154.0	100.2	32.2	4.3	17.2	40.6
1993	158.1	99.5	33.2	5.4	20.0	46.2
1994	170.0	104.9	35.1	6.2	23.7	53.8
1995	182.9	111.0	37.4	7.0	27.3	61.2
1996	192.8	117.8	38.4	7.4	29.2	64.1
1997	201.3	121.3	40.0	8.4	31.6	68.4
1998	205.3	123.7	40.3	8.8	32.5	73.5
1999	210.3	124.2	40.4	9.3	36.4	78.8
2000	212.6	123.0	42.0	10.0	37.5	82.8
2001	212.0	121.8	41.9	10.4	37.9	89.5
2002	209.6	118.5	42.3	11.0	37.8	93.0
2003	208.4	117.5	41.9	11.6	37.4	99.9
2004	214.7	120.2	42.9	12.2	39.3	107.8
2005	220.9	121.8	45.1	12.9	40.6	112.9
2006	228.2	124.7	46.6	13.7	43.0	117.7
2007	238.2	127.9	48.0	14.8	46.6	123.3
2008	242.8	128.6	48.9	15.8	48.0	128.2
2009	248.0	130.7	49.7	16.4	50.3	133.8
2010	248.0	129.6	49.2	16.4	51.1	141.7
2011	251.2	128.8	50.6	17.3	53.2	148.6
2012	252.8	127.9	50.7	17.5	55.0	156.0
2013	251.1	126.1	50.3	17.7	55.0	163.5
2014	252.1	125.7	49.9	17.7	56.9	169.6
2015	252.1	124.7	49.6	17.8	57.7	174.8
2016	249.0	121.9	48.9	17.9	60.2	183.1
2017	242.0	117.0	47.1	17.6	60.2	188.4
2018	235.2	112.1	45.4	17.4	60.3	198.6
2019	222.8	103.5	41.4	15.8	62.1	205.8
2020	210.8	90.7	38.0	15.1	67.0	205.9
2021	207.2	81.8	34.8	14.9	75.6	214.6

13-11 各市(州)农用化肥施用量和农村用电量(2021年)
Consumption of Chemical Fertilizers and Electricity Consumption in Rural Area by Region(2021)

市(州)	Region	农用化肥施用量(折纯)(万吨) Consumption of Chemical Fertilizers (100 million tons)	氮肥 Nitrogenous Fertilizer	磷肥 Phosphate Fertilizer	钾肥 Potash Fertilizer	复合肥 Compound Fertilizer	农村用电量(亿千瓦时) Electricity Consumed in Rural Area (100 million kwh)
全 省	**Sichuan**	**207.16**	**81.85**	**34.81**	**14.86**	**75.64**	**214.61**
成都市	Chengdu	15.52	4.92	2.73	1.59	6.28	35.64
自贡市	Zigong	8.11	3.35	1.96	1.01	1.79	6.25
攀枝花市	Panzhihua	2.10	0.77	0.24	0.22	0.88	2.35
泸州市	Luzhou	9.55	4.09	1.73	0.64	3.08	10.91
德阳市	Deyang	16.44	4.60	1.77	0.71	9.36	18.50
绵阳市	Mianyang	18.33	6.10	3.92	1.08	7.23	13.13
广元市	Guangyuan	8.87	3.45	1.71	0.79	2.92	7.34
遂宁市	Suining	11.85	5.48	2.08	0.83	3.46	4.43
内江市	Neijiang	9.39	4.92	1.94	0.37	2.15	10.90
乐山市	Leshan	7.75	3.51	0.96	0.34	2.95	14.20
南充市	Nanchong	19.11	5.65	3.02	0.91	9.53	12.42
眉山市	Meishan	10.83	3.18	1.33	1.28	5.05	8.48
宜宾市	Yibin	7.30	2.66	1.25	0.65	2.74	16.01
广安市	Guangan	9.38	5.71	2.05	0.66	0.96	6.20
达州市	Dazhou	18.08	10.21	2.98	1.18	3.71	9.25
雅安市	Yaan	4.39	1.99	0.53	0.52	1.35	5.48
巴中市	Bazhong	10.71	4.31	1.81	1.06	3.53	10.56
资阳市	Ziyang	6.00	1.55	0.35	0.24	3.85	6.79
阿坝藏族羌族自治州	Aba	0.99	0.37	0.21	0.07	0.33	3.11
甘孜藏族自治州	Ganzi	0.28	0.15	0.03	0.01	0.10	1.36
凉山彝族自治州	Liangshan	12.19	4.86	2.21	0.72	4.39	11.28

13−12 耕地面积、机耕面积、耕地灌溉面积和农作物总播种面积
Cultivated Area, Area Ploughed by Tractors, Irrigated Area of Cultivated Land and Total Sown Area of Farm Crops

单位：万公顷 (10 000 hectares)

年份 Year	年末实有耕地面积 Cultivated Area (year-end)	机耕面积 Area Ploughed by Tractors	耕地灌溉面积 Irrigated Area of Cultivated Land	农作物总播种面积 Total Sown Area	#粮食 Grain Crops
1952	547.85		53.70	827.66	686.30
1957	569.13	0.40	86.40	968.20	784.90
1962	510.07	2.60	106.90	805.65	676.70
1965	518.96	2.60	120.90	789.59	622.50
1970	510.66	4.60	139.30	819.65	674.80
1975	497.21	45.30	175.00	903.94	728.90
1978	490.91	86.50	198.90	885.91	744.10
1980	487.16	67.90	211.40	861.90	746.10
1985	474.12	51.70	215.40	855.80	663.60
1990	464.71	59.20	222.60	905.00	698.50
1991	463.23	64.30	224.10	920.70	704.80
1992	461.19	66.30	225.30	921.90	702.90
1993	459.38	65.40	226.50	915.20	705.00
1994	457.96	70.80	227.90	916.40	701.50
1995	456.04	71.60	230.10	930.24	705.50
1996	454.31	70.10	232.50	940.08	713.80
1997	451.99	84.40	235.62	949.75	721.10
1998	449.49	85.60	239.06	971.44	733.80
1999	445.47	98.30	242.79	971.77	729.70
2000	434.61	93.70	246.90	960.91	685.40
2001	428.44	95.05	248.70	949.17	662.69
2002	405.99	95.40	250.10	934.41	642.50
2003	390.37	98.10	250.30	908.50	608.80
2004	390.44	98.80	250.30	924.44	633.33
2005	390.60	107.50	249.50	941.69	650.16
2006	391.66	115.04	248.70	953.08	644.90
2007	394.59	121.10	250.00	925.24	643.46
2008	395.95	182.20	250.70	929.47	640.88
2009	397.61	196.53	252.40	915.78	621.30
2010	401.07	219.02	255.30	915.87	619.51
2011	398.34	275.50	260.10	921.54	619.67
2012	399.15	330.28	256.60	931.96	625.56
2013	399.38	409.47	261.65	937.17	626.99
2014	673.42	459.79	266.63	937.77	624.96
2015	673.61	485.51	273.51	945.11	628.61
2016	673.54	508.10	281.50	949.38	629.13
2017	672.59	531.93	287.31	957.51	629.20
2018	672.28	514.23	293.25	961.54	626.56
2019	522.72	563.67	295.41	969.30	627.93
2020	518.17	587.77	299.22	984.99	631.26
2021		669.99	296.29	999.99	635.77

注：①自2014年起耕地面积数据由四川省自然资源厅提供；2019年、2020年为第三次全国国土调查后定案数；②机耕面积由四川省农业农村厅提供；③耕地灌溉面积由四川省水利厅提供；④根据第三次全国农业普查结果对2007年至2017年农作物播种面积(种植)和产量数据进行了修订(以下有关各表同)。

a) Since 2014, data of cultivated area have been provided by Bureau of Natural Resources of Sichuan Province; and the data of 2019 and 2020 are calculated on the third national land survey; b) Data of area ploughed by tractors are provided by Bureau of Sichuan Agricultural and Rural of Sichuan Province; c)Data of Irrigated area of cultivated land are provided by Bureau of Water Conservancy of Sichuan Province; d) Data of total sown area and yield since 2007 to 2017 were revised according to the results of the Third National Agricultural Census(the same as the following related tables).

13－13 各市(州)耕地面积、耕地灌溉面积和农作物总播种面积(2021年)
Cultivated Area, Irrigated Area of Cultivated Land and Total Sown Area of Farm Crops by Region(2021)

单位：千公顷 (1 000 hectares)

市(州)	Region	2020年末实有耕地面积 Actual Cultivated Area (year-end 2020)	耕地灌溉面积 Irrigated Area of Cultivated Land	农作物总播种面积 Total Sown Area	#粮食 Grain Crops
全　省	**Sichuan**	**5181.73**	**2962.91**	**9999.92**	**6357.72**
成都市	Chengdu	324.31	298.35	730.58	381.85
自贡市	Zigong	178.49	112.70	386.32	235.16
攀枝花市	Panzhihua	56.06	44.95	73.99	45.54
泸州市	Luzhou	321.08	156.88	556.15	402.09
德阳市	Deyang	218.76	156.98	491.83	312.73
绵阳市	Mianyang	355.21	221.92	677.43	402.99
广元市	Guangyuan	273.51	96.07	522.55	314.81
遂宁市	Suining	199.70	134.30	402.58	273.42
内江市	Neijiang	223.49	135.27	493.12	312.91
乐山市	Leshan	160.81	144.47	363.58	222.66
南充市	Nanchong	447.73	240.45	945.69	566.39
眉山市	Meishan	142.63	172.05	323.49	198.31
宜宾市	Yibin	357.04	200.24	628.90	431.50
广安市	Guangan	241.70	114.78	427.20	292.14
达州市	Dazhou	428.47	199.55	856.76	564.66
雅安市	Yaan	40.16	53.93	119.15	69.70
巴中市	Bazhong	258.73	96.13	540.89	340.83
资阳市	Ziyang	233.04	115.67	522.61	336.12
阿坝藏族羌族自治州	Aba	65.80	31.02	77.84	49.89
甘孜藏族自治州	Ganzi	87.09	42.76	94.37	68.56
凉山彝族自治州	Liangshan	567.91	194.45	764.88	535.44

注：表中为第三次全国国土调查后，2020年数据。
a) The data of 2020 in the table are calculated on the third national land survey.

13-14 各市(州)农作物总播种面积
Sown Areas of Farm Crops by Region

单位：千公顷 (1 000 hectares)

市(州)	Region	2011	2012	2013	2014	2015	2016	2017	2018	2019	2020	2021
全　省	**Sichuan**	**9215.41**	**9319.58**	**9371.69**	**9377.69**	**9451.06**	**9493.82**	**9575.05**	**9615.39**	**9692.99**	**9849.91**	**9999.92**
成都市	Chengdu	806.83	792.89	778.72	753.26	740.23	728.48	730.99	739.32	733.32	728.87	730.58
自贡市	Zigong	309.49	316.81	323.93	332.52	342.53	352.49	362.65	366.41	372.03	377.94	386.32
攀枝花市	Panzhihua	65.10	66.34	67.51	67.97	69.17	70.81	70.21	71.41	72.26	72.88	73.99
泸州市	Luzhou	515.45	524.37	525.98	524.46	527.03	528.62	541.29	540.67	541.96	550.21	556.15
德阳市	Deyang	477.09	478.75	480.07	479.35	478.52	476.48	477.25	476.72	477.92	483.58	491.83
绵阳市	Mianyang	656.76	660.81	662.10	660.19	662.20	659.14	660.18	661.96	666.89	674.53	677.43
广元市	Guangyuan	444.94	457.28	469.32	477.02	486.49	493.08	495.44	498.60	502.89	513.49	522.55
遂宁市	Suining	402.49	402.26	398.75	396.66	395.03	387.62	387.71	387.00	388.50	395.42	402.58
内江市	Neijiang	416.98	429.47	438.82	444.06	455.93	464.66	476.73	478.15	481.38	486.83	493.12
乐山市	Leshan	321.49	325.11	327.13	328.80	331.75	335.87	338.55	340.79	344.11	356.04	363.58
南充市	Nanchong	878.49	886.86	886.29	883.35	883.86	882.12	885.32	888.87	897.66	924.70	945.69
眉山市	Meishan	331.81	325.25	320.88	316.82	314.31	310.51	313.40	314.55	318.08	319.91	323.49
宜宾市	Yibin	496.01	513.47	529.10	545.34	566.72	585.37	589.39	591.97	598.45	613.69	628.90
广安市	Guangan	396.99	399.36	400.44	400.29	402.54	405.29	406.71	406.27	410.20	416.77	427.20
达州市	Dazhou	776.89	787.57	794.62	795.59	802.54	807.23	809.52	810.29	815.92	836.67	856.76
雅安市	Yaan	117.40	118.40	118.32	117.46	115.90	115.74	115.61	115.97	116.78	117.51	119.15
巴中市	Bazhong	463.62	472.62	477.44	480.73	485.96	489.17	500.52	508.33	514.72	531.67	540.89
资阳市	Ziyang	520.52	523.91	522.21	518.18	516.99	513.65	516.39	517.27	521.96	521.18	522.61
阿坝藏族羌族自治州	Aba	67.00	67.13	68.28	66.89	68.35	69.76	69.77	74.09	75.41	76.96	77.84
甘孜藏族自治州	Ganzi	77.97	79.20	80.26	79.22	80.61	81.95	85.69	88.90	91.49	93.34	94.37
凉山彝族自治州	Liangshan	672.09	691.69	701.50	709.52	724.41	735.81	741.76	737.86	751.06	757.71	764.88

13-15 农作物播种面积和产量
Sown Areas of Farm Crops and Output of Major Farm Products

单位：万公顷、万吨 (10 000 hectares, 10 000 tons)

年份	粮 食 Grain Crops		#谷物 Cereal							
					#稻谷 Rice		#小麦 Wheat		#玉米 Corn	
Year	播种面积 Sown Area	产 量 Yield	播种面积 Sown Area	产 量 Yield	播种面积 Sown Area	产 量 Yield	播种面积 Sown Area	产 量 Yield	播种面积 Sown Area	产 量 Yield
1952	686.3	1170.1			253.1	769.2	79.4	65.3	93.4	91.8
1957	784.9	1531.0			280.6	939.6	104.6	123.5	103.9	157.5
1962	676.7	1054.7			203.1	572.8	114.5	94.7	81.3	95.1
1965	622.5	1489.4			241.0	869.2	93.5	113.1	84.4	150.7
1970	674.8	1756.1			233.7	937.7	107.3	187.6	95.4	196.4
1975	728.9	1976.8			264.8	1035.4	139.8	248.8	104.2	248.6
1978	744.1	2381.8			226.9	1086.4	165.4	368.6	117.1	360.6
1980	746.1	2599.7			225.5	1207.4	182.6	410.2	124.5	457.3
1985	663.6	2875.1			230.8	1463.3	151.6	506.7	107.2	418.7
1990	698.5	3269.2			230.0	1700.8	168.0	570.9	119.9	486.1
1991	704.8	3315.2			229.3	1663.6	171.6	619.2	122.8	487.1
1992	702.9	3371.3			229.8	1720.4	173.4	634.3	121.1	476.2
1993	705.0	3174.8			223.7	1586.8	177.9	569.3	120.0	456.8
1994	701.5	3098.1			218.4	1525.0	176.8	641.9	119.8	399.8
1995	705.5	3395.3	544.1	2887.8	220.3	1657.8	178.0	682.4	120.2	471.6
1996	713.8	3483.1	552.4	2986.2	221.8	1705.7	181.0	656.9	124.7	548.6
1997	721.1	3554.4	557.9	3076.1	219.6	1700.2	182.4	687.3	129.0	605.7
1998	733.8	3626.3	566.4	3096.7	216.8	1685.3	186.5	673.2	136.5	659.4
1999	729.7	3668.4	561.3	3115.7	217.6	1724.4	181.8	620.9	135.9	693.7
2000	685.4	3568.5	520.2	2996.7	212.4	1692.5	160.5	614.3	123.5	616.6
2001	662.7	3056.5	496.4	2530.0	203.7	1452.4	150.3	517.8	120.1	493.1
2002	642.5	3275.2	481.0	2714.3	202.0	1540.0	142.5	526.5	114.5	578.2
2003	608.8	3183.3	452.3	2625.3	193.0	1498.2	128.6	488.3	110.1	572.7
2004	633.3	3326.5	461.0	2709.8	197.1	1525.4	128.3	501.5	115.6	620.4
2005	650.2	3409.2	473.0	2769.5	199.5	1526.9	136.0	543.1	118.5	641.8
2006	644.9	2859.8	475.8	2371.1	204.9	1337.2	123.5	426.7	129.0	551.7
2007	643.5	3032.7	481.3	2541.4	202.4	1411.6	125.7	432.5	136.9	651.2
2008	640.9	3111.0	474.0	2597.7	201.2	1480.1	117.2	398.7	140.2	674.8
2009	621.3	3120.4	470.6	2604.3	199.1	1493.3	111.1	366.2	145.5	701.0
2010	619.5	3182.8	468.1	2633.0	196.7	1484.1	105.1	355.9	152.1	750.7
2011	619.7	3249.5	465.3	2675.6	194.3	1478.1	99.8	346.4	157.4	810.3
2012	625.6	3271.3	462.5	2689.4	193.0	1484.0	93.4	331.5	163.0	833.6
2013	627.0	3336.1	459.6	2754.3	190.5	1483.4	87.9	311.0	168.6	920.1
2014	625.0	3324.6	456.8	2734.7	189.2	1450.5	81.4	298.0	173.9	946.7
2015	628.6	3394.6	456.0	2779.6	187.9	1465.2	74.7	284.5	181.7	992.3
2016	629.1	3469.9	453.8	2822.1	187.4	1467.3	68.4	259.6	186.6	1058.0
2017	629.2	3488.9	450.8	2831.8	187.5	1473.7	65.3	251.6	186.4	1068.0
2018	626.6	3493.7	448.0	2830.9	187.4	1478.6	63.5	247.3	185.6	1066.3
2019	627.9	3498.5	445.9	2825.4	187.0	1469.8	61.1	246.2	184.4	1062.2
2020	631.3	3527.4	444.4	2836.9	186.6	1475.3	59.7	246.7	183.9	1065.0
2021	635.8	3582.1	446.3	2879.4	187.5	1493.4	58.3	245.4	184.9	1084.7

注：2007年至2017年所有农作物的播种面积和产量均依据第三次全国农业普查结果进行了修订(以下有关各表同)。

a) Data of sown area and yield of all crops in 2007 to 2017 were approved according to the results of the third national agricultural census(the same as the following related tables).

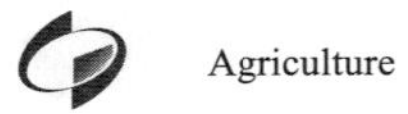

13-15 续表 1 continued

单位：万公顷、万吨 (10 000 hectares, 10 000 tons)

年份 Year					油料 Oil-bearing Crops					
	#豆类 Soybeans		#薯类 Tubers				#花生 Peanut		#油菜籽 Rapeseeds	
	播种面积 Sown Area	产量 Yield	播种面积 Sown Area	产量 Yield	播种面积 Sown Area	产量 Yield	播种面积 Sown Area	产量 Yield	播种面积 Sown Area	产量 Yield
1952	105.9	76.1	108.9	138.8	34.3	25.2	7.6	8.4	25.8	16.5
1957	114.9	96.5	125.3	220.5	40.3	35.1	9.8	11.4	29.5	23.4
1962	90.7	64.1	121.9	217.4	27.5	14.8	7.3	6.2	19.0	8.3
1965	92.7	93.3	102.5	214.1	38.8	35.4	10.2	10.7	27.1	24.3
1970	83.9	107.6	103.9	260.2	32.0	34.5	6.9	9.1	23.9	24.5
1975	70.8	86.9	105.3	289.8	36.2	39.9	7.3	10.8	28.2	28.7
1978	60.0	79.9	134.3	412.1	41.3	52.8	7.4	12.4	30.3	38.1
1980	55.0	77.3	117.1	349.4	47.0	68.4	8.4	11.8	39.5	56.4
1985	39.9	71.0	99.4	325.2	84.2	133.1	13.5	23.6	70.1	109.0
1990	34.3	63.4	113.6	279.6	79.7	133.5	12.6	23.7	66.9	109.5
1991	33.3	63.3	114.4	306.3	83.9	148.7	12.5	24.6	71.0	123.7
1992	37.7	70.8	113.3	388.4	81.9	136.6	12.8	25.1	68.6	111.1
1993	37.3	66.2	117.5	416.6	70.8	112.0	13.9	26.4	56.4	84.9
1994	39.1	69.4	121.7	390.2	75.2	119.6	15.2	20.8	59.8	98.4
1995	38.4	74.0	122.9	433.4	84.6	145.1	15.3	25.9	68.8	118.7
1996	37.9	74.8	123.5	422.1	82.2	133.2	15.2	28.1	66.4	104.6
1997	38.6	77.8	124.6	400.6	79.9	134.2	15.4	28.8	64.0	104.8
1998	38.9	76.9	128.5	452.7	83.6	146.4	16.6	33.3	66.4	112.6
1999	40.2	78.9	128.2	473.8	89.1	151.6	19.3	41.2	69.0	109.5
2000	44.5	98.0	120.7	473.8	102.6	193.0	24.0	54.3	77.7	137.5
2001	47.9	97.1	118.3	429.5	104.9	181.0	25.8	45.8	78.0	133.7
2002	48.1	107.1	113.4	453.8	104.9	201.5	26.4	55.4	77.3	144.8
2003	49.0	111.9	107.5	446.2	108.7	217.1	27.0	59.9	80.6	155.9
2004	50.7	119.2	121.7	497.5	108.9	226.3	26.3	59.8	81.4	165.0
2005	52.0	122.9	125.2	516.8	109.4	232.3	26.4	62.0	81.7	168.7
2006	45.2	91.6	123.9	397.1	107.0	217.3	26.1	47.1	79.7	169.0
2007	45.8	103.4	116.4	388.0	118.2	253.6	26.1	54.5	89.9	195.1
2008	45.4	101.8	121.5	411.5	126.7	276.2	25.9	58.0	98.9	213.9
2009	43.0	99.0	107.7	417.1	132.0	288.5	25.9	58.8	104.4	225.5
2010	43.0	98.0	108.4	451.9	133.7	296.1	26.1	59.9	106.0	232.0
2011	43.8	101.7	110.6	472.3	135.2	306.7	25.8	60.6	107.8	242.0
2012	44.4	103.9	118.6	478.0	136.9	315.9	25.6	60.7	109.8	251.1
2013	45.4	103.5	122.1	478.2	139.0	320.2	25.6	62.2	112.0	253.7
2014	45.8	106.1	122.3	483.8	141.4	332.0	25.7	63.1	114.4	264.8
2015	46.6	107.0	126.0	507.9	143.0	339.6	25.8	64.1	116.0	271.7
2016	49.6	113.0	125.7	534.8	144.0	346.2	26.0	64.8	116.7	277.0
2017	51.8	119.2	126.6	537.9	147.9	357.9	26.1	66.0	120.6	288.0
2018	52.5	121.5	126.1	541.4	149.1	362.5	26.3	67.7	121.8	292.2
2019	56.0	129.9	126.0	543.2	149.5	367.4	26.5	68.4	122.3	296.4
2020	59.9	138.8	126.9	551.7	158.4	392.9	28.3	73.8	129.2	317.2
2021	61.5	143.5	127.9	559.2	165.2	416.6	29.0	76.2	135.4	338.7

13-15 续表 2 continued

单位：万公顷、万吨 (10 000 hectares, 10 000 tons)

年份 Year	棉花 Cotton		甘蔗 Sugarcane		生麻 Bast Fiber		烟叶(未加工) Tobacco		#烤烟 Fluecured Tobacco	
	播种面积 Sown Area	产量 Yield	播种面积 Sown Area	产量 Yield	播种面积 Sown Area	产量 Yield	播种面积 Sown Area	产量 Yield	播种面积 Sown Area	产量 Yield
1952	22.50	4.00	3.00	115.30	0.10	…	4.17	4.25	2.08	2.04
1957	30.70	6.60	3.84	164.40	…	0.10	4.00	4.38	1.97	2.12
1962	21.00	2.60	1.41	28.30	…	…	1.63	1.14	0.38	0.41
1965	26.50	10.60	3.61	133.25	0.20	0.10	3.25	3.45	0.75	1.29
1970	25.70	12.70	3.35	107.61	0.60	0.20	2.13	2.32	0.47	0.48
1975	25.70	12.30	4.50	139.63	0.80	0.80	3.65	3.98	1.07	1.49
1978	25.60	14.40	4.65	154.11	1.90	5.90	5.20	6.94	1.83	2.58
1980	24.60	9.40	3.70	141.77	2.40	10.30	4.19	5.73	1.35	1.81
1985	12.60	11.30	4.62	233.98	6.80	12.40	6.83	10.68	2.90	3.87
1990	12.30	11.50	4.24	218.15	4.20	8.20	8.35	13.26	4.91	4.32
1991	14.60	14.60	4.60	244.96	4.10	8.30	8.04	12.68	5.16	6.08
1992	15.90	15.00	4.11	211.67	3.70	7.70	9.52	15.83	5.19	8.00
1993	13.10	8.20	3.21	167.80	3.70	7.30	9.88	15.33	5.46	7.24
1994	13.00	6.70	3.19	155.55	3.20	4.30	6.31	8.67	3.15	3.57
1995	13.97	11.18	3.25	170.73	4.53	6.57	5.87	7.77	3.11	3.50
1996	15.31	12.29	3.11	164.16	4.38	6.49	6.97	12.93	3.90	7.48
1997	13.92	10.73	3.09	155.66	3.97	5.39	10.02	18.56	6.88	12.33
1998	13.96	10.16	2.96	161.48	3.11	4.28	7.24	10.67	4.62	5.89
1999	9.41	7.59	2.92	161.04	2.71	3.94	7.38	11.86	4.89	6.94
2000	7.01	5.89	3.06	166.68	2.56	4.02	8.22	15.61	5.46	9.37
2001	6.64	2.98	3.06	155.67	2.48	3.94	7.03	12.17	4.23	6.55
2002	3.30	2.36	3.19	171.21	2.99	4.47	7.01	14.09	4.68	8.85
2003	3.12	2.54	3.19	170.53	3.18	5.02	6.66	13.42	4.43	8.23
2004	3.58	3.31	2.88	146.10	3.50	6.09	6.64	14.41	4.59	9.38
2005	2.78	2.47	2.67	132.89	3.70	6.85	7.95	18.17	5.88	13.23
2006	2.45	1.57	2.64	124.61	4.00	6.58	8.88	20.01	6.86	15.39
2007	1.08	0.85	2.08	109.29	2.34	4.06	7.86	16.35	6.95	14.44
2008	0.94	0.80	1.87	98.53	2.28	3.97	9.34	18.84	8.50	17.07
2009	0.83	0.75	1.58	78.60	2.21	3.85	10.43	21.63	9.58	19.52
2010	0.82	0.72	1.56	78.13	2.08	3.75	9.12	20.24	8.17	18.01
2011	0.78	0.71	1.30	62.72	1.98	3.57	10.00	20.90	9.08	18.79
2012	0.71	0.64	1.13	48.77	1.85	3.35	10.48	23.11	9.62	21.28
2013	0.66	0.62	1.06	44.69	1.82	3.29	10.33	22.15	9.63	20.02
2014	0.64	0.60	1.02	43.29	1.76	3.20	8.94	19.97	8.31	17.94
2015	0.49	0.48	0.99	41.79	1.72	3.13	8.78	19.79	8.05	18.03
2016	0.45	0.50	0.91	35.56	1.69	3.05	8.87	19.52	8.34	18.02
2017	0.44	0.40	0.91	34.74	1.68	3.03	8.63	18.05	8.13	16.56
2018	0.40	0.40	0.93	36.18	1.70	3.10	7.65	16.25	6.77	13.97
2019	0.29	0.28	0.96	37.18	1.72	3.17	7.46	16.04	6.52	13.70
2020	0.23	0.22	0.97	37.84	1.81	3.06	7.36	16.15	6.85	14.62
2021	0.21	0.20	0.96	38.61	1.83	3.26	7.26	16.13	6.75	14.68

注：1994年及以前年份“生麻”统计口径为“黄红麻”。
a) Bast fiber includes only jute and ambary hemp before 1995.

13-15 续表 3 continued

单位：万公顷、万吨 (10 000 hectares, 10 000 tons)

年份 Year	蔬菜及食用菌 Vegetables and Edible Fungus		蚕茧产量 Yield of Silkworm Cocoons	茶叶产量 Yield of Tea	水果产量 Total Fruits Yield					水产品产量 Yield of Aquatic Products
	播种面积 Sown Area	产量 Yield				#园林水果 Garden Fruits	#苹果 Apples	#柑橘 Citrus	#梨 Pears	
1952			0.98	0.79	10.30	10.30		0.40		0.81
1957			0.94	1.21	10.80	10.80		3.60		1.11
1962			0.77	0.70	8.60	8.60		1.80		1.10
1965			0.97	0.90	11.70	11.70		3.40		1.56
1970			1.84	1.01	7.90	7.90		2.40		1.66
1975			2.55	1.31	15.20	15.20		4.50		3.01
1978			3.66	1.90	17.80	17.80		5.90		3.06
1980			6.60	1.98	27.50	27.50	4.00	9.90	5.10	3.69
1985			7.39	3.71	57.00	57.00	4.60	37.70	6.30	9.27
1990			10.00	4.00	92.00	92.00	6.10	62.40	9.10	16.83
1991			11.70	4.20	106.50	106.50	6.50	71.90	10.20	18.31
1992			13.50	4.30	109.20	109.20	7.60	73.64	10.60	20.02
1993			15.00	4.40	131.90	131.90	7.80	89.00	11.40	22.40
1994			15.66	4.35	132.94	132.94	8.45	83.50	13.16	25.78
1995			15.16	4.35	155.76	155.76	12.26	93.33	17.26	29.86
1996			9.46	4.39	168.48	168.48	13.47	101.01	18.17	33.26
1997			8.53	4.52	185.13	185.13	16.12	106.89	20.04	37.20
1998	68.34	1888.41	9.28	5.09	273.95	212.92	17.74	117.84	24.97	42.29
1999	71.74	1942.15	8.10	5.29	297.25	234.53	18.68	116.22	27.27	46.57
2000	85.86	2312.56	8.73	5.45	321.63	252.57	20.23	132.75	34.45	51.31
2001	96.90	2440.79	9.22	5.84	361.93	272.90	19.40	149.77	39.48	57.13
2002	103.52	2684.94	9.30	6.28	425.93	306.69	20.69	166.18	46.97	64.84
2003	100.62	2639.60	9.29	7.21	464.93	348.21	22.54	186.16	54.77	76.40
2004	97.06	2623.87	9.74	8.65	494.83	385.45	24.05	198.78	62.03	86.15
2005	99.15	2714.29	9.80	9.79	527.16	415.76	24.29	213.74	68.46	98.25
2006	118.19	2971.23	9.83	11.29	535.32	423.81	24.80	205.78	74.60	81.30
2007	105.16	2863.99	10.68	13.73	580.05	469.18	29.54	229.79	76.89	91.05
2008	105.68	2927.13	10.19	14.22	625.17	513.59	38.62	255.43	78.00	95.20
2009	107.96	3087.00	10.15	15.74	679.12	564.81	40.61	275.23	80.11	100.13
2010	110.52	3206.45	10.33	17.20	707.74	594.08	42.61	289.97	82.44	105.06
2011	114.81	3403.84	10.27	18.97	752.94	637.13	44.45	315.36	85.36	112.15
2012	118.23	3569.18	10.26	21.03	791.42	676.84	47.50	334.53	88.42	116.83
2013	121.09	3705.10	9.99	21.97	822.03	709.84	51.11	340.85	90.36	123.64
2014	124.20	3838.35	9.82	23.47	862.87	747.06	57.53	357.60	90.26	130.00
2015	127.05	3988.38	9.55	24.61	912.14	793.65	60.68	375.82	90.97	135.97
2016	129.57	4118.12	8.95	26.51	960.05	838.67	61.85	397.91	92.84	142.16
2017	132.43	4252.27	9.08	27.78	1007.88	883.23	65.22	415.68	91.72	150.74
2018	136.92	4438.02	9.22	30.07	1080.67	948.39	72.55	432.98	94.75	153.48
2019	141.30	4639.13	9.65	32.54	1136.70	1000.76	76.51	457.73	94.28	157.69
2020	144.40	4813.39	10.00	34.42	1221.30	1083.62	80.75	488.96	95.56	160.41
2021	148.04	5039.09	9.73	37.48	1290.90	1153.37	87.24	522.28	95.96	166.49

注：①1997年及以前年份的水果产量为园林水果产量；②水产品产量数据由四川省水产局提供。

a) Total fruits yield in 1997 and before was known as garden fruits yield; b) Data of aquatic products output were provided by Sichuan Fisheries Bureau.

13-16 各市(州)粮食作物播种面积和产量(2021年)

Sown Areas of Farm Crops and Output of Major Farm Products by Region(2021)

单位：千公顷、万吨 (1 000 hectares, 10 000 tons)

市(州)	Region	粮 食 Grain Crops		谷 物 Cereal		#稻谷 Rice		豆 类 Soybeans		薯 类 Tubers	
		播种面积 Sown Area	产量 Yield	播种面积 Sown Area	产量 Yield	播种面积 Sown Area	产量 Yield	播种面积 Sown Area	产量 Yield	播种面积 Sown Area	产量 Yield
全 省	**Sichuan**	**6357.7**	**3582.1**	**4463.3**	**2879.4**	**1875.0**	**1493.4**	**615.2**	**143.5**	**1279.3**	**559.2**
成都市	Chengdu	381.9	230.6	280.4	194.3	149.0	120.2	42.5	10.0	58.9	26.3
自贡市	Zigong	235.2	143.0	137.8	107.9	81.8	75.4	53.4	14.6	43.9	20.6
攀枝花市	Panzhihua	45.5	26.3	37.3	23.9	8.7	7.3	4.9	1.0	3.4	1.4
泸州市	Luzhou	402.1	235.6	275.8	188.0	134.8	111.4	28.1	6.4	98.2	41.2
德阳市	Deyang	312.7	199.4	261.2	181.0	120.0	101.1	24.7	6.2	26.9	12.2
绵阳市	Mianyang	403.0	235.2	349.8	216.0	118.6	94.3	22.2	5.7	31.0	13.4
广元市	Guangyuan	314.8	161.3	244.7	138.3	65.6	50.8	32.8	6.8	37.3	16.2
遂宁市	Suining	273.4	146.8	204.0	121.1	56.6	45.3	26.0	5.9	43.5	19.8
内江市	Neijiang	312.9	174.6	182.1	125.4	81.6	65.6	51.0	13.6	79.8	35.6
乐山市	Leshan	222.7	125.7	156.7	103.6	84.5	66.1	24.8	4.9	41.2	17.1
南充市	Nanchong	566.4	317.1	419.9	259.6	152.8	121.4	41.2	10.9	105.3	46.5
眉山市	Meishan	198.3	127.5	157.5	114.1	98.8	80.1	20.2	4.5	20.6	9.0
宜宾市	Yibin	431.5	259.8	300.2	208.7	154.8	125.6	35.8	9.5	95.5	41.6
广安市	Guangan	292.1	183.7	208.8	153.8	131.7	106.2	25.8	5.1	57.6	24.8
达州市	Dazhou	564.7	324.2	344.7	242.7	191.6	141.1	55.6	11.7	164.4	69.8
雅安市	Yaan	69.7	36.7	51.8	31.0	16.4	12.1	4.1	0.7	13.8	5.0
巴中市	Bazhong	340.8	195.8	238.5	154.4	96.6	71.6	19.0	4.4	83.3	37.1
资阳市	Ziyang	336.1	168.1	189.0	119.8	70.9	53.0	67.8	14.3	79.4	34.1
阿坝藏族羌族自治州	Aba	49.9	16.4	28.7	9.5			5.5	1.1	15.7	5.7
甘孜藏族自治州	Ganzi	68.6	23.3	52.7	17.5	0.2	0.1	4.7	1.2	11.2	4.7
凉山彝族自治州	Liangshan	535.4	250.8	341.7	168.7	59.9	44.8	25.3	5.0	168.4	77.1

13-17 各市(州)粮食总产量
Total Grain Output by Region

单位：万吨 (10 000 tons)

市(州)	Region	2011	2012	2013	2014	2015	2016	2017	2018	2019	2020	2021
全　省	**Sichuan**	**3249.5**	**3271.3**	**3336.1**	**3324.6**	**3394.6**	**3469.9**	**3488.9**	**3493.7**	**3498.5**	**3527.4**	**3582.1**
成都市	Chengdu	259.0	251.7	247.8	237.1	232.9	230.7	231.9	230.3	225.9	227.9	230.6
自贡市	Zigong	120.9	123.4	126.9	127.6	132.0	136.4	137.8	138.3	138.7	140.8	143.0
攀枝花市	Panzhihua	20.8	21.1	22.3	22.6	23.8	25.4	25.4	25.4	25.7	25.9	26.3
泸州市	Luzhou	213.9	216.9	221.9	222.2	224.6	229.4	229.2	229.7	229.1	231.6	235.6
德阳市	Deyang	184.2	185.7	188.2	187.4	189.6	193.9	195.2	194.9	195.3	196.4	199.4
绵阳市	Mianyang	216.4	217.0	221.1	221.7	225.7	229.0	230.6	229.7	230.5	231.1	235.2
广元市	Guangyuan	137.5	139.9	146.1	148.6	153.7	156.9	157.1	156.4	157.7	159.4	161.3
遂宁市	Suining	143.1	141.8	142.4	140.4	140.9	141.0	142.0	142.3	142.4	144.3	146.8
内江市	Neijiang	149.6	150.7	155.4	155.8	162.2	168.7	170.4	170.8	170.7	172.2	174.6
乐山市	Leshan	110.5	112.2	114.8	114.3	116.9	120.4	121.6	122.1	122.2	123.5	125.7
南充市	Nanchong	296.3	297.7	300.9	298.6	302.3	304.6	306.4	307.1	307.8	311.6	317.1
眉山市	Meishan	129.6	127.3	126.9	122.9	122.8	122.3	123.4	123.8	125.0	125.9	127.5
宜宾市	Yibin	205.7	211.2	220.9	227.5	239.7	252.2	252.8	253.3	253.0	255.3	259.8
广安市	Guangan	164.5	166.0	170.0	169.2	173.4	178.2	179.3	179.9	180.0	181.1	183.7
达州市	Dazhou	291.8	295.9	304.4	302.5	310.7	316.1	316.6	317.1	317.8	319.4	324.2
雅安市	Yaan	36.1	35.4	35.4	34.6	34.5	35.5	35.8	35.8	35.9	36.2	36.7
巴中市	Bazhong	173.8	176.5	180.5	179.8	184.2	188.1	189.4	190.5	191.0	192.8	195.8
资阳市	Ziyang	160.3	159.8	161.9	160.3	163.2	164.7	165.4	166.1	166.1	166.1	168.1
阿坝藏族羌族自治州	Aba	14.2	14.1	14.3	14.4	14.6	15.3	15.5	15.5	15.8	16.0	16.4
甘孜藏族自治州	Ganzi	21.4	21.6	21.8	21.6	22.1	22.4	22.5	22.6	22.7	23.1	23.3
凉山彝族自治州	Liangshan	199.9	205.4	212.1	215.7	224.7	238.5	240.6	242.0	245.2	247.0	250.8

13-18 各市(州)经济作物播种面积和产量(2021年)
Sown Areas and Output of Economic Crops by Region(2021)

单位：公顷、吨 (hectare, ton)

市(州)	Region	棉花 Cotton		油料 Oil bearing Crops		#花生 Peanut		#油菜籽 Rapeseeds		生麻 Bast Fiber	
		播种面积 Sown Area	产量 Yield	播种面积 Sown Area	产量 Yield	播种面积 Sown Area	产量 Yield	播种面积 Sown Area	产量 Yield	播种面积 Sown Area	产量 Yield
全 省	**Sichuan**	**2111**	**2027**	**1651968**	**4166019**	**290187**	**762466**	**1354064**	**3386631**	**18306**	**32636**
成都市	Chengdu	1		134431	346912	14226	42092	120148	304679		
自贡市	Zigong			77580	178695	14552	37684	62781	140514		
攀枝花市	Panzhihua			2582	3980	754	1195	1822	2768		
泸州市	Luzhou			55938	121183	6035	12348	47758	106875		
德阳市	Deyang	70	52	93708	280778	14337	45409	79246	235309		
绵阳市	Mianyang	11	12	174871	496457	24637	84885	150142	411338		
广元市	Guangyuan			109909	283667	15706	60559	94099	219700	1	1
遂宁市	Suining	2030	1963	80732	226763	16248	42494	64229	183863		
内江市	Neijiang			82175	185152	20469	43496	61706	141656	47	53
乐山市	Leshan			58570	103763	5286	11296	53284	92467		
南充市	Nanchong			181286	499217	55193	131350	125408	367038	30	112
眉山市	Meishan			58821	130279	3598	9422	55155	119723	1	3
宜宾市	Yibin			90131	195418	25911	67922	63377	125824	49	86
广安市	Guangan			55472	126229	11201	28052	43994	96993	34	87
达州市	Dazhou			159343	419062	31346	70254	126561	345292	18114	32271
雅安市	Yaan			7816	14954	247	733	7562	14207		
巴中市	Bazhong			101022	216711	9841	22302	90630	193739	6	5
资阳市	Ziyang			100266	279638	18407	46173	81859	233465		
阿坝藏族羌族自治州	Aba			3863	5552			3863	5550		
甘孜藏族自治州	Ganzi			7699	18178	90	167	7602	17998		
凉山彝族自治州	Liangshan			15754	33431	2104	4633	12839	27633	24	18

13-18 续表 1 continued

单位：公顷、吨 (hectare, ton)

市(州)	Region	糖 料 Sugar Crops		#甘蔗 Sugarcane		烟叶(未加工烟草) Tobacco (unmanufactured)		中草药材 Medicinal Herbs	蔬菜及食用菌 Vegetables and Edible Fungus	
		播种面积 Sown Area	产量 Yield	播种面积 Sown Area	产量 Yield	播种面积 Sown Area	产量 Yield	播种面积 Sown Area	播种面积 Sown Area	产量 Yield
全 省	**Sichuan**	**9650**	**386539**	**9640**	**386139**	**72587**	**161318**	**149807**	**1480366**	**50390871**
成都市	Chengdu	199	8975	199	8975	96	344	14816	177553	6306300
自贡市	Zigong	1042	33242	1042	33242			1070	66137	2543936
攀枝花市	Panzhihua	216	26113	216	26113	4918	10663	518	17712	996380
泸州市	Luzhou	1310	76125	1310	76125	4569	6612	4931	78314	2949401
德阳市	Deyang	135	6266	135	6266	999	4335	9815	67448	2545572
绵阳市	Mianyang	124	4262	124	4262			13127	73935	2139950
广元市	Guangyuan	78	1045	76	932	2133	3924	12491	76485	3007301
遂宁市	Suining	154	6042	145	5756			2152	37040	1243294
内江市	Neijiang	591	22232	591	22232	1	3	1988	83484	3571442
乐山市	Leshan	491	17346	491	17346	711	1221	13000	56525	1459687
南充市	Nanchong	947	25276	947	25276	67	289	11228	164716	4201745
眉山市	Meishan	322	12814	322	12814	68	144	2190	48755	1362898
宜宾市	Yibin	938	27666	938	27665	5433	11774	4871	86974	3158069
广安市	Guangan	239	6751	239	6751	15	40	1929	69514	2722802
达州市	Dazhou	920	23462	920	23462	1121	3021	10018	93393	3178235
雅安市	Yaan	1	13	1	13			8050	31971	771991
巴中市	Bazhong	818	19956	818	19956	154	430	21870	69010	1731837
资阳市	Ziyang	493	16672	493	16672	34	59	1190	61999	1726109
阿坝藏族羌族自治州	Aba							3745	19219	733671
甘孜藏族自治州	Ganzi							3211	14777	443679
凉山彝族自治州	Liangshan	632	52281	632	52281	52267	118459	7597	85404	3596572

13-18 续表 2 continued

单位：吨 (ton)

市(州)	Region	蚕茧产量 Yield of Silkworm Cocoons	茶叶产量 Yield of Tea	水果产量 Yield of Fruits	#园林水果 Yield of Garden Fruits	苹果 Apples	柑橘 Citrus	梨 Pears	其他 Other Fruits	水产品产量 Yield of Aquatic Products
全 省	**Sichuan**	**97281**	**374804**	**12908958**	**11533651**	**872386**	**5222768**	**959568**	**4478929**	**1664890**
成都市	Chengdu	51	23085	1731998	1540119	2824	771759	75735	689801	148031
自贡市	Zigong	2491	15551	462075	407521		355182	15965	36374	88588
攀枝花市	Panzhihua	3469	99	563330	529263	27	4069	24876	500291	12798
泸州市	Luzhou	1100	19567	293517	272048	954	122915	11377	136802	101200
德阳市	Deyang	2542	381	267279	170008	1848	65279	42068	60813	68721
绵阳市	Mianyang	9059	3452	412827	276687	1478	91933	33737	149539	125199
广元市	Guangyuan	717	15753	435060	417757	14209	41515	156694	205339	59029
遂宁市	Suining	490	111	140757	102893	794	57740	15654	28705	54717
内江市	Neijiang	2517	2984	516676	476006	60	388062	25793	62091	131465
乐山市	Leshan	393	50926	233252	215016	11	131852	7578	75575	129076
南充市	Nanchong	12507	915	764987	632232	672	516393	46336	68831	123602
眉山市	Meishan	183	24595	1296739	1260948	19	925107	68976	266846	139736
宜宾市	Yibin	28799	90440	839674	758075	8	406358	94101	257608	117995
广安市	Guangan	1653	581	303161	200978	68	163129	14867	22914	71113
达州市	Dazhou	357	12863	548150	415572	3556	272883	26666	112467	110856
雅安市	Yaan	5	99800	585953	577189	134881	97604	139892	204812	11415
巴中市	Bazhong	271	12790	137301	104024	3010	43105	14373	43536	72450
资阳市	Ziyang	4560	5	891863	754265	15	717960	9758	26532	76612
阿坝藏族羌族自治州	Aba		11	300982	300918	68161		15814	216943	43
甘孜藏族自治州	Ganzi		78	20686	19675	10814	1035	2005	5821	
凉山彝族自治州	Liangshan	26119	817	2162691	2102457	628977	48888	117303	1307289	22244

13-19 各市(州)油料产量
Output of Oil-bearing Crops by Region

单位：万吨 (10 000 tons)

市(州)	Region	2011	2012	2013	2014	2015	2016	2017	2018	2019	2020	2021
全 省	**Sichuan**	**306.7**	**315.9**	**320.2**	**332.0**	**339.6**	**346.2**	**357.9**	**362.5**	**367.4**	**392.9**	**416.6**
成都市	Chengdu	33.8	34.3	34.2	35.3	35.1	35.5	36.9	37.3	35.4	34.6	34.7
自贡市	Zigong	10.2	10.7	10.9	11.9	12.6	13.4	15.0	15.4	15.9	16.8	17.9
攀枝花市	Panzhihua	0.4	0.4	0.4	0.4	0.4	0.4	0.4	0.4	0.4	0.4	0.4
泸州市	Luzhou	6.4	6.6	6.7	7.1	7.4	7.7	10.2	10.1	10.1	11.6	12.1
德阳市	Deyang	22.6	23.4	24.2	24.5	24.7	24.7	24.7	24.8	24.6	26.1	28.1
绵阳市	Mianyang	38.5	39.3	39.6	40.9	42.2	42.5	43.0	43.6	44.5	46.8	49.6
广元市	Guangyuan	21.5	22.2	22.6	23.3	24.1	24.5	25.0	25.4	26.0	27.2	28.4
遂宁市	Suining	17.3	18.0	18.0	18.8	19.2	19.4	19.5	19.6	20.1	21.3	22.7
内江市	Neijiang	12.9	13.5	13.8	14.5	14.9	15.5	16.9	17.0	17.3	17.8	18.5
乐山市	Leshan	6.9	7.3	7.1	7.8	8.0	8.2	8.2	8.2	8.2	9.5	10.4
南充市	Nanchong	35.1	35.8	36.4	37.5	38.0	38.6	39.3	40.0	41.0	46.4	49.9
眉山市	Meishan	10.6	10.6	10.7	11.1	11.6	12.0	12.1	12.4	12.7	12.5	13.0
宜宾市	Yibin	10.9	12.0	12.5	13.3	14.0	14.8	15.4	15.6	15.6	17.7	19.5
广安市	Guangan	9.4	9.6	9.7	9.9	10.1	10.3	10.4	10.6	10.9	11.7	12.6
达州市	Dazhou	30.4	31.0	31.5	32.3	32.9	33.8	34.5	35.1	35.7	38.9	41.9
雅安市	Yaan	1.5	1.6	1.5	1.6	1.5	1.5	1.5	1.5	1.5	1.5	1.5
巴中市	Bazhong	14.2	14.5	14.7	14.9	15.4	15.8	16.1	16.4	16.8	20.0	21.7
资阳市	Ziyang	19.7	20.4	21.0	22.3	22.9	23.6	24.5	24.2	25.1	26.5	28.0
阿坝藏族羌族自治州	Aba	0.3	0.3	0.3	0.3	0.3	0.4	0.4	0.5	0.5	0.5	0.6
甘孜藏族自治州	Ganzi	0.6	0.6	0.7	0.7	0.7	0.8	0.9	1.3	1.7	1.8	1.8
凉山彝族自治州	Liangshan	3.7	3.7	3.8	3.6	3.7	2.9	3.1	3.2	3.3	3.3	3.3

13-20 牲畜饲养情况
Number of Livestock

单位：万头、万只 (10 000 heads)

年份 Year	肉猪出栏头数 Slaughtered Fattened Hogs	猪年末头数 Hogs (year-end)	肉牛出栏头数 Slaughtered Beef Cattle	大牲畜年末头数 Large Livestock (year-end)			肉羊出栏只数 Slaughtered Sheep	羊年末只数 Sheep and Goats (year-end)	家禽出栏只数 Slaughtered Poultry	家禽年末只数 Poultry (year-end)
					#牛 Cattle and Buffaloes	#马 Horses				
1952	393.00	943.00		500.00	474.00	23.00		262.00		
1957	733.00	1754.00		556.00	527.00	25.00		438.00		
1962	276.00	982.00		508.00	488.00	17.00		482.00		
1965	1130.00	1804.00		615.00	591.00	20.00		578.00		
1970	1195.00	2244.00		726.00	698.00	23.00		682.00		
1975	1314.00	2988.00		769.00	737.00	27.00		800.00		
1978	1614.00	3243.00		781.00	745.00	30.00		861.00		
1980	2264.00	3823.00	48.70	809.00	773.00	32.00	372.00	923.00		
1985	3223.00	4370.00	45.10	855.00	808.00	41.00	283.90	786.00		
1990	4507.00	4842.00	70.20	936.00	876.00	51.00	247.80	833.00		
1991	4699.00	4887.00	81.59	953.00	888.00	53.00	322.85	836.00		
1992	4887.00	4933.00	93.30	947.00	883.00	54.00	343.50	828.00		
1993	5010.00	4948.00	113.10	999.00	905.00	57.00	382.30	852.00	34212.50	
1994	5363.00	5107.00	139.40	1000.00	931.00	58.00	463.15	913.00	39552.35	
1995	5844.00	5284.00	143.15	1035.00	963.00	60.00	424.74	1000.00	46318.62	
1996	6068.00	5277.00	159.05	1049.00	976.00	61.00	552.39	1095.00	43202.82	
1997	6234.00	5280.00	179.34	1073.00	996.00	64.00	687.07	1178.00	49744.21	
1998	6402.00	5271.00	194.88	1092.00	1012.00	67.00	843.72	1282.00	55430.69	
1999	6439.00	5204.00	194.86	1113.00	1030.00	69.00	1012.42	1383.00	63782.96	28891.80
2000	6594.37	5229.23	220.92	1132.90	1046.66	71.29	1249.43	1516.93	72291.88	32724.80
2001	6778.21	5222.78	244.99	1151.99	1062.27	74.59	1459.61	1633.31	79915.99	34113.57
2002	7090.89	5339.69	276.01	1176.87	1082.81	78.09	1704.59	1745.54	89018.51	37987.85
2003	7490.28	5484.17	310.05	1208.73	1110.88	81.47	1984.24	1898.97	97886.23	41537.17
2004	8103.34	5717.31	337.87	1234.09	1131.51	84.79	2314.33	2040.89	107208.79	44949.57
2005	8817.32	5970.69	366.80	1253.75	1146.92	88.45	2546.22	2140.25	119283.77	47810.85
2006	6905.58	5100.24	248.91	1096.15	985.67	91.10	1477.57	1629.32	47508.00	41309.25
2007	6014.61	5127.39	246.98	1098.40	981.31	95.18	1543.02	1659.05	51370.10	43215.29
2008	6429.19	5143.91	249.42	1044.86	930.06	94.07	1558.69	1617.71	53933.92	39804.47
2009	6914.93	4906.95	240.98	1050.93	933.46	96.45	1576.80	1572.10	54565.33	39897.82
2010	7174.95	4917.49	242.47	1054.06	934.70	97.54	1609.48	1467.39	56423.74	39745.36
2011	7000.41	4705.02	235.32	1051.34	935.37	94.58	1550.84	1424.63	57942.73	37714.54
2012	7170.70	4718.45	238.25	965.31	857.24	87.19	1562.70	1390.85	61999.60	36245.82
2013	7314.10	4507.69	242.04	958.80	858.67	80.38	1583.60	1362.79	63774.70	36052.58
2014	7445.00	4510.22	251.61	966.88	869.88	77.29	1632.70	1369.74	64667.60	37353.45
2015	7236.54	4288.39	263.34	953.72	857.80	76.22	1698.00	1352.31	66154.91	39869.79
2016	6907.82	4078.80	268.58	922.38	831.18	74.75	1739.19	1296.03	68489.75	38754.07
2017	6579.10	4376.64	267.26	947.18	853.19	75.46	1780.38	1599.26	65259.81	36619.20
2018	6638.34	4258.47	276.19	925.15	824.30	74.31	1740.89	1462.90	66070.96	38440.70
2019	4852.61	2870.70	291.66	944.52	851.65	75.59	1780.20	1504.08	78756.59	43949.43
2020	5614.36	3875.44	296.44	969.50	880.27	73.39	1792.10	1524.78	77444.49	43406.23
2021	6314.88	4255.14	293.14	917.56	830.51	70.60	1766.16	1511.69	77467.32	45682.62

注：2007年至2017年牲畜饲养及畜禽产品产量数据根据第三次全国农业普查结果进行了修订(以下有关各表同)。

a) Data of livestock raising and livestock production in 2007 to 2017 were revised according to the results of the Third National Agricultural Census (the same as the following related tables).

13-21 各市(州)牲畜饲养情况(2021年)
Number of Livestock by Region(2021)

单位：万头、万只 (10 000 heads)

市(州)	Region	肉猪出栏头数 Slaughtered Fattened Hogs	猪年末头数 Hogs (year-end)	肉牛出栏头数 Slaughtered Beef Cattle	大牲畜年末头数 Large Animals (year-end)	#牛 Cattle and Buffaloes	#马 Horses	肉羊出栏只数 Slaughtered Sheep	羊年末只数 Sheep and Goats (year-end)	家禽出栏只数 Slaughtered Poultry	家禽年末只数 Poultry (year-end)
全 省	**Sichuan**	**6314.88**	**4255.14**	**293.14**	**917.56**	**830.51**	**70.60**	**1766.16**	**1511.69**	**77467.32**	**45682.62**
成都市	Chengdu	416.88	278.80	3.85	6.61	6.59	0.01	74.63	37.72	7319.23	3218.18
自贡市	Zigong	181.38	116.29	2.78	5.75	5.75	0.01	97.86	52.32	3418.72	1896.76
攀枝花市	Panzhihua	58.88	42.06	3.62	9.26	8.66	0.26	50.25	44.63	456.24	360.76
泸州市	Luzhou	399.89	266.75	7.64	18.58	18.17	0.24	53.83	39.37	4073.78	2956.23
德阳市	Deyang	270.42	163.36	6.71	12.62	12.62		22.75	19.58	6963.20	3160.52
绵阳市	Mianyang	361.98	253.36	11.98	26.56	26.12	0.43	93.39	68.29	7324.38	3795.72
广元市	Guangyuan	369.59	255.73	9.52	24.84	24.81	0.03	67.55	47.98	3764.15	2792.19
遂宁市	Suining	359.44	225.29	3.67	8.03	8.03		38.71	27.04	2612.93	1787.33
内江市	Neijiang	250.63	153.24	2.22	4.67	4.63	0.03	60.17	45.81	3384.78	2027.70
乐山市	Leshan	263.32	174.81	3.39	6.32	6.14	0.17	34.14	24.20	4413.53	2517.83
南充市	Nanchong	591.35	414.72	13.08	30.67	30.29	0.36	198.96	149.35	7375.06	4927.02
眉山市	Meishan	211.77	149.97	2.50	5.62	5.62		42.64	33.20	3802.45	1851.09
宜宾市	Yibin	501.46	337.80	14.67	31.50	31.06	0.44	45.43	33.03	4865.57	3048.88
广安市	Guangan	364.10	245.07	2.63	7.96	7.94	0.02	24.76	16.48	3523.41	2316.16
达州市	Dazhou	434.05	283.22	34.06	60.77	60.24	0.36	126.55	94.62	7631.56	3921.25
雅安市	Yaan	131.28	96.98	5.54	11.91	11.00	0.85	22.81	17.33	729.97	776.62
巴中市	Bazhong	333.27	217.28	18.07	40.08	40.07	0.01	75.39	73.68	1197.48	888.74
资阳市	Ziyang	274.87	185.51	1.93	3.94	3.80	0.14	130.26	65.03	2434.57	1739.50
阿坝藏族羌族自治州	Aba	38.67	39.11	54.92	219.13	209.17	9.78	43.74	79.73	67.03	49.02
甘孜藏族自治州	Ganzi	22.09	20.00	51.48	235.33	201.55	31.14	34.68	50.59	23.69	27.14
凉山彝族自治州	Liangshan	479.56	335.79	38.89	147.41	108.27	26.33	427.65	491.74	2085.58	1623.99

13-22 各市(州)猪年末头数
Number of Hogs by Region at Year-end

单位：万头 (10 000 heads)

市(州)	Region	2011	2012	2013	2014	2015	2016	2017	2018	2019	2020	2021
全 省	**Sichuan**	**4705.02**	**4718.45**	**4507.69**	**4510.22**	**4288.39**	**4078.80**	**4376.64**	**4258.47**	**2870.70**	**3875.44**	**4255.14**
成都市	Chengdu	524.41	536.39	488.81	482.23	442.37	377.67	402.32	367.62	158.25	260.00	278.80
自贡市	Zigong	138.31	142.74	139.17	136.01	121.95	101.67	108.11	105.66	74.24	109.54	116.29
攀枝花市	Panzhihua	41.44	44.36	41.30	41.97	41.31	40.64	41.48	41.12	29.99	38.59	42.06
泸州市	Luzhou	250.40	249.34	243.31	250.21	240.98	234.21	261.39	248.98	203.02	245.59	266.75
德阳市	Deyang	206.87	205.30	214.90	214.52	192.97	177.05	194.11	187.80	97.35	153.20	163.36
绵阳市	Mianyang	236.50	238.21	243.00	240.43	222.51	218.63	232.68	231.71	175.57	227.09	253.36
广元市	Guangyuan	222.58	223.49	230.64	229.09	222.01	219.56	241.62	238.54	189.27	235.09	255.73
遂宁市	Suining	224.19	222.79	230.85	237.21	224.88	209.19	239.39	228.68	145.48	209.34	225.29
内江市	Neijiang	220.32	213.60	187.11	188.21	171.45	149.88	160.94	157.63	88.74	143.19	153.24
乐山市	Leshan	202.91	204.75	220.63	204.79	202.73	184.84	197.91	192.92	92.49	152.89	174.81
南充市	Nanchong	405.04	399.88	369.35	375.20	355.00	365.17	386.66	380.14	285.34	380.33	414.72
眉山市	Meishan	198.80	196.18	176.09	179.74	173.22	154.94	165.23	161.32	94.92	139.12	149.97
宜宾市	Yibin	309.51	307.27	291.12	311.47	302.16	280.42	315.92	321.78	265.36	318.39	337.80
广安市	Guangan	297.99	295.81	269.12	266.61	254.98	221.40	242.20	235.50	171.77	208.57	245.07
达州市	Dazhou	342.49	339.76	292.29	287.13	278.66	276.75	286.05	281.29	196.16	255.02	283.22
雅安市	Yaan	82.98	82.63	80.36	87.23	86.03	83.92	87.15	83.91	60.61	78.19	96.98
巴中市	Bazhong	217.27	222.43	218.38	210.53	202.81	217.68	227.12	218.86	148.37	205.79	217.28
资阳市	Ziyang	197.76	205.89	201.97	196.90	192.17	180.74	200.30	193.89	106.05	160.00	185.51
阿坝藏族羌族自治州	Aba	22.27	25.45	26.06	27.50	27.42	27.04	26.88	27.48	26.54	35.59	39.11
甘孜藏族自治州	Ganzi	14.64	16.52	16.70	16.91	16.86	17.46	17.45	17.87	17.08	18.79	20.00
凉山彝族自治州	Liangshan	347.34	345.65	326.52	326.32	315.90	339.95	341.71	336.53	244.19	301.09	335.79

13−23 各市(州)大牲畜年末头数
Number of Large Livestock by Region at Year-end

单位：万头 (10 000 heads)

市(州)	Region	2011	2012	2013	2014	2015	2016	2017	2018	2019	2020	2021
全　省	**Sichuan**	**1051.34**	**965.31**	**958.80**	**966.88**	**953.72**	**922.38**	**947.18**	**925.15**	**944.52**	**969.50**	**917.56**
成都市	Chengdu	11.59	10.87	11.23	11.65	11.68	7.98	7.87	7.33	7.18	7.53	6.61
自贡市	Zigong	5.60	5.43	5.95	6.40	5.80	3.85	4.75	4.66	4.83	5.74	5.75
攀枝花市	Panzhihua	10.47	10.00	9.64	9.60	9.67	9.41	10.23	9.22	9.48	9.53	9.26
泸州市	Luzhou	27.11	25.88	24.71	22.79	19.36	17.16	18.59	18.82	19.10	19.92	18.58
德阳市	Deyang	14.84	13.36	14.15	13.92	13.72	10.72	11.31	11.09	11.40	12.21	12.62
绵阳市	Mianyang	37.77	30.73	28.11	29.04	22.99	21.22	23.48	23.10	23.70	24.61	26.56
广元市	Guangyuan	23.07	20.67	20.36	20.04	20.06	20.07	20.44	20.51	21.97	25.13	24.84
遂宁市	Suining	8.89	8.47	8.41	7.92	7.07	6.30	6.43	6.47	6.90	7.18	8.03
内江市	Neijiang	6.18	5.53	5.02	5.10	3.65	2.94	3.20	3.26	3.44	4.70	4.67
乐山市	Leshan	9.63	8.84	8.79	7.98	6.55	5.63	6.05	6.19	6.01	6.61	6.32
南充市	Nanchong	32.09	29.80	28.29	29.18	26.12	25.10	25.42	25.71	26.49	30.46	30.67
眉山市	Meishan	10.70	9.23	8.06	7.50	5.63	4.50	4.77	4.80	4.89	5.45	5.62
宜宾市	Yibin	24.29	23.01	23.87	23.95	22.81	22.02	24.72	24.89	27.70	32.86	31.50
广安市	Guangan	12.12	9.52	8.23	8.01	5.61	4.75	4.92	4.85	5.05	7.03	7.96
达州市	Dazhou	66.98	62.01	61.68	62.26	58.25	53.73	55.73	56.34	58.29	59.66	60.77
雅安市	Yaan	14.63	13.67	14.07	14.05	13.98	13.03	13.66	13.55	13.73	13.15	11.91
巴中市	Bazhong	43.31	37.48	37.85	40.43	37.73	36.87	35.98	36.96	38.35	38.02	40.08
资阳市	Ziyang	5.03	4.71	4.19	3.81	3.45	3.16	3.34	3.45	3.54	3.73	3.94
阿坝藏族羌族自治州	Aba	221.80	216.19	226.73	234.42	236.15	244.24	248.22	226.36	239.03	242.14	219.13
甘孜藏族自治州	Ganzi	300.40	263.31	252.96	254.31	258.23	259.61	263.35	253.92	256.26	258.26	235.33
凉山彝族自治州	Liangshan	164.83	156.60	156.48	154.51	155.22	150.10	154.72	154.80	157.31	155.59	147.41

13-24 畜产品产量
Output of Livestock Products

年份 Year	肉类总产量 (万吨) Output of Meat (10 000 tons)	#猪肉 Pork	#牛肉 Beef	#羊肉 Mutton	#禽肉 Poultry	#兔肉 Rabbit	禽蛋产量 (万吨) Output of Poultry Eggs (10 000 tons)	奶类产量 (万吨) Output of Milk (10 000 tons)	蜂蜜产量 (吨) Output of Honey (ton)	绵羊毛产量 (吨) Output of Sheep Wool (ton)
1952	17.10	15.60								
1957	35.20	33.40								
1962	8.00	6.90								
1965	52.20	49.80								
1970	52.80	51.50								
1975	59.60	57.30								
1978	78.00	76.00						5.77		
1980	125.40	119.80	3.56	3.69				11.00		2602
1985	208.40	202.50	4.09	3.15				19.00	11584	2392
1990	301.00	292.30	6.86	3.74			35.00	22.00	14763	2729
1991	319.00	300.10	8.35	3.92			38.00	23.00	16044	2779
1992	333.00	321.90	9.50	4.30			43.00	23.00	15514	2866
1993	347.00	333.40	11.60	5.20			48.00	23.00	14702	3021
1994	373.00	355.60	14.87	6.33	64.55		54.00	23.00	15535	3008
1995	472.96	391.87	15.51	6.29	67.90		60.00	24.00	17922	3265
1996	501.64	408.71	17.07	8.09	63.35		67.00	24.00	18541	3269
1997	531.57	424.39	19.30	10.04	72.75		74.00	26.00	19403	3434
1998	568.11	447.10	21.33	12.74	81.35		80.00	27.00	21414	3760
1999	605.40	464.03	22.87	15.74	95.92		89.00	27.00	22829	3963
2000	641.25	478.59	25.27	19.19	109.68		99.70	28.92	22681	4108
2001	680.41	495.42	28.37	22.85	121.95	10.09	108.76	33.34	26567	4288
2002	735.84	522.19	33.01	27.88	139.02	11.98	121.11	39.32	29396	4800
2003	795.26	554.39	37.32	32.59	154.57	14.30	133.61	45.84	32944	5059
2004	870.62	601.37	41.55	38.53	170.44	16.77	145.21	53.00	32613	5375
2005	955.87	657.07	45.19	42.74	189.77	19.13	157.17	59.03	34704	5801
2006	622.67	481.42	28.34	21.36	68.07	21.39	140.69	62.71	38863	6047
2007	565.47	407.70	27.58	23.88	78.82	25.26	145.20	65.60	42753	6513
2008	587.53	434.46	27.69	24.06	80.76	18.92	142.96	68.93	43354	6548
2009	627.36	472.38	27.82	24.31	81.49	19.81	143.97	68.88	47370	6824
2010	651.53	492.25	27.94	24.80	84.11	20.74	144.81	71.25	46037	6892
2011	644.99	484.73	27.11	23.90	86.73	20.83	145.02	72.36	49890	6940
2012	663.16	496.40	27.24	24.00	93.00	20.81	146.40	72.12	52683	7098
2013	682.31	510.80	28.44	24.50	95.60	21.22	145.20	71.09	51107	5854
2014	704.10	527.20	30.15	25.30	97.40	22.30	145.30	71.30	53933	5939
2015	694.33	512.42	31.53	26.32	99.69	22.61	146.65	67.49	55862	6038
2016	680.36	492.32	32.44	26.78	103.10	23.98	149.68	62.77	55815	6046
2017	653.82	472.23	33.31	27.24	99.05	20.23	144.50	63.79	57668	5840
2018	664.74	481.20	34.47	26.31	100.59	20.43	148.80	64.27	54287	5475
2019	559.53	353.45	36.43	27.08	119.70	21.15	161.70	66.77	55253	5519
2020	597.94	394.79	37.02	27.27	115.92	21.22	167.93	68.09	62658	4644
2021	664.01	460.49	36.86	27.08	115.98	21.99	169.24	68.31	62663	4505

13-25 各市(州)畜产品产量(2021年)
Output of Livestock Products by Region(2021)

市(州)	Region	肉类总产量(万吨) Output of Meat (10 000 tons)	#猪肉 Pork	#牛肉 Beef	#羊肉 Mutton	#禽肉 Poultry	#兔肉 Rabbit
全　省	**Sichuan**	**664.01**	**460.49**	**36.86**	**27.08**	**115.98**	**21.99**
成都市	Chengdu	45.19	30.16	0.49	1.11	11.35	1.95
自贡市	Zigong	24.70	12.87	0.37	1.44	5.14	4.73
攀枝花市	Panzhihua	6.22	4.24	0.46	0.77	0.72	0.02
泸州市	Luzhou	38.68	29.62	0.95	0.83	5.91	1.34
德阳市	Deyang	34.43	19.65	0.87	0.36	11.27	2.25
绵阳市	Mianyang	41.40	26.13	1.52	1.40	11.12	1.19
广元市	Guangyuan	35.43	27.08	1.24	1.04	5.32	0.74
遂宁市	Suining	32.19	26.10	0.45	0.56	4.29	0.75
内江市	Neijiang	25.50	18.14	0.28	0.85	4.86	1.36
乐山市	Leshan	27.87	19.16	0.45	0.55	6.65	1.06
南充市	Nanchong	60.95	43.56	1.64	3.12	10.16	2.05
眉山市	Meishan	22.85	15.63	0.32	0.62	5.60	0.52
宜宾市	Yibin	48.29	37.05	1.89	0.66	7.15	1.53
广安市	Guangan	33.04	26.63	0.35	0.37	4.90	0.73
达州市	Dazhou	50.03	31.63	4.38	1.98	11.50	0.46
雅安市	Yaan	12.16	9.57	0.69	0.33	1.35	0.21
巴中市	Bazhong	29.85	24.33	2.18	1.06	1.77	0.49
资阳市	Ziyang	26.47	20.12	0.26	1.89	3.64	0.46
阿坝藏族羌族自治州	Aba	10.68	2.88	6.92	0.74	0.11	0.01
甘孜藏族自治州	Ganzi	8.69	1.58	6.48	0.59	0.03	
凉山彝族自治州	Liangshan	49.42	34.37	4.68	6.82	3.13	0.13

13-25 续表 continued

市(州)	Region	奶 类 (万吨) Milk (10 000 tons)	出栏家禽 (万只) Slaughtered Poultry (10 000 heads)	出栏肉兔 (万只) Slaughtered Rabbit (10 000 heads)	禽 蛋 (吨) Poultry Eggs (ton)	蜂 蜜 (吨) Honey (ton)	蚕 茧 (吨) Silkworm Cocoons (ton)
全 省	**Sichuan**	**68.31**	**77467.32**	**16971.51**	**1692374**	**62663**	**97281**
成都市	Chengdu	7.91	7319.23	1255.82	179963	7726	51
自贡市	Zigong	1.74	3418.72	4162.67	64820	1033	2491
攀枝花市	Panzhihua	0.03	456.24	11.95	11053	119	3469
泸州市	Luzhou	0.12	4073.78	1058.08	48912	3149	1100
德阳市	Deyang	1.15	6963.20	1685.71	126111	5598	2542
绵阳市	Mianyang	1.40	7324.38	845.75	159088	6610	9059
广元市	Guangyuan		3764.15	513.08	53796	1611	717
遂宁市	Suining	0.05	2612.93	621.95	93919	2259	490
内江市	Neijiang	0.90	3384.78	1141.77	51129	969	2517
乐山市	Leshan	0.06	4413.53	764.97	152914	708	393
南充市	Nanchong	2.79	7375.06	1527.18	239351	1560	12507
眉山市	Meishan	14.94	3802.45	377.25	54268	13234	183
宜宾市	Yibin	0.29	4865.57	1122.90	50411	1948	28799
广安市	Guangan	0.27	3523.41	507.00	79041	605	1653
达州市	Dazhou	2.03	7631.56	347.46	111672	8514	357
雅安市	Yaan	3.36	729.97	188.40	27451	668	5
巴中市	Bazhong		1197.48	375.81	69452	943	271
资阳市	Ziyang	1.44	2434.57	365.55	88073	1027	4560
阿坝藏族羌族自治州	Aba	14.01	67.03	6.62	1793	1120	
甘孜藏族自治州	Ganzi	11.23	23.69	1.04	713	142	
凉山彝族自治州	Liangshan	4.59	2085.58	90.57	28445	3121	26119

13-26 各市(州)肉类总产量
Output of Meat by Region

单位：万吨 (10 000 tons)

市(州)	Region	2011	2012	2013	2014	2015	2016	2017	2018	2019	2020	2021
全 省	**Sichuan**	**644.99**	**663.16**	**682.31**	**704.10**	**694.33**	**680.36**	**653.82**	**664.74**	**559.53**	**597.94**	**664.01**
成都市	Chengdu	78.59	80.83	78.23	78.68	75.00	68.15	62.03	59.36	43.72	44.14	45.19
自贡市	Zigong	23.48	23.86	24.37	24.99	24.30	23.37	21.61	22.30	20.30	22.18	24.70
攀枝花市	Panzhihua	4.90	5.10	5.27	5.55	5.80	5.61	5.68	5.86	5.19	5.65	6.22
泸州市	Luzhou	30.95	31.89	34.79	36.62	36.55	37.06	36.40	37.21	32.70	34.54	38.68
德阳市	Deyang	34.48	35.69	37.18	36.95	36.45	35.59	34.14	34.56	29.12	31.11	34.43
绵阳市	Mianyang	37.96	39.04	41.40	41.55	40.68	38.95	37.79	38.97	35.63	38.35	41.40
广元市	Guangyuan	27.76	28.83	30.90	32.13	32.22	32.50	31.54	32.56	28.79	31.20	35.43
遂宁市	Suining	30.26	31.07	32.36	33.54	33.00	33.38	31.68	32.34	26.77	28.79	32.19
内江市	Neijiang	26.26	27.03	27.62	28.37	27.28	26.26	24.22	24.84	19.98	22.35	25.50
乐山市	Leshan	28.35	29.18	30.62	30.55	30.83	30.24	28.39	28.85	22.52	25.45	27.87
南充市	Nanchong	55.32	56.57	58.34	60.91	59.96	60.34	57.25	58.38	48.44	54.46	60.95
眉山市	Meishan	24.87	25.61	26.01	27.31	27.05	25.43	24.18	24.70	19.66	20.44	22.85
宜宾市	Yibin	38.48	39.51	42.11	45.25	44.37	44.17	44.95	46.05	41.29	42.56	48.29
广安市	Guangan	33.47	33.46	36.09	37.41	36.88	35.02	32.51	33.09	24.94	28.76	33.04
达州市	Dazhou	45.43	47.43	47.25	47.74	46.86	46.41	44.73	46.01	42.03	44.16	50.03
雅安市	Yaan	11.64	11.87	11.66	13.16	13.08	11.61	11.45	11.69	10.30	10.94	12.16
巴中市	Bazhong	29.71	30.36	30.12	30.85	30.52	30.24	30.13	30.89	24.38	26.26	29.85
资阳市	Ziyang	28.86	29.62	29.27	29.77	29.00	28.63	27.29	27.10	19.96	23.12	26.47
阿坝藏族羌族自治州	Aba	6.58	7.22	8.04	9.18	9.96	10.35	10.32	10.80	10.81	10.74	10.68
甘孜藏族自治州	Ganzi	6.13	6.26	6.64	7.40	7.99	8.98	9.00	9.21	9.11	9.22	8.69
凉山彝族自治州	Liangshan	41.54	42.73	44.02	46.18	46.53	48.18	48.53	49.37	43.94	43.96	49.42

13-27 林产品产量及造林面积
Output of Major Forest Products and Areas under Afforestation

年份 Year	林产品产量（吨）Output of Major Forest Products (ton)			造林面积（万公顷）Area under Afforestation (10 000 hectares)
	油茶籽 Tea-oil Seeds	核桃(干重) Walnut (dry weight)	竹笋干 Bamboo Shoots	
1952	5643	2933	279	2.13
1957	15276	8703	604	10.18
1962	2793	3075	2046	12.72
1965	2223	1750	604	11.57
1970	1141	4162	976	15.41
1975	3288	5474	1022	21.59
1978	8439	9060	906	20.05
1980	5282	9468	1119	20.29
1985	2242	7222	1437	47.44
1990	1878	15655	2946	26.50
1991	1800	12736	3574	27.00
1992	1960	13740	3236	27.40
1993	1854	16284	3591	26.30
1994	3049	21928	4563	25.10
1995	4047	22928	5378	25.00
1996	2922	24819	6146	25.60
1997	3903	22059	5593	28.15
1998	6479	28711	6100	38.51
1999	4273	23842	7886	40.46
2000	4372	32095	8914	48.91
2001	4278	32744	9925	51.66
2002	10228	70534	23722	69.46
2003	11854	77004	28250	72.32
2004	4037	56731	40696	37.01
2005	2464	59272	62190	24.19
2006	3578	61112	48895	10.49
2007	10272	76721	40434	33.23
2008	3358	91170	62826	57.46
2009	3426	123683	51349	48.78
2010	4360	126109	78952	38.22
2011	4649	176710	128841	25.19
2012	4180	211944	42292	11.22
2013	5361	245876	87855	12.62
2014	13718	293750	109554	9.82
2015	20708	458435	138195	31.82
2016	17254	451486	135266	56.85
2017	20852	537474	122376	65.84
2018	23119	573685	72900	43.68
2019	19792	563233	104802	40.04
2020	25059	605797	107357	34.39
2021	28402	888524	103501	24.37

注：本表数据由四川省林业和草原局提供。
a) Data in this table are provided by the bureau of Forestry and Grassland of Sichuan Province.

13–28 受灾面积和绝收面积
Areas Covered by Natural Disaster and Total Crop Failure

单位:万公顷 (10 000 hectares)

年份 Year	受灾面积 Area Covered by Natural Disaster	绝收面积 Area of Total Crop Failure	水灾 Flood		旱灾 Drought	
			受灾面积 Area Covered	绝收面积 Total Crop Failure	受灾面积 Area Covered	绝收面积 Total Crop Failure
1952	53.8	30.1	7.6	4.2	46.2	25.9
1957	28.8	16.3	2.6	1.5	25.0	14.2
1962	193.6	109.9	22.0	10.2	157.1	94.2
1965	80.6	45.5	11.1	6.3	55.9	37.9
1975	110.0	62.1	13.8	7.5	92.7	51.4
1978	302.7	273.5	7.0	4.0	273.4	185.8
1980	201.5	112.9	51.8	26.9	83.0	42.3
1985	299.3	168.2	30.5	18.4	137.5	83.3
1990	322.8	169.4	63.7	33.0	181.5	93.2
1991	320.2	166.5	90.1	50.3	124.8	65.7
1992	343.2	185.5	73.3	39.9	131.8	84.4
1993	412.6	247.2	82.0	42.7	224.3	142.9
1994	437.4	302.6	19.2	11.8	336.7	243.5
1995	288.1	185.7	89.3	51.7	163.0	92.8
1996	393.2	221.9	56.3	31.8	174.3	103.5
1997	311.5	174.9	47.2	22.3	194.9	117.5
1998	316.3	172.7	141.6	81.9	141.6	71.2
1999	297.3	163.3	81.6	45.3	117.2	63.7
2000	432.0	251.3	82.3	42.2	309.3	186.0
2001	444.9	299.9	93.5	59.0	325.4	224.5
2002	241.9	135.3	92.8	59.8	90.3	44.7
2003	259.2	203.2	94.2	78.6	124.1	95.8
2004	149.0	22.9	70.1	70.0	30.4	4.0
2005	294.3	119.8	87.6	46.4	31.7	15.7
2006	156.6	21.6	79.2	10.1	40.2	2.6
2007	260.1	22.0	89.8	11.0	138.1	8.2
2008	141.2	6.7	20.6	1.6	10.7	0.3
2009	245.9	46.9	110.5	20.3	128.8	26.4
2010	232.4	85.1	150.8	42.3	62.8	38.4
2011	206.3	112.1	72.4	37.8	98.7	56.3
2012	201.2	119.3	113.4	58.9	97.5	63.2
2013	244.2	125.8	88.2	51.2	135.4	63.1
2014	92.8	48.4	29.2	17.1	58.3	28.2
2015	40.9	22.2	25.6	12.7	9.6	5.4
2016	41.0	25.2	17.8	10.9	8.7	5.9
2017	18.6	11.9	13.7	8.7	3.2	2.2
2018	49.3	6.5	35.7	5.6	9.9	0.8
2019	32.4	3.3	23.8	3.1	7.9	0.1
2020	63.3	7.6	36.0	5.7	24.9	1.6
2021	26.6	4.2	24.4	3.9	0.1	

注：本表由四川省民政厅提供。2004年及以前绝收面积为成灾面积。
a) Data in this table are provided by Civil Affairs Department of Sichuan Province. Data of total crop failure were area affected in 2004 and before.

主要统计指标解释

农林牧渔业总产值 指以货币表现的农、林、牧、渔业全部产品和对农林牧渔业生产活动进行的各种支持性服务活动的价值总量，它反映一定时期内农林牧渔业生产总规模和总成果。农林牧渔业总产值采用“产品法”进行计算，通常是按农、林、牧、渔业产品及其副产品的产量分别乘以各自单位产品价格求得；少数生产周期较长，当年没有产品或产品产量不易统计的，则采用间接方法匡算其产值；然后将四业产品产值及农林牧渔专业及辅助性活动产值相加即为农林牧渔业总产值。

粮食产量 指日历年度内生产的全部粮食数量。按收获季节包括夏收粮食、早稻和秋收粮食，按作物品种包括谷物、豆类和薯类。其产量计算方法：谷物按脱粒后的原粮计算，豆类按去豆荚后的干豆计算；薯类(包括甘薯和马铃薯，不包括芋头和木薯)1964 年以前按每 4 公斤鲜薯折 1 公斤粮食计算，从 1964 年开始改为按每 5 公斤鲜薯折 1 公斤粮食计算；城市郊区作为蔬菜的薯类(如马铃薯等)按鲜品计算，并且不作粮食统计。

棉花产量 指全社会棉花的产量。包括春播棉和夏播棉。产量按皮棉计算。不包括木棉。

油料产量 指全部油料作物的生产量。包括花生、油菜籽、芝麻、向日葵籽、胡麻籽(亚麻籽)和其他油料。不包括大豆、木本油料和野生油料。花生以带壳干花生计算。

水产品产量 指渔业（捕捞和养殖）生产活动的最终有效成果，包括全部海水和淡水鱼类、甲壳类（虾、蟹）、贝类、头足类、藻类和其他类渔业产品的最终产量。

猪、牛、羊、禽肉产量 指当年出栏并已屠宰、除去头蹄下水后带骨肉(即胴体重)的重量。

期初(末)畜禽存栏头(只)数 指报告期初(末)饲养的大牲畜、猪、羊、家禽等畜禽的数量。数据上报方式及数据调整情况同猪、牛、羊、禽肉产量。

耕地 指利用地表耕作层种植农作物为主，每年种植一季及以上（含以一年一季以上的耕种方式种植多年生作物）的土地，包括熟地，新开发、复垦、整理地，休闲地（含轮歇地、休耕地）；以及间有零星果树、桑树或其他树木的耕地；包括南方宽度<1.0 米，北方宽度<2.0 米固定的沟、渠、路和地坎(埂)；包括直接利用地表耕作层种植的温室、大棚、地膜等保温、保湿设施用地。

农作物播种面积 指日历年度内收获农作物在全部土地（耕地或非耕地）上的播种或移植面积。凡是本年内收获的农作物，无论是本年还是上年播种，都算为播种面积，但不包括本年播种，下年收获的农作物面积。

耕地灌溉面积 指具有一定的水源，地块比较平整，灌溉工程或设备已经配套，在一般年景下能够进行正常灌溉的耕地面积。在一般情况下，耕地灌溉面积应等于灌溉工程或设备已经配套，能够进行正常灌溉的水田和水浇地面积之和。它是反映我国农田水利建设的重要指标。

农用化肥施用量 指本年内实际用于农业生产的化肥数量，包括氮肥、磷肥、钾肥和复合肥。化肥施用量要求按折纯量计算数量。折纯量是指把氮肥、磷肥、钾肥分别按含氮、含五氧化二磷、含氧化钾的百分之百成份进行折算后的数量。复合肥按其所含主要成分折算。公式为：

折纯量=实物量×某种化肥有效成份含量的百分比

农业机械总动力 指全部农业机械动力的额定功率之和。农业机械是指用于种植业、畜牧业、渔业、农产品初加工、农用运输和农田基本建设等活动的机械及设备。农机总动力按使用能源不同分为以下四部分：

(1)柴油发动机动力：指全部柴油发动机额定功率之和；

(2)汽油发动机动力：指全部汽油发动机额定功率之和；

(3)电动机动力：指全部电动机（含潜水电泵的电动机）额定功率之和；

(4)其他机械动力：指采用柴油、汽油、电力之外的其他能源，如水力、风力、煤炭、太阳能等动力机械功率之和。

Explanatory Notes on Main Statistical Indicators

Gross Output Value of Agriculture, Forestry, Animal Husbandry and Fishery refers to the total value of products (expressed in monetary terms) of agriculture, forestry, animal husbandry and fishery, and total value of services in support of agriculture, forestry, animal husbandry and fishery activities. It reflects the total scale and results of agricultural production during a given period. Gross output value of agriculture is calculated by product method, and is obtained by multiplying the output of each product or by-product by its price, resulting in the output value of each single item. For a small number of products, annual output of which is not available or difficult to get due to the long production process involved, the output value is estimated through an indirect approach. The sum of output values of all products of agriculture, forestry, animal husbandry and fishery and professional and auxiliary activities of agriculture, forestry, animal husbandry and fishery is then equal to the gross output value of agriculture.

Grain Output refers to the total output of grains produced within a calendar year. It includes summer crops, early rice and autumn crops by harvest seasons; and covers cereals, beans and tubers by type of crops. Output of cereals cover husked grain only. Output of beans refers to dry beans without pods. The output of tubers (sweet potatoes and potatoes, not including taros and cassava) are converted with the ratio of 4:1, i.e. 4 kilograms of fresh tubers were equivalent to 1 kilogram of grain before 1964. Since 1964 the ratio has been changed to 5:1. Tubers consumed as vegetables (such as potatoes) in cities and suburbs are calculated as fresh vegetables and their output is not included in the output of grain.

Cotton Output refers to cotton production in the whole country including cotton planted in spring and in summer. Output is measured as the weight of ginned cotton. Ceiba is not included.

Output of Oil-bearing Crops refers to the total production of oil-bearing crops of various kinds, including peanuts, rapeseeds, sesame, sunflower seeds, flax seeds, and other oil-bearing crops. Soybeans, oil-bearing woody plants, and wild oil-bearing crops are not included.

Output of Aquatic Products refers to final output actually yielded from fishing production (fishery and breeding), including all output of marine and freshwater fish, crustaceans (shrimps, crabs), shellfish, cephalopod, seaweed and other fishery products. Data on output of aquatic products are reported by fishery agencies level by level.

Output of Pork, Beef, Mutton and Poultry refers to the meat of slaughtered hogs, cattle, sheep and goats with head, feet, and offal taken away.

Number of Livestock or Poultry in Stock at Beginning/End of Period refers to the total number of large animals, pigs, sheep, fowls, etc. raised at the beginning/end of the reference period. Data reporting system and data adjustment are the same as that in the output of pork, beef, mutton and poultry.

Arable Land refers to the area of land mainly for the regular cultivation of farm crops (including vegetables), with some fruit trees, mulberry trees and others, covers cultivated land, newly-developed land, reclaimed land, consolidated land, fallow, beach land that can guarantee one harvest per year on average. It also covers fixed ditch, canal, road and sill (ridge) with width less than 1 meter in the South and 2 meters in the North, lands planted temporarily with herbs, grass, flowers and nursery stocks, and other cultivated land with temporary change of use.

Sown Area of Crops refers to area of all land (cultivated or non-cultivated area) sown or transplanted with crops that are harvested within the calendar year. All crops harvested within the year are counted as sown area, regardless of being sown in this year or the previous year. Crops sown this year but will be harvested in the coming year are excluded.

Irrigated Area of Cultivated Land refers to area of land that are effectively irrigated, i.e. relatively level land, where there are water sources or complete sets of irrigation facilities to lift and move adequate water for irrigation purpose under normal conditions. Under normal situations, irrigated area of cultivated land is the sum of watered fields and irrigated fields where irrigation systems or equipment have been installed for regular irrigation purpose. It is an important indicator to reflect the farmland water conservancy construction in China.

Consumption of Chemical Fertilizers in Agriculture refers to the quantity of chemical fertilizers applied in agriculture in the year, including nitrogenous fertilizer, phosphate fertilizer, potash fertilizer, and compound fertilizer. The consumption of chemical fertilizers is calculated in terms of volume of effective components by means of converting the gross weight of the respective fertilizers into weight containing effective component (e.g. nitrogen content in nitrogenous fertilizer, phosphorous pentoxide contents in phosphate fertilizer, and potassium oxide contents in potash fertilizer). Compound fertilizer is converted in regard to its major components. The formula is:

Volume of effective component = physical quantity × effective component of certain chemical fertilizer (%)

Total Power of Farm Machinery refers to the total rated capacity of all agricultural machinery. Agricultural machinery refers to the machines and equipment which are used for activities of farming, animal husbandry, fishery, primary processing of agricultural products, agricultural transport and infrastructure construction of farmland. Total power of agricultural machinery is classified into 4 groups according to the energy used:

1) Diesel engine power refers to the total rated capacity of all diesel engines.

2) Gasoline engine power refers to the total rated capacity of all gasoline engines.

3) Electric motor power refers to the total rated capacity of all electric motors (include submersible pump motors).

4) Other mechanical powers refer to the total mechanical capacity of the sources of energy besides diesel, gasoline and motor power, such as hydro power, wind power, coal and sola energy.

14 工 业
Chapter 14 Industry

14-1 规模以上工业企业情况(2021年)
Information of Industrial Enterprises above Designated Size(2021)

分 类	Item	企业单位数(个) Number of Enterprises (unit)	资产总计(亿元) Total Assets (100 million yuan)	营业收入(亿元) Business Revenue (100 million yuan)	利润总额(亿元) Total Profits (100 million yuan)	平均用工人数(万人) Annual Average Employees (10 000 persons)
总 计	**Total**	**16453**	**61644.05**	**54215.01**	**4546.72**	**310.15**
按轻重工业分	**Grouped by Light &Heavy Industries**					
轻工业	Light Industry	5983	13428.12	15702.21	1615.53	105.43
重工业	Heavy Industry	10470	48215.92	38512.81	2931.19	204.72
按企业规模分	**Grouped by Size of Enterprises**					
大型企业	Large-sized Enterprises	282	26511.64	19656.87	1826.26	100.60
中型企业	Medium-sized Enterprises	1551	11972.52	13202.14	1227.21	78.41
小型企业	Small-sized Enterprises	14620	23159.89	21355.99	1493.25	131.15
按登记注册类型分	**Grouped by Status of Registration**					
内资企业	Domestic Funded Enterprises	15870	55350.64	47055.79	4169.86	277.02
国有企业	State-owned Enterprises	100	929.73	469.61	12.33	2.81
集体企业	Collective-owned Enterprises	31	12.15	23.92	1.11	0.26
股份合作企业	Cooperative Share-holding Enterprises	40	72.46	63.45	2.77	0.63
联营企业	Joint-owned Enterprises	5	3.32	4.96	0.04	0.09
有限责任公司	Limited Liability Corporations	3314	33916.31	20094.45	1882.34	104.58
国有独资企业	State Sole-proprietorship Enterprises	383	9314.23	4063.72	230.12	23.22
其他有限责任公司	Others	2931	24602.08	16030.73	1652.22	81.36
股份有限公司	Share-holding Corporations Limited	315	6172.37	3300.84	596.52	19.81
私营企业	Private Enterprises	12059	14242.98	23096.18	1674.62	148.82
私营独资企业	Private Sole-proprietorship Enterprises	631	290.53	815.08	61.64	5.40
私营合伙企业	Private Partnership Enterprises	109	60.88	141.58	10.17	1.02
私营有限责任公司	Private Limited Liability Corporations	11033	12029.26	21063.80	1464.35	133.86
私营股份有限公司	Private Share-holding Corporations Ltd.	286	1862.31	1075.72	138.46	8.54
其他企业	Others	6	1.31	2.39	0.13	0.02
港、澳、台商投资企业	Enterprises with Investment from Hong Kong, Macao and Taiwan	199	3170.57	3389.76	117.66	16.37
合资经营企业(港或澳、台资)	Joint-venture Enterprises	84	1939.90	1872.28	53.62	11.01
合作经营企业(港或澳、台资)	Cooperative Enterprises	4	16.17	24.41	0.25	0.05
港、澳、台商独资企业	Sole-proprietorship Enterprises	104	1097.27	1433.16	54.51	4.83
港、澳、台商股份有限公司	Share-holding Corporations Ltd.	6	113.03	57.72	9.11	0.46
外商投资企业	Foreign Invested Enterprises	384	3122.84	3769.46	259.19	16.77
中外合资经营企业	Joint-venture Enterprises	162	1156.00	1380.57	117.09	4.79
中外合作经营企业	Cooperative Enterprises	10	147.49	141.03	36.36	0.37
外资企业	Sole-proprietorship Enterprises	191	1730.71	2203.73	100.67	11.16
外商投资股份有限公司	Share-holding Corporations Ltd.	12	45.15	23.12	2.22	0.32

14-2 规模以上工业企业主要指标
Main Indicators of Industrial Enterprises above Designated Size

单位：亿元 (100 million yuan)

年份 Year	企业单位数（个） Number of Enterprises (unit)	资产总计 Total Assets	流动资产合计 Total Current Assets	固定资产原价 Original Value of Fixed Assets	负债合计 Total Liabilities	流动负债合计 Total Current Liabilities	所有者权益合计 Owners' Equities
1998	4980	3901.41	1697.45	2333.82	2533.99	1674.19	1367.42
1999	4538	4468.41	1753.12	2915.58	2845.91	1701.77	1622.50
2000	4394	4586.11	1845.51	2917.04	2955.77	1773.71	1630.26
2001	4572	4862.54	1980.49	3115.87	3054.15	1919.52	1808.39
2002	4908	5245.63	2130.16	3204.04	3239.96	2054.99	2005.67
2003	5448	6024.49	2476.34	3658.81	3696.53	2418.37	2326.96
2004	7413	6817.78	2874.36	4346.45	4306.81	2970.85	2510.36
2005	7959	7908.62	3309.89	4845.07	4934.81	3354.28	2966.06
2006	8995	9182.08	3890.88	5289.43	5588.76	3766.54	3589.27
2007	10709	11690.21	4971.06	6769.68	6956.94	4792.47	4733.27
2008	13725	15589.47	6458.42	8042.60	9241.79	6228.80	6347.68
2009	13267	17986.99	7447.84	10073.14	10832.20	7126.69	7077.73
2010	13706	22564.76	9321.70	13695.10	13889.83	9502.58	8571.93
2011	12085	26113.61	11248.78	15442.86	15991.15	11119.10	10049.11
2012	12719	30362.89	13344.68	17035.75	18721.46	12768.70	11471.16
2013	12998	36239.56	14841.33	20574.50	22204.87	13935.65	13491.64
2014	13267	38359.92	15900.10	23620.98	23413.64	15559.93	14703.51
2015	13525	40401.38	16015.98	24412.86	24238.90	15127.72	16075.60
2016	13819	41514.58	17075.54	28317.19	24234.79	15879.88	17167.51
2017	13904	43253.61	18472.38	27148.14	25120.16	16893.84	18033.84
2018	13915	46015.75	19818.22	28047.89	26150.93	18315.72	19864.82
2019	14599	49024.52	21243.58	30205.16	27487.81	18530.34	21422.76
2020	15280	53091.09	23297.90	33055.92	29718.74	21045.67	23266.90
2021	16453	61644.05	28393.70	36807.92	34786.30	24224.68	26805.66

14-2 续表 continued

单位：亿元 (100 million yuan)

年份 Year	营业收入 Business Revenue	营业成本 Business Cost	销售费用 Selling Expenses	管理费用 Management Expenses	财务费用 Financial Expenses	利润总额 Total Profits	平均用工人数 (万人) Annual Average Employees (10 000 persons)
1998						39.70	252.79
1999						26.42	230.03
2000			108.44	176.02	83.66	71.32	208.00
2001			122.97	186.07	85.31	84.77	195.97
2002			142.26	201.11	87.73	122.60	191.62
2003			171.10	248.74	89.92	153.08	201.62
2004	4633.36	3766.65	193.15	331.01	94.23	188.51	209.77
2005	6008.12	4900.53	232.70	339.09	99.44	326.65	219.00
2006	7711.35	6296.60	273.72	403.63	125.36	448.07	233.53
2007	10611.52	8572.00	351.30	539.95	162.84	700.05	257.46
2008	14286.43	11748.93	454.09	720.06	237.69	844.56	297.54
2009	17486.41	14400.22	535.53	845.01	216.60	1123.48	311.38
2010	23062.82	19003.96	699.15	1215.96	292.99	1661.85	351.67
2011	29887.91	24721.71	823.18	1334.58	403.76	2197.84	380.48
2012	31427.16	25755.76	906.74	1385.65	506.12	2333.76	391.44
2013	35686.14	29660.84	1006.62	1498.64	569.61	2328.99	385.05
2014	38063.87	31963.29	1102.91	1494.21	696.40	2237.00	374.10
2015	38645.91	32514.83	1157.77	1592.69	690.41	2171.26	354.47
2016	41529.25	34935.31	1296.99	1674.17	616.15	2339.82	335.48
2017	41631.26	34660.03	1313.40	1718.32	565.54	2824.26	318.97
2018	41833.78	34465.16	1368.80	1736.90	558.25	3055.93	299.18
2019	44125.23	36335.94	1496.08	1551.78	540.01	3036.89	298.86
2020	46565.30	38367.50	1460.51	1540.55	516.41	3386.38	302.16
2021	54215.01	44305.55	1576.03	1764.43	519.18	4546.72	310.15

注：2017年及以前营业收入、营业成本分别为主营业务收入、主营业务成本；2018年及以前平均用工人数为全部从业人员年平均人数(以下有关各表同)。

a) Business revenue and business cost before 2017 are revenue of principal business and cost of principal business respectively; Annual average employees before 2018 is annual average employed persons. (The same as the following related tables)

14−3 按行业分规模以上工业企业主要指标(2021年)

单位：亿元

行　业	Sector	企业单位数(个) Number of Enterprises (unit)
总　计	**Total**	**16453**
煤炭开采和洗选业	Mining and Washing of Coal	223
石油和天然气开采业	Extraction of Petroleum and Natural Gas	17
黑色金属矿采选业	Mining and Processing of Ferrous Metal Ores	114
有色金属矿采选业	Mining and Processing of Non-Ferrous Metal Ores	75
非金属矿采选业	Mining and Processing of Non-metal Ores	383
开采专业及辅助性活动	Professional and Support Activities for Mining	6
其他采矿业	Mining of Other Ores	
农副食品加工业	Processing of Food from Agricultural Products	1295
食品制造业	Manufacture of Foods	537
酒、饮料和精制茶制造业	Manufacture of Liquor, Beverages and Refined Tea	659
烟草制品业	Manufacture of Tobacco	
纺织业	Manufacture of Textile	309
纺织服装、服饰业	Manufacture of Textile, Wearing Apparel and Accessories	170
皮革、毛皮、羽毛及其制品和制鞋业	Manufacture of Leather, Fur, Feather and Related Products and Footwear	127
木材加工和木、竹、藤、棕、草制品业	Processing of Timber, Manufacture of Wood, Bamboo, Rattan, Palm and Straw Products	278
家具制造业	Manufacture of Furniture	322
造纸和纸制品业	Manufacture of Paper and Paper Products	298
印刷和记录媒介复制业	Printing and Reproduction of Recording Media	312
文教、工美、体育和娱乐用品制造业	Manufacture of Articles for Culture, Education, Arts and Crafts, Sport and Entertainment Activities	83
石油、煤炭及其他燃料加工业	Processing of Petroleum, Coal and Other Fuel	70
化学原料和化学制品制造业	Manufacture of Raw Chemical Materials and Chemical Products	917
医药制造业	Manufacture of Medicines	537
化学纤维制造业	Manufacture of Chemical Fibers	33
橡胶和塑料制品业	Manufacture of Rubber and Plastics Products	637
非金属矿物制品业	Manufacture of Non-metallic Mineral Products	2538
黑色金属冶炼和压延加工业	Smelting and Pressing of Ferrous Metals	177
有色金属冶炼和压延加工业	Smelting and Pressing of Non-ferrous Metals	258
金属制品业	Manufacture of Metal Products	915
通用设备制造业	Manufacture of General Purpose Machinery	862
专用设备制造业	Manufacture of Special Purpose Machinery	662
汽车制造业	Manufacture of Automobiles	612
铁路、船舶、航空航天和其他运输设备制造业	Manufacture of Railway, Ship, Aerospace and Other Transport Equipment	230
电气机械和器材制造业	Manufacture of Electrical Machinery and Apparatus	728
计算机、通信和其他电子设备制造业	Manufacture of Computers, Communication and Other Electronic Equipment	821
仪器仪表制造业	Manufacture of Measuring Instruments and Machinery	136
其他制造业	Other Manufactures	29
废弃资源综合利用业	Utilization of Waste Resources	96
金属制品、机械和设备修理业	Repair Service of Metal Products, Machinery and Equipment	18
电力、热力生产和供应业	Production and Supply of Electric Power and Heat Power	451
燃气生产和供应业	Production and Supply of Gas	288
水的生产和供应业	Production and Supply of Water	228

注：根据《中华人民共和国统计法》规定，可推断单户企业的相关统计数据不予公布(以下有关各表同)。

Main Indicators of Industrial Enterprises above Designated Size by Industrial Sector(2021)

(100 million yuan)

资产总计 Total Assets	流动资产合计 Total Current Assets	固定资产原价 Original Value of Fixed Assets	负债合计 Total Liabilities	流动负债合计 Total Current Liabilities	所有者权益 Owners' Equities
61644.05	**28393.70**	**36807.92**	**34786.30**	**24224.68**	**26805.66**
565.71	227.78	401.61	378.98	259.24	186.73
2222.54	393.10	3097.64	717.87	301.52	1452.89
432.89	169.64	201.41	239.94	213.40	192.95
360.82	167.02	132.90	185.01	124.24	175.82
833.26	351.77	218.37	429.33	307.79	403.93
379.75	149.39	223.61	126.32	117.77	253.43
1657.84	918.22	684.38	752.07	588.37	905.77
777.70	399.45	395.07	331.14	277.70	446.57
4879.47	2789.47	1366.84	2120.27	1899.05	2759.20
464.24	206.77	240.58	234.28	170.56	229.96
134.66	65.02	84.11	48.74	35.61	85.93
129.19	61.01	51.70	56.30	48.52	72.89
171.75	90.93	112.81	89.46	71.74	82.22
292.49	143.49	177.63	163.06	142.54	129.44
410.76	181.71	278.10	232.44	205.20	178.32
292.70	164.88	171.66	117.89	102.97	174.81
75.74	54.33	33.93	41.76	38.54	33.98
699.78	313.51	519.20	363.06	309.26	336.73
3113.04	1556.20	1599.09	1469.64	1151.74	1643.40
1944.78	1113.19	606.24	747.16	575.12	1197.62
319.13	140.90	163.77	260.49	191.45	58.64
572.98	317.77	314.17	245.93	206.72	327.05
4329.76	2447.03	2147.29	2175.41	1546.59	2154.34
2240.99	862.75	1904.91	1347.88	1131.70	893.10
672.95	376.52	326.30	357.58	302.06	314.94
1221.90	739.60	558.90	742.17	644.88	479.73
1824.41	1242.90	588.01	1087.79	949.45	736.62
1529.53	971.39	520.31	786.00	659.08	743.45
2252.24	1315.21	904.53	1480.49	1261.66	772.02
2351.14	1899.21	504.85	1776.92	1656.74	574.22
2176.82	1350.02	789.40	1369.09	1098.87	807.73
7635.99	4665.47	3657.19	4855.20	3989.97	2780.79
284.55	199.50	76.16	151.53	138.60	133.01
209.73	89.79	169.64	161.62	61.60	48.11
113.75	71.18	42.81	72.07	62.85	41.68
108.05	53.14	20.23	39.10	27.94	68.95
11009.19	1008.61	12459.54	7410.20	2471.95	3598.99
780.82	274.70	378.39	399.25	254.42	381.57
1864.92	598.12	590.00	1098.61	503.95	766.30

a) According to the provisions of the statistics law, the relevant statistical data which can infer a single enterprise will not be published (The same as the following related tables).

14-3 续表

单位：亿元

行　业	Sector	营业收入 Business Revenue
总　计	**Total**	**54215.01**
煤炭开采和洗选业	Mining and Washing of Coal	444.03
石油和天然气开采业	Extraction of Petroleum and Natural Gas	903.81
黑色金属矿采选业	Mining and Processing of Ferrous Metal Ores	345.51
有色金属矿采选业	Mining and Processing of Non-Ferrous Metal Ores	176.17
非金属矿采选业	Mining and Processing of Non-metal Ores	420.03
开采专业及辅助性活动	Professional and Support Activities for Mining	325.49
其他采矿业	Mining of Other Ores	
农副食品加工业	Processing of Food from Agricultural Products	2830.80
食品制造业	Manufacture of Foods	1251.86
酒、饮料和精制茶制造业	Manufacture of Liquor, Beverages and Refined Tea	4108.66
烟草制品业	Manufacture of Tobacco	
纺织业	Manufacture of Textile	666.40
纺织服装、服饰业	Manufacture of Textile, Wearing Apparel and Accessories	284.23
皮革、毛皮、羽毛及其制品和制鞋业	Manufacture of Leather, Fur, Feather and Related Products and Footwear	220.48
木材加工和木、竹、藤、棕、草制品业	Processing of Timber, Manufacture of Wood, Bamboo, Rattan, Palm and Straw Products	315.06
家具制造业	Manufacture of Furniture	458.33
造纸和纸制品业	Manufacture of Paper and Paper Products	614.97
印刷和记录媒介复制业	Printing and Reproduction of Recording Media	417.58
文教、工美、体育和娱乐用品制造业	Manufacture of Articles for Culture, Education, Arts and Crafts, Sport and Entertainment Activities	153.37
石油、煤炭及其他燃料加工业	Processing of Petroleum, Coal and Other Fuel	1078.29
化学原料和化学制品制造业	Manufacture of Raw Chemical Materials and Chemical Products	3157.28
医药制造业	Manufacture of Medicines	1558.50
化学纤维制造业	Manufacture of Chemical Fibers	400.79
橡胶和塑料制品业	Manufacture of Rubber and Plastics Products	1015.60
非金属矿物制品业	Manufacture of Non-metallic Mineral Products	4929.50
黑色金属冶炼和压延加工业	Smelting and Pressing of Ferrous Metals	3001.06
有色金属冶炼和压延加工业	Smelting and Pressing of Non-ferrous Metals	1382.46
金属制品业	Manufacture of Metal Products	1995.82
通用设备制造业	Manufacture of General Purpose Machinery	1724.25
专用设备制造业	Manufacture of Special Purpose Machinery	1239.48
汽车制造业	Manufacture of Automobiles	2452.13
铁路、船舶、航空航天和其他运输设备制造业	Manufacture of Railway, Ship, Aerospace and Other Transport Equipment	1184.23
电气机械和器材制造业	Manufacture of Electrical Machinery and Apparatus	2142.75
计算机、通信和其他电子设备制造业	Manufacture of Computers, Communication and Other Electronic Equipment	8317.46
仪器仪表制造业	Manufacture of Measuring Instruments and Machinery	288.97
其他制造业	Other Manufactures	79.84
废弃资源综合利用业	Utilization of Waste Resources	213.24
金属制品、机械和设备修理业	Repair Service of Metal Products, Machinery and Equipment	65.70
电力、热力生产和供应业	Production and Supply of Electric Power and Heat Power	2726.42
燃气生产和供应业	Production and Supply of Gas	652.88
水的生产和供应业	Production and Supply of Water	287.09

continued

(100 million yuan)

营业成本 Business Cost	销售费用 Selling Expenses	管理费用 Management Expenses	财务费用 Financial Expenses	利润总额 Total Profits	平均用工人数（万人） Annual Average Employees (10 000 persons)
44305.55	**1576.03**	**1764.43**	**519.18**	**4546.72**	**310.15**
359.70	8.34	21.83	2.52	52.02	8.20
619.25	1.87	58.51	10.13	174.46	3.29
250.80	7.25	13.17	4.23	64.10	1.63
118.75	1.35	11.80	2.38	38.09	1.15
319.83	17.16	23.70	7.95	39.81	2.88
309.87	0.08	4.70	-0.92	-9.49	2.54
2469.25	76.36	69.14	15.10	202.15	14.32
987.81	82.83	51.96	7.68	102.93	10.24
2584.89	289.22	162.63	6.19	740.46	18.56
590.12	10.50	15.46	5.75	38.93	5.86
231.55	11.97	13.10	2.10	21.67	3.06
186.74	5.54	8.76	1.85	13.26	3.32
272.44	7.95	10.11	2.27	18.77	2.77
372.72	22.79	25.08	2.98	25.56	7.25
527.22	18.17	16.91	6.09	34.66	4.72
347.83	11.11	21.41	2.41	29.26	4.22
129.29	8.44	4.77	0.84	8.30	1.12
885.63	6.69	19.45	2.03	72.96	1.63
2487.88	77.46	125.78	25.54	426.49	15.58
945.98	250.49	71.95	10.06	211.79	12.19
369.44	6.47	7.19	8.94	4.83	1.58
857.66	35.95	36.99	6.76	58.85	7.46
3981.59	154.45	180.28	40.55	498.93	28.43
2668.32	16.38	45.53	20.66	189.35	8.32
1231.05	10.29	21.39	7.85	93.79	4.67
1719.18	45.70	67.56	18.05	94.14	12.49
1404.00	51.72	79.14	9.63	126.09	12.05
1007.30	44.60	60.56	8.54	86.92	10.07
2105.14	49.51	85.86	15.36	131.58	13.17
1011.00	12.41	49.04	-0.56	67.66	7.24
1842.22	56.56	66.08	9.47	109.54	12.95
7587.65	119.27	142.13	22.74	300.94	41.96
220.53	11.41	14.18	3.22	29.42	2.09
74.44	0.75	3.93	0.61	7.27	0.78
188.39	2.15	5.04	1.63	13.20	0.96
58.74	0.39	2.08	0.37	5.23	0.23
2164.85	4.64	57.33	213.51	275.91	14.63
516.83	24.66	32.26	4.58	74.54	2.92
195.18	6.79	24.22	13.23	46.75	3.10

14-4 各市(州)规模以上工业企业资产总计
Total Assets of Industrial Enterprises above Designated Size by Region

单位：亿元 (100 million yuan)

市(州)	Region	2011	2012	2013	2014	2015	2016	2017	2018	2019	2020	2021
全　省	**Sichuan**	**26113.61**	**30362.89**	**36239.56**	**38359.92**	**40401.38**	**41514.58**	**43253.61**	**46015.75**	**49024.52**	**53091.09**	**61644.05**
成都市	Chengdu	6597.29	10255.39	12606.49	10627.48	10952.40	11382.46	12110.16	13667.82	18289.55	19749.56	22318.68
自贡市	Zigong	786.14	910.50	1067.68	1099.62	1040.01	1051.47	975.54	925.92	979.10	1033.96	1106.18
攀枝花市	Panzhihua	2206.33	2594.04	2099.09	2129.96	2273.42	2200.59	2331.22	2254.88	2621.66	2752.13	2428.81
泸州市	Luzhou	706.87	917.75	1117.77	1056.03	1059.23	1130.09	1222.20	1371.83	1705.95	2035.81	2490.27
德阳市	Deyang	2103.38	2220.11	2356.22	2424.44	2330.88	2534.85	2527.93	2743.65	2671.15	2855.69	3193.20
绵阳市	Mianyang	1659.14	1863.31	2163.59	2313.05	2364.58	2540.05	2738.11	2981.22	3557.30	3906.80	4408.59
广元市	Guangyuan	301.21	366.28	496.47	604.53	692.97	696.75	752.25	834.79	873.59	942.79	965.33
遂宁市	Suining	460.07	509.24	585.87	697.87	724.94	821.21	936.07	983.49	874.01	1101.34	1249.39
内江市	Neijiang	660.35	830.92	974.72	933.72	911.94	889.86	754.99	809.90	857.28	902.20	1066.93
乐山市	Leshan	1397.40	1592.99	1706.68	1785.78	1871.47	1999.56	2003.05	2043.26	2000.77	2392.37	2732.68
南充市	Nanchong	905.07	1028.00	1159.52	1225.44	1337.25	1502.81	1392.33	1470.59	1624.74	1716.92	1928.63
眉山市	Meishan	576.04	685.34	818.45	828.49	869.67	908.61	896.13	884.35	1077.32	1279.84	1590.18
宜宾市	Yibin	1552.22	1828.50	2759.05	2149.60	2678.36	2531.87	2797.60	3154.26	3655.61	3839.31	5308.07
广安市	Guangan	385.60	451.61	512.28	614.99	644.00	669.21	678.88	750.47	807.90	884.51	968.85
达州市	Dazhou	780.81	853.28	960.79	925.43	1445.50	1031.77	1038.74	1253.36	1275.37	1343.49	1499.49
雅安市	Yaan	773.22	881.52	948.93	952.92	1179.27	1207.52	1264.89	1246.73	1271.80	1311.92	1402.67
巴中市	Bazhong	87.74	94.95	120.81	173.64	201.35	219.96	239.51	280.13	265.12	283.32	272.35
资阳市	Ziyang	604.96	704.17	817.91	887.33	598.63	501.57	511.65	439.97	363.01	388.16	411.39
阿坝藏族羌族自治州	Aba	389.67	517.15	503.39	534.05	568.78	592.66	606.66	583.51	608.67	629.03	650.58
甘孜藏族自治州	Ganzi	278.35	303.68	354.88	372.28	764.21	826.89	1081.35	1113.35	1121.51	1155.01	1627.46
凉山彝族自治州	Liangshan	778.15	954.15	2108.97	2376.50	2924.62	2464.44	2517.03	2506.49	2523.10	2586.93	4024.34

14-5 各市(州)规模以上工业企业营业收入
Business Revenue of Industrial Enterprises above Designated Size by Region

单位：亿元 (100 million yuan)

市(州)	Region	2011	2012	2013	2014	2015	2016	2017	2018	2019	2020	2021
全 省	**Sichuan**	**29887.91**	**31427.16**	**35686.14**	**38063.87**	**38645.91**	**41529.25**	**41631.26**	**41833.78**	**44125.23**	**46565.30**	**54215.01**
成都市	Chengdu	7214.33	9341.43	10783.98	10234.61	10726.37	11864.26	12488.88	11468.00	13995.13	14966.49	17419.24
自贡市	Zigong	1288.07	1323.18	1513.11	1605.30	1664.04	1735.65	1521.51	1326.01	1138.21	1216.14	1191.52
攀枝花市	Panzhihua	1228.72	1356.70	1627.64	1581.22	1495.90	1554.08	1737.10	1758.57	1871.12	1953.47	2293.25
泸州市	Luzhou	1306.18	1140.27	1404.23	1365.02	1447.72	1604.04	1610.82	1788.32	2056.13	2207.15	2618.43
德阳市	Deyang	1970.55	2128.80	2406.47	2658.70	2826.05	3267.50	3321.28	3543.72	3392.71	3336.03	4066.59
绵阳市	Mianyang	1705.12	1811.13	1979.56	2115.45	2307.29	2450.81	2737.43	2731.11	3015.57	3230.57	3757.31
广元市	Guangyuan	458.95	566.69	618.27	688.20	732.28	815.11	885.28	1003.78	1144.09	1250.14	1546.39
遂宁市	Suining	1045.47	1040.53	1176.50	1297.66	1179.87	1305.63	1487.89	1361.68	1254.17	1297.20	1483.21
内江市	Neijiang	1637.68	1434.36	1652.69	1632.91	1618.27	1733.46	1050.46	1014.60	1145.31	1250.62	1503.02
乐山市	Leshan	1362.28	1346.71	1512.64	1576.94	1525.24	1702.21	1355.22	1492.49	1551.13	1566.37	2043.82
南充市	Nanchong	1331.08	1551.26	1834.82	1940.42	2181.35	2460.74	2320.04	2659.38	2942.87	2892.87	3272.56
眉山市	Meishan	1022.45	833.87	1010.21	1183.61	1318.39	1480.72	1210.35	1389.71	1537.57	1682.79	2025.26
宜宾市	Yibin	1789.29	1846.21	1860.20	1927.34	2078.77	2253.25	2562.54	2692.85	3108.90	3555.43	4267.35
广安市	Guangan	886.50	972.47	1136.35	1244.59	1383.33	1561.45	1566.76	1605.99	1758.57	1821.34	1727.84
达州市	Dazhou	1062.59	1005.78	1077.39	1129.35	1365.55	945.07	1079.05	1271.29	1442.79	1545.81	1965.82
雅安市	Yaan	381.35	375.27	378.16	409.16	417.10	462.93	481.82	536.12	597.99	596.63	769.19
巴中市	Bazhong	285.35	306.31	363.08	452.11	512.12	568.32	587.79	585.09	591.98	604.45	356.87
资阳市	Ziyang	1563.82	1740.55	1911.51	1980.42	1169.82	997.99	840.78	562.96	371.28	362.83	404.46
阿坝藏族羌族自治州	Aba	104.54	135.44	138.87	169.20	186.26	201.42	172.96	177.08	182.96	181.75	231.64
甘孜藏族自治州	Ganzi	49.94	59.53	68.80	55.79	54.63	59.88	87.26	104.25	118.30	127.64	135.29
凉山彝族自治州	Liangshan	934.29	1110.66	1231.64	1222.13	1074.56	1062.30	866.93	891.52	908.46	919.60	1135.97

14−6 各市(州)规模以上工业企业利润总额

Total Profits of Industrial Enterprises above Designated Size by Region

单位：亿元 (100 million yuan)

市(州)	Region	2011	2012	2013	2014	2015	2016	2017	2018	2019	2020	2021
全 省	**Sichuan**	**2197.84**	**2333.76**	**2328.99**	**2237.00**	**2171.26**	**2339.82**	**2824.26**	**3055.93**	**3036.89**	**3386.38**	**4546.72**
成都市	Chengdu	501.64	643.67	672.15	718.76	510.98	845.01	994.19	675.83	761.62	950.74	1087.50
自贡市	Zigong	86.54	81.37	77.93	75.61	76.08	71.50	76.21	65.50	61.00	72.06	74.78
攀枝花市	Panzhihua	74.58	38.59	60.29	45.57	19.44	-111.60	89.04	151.03	131.45	145.61	225.75
泸州市	Luzhou	135.05	140.15	122.36	87.65	103.42	119.93	118.17	171.72	222.88	245.26	377.17
德阳市	Deyang	154.79	154.85	152.77	84.67	180.57	235.64	250.10	304.40	204.88	196.01	271.55
绵阳市	Mianyang	122.22	106.51	99.15	102.60	101.00	125.16	141.94	120.67	139.66	151.81	178.58
广元市	Guangyuan	25.01	33.92	31.71	31.81	35.67	43.00	59.23	82.13	87.94	95.14	133.57
遂宁市	Suining	84.81	81.81	86.60	76.99	69.01	78.72	115.81	138.31	99.64	108.83	136.77
内江市	Neijiang	106.97	78.29	95.61	75.22	71.98	67.01	33.64	63.75	49.64	47.14	112.50
乐山市	Leshan	96.35	88.17	78.79	44.70	63.59	81.11	84.09	174.36	136.00	115.32	319.88
南充市	Nanchong	102.32	132.37	123.22	133.49	156.58	176.71	165.75	195.70	221.28	209.68	249.53
眉山市	Meishan	91.48	67.49	67.99	70.81	80.76	92.73	73.46	73.53	78.09	90.32	120.54
宜宾市	Yibin	209.36	240.62	221.60	177.25	207.92	198.08	247.48	372.78	434.47	497.01	580.36
广安市	Guangan	42.56	52.39	60.83	54.64	52.24	65.56	67.11	70.91	93.87	93.51	141.50
达州市	Dazhou	63.01	77.29	89.47	95.78	120.99	13.99	51.10	105.70	99.74	132.13	204.92
雅安市	Yaan	34.38	36.36	31.03	30.67	32.24	30.36	29.63	32.84	41.84	47.17	64.18
巴中市	Bazhong	10.76	7.32	9.58	13.84	16.95	20.19	22.53	31.54	25.82	29.11	18.16
资阳市	Ziyang	120.24	159.02	161.28	141.95	83.47	56.85	45.70	29.94	17.87	13.62	10.04
阿坝藏族羌族自治州	Aba	14.90	12.25	-0.28	7.55	7.88	9.66	6.54	10.10	10.67	14.47	31.36
甘孜藏族自治州	Ganzi	16.68	12.53	12.95	6.74	6.60	2.16	7.47	4.22	13.45	18.51	10.87
凉山彝族自治州	Liangshan	100.23	88.81	73.95	96.86	97.39	77.46	94.64	113.85	105.09	112.94	197.22

14-7 各市(州)规模以上工业企业主要指标(2021年)
Main Indicators of Industrial Enterprises above Designated Size by Region(2021)

单位：亿元 (100 million yuan)

市(州)	Region	企业单位数(个) Number of Enterprises (unit)	资产总计 Total Assets	流动资产合计 Total Current Assets	应收账款 Accounts Receivables	存货 Inventory	固定资产原价 Original Value of Fixed Assets
全 省	**Sichuan**	**16453**	**61644.05**	**28393.70**	**7242.12**	**5665.86**	**36807.92**
成都市	Chengdu	4108	22318.68	12056.26	3701.54	2158.07	13117.95
自贡市	Zigong	604	1106.18	657.71	179.94	161.96	361.77
攀枝花市	Panzhihua	420	2428.81	848.06	138.83	117.88	1522.65
泸州市	Luzhou	831	2490.27	1207.96	173.86	386.38	1104.48
德阳市	Deyang	1360	3193.20	2099.96	442.78	511.34	1261.13
绵阳市	Mianyang	1202	4408.59	2123.00	543.35	531.14	2046.84
广元市	Guangyuan	574	965.33	312.74	103.66	50.01	940.73
遂宁市	Suining	616	1249.39	585.74	106.15	140.35	593.50
内江市	Neijiang	466	1066.93	567.38	159.64	99.79	1038.21
乐山市	Leshan	655	2732.68	1016.45	177.69	202.38	1780.40
南充市	Nanchong	853	1928.63	792.45	179.33	145.79	1149.00
眉山市	Meishan	761	1590.18	753.05	236.02	170.01	906.70
宜宾市	Yibin	906	5308.07	2791.26	312.88	550.83	1895.02
广安市	Guangan	603	968.85	365.14	106.21	70.24	709.86
达州市	Dazhou	1008	1499.49	661.06	293.99	88.80	1199.34
雅安市	Yaan	358	1402.67	407.59	69.27	89.73	1189.48
巴中市	Bazhong	335	272.35	103.09	32.30	20.12	163.20
资阳市	Ziyang	265	411.39	216.81	60.74	64.29	202.10
阿坝藏族羌族自治州	Aba	143	650.58	152.48	41.40	21.62	598.15
甘孜藏族自治州	Ganzi	73	1627.46	93.14	19.84	4.67	1638.52
凉山彝族自治州	Liangshan	312	4024.34	582.37	162.71	80.46	3388.88

14-7 续表1 continued

单位：亿元 (100 million yuan)

市(州)	Region	负债合计 Total Liabilities	流动负债合计 Total Current Liabilities	所有者权益合计 Owners' Equities	营业收入 Business Revenue	营业成本 Business Cost
全 省	**Sichuan**	**34786.30**	**24224.68**	**26805.66**	**54215.01**	**44305.55**
成都市	Chengdu	12466.28	10215.10	9852.67	17419.24	14588.77
自贡市	Zigong	631.76	518.96	474.42	1191.52	971.21
攀枝花市	Panzhihua	1452.97	1088.30	975.84	2293.25	1891.61
泸州市	Luzhou	1276.87	897.15	1213.40	2618.43	1876.78
德阳市	Deyang	1776.04	1523.82	1416.73	4066.59	3364.53
绵阳市	Mianyang	2683.64	1870.99	1724.95	3757.31	3220.99
广元市	Guangyuan	479.28	232.64	485.91	1546.39	1284.53
遂宁市	Suining	516.92	380.12	732.46	1483.21	1223.80
内江市	Neijiang	673.97	554.42	392.95	1503.02	1296.11
乐山市	Leshan	1377.91	854.93	1354.77	2043.82	1608.08
南充市	Nanchong	871.24	606.17	1057.38	3272.56	2663.20
眉山市	Meishan	864.97	640.75	725.21	2025.26	1743.03
宜宾市	Yibin	2882.65	2288.76	2373.63	4267.35	3237.24
广安市	Guangan	463.13	309.41	505.71	1727.84	1433.65
达州市	Dazhou	693.66	436.23	805.83	1965.82	1564.96
雅安市	Yaan	892.64	402.09	510.03	769.19	632.95
巴中市	Bazhong	128.75	77.81	143.60	356.87	288.30
资阳市	Ziyang	260.76	207.86	150.63	404.46	342.98
阿坝藏族羌族自治州	Aba	447.35	221.51	203.23	231.64	170.93
甘孜藏族自治州	Ganzi	1229.60	194.00	397.86	135.29	79.86
凉山彝族自治州	Liangshan	2715.89	703.66	1308.45	1135.97	822.05

14-7 续表2 continued

单位：亿元 (100 million yuan)

市(州)	Region	销售费用 Selling Expenses	管理费用 Management Expenses	财务费用 Financial Expenses	利润总额 Total Profits	平均用工人数（万人） Annual Average Employees (10 000 persons)
全 省	**Sichuan**	**1576.03**	**1764.43**	**519.18**	**4546.72**	**310.15**
成都市	Chengdu	511.77	542.64	84.84	1087.50	107.26
自贡市	Zigong	49.30	54.98	13.15	74.78	7.90
攀枝花市	Panzhihua	25.27	56.60	22.76	225.75	10.95
泸州市	Luzhou	118.70	103.10	17.52	377.17	14.33
德阳市	Deyang	140.50	140.67	14.80	271.55	22.22
绵阳市	Mianyang	120.54	110.88	31.47	178.58	20.67
广元市	Guangyuan	35.42	38.18	15.36	133.57	6.25
遂宁市	Suining	35.13	42.61	9.84	136.77	10.07
内江市	Neijiang	32.13	40.45	8.23	112.50	7.61
乐山市	Leshan	42.90	71.04	31.99	319.88	11.64
南充市	Nanchong	118.83	137.52	53.70	249.53	18.71
眉山市	Meishan	59.92	61.62	12.25	120.54	12.90
宜宾市	Yibin	124.55	129.68	26.15	580.36	18.77
广安市	Guangan	39.89	50.20	10.89	141.50	9.08
达州市	Dazhou	50.34	75.41	13.72	204.92	13.51
雅安市	Yaan	13.96	19.68	26.22	64.18	4.25
巴中市	Bazhong	20.81	20.36	3.72	18.16	3.25
资阳市	Ziyang	15.28	20.57	3.21	10.04	4.09
阿坝藏族羌族自治州	Aba	3.40	8.52	14.83	31.36	1.32
甘孜藏族自治州	Ganzi	0.63	5.01	34.72	10.87	0.76
凉山彝族自治州	Liangshan	16.76	34.71	69.83	197.22	4.57

注：2017年及以前营业收入、营业成本分别为主营业务收入、主营业务成本(以下有关各表同)。
a) Business revenue and business cost before 2017 are revenue of principal business and cost of principal business respectively(The same as the following related tables).

14-8 国有控股工业企业主要指标
Main Indicators of State-holding Industrial Enterprises

单位：亿元 (100 million yuan)

年份 Year	企业单位数（个）Number of Enterprises (unit)	资产总计 Total Assets	流动资产合计 Total Current Assets	固定资产原价 Original Value of Fixed Assets	负债合计 Total Liabilities	流动负债合计 Total Current Liabilities	所有者权益合计 Owners' Equities
1998	2372	3080.34	1314.34	1923.21	1994.47	1252.47	1085.87
1999	2065	3548.38	1328.96	2442.68	2258.93	1244.29	1289.45
2000	1699	3522.23	1347.30	2383.24	2299.29	1260.77	1222.86
2001	1485	3616.84	1392.49	2506.88	2315.25	1348.07	1301.58
2002	1324	3709.04	1409.16	2442.48	2347.13	1358.96	1361.91
2003	1065	3846.39	1455.26	2627.61	2450.16	1470.03	1396.23
2004	1057	3801.84	1405.99	2896.33	2529.36	1566.75	1271.88
2005	928	4473.03	1683.30	3260.59	2877.77	1795.29	1587.51
2006	933	5109.55	1943.60	3428.41	3232.76	1952.59	1872.75
2007	878	6325.71	2448.14	4366.82	4019.44	2453.22	2306.27
2008	1006	8515.93	3098.43	4606.00	5401.06	3214.03	3114.87
2009	971	9499.46	3572.94	5401.57	6137.14	3674.12	3347.13
2010	921	11429.22	4134.86	6655.41	7641.93	4772.31	3777.87
2011	851	13189.13	4918.31	7338.88	8752.85	5711.90	4414.98
2012	888	14797.73	5412.38	8398.72	9864.31	5976.14	4906.05
2013	914	17343.43	5635.05	9389.16	11568.57	6094.28	5486.79
2014	929	19021.19	6100.45	12137.96	12496.96	7169.81	6520.19
2015	978	20092.37	5901.10	13221.06	13318.05	6951.52	6762.66
2016	977	20086.48	6469.21	15716.10	13128.84	7461.16	6958.39
2017	970	20947.40	6869.82	15983.97	13195.98	7615.47	7738.08
2018	1004	22278.06	7504.19	15718.23	13336.17	7724.40	8941.89
2019	1109	24172.99	8050.19	17953.23	13875.07	7825.25	10296.89
2020	1239	25529.03	8592.40	19066.54	14477.10	8729.91	11027.28
2021	1422	31402.73	11558.18	22403.74	18411.72	11082.30	12939.23

14-8 续表 continued

单位：亿元 (100 million yuan)

年份 Year	营业收入 Business Revenue	营业成本 Business Cost	销售费用 Selling Expenses	管理费用 Management Expenses	财务费用 Financial Expenses	利润总额 Total Profits	平均用工人数（万人） Annual Average Employees (10 000 persons)
1998						23.27	179.70
1999						6.76	159.84
2000			59.06	127.13	59.91	37.79	132.09
2001			63.59	127.69	62.90	45.04	117.57
2002			66.96	130.07	62.50	63.32	101.76
2003			70.76	149.22	58.32	67.58	93.67
2004	1925.02	1507.99	56.97	158.71	49.84	97.70	79.11
2005	2506.44	1969.58	87.39	176.68	47.14	166.71	80.00
2006	3135.60	2471.32	100.48	201.13	66.56	216.68	82.44
2007	3926.09	3096.90	115.92	252.67	83.51	305.85	83.86
2008	4765.38	3874.58	130.93	317.73	117.20	198.13	87.08
2009	5296.72	4221.47	160.93	332.65	94.77	295.09	88.01
2010	6424.93	5132.85	180.37	385.65	116.79	478.18	90.16
2011	7895.50	6308.18	210.08	436.12	162.69	538.74	93.40
2012	8689.36	6962.15	227.66	470.30	210.67	589.29	97.05
2013	9545.34	7714.20	250.77	535.89	245.77	506.85	98.20
2014	9989.33	8099.70	257.91	495.14	339.84	484.94	97.64
2015	9746.25	7882.09	234.73	475.71	342.38	565.95	89.41
2016	9757.21	7872.16	276.22	494.39	294.98	460.69	81.97
2017	10299.10	8263.04	282.30	515.03	267.65	713.81	76.11
2018	11264.73	8933.78	297.10	559.24	264.73	880.23	73.01
2019	12039.49	9461.49	344.08	458.08	253.27	960.43	71.42
2020	12728.92	9991.57	311.25	456.92	238.89	1143.21	70.92
2021	15502.59	12077.79	351.00	534.54	258.58	1498.59	74.06

14-9　按行业分国有控股工业企业主要指标(2021年)

单位：亿元

行　业	Sector	企业单位数(个) Number of Enterprises (unit)
总　计	**Total**	**1422**
煤炭开采和洗选业	Mining and Washing of Coal	17
石油和天然气开采业	Extraction of Petroleum and Natural Gas	15
黑色金属矿采选业	Mining and Processing of Ferrous Metal Ores	11
有色金属矿采选业	Mining and Processing of Non-Ferrous Metal Ores	14
非金属矿采选业	Mining and Processing of Non-metal Ores	66
开采专业及辅助性活动	Professional and Support Activities for Mining	
其他采矿业	Mining of Other Ores	
农副食品加工业	Processing of Food from Agricultural Products	33
食品制造业	Manufacture of Foods	12
酒、饮料和精制茶制造业	Manufacture of Liquor, Beverages and Refined Tea	29
烟草制品业	Manufacture of Tobacco	
纺织业	Manufacture of Textile	16
纺织服装、服饰业	Manufacture of Textile, Wearing Apparel and Accessories	11
皮革、毛皮、羽毛及其制品和制鞋业	Manufacture of Leather, Fur, Feather and Related Products and Footwear	
木材加工和木、竹、藤、棕、草制品业	Processing of Timber, Manufacture of Wood, Bamboo, Rattan, Palm and Straw Products	3
家具制造业	Manufacture of Furniture	
造纸和纸制品业	Manufacture of Paper and Paper Products	7
印刷和记录媒介复制业	Printing and Reproduction of Recording Media	10
文教、工美、体育和娱乐用品制造业	Manufacture of Articles for Culture, Education, Arts and Crafts, Sport and Entertainment Activities	
石油、煤炭及其他燃料加工业	Processing of Petroleum, Coal and Other Fuel	7
化学原料和化学制品制造业	Manufacture of Raw Chemical Materials and Chemical Products	66
医药制造业	Manufacture of Medicines	33
化学纤维制造业	Manufacture of Chemical Fibers	7
橡胶和塑料制品业	Manufacture of Rubber and Plastics Products	9
非金属矿物制品业	Manufacture of Non-metallic Mineral Products	166
黑色金属冶炼和压延加工业	Smelting and Pressing of Ferrous Metals	9
有色金属冶炼和压延加工业	Smelting and Pressing of Non-ferrous Metals	23
金属制品业	Manufacture of Metal Products	28
通用设备制造业	Manufacture of General Purpose Machinery	42
专用设备制造业	Manufacture of Special Purpose Machinery	38
汽车制造业	Manufacture of Automobiles	38
铁路、船舶、航空航天和其他运输设备制造业	Manufacture of Railway, Ship, Aerospace and Other Transport Equipment	39
电气机械和器材制造业	Manufacture of Electrical Machinery and Apparatus	37
计算机、通信和其他电子设备制造业	Manufacture of Computers, Communication and Other Electronic Equipment	85
仪器仪表制造业	Manufacture of Measuring Instruments and Machinery	9
其他制造业	Other Manufactures	4
废弃资源综合利用业	Utilization of Waste Resources	7
金属制品、机械和设备修理业	Repair Service of Metal Products, Machinery and Equipment	5
电力、热力生产和供应业	Production and Supply of Electric Power and Heat Power	276
燃气生产和供应业	Production and Supply of Gas	99
水的生产和供应业	Production and Supply of Water	145

Main Indicators of State-holding Industrial Enterprises by Industrial Sector(2021)

(100 million yuan)

资产总计 Total Assets	流动资产合计 Total Current Assets	固定资产原价 Original Value of Fixed Assets	负债合计 Total Liabilities	流动负债合计 Total Current Liabilities	所有者权益 Owners' Equities
31402.73	**11558.18**	**22403.74**	**18411.72**	**11082.30**	**12939.23**
340.54	131.90	244.20	251.49	165.53	89.04
2221.88	392.89	3097.50	717.43	301.08	1452.67
96.87	25.50	53.61	31.15	24.44	65.72
182.81	83.35	71.24	69.08	48.32	113.72
536.26	221.18	41.38	259.35	184.09	276.92
38.07	24.94	44.71	21.57	16.55	16.50
35.52	13.51	26.13	26.51	18.43	9.01
3035.36	1815.95	519.12	1358.45	1284.08	1676.92
59.46	31.21	32.25	32.54	21.91	26.92
19.87	12.24	12.04	9.02	7.01	10.85
2.67	1.72	0.64	1.93	1.39	0.74
41.51	15.96	31.52	30.11	28.89	11.40
61.09	43.75	48.62	18.16	14.00	42.93
505.80	210.28	389.22	208.39	189.88	297.41
887.83	462.74	531.58	411.12	309.25	476.71
231.03	103.28	82.61	55.06	41.42	175.96
270.84	122.64	121.14	235.50	175.84	35.34
27.29	15.83	24.25	13.17	13.09	14.13
787.40	433.96	407.72	474.25	362.21	313.16
1366.59	368.72	920.92	756.37	639.50	610.22
137.25	67.88	92.96	53.89	43.63	83.36
218.53	131.20	92.65	124.13	106.98	94.40
652.87	506.13	140.40	446.20	383.42	206.67
508.52	348.07	152.40	298.79	238.53	209.73
451.57	267.50	156.93	332.79	281.87	118.77
1910.71	1624.28	297.35	1587.24	1505.57	323.46
542.44	432.43	99.01	380.24	334.27	162.19
3331.09	1579.13	1709.29	1887.88	1243.17	1443.21
72.82	57.99	13.00	42.82	40.95	30.00
199.06	82.43	163.54	156.20	56.67	42.87
25.13	16.54	10.13	13.66	12.21	11.47
34.31	27.64	10.22	14.52	11.66	19.80
10156.43	837.51	11727.36	6868.75	2262.50	3287.68
384.05	162.91	218.63	188.71	129.77	195.34
1321.80	461.68	498.59	766.65	325.08	555.15

14-9 续表

单位：亿元

行　业	Sector	营业收入 Business Revenue
总　计	**Total**	**15502.59**
煤炭开采和洗选业	Mining and Washing of Coal	109.59
石油和天然气开采业	Extraction of Petroleum and Natural Gas	903.21
黑色金属矿采选业	Mining and Processing of Ferrous Metal Ores	41.79
有色金属矿采选业	Mining and Processing of Non-Ferrous Metal Ores	76.05
非金属矿采选业	Mining and Processing of Non-metal Ores	102.25
开采专业及辅助性活动	Professional and Support Activities for Mining	
其他采矿业	Mining of Other Ores	
农副食品加工业	Processing of Food from Agricultural Products	116.18
食品制造业	Manufacture of Foods	23.09
酒、饮料和精制茶制造业	Manufacture of Liquor, Beverages and Refined Tea	1752.61
烟草制品业	Manufacture of Tobacco	
纺织业	Manufacture of Textile	53.07
纺织服装、服饰业	Manufacture of Textile, Wearing Apparel and Accessories	14.45
皮革、毛皮、羽毛及其制品和制鞋业	Manufacture of Leather, Fur, Feather and Related Products and Footwear	
木材加工和木、竹、藤、棕、草制品业	Processing of Timber, Manufacture of Wood, Bamboo, Rattan, Palm and Straw Products	13.99
家具制造业	Manufacture of Furniture	
造纸和纸制品业	Manufacture of Paper and Paper Products	36.74
印刷和记录媒介复制业	Printing and Reproduction of Recording Media	41.33
文教、工美、体育和娱乐用品制造业	Manufacture of Articles for Culture, Education, Arts and Crafts, Sport and Entertainment Activities	
石油、煤炭及其他燃料加工业	Processing of Petroleum, Coal and Other Fuel	759.52
化学原料和化学制品制造业	Manufacture of Raw Chemical Materials and Chemical Products	711.71
医药制造业	Manufacture of Medicines	146.71
化学纤维制造业	Manufacture of Chemical Fibers	340.12
橡胶和塑料制品业	Manufacture of Rubber and Plastics Products	39.96
非金属矿物制品业	Manufacture of Non-metallic Mineral Products	572.64
黑色金属冶炼和压延加工业	Smelting and Pressing of Ferrous Metals	1122.59
有色金属冶炼和压延加工业	Smelting and Pressing of Non-ferrous Metals	252.46
金属制品业	Manufacture of Metal Products	169.67
通用设备制造业	Manufacture of General Purpose Machinery	320.32
专用设备制造业	Manufacture of Special Purpose Machinery	203.80
汽车制造业	Manufacture of Automobiles	262.71
铁路、船舶、航空航天和其他运输设备制造业	Manufacture of Railway, Ship, Aerospace and Other Transport Equipment	787.50
电气机械和器材制造业	Manufacture of Electrical Machinery and Apparatus	384.45
计算机、通信和其他电子设备制造业	Manufacture of Computers, Communication and Other Electronic Equipment	2104.37
仪器仪表制造业	Manufacture of Measuring Instruments and Machinery	54.41
其他制造业	Other Manufactures	50.23
废弃资源综合利用业	Utilization of Waste Resources	33.45
金属制品、机械和设备修理业	Repair Service of Metal Products, Machinery and Equipment	52.45
电力、热力生产和供应业	Production and Supply of Electric Power and Heat Power	2559.67
燃气生产和供应业	Production and Supply of Gas	358.43
水的生产和供应业	Production and Supply of Water	186.36

continued

(100 million yuan)

营业成本 Business Cost	销售费用 Selling Expenses	管理费用 Management Expenses	财务费用 Financial Expenses	利润总额 Total Profits	平均用工人数 (万人) Annual Average Employees (10 000 persons)
12077.79	**351.00**	**534.54**	**258.58**	**1498.59**	**74.06**
78.41	1.58	8.57	0.71	25.02	4.07
618.78	1.86	58.51	10.13	174.34	3.26
23.98	1.25	3.97	0.49	10.42	0.34
45.93	0.28	5.40	0.04	21.75	0.46
73.63	2.20	7.59	5.14	7.75	0.51
105.19	1.06	1.39	0.23	5.09	0.35
19.51	2.34	1.44	0.40	-0.74	0.41
977.36	124.63	50.64	-11.09	446.52	5.90
47.15	0.74	1.55	0.56	3.00	0.56
10.64	0.36	2.94	0.06	0.34	0.27
13.32	0.12	0.21	0.03	0.25	0.08
30.30	0.89	1.22	0.84	1.64	0.36
30.33	0.23	6.20		4.39	0.40
607.55	3.26	13.18	-0.66	58.35	0.88
555.77	15.49	38.45	6.06	76.16	3.56
83.33	16.71	4.66	0.29	34.90	0.95
319.04	3.48	3.87	8.13	2.28	1.16
32.01	2.84	2.17	0.20	1.91	0.30
461.10	15.85	20.58	8.19	52.96	2.56
964.98	3.25	19.18	12.61	91.17	3.97
224.27	1.01	4.87	0.81	15.96	0.82
154.61	2.21	4.98	1.48	0.60	1.03
259.80	6.78	18.42	-2.63	19.53	1.80
169.51	5.03	11.62	0.79	10.88	1.64
235.56	3.65	13.53	2.67	3.70	1.66
705.39	3.13	31.68	-4.12	26.05	4.06
330.09	13.80	14.92	-2.08	12.33	1.96
1817.65	79.99	56.27	16.23	42.34	8.89
43.24	2.38	3.54	0.26	3.18	0.43
48.76	0.05	2.96	0.52	5.81	0.52
28.74	0.18	1.25	0.12	2.43	0.31
49.15	0.04	0.75	-0.17	2.64	0.06
2056.84	3.39	48.99	194.55	247.07	13.65
289.69	13.88	15.32	2.22	39.52	1.54
123.01	5.58	16.78	9.55	31.16	2.35

14−10 各市(州)国有控股工业企业主要指标(2021年)
Main Indicators of State-holding Industrial Enterprises by Region(2021)

单位：亿元 (100 million yuan)

市(州)	Region	企业单位数(个) Number of Enterprises (unit)	资产总计 Total Assets	流动资产合计 Total Current Assets	固定资产原价 Original Value of Fixed Assets	负债合计 Total Liabilities	流动负债合计 Total Current Liabilities	所有者权益合计 Owners' Equities
全　省	**Sichuan**	**1422**	**31402.73**	**11558.18**	**22403.74**	**18411.72**	**11082.30**	**12939.23**
成都市	Chengdu	360	10285.98	4142.55	8987.92	5609.68	4353.72	4676.30
自贡市	Zigong	31	410.59	243.57	109.23	224.21	159.94	186.38
攀枝花市	Panzhihua	41	1637.60	451.83	1163.64	958.66	669.29	678.93
泸州市	Luzhou	81	1107.98	528.65	468.76	585.33	356.63	522.65
德阳市	Deyang	60	1303.29	903.40	460.26	838.10	694.54	465.19
绵阳市	Mianyang	110	2618.57	1291.81	1282.96	1634.98	1101.38	983.59
广元市	Guangyuan	56	468.51	107.50	477.88	266.72	86.93	201.79
遂宁市	Suining	29	342.78	155.40	124.54	138.38	101.16	204.40
内江市	Neijiang	26	202.14	77.77	115.76	111.59	79.65	90.54
乐山市	Leshan	60	882.77	199.20	634.22	545.21	195.37	337.56
南充市	Nanchong	64	409.91	151.51	213.79	234.98	142.37	174.93
眉山市	Meishan	44	403.12	150.15	251.37	225.77	146.41	177.35
宜宾市	Yibin	96	3865.94	2064.67	1242.75	2009.08	1703.85	1805.09
广安市	Guangan	38	291.96	76.57	305.11	144.98	80.25	146.99
达州市	Dazhou	42	664.31	304.66	476.94	316.99	173.19	347.32
雅安市	Yaan	54	879.61	168.55	935.18	583.76	172.80	295.85
巴中市	Bazhong	41	80.11	22.90	64.92	52.25	28.43	27.87
资阳市	Ziyang	11	87.21	43.97	30.84	68.92	49.74	18.29
阿坝藏族羌族自治州	Aba	37	429.04	49.80	439.47	317.02	135.54	112.03
甘孜藏族自治州	Ganzi	35	1486.21	50.24	1535.67	1127.52	153.26	358.69
凉山彝族自治州	Liangshan	106	3545.10	373.46	3082.51	2417.59	497.84	1127.51

14-10 续表 continued

单位：亿元 (100 million yuan)

市(州)	Region	营业收入 Business Revenue	营业成本 Business Cost	销售费用 Selling Expenses	管理费用 Management Expenses	财务费用 Financial Expenses	利润总额 Total Profits	平均用工人数（万人） Annual Average Employees (10 000 persons)
全 省	**Sichuan**	**15502.59**	**12077.79**	**351.00**	**534.54**	**258.58**	**1498.59**	**74.06**
成都市	Chengdu	5748.44	4614.61	92.12	208.64	45.77	342.91	28.27
自贡市	Zigong	225.62	182.84	8.19	11.10	0.53	15.37	1.37
攀枝花市	Panzhihua	1047.49	868.32	2.53	22.06	13.76	88.00	5.74
泸州市	Luzhou	491.82	248.89	40.17	30.18	4.91	134.68	2.46
德阳市	Deyang	681.82	564.05	18.97	32.58	-2.63	43.50	3.42
绵阳市	Mianyang	1867.09	1614.55	63.13	44.99	14.87	56.69	8.37
广元市	Guangyuan	321.63	252.77	6.65	8.27	10.18	35.74	1.37
遂宁市	Suining	129.60	99.50	1.57	6.32	1.59	19.75	0.97
内江市	Neijiang	69.49	60.56	1.85	2.82	1.43	3.13	0.51
乐山市	Leshan	260.13	205.31	4.03	12.77	12.21	27.73	1.62
南充市	Nanchong	214.38	174.35	6.51	11.36	7.29	11.59	1.38
眉山市	Meishan	220.17	182.86	3.23	10.04	2.55	15.29	1.35
宜宾市	Yibin	2447.42	1755.44	83.10	72.11	10.74	408.23	8.66
广安市	Guangan	126.17	100.40	2.17	6.81	2.50	15.00	1.11
达州市	Dazhou	265.24	171.67	3.62	17.42	4.92	57.16	1.76
雅安市	Yaan	210.39	148.31	5.21	6.09	19.41	26.77	1.16
巴中市	Bazhong	49.25	36.85	2.09	3.02	1.42	5.80	0.44
资阳市	Ziyang	52.04	45.16	1.16	3.10	1.14	-0.13	0.46
阿坝藏族羌族自治州	Aba	88.41	65.14	0.33	2.28	10.47	9.65	0.43
甘孜藏族自治州	Ganzi	109.99	63.51	0.15	2.00	32.24	8.49	0.55
凉山彝族自治州	Liangshan	876.01	622.72	4.23	20.58	63.29	173.24	2.65

14-11 大中型工业企业主要指标
Main Indicators of Large and Medium-Sized Industrial Enterprises

单位：亿元 (100 million yuan)

年份 Year	企业单位数 (个) Number of Enterprises (unit)	资产总计 Total Assets	流动资产合计 Total Current Assets	固定资产原价 Original Value of Fixed Assets	负债合计 Total Liabilities	流动负债合计 Total Current Liabilities	所有者权益合计 Owners' Equities
1998	870	2938.50	1300.17	1778.60	1854.56	1179.64	1083.94
1999	836	3574.60	1379.53	2398.73	2225.70	1241.21	1348.91
2000	783	3607.02	1421.73	2374.75	2305.85	1285.79	1301.09
2001	884	3918.90	1572.97	2574.24	2438.89	1466.63	1480.01
2002	972	4231.06	1690.32	2641.97	2593.73	1585.30	1637.34
2003	843	4707.48	1943.03	2910.60	2886.08	1874.30	1821.40
2004	909	4879.50	2088.53	3314.60	3112.58	958.57	1766.31
2005	984	5689.02	2452.25	3700.42	3565.22	2464.06	2116.05
2006	1050	6557.26	2823.62	3821.43	3986.70	2762.09	2566.51
2007	1228	8427.97	3666.10	4949.00	5031.63	3496.33	3396.35
2008	1423	10881.79	4556.76	5376.74	6566.77	4462.80	4315.03
2009	1603	12490.71	5346.84	6630.78	7638.68	5156.30	4812.08
2010	1989	15940.79	6874.81	9124.91	9956.92	6872.76	5935.53
2011	2790	19695.11	8621.32	11471.96	12187.05	8752.14	7446.71
2012	2769	21074.33	9714.15	11876.04	13376.19	9429.04	7651.59
2013	2635	26044.06	10838.81	14662.95	15808.26	10227.38	9811.84
2014	2521	26729.05	11240.43	16652.47	16336.70	11425.02	10347.35
2015	2386	26696.01	10992.73	15942.04	16178.16	10825.60	10516.84
2016	2260	27213.60	11722.69	19123.53	15622.92	10906.63	11590.68
2017	2100	28652.69	12821.14	18183.64	16348.27	11891.39	12304.42
2018	1897	30521.68	13762.87	17968.88	17055.01	12771.35	13466.67
2019	1820	31697.52	14309.59	19705.79	17403.74	12453.36	14293.66
2020	1784	33614.38	15065.67	21546.67	18479.68	13912.16	15134.32
2021	1833	38484.15	18856.17	23276.19	21051.75	16637.42	17432.40

14-11 续表 continued

单位：亿元 (100 million yuan)

年份 Year	营业收入 Business Revenue	营业成本 Business Cost	销售费用 Selling Expenses	管理费用 Management Expenses	财务费用 Financial Expenses	利润总额 Total Profits	平均用工人数（万人） Annual Average Employees (10 000 persons)
1998						46.47	160.77
1999						26.68	149.23
2000			74.82	127.11	62.28	57.64	126.57
2001			88.78	139.58	67.83	71.57	119.39
2002			107.39	150.95	70.37	99.72	115.18
2003			126.20	189.75	69.50	122.44	125.64
2004	3068.51	2437.99	131.77	242.95	65.04	154.96	119.10
2005	3934.89	3138.94	161.13	243.65	67.43	245.57	128.00
2006	4941.02	3962.09	184.95	276.91	84.80	332.77	134.79
2007	6511.90	5171.48	231.11	366.06	106.81	496.14	146.44
2008	8262.77	6761.45	279.92	466.74	145.15	483.25	159.86
2009	9964.93	8093.80	333.12	533.54	126.03	668.87	175.95
2010	13854.97	11240.86	452.96	792.20	181.28	1069.06	211.98
2011	19862.11	16271.38	573.44	950.07	266.26	1510.47	271.53
2012	19928.38	16161.68	609.47	934.30	313.17	1585.57	276.54
2013	23506.70	19418.54	680.47	1040.34	359.40	1567.71	267.16
2014	24438.81	20434.41	723.44	989.94	423.11	1447.05	255.76
2015	22900.94	19188.78	718.71	1019.95	398.78	1208.28	237.07
2016	24920.35	20798.76	821.51	1059.12	334.84	1406.09	218.68
2017	24613.39	20169.60	803.30	1059.00	304.29	1888.99	203.70
2018	24430.19	19898.82	824.37	1054.46	283.28	1893.77	185.49
2019	25764.43	20929.21	910.38	860.04	272.01	1943.20	177.95
2020	27069.62	22064.24	886.97	833.19	240.58	2120.99	176.79
2021	32859.02	26567.47	969.82	975.30	213.80	3053.47	179.01

14-12 按行业分大中型工业企业主要指标(2021年)

单位：亿元

行　业	Sector	企业单位数(个) Number of Enterprises (unit)
总　计	**Total**	**1833**
煤炭开采和洗选业	Mining and Washing of Coal	66
石油和天然气开采业	Extraction of Petroleum and Natural Gas	5
黑色金属矿采选业	Mining and Processing of Ferrous Metal Ores	12
有色金属矿采选业	Mining and Processing of Non-Ferrous Metal Ores	12
非金属矿采选业	Mining and Processing of Non-metal Ores	15
开采专业及辅助性活动	Professional and Support Activities for Mining	2
其他采矿业	Mining of Other Ores	
农副食品加工业	Processing of Food from Agricultural Products	84
食品制造业	Manufacture of Foods	87
酒、饮料和精制茶制造业	Manufacture of Liquor, Beverages and Refined Tea	81
烟草制品业	Manufacture of Tobacco	1
纺织业	Manufacture of Textile	62
纺织服装、服饰业	Manufacture of Textile, Wearing Apparel and Accessories	23
皮革、毛皮、羽毛及其制品和制鞋业	Manufacture of Leather, Fur, Feather and Related Products and Footwear	30
木材加工和木、竹、藤、棕、草制品业	Processing of Timber, Manufacture of Wood, Bamboo, Rattan, Palm and Straw Products	12
家具制造业	Manufacture of Furniture	37
造纸和纸制品业	Manufacture of Paper and Paper Products	44
印刷和记录媒介复制业	Printing and Reproduction of Recording Media	24
文教、工美、体育和娱乐用品制造业	Manufacture of Articles for Culture, Education, Arts and Crafts, Sport and Entertainment Activities	8
石油、煤炭及其他燃料加工业	Processing of Petroleum, Coal and Other Fuel	13
化学原料和化学制品制造业	Manufacture of Raw Chemical Materials and Chemical Products	115
医药制造业	Manufacture of Medicines	93
化学纤维制造业	Manufacture of Chemical Fibers	7
橡胶和塑料制品业	Manufacture of Rubber and Plastics Products	40
非金属矿物制品业	Manufacture of Non-metallic Mineral Products	174
黑色金属冶炼和压延加工业	Smelting and Pressing of Ferrous Metals	33
有色金属冶炼和压延加工业	Smelting and Pressing of Non-ferrous Metals	31
金属制品业	Manufacture of Metal Products	72
通用设备制造业	Manufacture of General Purpose Machinery	79
专用设备制造业	Manufacture of Special Purpose Machinery	64
汽车制造业	Manufacture of Automobiles	99
铁路、船舶、航空航天和其他运输设备制造业	Manufacture of Railway, Ship, Aerospace and Other Transport Equipment	43
电气机械和器材制造业	Manufacture of Electrical Machinery and Apparatus	80
计算机、通信和其他电子设备制造业	Manufacture of Computers, Communication and Other Electronic Equipment	177
仪器仪表制造业	Manufacture of Measuring Instruments and Machinery	17
其他制造业	Other Manufactures	4
废弃资源综合利用业	Utilization of Waste Resources	4
金属制品、机械和设备修理业	Repair Service of Metal Products, Machinery and Equipment	2
电力、热力生产和供应业	Production and Supply of Electric Power and Heat Power	47
燃气生产和供应业	Production and Supply of Gas	16
水的生产和供应业	Production and Supply of Water	18

Main Indicators of Large and Medium-sized Industrial Enterprises by Industrial Sector(2021)

(100 million yuan)

资产总计 Total Assets	流动资产合计 Total Current Assets	固定资产原价 Original Value of Fixed Assets	负债合计 Total Liabilities	流动负债合计 Total Current Liabilities	所有者权益 Owners' Equities
38484.15	**18856.17**	**23276.19**	**21051.75**	**16637.42**	**17432.40**
276.54	99.15	212.64	183.04	148.37	93.51
1726.59	334.44	2651.34	472.14	229.86	1254.45
230.05	62.00	127.23	116.92	108.87	113.13
221.96	102.89	76.17	70.64	50.54	151.32
78.09	29.08	51.40	43.11	27.26	34.98
756.09	417.30	199.05	286.57	204.40	469.51
476.37	253.06	221.18	189.10	161.08	287.26
4236.10	2508.29	995.95	1874.53	1700.88	2361.57
296.54	125.49	159.36	141.60	95.03	154.94
63.04	33.73	36.18	23.08	17.83	39.96
89.92	38.66	25.86	37.31	31.55	52.61
42.46	21.63	30.60	24.98	22.35	17.47
153.28	70.90	93.77	88.45	85.49	64.83
252.17	98.98	192.81	144.28	128.02	107.89
107.64	67.71	84.40	32.67	30.40	74.98
36.45	29.98	14.95	24.50	24.32	11.95
634.68	277.64	484.22	327.47	278.01	307.22
2062.65	962.70	1076.88	881.50	708.18	1181.15
1356.82	785.17	327.21	476.27	346.63	880.55
289.26	127.58	140.41	246.58	182.76	42.68
225.92	116.55	131.07	80.66	69.49	145.26
1582.89	745.64	983.29	584.57	469.51	998.32
2084.40	760.00	1819.76	1243.52	1046.04	840.89
396.79	206.44	224.11	192.98	170.94	203.81
568.89	362.34	286.46	365.70	328.71	203.19
1082.93	752.82	298.59	694.26	605.36	388.67
865.27	558.35	281.49	451.06	361.82	414.21
1605.48	955.32	634.58	1088.09	942.36	517.39
2028.69	1691.36	389.52	1605.70	1528.39	422.99
1518.65	920.21	566.87	1018.36	783.67	500.29
6659.04	4022.19	3387.47	4344.45	3576.51	2314.59
149.49	112.07	44.57	72.03	67.32	77.45
201.73	84.60	164.03	157.74	58.24	43.99
36.61	25.54	10.31	24.38	21.04	12.24
4244.35	320.02	6151.37	2535.16	1428.54	1709.19
163.69	66.16	99.61	73.68	64.68	90.01
984.82	297.03	279.85	574.31	284.85	410.51

14-12 续表

单位：亿元

行　业	Sector	营业收入 Business Revenue
总　计	**Total**	**32859.02**
煤炭开采和洗选业	Mining and Washing of Coal	231.01
石油和天然气开采业	Extraction of Petroleum and Natural Gas	775.19
黑色金属矿采选业	Mining and Processing of Ferrous Metal Ores	145.52
有色金属矿采选业	Mining and Processing of Non-Ferrous Metal Ores	97.16
非金属矿采选业	Mining and Processing of Non-metal Ores	66.24
开采专业及辅助性活动	Professional and Support Activities for Mining	
其他采矿业	Mining of Other Ores	
农副食品加工业	Processing of Food from Agricultural Products	722.77
食品制造业	Manufacture of Foods	650.49
酒、饮料和精制茶制造业	Manufacture of Liquor, Beverages and Refined Tea	2983.74
烟草制品业	Manufacture of Tobacco	
纺织业	Manufacture of Textile	386.29
纺织服装、服饰业	Manufacture of Textile, Wearing Apparel and Accessories	106.64
皮革、毛皮、羽毛及其制品和制鞋业	Manufacture of Leather, Fur, Feather and Related Products and Footwear	127.09
木材加工和木、竹、藤、棕、草制品业	Processing of Timber, Manufacture of Wood, Bamboo, Rattan, Palm and Straw Products	62.90
家具制造业	Manufacture of Furniture	196.12
造纸和纸制品业	Manufacture of Paper and Paper Products	326.49
印刷和记录媒介复制业	Printing and Reproduction of Recording Media	127.78
文教、工美、体育和娱乐用品制造业	Manufacture of Articles for Culture, Education, Arts and Crafts, Sport and Entertainment Activities	75.43
石油、煤炭及其他燃料加工业	Processing of Petroleum, Coal and Other Fuel	986.29
化学原料和化学制品制造业	Manufacture of Raw Chemical Materials and Chemical Products	1817.38
医药制造业	Manufacture of Medicines	867.56
化学纤维制造业	Manufacture of Chemical Fibers	359.45
橡胶和塑料制品业	Manufacture of Rubber and Plastics Products	358.22
非金属矿物制品业	Manufacture of Non-metallic Mineral Products	1670.54
黑色金属冶炼和压延加工业	Smelting and Pressing of Ferrous Metals	2669.36
有色金属冶炼和压延加工业	Smelting and Pressing of Non-ferrous Metals	594.80
金属制品业	Manufacture of Metal Products	912.01
通用设备制造业	Manufacture of General Purpose Machinery	767.01
专用设备制造业	Manufacture of Special Purpose Machinery	490.37
汽车制造业	Manufacture of Automobiles	1607.91
铁路、船舶、航空航天和其他运输设备制造业	Manufacture of Railway, Ship, Aerospace and Other Transport Equipment	867.83
电气机械和器材制造业	Manufacture of Electrical Machinery and Apparatus	1256.78
计算机、通信和其他电子设备制造业	Manufacture of Computers, Communication and Other Electronic Equipment	7266.77
仪器仪表制造业	Manufacture of Measuring Instruments and Machinery	166.58
其他制造业	Other Manufactures	58.17
废弃资源综合利用业	Utilization of Waste Resources	55.87
金属制品、机械和设备修理业	Repair Service of Metal Products, Machinery and Equipment	
电力、热力生产和供应业	Production and Supply of Electric Power and Heat Power	1987.12
燃气生产和供应业	Production and Supply of Gas	142.73
水的生产和供应业	Production and Supply of Water	133.37

continued

(100 million yuan)

营业成本 Business Cost	销售费用 Selling Expenses	管理费用 Management Expenses	财务费用 Financial Expenses	利润总额 Total Profits	平均用工人数 (万人) Annual Average Employees (10 000 persons)
26567.47	**969.82**	**975.30**	**213.80**	**3053.47**	**179.01**
180.08	4.41	15.06	1.20	31.86	4.77
529.43	1.86	48.87	5.75	143.74	3.15
82.81	2.27	7.11	1.90	49.87	0.74
56.45	0.87	5.70	-0.37	32.38	0.59
48.37	3.91	4.66	0.63	5.76	0.66
615.36	22.07	18.29	3.40	100.23	4.74
494.01	54.79	28.29	4.21	61.23	5.81
1724.59	247.50	123.88	-1.98	625.38	13.24
338.34	6.52	9.08	3.74	24.59	3.36
85.20	5.77	4.30	1.33	8.91	1.29
106.69	3.38	5.17	1.28	7.60	2.10
56.31	0.98	1.32	0.51	3.65	0.58
157.65	10.19	11.74	1.23	11.04	4.45
272.00	11.37	8.41	4.00	21.89	2.43
99.44	3.56	10.39	0.71	12.20	1.56
61.59	6.41	2.17	0.42	4.23	0.45
807.24	4.69	16.79	1.39	66.89	1.28
1355.90	41.35	77.79	14.27	336.36	8.73
428.86	196.69	39.24	5.92	155.45	7.27
335.34	4.90	4.45	8.29	3.20	1.24
290.55	17.97	14.16	3.46	24.13	2.69
1250.17	44.02	60.59	14.97	276.78	9.69
2363.14	11.71	39.14	19.06	177.73	7.08
500.67	4.64	10.10	5.15	62.11	2.52
783.69	20.27	29.12	8.86	44.48	5.26
618.70	25.23	35.51	3.77	57.39	4.93
400.32	16.00	22.85	2.69	34.94	4.33
1370.50	31.28	52.90	8.53	92.02	7.66
745.30	6.93	34.85	-2.81	50.46	4.98
1078.76	33.38	33.46	3.87	66.64	7.26
6717.70	95.15	92.75	17.73	228.56	35.13
126.88	6.54	6.51	1.02	21.97	1.00
55.66	0.27	3.22	0.53	6.28	0.60
51.13	0.14	1.31	0.58	1.79	0.37
1734.01	2.16	38.90	67.74	143.79	11.95
105.72	11.52	9.43	0.49	17.51	0.86
88.73	2.75	11.61	4.21	25.64	1.19

14-13 各市(州)大中型工业企业主要指标(2021年)
Main Indicators of Large and Medium-Sized Industrial Enterprises by Region(2021)

单位：亿元　　(100 million yuan)

市(州)	Region	企业单位数(个) Number of Enterprises (unit)	资产总计 Total Assets	流动资产合计 Total Current Assets	固定资产原价 Original Value of Fixed Assets	负债合计 Total Liabilities	流动负债合计 Total Current Liabilities	所有者权益合计 Owners' Equities
全　省	**Sichuan**	**1833**	**38484.15**	**18856.17**	**23276.19**	**21051.75**	**16637.42**	**17432.40**
成都市	Chengdu	535	16679.83	8431.22	11495.75	9253.55	7786.85	7426.28
自贡市	Zigong	51	677.18	399.50	202.69	393.32	321.92	283.86
攀枝花市	Panzhihua	45	1686.55	549.96	1074.47	975.71	835.65	710.84
泸州市	Luzhou	100	1599.38	837.59	720.68	775.50	592.54	823.87
德阳市	Deyang	126	2164.87	1472.62	816.36	1215.35	1057.78	949.52
绵阳市	Mianyang	107	3202.91	1568.10	1344.87	1937.85	1363.14	1265.06
广元市	Guangyuan	36	251.77	106.82	230.96	129.18	111.10	122.59
遂宁市	Suining	68	567.89	271.77	295.00	235.86	165.12	332.03
内江市	Neijiang	41	612.67	355.45	770.31	433.84	369.09	178.83
乐山市	Leshan	83	1593.01	663.05	1027.94	721.14	539.39	871.87
南充市	Nanchong	205	961.69	369.84	649.93	391.40	321.57	570.29
眉山市	Meishan	80	799.22	357.36	462.90	429.54	312.25	369.68
宜宾市	Yibin	125	4262.19	2379.87	1194.34	2348.50	1966.16	1913.69
广安市	Guangan	49	432.14	143.17	379.55	206.00	130.83	226.13
达州市	Dazhou	77	831.26	415.68	671.62	372.17	222.38	459.09
雅安市	Yaan	28	263.21	144.89	116.22	155.30	126.95	107.91
巴中市	Bazhong	14	51.69	23.57	35.26	23.64	14.39	28.05
资阳市	Ziyang	25	186.59	99.41	99.27	128.89	105.54	57.69
阿坝藏族羌族自治州	Aba	7	81.51	46.94	59.32	29.08	26.29	52.43
甘孜藏族自治州	Ganzi	4	51.27	14.93	48.93	11.43	9.64	39.84
凉山彝族自治州	Liangshan	27	1527.33	204.44	1579.84	884.50	258.83	642.82

14-13 续表 continued

单位：亿元 (100 million yuan)

市(州)	Region	营业收入 Business Revenue	营业成本 Business Cost	销售费用 Selling Expenses	管理费用 Management Expenses	财务费用 Financial Expenses	利润总额 Total Profits	平均用工人数(万人) Annual Average Employees (10 000 persons)
全 省	**Sichuan**	**32859.02**	**26567.47**	**969.82**	**975.30**	**213.80**	**3053.47**	**179.01**
成都市	Chengdu	13213.19	11114.94	359.75	335.86	51.73	847.27	72.80
自贡市	Zigong	544.00	437.85	18.54	24.82	5.82	39.83	3.29
攀枝花市	Panzhihua	1623.02	1326.50	14.49	40.88	14.96	163.02	6.70
泸州市	Luzhou	1303.37	809.62	87.51	64.73	6.54	253.47	8.27
德阳市	Deyang	1862.69	1448.67	92.85	77.92	2.92	172.56	11.38
绵阳市	Mianyang	2388.00	2043.47	80.28	65.80	15.42	102.72	12.36
广元市	Guangyuan	429.14	345.46	7.88	9.29	2.72	51.60	2.20
遂宁市	Suining	694.18	553.01	17.17	19.99	3.75	76.18	4.77
内江市	Neijiang	1050.72	930.08	17.42	23.73	3.51	66.68	4.14
乐山市	Leshan	1197.23	904.96	22.57	37.79	13.13	258.50	6.47
南充市	Nanchong	1918.99	1536.83	78.27	86.93	34.00	154.34	11.52
眉山市	Meishan	770.56	650.00	23.07	21.93	4.37	54.90	5.47
宜宾市	Yibin	3280.67	2433.08	99.32	84.43	14.62	490.99	13.27
广安市	Guangan	454.19	358.14	8.99	12.66	4.29	52.12	3.24
达州市	Dazhou	796.70	614.82	13.56	29.30	5.18	103.92	5.38
雅安市	Yaan	269.13	234.12	5.47	6.83	2.72	15.43	1.88
巴中市	Bazhong	79.26	58.02	6.78	6.02	0.67	5.14	0.83
资阳市	Ziyang	150.14	134.91	5.43	7.12	1.02	-6.21	1.94
阿坝藏族羌族自治州	Aba	97.23	80.67	0.88	2.28	0.67	11.56	0.48
甘孜藏族自治州	Ganzi	22.30	17.17	0.07	1.14	0.03	3.51	0.33
凉山彝族自治州	Liangshan	714.33	535.17	9.51	15.85	25.74	135.93	2.30

14-14 按行业分规模以上工业企业主要经济效益指标(2021年)
Main Indicators on Economic Benefits of Industrial Enterprises above Designated Size by Industrial Sector(2021)

单位：%　　　　(%)

行　业	Sector	资产负债率 Ratio of Debts to Assets	总资产贡献率 Ratio of Profits, Taxes and Interests to Average Assets	工业成本费用利润率 Ratio of Profits to Industrial Costs
总　计	**Total**	**56.43**	**11.37**	**9.30**
煤炭开采和洗选业	Mining and Washing of Coal	66.99	12.84	13.11
石油和天然气开采业	Extraction of Petroleum and Natural Gas	32.30	10.60	24.73
黑色金属矿采选业	Mining and Processing of Ferrous Metal Ores	55.43	19.39	23.03
有色金属矿采选业	Mining and Processing of Non-Ferrous Metal Ores	51.27	14.35	28.00
非金属矿采选业	Mining and Processing of Non-metal Ores	51.52	7.92	10.77
开采专业及辅助性活动	Professional and Support Activities for Mining	33.26	-2.52	-2.90
其他采矿业	Mining of Other Ores			
农副食品加工业	Processing of Food from Agricultural Products	45.36	14.97	7.64
食品制造业	Manufacture of Foods	42.58	17.74	9.01
酒、饮料和精制茶制造业	Manufacture of Liquor, Beverages and Refined Tea	43.45	24.26	24.17
烟草制品业	Manufacture of Tobacco	40.59	87.53	17.87
纺织业	Manufacture of Textile	50.47	11.29	6.22
纺织服装、服饰业	Manufacture of Textile, Wearing Apparel and Accessories	36.19	21.58	8.33
皮革、毛皮、羽毛及其制品和制鞋业	Manufacture of Leather, Fur, Feather and Related Products and Footwear	43.58	14.21	6.48
木材加工和木、竹、藤、棕、草制品业	Processing of Timber, Manufacture of Wood, Bamboo, Rattan, Palm and Straw Products	52.09	15.01	6.38
家具制造业	Manufacture of Furniture	55.75	13.87	5.96
造纸和纸制品业	Manufacture of Paper and Paper Products	56.59	14.00	6.04
印刷和记录媒介复制业	Printing and Reproduction of Recording Media	40.28	14.12	7.57
文教、工美、体育和娱乐用品制造业	Manufacture of Articles for Culture, Education, Arts and Crafts, Sport and Entertainment Activities	55.14	14.93	5.76
石油、煤炭及其他燃料加工业	Processing of Petroleum, Coal and Other Fuel	51.88	26.85	7.96
化学原料和化学制品制造业	Manufacture of Raw Chemical Materials and Chemical Products	47.21	16.86	15.43
医药制造业	Manufacture of Medicines	38.42	15.17	15.83
化学纤维制造业	Manufacture of Chemical Fibers	81.62	7.47	1.22
橡胶和塑料制品业	Manufacture of Rubber and Plastics Products	42.92	14.47	6.21
非金属矿物制品业	Manufacture of Non-metallic Mineral Products	50.24	15.63	11.35
黑色金属冶炼和压延加工业	Smelting and Pressing of Ferrous Metals	60.15	13.36	6.75
有色金属冶炼和压延加工业	Smelting and Pressing of Non-ferrous Metals	53.14	20.14	7.30
金属制品业	Manufacture of Metal Products	60.74	11.94	5.03
通用设备制造业	Manufacture of General Purpose Machinery	59.62	9.75	7.98
专用设备制造业	Manufacture of Special Purpose Machinery	51.39	7.97	7.55
汽车制造业	Manufacture of Automobiles	65.73	10.49	5.78
铁路、船舶、航空航天和其他运输设备制造业	Manufacture of Railway, Ship, Aerospace and Other Transport Equipment	75.58	3.44	6.13
电气机械和器材制造业	Manufacture of Electrical Machinery and Apparatus	62.89	7.01	5.41
计算机、通信和其他电子设备制造业	Manufacture of Computers, Communication and Other Electronic Equipment	63.58	5.15	3.75
仪器仪表制造业	Manufacture of Measuring Instruments and Machinery	53.25	14.05	11.38
其他制造业	Other Manufactures	77.06	4.11	8.93
废弃资源综合利用业	Utilization of Waste Resources	63.36	21.45	6.63
金属制品、机械和设备修理业	Repair Service of Metal Products, Machinery and Equipment	36.19	6.00	8.37
电力、热力生产和供应业	Production and Supply of Electric Power and Heat Power	67.31	5.63	11.29
燃气生产和供应业	Production and Supply of Gas	51.13	11.69	12.86
水的生产和供应业	Production and Supply of Water	58.91	3.75	19.46

14-15 按行业分国有控股工业企业主要经济效益指标(2021年)
Main Indicators on Economic Benefits of State-holding Industrial Enterprises by Industrial Sector(2021)

单位：% (%)

行 业	Sector	资产负债率 Ratio of Debts to Assets	总资产贡献率 Ratio of Profits, Taxes and Interests to Average Assets	工业成本费用利润率 Ratio of Profits to Industrial Costs
总 计	**Total**	**58.63**	**8.71**	**11.11**
煤炭开采和洗选业	Mining and Washing of Coal	73.85	10.63	27.09
石油和天然气开采业	Extraction of Petroleum and Natural Gas	32.29	10.60	24.73
黑色金属矿采选业	Mining and Processing of Ferrous Metal Ores	32.16	14.86	34.31
有色金属矿采选业	Mining and Processing of Non-Ferrous Metal Ores	37.79	15.20	41.35
非金属矿采选业	Mining and Processing of Non-metal Ores	48.36	3.13	8.73
开采专业及辅助性活动	Professional and Support Activities for Mining	33.18	-2.60	-3.01
其他采矿业	Mining of Other Ores			
农副食品加工业	Processing of Food from Agricultural Products	56.65	16.87	4.71
食品制造业	Manufacture of Foods	74.63	0.36	-3.08
酒、饮料和精制茶制造业	Manufacture of Liquor, Beverages and Refined Tea	44.75	22.12	38.87
烟草制品业	Manufacture of Tobacco	40.59	87.53	17.87
纺织业	Manufacture of Textile	54.72	6.84	5.96
纺织服装、服饰业	Manufacture of Textile, Wearing Apparel and Accessories	45.38	6.64	2.40
皮革、毛皮、羽毛及其制品和制鞋业	Manufacture of Leather, Fur, Feather and Related Products and Footwear			
木材加工和木、竹、藤、棕、草制品业	Processing of Timber, Manufacture of Wood, Bamboo, Rattan, Palm and Straw Products	72.23	13.67	1.86
家具制造业	Manufacture of Furniture	75.29	8.83	1.72
造纸和纸制品业	Manufacture of Paper and Paper Products	72.53	8.20	4.84
印刷和记录媒介复制业	Printing and Reproduction of Recording Media	29.73	10.88	11.75
文教、工美、体育和娱乐用品制造业	Manufacture of Articles for Culture, Education, Arts and Crafts, Sport and Entertainment Activities	78.93	11.20	4.78
石油、煤炭及其他燃料加工业	Processing of Petroleum, Coal and Other Fuel	41.20	30.60	9.33
化学原料和化学制品制造业	Manufacture of Raw Chemical Materials and Chemical Products	46.31	11.27	12.07
医药制造业	Manufacture of Medicines	23.83	19.22	31.96
化学纤维制造业	Manufacture of Chemical Fibers	86.95	7.01	0.67
橡胶和塑料制品业	Manufacture of Rubber and Plastics Products	48.24	9.42	5.03
非金属矿物制品业	Manufacture of Non-metallic Mineral Products	60.23	10.23	10.29
黑色金属冶炼和压延加工业	Smelting and Pressing of Ferrous Metals	55.35	11.15	8.79
有色金属冶炼和压延加工业	Smelting and Pressing of Non-ferrous Metals	39.26	15.34	6.78
金属制品业	Manufacture of Metal Products	56.80	1.65	0.36
通用设备制造业	Manufacture of General Purpose Machinery	68.34	3.98	6.59
专用设备制造业	Manufacture of Special Purpose Machinery	58.76	3.47	5.60
汽车制造业	Manufacture of Automobiles	73.70	3.12	1.42
铁路、船舶、航空航天和其他运输设备制造业	Manufacture of Railway, Ship, Aerospace and Other Transport Equipment	83.07	1.40	3.43
电气机械和器材制造业	Manufacture of Electrical Machinery and Apparatus	70.10	3.38	3.33
计算机、通信和其他电子设备制造业	Manufacture of Computers, Communication and Other Electronic Equipment	56.67	2.68	2.07
仪器仪表制造业	Manufacture of Measuring Instruments and Machinery	58.80	6.15	6.09
其他制造业	Other Manufactures	78.47	3.17	10.82
废弃资源综合利用业	Utilization of Waste Resources	54.34	18.10	7.86
金属制品、机械和设备修理业	Repair Service of Metal Products, Machinery and Equipment	42.30	8.61	5.28
电力、热力生产和供应业	Production and Supply of Electric Power and Heat Power	67.63	5.57	10.71
燃气生产和供应业	Production and Supply of Gas	49.14	12.58	12.28
水的生产和供应业	Production and Supply of Water	58.00	3.54	20.04

14-16 按行业分大中型工业企业主要经济效益指标(2021年)
Main Indicators on Economic Benefits of Large and Medium-sized Industrial Enterprises by Industrial Sector(2021)

单位：%　　(%)

行　　业	Sector	资产负债率 Ratio of Debts to Assets	总资产贡献率 Ratio of Profits, Taxes and Interests to Average Assets	工业成本费用利润率 Ratio of Profits to Industrial Costs
总　计	**Total**	**54.70**	**12.26**	**10.45**
煤炭开采和洗选业	Mining and Washing of Coal	66.19	16.28	15.58
石油和天然气开采业	Extraction of Petroleum and Natural Gas	27.35	11.91	23.91
黑色金属矿采选业	Mining and Processing of Ferrous Metal Ores	50.82	27.14	51.61
有色金属矿采选业	Mining and Processing of Non-Ferrous Metal Ores	31.82	17.85	50.31
非金属矿采选业	Mining and Processing of Non-metal Ores	55.21	12.85	9.96
开采专业及辅助性活动	Professional and Support Activities for Mining	33.23	-2.57	-2.98
其他采矿业	Mining of Other Ores			
农副食品加工业	Processing of Food from Agricultural Products	37.90	15.24	15.10
食品制造业	Manufacture of Foods	39.70	17.13	10.42
酒、饮料和精制茶制造业	Manufacture of Liquor, Beverages and Refined Tea	44.25	23.63	29.67
烟草制品业	Manufacture of Tobacco	42.09	91.92	16.36
纺织业	Manufacture of Textile	47.75	11.23	6.82
纺织服装、服饰业	Manufacture of Textile, Wearing Apparel and Accessories	36.61	19.85	9.17
皮革、毛皮、羽毛及其制品和制鞋业	Manufacture of Leather, Fur, Feather and Related Products and Footwear	41.49	11.99	6.45
木材加工和木、竹、藤、棕、草制品业	Processing of Timber, Manufacture of Wood, Bamboo, Rattan, Palm and Straw Products	58.85	11.80	6.14
家具制造业	Manufacture of Furniture	57.70	12.43	5.99
造纸和纸制品业	Manufacture of Paper and Paper Products	57.22	14.78	7.29
印刷和记录媒介复制业	Printing and Reproduction of Recording Media	30.35	15.65	10.55
文教、工美、体育和娱乐用品制造业	Manufacture of Articles for Culture, Education, Arts and Crafts, Sport and Entertainment Activities	67.22	15.67	5.96
石油、煤炭及其他燃料加工业	Processing of Petroleum, Coal and Other Fuel	51.60	28.09	8.04
化学原料和化学制品制造业	Manufacture of Raw Chemical Materials and Chemical Products	42.74	19.32	22.13
医药制造业	Manufacture of Medicines	35.10	15.94	21.76
化学纤维制造业	Manufacture of Chemical Fibers	85.24	7.09	0.90
橡胶和塑料制品业	Manufacture of Rubber and Plastics Products	35.70	14.62	7.28
非金属矿物制品业	Manufacture of Non-metallic Mineral Products	36.93	21.89	19.87
黑色金属冶炼和压延加工业	Smelting and Pressing of Ferrous Metals	59.66	13.56	7.14
有色金属冶炼和压延加工业	Smelting and Pressing of Non-ferrous Metals	48.64	19.76	11.68
金属制品业	Manufacture of Metal Products	64.28	12.29	5.21
通用设备制造业	Manufacture of General Purpose Machinery	64.11	7.27	8.16
专用设备制造业	Manufacture of Special Purpose Machinery	52.13	5.27	7.66
汽车制造业	Manufacture of Automobiles	67.77	11.12	6.24
铁路、船舶、航空航天和其他运输设备制造业	Manufacture of Railway, Ship, Aerospace and Other Transport Equipment	79.15	2.81	6.22
电气机械和器材制造业	Manufacture of Electrical Machinery and Apparatus	67.06	5.80	5.62
计算机、通信和其他电子设备制造业	Manufacture of Computers, Communication and Other Electronic Equipment	65.24	4.44	3.24
仪器仪表制造业	Manufacture of Measuring Instruments and Machinery	48.19	18.40	15.10
其他制造业	Other Manufactures	78.20	3.54	10.27
废弃资源综合利用业	Utilization of Waste Resources	66.58	10.02	3.31
金属制品、机械和设备修理业	Repair Service of Metal Products, Machinery and Equipment	42.42	8.66	5.15
电力、热力生产和供应业	Production and Supply of Electric Power and Heat Power	59.73	6.99	7.79
燃气生产和供应业	Production and Supply of Gas	45.01	12.55	13.73
水的生产和供应业	Production and Supply of Water	58.32	3.63	23.82

14-17 各市(州)规模以上工业企业主要经济效益指标(2021年)
Main Indicators on Economic Benefits of Industrial Enterprises above Designated Size by Region(2021)

单位：% (%)

市(州)	Region	资产负债率 Ratio of Debts to Assets	总资产贡献率 Ratio of Profits, Taxes and Interests to Average Assets	工业成本费用利润率 Ratio of Profits to Industrial Costs
全　省	**Sichuan**	**56.43**	**11.37**	**9.30**
成都市	Chengdu	55.86	8.64	6.78
自贡市	Zigong	57.11	10.53	6.78
攀枝花市	Panzhihua	59.82	13.64	11.09
泸州市	Luzhou	51.27	21.99	17.62
德阳市	Deyang	55.62	13.25	7.31
绵阳市	Mianyang	60.87	6.82	5.02
广元市	Guangyuan	49.65	18.04	9.66
遂宁市	Suining	41.37	16.00	10.30
内江市	Neijiang	63.17	14.18	8.09
乐山市	Leshan	50.42	14.78	17.91
南充市	Nanchong	45.17	16.88	8.34
眉山市	Meishan	54.39	10.90	6.35
宜宾市	Yibin	54.31	16.33	16.31
广安市	Guangan	47.80	18.00	9.16
达州市	Dazhou	46.26	18.23	11.86
雅安市	Yaan	63.64	9.22	9.17
巴中市	Bazhong	47.27	10.69	5.42
资阳市	Ziyang	63.38	5.78	2.60
阿坝藏族羌族自治州	Aba	68.76	8.89	15.75
甘孜藏族自治州	Ganzi	75.55	3.76	9.03
凉山彝族自治州	Liangshan	67.49	7.88	20.62

14−18 各市(州)国有控股工业企业主要经济效益指标(2021年)
Main Indicators on Economic Benefits of State-holding Industrial Enterprises by Region(2021)

单位：% (%)

市(州)	Region	资产负债率 Ratio of Debts to Assets	总资产贡献率 Ratio of Profits, Taxes and Interests to Average Assets	工业成本费用利润率 Ratio of Profits to Industrial Costs
全 省	**Sichuan**	**58.63**	**8.71**	**11.11**
成都市	Chengdu	54.54	8.48	6.77
自贡市	Zigong	54.61	5.16	7.38
攀枝花市	Panzhihua	58.54	9.46	9.40
泸州市	Luzhou	52.83	16.99	40.80
德阳市	Deyang	64.31	4.46	6.85
绵阳市	Mianyang	62.44	3.92	3.17
广元市	Guangyuan	56.93	12.12	12.81
遂宁市	Suining	40.37	7.80	18.00
内江市	Neijiang	55.21	3.01	4.64
乐山市	Leshan	61.76	5.59	11.68
南充市	Nanchong	57.32	6.03	5.77
眉山市	Meishan	56.01	6.13	7.51
宜宾市	Yibin	51.97	15.94	21.07
广安市	Guangan	49.66	8.02	13.30
达州市	Dazhou	47.72	12.13	28.39
雅安市	Yaan	66.37	7.05	14.80
巴中市	Bazhong	65.22	10.23	13.27
资阳市	Ziyang	79.03	2.18	-0.25
阿坝藏族羌族自治州	Aba	73.89	6.26	12.33
甘孜藏族自治州	Ganzi	75.87	3.68	8.66
凉山彝族自治州	Liangshan	68.20	7.77	23.98

14-19 各市(州)大中型工业企业主要经济效益指标(2021年)
Main Indicators on Economic Benefits of Large and Medium-sized Industrial Enterprises by Region(2021)

单位：% (%)

市(州)	Region	资产负债率 Ratio of Debts to Assets	总资产贡献率 Ratio of Profits, Taxes and Interests to Average Assets	工业成本费用利润率 Ratio of Profits to Industrial Costs
全 省	**Sichuan**	**54.70**	**12.26**	**10.45**
成都市	Chengdu	55.48	9.27	7.01
自贡市	Zigong	58.08	9.00	8.04
攀枝花市	Panzhihua	57.85	14.58	11.37
泸州市	Luzhou	48.49	23.51	25.80
德阳市	Deyang	56.14	12.03	10.40
绵阳市	Mianyang	60.50	5.55	4.53
广元市	Guangyuan	51.31	25.39	13.97
遂宁市	Suining	41.53	20.56	12.67
内江市	Neijiang	70.81	14.92	6.77
乐山市	Leshan	45.27	19.24	25.74
南充市	Nanchong	40.70	20.79	8.84
眉山市	Meishan	53.74	9.94	7.71
宜宾市	Yibin	55.10	17.28	18.43
广安市	Guangan	47.67	15.33	13.49
达州市	Dazhou	44.77	15.95	15.47
雅安市	Yaan	59.00	9.14	6.10
巴中市	Bazhong	45.73	18.54	7.14
资阳市	Ziyang	69.08	-0.62	-4.14
阿坝藏族羌族自治州	Aba	35.67	19.28	13.51
甘孜藏族自治州	Ganzi	22.30	10.93	19.05
凉山彝族自治州	Liangshan	57.91	13.31	22.72

14-20 规模以上工业企业主要产品产量
Output of Major Products of Industrial Enterprises above Designated Size

产品名称		Item		2005	2010	2015	2018	2019	2020	2021
化学纤维	(万吨)	Chemical Fiber	(10 000 tons)	26.56	51.22	118.10	86.20	81.40	79.00	77.40
纱	(万吨)	Yarn	(10 000 tons)	25.48	70.81	118.00	73.00	67.30	60.80	73.50
布	(亿米)	Cloth	(100 million m)	7.07	14.90	18.50	15.60	17.30	14.60	13.70
蚕丝及交织机织物	(万米)	Silk and Woven Fabric	(10 000 m)	11330	23042	17247	19642	19067	17906	15680
服装	(万件)	Garments	(10 000 pcs)	2764	9933	18780	16608	19982	19298	24700
机制纸及纸板	(万吨)	Machine-made Paper and Paperboard	(10 000 tons)	110.59	342.86	189.80	261.50	332.40	365.80	389.00
合成洗涤剂	(万吨)	Synthetic Detergents	(10 000 tons)	52.51	76.66	151.40	91.30	99.30	104.20	108.10
原电池及原电池组(非扣式)	(亿只)	Primary Battery and Primary Battery Pack (non-button type)	(100 million pieces)	0.58	3.80	7.50	12.10	16.30	21.20	25.20
原盐	(万吨)	Salt	(10 000 tons)	412.11	763.18	325.00	494.50	537.50	512.70	532.90
卷烟	(亿支)	Cigarettes	(100 million pieces)	685.05	914.24	945.80	755.20	870.30	895.20	910.80
乳制品	(万吨)	Dairy Products	(10 000 tons)	15.04	58.00	104.90	110.40	112.50	116.00	113.70
白酒(商品量)	(万千升)	Liquor	(10 000 kiloliter)	57.83	229.80	370.90	358.30	366.80	367.60	364.10
啤酒	(万千升)	Beer	(10 000 kiloliter)	126.22	158.30	221.00	221.40	229.00	218.00	249.90
软饮料	(万千升)	Soft Drink	(10 000 kiloliter)	120.41	495.91	1311.90	1625.80	1952.60	2002.20	1832.20
食用植物油	(万吨)	Vegetable Oil	(10 000 tons)	40.83	117.73	205.10	200.20	230.10	244.70	215.20
配、混合饲料	(万吨)	Mingled Feedstuff	(10 000 tons)	449.94	701.16	1201.40	1492.00	1426.30	1577.80	1221.60
中成药	(万吨)	Traditional Chinese Medicir	(10 000 tons)	9.83	29.81	53.60	28.20	26.90	27.50	33.60
化学原料药	(万吨)	Chemical Medicine	(10 000 tons)	5.40	2.67	22.50	13.00	9.00	6.80	30.80
塑料制品	(万吨)	Plastics Goods	(10 000 tons)	47.17	254.29	415.50	398.80	448.80	446.80	415.40
家用电冰箱	(万台)	Household Refrigerators	(10 000 units)	23.00	81.22	73.60	85.30	99.50	111.10	124.20
房间空气调节器	(万台)	Air Conditioner	(10 000 units)	145.23	119.49	142.80	263.20	251.70	210.80	229.00
彩色电视机	(万台)	Color Television Sets	(10 000 units)	781.61	1208.90	1055.70	1001.50	964.80	970.10	1286.60
原油	(万吨)	Crude Oil	(10 000 tons)	13.92	15.12	15.43	8.13	8.41	7.86	9.22
柴油	(万吨)	Diesel Oil	(10 000 tons)	49.23	83.30	340.91	179.27	243.48	216.84	206.16

14-20 续表 continued

产品名称		Item		2005	2010	2015	2018	2019	2020	2021
汽油	(万吨)	Gasoline	(10 000 tons)	28.16	57.76	217.44	181.21	262.39	232.30	260.67
天然气	(亿立方米)	Natural Gas	(100 million cu.m)	135.24	234.16	266.21	369.82	441.35	452.41	522.21
发电量	(亿千瓦小时)	Electricity	(100 million kwh)	958.03	1683.82	2969.54	3499.39	3670.95	3980.83	4329.50
#水电	(亿千瓦小时)	Hydropower	(100 million kwh)	616.99	1103.37	2508.44	2983.03	3075.50	3349.15	3531.40
焦炭	(万吨)	Coke	(10 000 tons)	827.94	1157.09	1304.37	1126.87	1066.21	1074.23	1058.58
生铁	(万吨)	Pig Iron	(10 000 tons)	1060.50	1593.81	1747.40	1978.60	2131.30	2136.80	2092.00
粗钢	(万吨)	Crude Steel	(10 000 tons)	1094.45	1580.99	2110.40	2400.70	2733.30	2792.60	2782.90
成品钢材	(万吨)	Rolled Steel Products	(10 000 tons)	1172.72	1976.55	2702.50	2896.70	3308.20	3437.20	3496.20
铁合金	(万吨)	Ferroalloy	(10 000 tons)	106.62	238.89	211.60	139.10	134.80	86.10	109.60
水泥	(万吨)	Cement	(10 000 tons)	4194.74	13227.55	14040.60	13748.70	14172.10	14495.80	14147.10
平板玻璃	(万重量箱)	Plate Glass	(10 000 wt. Cases)	1304.94	4275.94	4073.60	5384.10	5794.40	5885.70	6040.60
硫酸	(万吨)	Sulfuric Acid	(10 000 tons)	324.85	388.22	642.50	495.20	651.00	513.00	505.50
浓硝酸	(万吨)	Concentrated Nitric Acid	(10 000 tons)	5.43	8.43	5.40	6.80	6.80	6.70	8.20
碳酸钠(纯碱)	(万吨)	Soda Ash	(10 000 tons)	106.51	169.78	106.90	140.50	144.90	128.90	119.50
氢氧化钠(烧碱)	(万吨)	Caustic Soda	(10 000 tons)	75.49	106.93	97.30	104.60	121.30	120.40	130.90
合成氨	(万吨)	Synthetic Ammonia	(10 000 tons)	374.47	403.34	388.40	247.80	267.70	321.60	330.40
农用氮、磷、钾化学肥料总计	(折纯)(万吨)	Chemical Fertilizers	(10 000 tons)	428.82	510.12	497.10	369.50	441.70	349.60	335.70
#氮肥	(万吨)	Nitrogen Fertilizers	(10 000 tons)	337.60	414.76	307.90	229.30	247.20	228.90	234.10
化学农药	(万吨)	Chemical Pesticide	(10 000 tons)	3.88	12.81	17.80	21.10	39.20	27.60	30.80
电石(折合量)	(万吨)	Calcium carbide	(10 000 tons)	65.76	75.98	68.30	98.00	108.20	49.40	50.80
初级形态塑料	(万吨)	Primary Form of Plastics	(10 000 tons)	61.52	104.37	208.40	236.30	280.50	284.00	267.90
轮胎外胎	(万条)	Tyres	(10 000 pcs)	615.33	1558.12	3449.80	4488.20	4314.00	4777.70	6162.20
发电设备(500千瓦及以上)	(万千瓦)	Power Generating Equipment (each above 500kw)	(10000 kw)	2327.64	3781.54	2905.90	2312.30	2008.00	2654.10	3718.90
变压器	(万千伏安)	Transformer	(10 000 kva)	846.77	1151.61	1896.80	1215.30	1907.30	2001.80	2056.60
金属切削机床	(万台)	Metal-cutting Machine Tools	(10 000 units)	0.79	0.73	0.60	0.60	0.80	0.80	1.00
汽车	(万辆)	Motor Vehicles	(10 000 units)	5.66	10.29	105.10	137.80	111.70	71.30	72.70

主要统计指标解释

工业 指从事自然资源的开采，对采掘品和农产品进行加工和再加工的物质生产部门。具体包括：(1)对自然资源的开采，如采矿、晒盐等(但不包括禽兽捕猎和水产捕捞)；(2)对农副产品的加工、再加工，如粮油加工、食品加工、缫丝、纺织、制革等；(3)对采掘品的加工、再加工，如炼铁、炼钢、化工生产、石油加工、机器制造、木材加工等，以及电力、燃气及水的生产和供应等；(4)对工业品的修理、翻新，如机器设备的修理等。

工业统计调查单位为工业法人单位。

工业法人单位 指从事工业生产经营活动的法人单位。工业法人单位应同时具备以下条件：①依法成立，有自己的名称、组织机构和场所，能够独立承担民事责任；②独立拥有（或授权）使用资产，承担负债，有权与其他单位签订合同；③具有包括资产负债表在内的帐户，或者能够根据需要编制帐户。

本篇资料中规模以上工业企业的统计范围：1998至2006年为全部国有和年主营业务收入500万元及以上的非国有工业法人单位；2007至2010年为年主营业务收入500万元及以上工业法人单位；从2011年开始，为年主营业务收入2000万元及以上的工业法人单位。

国有控股企业 即原来的国有及国有控股企业，根据企业实收资本中国有经济成分的出资人的实际投资情况，或国有经济成分的出资人对企业资产的实际控制、支配程度进行分类。以下情况为国有控股：(1) 在企业的全部实收资本中，国有经济成分的出资人拥有的实收资本（股本）所占企业全部实收资本（股本）的比例大于50%的国有绝对控股。(2) 在企业的全部实收资本中，国有经济成分的出资人拥有的实收资本（股本）所占比例虽未大于50%，但相对大于其他任何一方经济成分的出资人所占比例的国有相对控股；或者虽不大于其他经济成分，但根据协议规定拥有企业实际控制权的国有协议控股。(3) 投资双方各占50%，且未明确由谁绝对控股的企业，若其中一方为国有经济成分的，一律按国有控股处理。

本篇涉及的其他企业登记注册类型的解释详见综合篇。

轻工业 指主要提供生活消费品和制作手工工具的工业。按其所使用的原料不同，可分为两大类：(1)以农产品为原料的轻工业，是指直接或间接以农产品为基本原料的轻工业。主要包括食品制造、饮料制造、烟草加工、纺织、缝纫、皮革和毛皮制作、造纸以及印刷等工业；(2)以非农产品为原料的轻工业，是指以工业品为原料的轻工业。主要包括文教体育用品、化学药品制造、合成纤维制造、日用化学制品、日用玻璃制品、日用金属制品、手工工具制造、医疗器械制造、文化和办公用机械制造等工业。

重工业 指为国民经济各部门提供物质技术基础的主要生产资料的工业。按其生产性质和产品用途，可以分为下列三类：(1)采掘(伐)工业，是指对自然资源的开采，包括石油开采、煤炭开采、金属矿开采、非金属矿开采等工业；(2)原材料工业，指向国民经济各部门提供基本材料、动力和燃料的工业。包括金属冶炼及加工、炼焦及焦炭、化学、化工原料、水泥、人造板以及电力、石油和煤炭加工等工业；(3)加工工业，是指对工业原材料进行再加工制造的工业。包括装备国民经济各部门的机械设备制造工业、金属结构、水泥制品等工业，以及为农业提供的生产资料如化肥、农药等工业。

根据上述划分原则，修理业中以重工业产品为修理作业对象的划为重工业，反之划为轻工业。

资产总计 指企业过去的交易或者事项形成的、由企业拥有或者控制的、预期会给企业带来经济利益的资源。包括企业拥有的土地、办公楼、厂房、机器、运输工具、存货等实物资产和现金、存款、应收账款和预付账款等金融资产。资产一般按流动性分为流动资产和非流动资产。其中流动资产可分为货币资金、交易性金融资产、应收票据、应收账款、预付款项、其他应收款、存货等；非流动资产可分为长期股权投资、固定资产、无形资产及其他非流动资产等。来源于会计“资产负债表”中“资产总计”项目的期末余额数。

流动资产合计 资产满足以下条件之一应归为流动资产：(1) 预计在一个正常营业周期中变现、出售或耗用，主要包括存货、应收账款等；(2) 主要为交易目的而持有；(3) 预计在资产负债表日起一年内（含一年）变现；(4) 自资产负债日起一年内，交换其他资产或清偿负债的能力不受限制的现金或现金等价物。包括货币资金、应收票据、应收账款、存货等项目。来源于会计“资产负债表”中“流动资产合计”项目的期末余额数。

固定资产原价 指固定资产的成本，包括企业在购置、自行建造、安装、改建、扩建、技术改造某项固定资产时所发生的全部支出总额。根据会计“固定资产”科目的期末借方余额填报。

负债合计 指企业过去的交易或者事项形成的，预期会导致经济利益流出企业的现时义务。包括银行贷款、借款、应付账款、应付职工工资、应付职工福利费、应交税金等企业负有偿还责任的债务。负债一般按偿还期长短分为流动负债和非流动负债。来源于会计“资产负债表”中“负债合计”项目的期末余额数。

所有者权益 指企业资产扣除负债后由所有者享有的剩余权益。公司的所有者权益又称股东权益。包括实收资本、资本公积、盈余公积、未分配利润等。根据会计“资产负债表”中“所有者权益合计”项目的期末余额数填报。

营业收入 指企业从事销售商品、提供劳务和让渡资

产使用权等生产经营活动形成的经济利益流入。营业收入包括“主营业务收入”和“其他业务收入”。来源于会计“利润表”中“营业收入”项目的本年累计数。

营业成本 指企业从事销售商品、提供劳务和让渡资产使用权等生产经营活动发生的实际成本。包括企业（单位）在报告期内从事销售商品、提供劳务等日常活动发生的各种耗费。包括“主营业务成本”和“其他业务成本”。来源于会计“利润表”中“营业成本”项目的本年累计数。

销售费用 指企业在销售商品和材料、提供劳务的过程中发生的各种费用，包括保险费、包装费、展览费和广告费、商品维修费、预计产品质量保证损失、运输费、装卸费等以及为销售本企业商品而专设的销售机构（含销售网点、售后服务网点等）的职工薪酬、业务费、折旧费等经营费用。

管理费用 指企业为组织和管理企业生产经营所发生的费用，包括企业在筹建期间内发生的开办费、董事会和行政管理部门在企业经营管理中发生的，或者应当由企业统一负担的公司经费等。来源于会计“利润表”中“管理费用”项目的本年累计数。

财务费用 指企业为筹集生产经营所需资金等而发生的筹资费用，包括企业生产经营期间发生的利息支出（减利息收入）、汇兑损失（减汇兑收益）以及相关的手续费等。来源于会计“利润表”中“财务费用”项目的本年累计数。

利润总额 指企业在一定会计期间的经营成果，是生产经营过程中各种收入扣除各种耗费后的盈余，反映企业在报告期内实现的盈亏总额。来源于会计“利润表”中“利润总额”项目的本年累计数。

平均用工人数 指报告期企业平均实际拥有的、参与本企业生产经营活动的人员数。

总资产贡献率 反映企业全部资产的获利能力，是企业经营业绩和管理水平的集中体现，是评价和考核企业盈利能力的核心指标。计算公式为：

$$\text{总资产贡献率}=\frac{\text{利润总额}+\text{税金总额}+\text{利息净支出}}{\text{平均资产总额}}\times 100\%$$

公式中：税金总额为主营业务税金及附加与应交增值税之和；平均资产总额为期初期末资产之和的算术平均值。

资产负债率 该指标既反映企业经营风险的大小，也反映企业利用债权人提供的资金从事经营活动的能力。计算公式为：

$$\text{资产负债率}=\frac{\text{负债总额}}{\text{资产总额}}\times 100\%$$

成本费用利润率 反映企业投入的生产成本及费用的经济效益，同时也反映企业降低成本所取得的经济效益。计算公式为：

$$\text{成本费用利润率}=\frac{\text{利润总额}}{\text{成本费用总额}}\times 100\%$$

公式中：成本费用总额为主营业务成本、销售费用、管理费用、财务费用之和。

Explanatory Notes on Main Statistical Indicators

Industry refers to the material production sector which is engaged in the extraction of natural resources and processing and reprocessing of minerals and agricultural products, including (1) extraction of natural resources, such as mining, salt production (but not including hunting and fishing); (2) processing and reprocessing of farm and sideline produces, such as grain and oil processing, food processing, silk reeling, spinning and weaving and leather making; (3) processing and reprocessing of mineral products, such as steel making, iron smelting, chemicals manufacturing, petroleum processing, machine building, timber processing, and production and supply of electricity, gas and water; (4) repairing and renovating of industrial products such as the machinery.

In industrial surveys, the units of enquiry are industrial corporate units.

Industrial corporate units refer to corporate units engaging in industrial production and operation activities, which meet the following requirements: (1) They are established legally, having their own names, organizations, location, and are able to take civil liability independently; (2) They possess (or are authorized to use) assets independently, assume liabilities and are entitled to sign contracts with other units; (3) They have accounts including the balance sheets or can compile the accounts according to the need.

The scopes of industrial enterprises above designated size were: all State-owned industrial enterprises and the non-State-owned industrial enterprises with revenue from principal business over 5 million yuan from 1998 to 2006; all industrial enterprises with revenue from principal business over 5 million yuan from 2007 to 2010; and all industrial enterprises with revenue from principal business above 20 million yuan since 2011.

State-holding Enterprises cover the original state-owned enterprises and state-holding enterprises. They are classified according to the actual investment made by the contributor of state-owned part in the paid-in capital of the enterprises, or the degree of control or dominance of the contributor on the assets of the enterprises. The following cases are regarded as state-holding: (1) Absolute state-holding in which the contributor of state-owned parts possess more than 50% of all the paid-in capital (stocks) of the enterprises; (2) Relative state-holding in which the contributor of state-owned parts possess no more than 50% of the paid-in capital (stocks) of the enterprises, but more than that of any other contributors; or Agreed state-holding in which the contributor of state-owned parts possess no more than other contributors but have actual control over the enterprises according to agreements; (3) In the case both contributors possess 50% and it is not clear which one is in absolute holding position, the enterprise is regarded as state-holding enterprise if one of the contributor has state-owned elements.

For explanation of types of registration covered in this chapter, please refer to General Survey.

Light Industry refers to the industry that produces consumer goods and hand tools. It consists of two categories, depending on the materials used: (1) Industries using farm products as raw materials. These are branches of light industry which directly or indirectly use farm products as basic raw materials, including the manufacture of food and beverages, tobacco processing, textile, clothing, fur and leather manufacturing, paper making, printing, etc; (2) Industries using non farm products as raw materials. These are branches of light industry which use manufactured goods as raw materials, including the manufacture of cultural, educational articles and sports goods, chemicals, synthetic fiber, chemical products for daily use, glass products for daily use, metal products for daily use, hand tools, medical apparatus and instruments, and the manufacture of cultural and clerical machinery.

Heavy Industry refers to the industry, which produces capital goods, and provides various sectors of the national economy with necessary material and technical basis. It consists of the following three branches according to the purpose of production or the use of products: (1)Mining, quarrying and logging industry refers to the industry that extracts natural resources, including extraction of petroleum, coal, metal and non-metal ores and logging; (2) Raw materials industry refers to the industry that provides various sectors of the national economy with raw materials, fuels and power. It includes smelting and processing of metals, coking and coke chemistry, chemical materials and building materials such as cement, plywood, and power, petroleum refining and coal dressing; (3) Manufacturing industry refers to the industry that processes raw materials. It includes machine-building industry, which equips sectors of the national economy, industries of metal structure and cement products, industries producing means of agricultural production, such as chemical fertilizers and pesticides.

According to the above principle of classification, the repairing trades which are engaged primarily in repairing products of heavy industry are classified into heavy industry while these engaged in repairing products of light industry are classified into light industry.

Total Assets refer to all resources that are owned or controlled by enterprises through previous trades or transactions, with expectation of making economic profits to enterprises. Included are all assets owned by enterprises such as land, office buildings, factories, machines, vehicles, inventories and other physical assets as well as cash, deposits, accounts receivable, prepayments and other financial assets. Classified by the degree of liquidity, total assets include current assets and non-current assets. Current assets can be classified into monetary capital, trading financial assets, notes receivable, accounts receivable, advanced payments, other receivables and inventories. Non-current assets can be divided into long-term equity investment, fixed assets, intangible assets and other non-current assets. Data on this indicator can be obtained from the year-end figures of total assets in the

Balance Sheet of accounting records.

Current Assets refer to the assets that meet one of the following requirements: (1) expected to be cashed, sold or used in a normal operation cycle, mainly including inventory and accounts receivable; (2) owned for transaction purpose mainly; (3) expected to be cashed within one year (including one year) from the day of the Balance Sheet; (4) unlimited cash or cash equivalents that can be exchanged with other assets or capable of settling debts during one year since the day of the Balance Sheet. Included are monetary capital, notes receivable, accounts receivable and inventories. Data on this indicator can be obtained from the year-end figures of total current assets in the Balance Sheet of accounting records.

Original Value of Fixed Assets refer to the cost of fixed assets, or the total expenditure of an enterprise spent on certain fixed assets, through purchase, construction, installation, transformation, expansion or technical upgrading. It is reported according to the year-end debit balance of fixed assets of accounting records.

Total Liabilities refer to payable liabilities of enterprises that are accumulated from earlier transactions with expectation of leaking out of economic profits. Included are debts that enterprises are responsible for repaying such as bank loans, borrowings, accounts payable, wages payable, employee benefits payable, taxes payable, etc. In terms of payment, it can be divided into liquid liabilities and long-term liabilities. Data on this indicator can be obtained from the year-end figures of total liabilities in the Balance Sheet of accounting records.

Total Owner's Equity refers to the residual ownership of enterprise investors by deducting total liabilities from the total assets, including the paid-in capital, accumulation of capital, operating surplus and non-distributed profits. Data can be obtained from the year-end figures of total equity in the Balance Sheet of accounting records.

Business Revenue refers to the inflow of economic benefits through production and operation activities of enterprises, such as selling commodities, providing labor services and transferring the right to use of assets. Business revenue includes "revenue from principal business" and " revenue from other business". It comes from current year's cumulative report of "business revenue" items from the "income statement".

Business Cost refers to the actual costs incurred by the enterprises in such production and operation activities as selling commodities, providing labor services and transferring the right to use of assets. It includes various expenditures incurred by enterprises (units) in their daily activities of selling goods and providing labour services during the reporting period. It includes "cost of principal business" and "cost of other business". It comes from current year's cumulative report of "operating cost" items from the "income statement".

Selling Expense refer to the cost during the sale of goods and materials, providing labour services, including insurance, packing, exhibition fees and advertising fees, merchandise maintenance costs, expected product quality guarantee loss, transportation fees, handling fees, and operating expenses for the sales of the company's products, such as employee compensation, business expenses, depreciation costs for dedicated sales offices (including sales outlets, after-sales service outlets, etc.).

Management Expenses refer to the expenses for the organization and management of enterprise operation, including the start-up costs during the construction of enterprises, funds occurred during enterprises operation by board of directors and executive management in the enterprise management, and other costs to be paid by enterprises. It comes from current year's cumulative amount of management cost in income statement.

Financial Expenses refer to cost of fund-raising for enterprises to raise funds for production and operation, including interest payments (a reduction in interest income), exchange loss (less exchange gains) and related fees during the period of production. It comes from current year's cumulative amount of financial expenses in income statement.

Total Profits refer to the operational results in a certain accounting period, and it is the balance of various incomes minus various spending in the course of operation, reflecting the total profits and losses of enterprises in reference period. Data are obtained from current year's cumulative amount of total profits in the profit statement of the accounting record of enterprise.

Annual Average Employees refer to the number of persons engaged in the production and operation activities of enterprises in the reporting period, which are actually employed by the enterprises.

Ratio of Profits, Taxes and Interests to Average Assets reflects the profit-making capability of all assets of the enterprise and is a key indicator manifesting the performance and management and evaluating the profit-making potential of the enterprise. It is calculated as follows:

$$\text{Ratio of profits, taxes and interests to average as sets} = \frac{\text{total profits+total taxes+ net interest payment}}{\text{average assets}} \times 100\%$$

In the above formula, total taxes is the sum of tax and extra charges from principal business and value-added tax payable; and average assets is the arithmetic mean of the sum of beginning assets and ending assets.

Ratio of Debts to Assets reflects both the operation risk and the capability of the enterprise in making use of the capital from the creditors. It is calculated as follows:

$$\text{Ratio of debts to assets} = \frac{\text{total debts}}{\text{total assets}} \times 100\%$$

Ratio of Profits to Total Industrial Costs refers to the ratio of profits realized in a given period to the total costs in the same period, which reflects the economic efficiency of input cost and is calculated as follows:

$$\text{Ratio of profits to total industrial cost} = \frac{\text{total profits}}{\text{total costs}} \times 100\%$$

Total costs in the above formula are the sum of cost of principal business, marketing cost, management cost and financial cost.

15 建筑业
Chapter 15 Construction

SICHUAN STATISTICAL YEARBOOK

15-1 建筑业企业个数、产值、人数及竣工面积

Number of Enterprises, Gross Output Value, Number of Employed Persons and Floor Space of Buildings Completed of Construction

年份 Year	企业个数 (个) Number of Enterprises (unit)	总产值 (亿元) Gross Output Value (100 million yuan)	就业人员数 (万人) Number of Employed Persons (10 000 persons)	竣工房屋建筑面积 (万平方米) Floor Space of Buildings Completed (10 000 sq.m)
1952	41	0.63	3.54	20.21
1957	87	2.82	14.61	136.38
1962	133	1.58	12.14	48.01
1965	187	7.82	28.93	218.01
1970	222	9.16	43.12	238.60
1975	252	10.36	43.05	272.03
1978	276	13.17	42.38	556.56
1980	325	13.36	39.03	501.02
1985	555	31.85	49.45	835.24
1990	756	67.11	60.21	1060.60
1991	829	77.09	62.97	581.90
1992	871	93.37	70.66	705.20
1993	1090	181.79	80.10	1734.00
1994	1144	230.34	102.50	2068.00
1995	1144	279.10	89.70	2081.00
1996	2725	468.66	160.50	4537.00
1997	2779	520.64	154.24	5638.48
1998	3028	597.76	159.20	5017.25
1999	3050	649.52	160.13	5429.28
2000	3305	713.81	158.10	5839.32
2001	3125	822.87	171.85	7029.93
2002	3475	1078.25	200.42	8491.14
2003	3498	1235.04	212.68	8784.56
2004	4183	1321.22	173.84	8837.99
2005	4073	1480.88	181.80	8692.18
2006	3924	1768.87	188.50	9177.55
2007	3887	2130.17	204.71	9630.60
2008	4559	2624.96	235.78	9797.98
2009	4386	3374.06	265.24	11393.53
2010	4334	4200.86	335.53	12086.29
2011	4318	5305.89	249.46	13663.11
2012	4283	6292.67	230.23	15768.08
2013	4271	7277.41	262.65	18211.86
2014	3965	8148.52	241.79	19544.25
2015	3952	8847.59	244.23	20666.78
2016	4333	10044.16	291.82	20977.99
2017	5191	11996.22	377.99	22598.10
2018	5860	13752.27	382.56	24876.82
2019	6043	14668.15	351.62	20355.93
2020	7405	15612.70	395.12	22572.79
2021	8453	17351.19	364.57	23250.76

注：2003年建筑业统计数据仅包括当年有工作量的建筑业企业，2004年建筑业统计数据是普查数据。

a) The data of construction enterprises of 2003 only include the enterprises which had taken in 2003.The data of 2004 was obtained from surveys.

15-2 按登记注册类型分建筑业企业主要指标

指　　标		Item		合　计 Total Enterprises 2020	2021
建筑业企业个数	（个）	Number of Construction Enterprises	（unit）	7405	8453
从业人员平均人数	（万人）	Average Number of Persons Employed	(10 000 persons)	457.96	412.95
自有固定资产原价	（万元）	Fixed Assets Owned (original value)	(10 000 yuan)	9940660	11154415
自有固定资产净价	（万元）	Fixed Assets Owned (net value)	(10 000 yuan)	5443159	6203473
自有机械设备净值	（万元）	Machinery and Equipment Owned (net value)	(10 000 yuan)	2041085	1799417
自有机械设备台数	（台）	Number of Machinery and Equipment Owned	(set)	299738	263014
自有机械设备总功率	（万千瓦）	Total Power of Machinery and Equipment Owned	(10 000 kw)	970.02	835.77
建筑业总产值	（万元）	Gross Output Value of Construction	(10 000 yuan)	156126956	173511928
竣工产值	（万元）	Output Value of Completed Projects	(10 000 yuan)	66902605	75737268
房屋建筑施工面积	（万平方米）	Floor Space of Buildings under Construction	(10 000 sq.m)	67655	72352
房屋建筑竣工面积	（万平方米）	Floor Space of Buildings Completed	(10 000 sq.m)	22573	23251
利润总额	（万元）	Total Profits	(10 000 yuan)	4980760	5435830
税金总额	（万元）	Total Tax	(10 000 yuan)	4154839	4020914
利税总额	（万元）	Total Pre-Tax Profits	(10 000 yuan)	9135599	9456744
按总产值计算的劳动生产率	（元/人）	Overall Labor Productivity	(yuan/person)	340919	420179
技术装备率	（元/人）	Value of Machinery per Laborer	(yuan/person)	4457	4357
动力装备率	（千瓦/人）	Power of Machinery per Laborer	(kw/person)	2.12	2.02
房屋建筑面积竣工率	(%)	Rate of Floor Space of Buildings Completed	(%)	33.36	32.14
产值利润率	(%)	Ratio of Profit to Gross Output Value	(%)	3.19	3.13
产值利税率	(%)	Ratio of Pre-tax Profit to Gross Output Value	(%)	5.85	5.45

Main Indicators of Construction Enterprises by Registered Types

#国有企业 State-owned		#集体企业 Collective-owned		#股份有限公司 Share-holding Corporations		#其他有限责任公司 Other Ltd. Company	
2020	2021	2020	2021	2020	2021	2020	2021
315	382	103	101	78	60	1158	1037
61.27	66.78	11.90	11.18	7.56	6.96	113.40	83.79
1729126	2341479	128914	144809	227548	156880	4118673	4401516
1083118	1483162	74406	69567	121339	91773	2189859	2384535
311356	283187	32086	27605	31719	10611	536930	514217
26488	36471	14803	7927	4132	1339	82326	88478
122.36	141.2716	13.71	11.57	9.39	5.59	421.42	330.95
24983939	33892928	2884077	2738690	3785074	5052476	47538553	47147152
8316945	10798502	1298885	1417021	1561752	1084676	18394976	22790257
11268	14479	782	636	3521	3284	21589	21882
2090	2472	575	448	855	747	4920	5087
1300454	1637477	83193	99373	90533	201550	1395949	1388860
501035	575516	167051	115107	85805	65440	1102336	966412
1801489	2212993	250244	214480	176338	266990	2498285	2355272
407795	507542	242421	244900	500426	726296	419328	562659
5082	4241	2697	2469	4194	1525	4735	6137
2	2.12	1.15	1.03	1.24	0.80	3.72	3.95
18.55	17.07	73.53	70.44	24.28	22.75	22.79	23.25
5.21	4.83	2.88	3.63	2.39	3.99	2.94	2.95
7.21	6.53	8.68	7.83	4.66	5.28	5.26	5.00

15−3 各市(州)建筑业企业个数
Number of Construction Enterprises by Region

单位：个 (unit)

市(州)	Region	2011	2012	2013	2014	2015	2016	2017	2018	2019	2020	2021
全　省	**Sichuan**	**4318**	**4283**	**4271**	**3965**	**3952**	**4333**	**5191**	**5860**	**6043**	**7405**	**8453**
成都市	Chengdu	1582	1551	1478	1200	1206	1408	1733	1801	1772	2108	2348
自贡市	Zigong	150	146	133	129	121	116	136	135	115	157	175
攀枝花市	Panzhihua	89	84	91	78	80	80	90	93	89	100	115
泸州市	Luzhou	187	186	164	159	175	199	257	310	361	418	489
德阳市	Deyang	245	244	255	242	240	235	256	271	251	326	352
绵阳市	Mianyang	273	268	386	411	402	404	426	448	446	577	770
广元市	Guangyuan	194	184	172	165	168	179	190	216	247	300	341
遂宁市	Suining	171	156	148	143	139	169	176	177	166	240	261
内江市	Neijiang	128	126	119	111	103	107	113	115	106	135	147
乐山市	Leshan	162	156	147	152	160	169	191	201	199	222	229
南充市	Nanchong	223	250	249	243	241	249	280	330	317	449	563
眉山市	Meishan	124	126	134	135	126	119	126	117	160	221	287
宜宾市	Yibin	216	218	213	197	188	211	300	464	576	664	715
广安市	Guangan	111	113	99	110	109	123	140	187	202	219	243
达州市	Dazhou	113	124	124	118	119	125	140	161	158	276	334
雅安市	Yaan	50	49	52	44	44	51	53	58	70	101	116
巴中市	Bazhong	99	98	97	133	139	139	181	243	215	251	261
资阳市	Ziyang	122	118	122	110	98	60	61	69	54	64	70
阿坝藏族羌族自治州	Aba	27	28	27	28	29	31	82	127	145	148	174
甘孜藏族自治州	Ganzi	22	22	26	22	24	26	32	55	81	89	97
凉山彝族自治州	Liangshan	30	36	35	35	41	133	228	282	313	340	366

15-4 各市(州)按登记注册类型分建筑业企业个数(2021年)
Number of Construction Enterprises by Region and Registered Types(2021)

单位：个 (unit)

市(州)及分组	Region and Group	企业个数 Number of Enterprises	国有企业 State-owned	中央企业 Central	地方企业 Local	集体企业 Collective-owned	其他企业 Others	#股份有限公司 Share-holding Corporations	#其他有限责任公司 Other Ltd. Company
全　省	**Sichuan**	**8453**	**382**	**16**	**366**	**101**	**7970**	**60**	**1037**
按市(州)分	**Grouped by Region**								
成都市	Chengdu	2348	89	7	82	22	2237	16	345
自贡市	Zigong	175	3		3	1	171	3	18
攀枝花市	Panzhihua	115	7	1	6	1	107		13
泸州市	Luzhou	489	28		28	11	450	2	60
德阳市	Deyang	352	13	3	10	5	334	1	19
绵阳市	Mianyang	770	44	2	42	1	725	3	45
广元市	Guangyuan	341	9		9	6	326		31
遂宁市	Suining	261	5		5	3	253	2	60
内江市	Neijiang	147	7		7	2	138	2	20
乐山市	Leshan	229	18	1	17		211	1	26
南充市	Nanchong	563	24		24	6	533	5	70
眉山市	Meishan	287	11		11	4	272	2	35
宜宾市	Yibin	715	26	1	25	5	684	6	61
广安市	Guangan	243	12		12	7	224	1	22
达州市	Dazhou	334	11		11	7	316	6	52
雅安市	Yaan	116	18		18	3	95	1	21
巴中市	Bazhong	261	34	1	33	8	219	1	29
资阳市	Ziyang	70	9		9	2	59		4
阿坝藏族羌族自治州	Aba	174	1		1	2	171	4	53
甘孜藏族自治州	Ganzi	97	1		1	3	93	1	9
凉山彝族自治州	Liangshan	366	12		12	2	352	3	44
按资质等级分	**Grouped by Qualification Grade**								
总承包企业	The General Contractor	6969	339	14	325	83	6547	54	888
特级企业	The Special Grade	29	5	1	4		24	1	14
一级企业	The First Grade	634	54	8	46	3	577	12	162
二级企业	The Second Grade	2349	101	2	99	41	2207	17	322
三级企业	The Third Grade	3957	179	3	176	39	3739	24	390
专业承包企业	The Specialized Contractor	1484	43	2	41	18	1423	6	149
一级企业	The First Grade	240	7		7	1	232	2	37
二级企业	The Second Grade	801	23	2	21	11	767	3	68
三级企业及其他	The Third Grade & Others	443	13		13	6	424	1	44

15-5 各市(州)建筑业企业就业人员
Number of Employed Persons in Construction Enterprises by Region

单位：万人 (10 000 persons)

市(州)	Region	2011	2012	2013	2014	2015	2016	2017	2018	2019	2020	2021
全　省	**Sichuan**	**249.46**	**230.23**	**262.65**	**241.79**	**244.23**	**291.82**	**377.99**	**382.56**	**351.62**	**395.12**	**364.57**
成都市	Chengdu	93.42	84.45	90.10	72.91	69.93	94.29	112.91	118.22	102.81	113.06	97.34
自贡市	Zigong	8.24	8.49	9.44	8.98	9.59	8.56	10.44	12.91	10.41	11.52	11.48
攀枝花市	Panzhihua	5.22	3.41	7.65	4.26	4.22	3.97	7.30	5.19	4.16	4.11	3.76
泸州市	Luzhou	16.11	16.31	21.99	23.05	24.33	31.53	41.03	40.76	43.90	42.15	45.56
德阳市	Deyang	13.54	10.47	12.87	10.00	8.35	8.65	9.40	11.25	10.39	10.51	9.03
绵阳市	Mianyang	11.94	11.82	15.00	15.83	18.28	20.02	23.77	22.79	20.71	23.27	24.01
广元市	Guangyuan	5.40	4.53	5.09	4.83	5.24	6.08	7.82	9.63	8.83	8.85	8.48
遂宁市	Suining	8.52	7.47	8.90	8.74	8.51	10.45	11.29	10.26	11.00	15.36	15.69
内江市	Neijiang	9.91	8.03	8.48	8.47	9.40	9.24	10.90	10.26	7.67	9.84	9.31
乐山市	Leshan	6.01	5.36	5.42	5.79	6.05	6.39	8.10	9.78	6.94	8.92	7.94
南充市	Nanchong	18.41	15.03	15.44	15.02	14.28	18.73	23.14	28.30	20.72	35.30	34.45
眉山市	Meishan	6.36	7.28	8.31	8.39	8.59	10.55	11.93	11.50	14.39	17.24	17.88
宜宾市	Yibin	8.45	8.73	10.57	10.42	10.61	11.62	15.56	19.82	22.55	24.00	21.52
广安市	Guangan	11.03	10.97	11.54	12.20	11.79	12.81	13.79	15.08	13.13	11.72	11.77
达州市	Dazhou	9.44	9.73	10.94	10.72	10.32	10.56	12.20	13.58	14.89	18.17	19.49
雅安市	Yaan	1.14	1.19	1.22	1.54	1.68	1.82	2.98	3.06	2.45	2.65	2.37
巴中市	Bazhong	7.27	7.24	9.08	10.20	12.82	16.04	21.91	22.82	20.55	22.87	10.87
资阳市	Ziyang	7.43	7.19	7.68	7.74	7.45	6.21	6.84	7.79	6.39	6.34	6.47
阿坝藏族羌族自治州	Aba		0.78	0.67			0.67	0.79	1.32	1.64	1.60	1.21
甘孜藏族自治州	Ganzi				0.50	0.57	0.53	0.60	1.02	1.19	1.05	0.97
凉山彝族自治州	Liangshan	0.86	1.47	1.84	1.71	1.78	3.11	25.28	7.22	6.90	6.58	4.96

15-6 各市(州)按登记注册类型分建筑业企业就业人员(2021年)
Number of Employed Persons in Construction Enterprises by Region and Registered Types(2021)

单位：万人 (10 000 persons)

市(州)及分组	Region and Group	合计 Total	国有企业 State -owned	中央企业 Central	地方企业 Local	集体企业 Collective-owned	其他企业 Others	#股份有限公司 Share-holding Corporations	#其他股份有限公司 Other Ltd. Company
全　省	**Sichuan**	**364.57**	**52.57**	**5.83**	**46.74**	**9.96**	**302.04**	**3.46**	**71.16**
按市(州)分	**Grouped by Region**								
成都市	Chengdu	97.34	31.84	4.45	27.39	0.52	64.98	1.38	32.33
自贡市	Zigong	11.48	0.21		0.21	0.02	11.26	0.33	0.76
攀枝花市	Panzhihua	3.76	0.10		0.09		3.66		1.76
泸州市	Luzhou	45.56	6.59		6.59	2.80	36.17	0.06	9.48
德阳市	Deyang	9.03	0.67	0.15	0.52	0.17	8.19	0.03	0.80
绵阳市	Mianyang	24.01	2.66	1.17	1.50		21.35	0.25	1.72
广元市	Guangyuan	8.48	0.27		0.27	0.29	7.92		1.52
遂宁市	Suining	15.69	0.04		0.04	0.66	14.99	0.42	3.79
内江市	Neijiang	9.31	0.17		0.17	0.12	9.02	0.03	1.04
乐山市	Leshan	7.94	1.09	0.03	1.06		6.85	0.01	0.76
南充市	Nanchong	34.45	2.33		2.33	0.53	31.59	0.37	4.25
眉山市	Meishan	17.88	0.44		0.44	0.62	16.81	0.02	1.58
宜宾市	Yibin	21.52	2.16		2.16	0.44	18.93	0.10	3.61
广安市	Guangan	11.77	0.70		0.70	1.71	9.36	0.05	0.71
达州市	Dazhou	19.49	0.46		0.46	1.00	18.03	0.23	3.87
雅安市	Yaan	2.37	0.36		0.36	0.11	1.89		0.20
巴中市	Bazhong	10.87	1.61	0.03	1.58	0.62	8.64	0.14	1.43
资阳市	Ziyang	6.47	0.50		0.50	0.26	5.71		0.19
阿坝藏族羌族自治州	Aba	1.21	0.04		0.04	0.02	1.15	0.02	0.41
甘孜藏族自治州	Ganzi	0.97	0.01		0.01	0.06	0.90	0.01	0.07
凉山彝族自治州	Liangshan	4.96	0.31		0.31		4.65	0.04	0.89
按资质等级分	**Grouped by Qualification Grade**								
总承包企业	The General Contractor	337.17	50.57	5.77	44.80	8.66	277.94	3.26	67.38
特级企业	The Special Grade	23.60	3.76	1.16	2.60		19.84	0.73	15.91
一级企业	The First Grade	121.55	31.09	4.43	26.66	0.76	89.71	1.23	27.58
二级企业	The Second Grade	117.76	9.98		9.98	4.64	103.13	0.83	15.71
三级企业	The Third Grade	74.26	5.74	0.17	5.57	3.25	65.26	0.46	8.17
专业承包企业	The Specialized Contractor	27.40	2.00	0.06	1.94	1.30	24.10	0.20	3.79
一级企业	The First Grade	6.55	0.55		0.55	0.12	5.89	0.02	1.68
二级企业	The Second Grade	11.88	0.87	0.06	0.81	1.08	9.92	0.09	1.18
三级企业及其他	The Third Grade & Others	8.98	0.58		0.58	0.10	8.29	0.08	0.92

15−7 各市(州)建筑业企业施工、竣工房屋面积(2021年)
Floor Space of Buildings under Construction and Completed of Construction Enterprises by Region(2021)

市(州)及分组	Region and Group	房屋建筑施工面积(万平方米) Floor Space of Buildings under Construction (10 000 sq.m)	#本年新开工 Newly-started Buildings	房屋建筑竣工面积(万平方米) Floor Space of Buildings Completed (10 000 sq.m)	#住宅 Residential Housing	房屋面积竣工率(%) Rate of Floor Space Completed (%)
全　省	**Sichuan**	**72351.79**	**25053.48**	**23250.76**	**16532.93**	**32.14**
按市(州)分	**Grouped by Region**					
成都市	Chengdu	30146.12	8798.62	6504.34	4400.95	21.58
自贡市	Zigong	2207.04	872.27	1207.37	1024.04	54.71
攀枝花市	Panzhihua	578.55	186.42	137.97	108.95	23.85
泸州市	Luzhou	5383.94	2218.58	2275.46	1414.27	42.26
德阳市	Deyang	2426.65	842.39	873.17	620.57	35.98
绵阳市	Mianyang	3645.15	1352.47	1450.64	927.50	39.80
广元市	Guangyuan	661.29	281.50	261.66	174.83	39.57
遂宁市	Suining	5549.76	1201.38	1397.53	810.17	25.18
内江市	Neijiang	2094.02	787.55	1015.06	793.31	48.47
乐山市	Leshan	2570.06	424.89	490.24	373.04	19.08
南充市	Nanchong	5828.20	3105.83	2878.67	2422.47	49.39
眉山市	Meishan	1667.61	916.63	751.55	641.71	45.07
宜宾市	Yibin	2973.87	981.76	807.92	486.46	27.17
广安市	Guangan	975.66	545.97	590.61	429.17	60.53
达州市	Dazhou	3150.16	1318.88	1325.78	965.10	42.09
雅安市	Yaan	456.69	195.60	162.92	89.86	35.67
巴中市	Bazhong	814.21	340.34	519.57	422.84	63.81
资阳市	Ziyang	482.47	266.39	236.93	212.32	49.11
阿坝藏族羌族自治州	Aba	60.69	26.73	34.35	19.13	56.59
甘孜藏族自治州	Ganzi	94.11	78.85	33.59	0.34	35.69
凉山彝族自治州	Liangshan	585.53	310.43	295.42	195.88	50.45
按资质等级分	**Grouped by Qualification Grade**					
总承包企业	The General Contractor	70957.23	24268.89	22474.73	16062.91	31.67
特级企业	The Special Grade	14164.86	4135.51	2782.62	1746.12	19.64
一级企业	The First Grade	32479.62	8989.05	8201.88	6419.43	25.25
二级企业	The Second Grade	18054.10	7746.19	7833.56	5670.23	43.39
三级企业	The Third Grade	6258.65	3398.15	3656.67	2227.12	58.43
专业承包企业	The Specialized Contractor	1394.56	784.59	776.03	470.02	55.65
一级企业	The First Grade	301.19	167.88	191.09	133.21	63.45
二级企业	The Second Grade	557.49	289.96	371.38	166.67	66.62
三级企业及其他	The Third Grade & Others	535.88	326.74	213.56	170.15	39.85

15-8 各市(州)建筑业企业房屋施工面积
Floor Space under Construction of Construction Enterprises by Region

单位：万平方米 (10 000 sq.m)

市(州)	Region	2011	2012	2013	2014	2015	2016	2017	2018	2019	2020	2021
全　省	**Sichuan**	**34738.35**	**38550.93**	**47377.67**	**53362.63**	**52795.35**	**54048.32**	**60593.38**	**63481.47**	**61742.99**	**67655.15**	**72351.79**
成都市	Chengdu	15945.53	17266.36	22115.29	22463.04	23852.51	23327.39	25294.66	26083.82	28378.91	29193.84	30146.12
自贡市	Zigong	1048.78	1033.49	1337.10	1689.31	1807.44	2030.35	2462.64	2562.71	2613.71	2948.89	2207.04
攀枝花市	Panzhihua	403.17	466.34	543.93	546.12	443.54	504.24	543.15	599.40	575.66	211.34	578.55
泸州市	Luzhou	1953.20	2544.39	3652.50	4250.37	4063.63	4493.66	4923.93	5062.74	4742.86	4531.16	5383.94
德阳市	Deyang	1923.51	1885.98	2124.82	2440.91	1979.12	1969.73	1970.44	2179.28	2317.19	2714.32	2426.65
绵阳市	Mianyang	1758.37	1947.93	2149.56	2675.96	2788.66	2696.52	3123.88	3728.64	3207.36	4019.49	3645.15
广元市	Guangyuan	565.64	513.82	591.40	740.49	860.18	1085.02	1106.73	1180.89	1004.49	842.38	661.29
遂宁市	Suining	1035.91	1025.61	1115.87	1293.20	1470.14	1608.21	2022.84	1795.05	1753.44	2322.71	5549.76
内江市	Neijiang	898.06	933.27	1041.99	1336.58	1372.57	1507.44	1446.66	1352.94	943.09	1390.95	2094.02
乐山市	Leshan	779.86	751.20	897.37	829.18	1000.99	1128.86	1513.57	1664.44	1227.64	1622.44	2570.06
南充市	Nanchong	2101.09	2538.98	2936.77	3123.15	3026.20	3110.31	3730.38	4430.21	4516.28	4887.93	5828.20
眉山市	Meishan	877.23	945.04	1154.33	1334.19	1447.88	1639.34	1891.08	1597.53	1440.50	1507.49	1667.61
宜宾市	Yibin	954.53	1075.23	1281.63	3255.42	1420.49	1524.87	1849.88	2343.11	1857.05	3840.86	2973.87
广安市	Guangan	844.44	1054.28	1373.97	1640.87	1467.11	1505.44	1615.21	1511.37	1087.66	918.59	975.66
达州市	Dazhou	1434.92	1855.04	1925.55	2183.50	2158.90	2258.85	2337.79	2485.36	2219.69	2744.77	3150.16
雅安市	Yaan	111.44	138.80	133.09	179.48	211.84	269.22	478.77	424.96	360.05	438.75	456.69
巴中市	Bazhong	1072.34	1318.72	1693.16	1851.24	1798.07	2038.10	2602.17	2827.20	2111.35	2173.29	814.21
资阳市	Ziyang	783.83	955.58	983.24	1100.23	1235.57	694.24	860.17	772.02	608.78	596.06	482.47
阿坝藏族羌族自治州	Aba	43.34	52.17	47.42	56.58	46.64	50.43	95.24	83.24	67.95	74.14	60.69
甘孜藏族自治州	Ganzi	26.58	28.64	37.99	34.95	28.50	36.73	37.82	90.54	51.76	36.29	94.11
凉山彝族自治州	Liangshan	176.58	220.09	240.71	337.88	135.36	569.37	686.35	706.03	657.57	639.45	585.53

15-9 各市(州)建筑业企业房屋竣工面积
Floor Space Completed of Construction Enterprises by Region

单位：万平方米 (10 000 sq.m)

市(州)	Region	2011	2012	2013	2014	2015	2016	2017	2018	2019	2020	2021
全 省	**Sichuan**	**13663.11**	**15768.08**	**18211.86**	**19544.25**	**20666.78**	**20977.99**	**22598.10**	**24876.82**	**20355.93**	**22572.79**	**23250.76**
成都市	Chengdu	4864.35	5192.89	5787.99	5870.98	5985.54	6242.71	5837.70	6813.06	5437.82	6126.16	6504.34
自贡市	Zigong	450.27	466.31	460.45	563.04	608.37	609.66	870.07	747.26	682.82	913.79	1207.37
攀枝花市	Panzhihua	71.46	95.85	277.10	175.66	94.59	185.45	161.63	146.61	113.75	122.45	137.97
泸州市	Luzhou	1056.86	1337.94	1704.97	1964.55	2177.22	2262.69	2372.83	2646.46	2680.60	2619.62	2275.46
德阳市	Deyang	676.46	644.28	843.84	765.54	864.30	706.88	737.00	513.15	512.35	867.94	873.17
绵阳市	Mianyang	680.53	691.93	703.27	825.47	943.77	1018.21	1300.32	1770.05	1304.46	1148.58	1450.64
广元市	Guangyuan	211.32	224.05	203.92	247.81	225.87	283.04	292.84	340.35	268.54	234.07	261.66
遂宁市	Suining	560.36	592.61	707.89	793.49	889.56	906.57	1201.15	1339.96	1094.60	1231.92	1397.53
内江市	Neijiang	406.52	416.12	500.13	658.18	792.71	837.86	865.03	802.04	671.46	841.99	1015.06
乐山市	Leshan	372.16	393.39	387.70	342.87	568.18	482.82	595.52	520.96	375.60	493.24	490.24
南充市	Nanchong	1101.61	1651.03	1897.44	1925.93	2035.27	2030.84	2278.22	2710.07	1760.87	2675.17	2878.67
眉山市	Meishan	479.26	529.49	670.15	641.74	729.00	808.22	866.09	1025.82	925.65	885.55	751.55
宜宾市	Yibin	523.40	619.89	675.72	776.92	805.03	818.39	949.52	905.97	800.56	786.92	807.92
广安市	Guangan	390.24	553.21	737.57	848.59	845.74	842.39	872.56	884.42	679.35	486.63	590.61
达州市	Dazhou	679.44	831.41	807.62	1106.82	1022.08	1039.44	1131.75	1248.45	988.47	1104.18	1325.78
雅安市	Yaan	71.92	81.61	75.33	104.85	118.05	169.13	181.95	197.51	197.00	164.12	162.92
巴中市	Bazhong	469.82	745.97	1034.10	1233.37	1147.90	1153.05	1504.32	1629.38	1265.92	1278.03	519.57
资阳市	Ziyang	457.93	522.69	545.93	528.08	581.06	279.48	215.99	274.15	282.33	215.71	236.93
阿坝藏族羌族自治州	Aba	30.58	31.50	31.21	41.76	38.24	34.71	58.30	51.77	41.16	41.02	34.35
甘孜藏族自治州	Ganzi	12.71	9.49	15.63	14.22	15.54	19.99	22.37	36.49	36.73	35.44	33.59
凉山彝族自治州	Liangshan	95.91	136.42	143.90	114.40	178.75	246.45	282.94	272.87	235.89	300.25	295.42

15-10 各市(州)建筑业企业动力装备情况(2021年)
Power of Machinery and Equipment Owned of Construction Enterprises by Region(2021)

市(州)及分组	Region and Group	自有机械设备总台数(台) Number of Machinery and Equipment Owned (unit)	自有机械设备总功率(万千瓦) Total Power of Machinery and Equipment Owned (10 000 kw)	自有机械设备净值(万元) Net Value of Machinery and Equipment Owned (10 000 yuan)	技术装备率(元/人) Value of Machinery per Laborer (yuan/person)	动力装备率(千瓦/人) Power of Machinery per Laborer (kw/person)
全　省	**Sichuan**	**263014**	**835.77**	**1799417**	**4357**	**2.02**
按市(州)分	**Grouped by Region**					
成都市	Chengdu	76496	412.98	816045	6669	3.38
自贡市	Zigong	7824	19.15	35511	2713	1.46
攀枝花市	Panzhihua	7254	27.58	57788	15098	7.21
泸州市	Luzhou	13786	33.41	76118	1606	0.70
德阳市	Deyang	8107	13.30	36329	2745	1.00
绵阳市	Mianyang	21453	33.18	78225	3283	1.39
广元市	Guangyuan	11450	19.05	46699	5234	2.14
遂宁市	Suining	9745	71.61	74780	4527	4.34
内江市	Neijiang	7326	10.67	25607	2724	1.13
乐山市	Leshan	11599	10.40	34444	4011	1.21
南充市	Nanchong	14317	52.91	151037	3498	1.23
眉山市	Meishan	7526	22.61	37762	2380	1.42
宜宾市	Yibin	22500	13.87	55033	2531	0.64
广安市	Guangan	10969	18.93	45869	3414	1.41
达州市	Dazhou	9196	30.30	72879	3603	1.50
雅安市	Yaan	2835	7.49	14099	5839	3.10
巴中市	Bazhong	12274	15.25	84871	6535	1.17
资阳市	Ziyang	1865	4.13	22069	3154	0.59
阿坝藏族羌族自治州	Aba	837	5.46	4153	2963	3.89
甘孜藏族自治州	Ganzi	1164	3.59	5205	4513	3.11
凉山彝族自治州	Liangshan	4491	9.92	24895	3907	1.56
按资质等级分	**Grouped by Qualification Grade**					
总承包企业	The General Contractor	240746	777.92	1640262	4299	2.04
特级企业	The Special Grade	40175	180.79	325985	8824	4.89
一级企业	The First Grade	84197	261.48	525820	3952	1.97
二级企业	The Second Grade	76234	187.74	470385	3730	1.49
三级企业及其他	The Third Grade & Other	40140	147.91	318073	3723	1.73
专业承包企业	The Specialized Contractor	22268	57.85	159154	5067	1.84
一级企业	The First Grade	8444	27.18	70343	8920	3.45
二级企业	The Second Grade	10108	22.24	44772	3248	1.61
三级企业及其他	The Third Grade & Other	3716	8.43	44040	4523	0.87

15-11 各市(州)按登记注册类型和构成分建筑业企业总产值(2021年)

单位：万元

市(州)及分组	Region and Group	建筑业总产值 Total Output Value	国有企业 State-owned	中央企业 Central	地方企业 Local	集体企业 Collective-owned
全 省	**Sichuan**	**173511928**	**33892928**	**3180995**	**30711933**	**2738690**
按市(州)分	**Grouped by Region**					
成都市	Chengdu	68246762	22249598	2012890	20236708	105060
自贡市	Zigong	5406506	90171		90171	12204
攀枝花市	Panzhihua	2874504	104305	534	103771	
泸州市	Luzhou	17331105	2304443		2304443	715259
德阳市	Deyang	4811922	1127710	161760	965950	38444
绵阳市	Mianyang	9522685	2151758	989415	1162343	775
广元市	Guangyuan	2720904	127950		127950	64391
遂宁市	Suining	6013871	73129		73129	221413
内江市	Neijiang	3966443	152017		152017	20046
乐山市	Leshan	3119416	522696	14840	507856	
南充市	Nanchong	16877901	1909009		1909009	238805
眉山市	Meishan	5186390	132294		132294	140961
宜宾市	Yibin	7604993	774703		774703	162927
广安市	Guangan	3643081	299036		299036	555265
达州市	Dazhou	7203926	363561		363561	276475
雅安市	Yaan	1012423	320211		320211	42674
巴中市	Bazhong	2207169	286482	1555	284927	62707
资阳市	Ziyang	1985223	217797		217797	45242
阿坝藏族羌族自治州	Aba	594744	6894		6894	9710
甘孜藏族自治州	Ganzi	393574	1673		1673	14830
凉山彝族自治州	Liangshan	2788389	677492		677492	11504
按新资质等级分	**Grouped by Qualification Grade**					
总承包企业	The General Contractor	161915381	32689929	3164326	29525603	2410799
特级企业	The Special Grade	30059910	8911871	984476	7927395	
一级企业	The First Grade	60050748	15606217	2142921	13463295	208655
二级企业	The Second Grade	42995002	4449805	534	4449271	1346701
三级企业	The Third Grade	28809721	3722036	36395	3685641	855443
专业承包企业	The Specialized Contractor	11596547	1202999	16669	1186330	327891
一级企业	The First Grade	4334049	622804		622804	25354
二级企业	The Second Grade	4730001	372754	16669	356085	279601
三级企业及其他	The Third Grade & Others	2532497	207442		207442	22936

Gross Output Value of Construction Enterprises by Region, Registered Types and Composition(2021)

(10 000 yuan)

其他企业 Others	#股份有限公司 Share-holding Corporations	#其他有限责任公司 Other Ltd. Company	建筑工程产值 Output Value of Construction	安装工程产值 Output Value of Installation	其他产值 Other Output Value	房屋工程和土木工程 Output Value of Building & Civil Engineering
136880310	**5052476**	**47147152**	**151727259**	**14109698**	**7674971**	**164040220**
45892104	4235006	28655142	60511255	4774483	2961024	64219977
5304130	166735	389767	5043571	287773	75161	5259733
2770199		2107153	2541191	287534	45780	2744096
14311404	66073	3911487	14467192	1719102	1144811	16969556
3645768	39565	835931	4093541	467476	250905	4290505
7370152	28876	1023622	8628562	722449	171674	8871974
2528564		632019	2504860	143108	72936	2649194
5719329	123505	1299681	4914272	582417	517181	5709813
3794380	7882	377816	3401125	354172	211146	3902001
2596720	2993	530877	2728343	303483	87590	2908320
14730086	200101	1944061	14587432	1549955	740514	15487715
4913135	5870	583926	4647194	393743	145453	4965124
6667363	36944	1560694	6876289	510624	218080	6998749
2788780	17058	430524	2744720	816295	82066	3538229
6563889	93145	1592413	6054789	475836	673301	7032875
649539	2100	179242	874403	87509	50512	958250
1857980	5115	293078	1877740	273341	56087	2095064
1722184		102617	1788669	152944	43609	1845337
578140	6261	211729	518368	50198	26178	551976
377071	1500	34643	339105	14561	39909	393575
2099393	13748	450731	2584638	142695	61055	2648162
126814653	4916117	44362707	143694194	11210156	7011032	157908503
21148039	2074583	17956388	27336934	1127915	1595061	30059910
44235877	2448790	16584888	53814097	3869644	2367007	58126371
37198495	255296	6362544	37715186	3717252	1562564	41711711
24232242	137449	3458887	24827977	2495345	1486400	28010510
10065658	136359	2784445	8033066	2899542	663940	6131717
3685892	21495	1790830	2792878	1263901	277271	2151515
4077646	102537	683789	3237771	1212239	279991	2653540
2302120	12326	309826	2002417	423402	106678	1326663

15-11 续表 continued

单位：万元 (10 000 yuan)

市(州)及分组	Region and Group	房屋工程建筑业 Building	土木工程建筑业 Civil Engineering	建筑安装业产值 Output Value of Installation	建筑装饰、装修和其他建筑业产值 Output Value of Ornament, Decoration and Other Construction	竣工产值 Output Value of Completed Construction
全　省	**Sichuan**	**114176954**	**49863266**	**5463518**	**4008190**	**75737268**
按市(州)分	**Grouped by Region**					
成都市	Chengdu	32408290	31811687	2468577	1558207	23042378
自贡市	Zigong	4894087	365646	140688	6084	2674741
攀枝花市	Panzhihua	730266	2013830	85129	45280	1437562
泸州市	Luzhou	15545992	1423564	224786	136763	6530597
德阳市	Deyang	3417696	872809	266234	255183	2522391
绵阳市	Mianyang	7188660	1683314	272927	377785	4353447
广元市	Guangyuan	2098977	550217	31913	39797	1316338
遂宁市	Suining	5041666	668147	106226	197832	7770780
内江市	Neijiang	3468815	433186	46787	17655	2697047
乐山市	Leshan	2579196	329124	174015	37081	1339871
南充市	Nanchong	11601800	3885915	878417	511769	7094412
眉山市	Meishan	4356056	609068	175613	45654	2210335
宜宾市	Yibin	5030778	1967971	185023	421221	3477499
广安市	Guangan	2338200	1200029	98020	6832	1814954
达州市	Dazhou	6489657	543218	75568	95482	3741781
雅安市	Yaan	722903	235347	36623	17551	459539
巴中市	Bazhong	1726087	368977	23561	88544	1198006
资阳市	Ziyang	1660656	184681	51770	88116	662105
阿坝藏族羌族自治州	Aba	359166	192810	37661	5107	267889
甘孜藏族自治州	Ganzi	307006	86569			182576
凉山彝族自治州	Liangshan	2211003	437159	83980	56247	943021
按新资质等级分	**Grouped by Qualification Grade**					
总承包企业	The General Contractor	111530207	46378296	2879325	1127553	71887427
特级企业	The Special Grade	15169574	14890336			10985953
一级企业	The First Grade	41147630	16978741	1607964	316413	27360600
二级企业	The Second Grade	34912440	6799271	768239	515051	20838051
三级企业	The Third Grade	20300562	7709948	503122	296089	12702824
专业承包企业	The Specialized Contractor	2646747	3484970	2584193	2880637	3849841
一级企业	The First Grade	349841	1801674	909751	1272784	1038975
二级企业	The Second Grade	1720817	932723	1044865	1031597	1798468
三级企业及其他	The Third Grade & Others	576089	750574	629578	576257	1012397

15-12 各市(州)建筑业企业总产值
Gross Output Value of Construction Enterprises by Region

单位：万元 (10 000 yuan)

市(州)	Region	2012	2013	2014	2015	2016	2017	2018	2019	2020	2021
全 省	**Sichuan**	**62926651**	**72774103**	**81485208**	**88475906**	**100441634**	**119962154**	**137522652**	**146681509**	**156126956**	**173511928**
成都市	Chengdu	33282864	36570771	38792821	40953808	44314587	49595545	56958394	58743793	62270111	68246762
自贡市	Zigong	1242434	1604078	1782088	2033489	2432486	3112290	4088151	3902789	4647211	5406506
攀枝花市	Panzhihua	1644819	1821553	1632167	1752843	2001219	2193364	2450241	2603344	1218687	2874504
泸州市	Luzhou	2938168	4108709	5220235	5786230	7615767	10261744	10447970	15901090	14258058	17331105
德阳市	Deyang	2136726	2363317	2566878	2644426	3034254	3617901	4350052	4457886	4272336	4811922
绵阳市	Mianyang	2275935	2807690	3521134	3975714	4407795	5686736	7212475	7087793	8183961	9522685
广元市	Guangyuan	765481	911569	1074803	1255189	1458403	1783979	2242770	2298774	2373689	2720904
遂宁市	Suining	1305440	1556025	1825481	2105375	2481006	3308825	3025877	4055024	5139208	6013871
内江市	Neijiang	1255579	1440762	1878608	2074803	2559424	2641133	2962726	2769287	3355281	3966443
乐山市	Leshan	1065775	1152511	1259091	1510509	1795349	2360367	2811028	2317748	2863582	3119416
南充市	Nanchong	3557634	4339852	4965352	5312236	6028991	7663298	10596612	9002105	13874144	16877901
眉山市	Meishan	1232023	1552882	1996535	2407274	3037935	3436698	3434996	4335658	4501611	5186390
宜宾市	Yibin	1458229	1829460	1948325	2231710	2673171	3605742	4882438	6135580	6958595	7604993
广安市	Guangan	2253959	2687220	3322882	3705093	4439155	5251317	5487875	5584670	3054711	3643081
达州市	Dazhou	2000019	2457807	2760362	2895431	3466774	4027765	4616833	5082648	5831298	7203926
雅安市	Yaan	158650	168340	244349	281120	337592	454729	543237	691939	770912	1012423
巴中市	Bazhong	2384845	2921030	3791359	4194525	4815169	6441841	6401113	6599724	7149588	2207169
资阳市	Ziyang	1300978	1580879	1891727	2173625	1875901	2219734	1906140	1677739	1697997	1985223
阿坝藏族羌族自治州	Aba	76018	86027	93986	111016	122475	193296	378084	599587	694069	594744
甘孜藏族自治州	Ganzi	40029	74473	96289	89581	94817	141019	236058	331629	369879	393574
凉山彝族自治州	Liangshan	551046	739148	820736	981910	1449368	1964831	2489581	2502703	2642030	2788389

15-13 各市(州)建筑业企业主要财务指标(2021年)
Major Financial Indicators of Construction Enterprises by Region(2021)

单位：万元 (10 000 yuan)

市(州)及分组	Region and Group	资产合计 Total Assets	负债合计 Total Liabilities	所有者权益合计 Total Owners' Equities	利润总额 Total Profits	税金总额 Total Tax	利税总额 Total Pre-tax Profits
全 省	**Sichuan**	**191112618**	**138394821**	**52717797**	**5435830**	**4020914**	**9456745**
按市(州)分	**Grouped by Region**						
成都市	Chengdu	116139877	88614934	27524944	2566322	1515071	4081392
自贡市	Zigong	2310132	1479812	830319	68741	106964	175705
攀枝花市	Panzhihua	3651587	2853272	798315	95603	56003	151606
泸州市	Luzhou	6137224	4036684	2100540	225032	281936	506968
德阳市	Deyang	4067473	3073815	993658	117150	97721	214871
绵阳市	Mianyang	12019674	7953331	4066344	196342	186729	383072
广元市	Guangyuan	2245533	1455868	789665	70930	104782	175712
遂宁市	Suining	3855325	2537104	1318220	153243	170290	323533
内江市	Neijiang	2993297	2092443	900853	61088	80820	141908
乐山市	Leshan	3290895	1962777	1328118	99750	87710	187460
南充市	Nanchong	5623311	3709031	1914279	549586	409852	959438
眉山市	Meishan	5054053	3110418	1943635	135058	115171	250229
宜宾市	Yibin	7549926	5244213	2305713	439438	200240	639678
广安市	Guangan	3543812	2247842	1295970	127402	125327	252729
达州市	Dazhou	2906339	1526326	1380013	312562	252008	564570
雅安市	Yaan	2631082	1818435	812647	58341	29547	87889
巴中市	Bazhong	2582697	1657131	925565	60472	59719	120191
资阳市	Ziyang	1128351	703779	424572	45331	47191	92522
阿坝藏族羌族自治州	Aba	533851	309957	223894	8884	28242	37126
甘孜藏族自治州	Ganzi	457049	288393	168657	19143	25568	44711
凉山彝族自治州	Liangshan	2391132	1719255	671877	25413	40024	65437
按资质等级分	**Grouped by Qualification Grade**						
总承包企业	The General Contractor	179270870	129955461	49315409	5067345	3673237	8740582
特级企业	The Special Grade	51918304	41926505	9991799	1097098	431711	1528809
一级企业	The First Grade	63600737	46701018	16899719	1992341	1245579	3237919
二级企业	The Second Grade	36536983	23717979	12819005	1055380	1271313	2326693
三级企业	The Third Grade	27214845	17609958	9604886	922526	724635	1647161
专业承包企业	The Specialized Contractor	11841748	8439360	3402388	368486	347678	716163
一级企业	The First Grade	5563812	4223990	1339822	119550	129526	249075
二级企业	The Second Grade	4594298	3147631	1446667	135830	134633	270463
三级企业及其他	The Third Grade & Others	1683639	1067739	615899	113106	83519	196625

15−14　各市(州)总承包和专业承包建筑业企业资产和负债(2021年)

Assets and Liabilities of General and Professional Contractor Construction Enterprises by Region(2021)

单位：万元　　(10 000 yuan)

市(州)及分组	Region and Group	年末资产合计 Total Assets (year-end)	#流动资产 Current Assets	年末负债合计 Total Liabilities (year-end)	#流动负债 Current Liabilities
全　省	**Sichuan**	**191112618**	**147128658**	**138394821**	**119150702**
按市(州)分	**Grouped by Region**				
成都市	Chengdu	116139877	90781874	88614934	80638298
自贡市	Zigong	2310132	2001487	1479812	1313935
攀枝花市	Panzhihua	3651587	2837859	2853272	2642622
泸州市	Luzhou	6137224	4723306	4036684	3285743
德阳市	Deyang	4067473	3485271	3073815	2762978
绵阳市	Mianyang	12019674	9022451	7953331	5829101
广元市	Guangyuan	2245533	1815363	1455868	1110639
遂宁市	Suining	3855325	3207168	2537104	1956335
内江市	Neijiang	2993297	1823131	2092443	1150372
乐山市	Leshan	3290895	2292953	1962777	1464994
南充市	Nanchong	5623311	4041254	3709031	2842662
眉山市	Meishan	5054053	3506294	3110418	2310709
宜宾市	Yibin	7549926	6284288	5244213	4194798
广安市	Guangan	3543812	2572825	2247842	1801317
达州市	Dazhou	2906339	2184148	1526326	1245998
雅安市	Yaan	2631082	1644051	1818435	1272654
巴中市	Bazhong	2582697	1273415	1657131	773839
资阳市	Ziyang	1128351	849456	703779	503072
阿坝藏族羌族自治州	Aba	533851	435585	309957	263825
甘孜藏族自治州	Ganzi	457049	418313	288393	275002
凉山彝族自治州	Liangshan	2391132	1928168	1719255	1511810
按资质等级分	**Grouped by Qualification Grade**				
总承包企业	The General Contractor	179270870	137452137	129955461	111572263
特级企业	The Special Grade	51918304	38060151	41926505	37407873
一级企业	The First Grade	63600737	52080366	46701018	42609948
二级企业	The Second Grade	36536983	28060965	23717979	19200060
三级企业	The Third Grade	27214845	19250655	17609958	12354382
专业承包企业	The Specialized Contractor	11841748	9676521	8439360	7578438
一级企业	The First Grade	5563812	4867769	4223990	4033433
二级企业	The Second Grade	4594298	3519794	3147631	2601965
三级企业及其他	The Third Grade & Others	1683639	1288958	1067739	943040

15-15 各市(州)总承包和专业承包建筑业企业所有者权益和利税(2021年)
Owners' Equities and Pre-tax Profits of General and Professional Contractor Construction Enterprises by Region(2021)

单位：万元 (10 000 yuan)

市(州)及分组	Region and Group	所有者权益 Owners' Equities	利税总额 Total Pre-tax Profits	利润总额 Total Profits	税金总额 Total Taxes	#主营业务税金及附加 Taxes and Extra Charges on Project Settlement Accounts
全　省	**Sichuan**	**52717797**	**9456745**	**5435830**	**4020914**	**945068**
按市(州)分	**Grouped by Region**					
成都市	Chengdu	27524944	4081392	2566322	1515071	250411
自贡市	Zigong	830319	175705	68741	106964	23128
攀枝花市	Panzhihua	798315	151606	95603	56003	12263
泸州市	Luzhou	2100540	506968	225032	281936	68796
德阳市	Deyang	993658	214871	117150	97721	18810
绵阳市	Mianyang	4066344	383072	196342	186729	45086
广元市	Guangyuan	789665	175712	70930	104782	31930
遂宁市	Suining	1318220	323533	153243	170290	48397
内江市	Neijiang	900853	141908	61088	80820	34349
乐山市	Leshan	1328118	187460	99750	87710	14131
南充市	Nanchong	1914279	959438	549586	409852	143450
眉山市	Meishan	1943635	250229	135058	115171	23382
宜宾市	Yibin	2305713	639678	439438	200240	45888
广安市	Guangan	1295970	252729	127402	125327	40011
达州市	Dazhou	1380013	564570	312562	252008	89228
雅安市	Yaan	812647	87889	58341	29547	5776
巴中市	Bazhong	925565	120191	60472	59719	14248
资阳市	Ziyang	424572	92522	45331	47191	14054
阿坝藏族羌族自治州	Aba	223894	37126	8884	28242	11938
甘孜藏族自治州	Ganzi	168657	44711	19143	25568	2536
凉山彝族自治州	Liangshan	671877	65437	25413	40024	7256
按资质等级分	**Grouped by Qualification Grade**					
总承包企业	The General Contractor	49315409	8740582	5067345	3673237	867461
特级企业	The Special Grade	9991799	1528809	1097098	431711	80730
一级企业	The First Grade	16899719	3237919	1992341	1245579	238325
二级企业	The Second Grade	12819005	2326693	1055380	1271313	334472
三级企业	The Third Grade	9604886	1647161	922526	724635	213934
专业承包企业	The Specialized Contractor	3402388	716163	368486	347678	77607
一级企业	The First Grade	1339822	249075	119550	129526	26649
二级企业	The Second Grade	1446667	270463	135830	134633	31056
三级企业及其他	The Third Grade & Others	615899	196625	113106	83519	19902

15−16 各市(州)按登记注册类型分建筑业企业劳动生产率(2021年)
Labor Productivity of Construction Enterprises by Region and Registered Types(2021)

单位：元/人　　　　(yuan/person)

市(州)及分组	Region and Group	按总产值计算的劳动生产率 Overall Labor Productivity in Terms of Total Output Value	国有企业 State-owned	中央企业 Central	地方企业 Local	集体企业 Collective owned	其他企业 Others	#股份有限公司 Shareholding Corporations	#其他有限责任公司 Other Ltd. Company
全　省	**Sichuan**	**420179**	**507542**	**505546**	**507749**	**244900**	**408615**	**726296**	**562659**
按市(州)分	**Grouped by Region**								
成都市	Chengdu	557766	525575	424616	538306	217425	576966	909209	745401
自贡市	Zigong	413105	405811		405811	656129	412879	411997	353434
攀枝花市	Panzhihua	751014	712468	133500	728731		752547		1193854
泸州市	Luzhou	365558	326607		326607	182417	392811	1035629	422699
德阳市	Deyang	363570	1173231	386894	1778585	230065	301131	1459952	206362
绵阳市	Mianyang	399715	788421	931828	697099	258333	349437	119174	594472
广元市	Guangyuan	304962	384465		384465	224906	304536		389486
遂宁市	Suining	364053	1310552		1310552	356773	361005	292527	304746
内江市	Neijiang	421877	669088		669088	164988	419120	257572	326097
乐山市	Leshan	363263	404658	665480	400076		355934	598600	641001
南充市	Nanchong	390888	537583		537583	337534	378474	459158	356617
眉山市	Meishan	326860	301010		301010	236393	331264	312255	356901
宜宾市	Yibin	349783	452143		452143	419481	339475	254084	413582
广安市	Guangan	271157	328900		328900	326262	257643	337778	365657
达州市	Dazhou	356152	697547		697547	273521	351102	405862	395857
雅安市	Yaan	419292	894944		894944	329526	337020	525000	758217
巴中市	Bazhong	169943	145577	34176	148214	97872	179012	35273	180211
资阳市	Ziyang	283745	417796		417796	171240	277280		561669
阿坝藏族羌族自治州	Aba	424362	157046		157046	388392	433843	309926	512909
甘孜藏族自治州	Ganzi	341230	150748		150748	220355	350764	230769	176392
凉山彝族自治州	Liangshan	437593	488740		488740	383460	423615	291269	520114
按资质等级分	**Grouped by Qualification Grade**								
总承包企业	The General Contractor	424373	510033	508260	510224	243422	412348	730663	559627
特级企业	The Special Grade	813653	531995	929365	505171		1047316	999077	1086133
一级企业	The First Grade	451355	536127	430634	557879	302092	428452	742237	461531
二级企业	The Second Grade	340941	388300	133500	388389	292373	338042	297201	363142
三级企业	The Third Grade	337179	549540	195357	559558	185683	327182	278462	372556
专业承包企业	The Specialized Contractor	369231	448061	251038	453057	256345	366780	597540	615823
一级企业	The First Grade	549567	608504		608504	204138	546982	759541	863883
二级企业	The Second Grade	343142	358107	251038	365403	266769	348654	890082	498970
三级企业及其他	The Third Grade & Others	260101	334313		334313	214756	255527	145529	287382

主要统计指标解释

建筑业统计单位 指从事房屋、构筑物建造和设备安装活动的法人企业。建筑业法人企业应具有建筑业资质并能够独立核算，同时还应具备以下条件：①依法成立，有自己的名称、组织机构和场所，能够承担民事责任；②独立拥有和使用资产，承担负债，有权与其他单位签订合同；③独立核算盈亏，能够编制资产负债表。

建筑业总产值 是以货币形式表现的建筑业企业在一定时期内生产的建筑业产品和提供服务的总和。建筑业总产值包括：

(1)建筑工程产值：指列入建筑工程预算内的各种工程价值。

(2)安装工程产值：指设备安装工程价值以及将预制部品部件安装成建筑工程产品的价值，不包括被安装设备本身的价值。

(3)其他产值：指建筑业总产值中除建筑工程、安装工程以外的产值。包括房屋构筑物修理产值、非标准设备制造产值、总包企业向分包企业收取的管理费以及不能明确划分的施工活动所完成的产值。

建筑业增加值 指建筑业企业在报告期内以货币形式表现的从事建筑业生产经营活动的最终成果。

房屋施工面积 指在报告期内施工的全部房屋建筑面积，包括本期新开工的房屋建筑面积、上期跨入本期继续施工的房屋建筑面积、上期停缓建在本期恢复施工的房屋建筑面积、本期竣工的房屋建筑面积及本期施工后又停缓建的房屋建筑面积。

房屋竣工面积 指报告期内房屋建筑按照设计要求已全部完工，达到住人和使用条件，经验收鉴定合格或达到竣工验收标准，可正式移交使用的各栋房屋建筑面积的总和。

Explanatory Notes on Main Statistical Indicators

Statistical Units in the Construction Industry refer to corporate enterprises engaged in the construction of buildings and structures and in the installation of equipment. A corporate construction enterprise should have qualification certificates with independent accounting system, and should meet the following 3 requirements: a) being set up in line with relevant legal basis, having its full name, organization and location, and capable of taking civil liabilities; b) independently possessing and using its assets and assuming its liabilities, and entitled to sign contracts with other institutions; c) making independent accounts of its profits and losses, and capable of compiling its own balance sheet.

Gross Output Value of Construction refers to total of construction products and services, expressed in monetary terms, produced or rendered by construction and installation enterprises during a given period of time. It includes:

1) Output value of construction projects: the value of projects covered by the project budgets;

2) Output value of installation projects: the value of the installation of equipment, and the value of installing prefabricated components into construction engineering products (excluding the value of the equipment to be installed);

3) Other output values: the output value of construction industry apart from that of construction projects and installation projects. It includes: output value of repair of buildings and structures; output value of manufacturing of non-standard equipment; overhead expenses received by contracted enterprises from the sub-contracted enterprises, and the completed output value of construction activities for which there is no clear definition.

Value-added of Construction refers to the final result of the activities of production and management of construction industry in monetary terms in the reference period.

Floor Space of Buildings under Construction refers to the total floor space area of buildings under construction in the reference period. It includes buildings new started; buildings started earlier and continued during the reference period; buildings suspended earlier but restarted during the reference period; buildings completed during the reference period; and buildings under construction but suspended during the reference period.

Floor Space of Buildings Completed refers to the total floor space area of buildings that have been completed in the reference period in accordance with the requirements of the design, up to the standard for accommodation or putting into use, and have been checked and accepted by departments concerned as qualified or up to the standard of buildings completed and can be handed over for putting into use.

16 交通运输和邮电业

Chapter 16 Transportation and Post

16-1 交通运输业情况
Conditions of Transport

指 标	Item	2010	2015	2018	2019	2020	2021
运输线路长度	**Length of Transport Routes**						
铁路营业里程 (公里)	Railways in Operation (km)	3549	4442	4978	5090	5312	5687
公路里程 (万公里)	Highways (10 000 km)	26.6	31.6	33.2	33.7	39.4	39.9
内河航道里程 (万公里)	Navigable Inland Waterways (10 000 km)	1.1	1.1	1.1	1.1	1.1	1.1
航空里程 (万公里)	Civil Aviation (10 000 km)	56.1	97.2	121.4	133.4	145.6	131.5
客运量总计 (万人)	**Total Passenger Traffic (10 000 persons)**	**242732**	**140044**	**103918**	**97914**	**61738**	**64837**
铁路	Railways	6829	9078	14982	17211	11210	13890
公路	Highways	230988	124014	81461	72387	45258	45349
水路	Waterways	2733	2748	1991	1930	954	864
民用航空	Civil Aviation	2182	4204	5484	6386	4316	4734
旅客周转量总计 (亿人公里)	**Total Passenger-Kilometers (100 million passenger-km)**	**1391.7**	**1663.0**	**1802.2**	**1949.1**	**1202.7**	**1303.3**
铁路	Railways	221.5	271.8	379.5	402.8	254.3	310.7
公路	Highways	802.2	671.6	466.1	437.7	289.8	270.3
水路	Waterways	2.3	2.6	1.9	1.8	1.0	1.0
民用航空	Civil Aviation	365.7	717.0	954.7	1106.8	657.8	721.3
货运量总计 (万吨)	**Total Freight Traffic (10 000 tons)**	**133364**	**153270**	**185473**	**175308**	**170038**	**182699**
铁路	Railways	7093	5893	5223	5685	5860	5865
公路	Highways	121017	138622	173324	162668	157598	171377
水路	Waterways	5218	8688	6862	6896	6527	5400
民用航空	Civil Aviation	36	67	64	59	53	57
货物周转量总计 (亿吨公里)	**Total Freight Ton-kilometers (100 million ton-km)**	**1710.8**	**2289.5**	**2820.0**	**2573.3**	**2733.3**	**2940.8**
铁路	Railways	642.8	613.8	720.7	727.4	811.1	871.8
公路	Highways	985.1	1480.6	1815.0	1527.5	1617.7	1789.8
水路	Waterways	75.1	183.5	270.1	305.6	291.8	264.7
民用航空	Civil Aviation	7.8	11.7	14.2	12.8	12.8	14.5
民用汽车拥有量 (万辆)	**Possession of Civil Motor Vehicles (10 000 units)**	**355.0**	**768.5**	**1099.6**	**1187.2**	**1292.2**	**1382.0**
#私人汽车	Private Vehicles	281.0	677.3	976.7	1049.6	1141.2	1218.4
载客汽车拥有量 (万辆)	**Possession of Buses and Cars (10 000 units)**	**281.6**	**674.0**	**988.8**	**1067.1**	**1158.6**	**1239.2**
载货汽车拥有量 (万辆)	**Possession of Trucks (10 000 units)**	**70.4**	**89.6**	**105.2**	**115.3**	**124.6**	**136.8**
其他机动车拥有量 (万辆)	**Possession of Other Motor Vehicles (10 000 units)**	**5.9**	**5.0**	**5.6**	**4.7**	**5.8**	**6.0**
公路部门营运车辆 (万辆)	**Number of Motor Vehicles Owned by Highway Departments (10 000 units)**	**62.0**	**57.1**	**75.7**	**82.2**	**54.4**	**57.8**
民用运输船舶拥有量 (艘)	**Possession of Civil Transport Vessels (unit)**	**8414**	**7489**	**5316**	**5160**	**4718**	**4495**
机动船	Motor Vessels	7350	6435	4431	4307	4024	3806
驳船	Barges	1064	1054	885	853	694	689

注：①从2014年开始，公路货运量和货物周转量由抽样调查改为根据高速公路计重收费数据推算，公路客运量和旅客周转量中的出租车和公交车统计范围作了较大调整，故2014年相关数据与往年不可比；②2015年起，航空货运量及货物周转量由双流机场提供改为由航空公司提供，故数据与往年不可比；③公路数据由四川省交通运输厅道路运输管理局提供，铁路数据由成都铁路局提供，水运数据由四川省交通运输厅航务管理局提供，航空数据由四川航空公司、国航西南分公司、东航四川分公司、成都航空公司提供。

a) Since 2014, freight traffic and ton-kilometers of highways are changed from the sample survey to highway toll collection data, statistics range of taxi and bus in highway passenger traffic and passenger-kilometers made a big adjustment, so data of 2014 are not comparable with previous years; b) Since 2015, freight traffic and ton-kilometers of aviation are changed from provided by Shuangliu Airport to provided by airline companies, so the data cannot be compared with previous years; c) Highway data are provided by Road Transport Administration of Sichuan Provincial Transportation Bureau, railway data are provided by Chengdu Railway Bureau, waterway data are provided by the Shipping Administration of Sichuan Provincial Communications Department, air data are provided by Sichuan Airlines, Air China Southwest branch, Sichuan branch of China Eastern Airlines and Chengdu airlines.

16-2　各市(州)公路运输情况(2021年)
Main Indicators of Highway Transportation by Region(2021)

市(州)	Region	公路总里程（公里）Total Length of Highways (km)	#等级公路里程 Expressway and Class I to IV Highways	#高速公路 Expressway	民用汽车拥有量（万辆）Possession of Civil Motor Vehicles (10 000 units)	#私人汽车 Private Vehicles	公路旅客周转量（万人公里）Passenger-kilometers of Highways (10 000 passenger-km)	公路货物周转量（万吨公里）Freight Ton-kilometers of Highways (10 000 ton-kilometers)
全　省	**Sichuan**	**398899**	**384894**	**8608**	**1382.00**	**1218.42**	**2702690**	**17897895**
成都市	Chengdu	29532	29488	1248	573.96	477.42	503856	3772519
自贡市	Zigong	9637	9405	278	32.32	29.94	86048	600613
攀枝花市	Panzhihua	5338	4670	231	23.06	20.55	60844	593274
泸州市	Luzhou	19967	19004	532	53.42	48.63	188949	1229352
德阳市	Deyang	10379	10174	331	60.92	56.40	118174	756428
绵阳市	Mianyang	23838	21619	436	85.86	80.42	180897	753900
广元市	Guangyuan	23287	20028	395	33.32	31.40	59966	592051
遂宁市	Suining	13821	13545	360	34.97	33.01	79549	471502
内江市	Neijiang	13287	12947	358	34.18	31.26	135995	481175
乐山市	Leshan	16418	16309	430	51.76	46.74	133016	1185219
南充市	Nanchong	30854	30716	570	67.52	61.10	200819	1278843
眉山市	Meishan	8749	8165	460	46.52	42.99	61207	750319
宜宾市	Yibin	25341	24446	386	54.02	49.75	141747	676257
广安市	Guangan	15482	15371	436	33.18	30.96	61417	310765
达州市	Dazhou	28823	28436	534	47.28	43.03	145569	1202550
雅安市	Yaan	8286	7849	342	23.40	20.64	45665	676331
巴中市	Bazhong	25550	25291	419	31.27	29.35	119506	456169
资阳市	Ziyang	12602	12468	378	23.66	21.68	65229	320010
阿坝藏族羌族自治州	Aba	15677	15062	221	12.78	11.36	41384	443320
甘孜藏族自治州	Ganzi	32989	32257	45	10.91	9.61	42908	225117
凉山彝族自治州	Liangshan	29044	27644	221	45.74	42.18	229943	1122181

注："民用汽车拥有量"全省合计包括省本级数，故各市州之和不等于全省。

a) Data of Possession of Civil Motor Vehicles include provincial data, therefore, the sum of cities and states is not equal to the whole province.

16-3 邮电业务情况
Conditions of Postal and Telecommunication Services

指 标	Item	2016	2017	2018	2019	2020	2021
邮政业务	**Postal Services**						
邮政业务总量 (亿元)	Business Volume of Postal Services (100 million yuan)	199.0	269.2	348.4	447.8	537.7	374.2
营业网点 (处)	Number of Offices (unit)	6108	6109	6114	6132	28160	29649
邮路长度 (万公里,单程)	Length of Postal Routes (10 000 km, one way)	11.96	13.55	15.88	17.61	43.90	28.44
邮运汽车 (辆)	Postal Cars (unit)	792	899	886	964	1075	1051
函件 (万件)	Number of Letters (10 000 pcs)	3755	3265	2776	2638	2254	1994
包裹 (万件)	Number of Parcels (10 000 pcs)	103	95	89	79	70	69
报刊期发数 (万份)	Issue of Newspapers and Magazines (10 000 copies)	661	675	688	735	669	661
快递业务量 (万件)	Pieces of Express Mail Services (10 000 pcs)	80148	110796	145992	179105	215159	278270
电信业务	**Telecommunication Services**						
电信业务总量 (亿元)	Business Volume of Telecommunication Services (100 million yuan)	1671.5	1240.7	3295.4	5155.0	7525.9	935.1
年末固定电话用户 (万户)	Number of Fixed Telephone Subscribers at Year-end (10 000 subscribers)	1490	1636	1721	1872	1885	1919
城市固定电话 (万户)	Urban Fixed Telephone Subscribers (10 000 subscribers)	981	1028	1041	1219	1220	1130
农村固定电话 (万户)	Rural Fixed Telephone Subscribers (10 000 subscribers)	509	608	680	653	665	789
年末移动电话用户 (万户)	Number of Mobile Telephone Subscribers at Year-end (10 000 subscribers)	7295	7694	9069	9444	9125	9339
互联网宽带接入用户数 (万户)	Number of Broad Band Subscribers of Internet (10 000 subscribers)	1851	2168	2625	2812	2976	3221

注：①邮政业务总量2016-2020年按2010年不变单价计算，2021年按2020年不变单价计算，同比增长按可比口径计算；电信业务总量2016-2020年按2015年不变单价计算，2021年按2020年不变单价计算，同比增长按可比口径计算。②2010年起邮路长度不含邮政速递公司自营邮路；特快专递包括邮政公司和其他快递公司数据。③邮政业务数据由四川省邮政管理局、中国邮政集团四川省分公司提供；电信业务数据由四川省通信管理局提供。

a) The data of Business Volume of Postal Services from 2016 to 2020 are calculated by the constant unit price in 2010, the data in 2020 are calculated by the constant unit price in 2020, the year-on-year growth is calculated by the comparable standard; The data of Business Volume of Telecommunication Services from 2016 to 2020 are calculated by the constant unit price in 2015, the data in 2021 are calculated by the constant unit price in 2020, the year-on-year growth is calculated by the comparable standard; b) Postal routes exclude express delivery company's own length postman since 2010. The data of pieces of express mail services comes from the post offices and other express delivery companies; c) Data of the postal service are provided by the Sichuan Provincial Post Office and China Post Group's Sichuan branch. Data from the telecommunication services are provided by the Sichuan Provincial Communications Administration Bureau.

主要统计指标解释

铁路营业里程 又称营业长度，指投入客货运输营业或临时营业的线路长度。

公路里程 指报告期末公路的实际长度。统计范围：包括城间、城乡间、乡（村）间能行驶汽车的公共道路，公路通过城镇街道的里程，公路桥梁长度、隧道长度、渡口宽度。不包括城市街道里程，断头路里程，农（林）业生产用道路里程，工（矿）企业等内部道路里程。统计原则：按已竣工验收或交付使用的实际里程计算；两条或多条公路共同经由同一路段的重复里程，只计算一次。

内河航道里程 指在一定时期内，能通航运输船舶及排筏的天然河流、湖泊水库、运河及通航渠道的长度。包括全年季节性通航累计三个月以上的航道，不包括仅供零散流放竹、木排的河道。两省以河为界的航道里程，双方均按一半计算，以免重复。

定期航班航线里程 指定期航班营运里程的总长度，以万公里为计算单位。航线里程的统计分为按重复距离计算和按不重复距离计算两种形式。“按重复距离计算”是指不同航线的相同航段距离可以重复累加；“按不重复距离计算”则不同航线相同航段只统计一次。

货(客)运量 指在一定时期内，各种运输工具实际运送的货物重量(旅客数量)。货运按吨计算，客运按人计算。货物不论运输距离长短、货物类别，均按实际重量统计。旅客不论行程远近或票价多少，均按一人一次客运量统计；半价票、小孩票也按一人统计。

货物(旅客)周转量 指在一定时期内，由各种运输工具运送的货物(旅客)数量与其相应运输距离的乘积之总和。该指标可以反映运输业生产的总成果，也是编制和检查运输生产计划，计算运输效率、劳动生产率以及核算运输单位成本的主要基础资料。计算货物周转量通常按发出站与到达站之间的最短距离，也就是计费距离计算。计算公式为：

货物(旅客)周转量=Σ〔货物(旅客)运输量×运输距离〕

民用汽车拥有量 指报告期末，在公安交通管理部门按照《机动车注册登记工作规范》，已注册登记领有民用车辆牌照的全部汽车数量。汽车拥有量统计的主要分类：根据汽车结构分为载客汽车、载货汽车及其他汽车；根据汽车所有者不同分为个人(私人)汽车、单位汽车；根据汽车的使用性质分为营运汽车、非营运汽车；根据汽车大小规格不同，载客汽车分为大型、中型、小型和微型，载货汽车分为重型、中型、轻型和微型。

邮政、电信业务总量 指以货币形式表示的邮政、电信通信企业为社会提供各类邮政、电信通信服务的总数量。计算方法为各类业务的实物量分别乘以相应的不变单价，求出各类业务的货币量加总求得。没有不变单价的业务按其业务收入直接相加。

移动电话用户 指在电信运营企业营业网点办理开户登记手续，通过移动电话交换机进入移动电话网，占用移动电话号码的各类电话用户。包括各类签约用户、智能网预付费用户、无线上网卡用户。

固定电话用户 指在电信企业营业网点办理开户登记手续并已接入固定电话网上的全部电话用户。

住宅电话用户 指私人付费或安装在居民住宅并按照私人或住宅电话用户登记注册和收费的各类电话用户。

Explanatory Notes on Main Statistical Indicators

Length of Railways in Operation refers to the total length of the trunk line for passenger and freight transportation in full operation or temporary operation.

Length of Highways refers to the actual length of highways at the end of reference period. It covers public roads running vehicles between cities, between urban and rural areas, and between townships (villages), as well as highways passing through streets at small cities and towns, length of bridges and tunnels, width of ferry piers. It does not include the length of streets in cities, dead end highways, the length of streets built for agricultural (forest) production and inside factories (mines). Mileage can only be included when the road is completed, checked and accepted or put into operation. If two or more highways use the same section, the length of the section is counted only once.

Length of Navigable Inland Waterways refers to the length of natural rivers, lakes, reservoirs and canals that are open to navigation for ships and rafts during a given period. It includes the channels with annual seasonal navigation for more than three months, excluding waterways for scattered bamboo and wooden rafts. If two provinces share one river as the border, the length of waterways will be equally divided for each province to avoid duplication.

Length of Regular Civil Aviation Routes refers to the total length of all routes for scheduled flights, which is calculated using 10,000 kilometres as the measuring unit. There are usually two ways to calculate the route length: duplicated calculation and non-duplicated calculation. Duplicated calculation means that the same segment of different routes can be added with duplication, while the non-duplicated calculation allows the same segment of different routes to be counted only once.

Freight (Passenger) Traffic refers to the weight of freight (number of passengers) transported with various means within a specific period of time. Freight transport is calculated in tons and passenger traffic is calculated in terms of number of persons. Freight transport is calculated in terms of the actual weight of the goods, irrespective of the type of freight and distance of transport. Passenger traffic is calculated by the principle that one person can be counted only once in one trip, irrespective of travelling distance and ticket price. The passengers who travel with a discounted ticket or a children ticket is also calculated as one person.

Freight Ton-kilometers (Passenger-kilometers) refers to the sum of the product of the volume of transported cargo (passengers) multiplied by the transport distance. As an indicator to reflect the achievement of the transportation industry, this is an important indicator to show the total results of the transport industry; to prepare and examine the transport plan; and to serve as the main basic data for calculating the efficiency, labour productivity and unit cost of transport. Normally, the shortest distance between the departure station and the destination station (i.e., the payable distance) is the basis in calculating the freight ton-kilometres. The formula is as follows:

$$\text{Freight ton-kilometres (passenger-kilometres)} = \sum \text{freight (passenger)traffic} \times \text{distance of transportation}$$

Possession of Civil Motor Vehicles refer to the total numbers of vehicles at the end of the reference period that are registered and received vehicles license according to the Working Regulations for Motor Vehicle Registration formulated by the transport management offices. Motor vehicles are classified into different categories. By the structure of motor vehicles, they are divided into passenger vehicles, trucks and others; by ownership, into private vehicles and vehicles for the unit's use; by usage, into business vehicles and non-business vehicles; and by size of vehicles, into large passenger vehicles, medium-sized passenger vehicles, small passenger vehicles and mini passenger vehicles, heavy trucks, light-heavy trucks, light trucks and mini-trucks.

Business Volume of Post and Telecommunications refers to the total amount of postal and telecommunication services, expressed in value terms, provided by the post and telecommunications departments for the society. Business volume of post and telecommunications is the sum of each service in kind multiplying with its correspondent unit price (constant price). For business activities without constant price, the business revenue is added up directly.

Mobile Phone Subscribers refer to persons who have gone through registration procedures in the operation outlets of enterprises engaged in telecommunications and are hence connected with the mobile phone communication network through the mobile phone switchboards and occupy mobile phone numbers. Included are various types of contracted subscribers, prepaid users for intelligent network and wireless network card users.

Fixed Telephone Subscribers refer to all subscribers who have gone through registration procedures in the operation outlets of enterprises engaged in telecommunications and are hence connected to the local telecommunications service provider through fixed line network.

Household Telephone Subscribers refer to all kinds of subscribers with telephone sets paid privately or installed in the dwelling units of residents, and registered with payment as private subscribers or residence subscribers.

17 / 国内贸易
Chapter 17 Domestic Trade

17-1 社会消费品零售总额
Total Retail Sales of Consumer Goods

单位：亿元 (100 million yuan)

年份 Year	社会消费品零售总额 Total Retail Sales of Consumer Goods	年份 Year	社会消费品零售总额 Total Retail Sales of Consumer Goods
1990	348.60	2006	3480.55
1991	399.85	2007	4114.77
1992	470.63	2008	4956.13
1993	572.09	2009	5789.67
1994	741.93	2010	6888.84
1995	958.52	2011	8282.82
1996	1136.62	2012	9606.44
1997	1291.47	2013	10976.63
1998	1408.05	2014	12353.94
1999	1514.96	2015	13834.40
2000	1669.30	2016	15519.69
2001	1877.55	2017	17404.45
2002	2066.85	2018	19340.75
2003	2289.71	2019	21342.98
2004	2621.15	2020	20824.87
2005	3010.66	2021	24133.21

17-2 按各项分组的社会消费品零售总额
Total Retail Sales of Consumer Goods by the Grouping

单位：亿元 (100 million yuan)

指　标	Item	2014	2015	2016	2017	2018	2019	2020	2021
全　省	**Sichuan**	**12353.94**	**13834.40**	**15519.69**	**17404.45**	**19340.75**	**21342.98**	**20824.87**	**24133.21**
按销售单位所在地分	Grouped by Location of Retailers								
城镇	Town	10068.20	11246.38	12595.56	14124.67	15652.47	17225.38	17138.83	19936.22
乡村	Rural	2285.74	2588.02	2924.13	3279.78	3688.28	4117.60	3686.04	4197.00
按消费形态分	Grouped by Consumption Patterns								
餐饮收入	Catering Revenue	1485.06	1667.66	1900.13	2137.98	2418.61	2727.82	2482.46	3349.61
商品零售	Retail Sale	10868.88	12166.74	13619.56	15266.47	16922.14	18615.16	18342.41	20783.61
按行业分	Grouped by Industry of Retailers								
批发业	Wholesale Trade	2502.94	2821.82	3170.11	3541.58	3931.16	4323.88	4128.19	4742.46
零售业	Retail Trade	8391.89	9354.68	10459.34	11741.77	13018.14	14231.37	14186.29	16010.09
住宿业	Lodge Trade	114.36	126.80	143.48	156.88	174.25	199.27	165.68	200.85
餐饮业	Catering Trade	1344.75	1531.10	1746.76	1964.22	2217.20	2588.46	2344.71	3179.81

17-3 各市(州)社会消费品零售总额
Total Retail Sales of Consumer Goods by Region

单位：亿元 (100 million yuan)

市(州)	Region	2011	2012	2013	2014	2015	2016	2017	2018	2019	2020	2021
全　省	**Sichuan**	**8282.82**	**9606.44**	**10976.63**	**12353.94**	**13834.40**	**15519.69**	**17404.45**	**19340.75**	**21342.98**	**20824.87**	**24133.21**
成都市	Chengdu	3275.48	3813.34	4348.80	4944.42	5507.76	6124.00	6853.05	7561.92	8313.40	8118.53	9251.81
自贡市	Zigong	251.62	287.85	326.14	359.74	400.12	441.06	490.86	540.35	598.88	583.37	691.04
攀枝花市	Panzhihua	113.09	128.00	143.23	155.32	170.10	185.00	201.33	218.22	240.55	235.14	278.29
泸州市	Luzhou	356.03	416.79	482.59	546.08	626.51	720.14	820.96	926.24	1032.13	1013.81	1204.28
德阳市	Deyang	337.83	390.34	446.81	498.37	562.57	638.71	720.67	808.07	893.99	851.19	1010.06
绵阳市	Mianyang	532.64	618.19	704.11	788.64	893.63	1010.20	1138.88	1277.27	1419.47	1394.26	1652.16
广元市	Guangyuan	169.03	194.35	221.54	246.33	276.35	308.94	346.22	385.44	425.27	419.24	495.42
遂宁市	Suining	193.98	221.70	251.71	279.39	313.37	352.44	390.43	432.63	479.06	467.37	548.70
内江市	Neijiang	229.17	264.42	302.84	336.73	377.97	426.60	473.03	523.15	577.33	558.93	660.51
乐山市	Leshan	299.45	341.61	390.18	432.18	488.04	551.56	620.42	692.21	766.51	748.31	891.12
南充市	Nanchong	447.88	521.58	602.96	679.92	766.08	868.75	987.19	1114.75	1241.09	1217.57	1448.73
眉山市	Meishan	217.94	251.97	287.35	320.17	359.93	406.13	450.38	503.06	556.05	543.26	629.72
宜宾市	Yibin	391.21	454.34	520.59	585.86	660.40	748.12	844.75	946.33	1045.06	1026.99	1209.95
广安市	Guangan	221.72	253.04	289.10	321.98	361.49	409.32	456.16	509.16	564.31	549.40	651.38
达州市	Dazhou	396.48	462.80	533.13	600.10	683.08	777.90	880.14	989.70	1098.89	1085.01	1281.49
雅安市	Yaan	113.78	130.49	144.66	161.56	181.57	202.56	224.42	245.97	271.14	263.80	301.01
巴中市	Bazhong	180.45	211.61	245.34	276.70	318.00	364.39	415.47	469.74	507.47	482.00	485.10
资阳市	Ziyang	170.58	197.91	226.09	251.96	258.01	284.66	317.71	352.40	387.05	377.34	445.23
阿坝藏族羌族自治州	Aba	47.15	56.24	64.85	73.06	82.06	91.28	93.78	95.28	101.03	96.81	107.89
甘孜藏族自治州	Ganzi	49.95	57.73	65.83	73.48	78.93	87.43	97.73	108.84	119.43	114.31	127.66
凉山彝族自治州	Liangshan	287.37	332.14	378.77	421.95	468.43	520.52	580.86	640.02	704.87	678.23	761.66

17-4 限额以上批发和零售业法人企业情况
Conditions of Enterprises above Designated Size in Wholesale and Retail Trades

指标	Item	2010	2015	2016	2017	2018	2019	2020	2021
批发和零售业	**Wholesale and Retail Trades**								
法人企业数（个）	Number of Corporation Units (unit)	3001	6537	6819	6637	6930	8004	9333	10734
年末从业人数（人）	Persons Engaged(year-end) (person)	302200	477833	479270	452861	463018	475239	506951	542399
商品购进额（亿元）	Total Purchases (100 million yuan)	4729.6	10895.7	11883.4	12218.5	14258.8	16884.6	19112.8	24355.9
商品销售额（亿元）	Total Sales (100 million yuan)	5563.7	12185.8	13313.8	13702.9	15626.9	18970.0	20928.3	26416.5
期末商品库存额（亿元）	Total Stock at Year-end (100 million yuan)	440.1	893.8	851.8	885.7	943.7	1132.6	1344.2	1439.3
批发业	**Wholesale Trade**								
法人企业数（个）	Number of Corporation Units (unit)	1134	2292	2330	2305	2545	3364	4281	5269
年末从业人数（人）	Persons Engaged(year-end) (person)	101525	154078	151524	150874	153857	168574	189730	205652
商品购进额（亿元）	Total Purchases (100 million yuan)	2846.8	6057.4	6694.2	7345	8960	11131.3	13003.3	17368.3
商品销售额（亿元）	Total Sales (100 million yuan)	3348.4	6789.8	7437.9	8211.4	9522.5	12405.5	14146.7	18672.3
期末商品库存额（亿元）	Total Stock at Year-end (100 million yuan)	275.8	459.1	458.4	473.3	516.6	688.13	871.1	967.8
零售业	**Retail Trade**								
法人企业数（个）	Number of Corporation Units (unit)	1867	4245	4489	4332	4385	4640	5052	5465
年末从业人数（人）	Persons Engaged(year-end) (person)	200675	323755	327746	301987	309161	306665	317221	336747
商品购进额（亿元）	Total Purchases (100 million yuan)	1882.8	4838.3	5189.3	4873.5	5298.7	5753.2	6109.5	6987.6
商品销售额（亿元）	Total Sales (100 million yuan)	2215.3	5396.0	5875.9	5491.5	6104.3	6564.5	6781.5	7744.2
期末商品库存额（亿元）	Total Stock at Year-end (100 million yuan)	164.3	434.7	393.3	412.4	427.1	444.5	473.0	471.5

17-5 限额以上批发零售贸易、住宿餐饮业情况(2021年)
Conditions of Enterprises above Designated Size in Wholesale and Retail Trades, Lodging and Catering Services (2021)

单位：个、人　　　　(unit, person)

指　标	Item	法人企业数 Number of Corporation	产业活动单位和个体数 Number of Individual and Active	从业人数 Persons Engaged
总　计	**Total**	**14588**	**5767**	**936518**
一、批发业合计	**Wholesale Trades**	**5269**	**142**	**208178**
内资企业	Domestic-Funded Enterprises	5225	7	202204
国有企业	State-owned Enterprises	84	1	16128
集体企业	Collective-owned Enterprises	12		510
股份合作企业	Cooperative Enterprises	4		339
联营企业	Joint Ownership Enterprises	4		192
有限责任公司	Limited Liability Corporations	1193	2	67861
股份有限公司	Share-holding Corporations Ltd.	45	1	10343
私营企业	Private Enterprises	3876	3	106096
其他企业	Other Enterprises	7		735
港、澳、台商投资企业	Enterprises with Investment from Hong Kong, Macao and Taiwan	15		1299
外商投资企业	Foreign Invested Enterprises	29	2	3345
二、零售业合计	**Retail Trades**	**5465**	**1987**	**370213**
内资企业	Domestic-Funded Enterprises	5353	27	294689
国有企业	State-owned Enterprises	29	4	914
集体企业	Collective-owned Enterprises	17		305
股份合作企业	Cooperative Enterprises	11		249
联营企业	Joint Ownership Enterprises	3		28
有限责任公司	Limited Liability Corporations	902	13	79306
股份有限公司	Share-holding Corporations Ltd.	37	1	22138
私营企业	Private Enterprises	4346	7	191476
其他企业	Other Enterprises	8	2	273
港、澳、台商投资企业	Enterprises with Investment from Hong Kong, Macao and Taiwan	45		16093
外商投资企业	Foreign Invested Enterprises	67	4	27788
三、住宿餐饮业合计	**Lodging and Catering Trades**	**3854**	**3639**	**358148**
内资企业	Domestic-Funded Enterprises	3802	179	250715
国有企业	State-owned Enterprises	43	14	6555
集体企业	Collective-owned Enterprises	6	2	399
股份合作企业	Cooperative Enterprises	8	1	1360
有限责任公司	Limited Liability Corporations	572	85	57604
股份有限公司	Share-holding Corporations Ltd.	18	5	1099
私营企业	Private Enterprises	3154	65	183181
其他企业	Other Enterprises	1	7	517
港、澳、台商投资企业	Enterprises with Investment from Hong Kong, Macao and Taiwan	22	6	30455
外商投资企业	Foreign Invested Enterprises	30	7	5362

注：产业活动单位指非批发零售业法人企业附营的批发零售业产业活动单位。

a) Active units refer to the wholesale and retail trades active units of the legal entity of the non wholesale and retail units.

17−6 各市(州)限额以上批发零售贸易、住宿餐饮业法人企业情况(2021年)

Conditions of Incorporated Enterprises above Designated Size in Wholesale and Retail Trades, Lodging and Catering Services by Region(2021)

单位：个、人 (unit, person)

市(州)	Region	合计 Total		批发业 Wholesale Trade		零售业 Retail Trade		住宿业 Lodging Trade		餐饮业 Catering Trade	
		企业数 Number of Corporations	从业人数 Persons Engaged	企业数 Number of Corporations	从业人数 Persons Engaged	企业数 Number of Corporations	从业人数 Persons Engaged	企业数 Number of Corporations	从业人数 Persons Engaged	企业数 Number of Corporations	从业人数 Persons Engaged
全　省	**Sichuan**	**14588**	**802674**	**5269**	**205652**	**5465**	**336747**	**1704**	**89654**	**2150**	**170621**
成都市	Chengdu	4185	432425	1976	99735	1053	177419	522	34960	634	120311
自贡市	Zigong	629	17726	187	4999	294	6706	47	3547	101	2474
攀枝花市	Panzhihua	330	13008	181	4821	91	5197	31	1746	27	1244
泸州市	Luzhou	1180	40839	576	20331	379	12875	86	3707	139	3926
德阳市	Deyang	487	20507	258	8911	142	6229	32	2063	55	3304
绵阳市	Mianyang	893	36332	291	9918	342	14212	104	6016	156	6186
广元市	Guangyuan	342	11265	81	2847	161	4479	63	2921	37	1018
遂宁市	Suining	466	19805	129	6091	210	8297	48	2118	79	3299
内江市	Neijiang	400	14423	129	4202	156	6018	34	1366	81	2837
乐山市	Leshan	486	20713	155	4115	238	12159	61	2640	32	1799
南充市	Nanchong	743	26289	153	4723	383	13168	71	3104	136	5294
眉山市	Meishan	318	14733	95	2848	151	7625	34	2222	38	2038
宜宾市	Yibin	1080	29043	328	7368	478	14431	105	3638	169	3606
广安市	Guangan	470	14515	92	2666	242	7480	44	1863	92	2506
达州市	Dazhou	815	31475	155	5139	398	17038	103	4588	159	4710
雅安市	Yaan	297	7707	108	2233	106	3335	51	1580	32	559
巴中市	Bazhong	507	15250	89	2638	272	7357	44	2369	102	2886
资阳市	Ziyang	190	8482	69	3119	87	3635	21	704	13	1024
阿坝藏族羌族自治州	Aba	140	4636	4	259	51	1232	73	2829	12	316
甘孜藏族自治州	Ganzi	129	3847	7	744	56	1036	55	1900	11	167
凉山彝族自治州	Liangshan	501	19654	206	7945	175	6819	75	3773	45	1117

17-7 分行业限额以上批发零售贸易法人企业商品购、销、存总额(2021年)

Total Purchases, Sales and Inventory of Enterprises above Designated Size in Wholesale and Retail Trades by Sector(2021)

单位：万元 (10 000 yuan)

指 标	Item	购进总额 Total Purchases	销售总额 Total Sales	年末库存总额 Inventory (year-end)
总 计	**Total**	**243558773**	**264165324**	**14392986**
一、批发企业合计	**Wholesale Trades**	**173683102**	**186723369**	**9677685**
食品、饮料、烟草批发业	Food, Beverages and Tobaccos	26503270	32883885	3580865
#米、面制品及食用油批发	Rice, Flour and Edible Oil	2885753	2758835	344732
烟草制品批发	Tobaccos	7452528	10625732	831034
纺织、服装及家庭用品批发	Textiles, Garments and Household Articles	5237165	5563975	353366
#服装批发	Garments	873948	913500	81717
文化、体育用品及器材批发业	Cultural, Sports Appliances and Equipments	2112455	2186211	136969
医药及医疗器材批发业	Medicines and Medical Appliances	15894577	17697935	1429079
矿产品、建材及化工产品批发	Mineral Products, Building Marerials and Chemical Products	95474184	98892745	2562446
#煤炭及制品批发业	Coal and Related Products	7486512	7673100	80746
石油及制品批发业	Petroleum and Related Products	16347923	17750698	367135
金属及金属矿批发业	Metal Materials and Mineral	40714618	41390645	1337819
建材批发业	Building Materials	13359386	14036768	296801
化肥批发业	Chemical Fertilizers	4164315	4423649	160824
机械设备、五金产品及电子产品批发	Machinery, Hardware and Electronic Equipment	15687255	16349778	958912
#汽车、摩托车及零配件批发	Motor Vehicles, Motorcycles and Their Parts	4436821	4570891	280154
电气设备批发	Electrical Equipment	488387	526059	20213
计算机、软件及辅助设备	Computers, Software and Assistant Equipment	4529879	4692555	282548
贸易经纪与代理	Trade Broker and Agency	9409	10435	432
其他批发业	Others not Classified	6262060	6516688	223694
二、零售企业合计	**Retail Trades**	**69875671**	**77441955**	**4715301**
综合零售业	General Retail	10610065	12477053	840599
#百货零售业	General Merchandise	4197523	5340964	269226
超级市场零售业	Supermarkets	5956850	6508117	523773
食品、饮料及烟草制品专门零售	Special Retail of Food, Beverages and Tobaccos	1609969	1954006	110877
纺织、服装及日用品专门零售业	Special Retail of Textiles, Garments and Daily	1447401	1888701	277868
#服装零售业	Garments	682012	791842	171893
文化、体育用品及器材专门零售	Special Retail of Cultural, Sports Appliances and Equipments	1318694	1622677	219149
医药及医疗器材专门零售业	Special Retail of Medicines and Medical Appliances	2293909	2753668	253878
汽车、摩托车燃料及零配件	Motor Vehicles, Motorcycles, Fuel and Parts	35723748	38274732	2345142
#汽车新车零售业	Retail of New Motor Vehicles	22625017	24009961	1994503
机动车燃油零售业	Retail of Motor Vehicle Fuel	12646654	13756084	312224
家用电器及电子产品专门零售	Special Retail of Household Appliance and Electronic Product	5169838	5772266	249973
五金、家具室内装饰材料专门零售	Special Retail of Hardware, Furniture and Domestic Decoration Material	581965	698790	43895
货摊、无店铺及其他零售业	Stalls, Non-Shop and Other Retail Trades	11120082	12000063	373919

17-8 各市(州)限额以上批发零售贸易法人企业商品购、销、存总额(2021年)

Total Purchases, Sales and Inventory of Enterprises above Designated Size in Wholesale and Retail Trades by Region(2021)

单位：万元 (10 000 yuan)

市(州)	Region	购进总额 Total Purchases	销售总额 Total Sales			年末库存总额 Inventory (year-end)
				批　发 Wholesale Trade	零　售 Retail Trade	
全　省	**Sichuan**	**243558773**	**264165324**	**185456916**	**78708408**	**14392986**
成都市	Chengdu	145107787	154400667	112886568	41514099	8675497
自贡市	Zigong	3869011	4178388	2759941	1418447	151382
攀枝花市	Panzhihua	6987657	7878718	7006586	872132	221508
泸州市	Luzhou	18801752	20868147	14894147	5974000	1397850
德阳市	Deyang	7668431	8165396	5656346	2509050	309843
绵阳市	Mianyang	15109754	16097444	11905845	4191599	752091
广元市	Guangyuan	1768832	2071936	936982	1134954	124449
遂宁市	Suining	3167435	3718374	2224691	1493683	219095
内江市	Neijiang	3969663	4449253	3073439	1375814	194020
乐山市	Leshan	5284127	5706885	3420385	2286500	247092
南充市	Nanchong	4592405	4985071	1624857	3360214	208732
眉山市	Meishan	3187029	3607833	1954380	1653453	142591
宜宾市	Yibin	8143079	9985504	7141918	2843586	761458
广安市	Guangan	1990682	2233810	1255024	978786	77785
达州市	Dazhou	4980860	5441159	2021631	3419528	237805
雅安市	Yaan	1541583	1736442	1192317	544125	67781
巴中市	Bazhong	1452283	1735678	746434	989243	113752
资阳市	Ziyang	1183832	1417576	834450	583126	115538
阿坝藏族羌族自治州	Aba	276239	343329	181526	161804	16643
甘孜藏族自治州	Ganzi	325820	437646	251978	185668	23458
凉山彝族自治州	Liangshan	4150513	4706068	3487472	1218596	334618

17–9 限额以上批发零售贸易法人企业主要商品分类销售额(2021年)

Total Sales of Enterprises above Designated Size in Wholesale and Retail Trades by Category of Main Commodities(2021)

单位：万元 (10 000 yuan)

项目	Item	合计 Total	批发 Wholesale	零售 Retail Trade
粮油、食品类	Food	16642197	8855111	7787085
#肉禽蛋类	Meat, Poultry and Eggs	2366390	1092004	1274386
饮料类	Beverages	2435493	744609	1690884
烟酒类	Tobacco and Liquor	24106904	19915390	4191514
服装、鞋帽类	Garments, Footwear and Hats	6370462	695903	5674559
针、纺织品类	Knitwear and Textiles	1262391	669220	593172
化妆品类	Cosmetics	1743587	275961	1467626
金银珠宝类	Gold, Silver and Jewelry	2400263	1676057	724206
日用品类	Articles for Daily Use	4537606	973984	3563622
#可穿戴智能设备	Wearable Smart Device	107206	47584	59622
五金、电料类	Hardware and Electrical Materials	718748	466561	252187
体育、娱乐用品类	Sports and Recreation Articles	664048	38279	625769
书报杂志类	Newspapers and Magazines	1338611	190441	1148170
电子出版物及音像制品类	E-journal and Video Products	24677	15	24662
家用电器和音像器材类	Household Appliances and Video Appliances	9474798	2609647	6865151
中西药品类	Traditional Chinese and Western Medicines	17491892	14408260	3083632
文化办公用品类	Cultural and Official Goods	7017500	5408864	1608635
家具类	Furniture	2179598	624235	1555363
通讯器材类	Communication Appliances	5342804	3264314	2078489
煤炭及制品类	Coal and Related Product	5845562	5784338	61224
木材及制品类	Wood and Wooden Product	1005891	1005891	
石油及制品类	Petroleum and Related Product	31667190	19038629	12628561
化工材料及制品类	Raw Chemical Materials	17337426	17337426	
金属材料类	Metals	42291954	42291954	
建筑及装潢材料类	Building and Decoration Materials	10193013	9178020	1014994
机电产品设备类	Mechanical and Electrical Products	2879507	2579211	300296
#农机类	Agricultural Machinery	183150	183150	
汽车类	Automobile	25604640	2475796	23128844
种子饲料类	Seed and Feedstuff	3045371	3045371	
棉麻类	Cotton and Hemp	440455	438299	2156
其他类	Others	9500734	8433928	1066807

17-10 限额以上批发零售贸易法人企业主要财务指标(2021年)
Main Financial Indicators of Incorporated Enterprises above Designated Size in Wholesale and Retail Trades(2021)

单位：万元 (10 000 yuan)

指　　标	Item	资产合计 Total Assets	#流动资产 Current Assets	#固定资产净额 Net Value of Fixed Assets	负债合计 Total Liabilities	所有者权益 Total Owners' Equities	主营业务收入 Revenue from Principal Business
总　　计	**Total**	**118341866**	**89254891**	**5797872**	**82262838**	**35686221**	**235805395**
一、批发企业合计	**Wholesale Trades**	**88047575**	**70162971**	**2733578**	**61430420**	**26293805**	**166567966**
#国有控股	State-holding Majority Shares	37687589	29696523	1439222	25433680	12181344	76918600
按登记注册类型分	Grouped by Registration						
内资企业	Domestic-Funded Enterprises	84067344	67160037	2556274	58774833	25032139	160568400
国有企业	State-owned Enterprises	5077746	4375562	345566	1345075	3732671	11904374
集体企业	Collective-owned Enterprises	260918	124272	8057	184744	76174	337427
股份合作企业	Cooperative Enterprises	21426	17523	3597	19690	1737	33871
联营企业	Joint Ownership Enterprises	26472	21754	1690	19905	6567	49215
有限责任公司	Limited Liability Corporations	48143606	39106457	1104636	36542813	11501652	86785862
股份有限公司	Share-holding Corporations Ltd.	5176808	4008456	287072	3306489	1870319	11543151
私营企业	Private Enterprises	25341508	19488814	802359	17353421	7826857	49868900
其他企业	Other Enterprises	18860	17200	3296	2697	16163	45600
港澳台商投资企业	Enterprises with Investment from Hong Kong, Macao and Taiwan	1195034	1087172	18201	861156	308181	3895755
外商投资企业	Foreign Invested Enterprises	2785197	1915763	159104	1794431	953486	2103810
二、零售企业合计	**Retail Trades**	**30294291**	**19091920**	**3064294**	**20832418**	**9392416**	**69237429**
#国有控股	State-holding Majority Shares	5747810	2910596	720135	3239908	2471783	11807322
按登记注册类型分	Grouped by Registration						
内资企业	Domestic-Funded Enterprises	25281474	16903225	2285006	17829134	7382883	59269596
国有企业	State-owned Enterprises	150366	123005	8062	91607	24461	197802
集体企业	Collective-owned Enterprises	19932	17125	2142	7016	12916	49285
股份合作企业	Cooperative Enterprises	11825	10047	1496	5553	6272	32558
联营企业	Joint Ownership Enterprises	2514	1399	265	715	1799	6871
有限责任公司	Limited Liability Corporations	10355621	7169948	709463	7945976	2406074	22214946
股份有限公司	Share-holding Corporations Ltd.	3002602	1219321	456169	1587505	1415097	6778428
私营企业	Private Enterprises	11719535	8357897	1105516	8185582	3502365	29969287
其他企业	Other Enterprises	19080	4483	1894	5180	13900	20420
港澳台商投资企业	Enterprises with Investment from Hong Kong, Macao and Taiwan	866427	624213	131565	485824	380604	2595352
外商投资企业	Foreign Invested Enterprises	4146389	1564483	647723	2517460	1628929	7372481

17－10 续表 continued

单位：万元 (10 000 yuan)

指 标	Item	营业成本 Cost of Operation	税金及附加 Tax and Extra	管理费用 Cost of Management	财务费用 Cost of Finance	营业利润 Business Profits	利润总额 Total Profits
总 计	**Total**	**217962157**	**1637361**	**3534134**	**844206**	**5571265**	**5245355**
一、批发企业合计	**Wholesale Trades**	**154658073**	**1446332**	**2014457**	**566623**	**4571654**	**4257316**
#国有控股	State-holding Majority Shares	71057085	1242138	754422	189661	2244961	2270211
按登记注册类型分	Grouped by Registration						
内资企业	Domestic-Funded Enterprises	149013481	1437641	1958755	542336	4419413	4104635
国有企业	State-owned Enterprises	9123254	1146183	427313	-67078	1237734	1238729
集体企业	Collective-owned Enterprises	328666	634	3803	4399	3006	2987
股份合作企业	Cooperative Enterprises	28701	94	1053	82	1265	1280
联营企业	Joint Ownership Enterprises	52167	157	1420	136	642	640
有限责任公司	Limited Liability Corporations	81750328	149842	650054	377465	1823281	1462080
股份有限公司	Share-holding Corporations Ltd.	10934205	15577	45548	-2355	149227	149537
私营企业	Private Enterprises	46754396	125151	828751	229559	1202625	1247750
其他企业	Other Enterprises	41765	4	813	127	1633	1633
港澳台商投资企业	Enterprises with Investment from Hong Kong, Macao and Taiwan	3778599	3123	18540	10679	89852	89900
外商投资企业	Foreign Invested Enterprises	1865993	5567	37162	13608	62389	62782
二、零售企业合计	**Retail Trades**	**63304084**	**191030**	**1519677**	**277583**	**999611**	**988039**
#国有及国有控股	State-owned & State-holding Majority Shares	11049481	19244	166865	11554	298533	299569
按登记注册类型分	Grouped by Registration						
内资企业	Domestic-Funded Enterprises	54237727	158788	1261367	234163	886141	847557
国有企业	State-owned Enterprises	185306	389	5281	430	2013	3609
集体企业	Collective-owned Enterprises	41167	168	3361	40	2394	2417
股份合作企业	Cooperative Enterprises	28543	93	1696	32	833	867
联营企业	Joint Ownership Enterprises	6293	15	142	3	121	121
有限责任公司	Limited Liability Corporations	20493171	50926	417856	67756	321185	242634
股份有限公司	Share-holding Corporations Ltd.	6340009	9547	133342	12531	145422	142498
私营企业	Private Enterprises	27127954	97650	699074	153258	409900	451137
其他企业	Other Enterprises	15283	3	615	113	4273	4274
港澳台商投资企业	Enterprises with Investment from Hong Kong, Macao and Taiwan	2298449	8939	89069	1305	59645	67241
外商投资企业	Foreign Invested Enterprises	6767908	23303	169241	42115	53825	73241

17−11 各市(州)限额以上批发零售贸易法人企业主要财务指标(2021年)
Main Financial Indicators of Incorporated Enterprises above Designated Size in Wholesale and Retail Trades by Region(2021)

单位：万元 (10 000 yuan)

市(州)	Region	资产合计 Total Assets	负债合计 Total Liabilities	主营业务收入 Revenue from Principal Business	营业成本 Cost of Operation	销售费用 Selling Expenses	税金及附加 Tax and Extra	营业利润 Business Profits
全　省	**Sichuan**	**118341866**	**82262838**	**235805395**	**217962157**	**8883202**	**1637361**	**5571265**
成都市	Chengdu	70324402	50164756	138045657	128444009	5155478	579489	2609586
自贡市	Zigong	1320329	725033	3729991	3474874	104057	39987	112318
攀枝花市	Panzhihua	1938283	1370702	6993649	6740266	136153	25609	60665
泸州市	Luzhou	10746472	7945224	18603771	17187465	826127	126620	386163
德阳市	Deyang	5502178	3507791	7274253	6702926	337496	65772	149441
绵阳市	Mianyang	6109172	4247981	13993886	13381869	352995	83559	214163
广元市	Guangyuan	746964	397804	1789354	1702628	65020	36679	23670
遂宁市	Suining	1516254	972235	3370758	2890417	177596	44232	193891
内江市	Neijiang	1559336	1138044	3918999	3675485	99196	50056	54813
乐山市	Leshan	2599073	1815717	5362955	5016908	162221	55952	104582
南充市	Nanchong	1684056	1136028	4490073	4119876	121226	75398	122677
眉山市	Meishan	1408416	907879	3211792	2964975	147566	48445	63703
宜宾市	Yibin	5085339	3472628	8729991	7305899	424341	94535	817939
广安市	Guangan	834298	508815	2028437	1826520	79290	40166	51332
达州市	Dazhou	1571108	873769	4979048	4374906	249804	73183	166363
雅安市	Yaan	788583	531796	1550276	1408844	116223	22632	27518
巴中市	Bazhong	816919	425287	1572008	1372591	75473	41633	50967
资阳市	Ziyang	826245	532536	1268507	1129075	66786	29774	29185
阿坝藏族羌族自治州	Aba	133534	67636	300944	249147	15863	13559	17786
甘孜藏族自治州	Ganzi	178073	85474	382885	326420	20834	14530	8698
凉山彝族自治州	Liangshan	2652833	1435704	4208162	3667056	149456	75554	305805

17−12 限额以上住宿餐饮法人企业主要财务指标(2021年)

Main Financial Indicators of Incorporated Enterprises above Designated Size in Lodging and Catering Services(2021)

单位：万元 (10 000 yuan)

指 标	Item	资产合计 Total Assets	#流动资产 Current Funds	#固定资产净额 Net Value of Fixed Assets	负债合计 Total Liabilities	所有者权益 Total Owners' Equities	主营业务收入 Revenue from Principal Business
总 计	**Total**	**12233293**	**5274911**	**2760958**	**9399797**	**2800772**	**6331443**
#国有控股	State-holding Majority Shares	1592073	536741	615746	1096326	481659	368296
按登记注册类型分	Grouped by Registration						
内资企业	Domestic-Funded Enterprises	10337936	4260945	2549828	8237466	2067328	5549989
国有企业	State-owned Enterprises	383431	67368	209907	276728	97956	82103
集体企业	Collective-owned Enterprises	6666	5509	327	4142	2523	6350
股份合作企业	Cooperative Enterprises	52202	32776	11921	21470	30732	39214
有限责任公司	Limited Liability Corporations	4256977	2021011	918082	3394965	856737	962191
股份有限公司	Share-holding Corporations Ltd.	70722	18267	21208	59948	10773	12099
私营企业	Private Enterprises	5567461	2115987	1387933	4480211	1068133	4447795
其他企业	Other Enterprises	477	27	450	2	475	237
港澳台商投资企业	Enterprises with Investment from Hong Kong, Macao and Taiwan	483323	196765	78390	368281	115365	649175
外商投资企业	Foreign Invested Enterprises	1412034	817202	132740	794050	618079	132280

17−12 续表 continued

单位：万元 (10 000 yuan)

指 标	Item	营业成本 Cost of Operation	税金及附加 Tax and Extra	管理费用 Cost of Management	财务费用 Cost of Finance	营业利润 Business Profits	利润总额 Total Profits
总 计	**Total**	**3323223**	**48720**	**857635**	**163551**	**-55819**	**-28565**
#国有控股	State-holding Majority Shares	222606	7624	102628	11838	-44651	-39410
按登记注册类型分	Grouped by Registration						
内资企业	Domestic-Funded Enterprises	2939063	44938	779269	160861	-118562	-91182
国有企业	State-owned Enterprises	42286	1881	32025	3375	-19214	-19130
集体企业	Collective-owned Enterprises	3236	81	907	12	324	308
股份合作企业	Cooperative Enterprises	23853	599	5125	-85	-29	37
有限责任公司	Limited Liability Corporations	515562	14219	225649	46453	-51706	-45080
股份有限公司	Share-holding Corporations Ltd.	7581	400	3215	404	-1923	-1402
私营企业	Private Enterprises	2346393	27759	512266	110702	-46015	-25915
其他企业	Other Enterprises	152		82			
港澳台商投资企业	Enterprises with Investment from Hong Kong, Macao and Taiwan	328263	709	41043	4143	59631	58264
外商投资企业	Foreign Invested Enterprises	55897	3073	37323	-1453	3112	4353

17-13 各市(州)限额以上住宿餐饮法人企业主要财务指标(2021年)
Main Financial Indicators of Incorporated Enterprises above Designated Size in Lodging and Catering Services by Region(2021)

单位：万元 (10 000 yuan)

市(州)	Region	资产合计 Total Assets	负债合计 Total Liabilities	主营业务收入 Revenue from Principal Business	营业成本 Cost of Operation	销售费用 Selling Expenses	税金及附加 Tax and Extra	营业利润 Business Profits
全　省	**Sichuan**	**12233293**	**9399797**	**6331443**	**3323223**	**1983981**	**48720**	**-55819**
成都市	Chengdu	6804570	5477994	3727205	1661146	1559455	19151	-110737
自贡市	Zigong	163528	126304	103079	64658	16291	819	5171
攀枝花市	Panzhihua	145696	122520	41958	25804	11916	737	-6313
泸州市	Luzhou	392216	219991	298991	183252	52000	2656	18952
德阳市	Deyang	217686	163921	99085	57818	19945	2024	-3242
绵阳市	Mianyang	516712	332473	287843	182050	60289	3762	4599
广元市	Guangyuan	205301	142116	84045	54739	12729	851	1563
遂宁市	Suining	346916	237291	118414	75103	13344	1150	4772
内江市	Neijiang	119308	99301	158146	117316	19385	1367	5817
乐山市	Leshan	232026	186306	112575	70220	21179	968	-3966
南充市	Nanchong	323365	246054	223933	147659	32331	2149	8608
眉山市	Meishan	183580	130464	69390	36325	17891	1242	-820
宜宾市	Yibin	419353	273822	218840	140849	28496	1724	7979
广安市	Guangan	253559	219551	97891	64826	15901	1201	4353
达州市	Dazhou	263989	139769	334076	236605	30770	3546	24716
雅安市	Yaan	232422	199691	38730	26911	5567	243	-1593
巴中市	Bazhong	370441	342533	95723	65055	14290	1463	-2156
资阳市	Ziyang	86272	88143	34197	17377	8204	261	-1601
阿坝藏族羌族自治州	Aba	337470	246157	51840	17825	17785	815	-7319
甘孜藏族自治州	Ganzi	277352	161647	41939	18859	5825	1437	-4297
凉山彝族自治州	Liangshan	341532	243750	93545	58830	20389	1155	-304

主要统计指标解释

社会消费品零售总额 指企业（单位、个体户）通过交易直接售给个人、社会集团非生产、非经营用的实物商品金额，以及提供餐饮服务所取得的收入金额。个人包括城乡居民和入境人员，社会集团包括机关、社会团体、部队、学校、企事业单位、居委会或村委会等。

批发业 指向其他批发或零售单位（含个体经营者）及其他企事业单位、机关团体等批量销售生活用品、生产资料的活动，以及从事进出口贸易和贸易经纪与代理的活动，包括拥有货物所有权，并以本单位(公司)的名义进行交易活动，也包括不拥有货物的所有权，收取佣金的商品代理、商品代售活动；还包括各类商品批发市场中固定摊位的批发活动，以及以销售为目的的收购活动。

零售业 指百货商店、超级市场、专门零售商店、品牌专卖店、售货摊等主要面向最终消费者（如居民等）的销售活动，以互联网、邮政、电话、售货机等方式的销售活动，还包括在同一地点，后面加工生产，前面销售的店铺（如面包房）；谷物、种子、饲料、牲畜、矿产品、生产用原料、化工原料、农用化工产品、机械设备（乘用车、计算机及通信设备除外）等生产资料的销售不作为零售活动；多数零售商对其销售的货物拥有所有权，但有些则是充当委托人的代理人，进行委托销售或以收取佣金的方式进行销售。

批发和零售业商品购进、销售、库存额 指各种登记注册类型的批发和零售业企业以本企业为总体的，从国内、国外市场购进的商品总价、销售和出口的商品总价、库存的商品总价等情况。该指标可以反映商品流转过程中商品购进、销售、库存之间的比例关系和存在的问题。

商品购进额 指从本企业以外的单位和个人购进(包括从国外直接进口)作为转卖或加工后转卖的商品金额（含增值税）。

商品销售额 指对本单位以外的单位和个人出售的商品金额（包括售给本单位消费用的商品，含增值税）。

期末商品库存额 对于批发和零售业法人单位和个体经营户，是指报告期末取得所有权的全部商品金额（含增值税）；对于批发和零售业产业活动单位，是指报告期末实际在库且归属法人具有所有权的全部商品金额（含增值税）。

住宿业 指为旅行者提供短期留宿场所的活动，有些单位只提供住宿，也有些单位提供住宿、饮食、商务、娱乐一体的服务，不包括主要按月或按年长期出租房屋住所的活动。

餐饮业 指通过即时制作加工、商业销售和服务性劳动等，向消费者提供食品和消费场所及设施的服务。

营业额 指住宿和餐饮业单位在经营活动中因提供服务或销售商品等取得的全部收入（含增值税），收入主要来源于提供客房、餐费服务、商品销售和其他服务，如商务服务。不包括多产业法人企业附营的其他行业产业活动单位的餐费收入、商品销售收入等各项收入。其中，客房收入指住宿和餐饮业单位在经营活动中因提供住宿服务取得的收入（含增值税）。不包括多产业法人企业附营的其他行业产业活动单位的客房收入。餐费收入指本单位为顾客提供就餐服务取得的收入（含增值税），包括：经烹饪、调制加工后出售的各种食品，如主食、炒菜、凉拌菜等的收入。不包括多产业法人企业附营的其他行业产业活动单位的餐费收入。

限额以上批发和零售业统计单位 指年主营业务收入2000万元及以上的批发业统计单位和年主营业务收入500万元及以上的零售业统计单位。

限额以上住宿和餐饮业统计单位 指年主营业务收入200万元及以上的住宿和餐饮业统计单位。

Explanatory Notes on Main Statistical Indicators

Total Retail Sales of Consumer Goods refer to the revenue received by enterprises (units, self-employed individuals) through direct sales of non-production and non-business physical commodities to individuals and social institutions, and revenue from providing catering services. Individuals include rural and urban households, population from abroad, social institutions include government agencies, social organizations, military units, schools, institutions, neighbourhood (village) committees, etc.

Wholesale Trade refers to the activities of selling wholesale commodities for daily use and capital goods to other enterprises of wholesale and retail trades (including self-employed individuals) and other enterprises, institutions and government agencies and organizations, and the activities of engaging in import and export and acting as a trade agent. The wholesaler may have the ownership of the commodities for wholesale and trade in the name of its own (a company), and the wholesaler can act as commission agent or commodity broker without the ownership of commodities. Also included are the wholesale activities at the fixed stalls in wholesale market and the acquisition for sales purpose.

Retail Trade refers to the activities of department stores, supermarkets, franchised stores, brand stores, retail stalls and on-the-spot-making-selling stores selling commodities to the final consumers (residents) by any means, including internet, post, telephone, sales machine. It also includes shops with sales and production located in the same places (such as bakeries). Retail trade excludes the activities of sales of capital goods such as grain, seed, feed, livestock, mineral products, raw material for production, industrial chemicals, chemical products for agricultural use, machine and equipment (excluding vehicles, computers and communication equipment). Most retailers have the ownership of commodities to sell, but some are acting as agents or brokers to make transactions for a commission.

Purchase, Sales and Stock of Commodities by Wholesale and Retail Trades refer to the total volume of commodities purchased, total volume of sales and exports, and the stock of commodities by wholesale and retail enterprises of different status of registration from domestic and overseas markets. This indicator reflects the relationship among purchase, sales and stock of commodities in the circulation of goods and reveals the existing problems.

Total Purchases of Commodities refer to the total value of purchases of commodities by (including VAT) enterprises from other establishments or individuals (including direct import from abroad) for the purpose of re-selling, either with or without further processing of the commodities purchased.

Total Sales of Commodities refer to value of commodities sold by the establishments to other establishments and individuals (including goods sold for self consumption, including VAT).

Total Stock of Commodities at End of Period For corporate units and self-employed individuals engaged in wholesale and retail trade, it refers to total value (including VAT) of commodities possessed at the end of the reference period; and for wholesale and retail establishments, it refers to the value (including VAT) of all commodities actually in stock and owned by their corporate units at the end of reference period.

Hotel Services refer to short-term accommodation services provided to visitors. Some units may provide only accommodation while others provide a combination of accommodation, meals, business services and recreational facilities. It excludes activities related to the provision of long-term primary residences, typically leased on a monthly or annual basis.

Catering Services refer to the activities of providing foods, serving locations and facilities to customers through instant processing, commercial sales and service-type labor.

Business Revenue refers to total revenue (including VAT) of hotels and catering services received from providing services or selling commodities through business activities. Revenue comes mainly from providing hotels, catering services, selling of commodities and other services, such as commodity services. It does not include revenue from providing meals or selling of commodities by establishments affiliated to other multi-industrial corporate enterprises. Income from hotel rooms refers to income (including VAT) of hotels and catering services by providing lodging services through business activities. Income from meals refers to income (including VAT) from providing catering services, including selling of cooked or prepared foods, such as staple food, cooked dishes, or cold dishes. It does not include income from meals provided by establishments affiliated to other multi-industrial corporate enterprises.

The Criteria for Wholesale and Retail Sale Trades above Designated Size refer to wholesale trade with annual principal business sales over 20 million yuan; and retail trade, with annual principal business sales over 5 million yuan.

The Statistical Units of the Enterprises of Hotel and Catering Services above the Designated Size refer to those with an annual income from main business at and over 2 million yuan.

18 对外经济贸易

Chapter 18 Foreign Trade and Economic Cooperation

18-1 对外经济贸易
Foreign Trade and Economic Cooperation

指 标	Item	2015	2016	2017	2018	2019	2020	2021
进出口总额(万元人民币)	**Total Imports and Exports (RMB 10 000 yuan)**	**31902213**	**32630378**	**46058562**	**59467108**	**67659210**	**80818566**	**95136019**
出口总额	Total Exports	20564533	18475606	25384899	33326526	38923204	46543256	57086659
进口总额	Total Imports	11337680	14154772	20673663	26140582	28736006	34275310	38049360
进出口差额	Balance	9226853	4320834	4711236	7185944	10187198	12267946	19037299
进出口总额 (万美元)	**Total Imports and Exports (USD 10 000)**	**5118856**	**4934941**	**6810677**	**8993788**	**9805150**	**11680195**	**14732165**
出口总额	Total Exports	3309290	2795498	3755394	5039827	5638075	6724817	8840867
进口总额	Total Imports	1809566	2139443	3055283	3953961	4167075	4955378	5891298
进出口差额	Balance	1499724	656055	700111	1085866	1471000	1769439	2949569
进出口总额 (万美元)	**Total Imports and Exports of Goods (USD 10 000)**	**5118856**	**4934941**	**6810677**	**8993788**	**9805150**	**11680195**	**14732165**
出口总额	Total Exports	3309290	2795498	3755394	5039827	5638075	6724817	8840867
初级产品	Primary Goods	85878	71820	80380	87334	88206	74185	105501
工业制成品	Manufactured Goods	3223412	2723678	3675014	4952493	5549869	6650632	8735366
进口总额	Total Imports	1809566	2139443	3055283	3953961	4167075	4955378	5891298
初级产品	Primary Goods	137945	126160	204725	260025	270328	240100	470266
工业制成品	Manufactured Goods	1671621	2013283	2850558	3693936	3896747	4715278	5421032
对外签订利用外资协议(合同)金额 (万美元)	**Total Amount of Foreign Capital to be Utilized in the Signed Agreements and Contracts (USD 10 000)**	**363904**	**431879**	**623793**	**637007**	**1033698**	**1203947**	**973316**
外商直接投资	Foreign Direct Investment	356592	425072	617751	630972	1033698	1203947	973316
外商其他投资	Other Foreign Investment	7312	6807	6042	6035			
实际利用外资额(万美元)	**Total Amount of Foreign Capital Actually Used (USD 10 000)**	**1043681**	**854381**	**869862**	**1103664**	**1247854**	**1005874**	**1154038**
企业境外中长期融资回调资金	Overseas Medium and Long-term Financing Callback Funds of Enterprises				192700	312000	121340	235500
对外借款	Foreign Loans	17661	45117	46753		50688		
外商直接投资	Foreign Direct Investment	999607	797687	810135	896375	307178	245237	336059
外商其他投资	Other Foreign Investment	7013	5438	5521	5735	565356	623804	565710
国外优惠贷款	Foreign Preferential Loans				8854	12632	15493	16769
港澳援建资金	Reconstruction Funds from Hong Kong and Macao	19400	6139	7453				
对外承包工程 (万美元)	**Foreign Contracted Projects (USD 10 000)**							
新签合同额	Value of Newly Signed Contracts	453003	700000	791610	1026598	1851000	624000	904000
完成营业额	Completed Turnover	546020	447400	393093	610791	637200	518056	647000

注：①进出口统计资料由成都海关提供；②外商投资统计资料由四川省经济合作局提供；2019年将原“外商直接投资”指标中“外商投资性公司投资”“外商投资企业再投资”等子项指标调入“外商其他投资”，故与往年不可比。

a) Import and export statistics are provided by Chengdu Customs; b) Statistics on foreign investment shall be provided by Sichuan Province Bureau of Economic Cooperation; "Investment by Foreign Investment Company" and "Reinvestment by Foreign Investment Company" of "Foreign Direct Investment" were altered to "Other Foreign Investment" in 2019, and are not comparable with those in previous years.

18−2 出口商品分类金额
Exports Value by Category of Commodities

单位：万美元 (USD 10 000)

商品类别	Category of Commodities	2015	2016	2017	2018	2019	2020	2021
总 额	**Total Value**	**3309290**	**2795498**	**3755394**	**5039827**	**5638075**	**6724817**	**8840867**
初级产品	**Primary Goods**	**85878**	**71820**	**80380**	**87334**	**88206**	**74185**	**105501**
食品及活动物	Food and Live Animals	24174	26761	29115	26076	27909	26826	32986
饮料及烟类	Beverages and Tobacco	17861	16257	15801	24523	20124	14695	13342
非食用原料(燃料除外)	Nonedible Raw Materials(Except Fuels)	28455	26442	26337	27142	29270	20509	26729
矿物燃料、润滑油及有关原料	Mineral Fuels, Lubricants and Related Materials	80	129	3920	2162	865	371	46
动植物油、脂及蜡	Animal and Vegetable Oils, Fats and Waxes	3206	2231	5207	7431	10038	11784	32398
工业制成品	**Manufactured Goods**	**3223412**	**2723678**	**3675014**	**4952493**	**5549869**	**6650632**	**8735366**
化学成品及有关产品	Chemicals and Related Products	255292	223308	267795	328608	309436	307708	512635
按原料分类的制成品	Manufactured Goods Classified by Material	444222	255456	282485	326069	342855	272028	526988
机械及运输设备	Machinery and Transport Equipment	1918757	1853546	2771439	3836523	4354846	5578891	6693438
杂项制品	Miscellaneous Products	511869	299076	330687	440159	512901	477159	959320
未分类的商品	Products Not Classified	93272	92292	22608	21134	29831	14846	42985

18−3 进口商品分类金额
Imports Value by Category of Commodities

单位：万美元 (USD 10 000)

商品类别	Category of Commodities	2015	2016	2017	2018	2019	2020	2021
总 额	**Total Value**	**1809566**	**2139443**	**3055283**	**3953961**	**4167075**	**4955378**	**5891298**
初级产品	**Primary Goods**	**137945**	**126160**	**204725**	**260025**	**270328**	**240100**	**470266**
食品及活动物	Food and Live Animals	19746	17408	30550	36635	45694	52528	76447
饮料及烟类	Beverages and Tobacco	1255	1995	2359	3574	4169	3350	2523
非食用原料(燃料除外)	Nonedible Raw Materials(Except Fuels)	115080	105114	163806	203331	186262	156549	256712
矿物燃料、润滑油及有关原料	Mineral Fuels, Lubricants and Related Materials	1320	953	7347	14607	28405	22859	121082
动植物油、脂及蜡	Animal and Vegetable Oils, Fats and Waxes	544	690	663	1878	5798	4814	13502
工业制成品	**Manufactured Goods**	**1671621**	**2013283**	**2850558**	**3693936**	**3896747**	**4715278**	**5421032**
化学成品及有关产品	Chemicals and Related Products	57374	54534	67747	84755	109395	135245	167837
按原料分类的制成品	Manufactured Goods Classified by Material	89977	63777	79124	93306	123614	92929	107208
机械及运输设备	Machinery and Transport Equipment	1316895	1708665	2516806	3284124	3431754	4228047	4861397
杂项制品	Miscellaneous Products	92641	96490	163404	219553	203274	250438	261589
未分类的商品	Products Not Classified	114734	89817	23477	12198	28710	8619	23001

18-4 各市(州)进出口总额
Total Imports and Exports by Region

单位：万元人民币 (RMB 10 000 yuan)

市(州)	Region	2013	2014	2015	2016	2017	2018	2019	2020	2021
全　省	**Sichuan**	**40080634**	**43147490**	**31902213**	**32630378**	**46058562**	**59467108**	**67659210**	**80818566**	**95136019**
成都市	Chengdu	31394052	34298302	24513092	27133815	39418475	49823510	58226928	71542077	82219702
自贡市	Zigong	628858	412591	303508	259504	307496	325207	308382	318105	422338
攀枝花市	Panzhihua	116310	185183	159454	138750	262429	305871	317230	304255	414719
泸州市	Luzhou	140819	169416	195502	209070	1393313	835559	843142	897790	1295311
德阳市	Deyang	2105885	2385243	1899038	1160506	1040093	1265732	1411486	1163887	1436944
绵阳市	Mianyang	1746176	1791396	1625042	1165475	1149688	2600377	2090541	2162726	2505470
广元市	Guangyuan	217399	259383	42767	14793	16918	50498	63279	26464	100663
遂宁市	Suining	350280	386979	390192	271032	235705	252456	362023	368764	493810
内江市	Neijiang	225180	193672	87705	87095	95890	141499	141361	197898	297193
乐山市	Leshan	694925	681727	546668	584625	697908	736496	586738	495554	919211
南充市	Nanchong	416658	172118	68353	107715	195969	100503	648004	356178	520743
眉山市	Meishan	179058	204016	127244	137185	186721	438084	352722	395132	802731
宜宾市	Yibin	505524	546618	589678	614223	576008	968599	1411234	1830371	2365333
广安市	Guangan	612556	680505	662364	338901	200650	269160	343926	142160	238396
达州市	Dazhou	198796	199874	229028	106078	46741	57110	199229	265998	515357
雅安市	Yaan	42747	47297	49780	30546	30027	41966	72155	65825	129372
巴中市	Bazhong	89150	102641	117112	79903	26509	52700	60745	24870	53941
资阳市	Ziyang	335354	342331	210613	131618	114626	128776	154607	188871	274079
阿坝藏族羌族自治州	Aba	24309	29215	22333	23322	22670	21548	13721	17901	28642
甘孜藏族自治州	Ganzi	6444	8202	9166	6088	8027	12944	15605	12353	16216
凉山彝族自治州	Liangshan	50155	50781	53576	30134	32701	38512	36150	41386	85849

18-4 续表 continued

单位：万美元 (USD 10 000)

市(州)	Region	2011	2012	2013	2014	2015	2016	2017	2018	2019	2020	2021
全　省	**Sichuan**	**4772328**	**5914360**	**6457884**	**7020297**	**5118856**	**4934941**	**6810677**	**8993788**	**9805150**	**11680195**	**14732165**
成都市	Chengdu	3796119	4761327	5070576	5592156	3942361	4102173	5830149	7536217	8439640	10338866	12731504
自贡市	Zigong	70447	87374	101373	67150	49015	39353	45378	49364	44824	45988	65424
攀枝花市	Panzhihua	26586	26342	18714	30128	25643	20993	38706	46691	45972	44015	64185
泸州市	Luzhou	15193	18608	22654	27563	31343	31331	205717	276333	122010	130105	200951
德阳市	Deyang	288096	309231	339060	388352	305107	176354	153574	191518	204313	168325	222727
绵阳市	Mianyang	185142	221323	280998	291780	262710	176907	169832	391266	302895	312011	387534
广元市	Guangyuan	29692	33844	35019	42146	6953	2262	2522	7620	9194	3841	15570
遂宁市	Suining	39681	46507	56505	62808	63078	41029	34830	38169	52498	53548	76707
内江市	Neijiang	25696	31360	36298	31495	14115	13253	14204	21524	20531	28703	46080
乐山市	Leshan	79841	94539	111963	111031	88223	88772	102967	111977	85398	71548	142379
南充市	Nanchong	32794	41776	67249	28088	11044	16090	29065	15291	92397	50894	80658
眉山市	Meishan	13580	19458	28843	33376	20517	20812	27580	66267	51261	57655	124206
宜宾市	Yibin	81230	77648	81588	88989	95163	93128	84923	146859	204126	265101	366441
广安市	Guangan	44618	75377	98938	110634	106776	50852	29648	41154	50376	20405	36805
达州市	Dazhou	15298	18470	32106	32610	37078	15983	6909	8660	28693	38487	79852
雅安市	Yaan	3261	4269	6887	7696	7907	4645	4428	6356	10508	9607	19992
巴中市	Bazhong	2577	12475	14360	16680	19043	12151	3988	7860	8803	3626	8351
资阳市	Ziyang	12394	23552	41683	43254	19068	19780	16909	19614	22241	27124	42487
阿坝藏族羌族自治州	Aba	3853	3234	3927	4758	3600	3534	3337	3263	1996	2581	4440
甘孜藏族自治州	Ganzi	646	911	1042	1334	1469	919	1193	1929	2231	1804	2520
凉山彝族自治州	Liangshan	5582	6735	8098	8263	8642	4622	4817	5852	5244	5960	13355

18-5 各市(州)出口总额
Total Exports by Region

单位：万元人民币 (RMB 10 000 yuan)

市(州)	Region	2013	2014	2015	2016	2017	2018	2019	2020	2021
全　省	**Sichuan**	**26041998**	**27540270**	**20564533**	**18475606**	**25384899**	**33326526**	**38923204**	**46543256**	**57086659**
成都市	Chengdu	19795404	20766302	14802901	14504563	20649286	27447777	33098374	41068498	48412141
自贡市	Zigong	381759	189768	164647	148063	175476	216357	230629	233124	306432
攀枝花市	Panzhihua	76378	104604	136110	91254	112078	125988	133543	119121	171283
泸州市	Luzhou	127215	153851	177375	186047	1330566	691476	409881	453087	698687
德阳市	Deyang	1459661	1903885	1449135	885378	708276	927477	1101669	823883	1136463
绵阳市	Mianyang	1121924	1272154	1186529	681538	613788	654625	705827	782831	1108895
广元市	Guangyuan	191296	256237	40067	12193	12927	33320	30243	24457	96187
遂宁市	Suining	255318	257874	267961	166537	119841	138961	202735	183829	380651
内江市	Neijiang	195606	170821	73085	66798	76379	115742	101059	132548	210751
乐山市	Leshan	512855	515569	425790	449886	512786	579394	453078	369924	740111
南充市	Nanchong	405485	168751	61106	104334	187427	67536	631783	335949	479947
眉山市	Meishan	124114	128111	108014	124286	149372	187836	157203	224029	594830
宜宾市	Yibin	348583	372790	393379	364023	320064	607498	906454	1239113	1674766
广安市	Guangan	607993	661020	659763	336659	190706	255195	323795	130870	227043
达州市	Dazhou	85043	168583	207824	104446	43484	54502	194497	232540	468958
雅安市	Yaan	40503	42896	44429	24161	25286	31869	32219	48151	78939
巴中市	Bazhong	89147	102641	117009	79896	26382	44558	51842	22703	43445
资阳市	Ziyang	154095	229141	170405	92070	74143	81743	97446	54022	131340
阿坝藏族羌族自治州	Aba	14113	16486	16464	17288	16009	14876	11228	11629	24115
甘孜藏族自治州	Ganzi	6443	8193	9163	6088	8027	12944	15603	12348	16212
凉山彝族自治州	Liangshan	49063	50595	53378	30097	32596	36852	34097	40599	85464

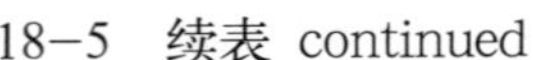

18−5 续表 continued

单位：万美元 (USD 10 000)

市(州)	Region	2011	2012	2013	2014	2015	2016	2017	2018	2019	2020	2021
全　省	**Sichuan**	**2902697**	**3846907**	**4194906**	**4483913**	**3309290**	**2795498**	**3755394**	**5039827**	**5638075**	**6724817**	**8840867**
成都市	Chengdu	2300135	3042462	3198381	3390833	2390406	2193971	3055922	4150657	4795450	5932997	7496518
自贡市	Zigong	34450	51746	61555	30902	26611	22496	25889	32863	33545	33745	47496
攀枝花市	Panzhihua	17549	22006	12306	17032	21923	13806	16537	19202	19395	17194	26513
泸州市	Luzhou	10335	15805	20459	25028	28422	27874	196438	254813	59388	65806	108525
德阳市	Deyang	139341	182412	235255	310129	234883	134598	104493	139943	159349	119302	176289
绵阳市	Mianyang	97375	137332	180331	207234	192082	103517	90760	99016	102093	112798	171738
广元市	Guangyuan	26246	27266	30838	41635	6522	1865	1928	5049	4390	3555	14875
遂宁市	Suining	33340	38368	41183	42014	43312	25257	17715	20929	29410	26565	59180
内江市	Neijiang	23330	27012	31546	27778	11755	10173	11316	17614	14701	19266	32664
乐山市	Leshan	49860	65871	82644	83959	68796	68273	75750	88169	65989	53346	114666
南充市	Nanchong	31231	39787	65446	27541	9868	15574	27789	10222	90050	47922	74337
眉山市	Meishan	11191	15639	19998	20865	17414	18861	22082	28504	22803	32867	91992
宜宾市	Yibin	54635	54180	56247	60693	63571	55226	47176	91780	131062	179570	259525
广安市	Guangan	42014	70245	98205	107457	106355	50512	28184	39064	47459	18782	35045
达州市	Dazhou	7302	9424	13705	27439	33469	15738	6427	8265	28014	33613	72658
雅安市	Yaan	1884	3787	6524	6982	7043	3670	3726	4820	4676	7059	12188
巴中市	Bazhong	2577	12475	14360	16680	19026	12126	3969	6629	7513	3296	6721
资阳市	Ziyang	11175	21351	14679	27459	15097	13807	10946	12504	13976	7800	20386
阿坝藏族羌族自治州	Aba	2521	2120	2277	2685	2655	2622	2352	2248	1633	1680	3739
甘孜藏族自治州	Ganzi	646	911	1042	1332	1468	919	1193	1929	2231	1803	2519
凉山彝族自治州	Liangshan	5559	6708	7924	8233	8610	4615	4802	5606	4947	5849	13295

18-6 各市(州)进口总额
Total Imports by Region

单位：万元人民币 (RMB 10 000 yuan)

市(州)	Region	2013	2014	2015	2016	2017	2018	2019	2020	2021
全 省	**Sichuan**	**14038636**	**15607220**	**11337680**	**14154772**	**20673663**	**26140582**	**28736006**	**34275310**	**38049360**
成都市	Chengdu	11598648	13532000	9710191	12629252	18769189	22375733	25128554	30473579	33807561
自贡市	Zigong	247099	222823	138861	111441	132020	108850	77753	84981	115906
攀枝花市	Panzhihua	39932	80579	23344	47496	150351	179883	183687	185134	243436
泸州市	Luzhou	13604	15565	18127	23023	62747	144083	433261	444703	596624
德阳市	Deyang	646224	481358	449903	275128	331817	338255	309817	340004	300481
绵阳市	Mianyang	624252	519242	438513	483937	535900	1945752	1384714	1379895	1396575
广元市	Guangyuan	26103	3146	2700	2600	3991	17178	33036	2007	4476
遂宁市	Suining	94962	129105	122231	104495	115864	113495	159288	184934	113159
内江市	Neijiang	29574	22851	14620	20297	19511	25757	40302	65351	86442
乐山市	Leshan	182070	166158	120878	134739	185122	157102	133660	125630	179100
南充市	Nanchong	11173	3367	7247	3381	8542	32967	16221	20229	40796
眉山市	Meishan	54944	75905	19230	12899	37349	250248	195519	171103	207901
宜宾市	Yibin	156941	173828	196299	250200	255944	361101	504780	591258	690567
广安市	Guangan	4563	19485	2601	2242	9944	13965	20131	11290	11353
达州市	Dazhou	113753	31291	21204	1632	3257	2608	4732	33457	46399
雅安市	Yaan	2244	4401	5351	6385	4741	10097	39936	17674	50433
巴中市	Bazhong	3		103	7	127	8142	8903	2167	10496
资阳市	Ziyang	181259	113190	40208	39548	40483	47033	57161	134849	142739
阿坝藏族羌族自治州	Aba	10196	12729	5869	6034	6661	6672	2493	6272	4527
甘孜藏族自治州	Ganzi	1	9	3				2	5	4
凉山彝族自治州	Liangshan	1092	186	198	37	105	1660	2053	787	385

18−6 续表 continued

单位：万美元 (USD 10 000)

市(州)	Region	2011	2012	2013	2014	2015	2016	2017	2018	2019	2020	2021
全　省	**Sichuan**	**1869631**	**2067453**	**2262978**	**2536384**	**1809566**	**2139443**	**3055283**	**3953961**	**4167075**	**4955378**	**5891298**
成都市	Chengdu	1495984	1718865	1872195	2201323	1551955	1908202	2774227	3385560	3644190	4405869	5234986
自贡市	Zigong	35997	35628	39818	36248	22404	16857	19489	16501	11279	12243	17928
攀枝花市	Panzhihua	9037	4336	6408	13096	3720	7187	22169	27489	26577	26821	37672
泸州市	Luzhou	4858	2803	2195	2535	2921	3457	9279	21520	62622	64299	92426
德阳市	Deyang	148755	126819	103805	78223	70224	41756	49081	51575	44964	49023	46438
绵阳市	Mianyang	87767	83991	100667	84546	70628	73390	79072	292250	200802	199213	215796
广元市	Guangyuan	3446	6578	4181	511	431	397	594	2571	4804	285	695
遂宁市	Suining	6341	8139	15322	20794	19766	15772	17115	17240	23088	26983	17527
内江市	Neijiang	2366	4348	4752	3717	2360	3080	2888	3910	5830	9437	13416
乐山市	Leshan	29981	28668	29319	27072	19427	20499	27217	23808	19409	18202	27713
南充市	Nanchong	1563	1989	1803	547	1176	516	1276	5069	2347	2972	6321
眉山市	Meishan	2389	3819	8845	12511	3103	1951	5498	37763	28458	24788	32214
宜宾市	Yibin	26595	23468	25341	28296	31592	37902	37747	55079	73064	85532	106916
广安市	Guangan	2604	5132	733	3177	421	340	1464	2090	2917	1622	1760
达州市	Dazhou	7996	9046	18401	5171	3609	245	482	395	679	4873	7194
雅安市	Yaan	1377	482	363	714	864	975	702	1536	5832	2548	7804
巴中市	Bazhong					17	25	19	1234	1290	330	1630
资阳市	Ziyang	1219	2201	27004	15795	3971	5973	5963	7110	8265	19324	22101
阿坝藏族羌族自治州	Aba	1332	1114	1650	2073	945	912	985	1015	363	901	701
甘孜藏族自治州	Ganzi				2	1					1	1
凉山彝族自治州	Liangshan	23	27	174	30	32	7	15	246	297	112	60

主要统计指标解释

货物进出口总额 指实际进出我国关境的货物总金额。包括对外贸易实际进出口货物，来料加工装配进出口货物，国家间、联合国及国际组织无偿援助物资和赠送品，华侨、港澳台同胞和外籍华人捐赠品，租赁期满归承租人所有的租赁货物，进料加工进出口货物，边境地方贸易及边境地区小额贸易进出口货物，中外合资企业、中外合作经营企业、外商独资经营企业进出口货物和公用物品，到、离岸价格在规定限额以上的进出口货样和广告品(无商业价值、无使用价值和免费提供出口的除外)，从保税仓库提取在中国境内销售的进口货物，以及其他进出口货物。该指标可以观察一个国家在对外贸易方面的总规模。我国规定出口货物按离岸价格统计，进口货物按到岸价格统计。

实际利用外资 指批准的合同外资金额的实际执行数，外国投资者根据批准外商投资企业的合同(章程)的规定实际缴付的出资额和企业投资总额内外国投资者以自己的境外自有资金实际直接向企业提供的贷款。

外商投资 指国外及港澳台地区的法人和自然人在中国大陆地区以现金、实物、无形资产、股权等方式进行投资。其中，外商直接投资是指国外及港澳台地区投资者在非上市公司中的全部投资及在单个外国投资者所占股权比例不低于10%的上市公司中的投资。

对外承包工程 根据《对外承包工程管理条例》，对外承包工程是指中国的企业或者其他单位承包境外建设工程项目的活动。

对外劳务合作 指组织劳务人员赴其他国家或地区为国外的企业或机构工作的经营性活动。

入境游客 指报告期内来中国（大陆）观光、度假、探亲访友、就医疗养、购物、参加会议或从事经济、文化、体育、宗教活动的外国人、港澳台同胞等游客（即入境旅游人数）。统计时，入境游客按每入境一次统计1人次。入境游客包括入境过夜游客和入境一日游游客。

国内游客 指报告期内在中国（大陆）观光游览、度假、探亲访友、就医疗养、购物、参加会议或从事经济、文化、体育、宗教活动的中国（大陆）居民人数，其出游的目的不是通过所从事的活动谋取报酬。统计时，国内游客按每出游一次统计1人次。

国际旅游收入 指入境游客在中国（大陆）境内旅行、游览过程中用于交通、参观游览、住宿、餐饮、购物、娱乐等全部花费。

国内旅游收入(旅游总花费) 指国内游客在国内旅行、游览过程中用于交通、参观游览、住宿、餐饮、购物、娱乐等全部花费。

Explanatory Notes on Main Statistical Indicators

Import and Export of Goods refer to the value of commodities actually imported or exported across the border of China. They include the actual imports and exports through foreign trade, imported and exported goods under the processing and assembling trades and materials, supplies and gifts as aid given gratis between governments and by the United Nations and other international organizations, and contributions donated by overseas Chinese, compatriots in Hong Kong and Macao and Chinese with foreign citizenship, leasing commodities owned by tenant at the expiration of leasing period, the imported and exported commodities processed with imported materials, commodities trading in border areas, the imported and exported commodities and articles for public use of the Sino-foreign joint ventures, cooperative enterprises and ventures with sole foreign investment. Also included are import or export of samples and advertising goods for which CIF or FOB value are beyond the permitted ceiling (excluding goods of no trading or use value and free commodities for export), imported goods sold in China from bonded warehouses and other imported or exported goods. The indicator of the total imports and exports at customs can be used to observe the total size of external trade in a country. In accordance with the stipulation of the Chinese government, exports are calculated at FOB, while imports are calculated at CIF.

The actual utilization of foreign capital refers to the actual number of execution of the approved contractual foreign capital amount, the actual amount of foreign investment paid by foreign investors in accordance with the provisions of the contract (articles of association) for the approval of foreign-funded enterprises, and the total amount of enterprise investment actually provided by foreign investors to enterprises directly with their own overseas funds.

Foreign Investment refers to investment in China by legal or natural persons of foreign countries and of Hong Kong, Macau and Taiwan, in the form of cash, physical assets, intangible assets and equity and others. Foreign direct investment refers to investment by investors from foreign countries and from Hong Kong, Macau and Taiwan in a non-listed company, or the investment of over 10 percent or more in a listed company.

Overseas Contracted Projects refer to activities of contracting overseas construction projects by Chinese enterprises or any other units, which are stipulated in the Regulations on Administration of Foreign Contracted Project.

Overseas Labor Services refer to operational activities of organizing labour force to go abroad providing services to foreign enterprises or agencies.

Overseas Visitor Arrivals refer to the number of tourists of foreigners, Chinese compatriots from Hong Kong, Macao and Taiwan who come to China (mainland) within the reference period for sight-seeing, vacation, visiting relatives, medical treatment, shopping, attending conference, or to engage in economic, cultural, sports and religious activities (namely the number of overseas visitor arrivals). In compiling statistics, each arrival is counted as one person-time. Overseas visitor arrivals includes inbound overnight tourists and one-day tourists.

Number of Domestic Tourists refers to the number of Chinese (mainland) residents who travel within China (mainland) for sight-seeing, vacation, visiting relatives, medical treatment, shopping, attending conference, or to engage in economic, cultural, sports and religious activities. In compiling statistics, each travel is counted as one person-time.

Foreign Exchange Earnings from International Tourism refer to the total expenditure of overseas visitors during their stay in the mainland of China on transportation, sighting, accommodation, food, shopping and entertainment.

Income from Domestic Tourism refer to expenditure of domestic tourists on transportation, sighting, accommodation, food, shopping and entertainment while they travel.

19 金融业

Chapter 19 Financial Intermediation

SICHUAN STATISTICAL YEARBOOK

19-1 金融机构(含外资)本外币信贷收支表(资金来源)
Balance Sheet of Local and Foreign Credit Funds of Financial Institutions (Funds Sources)

单位：亿元 (100 million yuan)

项　目	Item	2021	比年初增减数 amount over the beginning of the year
资金来源总计	**All Sources**	**105651.00**	**10375.12**
各项存款	Deposits	100077.29	8241.50
非金融企业存款	Deposits of Non-financial Enterprises	24401.45	1756.63
住户存款	Deposits of Households	55063.81	5549.49
#活期存款	Demand Deposits	16268.43	808.45
机关团体存款	Deposits of Organizations and Communities	15107.41	513.81
财政性存款	Deposits of Fiscal	2027.31	2.30
非银行业金融机构存款	Deposits of Non-banking Financial Institutions	3235.20	444.10
金融债券	Financial Bonds	460.91	64.01
卖出回购资产	Assets Sold for Repurchase	87.02	35.44
借款及非银行业金融机构拆入	Borrowing and Non-banking Financial Institutions Borrowing	33.92	-49.81
联行往来(净)	Inter-branched Exchange (net)		
应付及暂收款	Account Payable and Temporary Collection	2688.18	500.08
各项准备	Reserves	2711.74	252.07
所有者权益	Owners' Equities	4200.30	433.93
其他	Others	-4608.35	897.90

注：本表金融机构包括中国人民银行、中资全国性大型银行、中资全国性中小型银行、中资区域性中小型银行、城市信用社、农村信用社、财务公司、信托投资公司、租赁公司、外资金融机构和汽车金融公司(以下有关各表同)。

a) Financial institution of balance sheet includes the People's Bank of China, large, small and medium-sized Chinese-funded national banks, small and medium-sized regional and Chinese-funded banks, urban and rural credit cooperative banks, finance companies, financial trust and investment companies, financial leasing companies, Foreign financial institutions and auto finance company (the same as the following related tables).

19-2 金融机构(含外资)本外币信贷收支表(资金运用)
Balance Sheet of Local and Foreign Credit Funds of Financial Institutions (Funds Uses)

单位：亿元 (100 million yuan)

项目	Item	2021	比年初增减数 amount over the beginning of the year
资金运用总计	**All Uses**	**105651.00**	**10375.12**
各项贷款	Loans	80340.43	9314.80
住户贷款	Loans of Households	26773.43	3238.65
短期贷款	Shot-term Loans	3703.33	487.38
中长期贷款	Medium-term & Long-term Loans	23070.10	2751.27
企（事）业单位贷款	Loans of Enterprises (Institutions)	52867.52	6112.72
短期贷款	Shot-term Loans	10376.72	770.32
中长期贷款	Medium-term & Long-term Loans	39991.71	5066.16
票据融资	Bill Financing	2336.89	226.10
各项垫款	Various Money Paid Back Later	75.83	63.28
债券投资	Bond Investment	11133.82	2033.21
股权及其他投资	Equity and Other Investment	3982.22	-450.51
买入返售资产	Redemptory Capital for Sale	683.63	415.51
存放非银行业金融机构款项	Due from Non-banking Financial Institutions	47.57	9.74
联行往来(净)	Inter-branched Exchange (net)	7862.48	-1096.42
应收及预付款	Account Receivable and Advanced Payment	1000.45	142.51
固定资产	Fixed Assets	596.61	5.82
外汇占款	Position for Foreign Purchase		
投资性房地产	Investment Property	3.78	0.47

注："企（事）业单位贷款"原为"非金融企业及机关团体贷款"，统计口径未变。
a) The indicator "loans of Enterprises (Institutions)" was originally the indicator "Loans of Non-financial Enterprises & Government", and the statistical caliber has not changed.

19—3 各市(州)金融机构各项存款和贷款(2021年底)
Deposits and Loans of Financial Institutions by Region at Year-end of 2021

单位：亿元 (100 million yuan)

市(州)	Region	本外币各项存款 RMB and Foreign Currency Deposits	人民币各项存款 RMB Deposits	#住户存款 Deposits of Households	本外币各项贷款 RMB and Foreign Currency Loans	人民币各项贷款 RMB Loans	#短期贷款 Short-term Loans	#中长期贷款 Medium-term & Long-term Loans
全 省	**Sichuan**	**100077.29**	**98645.13**	**54849.24**	**80340.43**	**78963.92**	**13394.72**	**62851.75**
成都市	Chengdu	48249.59	46905.62	19063.70	47110.75	45768.93	6954.43	37734.58
自贡市	Zigong	2503.20	2500.42	1705.15	1602.35	1600.48	444.71	1081.90
攀枝花市	Panzhihua	1175.57	1173.64	850.90	765.31	764.11	181.91	520.04
泸州市	Luzhou	3432.24	3423.87	2318.37	2689.00	2688.39	523.84	1975.06
德阳市	Deyang	3612.54	3602.09	2394.51	2213.32	2193.54	486.92	1511.79
绵阳市	Mianyang	5637.40	5618.92	3221.01	3277.43	3275.09	899.13	2201.35
广元市	Guangyuan	1823.48	1822.50	1379.96	1117.14	1116.91	184.96	879.20
遂宁市	Suining	2112.44	2109.41	1602.73	1431.03	1430.35	313.15	1034.96
内江市	Neijiang	2200.13	2196.82	1741.58	1303.24	1302.39	310.38	924.20
乐山市	Leshan	2993.03	2985.75	2254.74	2128.34	2125.28	392.67	1602.34
南充市	Nanchong	4205.10	4201.43	3373.76	2952.32	2951.50	512.10	2330.32
眉山市	Meishan	2833.41	2827.25	2078.81	1831.45	1831.21	237.06	1529.86
宜宾市	Yibin	4135.79	4124.40	2029.70	3055.99	3053.21	565.39	2382.62
广安市	Guangan	2340.87	2339.97	1915.63	1150.19	1150.15	195.07	891.73
达州市	Dazhou	3840.80	3838.62	2966.39	2239.54	2239.52	368.23	1784.72
雅安市	Yaan	1401.91	1397.89	980.56	977.63	977.50	185.15	742.16
巴中市	Bazhong	1596.27	1595.86	1304.97	1051.72	1051.71	131.98	890.59
资阳市	Ziyang	1683.79	1682.31	1329.82	1128.52	1128.52	177.09	931.52
阿坝藏族羌族自治州	Aba	729.49	729.48	347.14	417.34	417.34	49.65	352.25
甘孜藏族自治州	Ganzi	805.69	805.62	322.72	490.34	490.34	36.69	426.00
凉山彝族自治州	Liangshan	2764.54	2763.26	1667.08	1407.47	1407.46	244.22	1124.56

注：成都市数据包含四川省本部数据(以下有关各表同)。

a) The data of Chengdu includes the data of Sichuan provincial headquarters (the same as the following related tables).

19-4 各市(州)金融机构人民币各项存款(年底余额)
Deposits of Financial Institutions by Region at Year-end(RMB)

单位：亿元 (100 million yuan)

市(州)	Region	2011	2012	2013	2014	2015	2016	2017	2018	2019	2020	2021
全　省	**Sichuan**	**34734.69**	**41130.79**	**47667.28**	**53282.03**	**59184.83**	**65638.43**	**71591.42**	**76088.75**	**81783.68**	**90350.48**	**98645.13**
成都市	Chengdu	17098.02	20354.17	23662.21	26797.50	29474.92	31597.50	34581.17	36820.23	38777.88	42500.12	46905.62
自贡市	Zigong	676.80	821.51	974.97	1075.20	1319.76	1524.05	1723.67	1708.76	2068.48	2375.19	2500.42
攀枝花市	Panzhihua	661.26	765.69	784.18	802.87	856.81	938.59	981.36	1041.79	1080.64	1113.02	1173.64
泸州市	Luzhou	1000.48	1212.63	1409.46	1611.60	1829.88	2179.23	2459.19	2634.80	2802.82	3100.75	3423.87
德阳市	Deyang	1509.93	1663.30	1793.35	1918.54	2066.30	2307.72	2455.34	2694.37	2911.79	3288.48	3602.09
绵阳市	Mianyang	1932.66	2126.34	2410.27	2621.72	2882.91	3181.69	3588.52	3848.78	4457.80	5082.30	5618.92
广元市	Guangyuan	750.03	833.32	933.80	1005.82	1134.41	1302.22	1417.40	1478.55	1559.34	1684.63	1822.50
遂宁市	Suining	625.87	745.53	893.29	989.44	1187.12	1376.76	1554.82	1571.98	1650.51	1873.72	2109.41
内江市	Neijiang	727.13	888.65	1077.59	1134.36	1202.20	1366.90	1512.92	1649.36	1799.07	2019.52	2196.82
乐山市	Leshan	1033.20	1264.58	1524.56	1709.12	1723.96	1858.89	2080.04	2217.55	2477.86	2731.04	2985.75
南充市	Nanchong	1362.36	1668.78	1916.56	2154.46	2561.43	3047.30	3216.07	3292.66	3540.73	3947.52	4201.43
眉山市	Meishan	761.90	931.07	1115.04	1253.85	1432.08	1670.36	1961.14	2087.24	2322.95	2645.29	2827.25
宜宾市	Yibin	1199.82	1464.38	1573.67	1685.23	1911.25	2322.47	2646.64	2976.12	3366.80	3712.05	4124.40
广安市	Guangan	769.69	937.31	1114.68	1265.03	1424.65	1662.73	1828.89	1867.48	1981.73	2196.21	2339.97
达州市	Dazhou	1098.82	1317.17	1588.05	1752.37	2086.42	2624.98	2801.93	2927.09	3187.16	3519.48	3838.62
雅安市	Yaan	516.81	592.57	842.89	974.25	1008.95	1042.06	1104.51	1125.73	1206.49	1315.71	1397.89
巴中市	Bazhong	468.16	568.61	678.61	777.13	921.73	1145.80	1247.67	1247.59	1298.15	1432.52	1595.86
资阳市	Ziyang	787.53	925.73	1083.87	1245.84	1377.85	1673.02	1355.97	1418.75	1469.41	1598.65	1682.31
阿坝藏族羌族自治州	Aba	419.70	424.51	435.15	473.60	535.36	568.00	594.92	652.71	664.59	738.32	729.48
甘孜藏族自治州	Ganzi	312.62	374.86	442.28	499.03	588.24	595.64	631.30	698.35	705.51	787.96	805.62
凉山彝族自治州	Liangshan	869.67	1078.02	1271.89	1386.67	1490.66	1652.53	1847.95	2128.87	2453.94	2688.01	2763.26

19−5 各市(州)金融机构人民币住户存款(年底余额)
Household Deposits of Financial Institutions by Region at Year-end(RMB)

单位：亿元 (100 million yuan)

市(州)	Region	2011	2012	2013	2014	2015	2016	2017	2018	2019	2020	2021
全 省	**Sichuan**	**16189.15**	**19567.57**	**22956.68**	**25731.62**	**28575.90**	**31950.42**	**34800.89**	**38402.77**	**43214.16**	**49289.28**	**54849.24**
成都市	Chengdu	5980.01	7157.04	8408.79	9280.25	9922.18	10831.38	11995.87	13168.73	14931.89	17121.44	19063.70
自贡市	Zigong	444.57	543.29	639.49	718.51	819.38	923.57	1033.62	1145.90	1301.29	1555.06	1705.15
攀枝花市	Panzhihua	312.14	368.02	411.91	431.79	462.44	522.97	575.92	658.90	712.86	778.82	850.90
泸州市	Luzhou	617.39	758.32	880.83	1000.65	1140.17	1313.47	1475.96	1631.83	1833.05	2080.07	2318.37
德阳市	Deyang	784.38	931.33	1074.21	1188.39	1292.47	1425.36	1531.40	1703.84	1903.96	2148.38	2394.51
绵阳市	Mianyang	932.87	1125.95	1328.09	1479.82	1640.86	1838.25	2028.73	2242.62	2524.03	2874.84	3221.01
广元市	Guangyuan	387.25	474.09	557.47	641.05	733.00	811.44	891.97	979.68	1099.24	1238.67	1379.96
遂宁市	Suining	423.50	508.96	577.96	649.28	788.08	910.44	1005.90	1117.10	1244.53	1417.71	1602.73
内江市	Neijiang	524.17	641.20	749.61	836.39	935.67	1045.62	1144.95	1265.67	1411.39	1581.66	1741.58
乐山市	Leshan	634.06	773.08	931.54	1057.43	1161.20	1277.37	1407.65	1574.30	1789.68	2035.55	2254.74
南充市	Nanchong	905.92	1122.38	1306.68	1467.24	1723.13	2009.68	2175.10	2397.37	2668.48	3064.68	3373.76
眉山市	Meishan	521.78	649.59	778.44	907.67	1020.38	1156.75	1275.28	1467.72	1651.38	1869.09	2078.81
宜宾市	Yibin	560.26	674.28	770.04	886.63	1010.17	1150.62	1277.47	1424.08	1597.13	1814.39	2029.70
广安市	Guangan	560.58	682.02	795.90	902.15	1061.78	1198.60	1316.29	1398.36	1534.74	1743.07	1915.63
达州市	Dazhou	800.36	952.50	1139.67	1304.62	1505.90	1739.52	1917.50	2055.08	2329.22	2656.88	2966.39
雅安市	Yaan	258.35	310.31	379.84	447.05	505.29	543.35	596.13	669.47	764.67	871.61	980.56
巴中市	Bazhong	312.52	404.08	482.26	557.00	634.06	741.94	828.99	913.97	1016.36	1155.90	1304.97
资阳市	Ziyang	566.11	691.67	806.05	938.20	1060.43	1211.38	884.28	967.07	1069.81	1188.39	1329.82
阿坝藏族羌族自治州	Aba	113.94	132.92	148.26	164.64	186.67	215.71	233.12	257.07	277.37	315.71	347.14
甘孜藏族自治州	Ganzi	95.71	117.74	139.72	163.93	186.06	209.67	226.66	247.36	265.66	299.19	322.72
凉山彝族自治州	Liangshan	435.11	528.48	627.81	687.43	764.83	873.33	978.10	1116.65	1287.43	1478.18	1667.08

19-6 各市(州)金融机构人民币各项贷款(年底余额)
Loans of Financial Institutions by Region at Year-end(RMB)

单位：亿元 (100 million yuan)

市(州)	Region	2011	2012	2013	2014	2015	2016	2017	2018	2019	2020	2021
全　省	**Sichuan**	**22033.21**	**25560.36**	**29542.74**	**33884.06**	**38011.83**	**42828.13**	**48124.44**	**54097.84**	**61089.01**	**69504.94**	**78963.92**
成都市	Chengdu	13766.85	15630.39	17617.51	19778.93	21970.64	25522.23	28870.55	32057.77	35766.59	40376.89	45768.93
自贡市	Zigong	303.33	371.19	449.33	520.81	614.57	708.35	825.98	1010.40	1198.43	1401.81	1600.48
攀枝花市	Panzhihua	445.72	532.19	608.93	658.19	697.15	738.63	795.54	804.70	826.33	705.59	764.11
泸州市	Luzhou	507.85	629.59	766.70	919.42	1092.70	1281.64	1451.30	1714.16	2001.09	2366.98	2688.39
德阳市	Deyang	717.98	849.28	956.40	1065.81	1075.92	1190.04	1292.54	1442.31	1650.09	1911.01	2193.54
绵阳市	Mianyang	968.98	1086.78	1252.78	1398.50	1532.85	1667.43	1864.71	2167.25	2476.18	2812.66	3275.09
广元市	Guangyuan	280.65	331.81	406.87	472.32	531.18	610.20	703.84	795.37	903.16	1001.20	1116.91
遂宁市	Suining	329.47	399.92	499.02	615.01	740.81	820.20	922.72	1040.67	1171.96	1308.89	1430.35
内江市	Neijiang	313.69	406.08	514.11	608.07	688.15	731.65	782.70	901.69	1020.70	1179.73	1302.39
乐山市	Leshan	695.04	807.45	931.75	1086.79	1230.91	1308.83	1431.65	1558.88	1726.36	1917.68	2125.28
南充市	Nanchong	519.63	653.62	824.66	1038.07	1293.89	1479.68	1684.34	1961.17	2268.61	2606.19	2951.50
眉山市	Meishan	344.17	427.63	531.99	625.17	683.76	747.19	864.31	1042.89	1257.19	1537.92	1831.21
宜宾市	Yibin	523.08	625.43	760.64	900.79	1054.48	1223.82	1390.60	1636.91	1971.69	2510.24	3053.21
广安市	Guangan	286.99	341.19	424.53	514.94	582.13	639.09	725.86	809.57	930.22	1027.34	1150.15
达州市	Dazhou	439.79	531.89	655.58	801.71	929.32	1077.62	1277.93	1502.91	1713.16	1949.66	2239.52
雅安市	Yaan	279.69	330.68	412.44	474.98	510.09	527.85	594.84	657.82	764.79	853.94	977.50
巴中市	Bazhong	155.95	203.60	264.93	345.03	457.83	542.50	641.40	716.43	804.30	932.73	1051.71
资阳市	Ziyang	333.82	414.77	525.02	642.08	716.90	735.29	597.15	706.89	817.62	1017.77	1128.52
阿坝藏族羌族自治州	Aba	151.70	165.89	186.44	205.68	221.63	252.47	269.70	299.56	336.97	375.46	417.34
甘孜藏族自治州	Ganzi	131.33	149.80	167.60	194.05	230.49	273.62	317.17	353.62	418.25	470.09	490.34
凉山彝族自治州	Liangshan	409.74	499.90	575.47	655.43	700.41	749.78	819.60	916.87	1065.32	1241.16	1407.46

19−7 金融机构人民币存款基准利率
Benchmark Interest Rates of Deposits of Financial Institutions

单位：年利率%　　(Annual Interest Rate %)

项　目	Item	2014.11.22 Nov.22 2014	2015.03.01 Mar.1 2015	2015.05.11 May.11 2015	2015.06.28 June.28 2015	2015.08.26 Aug.26 2015	2015.10.24 Oct.24 2015
活期存款	**Demand Deposits**	**0.35**	**0.35**	**0.35**	**0.35**	**0.35**	**0.35**
定期存款(整存整取)	**Time Deposits(Lump-sum Time Deposit)**						
三个月	3 Months	2.35	2.10	1.85	1.60	1.35	1.10
半年	6 Months	2.55	2.30	2.05	1.80	1.55	1.30
一年	1 Year	2.75	2.50	2.25	2.00	1.75	1.50
二年	2 Years	3.35	3.10	2.85	2.60	2.35	2.10
三年	3 Years	4.00	3.75	3.50	3.25	3.00	2.75

19−8 金融机构人民币贷款基准利率
Benchmark Interest Rates of Loans of Financial Institutions

单位：年利率%　　(Annual Interest Rate %)

项　目	Item	2014.11.22 Nov.22 2014	2015.03.01 Mar.1 2015	2015.05.11 May.11 2015	2015.06.28 June.28 2015	2015.08.26 Aug.26 2015	2015.10.24 Oct.24 2015
短期贷款	**Short-term Loans**						
一年以内(含一年)	1-Year Or Less	5.60	5.35	5.10	4.85	4.60	4.35
中长期贷款	**Mediun-term & Long-time Loans**						
一至五年(含五年)	1-5-Year(including 5-Year)	6.00	5.75	5.50	5.25	5.00	4.75
五年以上	Longer than 5-Year	6.15	5.90	5.65	5.40	5.15	4.90
个人住房公积金贷款	**Loans For Public Accumulation Funds Of Housing**						
五年以下(含五年)	5-Year Or Less	3.75	3.50	3.25	3.00	2.75	2.75
五年以上	Longer than 5-Year	4.25	4.00	3.75	3.50	3.25	3.25

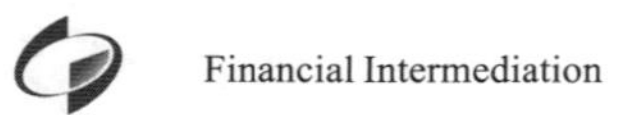

19−9 人民币对外主要外币年平均汇价(中间价)
Annual Average RMB Exchange Rate against Major Foreign Currencies (Middle Rate)

单位：人民币元 (RMB yuan)

年份 Year	100美元 100 US Dollars	100日元 100 Japanese Yen	100港元 100 Hong Kong Dollars	100欧元 100 Euros
1981	170.50	0.7735	30.41	
1982	189.25	0.7607	31.15	
1983	197.57	0.8318	27.36	
1984	232.70	0.9780	29.71	
1985	293.67	1.2457	37.57	
1986	345.28	2.0694	44.22	
1987	372.21	2.5799	47.74	
1988	372.21	2.9082	47.70	
1989	376.51	2.7360	48.28	
1990	478.32	3.3233	61.39	
1991	532.33	3.9602	68.45	
1992	551.46	4.3608	71.24	
1993	576.20	5.2020	74.41	
1994	861.87	8.4370	111.53	
1995	835.10	8.9225	107.96	
1996	831.42	7.6352	107.51	
1997	828.98	6.8600	107.09	
1998	827.91	6.3488	106.88	
1999	827.83	7.2932	106.66	
2000	827.84	7.6864	106.18	
2001	827.70	6.8075	106.08	
2002	827.70	6.6237	106.07	800.58
2003	827.70	7.1466	106.24	936.13
2004	827.68	7.6552	106.23	1029.00
2005	819.17	7.4484	105.30	1019.53
2006	797.18	6.8570	102.62	1001.90
2007	760.40	6.4632	97.46	1041.75
2008	694.51	6.7427	89.19	1022.27
2009	683.10	7.2986	88.12	952.70
2010	676.95	7.7279	87.13	897.25
2011	645.88	8.1050	82.97	900.11
2012	631.25	7.9037	81.38	810.67
2013	619.32	6.3323	79.85	822.19
2014	614.28	5.8196	79.22	816.51
2015	622.84	5.1543	80.34	691.41
2016	664.23	6.1243	85.58	734.26
2017	675.18	6.0244	86.64	763.03
2018	661.74	5.9890	84.43	780.16
2019	689.85	6.3347	88.05	772.55
2020	689.76	6.4626	88.93	787.55
2021	645.15	5.8735	83.00	762.93

19-10 保险业务经济技术指标
Economic and Technical Indicators of Insurance Business

单位：万元 (10 000 yuan)

项　目	Item	2015	2016	2017	2018	2019	2020	2021
保费收入合计	**Premium Income Total**	**12673045**	**17120774**	**19393937**	**19580848**	**21486588**	**22735688**	**22049053**
财产保险	**Property Insurance**	**4214379**	**4572146**	**4963608**	**5424358**	**5835613**	**6393823**	**6539641**
企业财产保险	Enterprise Property Insurance	125462	130541	124654	130097	150880	156205	175623
机动车辆保险	Automobile Insurance	3462691	3749762	3923080	3073062	3833437	3945521	3882642
货物运输保险	Cargo Transportation Insurance	15524	13333	13923	16629	17020	19891	30992
责任保险	Liability Insurance	169309	186878	218753	285056	409698	497651	538072
信用保证保险	Credit and Guarantee Insurance	14686	19332	32972	39561	17633	24250	26047
其他财产保险	Others	426706	472301	650227	1249953	1406946	1750305	1886266
人身保险	**Life Insurance**	**8458666**	**12548628**	**14430329**	**14156489**	**15650974**	**16341865**	**15509412**
人寿保险	Life Insurance Business							
非分红产品	Non-participating	3601751	6476327	7480289	5158949	5359186	6259995	6338874
分红产品	Participating	3268583	3393194	4090501	6344701	6903222	6280889	5350268
投资连接产品	Unit-link	611	561	543	540	607	728	631
万能产品	Universal	37380	42944	44849	45017	45260	42225	39032
健康险	Health Insurance							
短期健康险	Short-term Health Insurance	451923	526781	744711	873179	1294255	1618574	1588951
长期健康险	Long-term Health Insurance	769516	1730729	1603716	1725761	2188912	2470089	2551576
意外伤害险	Personal Accident Insurance	328902	378093	465720	511860	561815	581979	606398
赔款给付支出合计	**Claim Total**	**4540817**	**5543581**	**5833192**	**6327362**	**6347551**	**6877491**	**7929963**
财产保险	**Property Insurance**	**2188599**	**2168841**	**2411127**	**3103449**	**3416508**	**3675059**	**4226426**
企业财产保险	Enterprise Property Insurance	51575	46160	50036	99156	77395	106054	141212
机动车辆保险	Automobile Insurance	1833642	1801011	1973086	2215797	2276536	2369671	2615979
货物运输保险	Cargo Transportation Insurance	6618	4995	6850	7016	6647	8002	13069
责任保险	Liability Insurance	60195	72068	82785	110996	140322	210007	261823
信用保证保险	Credit and Guarantee Insurance	8985	18747	16584	11151	5459	12931	5627
其他财产保险	Others	227585	225860	281785	659333	910150	968394	1188715
人身保险	**Life Insurance**	**2352218**	**3374740**	**3422065**	**3224724**	**2931043**	**3202891**	**3704103**
人寿保险	Life Insurance Business							
非分红产品	Non-participating	208261	335344	566454	594569	567437	542477	682697
分红产品	Participating	1652058	2469916	2129803	1994973	1545693	1588210	1384944
投资连接产品	Unit-link	368	612	125	102	69	661	1848
万能产品	Universal	9349	10211	10418	10505	9586	9418	10038
健康险	Health Insurance							
短期健康险	Short-term Health Insurance	312715	356824	459970	572261	787484	902640	1066142
长期健康险	Long-term Health Insurance	67861	91049	132634	191031	251277	453273	923179
意外伤害险	Personal Accident Insurance	101606	110784	122660	71601	149933	172205	190620

注：因部分机构目前处于风险处置阶段，数据口径暂时调整为不包含风险处置机构，直至相关机构风险处置结束(以下有关表同)。

a) As some institutions are currently in the risk disposal stage, the data caliber is temporarily adjusted to exclude risk disposal institutions until the risk disposal of relevant institutions is completed(the same as the following related tables).

19-11 各财产保险公司和人身保险公司四川省分公司保费收入
Premium Income of Property Insurance Companies (Sichuan Branch) and Life Insurance Companies (Sichuan Branch)

单位：万元 (10 000 yuan)

公司名称	Company Name	2020	2021
财产保险公司	**Property Insurance Companies**	**6393823**	**6539641**
中国人民财产保险股份有限公司	PICC Property&Casualty Insurance Company Limited	2136241	2230937
中国太平洋财产保险股份有限公司	China Pacific Insurance (Group) Co.,Ltd.	496021	521938
中国平安财产保险股份有限公司	Ping An Insurance (Group) Company of China,Co.,Ltd.	1497134	1473531
永安财产保险股份有限公司	Yong An Insurance Co.,Ltd.	56712	45037
华泰财产保险股份有限公司	Huatai Insurance Co.,Ltd.	42295	41396
中华联合财产保险股份有限公司	China United Property Insurance Company	353183	372712
天安财产保险股份有限公司	Tianan roperty Insurance Co.,Ltd.	52690	
太平保险有限公司	TaiPing Insurance Company Ltd.	202887	178650
中国大地财产保险股份有限公司	China Continent Property & Casualty Insurance Company	164370	149887
华安财产保险股份有限公司	Sinosafe Insurance	56588	56434
中航安盟财产保险有限公司	Groupama-Avic PropertyInsurance Co.,Ltd.	74619	83607
中国出口信用保险公司	China Export & Credit Insurance Corporation (SINOSURE)	20466	18913
大家财产保险股份有限公司	Dajia Property & Casualty Insurance Co.,Ltd.	27955	30884
永诚财产保险股份有限公司	Alltrust Insurance Company of China,Co.,Ltd.	53652	44470
安盛天平财产保险股份有限公司	AXA Tianping P&C Insurance Co.,Ltd.	18452	17791
阳光财产保险股份有限公司	Sunshine Property & Casualty Insurance Company of China,Co.,Ltd.	150802	176529
都邦财产保险股份有限公司	Dubang Property & Casualty Insurance Company of China,Co.,Ltd.	20958	18474
渤海财产保险股份有限公司	Bohai Property & Casuatly Insurance Company of China,Co.,Ltd.	3352	2340
中银保险有限公司	China Bank Property & Casualty Insurance Company of China,Co.,Ltd.	23829	26819
华农财产保险股份有限公司	Huanong Property & Casualty Insurance Co.,Ltd.	21548	27871
安诚财产保险股份有限公司	Ancheng Property & Casualty Insurance Co.,Ltd.	19197	20482
亚太财产保险有限公司	Asia Pacific Property Insurance Company Limited	19582	28672
浙商财产保险股份有限公司	Zheshang Property & Casualty Insurance Co.,Ltd.	6498	5312
鼎和财产保险股份有限公司	Dinghe Property & Casualty Insurance Company of China,Co.,Ltd.	15379	13384
英大泰和财产保险股份有限公司	Yingda Taihe Property & Casualty Insurance Co.,Ltd.	41728	51587
锦泰财产保险股份有限公司	JinTai Property Insurane Co.,Ltd.	173147	170435
紫金财产保险股份有限公司	Zijin Property and Casualty Insurance Co.,Ltd.	17868	17832
中国人寿财产保险股份有限公司	China Life Property & Casualty Insurance Co.,Ltd.	270335	314686
信达财产保险股份有限公司	Cinda Property Insurance Co.,Ltd.	12772	21062
国泰财产保险有限责任公司	Cathay Insurance Co.,Ltd.	26561	22636
富德财产保险股份有限公司	Fund Property & Casualty Insurance Co.,Ltd.	17049	10120
安华农业保险股份有限公司	Anhua Agricultural Insurance Co.,Ltd.	7626	8944

19-11 续表 1 continued

单位：万元 (10 000 yuan)

公司名称	Company Name	2020	2021
中意财产保险有限公司	Generali China Insurance Co.,Ltd.	10720	10526
鑫安汽车保险股份有限公司	Sanguard Automobile Insurance Co.,Ltd.	16406	11620
利宝保险有限公司	Liberty Insurance Co.,Ltd.	14936	11664
诚泰财产保险份有限公司	Cheng Tai Property Insurance Company Limited	13477	16777
富邦财产保险有限公司	Fubon Property Insurance Co.,Ltd.	2996	5000
珠峰财产保险股份有限公司	Everest Property Insurance Co.,Ltd.	8504	7324
中煤财产保险股份有限公司	China Coal Property Insurance Co.,Ltd.	5237	8551
长江财产保险股份有限公司	Changjiang Property Insurance Co.,Ltd.	7058	4539
前海联合财产保险股份有限公司	Qianhai United Property & Casualty Insurance Co.,Ltd.	18009	6846
恒邦财产保险股份有限公司	Hengbang Property Insurance Co.,Ltd.	8841	9056
京东安联财产保险有限公司	Allianz JD Property Insurance Co.,Ltd.	419	28188
泰山财产保险股份有限公司	Taishan Property Insurance Co.,Ltd.		13342
众安在线财产保险股份有限公司	Zhongan Online Property Insurance Co.,Ltd.	103046	140873
中国铁路财产保险自保有限公司	China Railway Property Insurance Holding Co.,Ltd.	1237	1803
阳光渝融信用保证保险股份有限公司	Sunshine Yurong Credit and Guarantee Insurance Co.,Ltd.	38	63
泰康在线财产保险股份有限公司	Taikang Online Property Insurance Co.,Ltd.	81141	59983
易安财产保险股份有限公司	Yi An Property Insurance Co.,Ltd.	2	
安心财产保险有限责任公司	Answern Property & Casualty Insurance Co.,Ltd.	72	37
众惠相互	Public Mutual Insurance Co.,Ltd.	190	73
人身保险公司	**Life Insurance Companies**	**16341865**	**15509412**
中国人寿保险股份有限公司	China Life Insurance(Group) Company	2856873	2969020
中国太平洋人寿保险股份有限公司	China Pacific Insurance(group)Co.,Ltd.	685452	691641
中国平安人寿保险股份有限公司	Ping An Insurance (Group) Company of China,Co.,Ltd.	1552979	1533932
新华人寿保险股份有限公司	New China Insurance Co.,Ltd.	596870	591117
泰康人寿保险股份有限公司	Taikang Life Insurance Company	975093	1018318
太平人寿保险有限公司	Taipjng Life Insurance Co.,Ltd.	1393122	1383708
民生人寿保险股份有限公司	Minsheng Life Insurance Co.,Ltd.	76775	75220
中英人寿保险有限公司	Aviva Cofco Life Insurance Co.,Ltd.	216180	224844
富德生命人寿保险股份有限公司	Sino Life Insurance Co.,Ltd.	194187	287408
北大方正人寿保险有限公司	Founder Meiji Yasuda Life Insurance Co.,Ltd.	41988	44882
长城人寿保险股份公司	Great Wall Life Insurance Co.,Ltd.	75240	85758
中宏人寿保险股份公司	Manulife-Sinochem Insurance Co.,Ltd.	126270	135559
中德安联人寿保险有限公司	Allianz China Life Insurance Co.,Ltd.	32599	32737
农银人寿保险股份有限公司	ABC Life Insurance Co.,Ltd.	185462	194510
中国人民人寿保险股份有限公司	PICC Life Insurance Co.,Ltd.	747171	854790
华泰人寿保险有限公司	Huatai Life Insurance Co.,Ltd.	45595	43856
人保健康保险有限公司	PICC Health Insurance Co.,Ltd.	78212	55717
恒安标准人寿保险有限公司	Heng'an Standard Life Co.,Ltd.	22117	24195

19-11 续表 2 continued

单位：万元 (10 000 yuan)

公司名称	Company Name	2020	2021
招商信诺保险有限公司	CIGNA&CMC Insurance Co.,Ltd.	47493	51984
合众人寿保险有限公司	Union Life Insurance Co.,Ltd.	73364	88243
阳光人寿保险有限公司	Sunshine Life Insurance Co.,Ltd.	197205	181569
中意人寿保险有限公司	General China Insurance Co.,Ltd.	74744	68136
华夏人寿保险有限公司	Huaxia China Insurance Co.,Ltd.	893955	
中国平安养老保险股份有限公司	Ping An Insurance (Group) Company of China,Co.,Ltd.	108250	138905
太平养老保险股份有限公司	TaiPing Pension Company Limited	27326	30560
恒大人寿保险有限公司	Evergrande Life Insurance Company Limited	833459	615701
中邮人寿保险有限公司	China Post Lift Insurance Co.,Ltd.	571563	573822
幸福人寿保险有限公司	Happy Life Insurance Co.,Ltd.	49179	69418
中美联泰大都会人寿保险有限公司	Sino-US United Metlife Insurance Co.,Ltd.	53742	50478
国华人寿保险股份有限公司	Guohua Life Insurance Co.,Ltd.	199681	271387
和谐健康保险股份有限公司	Harmony Health Insurance Company Limited	10365	70089
安邦人寿保险股份有限公司	Anbang Life Insurance Co.,Ltd.	143881	256921
光大永明人寿保险有限公司	Sun Life Everbright Life Insurance Co.,Ltd.	80364	96373
工银安盛人寿保险有限公司	ICBC-AXA Assurance Co.,Ltd.	197509	175617
百年人寿保险股份有限公司	Aeon Life Insurance Co.,Ltd.	263533	280741
中融人寿保险股份有限公司	Zhongrong Life Insurance Co.,Ltd.	146901	257443
英大泰和人寿保险股份有限公司	Yingda Taihe Life Insurance Co.,Ltd.	10048	16765
中银三星人寿保险有限公司	BOC Samsung Life Insurance Company Limited	59036	112709
建信人寿保险有限公司	CCB Life Insurance Company Limited	211290	199917
泰康养老保险股份有限公司	Taikang Pension Insurance Co.,Ltd.	65849	42725
同方全球人寿保险有限公司	Aegon THTF Life Insurance Co.,Ltd.	21878	23953
天安人寿保险股份有限公司	Tianan Life Insurance Company Limited of China,Co.,Ltd.	409431	
东吴人寿保险股份有限公司	SooChow Life Insurance Company Limited Co.,Ltd.	26349	46687
利安人寿保险股份有限公司	Lian Life Insurance Co.,Ltd.	85931	125852
交银康联人寿保险有限公司	Bocomm Life Insurance Co.,Ltd.	38341	32319
前海人寿保险股份有限公司	Foresea Life Insurance Co.,Ltd.	1119764	788085
长生人寿保险有限公司	Great Wall Changsheng Life Insurance Co.,Ltd.	42978	55977
安邦养老保险股份有限公司	Ampang Pension Insurance Co.,Ltd.	701	156
陆家嘴国泰人寿保险有限责任公司	Cathay Lujiazui Life Insurance Company Limited	27290	27498
太保安联健康保险股份有限公司	CPIC Allianz Health Insurance Co.,Ltd.	1570	1967
平安健康保险股份有限公司	Ping An Health Insurance Company of China,Co.,Ltd.	50894	62801
中信保诚人寿保险有限公司	CITIC Prudential Life Insurance Company Limited	31060	38080
国宝人寿保险股份有限公司	Guobao Life Insurance Co.,Ltd.	191495	264703
复星联合健康保险股份有限公司	Fosun United Health Insurance Co.,Ltd.	14156	26702
中华联合人寿保险股份有限公司	China United Life Insurance Co.,Ltd.	56316	101490
复星保德信人寿保险有限公司	Pramerica Fosun Life Insurance Co.,Ltd.		8551
友邦人寿保险有限公司	AIA Life Insurance Co.,Ltd.		5504

主要统计指标解释

金融机构信贷收支表　金融机构信贷收支表的统计范围包括中国人民银行、银行业存款类金融机构、银行业非存款类金融机构。银行业存款类金融机构包括银行、信用社和财务公司；银行业非存款类金融机构包括信托投资公司、金融租赁公司、汽车金融公司和贷款公司。中国人民银行总行根据金融机构的基层单位全面填报、并按各自系统汇总的资料，进行归并和汇总，最后得到金融机构的信贷收支表。

各项存款　金融机构资金来源的主要项目，包括住户存款、非金融企业存款、机关团体存款、财政性存款、非银行业金融机构存款和境外存款。

各项贷款　金融机构资金运用的主要项目，包括住户贷款、非金融企业及机关团体贷款、非银行业金融机构贷款和境外贷款。

保险公司　在中国境内的、经过保险监督管理部门批准设立，并依法登记注册的各类商业保险公司。

保险金额　指保险人承担赔偿或者给付保险金责任的最高限额。

保费　指投保人为取得保险人在约定范围内所承担赔偿责任而支付给保险人的费用。

赔款　指保险人根据保险合同的规定，向被保险人支付的赔偿保险责任损失的金额。

给付　包括死伤医疗给付和满期给付。死伤医疗给付是指保险人根据人寿保险及长期健康保险合同的规定，因被保险人在保险期内发生保险责任范围内的保险事故支付给被保险人(或受益人)的金额。满期给付是指被保险人生存期满，保险人按人寿保险合同规定支付给被保险人的满期保险金额。

Explanatory Notes on Main Statistical Indicators

Statistical scope of balance sheet of credit funds of financial institutions and data on cash income and expenditure cover the People's Bank of China, banking depository financial institutions, banking non-depository financial institutions. Banking depository financial institutions include banks, credit cooperatives and finance companies; Banking non-depository financial institutions include financial trust and investment companies, financial leasing companies, auto financing companies and loan companies. The grassroots units of the above financial institutions fill out the questionnaires and report to the higher authority. The higher authorities tabulate the data level by level. Finally, the Head Office of the People's Bank of China tabulates the data to obtain the national total.

Total Deposits are the main items of financial sources of financial institutions, which include deposits of households, deposits of non-financial enterprises, deposits of government departments & organizations, fiscal deposits, deposits of non-banking financial institutions and overseas deposits.

Total Loans are the main items of financial uses of financial institutions, which include loans to households, loans to non-financial enterprises and government departments & organizations, loans to non-banking financial institutions and overseas loans.

Insurance Companies refers to commercial insurance companies of various forms registered by law and established in China with the approval of insurance regulatory agencies.

Amount Insured refers to the maximum that the insurance will get for the claim of the case insured.

Premium is the fee paid by the insurance to the insurer to obtain the obligation of compensation from the insurance within the agreed terms.

Settled Claim is the compensation paid by the insurer to the insurance in accordance with the insurance contract.

Payment includes payment for death, injury or medical treatment and payment at maturity. Payment for death, injury or medical treatment refers to the money paid to the insurance (or the beneficiary) in accordance with the life or health insurance contract when the insurance encounters accidents within the insured period covered in the contract. Payment at maturity refers to the payment to the insurance in accordance with the life insurance contract at the end of the insured period.

20 教育、科技和专利
Chapter 20 Education, Science, Technology and Patents

20-1　各类学校数
Number of Schools by Type

单位：所　　(unit)

年份 Year	普通高等学校 Regular Institutions of Higher Education	中等职业学校 Secondary Vocational Schools	普通中学 Regular Secondary Schools	小　学 Primary Schools	幼儿园 Kindergartens	特殊教育学校 Special Education Schools
1952	10		306	35373	609	
1957	13		488	43665	612	
1962	17		866	44683	305	
1965	20		3693	108974	1349	5
1970	18		2769	70263	687	3
1975	17		3287	86254	2397	3
1978	28		4605	72563	35306	3
1980	29		4524	67659	24814	3
1985	39		4017	61953	13280	9
1990	40		4332	55047	13831	22
1991	40		4433	53792	10478	27
1992	40		4460	53011	11148	45
1993	41		4545	52280	10216	52
1994	42		4572	51498	12079	52
1995	42		4578	55799	12485	53
1996	42		4506	48911	11602	59
1997	42		4420	46917	11223	55
1998	43		4448	46092	11385	62
1999	43		4375	45133	12016	63
2000	42		4321	43326	12780	63
2001	49		5154	31447	7875	69
2002	59		5093	25972	7935	68
2003	62		5000	24573	8388	70
2004	68		4965	21935	7602	73
2005	72		4995	19305	8875	83
2006	76		5181	17372	8596	88
2007	76		5093	15834	8580	88
2008	78		4937	13993	8425	93
2009	92		4809	12437	8562	95
2010	93	679	4738	9282	9483	100
2011	94	656	4704	8847	10162	107
2012	99	630	4643	8586	10794	113
2013	103	595	4630	7257	11759	119
2014	107	568	4633	6959	12111	122
2015	109	550	4590	6487	12365	124
2016	109	526	4555	5981	12903	125
2017	109	520	4476	5721	13243	127
2018	119	508	4484	5730	13396	128
2019	126	497	4513	5725	13568	129
2020	132	493	4469	5679	13752	132
2021	134	482	4328	5443	13407	135

注：普通高等学校包括普通本科学校和高等职业学校；中等职业学校包括技工学校。各类学校基本情况由四川省教育厅提供(以下相关表同)。
a) Regular Institutions of Higher Education include ordinary undergraduate schools and higher vocational schools; Secondary vocational schools include Technical Schools. The basic statistics of schools is provided by Sichuan Provincial Department of Education (the same as the following tables).

20-2 各类学校专任教师数
Number of Full-time Teachers of Schools by Type

单位：人 (person)

年份 Year	普通高等学校 Regular Institutions of Higher Education	中等职业学校 Secondary Vocational Schools	普通中学 Regular Secondary Schools	小 学 Primary Schools	幼儿园 Kindergartens	特殊教育学校 Special Education Schools
1952	1228		5953	111229	1556	
1957	3238		11873	132141	4679	
1962	5675		18597	146639	4523	
1965	6125		29097	225914	4720	35
1970	6414		55788	213151	3992	53
1975	7487		92015	334794	1858	20
1978	9047		167540	342661	39245	25
1980	10562		152660	343175	39028	44
1985	14577		145715	340164	32284	115
1990	16058		176179	321087	43573	322
1991	16056		180737	314747	45528	416
1992	15767		185790	312380	49970	565
1993	16216		183492	313597	49873	610
1994	16208		186224	320196	54504	647
1995	16439		190184	320923	55420	728
1996	16799		193942	323713	56052	730
1997	16786		196636	330212	56107	837
1998	17228		199357	334999	57738	987
1999	17891		207305	336356	58165	1148
2000	18418		217039	331551	58128	1113
2001	21984		227035	325123	30956	942
2002	26852		237425	321193	30591	973
2003	31372		247098	316029	32515	994
2004	39306		253358	307940	33997	1068
2005	44854		258924	307113	36654	1174
2006	52211		265540	306886	37530	1318
2007	55903		269967	306149	39337	1407
2008	59174		273559	307687	41827	1478
2009	61772		279414	306528	45136	1572
2010	64991	44051	284962	305741	51909	1711
2011	67448	48873	285755	305508	57528	1784
2012	73137	48186	290366	304899	65403	1941
2013	76795	45952	292629	305619	77336	2055
2014	81404	46767	292967	304909	86414	2211
2015	84430	46869	293165	308059	96885	2355
2016	85832	46621	294676	314406	105592	2503
2017	83949	46314	298805	325016	117052	2798
2018	86997	46046	304586	329927	122972	2970
2019	89796	45835	312867	337840	128724	3094
2020	95395	46606	321354	344855	132068	3220
2021	99025	52086	330723	349448	158076	3427

20-3 各类学校在校学生数
Number of Enrollments of Formal Education by Type

单位：人 (person)

年份 Year	普通高等学校 Regular Institutions of Higher Education	中等职业学校 Secondary Vocational Schools	普通中学 Regular Secondary Schools	小　学 Primary Schools	幼儿园 Kindergartens	特殊教育学校 Special Education Schools
1952	9104		155252	3807776		
1957	19565		320254	4574044		
1962	36587		324216	3962046		
1965	28236		669901	7859341	127921	398
1970			1481952	6341703	95325	503
1975	21203		2085366	11013460	199412	345
1978	35715		3838846	10745859	1389229	339
1980	48497		2974390	11441551	957632	347
1985	72812		2516824	10418664	833754	623
1990	91866		2892023	6873322	1062885	1422
1991	91365		2853499	6500936	1375654	1846
1992	96678		2724618	6424068	1572526	3133
1993	113465		2481484	6662850	1576287	3261
1994	125944		2561995	7020619	1689081	3972
1995	126280		2705466	7350179	1777728	509
1996	131459		2765730	7797611	1793653	7400
1997	140451		2748214	8270885	1779648	9444
1998	151905		2908894	8438446	1860762	10104
1999	180256		3364576	8270859	1923949	10771
2000	235470		3919813	8026506	1892626	8224
2001	316701		4282666	7948490	1658864	14616
2002	412357		4568419	7785414	1595534	13390
2003	512663		4810712	7554308	1588575	15839
2004	637340		4909216	7365754	1527298	17354
2005	775436		4855390	7145093	1526827	24788
2006	860640		5014951	7217750	1562466	28621
2007	918438		5054691	6965306	1560935	39900
2008	991072		5026261	6488221	1597919	41739
2009	1035934		4990033	6170471	1707263	41767
2010	1086215	1399557	4900896	5921080	1887545	41839
2011	1139316	1407636	4778133	5798017	2110148	40898
2012	1223680	1398563	4558398	5607407	2192890	44287
2013	1270818	1302260	4233225	5259536	2314907	43731
2014	1328329	1195396	4073109	5313193	2407717	42289
2015	1387889	1107828	3934438	5417353	2481681	43251
2016	1446559	1019183	3895408	5495234	2593131	47780
2017	1499715	973974	3904323	5518361	2625168	53461
2018	1564710	941636	4007635	5554589	2608595	56851
2019	1661737	926504	4135256	5557731	2644188	61072
2020	1800903	946700	4206686	5529052	2652303	64979
2021	1920825	1027419	4236307	5489827	2617586	65981

注：普通高等学校学生数为普通本专科学生数；特殊教育在校生数含随班就读、送教上门等人数(以下有关各表同)。

a) Number of students in regular institutions of higher education is the number of ordinary college students; Number of students in special education schools includes the number of students enrolled in the class(the same as the following related tables).

20-4 各类学校招生数
Number of Entrants of Formal Education by Type

单位：人 (person)

年份 Year	普通高等学校 Regular Institutions of Higher Education	中等职业学校 Secondary Vocational Schools	普通中学 Regular Secondary Schools	小 学 Primary Schools	特殊教育学校 Special Education Schools
1952	2353		81221		
1957	4823		116364	128678	
1962	4895		121261	1544971	
1965	6570		316756	2302127	
1970			747057	1899719	
1975	7569		1200679	2800872	33
1978	14916		1609352	2649457	34
1980	11610		1106948	2519225	87
1985	26069		943009	1455993	281
1990	26962		1019786	999538	485
1991	26919		971091	994759	536
1992	33613		947724	1179830	1047
1993	42058		883979	1364953	671
1994	40259		981989	1459974	992
1995	41714		1041585	1479126	1423
1996	43774		948623	1412690	1210
1997	46196		964969	1397645	1386
1998	49035		1176141	1293404	1232
1999	65481		1427007	1240217	1163
2000	95565		1527602	1256880	1182
2001	119470		1595486	1338908	2676
2002	152754		1717062	1320396	2157
2003	180308		1746751	1223734	2550
2004	215243		1696131	1169163	2726
2005	267198		1684360	1092214	3916
2006	266491		1767927	1151856	4503
2007	297566		1758759	1083015	6169
2008	328341		1754692	1006479	6333
2009	307127		1692325	945131	6483
2010	337892	575964	1641724	1231433	6684
2011	351846	575321	1593466	996827	6767
2012	381519	543472	1510249	1009618	8398
2013	376806	531212	1390078	950346	8230
2014	408941	482493	1332203	929667	8014
2015	436467	441280	1297254	934786	8096
2016	439286	414212	1322169	930103	9579
2017	460776	395511	1335486	911391	10361
2018	484148	376168	1385397	952217	10298
2019	525622	377015	1427850	933467	10914
2020	589288	399935	1405459	881239	11867
2021	603662	421504	1421976	896387	10919

20−5 各类学校毕业生数
Number of Graduates of Formal Education by Type

单位：人 (person)

年份 Year	普通高等学校 Regular Institutions of Higher Education	中等职业学校 Secondary Vocational Schools	普通中学 Regular Secondary Schools	小 学 Primary Schools	特殊教育学校 Special Education Schools
1952	2742				
1957	1773		75254	739606	
1962	5317		80499	303087	
1965	8489		104984	399595	
1970	4796		142279	829050	
1975	5701		626880	1279795	35
1978	5884		1268232	1782504	35
1980	7130		934730	1603760	82
1985	13592		728872	1446826	57
1990	27672		746250	1408170	66
1991	27041		763298	1187057	8
1992	28348		813783	1074324	148
1993	26088		793429	940854	212
1994	28826		707196	999601	229
1995	40915		644932	1018463	336
1996	37872		719950	897863	445
1997	35658		818628	875741	552
1998	36672		868089	1069005	1036
1999	35465		804529	1327862	943
2000	40104		818595	1397579	1190
2001	44602		992309	1347390	1824
2002	52405		1224114	1361854	1677
2003	74307		1299710	1324117	2090
2004	100998		1385780	1221872	2131
2005	139328		1510287	1187842	2160
2006	173287		1527428	1221708	2953
2007	228028		1554082	1247914	4565
2008	247707		1575017	1253417	5312
2009	252214		1571659	1166577	5933
2010	278577	357279	1587603	1113444	5817
2011	289165	387422	1606332	1042069	5486
2012	286756	405599	1571830	1001656	7969
2013	318407	447222	1512136	886816	9191
2014	338643	498424	1422928	830744	9004
2015	361510	452593	1379237	803044	8634
2016	362127	433944	1329596	842414	8192
2017	386145	386220	1293825	869517	9557
2018	393689	363828	1262078	919381	10094
2019	402922	345110	1298731	935545	11408
2020	433106	320695	1324237	922320	13123
2021	451644	297714	1377819	929839	12054

20−6 普通高等学校情况(2021年)
Statistics on Regular Institutions of Higher Education(2021)

单位：所、人 (unit, person)

项 目	Item	学校数 Number of Institutions	毕业生数 Graduates	招生数 Entrants	在校学生数 Enrollment	教职工数 Staff and Workers
合 计	**Total**	**134**	**451644**	**603662**	**1920825**	**140637**
#女	Female		249645	299519	985927	72910
综合大学	Comprehensive University	42	162864	212597	655999	45285
理工院校	Science and Engineering College	44	138974	200577	621046	46911
农业院校	Agriculture College	3	13051	15389	51704	4429
医药院校	Medicine College	12	26418	35969	124144	9817
师范院校	Teacher Training College	12	52799	63356	218211	15239
财经院校	Economics and Finance College	7	19915	25028	77925	5622
政法院校	Politics and Law College	2	2686	2999	9887	779
体育院校	Physical Culture College	2	2283	2438	9725	1401
艺术院校	Art Institutes	6	16427	21674	74045	6150
民族院校	College of Nationalities	2	9096	9533	37871	2746
语文院校	Chinese College	2	7131	14102	40268	2258

20−7 普通高等学校专任教师情况(2021年)
Full-time Teachers of Regular Higher Education Institutions(2021)

单位：所、人 (unit, person)

项 目	Item	专任教师数 Full-time Teachers	正高级 Senior	副高级 Sub-senior	中级 Middle	初级 Junior	未定职称 No Rank
合 计	**Total**	**99025**	**10023**	**25487**	**37218**	**17385**	**8912**
#女	Female	52218	3069	12024	20491	10948	5686
综合大学	Comprehensive University	31280	2971	8117	11206	5398	3588
理工院校	Science and Engineering College	32811	3466	8772	12112	6085	2376
农业院校	Agriculture College	3262	436	728	1522	389	187
医药院校	Medicine College	7358	906	1985	2706	1179	582
师范院校	Teacher Training College	11502	1216	2976	4707	1848	755
财经院校	Economics and Finance College	3787	406	1071	1364	672	274
政法院校	Politics and Law College	463	41	122	207	70	23
体育院校	Physical Culture College	761	97	202	257	189	16
艺术院校	Art Institutes	4090	173	653	1550	1054	660
民族院校	College of Nationalities	1918	267	576	904	106	65
语文院校	Chinese College	1793	44	285	683	395	386

20-8 普通本科分学科学生数(2021年)
Number of Regular Students for Normal Courses in Higher Education Institutions by Discipline(2021)

单位：人 (person)

项　目	Item	毕业生数 Graduates	招生数 Entrants	在校学生数 Enrollment
合　计	**Total**	**226120**	**288206**	**1041510**
#女	Female	128076	153480	556392
哲　学	Philosophy	33	88	253
经济学	Economics	9105	8589	35671
法　学	Law	7105	8072	31363
教育学	Education	11080	19312	58597
文　学	Literature	23608	28620	106715
历史学	History	1076	1435	5314
理　学	Science	15022	17485	67201
工　学	Engineering	69775	94942	340914
农　学	Agriculture	2784	4104	13393
医　学	Medicine	14877	18524	72856
管理学	Management	42307	48019	169651
艺术学	Art	29348	39016	139582

20-9 分学科研究生数(2021年)
Number of Postgraduates by Academic Field(2021)

单位：人 (person)

项　目	Item	毕业生数 Graduates	#攻读博士学位 Study in Doctor Degree	招生数 Entrants	#攻读博士学位 Study in Doctor Degree	在校学生数 Enrollment	#攻读博士学位 Study in Doctor Degree
合　计	**Total**	**35505**	**2798**	**50662**	**4864**	**146476**	**19370**
#女	Female	18552	1145	25027	1962	72862	7749
哲　学	Philosophy	189	18	174	44	590	162
经济学	Economics	2113	137	2469	209	6525	990
法　学	Law	2000	106	2450	143	7020	697
教育学	Education	1922	19	2715	44	7337	204
文　学	Literature	1436	68	1742	136	5262	571
历史学	History	222	23	283	37	918	207
理　学	Science	2485	401	3482	586	9947	2204
工　学	Engineering	13758	1103	19907	2327	57871	9355
农　学	Agriculture	1853	105	2890	148	8066	616
医　学	Medicine	3914	663	6100	904	17001	3033
军事学	Strategics	1				4	
管理学	Management	4604	139	7099	273	22096	1250
艺术学	Art	1008	16	1351	13	3839	81
专业学位	**Professional Degree**	**19173**	**336**	**28824**	**958**	**78827**	**2589**

注：不含在职人员攻读硕士学位人数。
a) Data in this table does not include the number of on-the-job personnel studying for master's degree.

20-10 中等职业学校情况(2021年)
Statistics on Secondary Vocational Schools(2021)

单位：人 (person)

项目	Item	毕业生数 Graduates	招生数 Entrants	在校学生数 Enrollment	专任教师数 Full-time Teachers
合　计	**Total**	**255637**	**352894**	**872310**	**41016**
#女	Female	115558	156026	390005	22959
#专业课	Specialty Course				
农林牧渔大类	Farming, Forestry, Animal Husbandry and Fishery	8940	12264	28574	875
资源环境与安全大类	Resources, Environment and Security	2374	1867	3127	53
能源动力与材料大类	Energy, Power and Materials	294	957	1558	76
土木建筑大类	Civil Engineering	7533	13728	29439	1092
水利大类	Water Conservancy	54	22	442	65
装备制造大类	Equipment Manufacture	22093	33637	78762	2831
生物和化工大类	Biological and Chemical engineering	350	947	1950	144
轻工纺织大类	Light industry and Textile	2738	3783	8080	429
食品药品与粮食大类	Food, Medicine and Grain	600	1304	2504	100
交通运输大类	Transportation	44233	54988	147910	3434
电子与信息类	Electronics and Information	56054	80193	188594	6071
医药卫生大类	Medicine and Sanitation	26479	36757	97662	2387
财经商贸大类	Financial Business	19341	24929	61779	2289
旅游大类	Tourism Service	19907	26971	64465	2347
文化艺术大类	Culture and Art	6128	11098	26931	4681
新闻传播大类	News communication	465	1377	2969	29
教育与体育大类	Education and Sports	32185	36718	104074	12954
公安与司法大类	Public Security and Justice	301	455	1523	22
公共管理与服务大类	Public Management and Service	5568	10899	21967	1137
文化基础课	Basic Courses				
实习指导课	Practice Guidance Section				3410

注：专任教师中含文化基础课和实习指导课教师，以上数据不包含技工学校。
a) Full-time teachers include basic cultural courses and practical guidance section teachers, but exclude teachers in technical schools.

20-11 技工学校情况
Statistics on Technical Schools

单位：所、人 (unit, person)

年份 Year	学校数 Number of Schools	毕业生数 Graduates	招生数 Entrants	在校学生数 Enrollment	教职工数 Staff and Teachers	培训社会人员数 Number of Training for Social Personnel	#失业人数 Unemployed	#农村劳动者 Rural Laborers
1990	387	37673	46334	119125	25778	23049		
1995	407	60392	54438	130896	26504			
2000	186	20177	16753	40147	9843	54335	6830	
2005	121	28326	47042	101037	8992	141836	14470	36156
2006	122	37684	53857	120462	9821	129603	19098	36935
2007	112	40946	65242	136395	9671	131459	18164	49701
2008	120	40816	68771	144608	10080	153200	16114	53324
2009	121	43214	64335	162614	10404	227563	18741	66781
2010	116	46910	52019	141407	10136	181246	12921	57617
2011	115	46500	42362	136347	9368	204035	19838	58244
2012	92	33009	41243	107175	8064	181758	9923	63233
2013	87	30804	39157	113406	8354	180313	14542	39216
2014	85	30337	38651	116168	8324	132163	9752	33996
2015	83	29507	40500	120337	9589	130328	11112	29498
2016	81	30136	39632	106669	10480	117333	14350	36776
2017	84	32730	46180	113961	10775	127922	7561	29794
2018	89	35994	50395	121576	11694	137377	9921	28713
2019	90	37221	53160	130413	11713	105419	8693	25329
2020	96	38653	63194	148400	12144	130122	3913	21362
2021	99	42077	70109	165389	13249	131554	7049	20794

注：①本表由四川省人力资源和社会保障厅提供；②1996年以前的数据包括重庆市部分；③2009年开始，原指标“培训社会人员结业数”调整为“培训社会人员数”。

a) Data of the table are provided by Sichuan Provincial Department of Human Resources and Social Security; b)The data before 1996 included Chongqing; c) Since 2009, indicator "number of training personnel exit" is adjusted to indicator "number of training for social personnel".

20−12　成人教育情况(2021年)
Statistics on Adult Education(2021)

单位：所、人 (unit, person)

项　目	Item	学校数 Number of Schools	毕(结)业生数 Graduates	招生数 Entrants	在校学生数 Enrollment	教职工数 Teachers and Staff	#专任教师 Full-time Teachers
成人高等教育	**Adult Education Schools**	**13**	**9590**	**15227**	**32860**	**1071**	**654**
职工高等学校	Schools of Higher Education for Staff and Workers	11	4526	8087	15526	481	344
广播电视大学	Radio and TV Universities	2	5064	7140	17334	590	310
普通高校成人教育	Adult Higher Education						
成人技术培训学校	**Technical training school for adults**	**2986**	**1119178**		**1049910**	**14536**	**9792**
职工技术培训学校	Technical Training Schools for Staff and Workers	99	389601		234621	2988	2492
农村成人文化技术培训学校(机构)	Technical Training Schools for Peasants	1956	605463		680621	4905	2762
教育部门办	Sponsored by Education Department	1872	526924		598960	4727	2633
其他部门办	Sponsored by other Department	60	77639		80061	48	33
民办	Sponsored by Private	24	900		1600	130	96
其他培训机构	Other Training Schools for Adults	931	124114		134668	6643	4538
教育部门办	Sponsored by Education Department	21	42751		31639	792	510
其他部门办	Sponsored by other Department	37	7884		7884	191	87
民办	Sponsored by Private	873	73479		95145	5660	3941

注：成人技术培训学校数据中含其它培训机构数据。
a) Data of adult technical training schools include data of other training institutions.

20−13　各类学校女学生和女教师数
Number of Female Students and Teachers of School by Type

单位：人 (person)

指　标	Item	2010	2015	2016	2017	2018	2019	2020	2021
女学生	**Number of Female Students**								
普通本(专)科学校	Regular Institutions of Higher Education	543727	740606	773424	801108	834748	882046	940347	985927
中等职业学校	Secondary Vocational Schools	674900	495967	454105	417361	383349	365796	368100	390005
普通中学	Regular Secondary Schools	2371942	1924574	1907230	1915578	1968154	2028436	2065193	2084753
高中	Senior	724940	749832	738709	724463	714093	719517	726030	741591
初中	Junior	1647002	1174742	1168521	1191115	1254061	1308919	1339163	1343162
小学	Primary Schools	2799856	2586309	2628154	2648104	2669666	2671156	2660856	2643187
特殊教育	Special Schools	14002	15894	17957	20171	21984	23553	25197	25367
女教师	**Number of Female Teachers**								
普通本(专)科学校	Regular Institutions of Higher Education	29297	39740	41121	40966	42924	43148	48818	51730
中等职业学校	Secondary Vocational Schools	15680	19085	19069	19253	19485	19712	20328	22847
普通中学	Regular Secondary Schools	120391	136332	140003	145893	151549	158665	165888	173794
高中	Senior	32636	42558	44096	45644	47370	48947	50495	53411
初中	Junior	87755	93774	95907	100249	104179	109718	115393	120383
小学	Primary Schools	158241	179892	189238	202473	210586	220222	227676	233123
特殊教育	Special Schools	1166	1679	1795	2042	2168	2278	2395	2542

注：中等职业学校中不包括技工学校。
a) Female teachers in secondary vocational schools don't include technical schools.

20-14 各市(州)普通本(专)科学校情况(2021年)

Statistics on Regular Higher Education Institutions by Region(2021)

单位：所、人 (unit, person)

市(州)	Region	学校数 Number of Schools	毕业生数 Graduates	招生数 Entrants	在校学生数 Enrollment	专任教师数 Full-time Teachers
全　省	**Sichuan**	**134**	**451644**	**603662**	**1920825**	**99025**
成都市	Chengdu	58	233311	301219	981464	53307
自贡市	Zigong	3	11610	15539	52937	2438
攀枝花市	Panzhihua	3	7143	7890	26008	1313
泸州市	Luzhou	7	15317	26676	73004	3680
德阳市	Deyang	9	24043	39299	109117	5122
绵阳市	Mianyang	11	43203	52215	170542	8065
广元市	Guangyuan	3	5617	7355	20485	867
遂宁市	Suining	1	4214	4924	14703	625
内江市	Neijiang	4	10633	13532	41080	2019
乐山市	Leshan	3	13319	14691	50678	2660
南充市	Nanchong	7	20384	31663	100899	4988
眉山市	Meishan	6	9527	21113	56624	2351
宜宾市	Yibin	2	9234	11204	36376	1943
广安市	Guangan	1	4653	5340	17250	714
达州市	Dazhou	3	8218	11316	36700	1684
雅安市	Yaan	2	14518	15247	53841	3333
巴中市	Bazhong	1	1855	3513	9425	389
资阳市	Ziyang	3	2012	4439	14571	801
阿坝藏族羌族自治州	Aba	2	3086	4261	13600	601
甘孜藏族自治州	Ganzi	2	2346	3542	10702	501
凉山彝族自治州	Liangshan	3	7401	8684	30819	1624

20－15 各市(州)中等职业教育情况(2021年)
Statistics on Secondary Vocational Schools by Region(2021)

单位：所、人 (unit, person)

市(州)	Region	学校数 Schools	毕业生数 Graduates	招生数 Entrants	在校学生数 Enrollment	教职工数 Teacher and Staff	#专任教师 Full-time Teachers
全 省	**Sichuan**	**383**	**255637**	**352894**	**872310**	**49987**	**41124**
成都市	Chengdu	87	59462	71835	181950	11652	9175
自贡市	Zigong	12	6287	14100	31569	1629	1323
攀枝花市	Panzhihua	4	3053	3966	11834	733	586
泸州市	Luzhou	16	18306	27292	70425	2564	2161
德阳市	Deyang	16	6929	10806	27064	2129	1400
绵阳市	Mianyang	23	13399	19355	47401	2677	2259
广元市	Guangyuan	11	7017	11046	24491	1434	1315
遂宁市	Suining	10	5800	8376	19674	1583	1297
内江市	Neijiang	18	13349	15579	36259	1795	1340
乐山市	Leshan	20	9639	14070	36510	2304	1780
南充市	Nanchong	30	19307	23769	64555	4016	3404
眉山市	Meishan	17	7108	14500	37261	2446	1918
宜宾市	Yibin	16	20545	27094	69043	3482	3182
广安市	Guangan	24	16977	23009	46145	2160	1792
达州市	Dazhou	31	19417	23052	57062	3536	3081
雅安市	Yaan	8	3853	4366	12590	739	585
巴中市	Bazhong	12	9341	13697	32269	1626	1590
资阳市	Ziyang	7	3880	9444	21822	1084	954
阿坝藏族羌族自治州	Aba	4	933	1489	3939	352	277
甘孜藏族自治州	Ganzi	3	1907	2540	6891	349	294
凉山彝族自治州	Liangshan	14	9128	13509	33556	1697	1411

注：以上数据不含技工学校。
a) Data in this table exclude technical schools.

20−16 各市(州)普通高中情况(2021年)
Statistics on Regular Senior Secondary Schools by Region(2021)

单位：所、人 (unit, person)

市(州)	Region	学校数 Number of Schools	毕业生数 Graduates	招生数 Entrants	在校学生数 Enrollment	专任教师数 Full-time Teachers
全 省	**Sichuan**	**806**	**452530**	**489874**	**1438246**	**106673**
成都市	Chengdu	170	66781	79278	225120	20404
自贡市	Zigong	23	13248	14213	41404	2717
攀枝花市	Panzhihua	12	7020	7767	22385	1930
泸州市	Luzhou	30	30003	37520	108651	6436
德阳市	Deyang	25	16203	16051	48403	3809
绵阳市	Mianyang	34	34209	33908	103226	7644
广元市	Guangyuan	27	15178	15838	45364	3843
遂宁市	Suining	30	16576	17932	52612	4372
内江市	Neijiang	40	18788	21422	62758	3860
乐山市	Leshan	30	13211	14599	42621	3753
南充市	Nanchong	58	38269	36440	112949	7321
眉山市	Meishan	27	14022	15918	46665	3976
宜宾市	Yibin	38	27465	30212	86094	6324
广安市	Guangan	42	23491	23300	69615	5550
达州市	Dazhou	52	37821	42117	125739	7105
雅安市	Yaan	16	7078	7988	22773	1790
巴中市	Bazhong	50	25849	18008	61387	5744
资阳市	Ziyang	31	13825	18542	51473	2838
阿坝藏族羌族自治州	Aba	18	5161	4703	14500	1356
甘孜藏族自治州	Ganzi	14	4931	5540	16729	1168
凉山彝族自治州	Liangshan	39	23401	28578	77778	4733

20−17 各市(州)普通初中情况(2021年)
Statistics on Regular Junior Secondary Schools by Region(2021)

单位：所、人 (unit, person)

市(州)	Region	学校数 Number of Schools	毕业生数 Graduates	招生数 Entrants	在校学生数 Enrollment	专任教师数 Full-time Teachers
全　省	**Sichuan**	**3522**	**925289**	**932102**	**2798061**	**224050**
成都市	Chengdu	475	136843	156309	466240	38731
自贡市	Zigong	118	31802	29733	91855	6751
攀枝花市	Panzhihua	44	12166	12157	37161	3393
泸州市	Luzhou	188	78808	63372	205588	14105
德阳市	Deyang	114	28330	31722	92548	8026
绵阳市	Mianyang	134	48483	53007	159635	11943
广元市	Guangyuan	126	23517	26769	76314	6958
遂宁市	Suining	115	25718	30039	86972	6989
内江市	Neijiang	130	44754	37219	116279	8607
乐山市	Leshan	153	29436	30338	89675	7446
南充市	Nanchong	406	64030	63608	189410	17395
眉山市	Meishan	145	23383	27170	77546	7226
宜宾市	Yibin	236	66087	65489	194311	14326
广安市	Guangan	237	42506	40842	121094	11787
达州市	Dazhou	313	76912	69749	212091	17252
雅安市	Yaan	56	16333	13717	43953	3904
巴中市	Bazhong	168	33665	33411	99932	9983
资阳市	Ziyang	166	36833	30881	99592	7465
阿坝藏族羌族自治州	Aba	35	9529	9033	27527	2850
甘孜藏族自治州	Ganzi	35	15951	15370	46829	3257
凉山彝族自治州	Liangshan	128	80203	92167	263509	15656

20-18 各市(州)普通小学情况(2021年)
Statistics on Primary Schools by Region(2021)

单位：所、人 (unit, person)

市(州)	Region	学校数 Number of Schools	毕业生数 Graduates	招生数 Entrants	在校学生数 Enrollment	专任教师 Full-time Teachers
全　省	**Sichuan**	**5443**	**929839**	**896387**	**5489827**	**349448**
成都市	Chengdu	642	156150	210783	1118031	66230
自贡市	Zigong	111	29948	23325	153616	9709
攀枝花市	Panzhihua	54	11336	10900	65723	4604
泸州市	Luzhou	219	62766	46911	305552	18294
德阳市	Deyang	201	31268	28555	180874	11894
绵阳市	Mianyang	355	47443	46793	283933	17287
广元市	Guangyuan	262	27031	21424	142242	11908
遂宁市	Suining	189	29906	28811	179068	11924
内江市	Neijiang	259	36805	27855	187820	12330
乐山市	Leshan	214	30517	30450	184090	11930
南充市	Nanchong	275	62430	52842	340204	24160
眉山市	Meishan	176	26905	28872	170259	11350
宜宾市	Yibin	304	64725	54242	357865	21578
广安市	Guangan	181	41691	34909	227852	15482
达州市	Dazhou	272	69365	52305	359189	25392
雅安市	Yaan	136	14339	14592	83900	6336
巴中市	Bazhong	192	33010	30042	191016	16047
资阳市	Ziyang	155	30278	22139	150176	9131
阿坝藏族羌族自治州	Aba	214	10056	10431	63795	6322
甘孜藏族自治州	Ganzi	328	16539	18753	119206	7918
凉山彝族自治州	Liangshan	704	97331	101453	625416	29622

20−19 各市(州)幼儿园情况(2021年)
Statistics on Kindergartens by Region(2021)

单位：所、个、人 (unit, person)

市(州)	Region	园数 Number of Kindergartens	班数 Number of Classes	幼儿数 Children Enrollment	教职工数 Teachers and Staff	#教师 Teachers
全　省	**Sichuan**	**13407**	**92335**	**2617586**	**269127**	**158076**
成都市	Chengdu	2773	22214	649656	99825	48780
自贡市	Zigong	446	2293	64509	6273	3969
攀枝花市	Panzhihua	182	1232	35087	3999	2294
泸州市	Luzhou	735	4526	131076	11108	6599
德阳市	Deyang	385	2895	90157	8850	5387
绵阳市	Mianyang	807	5367	142789	16258	10155
广元市	Guangyuan	287	2477	69450	4619	3380
遂宁市	Suining	523	2991	83555	9164	5681
内江市	Neijiang	603	3105	82690	7632	4879
乐山市	Leshan	642	3221	84518	9244	6260
南充市	Nanchong	705	5524	150470	12032	8896
眉山市	Meishan	406	3049	89052	8557	5807
宜宾市	Yibin	949	5238	151359	15141	9214
广安市	Guangan	670	3976	103422	11692	7228
达州市	Dazhou	677	6021	161251	9937	7446
雅安市	Yaan	294	1715	47007	4663	2961
巴中市	Bazhong	291	3277	82604	5216	4758
资阳市	Ziyang	460	2277	61876	5468	3425
阿坝藏族羌族自治州	Aba	276	1167	30050	2484	2001
甘孜藏族自治州	Ganzi	484	1349	38450	3831	1611
凉山彝族自治州	Liangshan	812	8421	268558	13134	7345

20－20 研究与试验发展(R&D)情况
Basic Statistics on Research and Development by Region

年份 Year	R&D人员折合全时人员 (人年) Full-time Equivalent of R&D Personnel (man-year)	#研究人员 Researchers	R&D经费内部支出 (万元) Internal Expenditure on R&D (10 000 yuan)	#日常性支出 Routine Expenses
2001	48180	35325	574712	506285
2002	61312	44957	619233	571565
2003	57867	43995	794211	736462
2004	60201	46373	780066	713398
2005	65747	51403	962450	894850
2006	67932	53552	1075659	984546
2007	78452	62595	1391130	1273338
2008	87557	63130	1622607	1537790
2009	85921	48786	2144590	1755258
2010	83506	45205	2706452	2031519
2011	82485	44005	2941010	2371221
2012	98010	52059	3508589	2747195
2013	109708	57956	3999702	3133297
2014	119676	62756	4493285	3577596
2015	116842	67516	5028761	4274116
2016	124614	70834	5614193	4857028
2017	144821	77241	6378500	5546985
2018	158847	81071	7370813	6483823
2019	170777	91965	8709515	7720356
2020	189828	99173	10552846	9328686
2021	197143	103746	12145209	10896817

注：R&D人员折合全时人员中的研究人员，在2009年及以前为科学家和工程师。
a) Indicator of researchers in the full-time equivalent of R&D personnel is the indicator of scientists and engineers before 2009.

20－21 研究与试验发展(R&D)经费构成情况
Basic Statistics on Composition of Research and Development Expenditure

指　标	Item	2005	2010	2015	2019	2020	2021
研究与试验发展(R&D)经费 (万元)	Funds for R&D (10 000 yuan)	962450	2706452	5028761	8709515	10552846	12145209
地区生产总值(GDP) (亿元)	GDP (100 million yuan)	7195.88	17224.78	30342.01	46363.75	48501.64	53850.79
R&D经费与地区生产总值(GDP)之比 (%)	Ratio of Expenditure on R&D to GDP (%)	1.34	1.57	1.66	1.88	2.17	2.26
R&D经费按执行部门分组(万元)	**Grouped by Executive Departments(10 000 yuan)**						
科研机构	Scientific Research Institutions	384195	1239870	2116421	2859163	4165591	4717718
高等院校	Institutions of Higher Education	145941	363509	465250	785882	851926	954977
企业	Enterprises	422936	1061086	2402691	4976644	5474433	6350920
#工业企业	Industrial Enterprises	397645	879858	2238051	3878572	4276383	4801710
其他	Others	9378	41987	44399	87826	60897	121593
R&D经费按资金来源分组(万元)	**Grouped by Funding Sources (10 000 yuan)**						
政府资金	Government Appropriation Funds	438399	1512528	2302223	3181107	4201990	5131656
企业资金	Funds Raised by Enterprises	456173	1136088	2439994	5104513	5707215	6516310
境外资金	Foreign Funds	3966	5958	12915	5082	26565	4229
其他资金	Other Funds	63912	51878	273629	418813	617076	493014

20−22　各市(州)研究与试验发展(R&D)经费支出情况
Basic Statistics on Research and Development Expenditure by Region

市(州)	Region	R&D经费内部支出 (万元) Internal Expenditure on R&D (10 000 yuan)		R&D经费内部支出与地区生产总值之比 Ratio of Internal Expenditure on R&D to GDP	
		2020	2021	2020	2021
全　省	**Sichuan**	**10552846**	**12145209**	**2.17**	**2.26**
成都市	Chengdu	5513993	6319174	3.11	3.17
自贡市	Zigong	142498	168772	0.98	1.05
攀枝花市	Panzhihua	156045	183294	1.50	1.62
泸州市	Luzhou	198189	244703	0.92	1.02
德阳市	Deyang	769511	877234	3.20	3.30
绵阳市	Mianyang	2150373	2395462	7.14	7.15
广元市	Guangyuan	67819	77799	0.67	0.70
遂宁市	Suining	130001	150865	0.93	0.99
内江市	Neijiang	128640	161611	0.88	1.01
乐山市	Leshan	188116	226304	0.94	1.03
南充市	Nanchong	204098	238018	0.85	0.91
眉山市	Meishan	108538	154702	0.76	1.00
宜宾市	Yibin	369757	441679	1.32	1.40
广安市	Guangan	60823	76325	0.47	0.54
达州市	Dazhou	147604	171445	0.70	0.73
雅安市	Yaan	83105	99745	1.10	1.19
巴中市	Bazhong	22638	24957	0.30	0.34
资阳市	Ziyang	38006	47735	0.47	0.54
阿坝藏族羌族自治州	Aba	12814	14551	0.31	0.32
甘孜藏族自治州	Ganzi	4909	6313	0.12	0.14
凉山彝族自治州	Liangshan	55370	64521	0.32	0.34

20-23 各市(州)规模以上工业企业研究与试验发展(R&D)及专利情况(2021年)

Basic Statistics on Research and Development and Patent of Industrial Enterprises above Designated Size by Region (2021)

市(州)	Region	R&D人员全时当量（人年）Full-time Equivalent of R&D Personnel (man-year)	R&D经费（万元）Expenditure on R&D (10 000 yuan)	专利申请数（件）Number of Patent Application (piece)	#发明专利 Invention	有效发明专利数（件）Number of Valid Invention Patents (piece)
全　省	**Sichuan**	**95650**	**4801710**	**41236**	**14847**	**48898**
成都市	Chengdu	37652	1876747	22382	8889	26876
自贡市	Zigong	2423	130061	938	265	1538
攀枝花市	Panzhihua	1575	129602	544	192	975
泸州市	Luzhou	3276	161441	988	283	1386
德阳市	Deyang	7567	422987	2337	768	3063
绵阳市	Mianyang	13023	678674	4251	1732	5456
广元市	Guangyuan	1207	66863	387	94	302
遂宁市	Suining	2893	117730	945	272	1157
内江市	Neijiang	2519	96402	914	212	995
乐山市	Leshan	2605	138819	861	233	1455
南充市	Nanchong	2988	126299	783	224	453
眉山市	Meishan	3260	148067	1344	432	1249
宜宾市	Yibin	6381	355848	1729	507	1501
广安市	Guangan	2684	73269	650	136	425
达州市	Dazhou	2707	128589	779	203	480
雅安市	Yaan	1305	60755	576	147	580
巴中市	Bazhong	409	16808	191	27	106
资阳市	Ziyang	929	31867	297	90	389
阿坝藏族羌族自治州	Aba	109	2040	39	16	58
甘孜藏族自治州	Ganzi	7	108	89	24	28
凉山彝族自治州	Liangshan	131	38736	212	101	426

20-24 各市（州）科学研究与技术服务机构人员数、经费收入和支出总额(2021年)

Personnel、Income and Expenditure of Scientific Research and Technology Service Institution by Region(2021)

市(州)	Region	机构（个）Institution (unit)	从业人员（人）Personnel (person)	经费总收入（万元）Total Income (10 000 yuan)	#科技活动收入 Income from Scientific and Technological Activities	经费总支出（万元）Total Expenditure (10 000 yuan)	#科技活动支出 Expenditure on Scientific and Technological Activities
全 省	**Sichuan**	**271**	**33145**	**1612287**	**1281786**	**1551763**	**1224824**
成都市	Chengdu	160	24613	1341387	1093935	1284164	1043206
自贡市	Zigong	8	422	11992	11652	11119	10125
攀枝花市	Panzhihua	6	371	11548	4835	11843	6418
泸州市	Luzhou	6	648	13248	12388	14549	9732
德阳市	Deyang	5	574	21991	15822	22698	16580
绵阳市	Mianyang	6	1114	43767	20421	42815	21021
广元市	Guangyuan	3	57	1035	1028	924	866
遂宁市	Suining	1	9	65	65	65	65
内江市	Neijiang	4	314	7654	7167	7862	7623
乐山市	Leshan	4	824	20197	16719	19360	11087
南充市	Nanchong	13	1106	27231	21233	30354	24299
眉山市	Meishan						
宜宾市	Yibin	15	1129	48638	32956	50813	33498
广安市	Guangan	2	26	2318	2318	1660	1511
达州市	Dazhou	5	180	4899	4899	4796	4699
雅安市	Yaan	3	130	3211	3017	3015	2785
巴中市	Bazhong	8	82	810	762	815	750
资阳市	Ziyang	2	71	2346	531	2267	1252
阿坝藏族羌族自治州	Aba	8	215	8583	8322	8450	7072
甘孜藏族自治州	Ganzi	5	211	5805	5741	5994	4061
凉山彝族自治州	Liangshan	7	1049	35561	17975	28202	18176

20−25 高等学校科技活动情况(2021年)
Science and Technology Activities of Higher Education (2021)

项 目 市(州)	Item Region	研究机构数 (个) Number of Research Institutions (unit)	R&D人员 (人) R&D Personnel (person)	R&D人员折合全时当量 (人) R&D Personnel Equivalent to Full-time Equivalent (person)	R&D经费内部支出 (万元) Internal Expenditure on R&D (10 000 yuan)	#基础研究 Fundamental Research	项目(课题)数 (项) Number of Projects (unit)
合 计	**Total**	**937**	**68228**	**32120**	**954977**	**260428**	**79119**
理 科	Science	587	33461	24574	823654	218013	42626
文 科	Liberal arts	350	34767	7546	131323	42414	36493
成都市	Chengdu	556	43603	21815	760033	189581	49622
自贡市	Zigong	29	1733	703	17606	574	2417
攀枝花市	Panzhihua	16	927	290	5224	700	1272
泸州市	Luzhou	41	3329	1834	21405	9017	3399
德阳市	Deyang	21	708	342	6709	643	846
绵阳市	Mianyang	61	3744	1599	26614	15128	5581
广元市	Guangyuan	1	239	81	249	37	238
遂宁市	Suining	2	133	27	440	307	100
内江市	Neijiang	10	1401	528	8692	3008	1717
乐山市	Leshan	51	953	368	7773	5456	1477
南充市	Nanchong	72	4908	1690	46114	15824	6218
眉山市	Meishan		207	51	456	122	189
宜宾市	Yibin	23	1316	605	10454	1647	1741
广安市	Guangan	3	259	59	762	6	150
达州市	Dazhou	20	1095	340	3155	1719	882
雅安市	Yaan	14	1966	1249	31946	13751	1772
巴中市	Bazhong		36	13	60	18	39
资阳市	Ziyang		52	11	54	10	29
阿坝藏族羌族自治州	Aba	1	596	127	1693	685	441
甘孜藏族自治州	Ganzi	1	394	102	1087	525	275
凉山彝族自治州	Liangshan	15	629	286	4450	1669	714

20−26 科技成果水平及应用情况(2021年)
Level and Utility of Achievement in Scientific and Technical Research(2021)

单位：项 (item)

指　标	Item	合计 Total	科研机构 Research Institutions	大专院校 Universities and Colleges	企业 Enterprises	其他 Others
基本情况	**Basic Condition**	**2599**	**312**	**1019**	**1036**	**232**
登记项目数	Number of Projects Registered	2338	260	928	932	218
奖励项目数	Number of Projects Praised	261	52	91	104	14
成果计划	**Achievements Plan**	**2338**	**260**	**928**	**932**	**218**
国家计划项目	Projects of Country Plans	29	5	10	11	3
部门计划项目	Projects of Department	5		3	1	1
地方计划项目	Projects of Local Government	1881	246	898	572	165
部门基金项目	Projects of Department Foundation					
地方基金项目	Projects of Local Government Foundation	2	1			1
其他	Others	421	8	17	348	48
成果类别	**Achievements Type**	**2338**	**260**	**928**	**932**	**218**
基础理论	Basic Theory	479	68	341	13	57
应用技术	Applied Technology	1828	188	575	915	150
软科学	Soft Science	31	4	12	4	11
成果水平	**Achievements Level**	**1023**	**96**	**232**	**618**	**77**
国际领先	International Original	61	4	11	44	2
国际先进	International Advanced	175	14	51	105	5
国内领先	Domestic Original	494	48	103	311	32
国内先进	Domestic Advanced	293	30	67	158	38
应用项目	**Projects Applied**	**2338**	**260**	**928**	**932**	**218**
农、林、牧、渔业	Farming, Forestry, Animal Husbandry and Fishery	362	88	64	179	31
工业	Industry	558	23	126	402	7
建筑业	Construction	56	1	15	39	1
交通运输、邮电通讯业	Transportation, Postal and Telecommunication Services	87	7	32	48	
信息传输、计算机服务和软件业	Information Transmission, Computer Services and Software	246	15	87	137	7
批发和零售业	Wholesale and Retail Trades	4	1		3	
住宿和餐饮业	Hotels and Catering Services	3			3	
金融、保险业	Banking and Insurance	3			3	
房地产业	Real Estate	2			2	
租赁和商务服务业	Leasing And Business Services	2		1	1	
科学研究、技术服务和地质勘查业	Scientific Research, Technic Services and Geological Prospecting	139	33	64	31	11
水利、环境和公共设施管理业	Management of Water Conservancy, Environment and Public Facilities	60	9	25	25	1
居民服务和其他服务业	Residential Service And Others	5			5	
教育	Education	10		4	6	
卫生、社会保障和社会福利业	Health Care, Social Security and Social Welfare	271	11	145	27	88
文化、体育和娱乐业	Culture, Sports and Entertainment	7		4	2	1
公共管理和社会组织	Public Management and Social Organizations	16		8	5	3
其他行业	Others	507	72	353	14	68
未应用项目	**Projects not Applied**	**397**	**52**	**277**	**40**	**28**

注：科技成果水平及应用资料由四川省科学技术厅提供。
a) Data of achievement and application of information technology are provided by Sichuan Provincial Science and Technology Department.

20—27 专利授权量
Patent Granted

单位：项 (item)

项　目	Item	2015	2016	2017	2018	2019	2020	2021
全　省	**Sichuan**	**64953**	**62445**	**64006**	**87372**	**82066**	**108386**	**146937**
1．发明	I. Creations and Inventions	9105	10350	11367	11697	12053	14187	19337
实用新型	Utility Models	31420	31813	33613	53121	51521	73927	105328
外观设计	Designs	24428	20282	19026	22554	18492	20272	22272
2．个人	II. Individuals	12750	12097	11274	13232	13450	18775	20952
大专院校	Universities and Colleges	4693	6297	8165	10102	10858	14285	17441
科研单位	Research Institutions	1469	1854	2133	2370	2471	2865	3285
工矿企业	Industrial and Mineral Enterprises	45042	41064	41097	60199	53278	68699	96721
机关团体	Government Agencies and Organizations	999	1133	1337	1469	2009	3762	8537

注：专利资料由四川省知识产权服务促进中心提供。
a) Data of patent information are provided by Intellectual Property Service Promotion Center of Sichuan Provincial.

20—28 各类技术合同签订及执行情况
Concluded and Fulfilled Technical Contracts

单位：项、万元 (item, 10 000 yuan)

项　目	Item	合同数 Number of Contracts		合同成交额 Value of Contracts		技术交易额 Technology Business Value	
		2020	2021	2020	2021	2020	2021
全　省	**Sichuan**	**20456**	**18497**	**12487815**	**13967411**	**8500691**	**6968215**
技术开发	Technical Development	13058	8651	2153667	2556340	1858369	2363613
技术转让	Technical Transfer	851	1030	269802	479833	227254	435817
技术咨询	Technical Consultation	578	1388	44637	72820	41894	69186
技术服务	Technical Services	5969	7428	10019710	10858417	6373174	4099599

注：各类技术合同签定及执行情况由四川省科学技术厅提供。
a) Data of various types of technology and the implementation of the contract signed are provided by Sichuan Provincial Science and Technology Department.

主要统计指标解释

普通高等学校 指通过国家普通高等教育招生考试，招收高中毕业生为主要培养对象，实施高等学历教育的全日制大学、独立设置的学院、独立学院和高等专科学校、高等职业学校及其他普通高校机构。

大学、独立设置的学院主要实施本科及本科层次以上的教育。独立学院主要实施本科层次的教育。高等专科学校、高等职业学校实施专科层次的教育。其他普通高教机构是指承担国家普通招生计划任务不计校数的机构，包括普通高等学校分校、大专班等。

成人高等学校 指通过国家成人高等教育招生考试，招收具有高中毕业或同等学力的人员为主要培养对象，利用函授、业余、脱产等多种形式，对其实施高等学历教育的学校。包括：职工高等学校、农民高等学校、管理干部学院、教育学院、独立函授学院、广播电视大学、其他成人高教机构等。其他成人高教机构是指承担国家成人招生计划任务不计校数的机构。

科技活动 统计资料范围为全社会有研究与试验发展（R&D）活动的企事业单位，具体包括工业法人单位、地级及以上独立核算的政府属科学研究与技术开发机构及科技信息与文献机构、全日制普通高等学校及附属医院以及研究与试验发展（R&D）活动相对密集行业（包括农、林、牧、渔业，建筑业，交通运输、仓储和邮政业，信息传输、软件和信息技术服务业，金融业，租赁和商务服务业，科学研究和技术服务业，水利、环境和公共设施管理业，卫生和社会工作，文化、体育和娱乐业等）中从事研究与试验发展（R&D）活动的企事业单位。创新活动统计资料范围为规模以上工业法人单位。

研究与试验发展(R&D) 指为增加知识存量（也包括有关人类、文化和社会的知识）以及设计已有知识的新应用而进行的创造性、系统性工作，包括基础研究、应用研究和试验发展三种类型。国际上通常采用R&D活动的规模和强度指标反映一国的科技实力和核心竞争力。

R&D人员 指报告期R&D活动单位中从事基础研究、应用研究和试验发展活动的人员。包括直接参加上述三类R&D活动的人员，以及与上述三类R&D活动相关的管理人员和直接服务人员，即直接为R&D活动提供资料文献、材料供应、设备维护等服务的人员。不包括为R&D活动提供间接服务的人员，如餐饮服务、安保人员等。

R&D人员全时当量 指报告期R&D人员按实际从事R&D活动时间计算的工作量，以“人年”为计量单位。为国际上比较科技人力投入而制定的可比指标。

R&D经费支出 指报告期调查单位内部为实施R&D活动而实际发生的全部经费，按支出性质分为日常性支出和资产性支出。不包括调查单位委托其他单位或与其他单位合作开展R&D活动而转拨给其他单位的全部经费。

R&D项目（课题）数 R&D项目（课题）是进行R&D活动的基本组织形式，通常由R&D活动执行单位依据项目立项书或合同书等形式明确项目任务、目标、人员和经费等。

专利 是专利权的简称，是对发明人的发明创造经审查合格后，由国家知识产权局依据专利法授予发明人和设计人对该项发明创造享有的专有权。包括发明、实用新型和外观设计。反映拥有自主知识产权的科技和设计成果情况。

发明(专利) 指对产品、方法或者其改进所提出的新的技术方案。是国际通行的反映拥有自主知识产权技术的核心指标。

实用新型(专利) 指对产品的形状、构造或者其结合所提出的适于实用的新的技术方案。反映具有一定技术含量的技术成果情况。

外观设计(专利) 指对产品的形状、图案、色彩或者其结合所作出的富有美感并适于工业上应用的新设计。反映拥有自主知识产权的外观设计成果情况。

Explanatory Notes on Main Statistical Indicators

Regular Higher Education Institutions refer to educational establishments recruiting graduates from senior secondary schools as the main target through National Matriculation TEST. They include full-time universities, independently established schools, independent colleges, higher professional colleges, higher vocational colleges and other regular higher education institutions.

Universities and independently established schools primarily provide normal courses at undergraduate and higher levels. Independent colleges mainly provide normal undergraduate courses. Higher professional colleges and higher vocational colleges primarily provide undergraduate of short-cycle courses. Other regular higher education institutions refer to educational establishments, which are responsible for enrolling higher education students under the State Plan but not enumerated in the total number of schools, including: branch schools of regular higher education institutions and junior colleges.

Adults Higher Education Institutions refer to educational establishments, enrolling personnel graduated from senior secondary school or with equivalent education through National Matriculation TEST for Adult, and providing higher education courses in forms of correspondence, spare time or full time, for adults. Adults higher education institutions include schools of higher education for staff and workers, schools of higher education for peasants, institutions of administration, educational colleges, independent correspondence colleges, radio and television universities and other educational establishments of higher education for adult. Other educational establishments of higher education for adult refer undertakings to enrol adult students under the State Plan but not enumerated in the number of schools.

Scientific and Technological Activities (S&T Activities) Data on scientific and technological activities cover research and experimental development (R&D) activities of enterprises and institutions of whole society, mainly including industrial corporate units above designated size, industrial corporate units below designated size, scientific research and technological development institutions and scientific and technological information and literature institutions of prefecture level and above under the government with independent accounting, full-time universities and colleges, affiliated hospitals, and enterprises and institutions engaged in R&D activities in relatively R&D-intensive industries (such as agriculture, forestry, animal husbandry, fishery, construction, transport, storage and post, information transmission, software and information technology service, finance, leasing and business services, scientific research and technical services, management of water conservancy, environment and public facilities, health and social service, culture, sports and entertainment). Data on innovation activities cover industrial corporate units above designated size.

Research and Experimental Development (R&D) refers to creative and systematic work undertaken in order to increase the stock of knowledge (including knowledge of humankind, culture and society) and to devise new applications of available knowledge. R&D includes 3 categories of activities: basic research, applied research and experimental development. The scale and intensity of R&D are widely used internationally to reflect the strength of S&T and the core competitiveness of a country in the world.

R&D Personnel refer to persons of R&D activities units engaged in basic research, applied research, and experimental development at the reference period, including persons of directly participating in the three activities above, as well as management and direct service staff related to R&D activities, such as literature provision, material supply, equipment maintenance staff, it excludes persons providing indirect support and ancillary services, such as canteen and security staff.

Full-time Equivalent of R&D Personnel refers to the ratio of working hours actually spent on R&D during a specific reference period (usually a calendar year) divided by the total number of hours conventionally worked in the same period by an individual or by a group. The measurement unit of the ratio is "man-years". This is an internationally comparable indicator of S&T manpower input.

Expenditure on R&D refers to the real expenditure of surveyed units on their own R&D activities in reporting period. It is divided into current expenditures and gross fixed capital expenditures for R&D according to the nature of expenditure. It doesn't include the fees transferred to cooperated or entrusted agencies on R&D activities.

Number of R&D Projects (subjects) R&D Projects (subjects) are the basic forms of R&D activities, The project task, target, personnel and expenditure are usually defined by R&D activity execution unit according to project approval specification or contract document.

Patent is an abbreviation for the patent right and refers to the exclusive right of ownership by the inventors or designers for the creation or inventions, given from the China National Intellectual Property Administration after due process of assessment and approval in accordance with the Patent Law. Patents are granted for inventions, utility models and designs. This indicator reflects the achievements of S&T and design with independent intellectual property.

Patented Inventions refer to the new technical proposals to the products or methods or their modifications. This is universal core indicator reflecting the technologies with independent intellectual property.

Patented Utility Models refer to the practical and new technical proposals on the shape and structure of the product or the combination of both. This indicator reflects the condition of technological results with certain technical content.

Designs refer to the aesthetics and industrially applicable new designs for the shape, pattern and colour of the product, or their combinations. This indicator reflects the appearance design achievements with independent intellectual property.

21 文化、体育和卫生

Chapter 21 Culture, Sports and Public Health

21-1 文化艺术、文物事业机构数
Number of Institutions for Culture, Art and Cultural Relics

单位：个 (unit)

年份 Year	艺术表演团体 Art Performance Troupes	公共图书馆 Public Libraries	文化馆 Cultural Centers	文化站 Cultural Stations	博物馆 Museums
1952	126	4	148	146	1
1957	148	21	163	115	2
1962	205	36	161	76	11
1965	198	36	167	31	13
1970	169	36	171	16	13
1975	190	36	178	13	13
1978	193	57	178	8	12
1980	183	71	177	656	11
1985	148	82	172	5196	24
1990	109	109	168	4957	34
1991	106	112	168	4973	37
1992	105	117	169	4329	37
1993	103	117	169	3745	37
1994	101	118	170	3634	42
1995	101	123	171	3613	42
1996	101	125	172	3384	44
1997	101	127	170	3574	44
1998	100	129	170	3689	47
1999	99	129	171	3666	47
2000	98	129	171	3667	50
2001	89	129	174	3720	51
2002	89	131	173	3525	51
2003	89	132	181	3722	51
2004	84	137	180	3701	54
2005	85	141	180	4515	54
2006	81	146	202	3600	59
2007	84	151	202	3795	62
2008	83	154	203	3873	85
2009	84	156	203	4019	89
2010	82	161	204	4448	108
2011	75	169	205	4593	144
2012	63	188	205	4595	152
2013	52	197	207	4595	188
2014	51	198	207	4601	206
2015	52	203	207	4578	225
2016	50	203	207	4574	239
2017	52	204	207	4578	255
2018	52	204	207	4574	252
2019	49	206	207	4410	256
2020	46	207	207	4231	258
2021	48	207	206	4089	267

注：文化艺术、图书馆、博物馆等资料由四川省文化和旅游厅提供；艺术表演团体为文化和旅游部门所属。
a) Data of culture and art, libraries, museums and other information are provided by Sichuan Provincial Department of Culture and Tourism; Artistic performance groups belong to the cultural and tourism departments

21−2 各市(州)文化艺术、文物事业机构和人员数(2021年)
Institutions and Personnel of Culture, Art and Cultural Relics by Region(2021)

单位：个、人、万册 (unit, person, 1 0000 volumes)

市(州)	Region	艺术表演团体 Art Performance Troupes		公共图书馆 Public Libraries			文化馆 Cultural Centers		博物馆 Museums	
		机构数 Institutions	从业人员 Employed Persons	机构数 Institutions	从业人员 Employed Persons	藏书量 Collections	机构数 Institutions	从业人员 Employed Persons	机构数 Institutions	从业人员 Employed Persons
全　省	**Sichuan**	**663**	**13397**	**207**	**2450**	**4613**	**206**	**3064**	**267**	**6879**
成都市	Chengdu	56	1038	22	506	1304	22	441	101	2475
自贡市	Zigong	14	463	7	63	68	7	65	4	282
攀枝花市	Panzhihua	4	157	6	52	95	6	75	3	49
泸州市	Luzhou	199	2370	9	88	207	8	96	12	147
德阳市	Deyang	22	223	7	78	130	7	109	12	574
绵阳市	Mianyang	45	551	10	88	226	10	108	15	360
广元市	Guangyuan	49	893	8	79	156	8	81	13	222
遂宁市	Suining	30	379	6	63	105	6	68	5	146
内江市	Neijiang	28	370	6	93	100	6	113	5	84
乐山市	Leshan	12	306	12	72	115	12	110	15	242
南充市	Nanchong	32	1301	10	103	250	10	140	9	454
眉山市	Meishan	17	307	7	61	73	7	67	6	153
宜宾市	Yibin	68	1480	11	80	146	11	165	12	165
广安市	Guangan	11	209	7	98	232	7	162	3	256
达州市	Dazhou	12	446	8	120	171	8	223	7	150
雅安市	Yaan	5	209	9	73	114	9	94	9	85
巴中市	Bazhong	11	278	6	84	114	6	117	11	318
资阳市	Ziyang	18	295	4	50	68	4	85	2	125
阿坝藏族羌族自治州	Aba	16	212	14	77	92	14	111	10	199
甘孜藏族自治州	Ganzi	8	941	19	96	103	19	314	5	49
凉山彝族自治州	Liangshan	1	123	18	122	159	18	225	7	128
省本级	Provincial level	5	846	1	304	584	1	95	1	216

注：全省合计中含省直属单位数。
a) The provincial data includes those of unites directly under the province.

21-3 各市(州)文化站情况(2021年)
Statistics on Cultural Stations by Region(2021)

市(州)	Region	文化站(个) Cultural Stations (unit)	#乡镇文化站 Township Cultural Stations	从业人员(人) Employed Persons (person)	举办展览(个) Number of Exhibitions (unit)	组织文艺活动次数(次) Art Performances & Cultural Sessions (time)	藏书量(千册) Collections (1 000 copies)
全　省	**Sichuan**	**4089**	**3564**	**7992**	**6705**	**44926**	**17378**
成都市	Chengdu	336	152	1344	1247	16690	2560
自贡市	Zigong	99	74	159	88	1044	228
攀枝花市	Panzhihua	61	44	184	51	587	236
泸州市	Luzhou	126	100	211	235	970	643
德阳市	Deyang	118	106	182	144	1360	951
绵阳市	Mianyang	289	272	560	413	2075	1390
广元市	Guangyuan	198	192	318	399	1492	997
遂宁市	Suining	124	104	201	213	1322	549
内江市	Neijiang	120	106	229	135	989	406
乐山市	Leshan	200	189	485	165	1522	676
南充市	Nanchong	426	369	783	862	3049	1327
眉山市	Meishan	133	112	234	111	1371	374
宜宾市	Yibin	186	166	346	361	1886	889
广安市	Guangan	179	161	301	126	1051	530
达州市	Dazhou	229	210	417	665	1337	1107
雅安市	Yaan	142	127	281	265	990	547
巴中市	Bazhong	185	168	283	705	2359	1411
资阳市	Ziyang	122	113	297	137	804	385
阿坝藏族羌族自治州	Aba	174	174	282	72	771	356
甘孜藏族自治州	Ganzi	309	309	355	47	1536	451
凉山彝族自治州	Liangshan	333	316	540	264	1721	1365

21-4 群众艺术馆、文化馆(站)业务活动及经费情况(2021年)
Basic Statistics on Activities and Expenditures of Mass Art Centers and Cultural Centers (Stations)(2021)

项　目		Item		总 计 Total	群众艺术馆(文化馆) Mass Art Centers Cultural Centers	文化站 Cultural Stations
单位数	(个)	Number of Units	(unit)	4295	206	4089
举办展览	(个)	Number of Exhibitions	(unit)	8155	1450	6705
组织文艺活动	(次)	Art Performances and Cultural Sessions	(time)	53305	8379	44926
举办训练班		Training Courses				
班次	(次)	Number of Classes	(time)	28664	5433	23231
培训人次	(万人次)	Number of Persons Completing Courses	(10 000 person-times)	119	23	96
群众业余演出团(队)	(个)	Part-time Art Groups	(unit)	23206	3553	19653
总支出	(万元)	Total Expenses	(10 000 yuan)	137291	81632	55659
#基本支出	(万元)	Basic Expenses	(10 000 yuan)	71902	47493	24409

注：本表各项指标仅指文化部门系统内的。

a) Data in this table only refers to those under the administration of cultural departments.

21－5　公共图书馆业务活动及经费情况(2021年)
Business Activities and Expenditures of Public Libraries(2021)

项　目		Item		总计 Total	省级公共图书馆 Public Libraries at Provincial Level	市(州)级公共图书馆 Public Libraries at Prefecture Level	县级公共图书馆 Public Libraries at County Level
总藏量	(万册、件)	Total Collections	(10 000 volumes)	4613	584	1417	2612
书架总长度	(万米)	Total Length of Bookshelves	(10 000 m)	150.32	4.02	99.53	46.76
书刊外借情况		Condition of Books Borrowed by the Readers					
人次	(万人次)	Total Number of Circulation	(10 000 person-times)	826	21	202	604
册次	(万册次)	Number of Books Borrowed by the Readers	(10 000 volume-times)	1618	61	420	1138
为读者举办各种活动		Service Activities Provided for Readers					
次数	(次、个)	Number of Activities	(time, unit)	5699	61	981	4657
参加人数	(万人次)	Number of Readers Involved	(10 000 person-times)	262	45	70	148
总支出	(万元)	Total Expenditures	(10 000 yuan)	65155	8666	22745	33743
基本支出	(万元)	Basic Expenses	(10 000 yuan)	32494	3809	9617	19068
#新增藏量购置费	(万元)	Purchase of New Reserves	(10 000 yuan)	7303	950	2895	3458
本年新增藏量	(万册)	New Reserves this Year	(10 000 copies)	256	11	74	171
阅览室座席	(千位)	Seating Capacity of Reading Rooms	(1 000 seats)	69	3	15	50

注：总藏量从2013年起不包括电子图书。
a) Total collections don't include electronic books since 2013.

21－6　博物馆、文物机构业务活动及经费情况(2021年)
Business Activities and Expenditures of Museums and Cultural Relic Agencies(2021)

项　目		Item		博物馆 Museums	文物保护管理机构 Cultural Relic Agencies
藏品	(件/套)	Number of Collections	(piece/set)	4657256	130295
#一级品	(件/套)	Grade One	(piece/set)	550	3651
本年支出	(万元)	Total Expenses	(10 000 yuan)	153496	129217
#基本支出	(万元)	Basic Expense	(10 000 yuan)	54882	23236
#商品和服务支出	(万元)	Goods and Services Expenses	(10 000 yuan)	69869	34287

21—7 图书、杂志和报纸出版情况
Number of Books, Magazines and Newspapers Published

年份 Year	图书 Books Published 种数 (种) Kind of Publications (kind)	#新出版 New Publications	总印数 (万册) Total Printed Copies (10 000 copies)	总印张数 (万印张) Total Printed Sheets (10 000 sheets)	杂志 Magazines Published 种数 (种) Kind of Publications (kind)	每期平均印数 (万册) Average Printed Copies per Issue (10 000 copies)	总印数 (万册) Total Printed Copies (10 000 copies)	总印张数 (万印张) Total Printed Sheets (10 000 sheets)	报纸 Newspapers Published 种数 (种) Kind of Newspaper Published (kind)	每期平均印数 (万份) Average Printed Copies per Issue (10 000 copies)	总印数 (万份) Total Printed Copies (10 000 copies)	总印张数 (万印张) Total Printed Sheets (10 000 sheets)
1952	53	20	1481	3195	25	45	565	540	14	34	6799	5150
1957	52		909	1783					15	35	8109	6005
1962	86		2484	5256								
1965	65		6280	15006								
1970	24		4225	10677								
1975	292	233	17184	48499								
1978	277	241	24993	83916	13	57	562	1173	15	170	51889	43758
1980	549	502	31370	119063	71	341	3036	8699	22	214	50627	42305
1985	1273	1151	28023	99516	224	690	5532	17810	69	859	92878	64138
1990	2676	1896	21152	82360	226	324	3257	9149	66	818	94657	64642
1991	2769	1730	16634	71891	234	362	3192	9443	70	869	101753	68660
1992	3022	2063	22903	99185	249	404	4030	11697	75	818	97368	72598
1993	2459	1795	17666	72266	256	456	4674	12491	80	823	104000	73974
1994	3840	2818	21650	105849	275	412	4067	11865	91	885	102319	72532
1995	3017	1876	15438	83894	287	487	4993	14898	93	710	100500	122632
1996	3833	2256	27975	138772	289	409	4339	12025	95	680	109084	138292
1997	4510	2005	33272	153193	289	405	4336	12484	95	763	126818	227065
1998	4436	2369	31491	151112	284	403	4508	13211	100	757	124922	235944
1999	4306	2254	29852	147862	287	419	4754	14944	100	782	127708	240359
2000	3855	2134	27315	157672	275	451	4950	16238	91	711	133590	366840
2001	3820	2104	26032	158031	334	362	4172	16233	84	671	136737	394553
2002	3895	2244	25932	165312	256	440	5572	20688	92	654	135163	319004
2003	4131	2315	25889	170470	267	352	4767	21421	93	634	139266	357423
2004	4059	1911	21690	154980	225	293	5269	32515	107	651	155972	498494
2005	4836	2975	23643	193903	330	459	7502	60933	130	659	155865	671830
2006	4873	3070	19643	149609	335	509	8215	59996	136	618	155800	685570
2007	5150	3287	19591	146591	335	496	9514	74788	136	660	168638	656104
2008	5021	2885	19490	142562	336	475	8237	53222	136	670	164273	737694
2009	6719	3878	17492	127321	336	494	8303	52759	136	613	155286	797707
2010	6645	3396	19493	147325	340	498	10593	74892	136	687	170176	999545
2011	8081	3951	24787	179489	343	471	9293	67424	136	670	174021	1019233
2012	7794	4235	23587	176618	343	470	9066	63236	136	661	172573	865664
2013	8554	4946	23416	186771	346	417	7499	54658	137	687	170457	833132
2014	9095	5252	19623	156848	349	376	6382	44033	136	653	167699	752920
2015	10097	6074	24805	193337	352	330	5655	35616	134	642	162781	647618
2016	10878	6332	24264	196767	354	316	5045	29000	132	636	162153	646976
2017	13329	8287	29195	224165	355	282	5128	28702	130	551	141828	368846
2018	14456	8746	32520	254859	356	278	4997	28352	84	520	132695	327090
2019	13885	7305	36565	286394	358	282	5231	28804	79	476	120448	260286
2020	12891	6781	34996	271096	358	273	5131	28499	78	422	104858	207613
2021	14406	7190	41931	319411	354	251	5077	28040	71	410	99971	189102

注：图书、杂志、报纸、音像制品出版资料由中共四川省委宣传部提供。
a) Data of books, magazines, newspapers, audio-visual products published are provided by Propaganda Department of the Sichuan Provincial Party Committee of the Communist Party in China.

21−8 录像和录音制品出版情况
Publication of Video and Audio Recordings

年份 Year	录像制品 Video Recordings		录音制品 Audio Recordings	
	种数 (种) Kind of Recordings (Kind)	数量 (万盒、万张) Volume (10 000 pieces)	种数 (种) Kind of Recordings (Kind)	数量 (万盒、万张) Volume (10 000 pieces)
2000	172	97.72	92	64.03
2001	260	391.98	114	93.53
2002	446	501.51	210	95.39
2003	490	310.23	158	127.27
2004	241	198.36	42	61.96
2005	294	171.80	177	88.20
2006	542	240.82	139	70.45
2007	491	164.01	164	71.73
2008	343	153.23	72	25.40
2009	250	124.30	75	40.58
2010	191	108.46	47	28.38
2011	96	73.13	32	25.77
2012	91	80.35	12	5.03
2013	77	45.54	35	19.70
2014	54	47.85	38	17.34
2015	48	67.45	15	8.65
2016	73	54.52	14	1.77
2017	53	61.25	17	3.80
2018	91	54.23	11	3.20
2019	43	2.92	9	0.53
2020	64	3.02	10	3.31
2021	40	2.75	18	2.00

21-9 广播电视事业发展情况
Basic Statistics on Development of Broadcasting and Television

年份 Year	中短波发射台及转播台(座) Transmission Stations and Relaying Stations of Medium and Short Wave (set)	中波发射机功率(部/千瓦) Power of Transmitters of Medium Wave (unit / kw)	调频、电视发射台及转播台(座) FM, TV Transmitting and Relaying Stations (set)	电视发射机功率(部/千瓦) Power of Television Transmission (unit / kw)	广播综合人口覆盖率(%) Comprehensive Population Coverage Rate of Broadcasting (%)	电视综合人口覆盖率(%) Comprehensive Population Coverage Rate of Television (%)	广播电视台(个) Broadcasting and Television Stations of County Level (set)
1952	2	2 / 2			20.06		
1957	1	2 / 2			20.06		80
1962	4	3 / 23.8	1	1 / 1	30.18	3.87	129
1965	4	3 / 123.8	1	1 / 1	30.09	3.87	141
1970	4	5 / 260.6	1	1 / 1	35.28	5.29	150
1975	9	10 / 327.6	14	15 / 5.50	43.13	18.73	157
1978	9	11 / 413.3	82	76 / 6.74	46.91	38.60	165
1980	11	15 / 488.0	208	235 / 21.39	49.91	45.69	168
1985	13	20 / 442.5	865	921 / 73.05	52.37	58.70	169
1990	18	29 / 453.0	2100	2577 / 183.38	64.46	71.46	166
1991	19	30 / 462.0	2244	2775 / 186.89	64.75	71.78	171
1992	19	32 / 514.0	2438	3106 / 199.05	64.84	71.88	169
1993	20	35 / 533.1	2518	3289 / 194.78	70.21	76.12	165
1994	20	34 / 632.0	2950	3757 / 202.80	75.40	80.50	150
1995	27	43 / 515.1	3114	4036 / 218.38	80.40	85.50	134
1996	27	40 / 521.1	3303	3952 / 207.09	84.47	83.57	161
1997	27	48 / 556.1	3227	3959 / 230.62	86.34	87.37	162
1998	29	48 / 556.1	3264	4009 / 235.94	88.90	88.97	44
1999	30	47 / 654.2	2626	3244 / 185.04	91.05	91.98	46
2000	28	52 / 673.1	4779	5636 / 266.82	92.85	93.61	42
2001	35	68 / 482.5	4839	5598 / 267.37	93.66	94.46	42
2002	34	69 / 558.0	4428	5353 / 260.53	94.07	95.08	110
2003	34	69 / 558.0	4385	5696 / 263.36	94.83	95.54	111
2004	34	69 / 558.0	4308	4546 / 250.77	95.34	96.39	111
2005	35	96 / 658.0	3849	5044 / 262.29	95.41	96.74	113
2006	35	96 / 658.0	2471	5524 / 280.14	95.70	96.77	113
2007	37	112 / 711.0	2469	5757 / 376.57	95.92	97.05	114
2008	37	114 / 710.0	4434	5644 / 505.59	95.97	97.10	119
2009	37	96 / 680.0	3944	5323 / 600.38	96.19	97.27	152
2010	37	101 / 687.0	3482	4810 / 587.11	96.22	97.33	156
2011	37	102 / 787.0	3001	4121 / 628.24	96.60	97.69	158
2012	36	96 / 747.0	3056	4173 / 644.52	96.78	97.75	159
2013	36	96 / 747.0	2187	2906 / 661.39	96.98	97.89	165
2014	40	104 / 701.5	566	944 / 638.77	97.04	98.07	165
2015	36	95 / 659.2	403	942 / 1260.95	97.14	98.24	165
2016	36	104 / 774.0	338	934 / 978.76	97.19	98.29	165
2017	39	108 / 645.0	345	1059 / 656.74	97.42	98.54	165
2018	42	109 / 780.0	303	969 / 623.81	97.84	98.79	171
2019	42	109 / 688.0	312	992 / 616.83	98.23	98.95	171
2020	51	102 / 560.0	325	773 / 491.00	98.87	99.33	171
2021	42	101 / 568.3	331	1429 / 484.65	99.16	99.57	171

注：广播电视资料由四川省广播电视局提供。
a) Data of radio and TV broadcast information are provided by Broadcasting and Television Bureau of Sichuan Provincial.

21−10 广播电视播放情况(2021年)
Statistics on Broadcasting and Television(2021)

项　　目	Item	节目套数(套) Number of Programs (set)	公共广播(电视)节目播出时间(小时) Broadcasting Hours of Public Broadcasting (Television) (hour)	新闻资讯类节目 News and Referrence Programs	专题服务类节目 Special Subject and Services Programs	综艺类节目 Omnibus Enter-tainment Programs	广播(影视)剧类节目 Broadcast Movies And TV	广告类节目 Advertis-ement	其他类节目 Others
广播播出合计	**All Radio Broadcasting**	**154**	**737382**	**193042**	**158685**	**129688**	**51661**	**51803**	**152500**
省级广播电台	Provincial Level	8	61137	11726	18310	21424	841	5922	2912
市(州)级广播电台	Prefecture Level	45	282535	63143	69058	41558	19318	22247	67210
县级广播电视台	County Level	101	393709	118172	71316	66706	31502	23633	82378
电视播出合计	**All Television Broadcasting**	**212**	**1214994**	**189730**	**133604**	**55348**	**581124**	**118012**	**137173**
省级电视台	Provincial Level	8	64860	9952	5981	2121	29263	14427	3114
市(州)级电视台	Prefecture Level	49	324638	49328	60000	13282	139106	43517	19403
县级广播电视台	County Level	155	825495	130449	67622	39945	412755	60067	114655

21−11 各市(州)有线广播电视情况(2021年)
Statistics on Cable Broadcasting and Television by Region(2021)

单位：户、皮长 (households, kilometer)

市(州)	Region	有线广播电视实际用户 Actual Users of Cable Broadcasting and Television	#数字电视实际用户 Actual Users of Digital Television	#付费数字电视实际用户 Actual Users of Pay Digital Television	有线广播电视传输干线总长 Total Length of Main Link of Cable Broadcasting and Television Transmission
全　省	**Sichuan**	**9294219**	**8941417**	**4991228**	**31363.78**
成都市	Chengdu	3188420	3064919	1497225	11400.00
自贡市	Zigong	187630	187630	107416	931.23
攀枝花市	Panzhihua	79730	79230	54453	319.82
泸州市	Luzhou	316963	316963	129051	896.27
德阳市	Deyang	585450	585450	248005	459.25
绵阳市	Mianyang	486611	426359	386266	1981.00
广元市	Guangyuan	321715	318629	165706	850.00
遂宁市	Suining	651840	651840	348243	412.60
内江市	Neijiang	237996	234636	144826	750.00
乐山市	Leshan	341618	341506	156867	611.40
南充市	Nanchong	460661	435724	345511	1840.00
眉山市	Meishan	158052	158052	130177	400.00
宜宾市	Yibin	343064	343064	202030	1145.85
广安市	Guangan	488635	385849	196744	466.00
达州市	Dazhou	513893	512610	350679	650.00
雅安市	Yaan	209372	198942	80062	1104.50
巴中市	Bazhong	222813	221658	170124	660.80
资阳市	Ziyang	291232	285100	176824	536.00
阿坝藏族羌族自治州	Aba	30149	27849	15314	2090.90
甘孜藏族自治州	Ganzi	32852	23415	8330	1080.36
凉山彝族自治州	Liangshan	145523	141992	77375	2777.80

21-12 各市(州)农村广播电视有线传输情况(2021年)
Basic Statistics on Rural Radio and Television Cable Transmission by Region(2021)

单位：户、% (households, %)

市(州)	Region	农村有线广播电视实际用户数 Actual Users of Rural Cable radio and Television	农村有线广播电视入户率 Rural Households on Cable TV Rate	农村广播综合覆盖率 Comprehensive Coverage Rate of Rural Broadcasting	农村电视综合覆盖率 Comprehensive Coverage Rate of Rural Television
全 省	**Sichuan**	**2866769**	**15.11**	**98.95**	**99.49**
成都市	Chengdu	373288	18.99	100.00	100.00
自贡市	Zigong	73305	12.45	100.00	100.00
攀枝花市	Panzhihua	16155	11.44	99.95	100.00
泸州市	Luzhou	81469	9.15	98.85	99.41
德阳市	Deyang	282241	33.87	100.00	100.00
绵阳市	Mianyang	284891	20.74	99.89	99.90
广元市	Guangyuan	154243	22.51	99.70	99.71
遂宁市	Suining	334309	41.76	100.00	100.00
内江市	Neijiang	124429	12.07	97.08	98.41
乐山市	Leshan	73516	10.21	99.63	99.67
南充市	Nanchong	166630	9.74	99.71	99.85
眉山市	Meishan	90765	12.33	100.00	100.00
宜宾市	Yibin	165109	13.82	97.30	98.32
广安市	Guangan	172255	14.65	99.69	99.55
达州市	Dazhou	169386	11.67	100.00	100.00
雅安市	Yaan	42963	13.29	97.79	98.97
巴中市	Bazhong	57001	6.58	100.00	100.00
资阳市	Ziyang	138493	13.78	96.97	98.89
阿坝藏族羌族自治州	Aba	10183	4.71	91.77	99.41
甘孜藏族自治州	Ganzi	2350	1.12	98.21	98.11
凉山彝族自治州	Liangshan	53788	5.13	96.04	98.40

21-13 体育事业情况(2021年)
Basic Conditions of Sports Cause(2021)

项　目		Item		2021
国家级体育传统项目学校	(所)	Traditional Sports Events Schools of National Level	(unit)	53
省级体育传统项目示范学校	(所)	Traditional Sports Events Schools of Provincial Level	(unit)	276
#本年度新命名	(所)	Newly Named at the Current Year	(unit)	
国家级青少年体育俱乐部	(所)	Youth Sports Clubs of National Level	(unit)	155
#本年度新命名	(所)	Newly Named at the Current Year	(unit)	
国家级高水平体育后备人才基地	(个)	National High Level Sports Talented Reserve Bases	(unit)	18
四川省高水平体育后备人才基地	(个)	Provincial High Level Sports Talented Reserve Bases	(unit)	27
四川省县级业余训练重点单位	(个)	County-level Key Units of Amateur Training	(unit)	50
四川省幼儿体育基地	(个)	Provincial Children's Sports Bases	(unit)	50
城市街道体育组织累计	(个)	Sports Organizations in the Urban Streets	(unit)	2868
#本年度新增	(个)	Newly Added at the Current Year	(unit)	183
农村乡镇体育组织累计	(个)	Sports Organizations in the Rural Villages and Towns	(unit)	3808
#本年度新增	(个)	Newly Added at the Current Year	(unit)	
健身站(点)累计	(个)	Fitness Stations (points)	(unit)	17165
#本年度新增	(个)	Newly Added at the Current Year	(unit)	1823
社区体育健身俱乐部累计	(个)	Community Sports Fitness Clubs	(unit)	1750
#本年度新增	(个)	Newly Added at the Current Year	(unit)	
行政村农民体育健康工程累计	(个)	Farmer Sports Health Projects in Administrative Village	(unit)	47391
#本年度新建	(个)	Newly Added at the Current Year	(unit)	358
本年度举办全民健身科学知识宣传讲座次数	(次)	Number of Lectures on Scientific Knowledge of National Fitness	(time)	1762
本年度编印科学健身知识书籍册数	(册)	Copies of Books Published Scientific Knowledge of Fitness	(volume)	41000
审批社会体育指导员人数累计	(人)	Approval of the Number of Social Sports Instructors	(unit)	250397
#本年度审批人数	(人)	Number of Annual Examination and Approval	(unit)	17753
本年度培训社会体育指导员人数	(人)	Number of People Receiving Social Sports Instructor Training	(unit)	19829
世界级比赛获得奖牌数	(枚)	Number of Medals Won in the World Competition	(piece)	4
#金牌	(枚)	Gold Medals	(piece)	1
亚洲级比赛获得奖牌数	(枚)	Number of Medals Won in Asian Games	(piece)	
#金牌	(枚)	Gold Medals	(piece)	
全国比赛获得奖牌数	(枚)	Number of Medals Won in the National Competition	(piece)	64
#金牌	(枚)	Gold Medals	(piece)	22

注：体育事业情况由四川省体育局提供。
a) Data in the table are provided by the Sports Bureau of Sichuan Province.

21−14 各市(州)体育彩票发行情况(2021年)
Sports Lottery Distribution by Region(2021)

单位：万元 (10 000 yuan)

市(州)	Region	当年体育彩票发行额 Sports Lottery Issuance in Current Year	#足彩 Soccer Betting	#竞彩 Race Lottery	#即开型 Open-Type	当年提取公益金 Public Welfare Fund Drawn from Sports Lottery
全 省	**Sichuan**	**1241954**	**45053**	**748189**	**102031**	**311494**
成都市	Chengdu	559435	22460	324859	52580	140825
自贡市	Zigong	32323	1459	19236	2054	8182
攀枝花市	Panzhihua	28213	613	18119	2063	7002
泸州市	Luzhou	33560	1476	19204	2490	8573
德阳市	Deyang	59635	1252	42823	2042	14521
绵阳市	Mianyang	64258	2519	40705	4748	15890
广元市	Guangyuan	26093	946	17390	1683	6375
遂宁市	Suining	25317	575	15198	1767	6456
内江市	Neijiang	32432	1321	21466	1410	8023
乐山市	Leshan	52184	1841	30568	4192	13216
南充市	Nanchong	48839	1991	30625	3064	12186
眉山市	Meishan	34175	1277	20143	2709	8652
宜宾市	Yibin	58338	1261	40912	2733	14203
广安市	Guangan	23141	984	15807	992	5647
达州市	Dazhou	40208	1410	25079	1738	10200
雅安市	Yaan	19827	1052	12479	1129	4924
巴中市	Bazhong	29334	776	18185	1960	7391
资阳市	Ziyang	18184	788	11330	1084	4552
阿坝藏族羌族自治州	Aba	7800	80	3075	1537	2082
甘孜藏族自治州	Ganzi	8536	127	2777	2667	2210
凉山彝族自治州	Liangshan	40123	846	18211	7390	10382

注：当年提取公益金合计中含中央、省级提取数据。
a) Pubic welfare funds drawn from sport lottery include state and provincial data.

21－15 卫生机构情况(2021年)
Statistics on Health Institutions(2021)

机构类别	Item	机构数(个) Health Institutions (unit)	实有床位数(张) Beds (bed)	人员合计(人) Personnel (person)	#卫生技术人员 Medical Technical Personnel	#管理人员 Administrative Personnel
全　省	**Total**	**80249**	**662018**	**865444**	**672722**	**42532**
医院合计	Total Number of Hospitals	2481	497531	508955	415768	28637
综合医院	General Hospitals	1483	293094	332793	276590	18137
中医医院	Hospitals of Chinese Medicine	266	72554	75412	64328	3157
中西医结合医院	Hospital Combining Traditional Chinese and Western Medicine	34	9383	10621	8642	605
民族医院	Minority Nationality Hospital	43	2051	2223	1733	122
专科医院	Specialized	641	119190	87227	64068	6567
#口腔	Stomatological	50	749	4156	2983	493
眼科	Ophthalmological	63	3609	5173	3281	648
耳鼻喉	Otolaryngology	12	920	1002	689	87
肿瘤	Oncological	13	3864	4554	3781	151
心血管病	Cardiovascular System Diseases	3	619	911	774	63
胸科	Chest	1	60	40	30	1
妇产(科)	Gynecological and Obstetrical	48	2386	6093	4002	449
儿童	Pediatrics	6	577	954	692	81
精神病	Psych iatrical	146	72668	25000	19509	1578
传染病	Epidemiological	7	1762	1837	1532	44
皮肤病	Dermatology	15	664	797	584	66
麻风病	Leprological	4	261	97	66	8
职业病	Occupational disease	2	783	911	748	101
骨科	Orthopedics	58	7561	6628	5270	425
康复	Recuperation	45	5098	3374	2734	254
整形外科	Orthopedic Survey	1	20	45	23	1
美容	Beauty	37	715	5579	2281	573
其他专科	Other Specialized	130	16874	20076	15089	1544
护理院(中心)	Nursing Home (center)	14	1259	679	407	49
康复疗养机构	Rehabilitation and Convalescent Institution	3	1306	496	339	44
社区卫生服务中心	Community Health Care Centre	498	15483	27195	23080	1132
社区卫生服务站	Community Health Service Stations	618	487	3661	3286	294
卫生院	Sanitation Station	3687	132305	115361	98572	4971
门诊部	Outpatient Department	1200	209	22541	16044	2010
诊所	Clinics	19788		56595	53122	944
卫生所、医务室	Healthy Centre	761		2480	2218	33
村卫生室	Village Clinics	50309		68286	14216	
护理站	Nursing Station	14		66	51	11
急救中心(站)	First-aid Centre	23		525	335	85
采供血机构	Blood Collection and Supply Institution	52		3337	2491	251
妇幼保健院(所、站)	Maternity and Child Care Centre	202	13398	31705	26512	1789
专科疾病防治院(所、站)	Specialized Prevention Station	23	1299	745	463	87
疾病预防控制中心(防疫站)	Epidemic Prevention and Control Centre	212		14007	10509	949
卫生监督所	Sanitary Supervision Station	178		2679	2177	183
医学科学研究机构	Research Institution of Medical Sciences	5		399	206	47
医学在职培训机构	Medical On the Job Training Institution	8		52	18	10
健康教育所(站、中心)	Healthy Education Centre	12		95	36	27
其他卫生机构	Other Health Care Institutions	175		6264	3279	1028

注：卫生机构资料由四川省卫生健康委员会提供。
a) Data of health agencies are provided by Health Commission of sichuan provincial.

21-16 卫生机构数
Number of Health Institutions

单位：个 (unit)

年 份 地 区	Year Region	机构数 Number of Health Care Institutions	#医院 Hospitals	#社区卫生服务中心 Community Health Care Centre	#卫生院 Sanitation Stations	#疾病预防控制中心 Epidemic Prevention and Control Centre	#妇幼保健院(所、站) Maternity and Child Care Centre
2002		72768	1173	44	6280	214	200
2003		72810	1164	50	6048	208	198
2004		70944	1144	63	5369	209	196
2005		72399	1155	68	5179	207	197
2006		75262	1178	213	5012	207	202
2007		72862	1162	214	4845	208	201
2008		71195	1143	234	4817	208	201
2009		72907	1187	257	4745	207	202
2010		74311	1260	306	4688	207	203
2011		75814	1393	344	4619	206	203
2012		76555	1542	361	4607	204	200
2013		80039	1716	379	4595	207	202
2014		81081	1822	397	4575	207	202
2015		80114	1942	397	4511	206	202
2016		79516	2067	412	4493	206	202
2017		80480	2219	417	4476	206	203
2018		81539	2343	424	4437	206	201
2019		83757	2417	433	4421	208	201
2020		82793	2435	459	4317	210	202
2021		80249	2481	498	3687	212	202
成都市	Chengdu	12497	692	154	237	25	21
自贡市	Zigong	2143	68	19	71	7	7
攀枝花市	Panzhihua	1077	28	14	37	6	6
泸州市	Luzhou	4556	137	29	109	8	8
德阳市	Deyang	2251	90	20	75	7	6
绵阳市	Mianyang	4556	128	25	219	12	10
广元市	Guangyuan	3210	81	14	217	8	7
遂宁市	Suining	3907	71	17	88	6	6
内江市	Neijiang	3764	75	16	73	6	6
乐山市	Leshan	3237	98	16	165	13	12
南充市	Nanchong	8302	177	38	421	10	10
眉山市	Meishan	2247	86	13	124	8	7
宜宾市	Yibin	4867	135	15	138	11	11
广安市	Guangan	2333	85	15	110	7	7
达州市	Dazhou	4223	145	19	264	8	8
雅安市	Yaan	1365	46	7	89	9	9
巴中市	Bazhong	3366	79	28	229	6	6
资阳市	Ziyang	3225	54	8	115	4	4
阿坝藏族羌族自治州	Aba	1620	39	10	180	14	14
甘孜藏族自治州	Ganzi	2528	45	2	295	19	19
凉山彝族自治州	Liangshan	4975	122	19	431	18	18

21-17 各市(州)卫生机构数
Number of Health Institutions by Region

单位：个 (unit)

市(州)	Region	2011	2012	2013	2014	2015	2016	2017	2018	2019	2020	2021
全 省	**Total**	**75814**	**76555**	**80039**	**81081**	**80114**	**79516**	**80480**	**81539**	**83757**	**82793**	**80249**
成都市	Chengdu	7401	7605	7976	8190	8481	9853	10183	10755	12121	11954	12497
自贡市	Zigong	2346	2377	2460	2409	2346	2274	2333	2245	2238	2162	2143
攀枝花市	Panzhihua	1025	1024	1044	1079	1064	1060	1064	1056	1113	1009	1077
泸州市	Luzhou	4778	4351	4633	4619	4566	4560	4628	4616	4711	4727	4556
德阳市	Deyang	2816	2765	2795	2774	2717	2708	2738	2819	2822	2450	2251
绵阳市	Mianyang	4173	4325	4436	4494	4417	4371	4449	4674	4856	4857	4556
广元市	Guangyuan	3285	3313	3531	3554	3545	3460	3557	3540	3544	3370	3210
遂宁市	Suining	3724	3750	3798	3762	3735	3846	3822	3779	3725	3984	3907
内江市	Neijiang	3126	3119	3246	3228	3195	3096	3259	3297	3303	3579	3764
乐山市	Leshan	3026	3062	3286	3277	3098	3100	3206	3259	3251	3224	3237
南充市	Nanchong	8269	8399	8856	8780	8712	8703	8696	8583	8457	8248	8302
眉山市	Meishan	1989	1919	2059	2107	2057	2044	2068	2040	2139	2136	2247
宜宾市	Yibin	4137	4180	4389	5136	4963	5025	5062	5260	5120	4993	4867
广安市	Guangan	3347	3362	3561	3561	3500	3447	3446	3446	3443	3353	2333
达州市	Dazhou	4063	4172	4406	4397	4413	4172	4191	4293	4514	4548	4223
雅安市	Yaan	1367	1369	1520	1518	1494	1334	1426	1456	1573	1544	1365
巴中市	Bazhong	3062	3086	3305	3299	3164	3234	3218	3274	3348	3344	3366
资阳市	Ziyang	4912	4829	4969	4956	4902	3485	3460	3438	3432	3367	3225
阿坝藏族羌族自治州	Aba	1562	1570	1624	1683	1649	1642	1656	1683	1756	1728	1620
甘孜藏族自治州	Ganzi	2359	2701	2722	2776	2725	2706	2719	2777	2825	2813	2528
凉山彝族自治州	Liangshan	5047	5277	5423	5482	5371	5396	5299	5249	5466	5403	4975

21-18 卫生机构床位数
Number of Beds in Health Institutions

单位：张 (unit)

年份 地区	Year Region	床位数 Number of Beds	#医院 Hospitals	#社区卫生服务中心 Community Health Care Centre	#卫生院 Sanitation Stations	#妇幼保健院(所、站) Maternity and Child Care Centre
2002		187179	119976	206	56467	4289
2003		187741	120173	144	56671	4501
2004		191523	123995	304	56945	4786
2005		194940	127129	1053	57460	5016
2006		201854	130677	2270	59707	5301
2007		214329	136757	3149	66063	5838
2008		244119	149289	4526	80697	6390
2009		275555	167271	5170	92403	7050
2010		302061	185459	6812	98252	7843
2011		335151	212282	8299	102544	7892
2012		390122	257333	8636	111550	8759
2013		426378	289022	9003	114412	9682
2014		459588	319155	9046	117090	10152
2015		488719	345791	8995	119156	10681
2016		519149	375708	9388	120387	11122
2017		563419	411911	10135	127419	11794
2018		598842	442215	10649	131644	12499
2019		631707	469814	11192	135840	12857
2020		649658	484823	12959	135807	13273
2021		662018	497531	15483	132305	13398
成都市	Chengdu	160833	134895	5925	16624	3210
自贡市	Zigong	23224	18126	476	3745	695
攀枝花市	Panzhihua	10538	9645	46	619	192
泸州市	Luzhou	35014	24672	1348	7851	543
德阳市	Deyang	27194	18844	814	6909	551
绵阳市	Mianyang	41878	28633	549	11849	781
广元市	Guangyuan	22137	16602	317	4634	537
遂宁市	Suining	20965	14670	568	5277	279
内江市	Neijiang	26436	19012	129	6908	368
乐山市	Leshan	26280	18900	765	5432	783
南充市	Nanchong	47009	36553	832	8521	1045
眉山市	Meishan	21019	14227	591	5595	588
宜宾市	Yibin	36472	27479	700	7810	473
广安市	Guangan	21796	16568	489	4394	340
达州市	Dazhou	41557	26708	669	12283	593
雅安市	Yaan	14553	12581	185	1712	75
巴中市	Bazhong	22809	15056	481	6755	507
资阳市	Ziyang	21639	14186	83	6842	428
阿坝藏族羌族自治州	Aba	5288	4084	57	969	164
甘孜藏族自治州	Ganzi	5506	3860	4	1307	335
凉山彝族自治州	Liangshan	29871	22230	455	6269	911

21-19 各市(州)卫生机构床位数
Number of Beds in Health Institutions by Region

单位：张 (unit)

市(州)	Region	2011	2012	2013	2014	2015	2016	2017	2018	2019	2020	2021
全 省	**Total**	**335151**	**390122**	**426378**	**459588**	**488719**	**519149**	**563419**	**598842**	**631707**	**649658**	**662018**
成都市	Chengdu	79780	92062	100957	108031	114726	128058	134507	143248	148941	153663	160833
自贡市	Zigong	11757	14304	15249	16396	17644	18832	20064	22014	23776	23646	23224
攀枝花市	Panzhihua	7972	8578	9254	9599	10097	9867	10004	10398	10453	10389	10538
泸州市	Luzhou	15277	20451	21897	22666	24548	26612	29256	31839	34561	34608	35014
德阳市	Deyang	15725	16895	17785	19118	19968	21190	22570	24254	26352	26377	27194
绵阳市	Mianyang	22236	25913	28755	30756	32110	33708	36322	38559	40316	40666	41878
广元市	Guangyuan	12392	14292	15567	16753	18211	19778	21233	22091	23892	24125	22137
遂宁市	Suining	11468	13421	14110	15825	17197	18174	19543	20139	21404	22752	20965
内江市	Neijiang	13744	17153	18399	19825	20326	20769	22605	24106	25859	25896	26436
乐山市	Leshan	14764	15807	17282	18979	19290	20553	22390	24063	25329	25834	26280
南充市	Nanchong	21883	24522	26779	29670	32634	36222	40193	41694	43726	45514	47009
眉山市	Meishan	10462	12429	14376	15830	16296	16687	19170	19693	19943	20370	21019
宜宾市	Yibin	18006	21070	23611	25061	26408	29437	32122	33454	35242	36215	36472
广安市	Guangan	9828	11033	12080	13213	14729	15940	18186	19777	21310	22242	21796
达州市	Dazhou	16913	20277	22225	22495	23998	25447	29915	32943	35862	39834	41557
雅安市	Yaan	8027	8649	9738	10812	11759	11861	12382	12344	13230	13818	14553
巴中市	Bazhong	9868	12160	13459	14608	15546	16767	19174	21769	22651	22687	22809
资阳市	Ziyang	15067	18423	19553	20847	22269	16302	17815	19004	20226	20687	21639
阿坝藏族羌族自治州	Aba	3292	3700	3883	4272	4435	4447	4551	4899	5121	5381	5288
甘孜藏族自治州	Ganzi	3280	3681	4136	5063	4918	5054	4955	5207	5381	5606	5506
凉山彝族自治州	Liangshan	13410	15302	17283	19769	21610	23444	26462	27347	28132	29348	29871

21-20 卫生机构人员数
Number of Persons Engaged in Health Institutions

单位：人 (person)

年份 市(州)	Year Region	人员合计 Total	#卫生技术人员 Medical Technical Personnel	#执业医师 Licensed Doctor	#执业助理医师 Licensed Assistant Doctor	#注册护士 Licensed Nurse	#管理人员 Administrative Personnel
2002		378830	248470	86978	33378	60098	20070
2003		373628	245326	86101	34124	59494	17960
2004		363179	242255	84785	34531	60871	17392
2005		362014	244367	86205	35832	61237	15825
2006		378374	255140	87944	41446	63730	15903
2007		388644	264206	91273	34848	73485	19467
2008		400248	277112	96460	25324	78062	18500
2009		437758	303050	109090	29594	91164	18456
2010		467774	323915	114734	29843	104930	23288
2011		505113	353561	122525	31489	121319	25632
2012		549866	389001	130106	33272	139811	26850
2013		595645	426597	139037	34805	157459	29675
2014		627159	451747	145026	34494	175522	32091
2015		647577	472816	149101	33110	190643	30778
2016		671305	496343	153859	32171	207691	31480
2017		710787	530935	162995	32590	228608	32747
2018		747160	563086	171554	34056	247322	34910
2019		794282	602428	185247	36000	270616	36742
2020		826989	633275	195693	39598	286010	37515
2021		865444	672722	209833	40564	306685	42532
成都市	Chengdu	270698	212414	73155	6847	100742	16716
自贡市	Zigong	26411	21476	6481	1275	9683	1192
攀枝花市	Panzhihua	14102	11561	3857	349	5291	699
泸州市	Luzhou	42998	33670	9900	2282	16114	1675
德阳市	Deyang	33454	26090	8213	1689	11613	1797
绵阳市	Mianyang	48034	38107	12065	2337	17353	2232
广元市	Guangyuan	26829	20713	6021	1385	8949	1299
遂宁市	Suining	26402	20503	7046	1261	8851	1149
内江市	Neijiang	29264	23357	7029	1959	10950	1388
乐山市	Leshan	30234	23735	7228	1834	10960	1421
南充市	Nanchong	53214	38439	12825	2090	16623	2551
眉山市	Meishan	26213	20454	6246	1706	9035	735
宜宾市	Yibin	42421	33809	8989	2705	15904	2227
广安市	Guangan	25623	19033	5519	1210	8623	1011
达州市	Dazhou	45890	34960	10399	3327	16012	1603
雅安市	Yaan	16509	13664	3961	995	5999	751
巴中市	Bazhong	24126	18274	5211	1895	7611	919
资阳市	Ziyang	22327	16883	4926	1323	7439	955
阿坝藏族羌族自治州	Aba	9733	7093	1919	712	2388	413
甘孜藏族自治州	Ganzi	10558	7315	1479	840	2421	463
凉山彝族自治州	Liangshan	40404	31172	7364	2543	14124	1336

21-20 续表 continued

单位：人 (person)

年 份 市(州)	Year Region	人员合计 Total	#医院 Hospitals	#社区卫生服务中心 Community Health Care Centre	#卫生院 Sanitation Stations	#疾病预防控制中心 Epidemic Prevention and Control Centre	#妇幼保健院(所、站) Maternity and Child Care Centre
2002		378830	144086	556	79247	11219	10053
2003		373628	142945	509	77447	10944	8672
2004		363179	142017	709	72939	10518	8674
2005		362014	142955	1487	70403	10410	8648
2006		378374	147122	2672	69172	10491	8856
2007		388644	167432	5918	73729	10450	10588
2008		400248	175472	7813	76405	10444	11188
2009		437758	195099	9370	82778	10352	11950
2010		467774	215902	11658	84200	10431	13153
2011		505113	243520	13773	88075	10638	14297
2012		549866	277344	14393	93287	11035	15656
2013		595645	309129	15091	95886	11307	16950
2014		627159	336694	15532	97671	11552	18096
2015		647577	359411	16003	100127	11593	20071
2016		671305	383958	17788	104809	12307	22440
2017		710787	412759	18699	109238	12697	24678
2018		747160	438202	19684	112784	12812	26133
2019		794282	463045	20847	116012	13127	28309
2020		826989	482747	23597	116090	13453	30084
2021		865444	508955	27195	115361	14007	31705
成都市	Chengdu	270698	177767	12757	13918	3118	8164
自贡市	Zigong	26411	16021	802	3632	540	1594
攀枝花市	Panzhihua	14102	8992	676	1062	286	603
泸州市	Luzhou	42998	24595	1538	6143	545	1298
德阳市	Deyang	33454	19074	1185	5079	550	1227
绵阳市	Mianyang	48034	28309	876	7827	682	1873
广元市	Guangyuan	26829	15019	569	4935	432	1108
遂宁市	Suining	26402	13430	547	4371	368	747
内江市	Neijiang	29264	15806	317	5011	485	1158
乐山市	Leshan	30234	16937	804	4265	574	1648
南充市	Nanchong	53214	30514	1255	7405	602	2152
眉山市	Meishan	26213	13735	864	5147	465	1524
宜宾市	Yibin	42421	24735	945	6944	643	1353
广安市	Guangan	25623	14239	885	5170	492	924
达州市	Dazhou	45890	23910	887	9203	751	1282
雅安市	Yaan	16509	11059	323	2255	441	339
巴中市	Bazhong	24126	11907	649	5313	378	991
资阳市	Ziyang	22327	11267	362	5134	373	790
阿坝藏族羌族自治州	Aba	9733	4785	197	1930	592	521
甘孜藏族自治州	Ganzi	10558	4548	43	2530	551	534
凉山彝族自治州	Liangshan	40404	22306	714	8087	1139	1875

21-21 各市(州)卫生机构人员数
Number of Persons Engaged in Health Institutions by Region

单位：人 (person)

市(州)	Region	2011	2012	2013	2014	2015	2016	2017	2018	2019	2020	2021
全 省	**Total**	**505113**	**549866**	**595645**	**627159**	**647577**	**671305**	**710787**	**747160**	**794282**	**826989**	**865444**
成都市	Chengdu	130490	143410	153962	164273	173167	190236	200739	215863	237668	249639	270698
自贡市	Zigong	17485	19114	20598	21570	22318	22799	23899	24861	25651	25790	26411
攀枝花市	Panzhihua	11272	11283	12035	12683	12689	12776	12901	13130	13396	13426	14102
泸州市	Luzhou	22940	25008	27965	29513	30722	31196	34524	36642	40101	42218	42998
德阳市	Deyang	22030	23187	24803	25826	27038	28024	29404	30425	32032	32424	33454
绵阳市	Mianyang	29964	32803	35932	37303	37180	38265	39971	42343	44639	46252	48034
广元市	Guangyuan	17356	18689	20155	21006	21733	21979	22924	24382	25387	26713	26829
遂宁市	Suining	17245	18452	19195	19830	20634	21174	22718	23256	24397	26345	26402
内江市	Neijiang	19350	21431	23030	23486	23495	24017	25305	26184	27538	28703	29264
乐山市	Leshan	20093	21295	22671	23516	23790	24523	25762	26858	28270	29463	30234
南充市	Nanchong	33008	36264	39455	41401	42864	44833	47840	49793	50950	51263	53214
眉山市	Meishan	15805	17866	18784	20432	20077	20639	22705	23026	24013	24849	26213
宜宾市	Yibin	24507	26230	29572	31183	31702	33793	36343	38141	38967	40778	42421
广安市	Guangan	15575	16394	17459	18917	19835	20942	22295	22957	24811	25622	25623
达州市	Dazhou	27917	29878	32888	33415	33814	33435	36205	37522	39900	42378	45890
雅安市	Yaan	9092	10086	11435	12470	12758	13269	13983	14723	15809	16105	16509
巴中市	Bazhong	16297	18289	20502	21328	20891	21820	22523	23551	23760	24118	24126
资阳市	Ziyang	21204	23050	24593	25470	26113	18478	19138	19756	20352	21631	22327
阿坝藏族羌族自治州	Aba	5670	6306	7164	7736	8030	8498	8774	9228	9481	9726	9733
甘孜藏族自治州	Ganzi	7617	8151	8482	8711	9064	9387	9622	9931	10129	10563	10558
凉山彝族自治州	Liangshan	20196	22680	24965	27090	29663	31222	33212	34588	37031	38983	40404

21-22 前十大类病伤死亡原因及构成(2021年)
Death Rate of 10 Major Diseases Categories(2021)

顺位 No.	病伤死亡原因	Cause of Death	死亡率(1/10万) Death Rate (per 100 000 persons)	构成(%) As of Total Deaths (%)
1	循环系统疾病	Diseases of the Circulatory System	264.26	37.76
2	肿瘤	Tumor	177.06	25.30
3	呼吸系统疾病	Diseases of the Respiratory System	120.50	17.22
4	伤害	Trauma	53.21	7.60
6	内分泌营养代谢	Endocrine Nutrition Metabolism	23.20	3.31
7	消化系统疾病	Diseases of the Digestive System	21.51	3.07
5	神经系统疾病	Nervous System Diseases	10.89	1.56
8	传染病和寄生虫病	Infectious Disease and Parasitie Disease	8.34	1.19
9	泌尿生殖系统疾病	Diseases of the Genitourinary System	7.83	1.12
10	精神和行为障碍	Mental and Behavioral Disorders	3.31	0.47

21-23 前十位单病种死亡原因及构成(2021年)
Death Rate of 10 Single-species Major Diseases(2021)

顺位 No.	前十位单病种类目	10 Single-species Major Diseases	死亡率(1/10万) Death Rate (per 100 000 persons)	构成比(%) As of Total Deaths (%)
1	脑血管病	Cerebrovascular Disease	135.86	19.41
2	慢性阻塞性肺疾病	Chronic Obstructive Pulmonary Disease	103.94	14.85
3	缺血性心脏病	Ischemic Heart Disease	93.84	13.41
4	肺癌	Malignant Tumor	53.24	7.61
5	肝癌	Malignant Liver Tumor	26.31	3.76
6	糖尿病	Diabetes mellitus	20.16	2.88
7	跌倒	Fall	19.68	2.81
8	食管癌	Malignant Esophagus Tumor	18.06	2.58
9	高血压及并发症	Hypertension and Complications	17.62	2.52
10	结直肠癌	Colorectal Cancer	15.43	2.20

21-24 国家免疫规划疫苗基础免疫接种率(2021年)
Basis Inoculability Rate of National Immunization Vaccine Planning(2021)

种 类	Item	常规报告接种率(%) Inoculability Rate of Conventional Report (%)
卡介苗	Bcg Vaccine	99.39
脊灰疫苗	Poliomyelitis Vaccine	98.89
百白破三联	Chin cough, Diphtheria and Tetanus Joint Vaccine	98.90
麻疹疫苗	Measles Vaccine	98.96
乙肝疫苗全程	Hepatitis-B Vaccine Full Process	99.15

21-25 传染病报告发病及死亡情况(2021年)
Incidence and Death from Infectious Diseases(2021)

病 种	Item	发病率(1/10万) Incidence Diseases Rate (per 100 000 persons)	死亡率(1/10万) Death Rate (per 100 000 persons)	病死率(%) Mortality Rate per 100 Infectious Disease Patients(%)
甲乙丙合计	**Total of Category A, B and C**	**491.3195**	**4.4757**	**0.9109**
一、甲乙类合计	**I. Total of Category A and B**	**209.5635**	**4.4721**	**2.1340**
鼠疫	The Plague			
霍乱	Cholera			
传染性非典型肺炎	SARS			
艾滋病	AIDS	13.9492	4.2641	30.5689
HIV	HIV	18.7141	3.9785	21.2593
病毒性肝炎	Hepatitis	84.2786	0.0586	0.0695
甲肝	A	1.1461		
乙肝	B	62.5194	0.0394	0.0631
丙肝	C	18.5611	0.0179	0.0966
丁肝	D	0.0418		
戊肝	E	1.6421		
肝炎(未分型)	Hepatitis (Not Classified)	0.3681	0.0012	0.3247
脊髓灰质炎	Poliomyelitis			
人感染高致病性禽流感	People Avian Flu			
麻疹	Measles	0.0335		
流行性出血热	Hemorrhage Fever	0.2438		
狂犬病	Hydrophobia	0.0084	0.0072	85.7143
流行性乙型脑炎	Encephalitis B	0.0215		
登革热	Dengue Fever			
炭疽	Anthrax	0.0454		
细菌性和阿米巴性痢疾	Dysentery	4.5043		
肺结核	Pulmonary Tuberculosis	54.9329	0.1327	0.2415
伤寒和副伤寒	Typhoid and Paratyphoid Fever	0.5545		
流行性脑脊髓膜炎	Epidemic Encephalitis	0.0096		
百日咳	Pertussis	2.1464	0.0012	0.0557
白喉	Diphtheria			
新生儿破伤风 *	Newborn Baby Tetanus			
猩红热	Scarlet Fever	2.0365		
布鲁氏菌病	Brucellosis	0.2378		
淋病	Gonorrhea	4.5653		
梅毒	Syphilis	41.3505	0.0060	0.0145
钩端螺旋体病	Leptospirosis	0.0550	0.0024	4.3478
血吸虫病	Schistosomiasis	0.0024		
疟疾	Malaria	0.0502		
人感染H7N9禽流感	Human Infection with H7N9 Avian Influenza			
新型冠状病毒肺炎	Novel Coronavirus Pneumonia	0.5378		
二、丙类合计	**II. Total of Category C**	**281.7560**	**0.0036**	**0.0013**
流行性感冒	Influenza	106.5804	0.0012	0.0011
流行性腮腺炎	Epidemic Mumps	9.1366		
风疹	Rubella	0.0621		
急性出血性结膜炎	Acute Hemorrhagic Conjunctivitis	0.4816		
麻风病	Leprosy	0.0323		
流行性和地方性斑疹伤寒	Typhus Fever	0.1494		
黑热病	Kala-Azar	0.0143		
包虫病	Echinococcosis	0.5486	0.0012	0.2179
丝虫病	Filariasis			
其他感染性腹泻病	Other Infectious Diarrheal diseases	67.7073		
手足口病	Hand-foot-mouth Disease	97.0435	0.0012	0.0012

注：新生儿破伤风发病率＝当年发病数÷当年0岁组人口数×1000‰；新生儿破伤风死亡率＝当年死亡数÷当年0岁组人口数×1000‰。
a) Incidence diseases rate of newborn baby tetanus=Number of incidence diseases in current year ÷ Number of population of 0 age group in current year×1000‰; Death rate of newborn baby tetanus=Number of death in current year ÷ Number of population of 0 age group in current year×1000‰.

主要统计指标解释

艺术表演团体 指由文化部门主办或实行行业管理(经文化行政部门审批并领取营业性演出许可证)，专门从事表演艺术等活动的各类专业艺术表演团体，含民间职业剧团。不包括群众业余文艺表演团体。

广播/电视节目综合人口覆盖率 指根据原国家广电总局制定的《广播电视人口覆盖率统计技术标准和方法》进行统计调查的，在对象区内能接收到由中央、省、地市或县通过无线、有线或卫星等各种技术方式转播的各级广播/电视节目的人口数占对象区总人口数的百分比。

医疗卫生机构 指从卫生健康行政部门取得《医疗机构执业许可证》，或从民政、工商行政、机构编制管理部门取得法人单位登记证书，为社会提供医疗保健、疾病控制、卫生监督服务或从事医学科研和医学在职培训等工作的单位。医疗卫生机构包括医院、基层医疗卫生机构、专业公共卫生机构、其他医疗卫生机构。

医院 包括综合医院、中医医院、中西医结合医院、民族医院、各类专科医院和护理院，不包括专科疾病防治院、妇幼保健院和疗养院。

卫生人员 指在医院、基层医疗卫生机构、专业公共卫生机构及其他医疗卫生机构工作的职工，包括卫生技术人员、乡村医生和卫生员、其他技术人员、管理人员和工勤人员。一律按支付年底工资的在岗职工统计，包括各类聘任人员(含合同工)及返聘本单位半年以上人员，不包括临时工、离退休人员、退职人员、离开本单位仍保留劳动关系人员、本单位返聘和临聘不足半年人员。

卫生技术人员 包括执业医师、执业助理医师、注册护士、药师（士)、检验技师（士)、影像技师、卫生监督员和见习医（药、护、技）师（士）等卫生专业人员。不包括从事管理工作的卫生技术人员(如院长、副院长、党委书记等)。

执业医师 指《医师执业证》“级别”为“执业医师”且实际从事医疗、预防保健工作的人员，不包括实际从事管理工作的执业医师。执业医师类别分为临床、中医、口腔和公共卫生四类。

执业助理医师 指《医师执业证》“级别”为“执业助理医师”且实际从事医疗、预防保健工作的人员，不包括实际从事管理工作的执业助理医师。执业助理医师类别分为临床、中医、口腔和公共卫生四类。

床位数 指年末医疗卫生机构实有床位，又称实有床位数、病床数。实有床位包括正规床、简易床、监护床、超过半年的加床、正在消毒和修理的床位、因扩建或大修而停用的床位。不包括产科新生儿床、接产室待产床、库存床、观察床、临时加床和病人家属陪待床。

甲乙类法定报告传染病发病率 指某年某地区每10万人口中甲乙类法定报告传染病发病数。即甲乙类法定传染病发病率=甲乙类法定报告传染病发病数/人口数×100000。

甲乙类法定报告传染病死亡率 指某年某地区每10万人口中甲乙类法定报告传染病死亡数。即甲乙类法定报告传染病死亡率=甲乙类法定报告传染病死亡数/人口数×100000。

Explanatory Notes on Main Statistical Indicators

Arts Performance Troupes refer to the various professional performing arts groups, sponsored by the cultural departments or guided by the cultural societies (approved by the cultural administration authority, or permitted with the commercial performance certificate), including non-public troupes. The mass amateur arts performance troupes are not included.

Population Coverage Rate of Radio/Television Programs refers to the percentage of population in the target region who can receive radio/television programmes transmitted by national, provincial, municipal or county stations through wireless, cable or satellite techniques, according to Statistical Standard and Method on Television and Radio Coverage of Population established by the State Administration of Radio and Television.

Health Care Institutions refer to the units which have been qualified with the Certification of Health Care Institution, or qualified with the Certification of Corporate Unit by the civil affairs, administration for industry and commerce, and engaging in medical care services, disease control services, health supervision services, or medicine research and on-job training, etc., including: hospitals, health care institutions at grass-root level, specialized public health institutions, and other health care institutions.

Hospitals include general hospitals, traditional Chinese medicine hospitals, hospitals of integrated traditional Chinese and western medicine, nationalities hospitals, specialized hospitals and nursing hospitals, as well as affiliated hospitals of medical colleges, excluding specialized disease prevention and treatment institutes, maternal and child health centers and convalescent hospitals.

Health Personnel refer to all employees engaged in the health care institutions, such as hospitals, health care institutions at grass-root level, specialized public health institutions, and other health care institutions, including health technical personnel, village doctors and assistants, other technical personnel, administrative staffs and logistics technical workers. Data are based on the year end payroll, including personnel employed (including contract workers) and re-employed after retirement by the institution for more than 6 months, excluding temporary workers, retired personnel, resigned personnel, personnel who have left the institution but kept the contract relation and personnel who are re-employed after retirement or temporarily employed for less than 6 months.

Health Technical Personnel refer to the professional staff engaged in health care, including licensed physicians and physician assistants, registered nurses, pharmacists, laboratory and imaging technicians, health care supervisors and intern doctors, pharmacists, nurses, and technical personnel, excluding health technical personnel engaged in management (e.g. president, vice president and secretary of the party committee etc).

Licensed Physicians refer to the medical workers with licenses of qualified doctors and are employed in medical treatment, disease prevention or healthcare institutions, excluding the licensed doctors engaged in management. The physicians are divided into 4 categories: clinician, Chinese medicine, stomatology and public health.

Licensed Physician Assistants refer to the medical workers with licenses of qualified assistant doctors and are employed in medical treatment, disease prevention or healthcare institutions, excluding the licensed assistant doctors engaged in management. Physician assistants are divided into 4 categories: clinician, Chinese medicine, stomatology and public health.

Number of Beds refer to the actual number of beds in health care institutions at year-end, also known as the actual number of beds or hospital beds, including regular beds, simple beds, monitoring beds, extra bed over 6 months, beds under disinfection or repairing, beds deactivated due to expansion or overhaul, not including neonatal beds, pre-delivery beds, inventory beds, observation beds, temporary beds and family accompany beds.

Morbidity Rate of Class A and B Notifiable Infectious Diseases refers to the number of cases of Class A and B notifiable infectious diseases per 100 thousand population in the reference year. The formula is:

Morbidity rate of Class A and B notifiable infectious diseases = number of cases of Class A and B notifiable infectious diseases / population *100000

Mortality Rate of Class A and B Notifiable Infectious Diseases refers to the number of deaths of Class A and B notifiable infectious diseases per 100 thousand population in the reference year. The formula is:

Mortality rate of Class A and B notifiable infectious diseases= number of deaths of Class A and B notifiable infectious diseases / population *100000

22 其他社会活动
Chapter 22 Other Social Activities

SICHUAN STATISTICAL YEARBOOK

22-1 收养类单位基本情况
Statistics on Adoption Units

项　目		Item		2021
单位数	(个)	Number of Units	(unit)	2843
工商部门登记	(个)	Registered in Business Administration	(unit)	308
编制部门登记	(个)	Registered in Establishment Departments	(unit)	1876
民政部门登记	(个)	Registered in Civil Administration	(unit)	515
一个机构多个牌子	(个)	One unit with more the one name	(unit)	144
床位数	(张)	Number of Beds	(unit)	334522
工商部门登记	(张)	Registered in Business Administration	(unit)	40871
编制部门登记	(张)	Registered in Establishment Departments	(unit)	224761
民政部门登记	(张)	Registered in Civil Administration	(unit)	62126
一个机构多个牌子	(张)	One unit with more the one name	(unit)	6764
工作人员	(人)	Persons Engaged	(person)	32492
工商部门登记	(人)	Registered in Business Administration	(person)	5237
编制部门登记	(人)	Registered in Establishment Departments	(person)	17929
民政部门登记	(人)	Registered in Civil Administration	(person)	7499
一个机构多个牌子	(人)	One unit with more the one name	(person)	1827

注：收养类单位情况由四川省民政厅、四川省退役军人事务厅提供。
a) Data of adoption units are provided by Sichuan Provincial Civil Affairs Department and Sichuan Department of Veterans Affairs.

22-2 收养类单位床位数及收(供)养人员数
Number of Beds and Persons Housed in Adoption Units

项　目	Item	床位数(张) Number of Beds (unit)		收(供)养人数(人) Person Housed (person)	
		2020	2021	2020	2021
合　计	**Total**	**52888**	**53667**	**32102**	**32028**
优抚事业单位	Units for Arranging the Family Members of Martyrs and Disabled Veterans	3282	3327	486	440
荣誉军人休养院	Convalescent Homes for Honored Ex-servicemen	1142	1142	145	134
复员退伍军人(精神病)医院	Mental Hospitals for Ex-servicemen	1460	1460	33	31
光荣院	Homes for Disabled Veterans	680	725	308	275
福利收养性单位	Welfare Adoption Units	49606	50340	31616	31588
社会福利院	Social Welfare Homes	27600	28173	14649	14880
儿童福利院	Children Welfare Homes	7173	6405	3091	2510
社会福利医院	Psychopathy Welfare Homes	14833	15762	13876	14198

22-3 社区服务机构情况
Statistics on Community Service Organizations

项　目		Item		2021
社区服务机构单位数	(个)	Number of Community Service Organizations	(unit)	14068
#农村社区服务机构	(个)	Rural Community Service Organization	(unit)	245
#可以为居民提供便民办事服务的机构	(个)	Institutions to Provide Convenience Services for Residents	(unit)	1525
#可以为居民提供活动场所的机构	(个)	Mechanism for Providing Active Sites for Residents	(unit)	154
#可以为居民提供养老等服务的机构	(个)	Institutions to Provide Pension Services for Residents	(unit)	12277
#农村	(个)	Countryside	(unit)	5905
年末职工人数	(人)	Number of Employees at the end of this Year	(person)	52397
#女性	(人)	Female	(person)	20017
机构床位数	(张)	Number of Beds in Organizations	(unit)	155931
日间照料床位数	(张)	Day Care Beds	(unit)	66691
#农村	(张)	Countryside	(unit)	27700
住宿收养床位数	(张)	Residential Adoption Beds	(unit)	89240
#农村	(张)	Countryside	(unit)	52297
年末收养人数	(人)	Number of Adoption at the end of this Year	(person)	35951
#农村	(人)	Countryside	(person)	22596

22-4 婚姻登记和离婚情况
Statistics on Marriages and Divorces

项　目		Item		2010	2015	2019	2020	2021
按居住地分		By Residence						
内地居民登记结婚	(对)	Registered Marriages of Mainland	(couple)	713263	740186	613247	535913	511063
#涉外及华侨、港澳台居民登记结婚	(对)	Registered Marriages with Foreigner, overseas Chinese and the Citizen of Hong Kong, Macao, Taiwan	(couple)	1580	1340	1589	617	546
按婚前状况分		By Premarital Situation						
初婚	(人)	First Marriages	(person)	1197122	1138435	885261	766332	729011
再婚	(人)	Remarriages	(person)	232564	344617	341233	306728	294207
#再婚中恢复结婚	(对)	Remarriages of Divorced Couple	(couple)	8594	29669	34445	29484	25599
内地居民离婚数	(对)	Registered Divorces of Mainland	(couple)	173824	241133	277920	261983	147285

22-5 各市(州)内地居民婚姻登记和离婚情况
Statistics on Marriage and Divorces of Mainland by Region

单位：对 (couple)

市(州)	Region	内地居民登记结婚 Registered Marriages of Mainland					内地居民登记离婚 Registered Divorces of Mainland				
		2010	2015	2019	2020	2021	2010	2015	2019	2020	2021
全　省	**Sichuan**	**713263**	**740186**	**613247**	**535913**	**511063**	**173824**	**241133**	**277920**	**261983**	**147285**
成都市	Chengdu	119408	125085	121780	108875	112097	43236	52726	63201	61214	37669
自贡市	Zigong	24959	24349	17893	15417	14147	6369	9259	10151	9044	5106
攀枝花市	Panzhihua	9780	10064	7416	6827	6240	3946	4344	3998	3826	2193
泸州市	Luzhou	38260	35798	28516	25321	23489	8331	11388	13312	12354	6725
德阳市	Deyang	26303	30978	23023	19427	19044	10157	12165	12913	11377	6327
绵阳市	Mianyang	46778	43988	33333	28803	27565	13033	15931	17176	16040	8009
广元市	Guangyuan	19400	23257	18024	16292	14841	4462	5735	6963	6841	3363
遂宁市	Suining	25423	31339	23263	18981	17882	4552	9395	10953	9735	5043
内江市	Neijiang	36061	32677	23931	20899	18810	8898	14161	14200	13617	7147
乐山市	Leshan	27988	29105	22525	21018	19155	9547	11438	12154	12338	7121
南充市	Nanchong	60430	57118	44572	38344	35170	9612	14884	18654	17516	9620
眉山市	Meishan	37337	30658	24040	20584	19804	10337	11454	12823	10801	6948
宜宾市	Yibin	40138	45466	35975	32982	30234	10830	15171	18736	18231	9741
广安市	Guangan	33873	34607	28779	24953	23130	5533	10169	12595	11692	5974
达州市	Dazhou	55942	56163	39108	32874	30499	7964	13322	15503	14401	7093
雅安市	Yaan	12715	13400	11328	10338	9135	3731	5371	5696	5325	3125
巴中市	Bazhong	40540	33497	25399	21167	21974	2757	5585	7645	6896	3216
资阳市	Ziyang	37014	35376	18218	15732	14061	7502	12479	9612	8803	4822
阿坝藏族羌族自治州	Aba	6145	7648	7141	6389	6199	381	1138	1649	1529	923
甘孜藏族自治州	Ganzi	3949	12516	10588	9403	8702	458	1171	1865	1787	1180
凉山彝族自治州	Liangshan	10820	27097	46806	41287	38885	2188	3847	8121	8616	5940

注：婚姻登记情况由四川省民政厅提供。全省合计数包括涉外及华侨、港澳台居民登记结婚、离婚数。离婚数不包括法院判决数。

a) Data of marriage registration are provided by Sichuan Provincial Civil Affairs Department. The total of the province includes registered marriages and divorces with foreigners, overseas Chinese, and the citizen of Hong Kong, Macao, Taiwan. The number of divorces mediated by the count are not included in that of divorces.

22-6 律师、公证、调解工作基本情况
Basic Statistics on Lawyers, Notarization and Mediation

项　目		Item		2005	2010	2015	2018	2019	2020	2021
律师工作		**Lawyers**								
律师事务所	(所)	Number of Law Offices	(unit)	615	802	1130	1458	1539	1718	1842
律师工作者	(人)	Number of Lawyers	(person)	6331	9297	15526	21206	23554	28011	30137
#专职律师	(人)	Full-time Lawyers	(person)	6025	8504	14519	19424	20878	22281	24415
担任法律顾问的单位	(家)	Number of Units with Permanent Legal Advisors	(unit)	12704	15530	35510	43150	43313	41184	48023
民事诉讼代理	(件)	Agent of Civil Cases	(case)	35310	49772	96880	135415	165423	181837	265119
刑事案件辩护及代理	(件)	Defender and Agent of Criminal Cases	(case)	15852	33845	41613	29084	48219	44359	50353
非诉讼法律事务	(件)	Agent of Non-Litigious Legal Affairs	(case)	44558	42463	39122	58785	72823	58428	52137
咨询和代写法律文书	(次)	Agent of Advise and Legal Documents Written for Others	(copy)	283976	502229	315901	386082	370105	194358	166918
公证工作		**Notarization**								
公证处	(个)	Number of Notary Offices	(unit)	207	205	208	209	209	209	210
公证人员	(人)	Notarial Personnel	(person)	1165	1720	2221	2414	2576	2686	2665
#公证员	(人)	Notaries	(person)	679	723	839	946	931	938	989
受理国内公证	(件)	Internal Notarization	(case)	150854	732398	832457	1077254	1101043	1160722	1085978
受理涉外公证	(件)	Foreign-related Notarization	(case)	18322	65775	101597	120524	142785	88269	96116
受理涉台、港、澳公证	(件)	Notarization of Hong Kong Macao & Taiwan	(case)	2366	6886	6087	5862	5394	2216	2329
出证	(件)	Number of Notarized Documents	(copy)	170028	802173	943074	1203640	1249222	1251207	1184423
人民调解工作		**People's Mediation**								
专职司法助理员	(人)	Number of Full-time Judicial Assistants	(person)	1053	2739	3862	4420	4536	4713	4728
人民调解委员会	(个)	Number of People's Mediation Committees	(unit)	64879	63912	63587	62433	61915	42566	40745
调解员	(人)	Number of Mediators	(person)	524428	429763	376748	321345	319403	236167	223031
基层法律服务所调解纠纷	(件)	Mediation of Grassroots Legal Service	(case)	42060	39282	44755	424593	433563	368094	366186

注：律师、公证和调解资料由四川省司法厅提供。
a) Data of lawyers, notarization and mediation information are provided by Sichuan Provincial Department of Justice.

22-7 调解民间纠纷情况
Statistics on Mediation of Civil Disputes

项 目	Item	调解纠纷（件） Mediation of Disputes (case)		各类纠纷所占比重（%） Percentage of Disputes (%)	
		2020	2021	2020	2021
合 计	**Total**	**368094**	**366186**	**100.0**	**100.0**
婚姻家庭纠纷	Marriage and Family Disputes	78490	74310	21.3	20.3
邻里纠纷	Neighborhood Disputes	99095	100125	26.9	27.3
房屋宅基地纠纷	Homestead Housing Disputes	8261	8243	2.2	2.3
合同纠纷	Contracts Disputes	17725	17488	4.8	4.8
生产经营纠纷	Production and Management Disputes	7642	6544	2.1	1.8
损害赔偿	Damage Disputes	29391	30789	8.0	8.4
劳动争议	Labor Disputes	8078	16875	2.2	4.6
山林土地纠纷	Forest Land Disputes	15995	16764	4.4	4.6
征地拆迁纠纷	Land Acquisition and Resettlement Disputes	4810	4559	1.3	1.2
环境保护	Environmental Protection	2062	1976	0.6	0.5
道路交通事故	Road Traffic Accidents	37859	33008	10.3	9.0
物业纠纷	Property Disputes	6395	6652	1.7	1.8
医疗纠纷	Medical Malpractice	2201	2031	0.6	0.6
其他纠纷	Other Disputes	50090	46822	13.6	12.8

22-8 各市(州)检察机关审查批准、决定逮捕犯罪嫌疑人和提起公诉被告人情况
Criminal Suspects Approved and Arrested and Defendants Prosecuted by People's Procuratorate by Region

案件分类 市(州)	Case Item Region	批捕、决定逮捕合计 Total of Approval and Arrest 2020 件 (case)	2020 人 (person)	2021 件 (case)	2021 人 (person)	决定起诉合计 Total of Public Prosecutions 2020 件 (case)	2020 人 (person)	2021 件 (case)	2021 人 (person)
合 计	**Total**	**21088**	**31616**	**24695**	**36354**	**42052**	**64322**	**50450**	**75880**
公安、安全、监狱机关提请小计	**Sub-total of Requests by Departments of State and Public Security and Prisons**	**20916**	**31401**	**24673**	**36324**	**41310**	**63412**	**49594**	**74883**
危害国家安全、公共安全案	Offences Against State Security	832	915	1008	1108	11584	11922	15630	16018
破坏社会主义市场经济秩序案	Offences Against Socialist Economic Order	853	1598	1056	1870	1973	4347	1896	4192
侵犯公民人身、民主权利案	Offences Against Citizens' Personal and Democratic Rights	3269	4006	3649	4193	4622	6038	5070	6229
妨害社会管理秩序案	Offences Against Social Management Order	7427	12815	9681	16584	11391	23461	14780	30967
侵犯财产案	Offences Against Properties	8530	12062	9262	12538	11733	17637	12191	17413
危害国防利益案	Offences Against National Defense	5	5	17	31	7	7	27	64
检察机关直接立案侦查案件小计	**Sub-total of Cases Handled Directly by Procuratorate Offices**	**126**	**140**	**22**	**30**	**741**	**901**	**855**	**992**
贪污贿赂案	Offences on Corruption and Bribery	114	127	7	8	681	823	804	923
渎职侵权案	Offences on Abuse and Dereliction of Duty	12	13	15	22	60	78	51	69
按市(州)分	**Grouped by Region**								
四川省人民检察院	Provincial Procuratorate								
成都市	Chengdu	6279	8671	8348	11513	11138	15239	15692	20967
自贡市	Zigong	687	950	823	1124	1290	1855	1785	2493
攀枝花市	Panzhihua	305	468	351	526	888	1424	918	1307
泸州市	Luzhou	936	1392	905	1300	2333	3566	2327	3550
德阳市	Deyang	883	1185	772	1045	1700	2420	1967	2732
绵阳市	Mianyang	914	1249	907	1299	2308	3624	2416	3800
广元市	Guangyuan	416	754	426	737	1266	2113	1390	2486
遂宁市	Suining	616	924	703	1000	1350	2026	1534	2193
内江市	Neijiang	831	1273	1015	1521	1453	2396	1838	2864
乐山市	Leshan	818	1173	888	1329	1623	2604	1929	2904
南充市	Nanchong	1223	2158	1496	2450	2400	4182	2967	5254
眉山市	Meishan	710	1043	828	1187	1577	2390	1705	2548
宜宾市	Yibin	1133	1718	1396	2092	2602	4009	2961	4575
广安市	Guangan	853	1577	804	1189	1540	2766	1564	2805
达州市	Dazhou	936	1707	1180	1969	1748	3006	2064	3585
雅安市	Yaan	457	707	512	874	862	1386	988	1722
巴中市	Bazhong	499	817	527	798	1429	2092	1315	2064
资阳市	Ziyang	467	641	497	665	1097	1706	1203	1716
阿坝藏族羌族自治州	Aba	178	267	269	417	512	792	602	894
甘孜藏族自治州	Ganzi	431	654	523	872	603	1000	710	1119
凉山彝族自治州	Liangshan	1409	2172	1457	2364	2280	3660	2500	4119
四川省人民检察院成都铁路运输分院	Procuratorate of Chengdu Railroad Bureau	107	116	68	83	53	65	75	183

22−9 人民法院审理各类案件受理结案情况
Trial Cases Accepted and Settled by Courts

单位：件 (case)

项 目	Item	受 理 Cases Accepted		结 案 Cases Settled	
		2020	2021	2020	2021
合 计	**Total**	**1341819**	**1616318**	**1308127**	**1741829**
一审	**First Trial**	**696641**	**960765**	**676639**	**917402**
刑事	Criminal	44499	52344	43268	50716
民事	Civil	639140	893552	621073	852764
行政	Administrative	12291	13890	11644	13028
行政赔偿	Administrative compensation	711	979	654	894
二审	**Second Trial**	**71394**	**85836**	**68472**	**79244**
刑事	Criminal	5494	5839	5255	5497
民事	Civil	57512	71311	55999	66003
行政	Administrative	7879	7988	6784	7145
行政赔偿	Administrative compensation	509	698	434	599
审判监督	**Trial Oversight**	**2443**	**2977**	**2232**	**1989**
刑事	Criminal	137	170	124	144
民事	Civil	2227	2742	2037	1784
行政	Administrative	78	62	70	58
行政赔偿	Administrative compensation	1	3	1	3
再审审查	**Retrial review**	**14423**	**17779**	**13664**	**16467**
国家赔偿与司法救助	**State Compensation and Judicial Assistance**	**4601**	**5724**	**4431**	**5422**
执行案件	**Enforcement cases**	**469583**	**443864**	**461877**	**624056**
刑罚与执行变更审查	**Punishment and Execution change review**	**23165**	**23611**	**23154**	**23589**
其他案件	**Other Cases**	**59569**	**75762**	**57658**	**73660**

注：人民法院审理案件等情况由四川省高级人民法院提供。受理案件中包括上年旧存。

a) People's court cases are prepared and provided by Sichuan Provincial Higher People's Court. Trial cases include the last year left.

22−10 人民法院执行案件标的和减、免、缓诉讼费情况
Subjects Implemented and Litigation Costs Reduced, Exempted and Deferred by Courts

项 目		Item		2020	2021
首次执行申请执行标的	(亿元)	Subject matter of application for the first execution	(100 million yuan)	3118.14	3478.40
首次执行到位标的	(亿元)	Subject matter of the first execution in place	(100 million yuan)	567.86	693.06
减、免、缓诉讼费案件	(件)	Cases of Litigation Costs Reduced, Exempted and Deferred	(case)	3521	18056
减、免、缓诉讼费	(万元)	Litigation Costs Reduced, Exempted and Deferred	(10 000 yuan)	3624.20	8436.67
减交	(万元)	Reduction	(10 000 yuan)	91.16	4335.63
免交	(万元)	Exemption	(10 000 yuan)	332.64	232.70
缓交	(万元)	Deferral	(10 000 yuan)	3200.10	3868.34

22-11 公安机关受理查处治安案件情况(2021年)
Offense Cases Against Public Order Handled by Public Security Organs(2021)

单位：起 (case)

案件类别	Category of Cases	受理 Cases Accepted to be Treated	查处 Cases Investigated and Treated
合 计	**Total**	**405853**	**265007**
扰乱公共秩序	Disrupt Public Order	14519	11660
#扰乱单位秩序	Disrupt Unit Order	2239	1922
#扰乱公共场所秩序	Disrupt Public Place Order	1680	1496
#扰乱公共交通工具秩序	Disrupt Public Transport Order	86	73
#妨碍交通工具正常行驶	Impedes Normal Conditions of Transport	160	131
#扰乱大型群众性活动秩序	Disrupt the order of large scale mass activities	1	1
妨害公共安全	Prejudice Public Safety	8595	7676
#违反危险物质管理规定 非法携带枪支、弹药、管制刀	Violation of Hazardous Material Regulations Illegal Possession of Firearms. Ammunition. Knife Control	2919	2644
#盗窃、损毁公共设施	Theft and Damage to Public Facilities	746	328
侵犯他人人身权利、财产权利	Infringe upon the Personal and Property Rights to others	279138	152476
#强迫他人劳动	Forced Labor	5	3
#侮辱、诽谤、诬告陷害	Insult, Libel, Calumniation	2812	1717
#发送信息干扰正常生活	Send Information Interfered with the Normal Life	297	131
#殴打他人	Assault	66980	46796
#盗窃	Theft	105803	41086
妨害社会管理	Prejudice and Social Management	103601	93195
#阻碍执行职务	Impeding the Implementation of Duties	1841	1731
#违反旅馆业管理	Hotel Management Violation	3544	3406
#卖淫、嫖娼	Prostitution, Whoring	6019	5365
#毒品违法活动	Drug-related activities	30112	29626

注：治安情况、火灾事故和交通事故资料由四川省公安厅提供。
a) Data of law and order, fire and accident are provided by Sichuan Provincial Public Security Bureau.

22-12 各市(州)查处治安案件和刑事案件立案数

Number of Offense Cases Against Public Order Investigated and Prosecuted and Criminal Case Filed by Region

单位：起 (case)

市(州)	Region	治安案件 Offense Cases Against Public Order				刑事案件立案 Criminal Case Filed	
		发现 Discovered		查处 Investigated and Prosecuted			
		2020	2021	2020	2021	2020	2021
全　省	**Sichuan**	**354543**	**405853**	**224471**	**265007**	**256741**	**296880**
成都市	Chengdu	155511	170989	78468	89421	115373	144396
自贡市	Zigong	9307	10355	7167	6192	7410	8705
攀枝花市	Panzhihua	4393	6677	3595	4794	3173	3467
泸州市	Luzhou	11646	12470	10868	11645	8414	8942
德阳市	Deyang	13644	14015	8577	7919	11581	12608
绵阳市	Mianyang	17824	16773	9720	8814	11562	11205
广元市	Guangyuan	10775	13329	6996	10035	6451	7294
遂宁市	Suining	12864	13443	9609	9972	8012	7994
内江市	Neijiang	8127	11739	7749	11193	6673	7705
乐山市	Leshan	15069	15702	15069	15702	7423	7644
南充市	Nanchong	12478	16525	7441	10898	11656	13364
眉山市	Meishan	10855	10734	8570	7978	7665	7806
宜宾市	Yibin	21440	21449	5857	7793	13344	14429
广安市	Guangan	10075	14270	9993	14231	7189	6692
达州市	Dazhou	12500	14457	11844	13689	7546	8201
雅安市	Yaan	4895	5121	3637	4094	4252	3657
巴中市	Bazhong	6873	9530	6445	8920	5698	5965
资阳市	Ziyang	6069	15243	3738	10498	5202	6423
阿坝藏族羌族自治州	Aba	1825	2284	1700	2176	1072	1692
甘孜藏族自治州	Ganzi	1059	2126	957	1855	1291	1190
凉山彝族自治州	Liangshan	7314	8622	6471	7188	5754	6910

22-13 火灾事故情况
Statistics on Fire Accidents

指 标	Item	合计 Total		特大事故 Extraordinarily		重大事故 Serious		较大事故 major		一般事故 Ordinary	
		2020	2021	2020	2021	2020	2021	2020	2021	2020	2021
火灾事故发生起数 （起）	Number of Fires (case)	29172	31782					5	3	29153	31779
死亡人数 （人）	Number of Deaths (person)	104	72					16	9	88	63
受伤人数 （人）	Number of Injuries (person)	70	51						1	70	50
损失金额 （万元）	Losses Converted into Cash (10 000 yuan)	20911	24924					49	50	20841	24874
平均每起事故损失（万元）	Losses per Case(10 000 yuan)	0.72	0.78					9.85	16.56	0.71	0.78

22-14 各市(州)火灾事故情况
Statistics on Fire Accidents by Region

市(州)	Region	火灾事故(起) Number of Fire Accidents (case)		火灾伤亡人数(人) Number of Deaths (person)		火灾损失金额(万元) Losses Converted into Cash (10 000 yuan)	
		2020	2021	2020	2021	2020	2021
全 省	**Sichuan**	**29172**	**31782**	**174**	**123**	**20910.9**	**24924.0**
成都市	Chengdu	9576	9861	42	33	6020.0	7901.9
自贡市	Zigong	1002	1058	7	2	355.1	594.8
攀枝花市	Panzhihua	698	624	1	7	82.7	141.4
泸州市	Luzhou	1768	2299	23	10	1742.2	1241.4
德阳市	Deyang	721	798	8	2	1688.3	508.8
绵阳市	Mianyang	2384	2538	4	8	1507.8	734.2
广元市	Guangyuan	790	698	9	1	1298.8	647.4
遂宁市	Suining	1083	595	5	4	1491.9	1007.4
内江市	Neijiang	952	1162	6	6	347.6	735.9
乐山市	Leshan	896	747	3	5	347.0	533.1
南充市	Nanchong	1739	2155	8	20	655.4	1450.2
眉山市	Meishan	868	856	4	4	1230.8	1256.9
宜宾市	Yibin	1185	1964	5	3	611.0	651.5
广安市	Guangan	1489	1901	12	4	639.4	733.8
达州市	Dazhou	1551	1547	5	2	649.2	696.4
雅安市	Yaan	359	482	3	1	428.6	339.3
巴中市	Bazhong	720	973	12	3	431.2	1052.5
资阳市	Ziyang	520	491	7		351.2	551.1
阿坝藏族羌族自治州	Aba	225	251	2		257.7	615.0
甘孜藏族自治州	Ganzi	240	250	2		576.9	1458.1
凉山彝族自治州	Liangshan	406	532	6	8	198.0	2072.9

22-15 交通事故情况(2021年)
Statistics on Traffic Accidents(2021)

项　目		Item		合计 Total	特大事故 Extraordinarily	重大事故 Serious	较大事故 Major	其他 Others
发生数	(起)	Number of Traffic Accidents	(case)	9574			31	9543
死亡人数	(人)	Number of Deaths	(person)	2417			106	2311
受伤人数	(人)	Number of Injuries	(person)	11571			97	11474
损失折款	(万元)	Losses Converted into Cash	(10 000 yuan)	8356			717	7639
平均每起事故损失	(元)	Losses Converted per Case	(yuan)	8728			231242	8005

22-16 各市(州)交通事故情况(2021年)
Statistics on Traffic Accidents by Region(2021)

市(州)	Region	发生数 (起) Number of Traffic Accidents (case)	死亡人数 (人) Number of Deaths (person)	受伤人数 (人) Number of Injuries (person)	损失折款 (万元) Losses Converted into Cash (10 000 yuan)
全　省	**Sichuan**	**9574**	**2417**	**11571**	**8356**
成都市	Chengdu	1478	530	1049	362
自贡市	Zigong	311	58	359	48
攀枝花市	Panzhihua	151	22	162	18
泸州市	Luzhou	201	42	250	125
德阳市	Deyang	101	66	51	46
绵阳市	Mianyang	688	190	801	271
广元市	Guangyuan	470	67	670	74
遂宁市	Suining	125	52	125	99
内江市	Neijiang	112	35	114	3
乐山市	Leshan	679	155	1166	288
南充市	Nanchong	250	100	237	102
眉山市	Meishan	251	50	243	37
宜宾市	Yibin	991	104	1348	218
广安市	Guangan	52	21	81	17
达州市	Dazhou	373	101	436	118
雅安市	Yaan	669	79	844	500
巴中市	Bazhong	168	38	235	82
资阳市	Ziyang	110	107	69	12
阿坝藏族羌族自治州	Aba	349	68	569	594
甘孜藏族自治州	Ganzi	345	74	581	889
凉山彝族自治州	Liangshan	1313	270	1595	582

注：合计中不含高速公路交通事故的数据。
a) The total data exclude the data of Traffic Accidents on Expressway.

主要统计指标解释

社区服务机构和设施数 具有面向老人及其家庭的商品递送、医疗保健、家庭保洁、日间照料、陪伴服务等为社区居家养老服务的设施和突出综合服务的职能。指报告期末设立的社区服务指导中心、社区服务中心、社区服务站、未登记的农村特困人员救助供养机构、社区养老照料机构和设施、社区互助型养老服务机构、其他社区服务机构的总数。

公证（出证） 指公证处根据当事人申请，依照事实和法律，按照法定程序制作的，具有法律效力的司法证明文书。

批准逮捕 指人民检察院对公安机关、国家安全机关、监狱管理机关提出逮捕的犯罪嫌疑人进行审查，根据事实，依法做出逮捕决定。该指标主要反映人民检察院对提请逮捕犯罪嫌疑人进行审查后依法做出批准逮捕决定的情况。

决定逮捕 指人民检察院对直接立案侦查的案件，认为需要逮捕犯罪嫌疑人时，依据法律做出的逮捕决定。该指标主要反映人民检察院对直接受理的案件行使决定逮捕权的情况。

受理 指人民法院对符合诉讼法规定立案条件，决定立案审理的案件。受理包括上期“旧存”和本期“新收”案件两部分。

结案 指人民法院依照诉讼法规定审理案件，案件审理结束已作出处理决定的案件。

特大火灾 指造成30人以上死亡，或者100人以上重伤，或者1亿元以上直接财产损失的火灾。

重大火灾 指造成10人以上30人以下死亡，或者50人以上100人以下重伤，或者5000万元以上1亿元以下直接财产损失的火灾。

较大火灾 指造成3人以上10人以下死亡，或者10人以上50人以下重伤，或者1000万元以上5000万元以下直接财产损失的火灾。

一般火灾 指造成3人以下死亡，或者10人以下重伤，或者1000万元以下直接财产损失的火灾。

特大交通事故 指一次造成死亡3人以上，或者重伤11人以上，或者死亡1人，同时重伤8人以上，或者死亡2人，同时重伤5人以上，或者财产损失6万元以上的交通事故。

重大交通事故 指一次造成死亡1至2人，或者重伤3人以上10人以下，或者财产损失3万元以上不足6万元的交通事故。

Explanatory Notes on Main Statistical Indicators

Number of Service Institutions and facilities in Communities refer to the community institutions and integrated facilities offer the commodity delivery, health care, cleaning, adult day care, companion and others for the elderly. Including the total number of community service guidance centers, community service centers, community service stations, unregistered rural assistance and support institutions for the needy, community elderly care institutions and facilities, community mutual aid pension institutions for the elderly and other community service institutions at the end of the reporting period.

Notarization (certification) refer to legally binding judicial notary documents, developed at the request of the interested party based on facts and the law following certain legal proceedings.

Approval for Arrest refers to the decision made by people's procuratorate office, in accordance with law and relevant facts, to approve the arrest of the suspects as proposed by the public security departments, state security departments or prisons authority. This indicator reflects approved arrests made by people's procuratorate offices that are proposed by related departments.

Decision on Arrest refers to the decision made by people's procuratorate office, in accordance with law, to arrest the suspects in the cases that are accepted and to be investigated by the procurators office. This indicator mainly reflects the implementation of the decision on arrest by people's procuratorate office.

Acceptance of Case refers to People's Court decide to accept in accordance with the Provisions of Procedural law. The cases include two parts: cases turned over from previous year and cases accepted this year.

Settlement of Case refers to People's Court decide to accept the case and make decision in accordance with the Provisions of Procedural law.

Extraordinarily Serious Fire Case refers to a case which has caused over 30 deaths; or over 100 serious injuries; or a direct property loss over 100 million yuan(RMB).

Serious Fire Case refers to a case which has caused over 10 to 30 deaths; or over 50 to 100 serious injuries; or a direct property loss over 50 million to 100 million yuan(RMB).

Comparatively Serious Fire Case refers to a case which has caused over three to ten deaths; or over 10 to 50 serious injuries; or a direct property loss over 10 million to 50 million yuan(RMB).

Ordinary Fire Case refers to a case which has caused less than three deaths; or less than 10 serious injuries; or a direct property loss less than 10 million yuan(RMB).

Extraordinarily Serious Traffic Accident refers to an accident which has caused three or more deaths; or over 11 serious injuries; or one death and over 8 serious injuries; or two deaths and over 5 serious injuries; or a loss over 60 thousand yuan(RMB).

Serious Traffic Accident refers to an accident which has caused one or two deaths; or three to ten serious injuries; or a loss over 30 thousand yuan to 60 thousand yuan(RMB).